文明以止
——上古的天文、思想与制度

Continuity of the Illustrious Culture:
Astronomy, Thoughts and Institutions in Ancient China

◎冯时 著

中国社会科学出版社

图书在版编目（CIP）数据

文明以止：上古的天文、思想与制度 / 冯时著. —北京：中国社会科学出版社，2018.10（2025.6 重印）

ISBN 978-7-5203-3295-8

Ⅰ.①文… Ⅱ.①冯… Ⅲ.①中国历史—上古史—研究 Ⅳ.①K210.7

中国版本图书馆 CIP 数据核字（2018）第 226194 号

出 版 人	赵剑英
责任编辑	黄燕生
责任校对	周　昊
责任印制	张雪娇

出　　版	中国社会科学出版社
社　　址	北京鼓楼西大街甲 158 号
邮　　编	100720
网　　址	http://www.csspw.cn
发 行 部	010-84083685
门 市 部	010-84029450
经　　销	新华书店及其他书店

印刷装订	北京君升印刷有限公司
版　　次	2018 年 10 月第 1 版
印　　次	2025 年 6 月第 4 次印刷

开　　本	710×1000　1/16
印　　张	41.5
插　　页	2
字　　数	659 千字
定　　价	168.00 元

凡购买中国社会科学出版社图书，如有质量问题请与本社营销中心联系调换
电话：010-84083683
版权所有　侵权必究

1. 河南濮阳西水坡 45 号墓

2. 河南濮阳西水坡第二组蚌塑遗迹

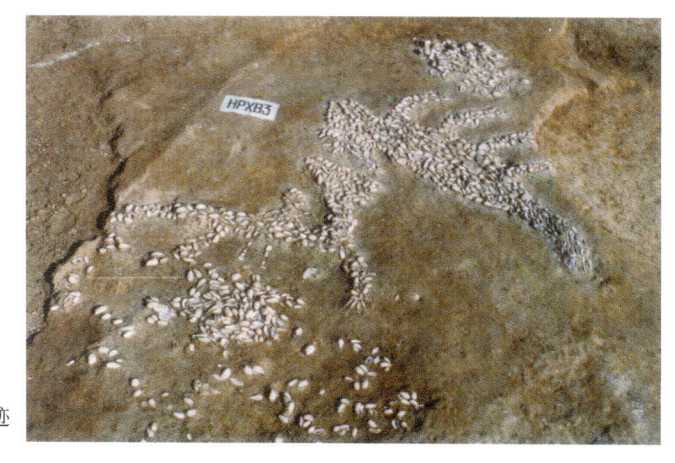

3. 河南濮阳西水坡第三组蚌塑遗迹

图版一

1. 安徽蚌埠双墩春秋锺离君柏墓形坪遗迹

2. 湖南长沙马王堆一号西汉墓出土非衣 　　3. 湖南长沙马王堆三号西汉墓出土非衣

图版二

1. 江西南昌西汉海昏侯墓出土铜当卢

2. 秦代铜镜

3. 陕西韩城梁带村出土西周青铜尊

图版三

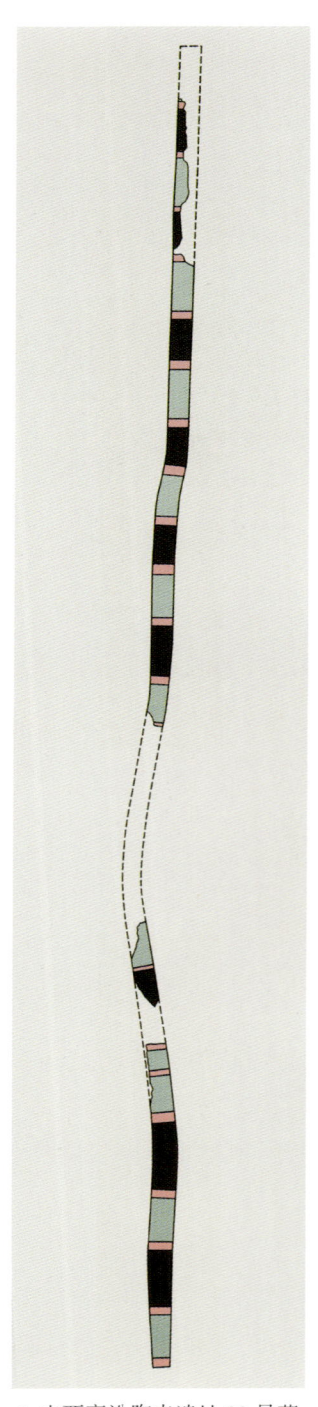

1. 山西襄汾陶寺遗址 22 号墓出土漆杆

2. 陶寺遗址 22 号墓出土红色土圭　3. 陶寺遗址 22 号墓出土青色土圭

4. 陶寺遗址 2200 号墓漆表与箭镞遗迹

5. 山西石楼出土商代铜觥

图版四

1. 湖北枣阳郭家庙出土两周之际青铜祖槷

2. 河南淅川和尚岭出土春秋晚期青铜祖槷

3. 山东长青仙人台春秋郜国青铜祖槷

图版五

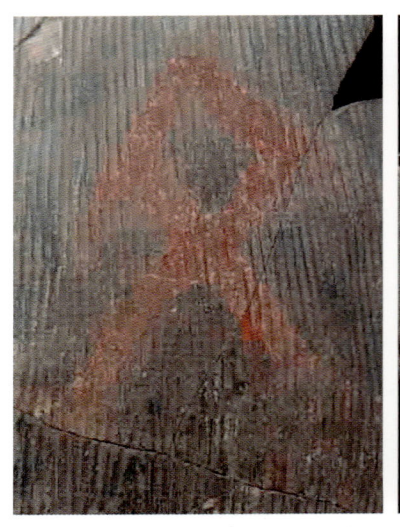

1. 陶寺遗址发现的"文邑"朱书

2. 内蒙古敖汉旗出土红山文化女祝陶像

3. 河南偃师二里头遗址出土常旙遗迹

图版六

1. 湖南长沙马王堆三号西汉墓出土太一将行帛画

2. 双墩新石器时代陶器契刻双猪图像

3. 良渚文化璇玑斗形玉器

1. 河南洛阳尹屯新莽壁画墓星象图北斗图像

2. 陕西定边郝滩东汉壁画墓星象图北斗图像

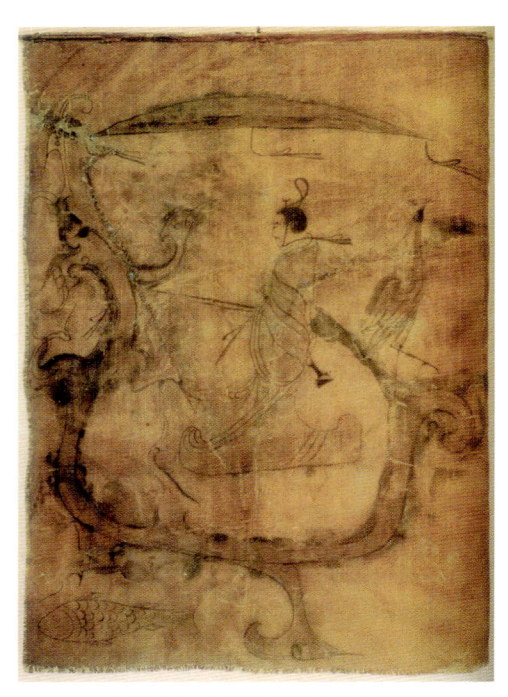

3. 湖南长沙子弹库战国墓出土明旌

1. 殷墟妇好墓出土两性合雕玉巫像

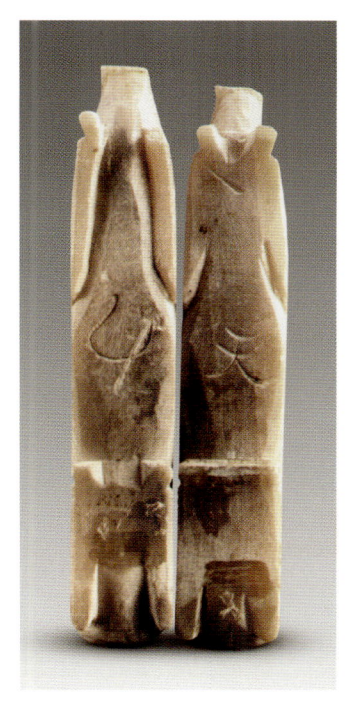

2. 江宁出土东晋滑石猪手握的"天乙"刻铭

3. 辽宁凌源三官甸子出土红山文化双首猪三孔玉器

4. 安徽含山凌家滩出土双首猪玉鹰

图版九

1. 辽宁建平牛河梁红山文化第二地点 4 号墓

2. 牛河梁第二地点 4 号墓局部

3. 4 号墓出土青色玉猪

4. 4 号墓出土白色玉猪

图版一〇

1. 殷墟妇好墓出土青色玉簋

2. 殷墟妇好墓出土白色玉簋

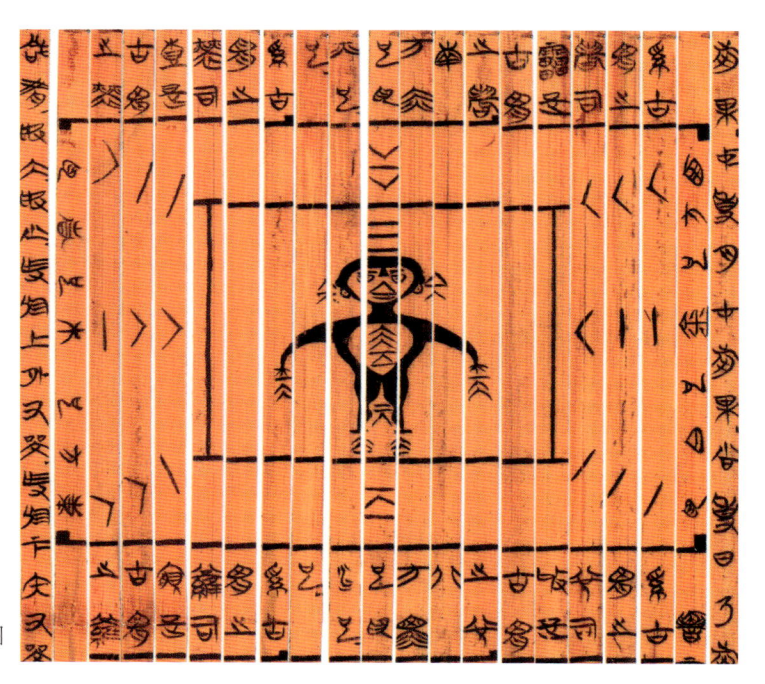

3. 殷墟王峪口村南地94号墓出土五色石

4. 战国竹书《筮法》卦位图

图版一一

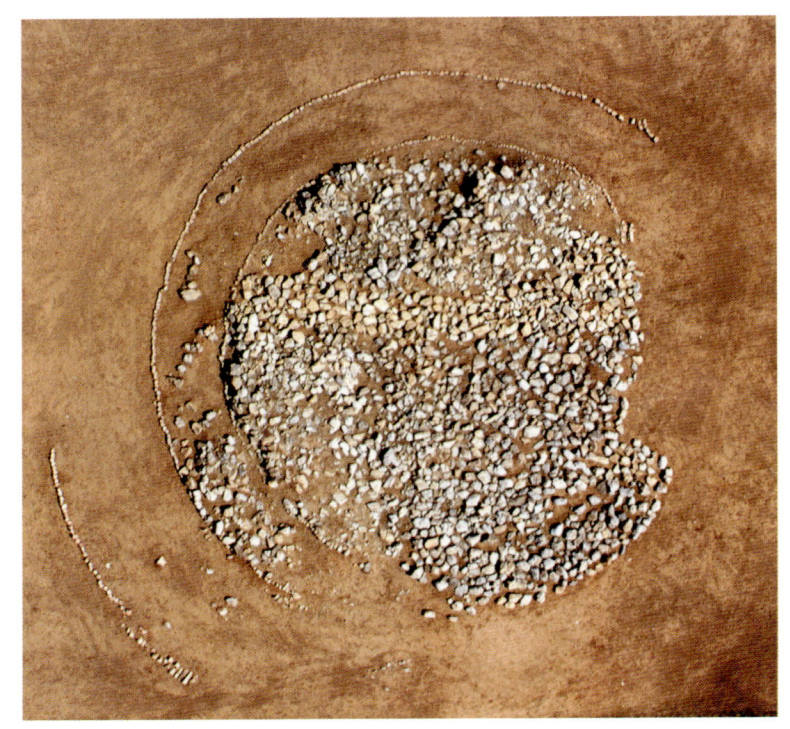

1. 辽宁建平牛河梁红山文化圜丘三衡遗迹

2. 唐长安城圜丘遗址

图版一二

国家社科基金后期资助项目
出 版 说 明

  后期资助项目是国家社科基金设立的一类重要项目，旨在鼓励广大社科研究者潜心治学，支持基础研究多出优秀成果。它是经过严格评审，从接近完成的科研成果中遴选立项的。为扩大后期资助项目的影响，更好地推动学术发展，促进成果转化，全国哲学社会科学工作办公室按照"统一设计、统一标识、统一版式、形成系列"的总体要求，组织出版国家社科基金后期资助项目成果。

全国哲学社会科学工作办公室

目　　录

自　序 ·· (1)

第一章　观象授时　以文治化 ·· (1)
第一节　文明与文化 ·· (1)
　　一　文明考 ·· (2)
　　二　文化考 ·· (7)
　　三　中国原始文明的基本内涵 ·· (10)
第二节　河南濮阳西水坡原始宗教遗存研究 ·· (13)
　　一　天文观测与天官的规划 ··· (15)
　　二　盖天理论的建立 ·· (24)
　　三　灵魂升天的宗教观念 ·· (28)
　　四　敬授人时与王权的诞生 ··· (32)
　　五　分至四神与创世神话 ·· (34)
　　六　西水坡宗教遗存的文明史意义 ··· (43)

第二章　奉时圭臬　经纬天人 ·· (46)
第一节　空间体系的建立 ·· (46)
　　一　二绳四方考 ·· (46)
　　二　五位考 ·· (58)
　　三　八方九宫考 ·· (65)
　　四　方位的起点 ·· (72)
　　五　空间的表现 ·· (73)
　　六　八方与八卦 ·· (75)

第二节　时空关系 ·· (78)
第三节　传统时空观的文化影响 ······································ (81)
　　一　辨方正位的用事制度 ·· (82)
　　二　从亚形到方形的大地观 ·· (87)
　　三　亚次与宗法 ·· (89)
　　四　十二州与九州 ·· (90)
第四节　早期圭表研究 ··· (93)
　　一　陶寺圭表考 ·· (94)
　　二　商代槷表钩沉 ··· (125)
　　三　卜辞"立中"与《大司徒》之关系 ························ (127)
第五节　两周祖槷研究 ·· (132)
　　一　祖槷考 ··· (133)
　　二　两周祖槷 ·· (142)
　　三　实用祖槷与以器喻德 ··· (153)
第六节　西周芮伯尊盖的天学意义 ································· (156)
第七节　圭表致日与执中思想 ······································· (159)

第三章　居中而治　自邑告命 ······································ (168)
第一节　《保训》故事与地中之变迁 ······························· (168)
　　一　《保训》释文 ··· (168)
　　二　竹书之"埶"与测阴阳 ······································· (169)
　　三　舜求地中的故事 ··· (174)
　　四　微变地中的故事 ··· (180)
　　五　地中变迁的考古学与文献学证据 ·························· (190)
　　六　周人居中而治思想的传承 ···································· (198)
　　七　地中变迁与夏商王邑的关系 ································ (201)
　　八　地中变迁对殷商文化的影响 ································ (205)
第二节　文邑研究 ·· (209)
　　一　陶寺文字考证 ··· (210)
　　二　早期都邑制度 ··· (223)
　　三　夏王朝的证认 ··· (231)

第三节　亳中邑研究 …………………………………… （240）
第四节　内服与外服 …………………………………… （247）
　一　邑制考 …………………………………………… （249）
　二　内服考 …………………………………………… （265）
　三　外服考 …………………………………………… （266）
　四　都制考 …………………………………………… （273）
　五　方伯考 …………………………………………… （275）
　六　附庸考 …………………………………………… （278）
第五节　邦家考 ………………………………………… （280）

第四章　见龙在田　天下文明 ……………………… （285）
第一节　龙的来源 ……………………………………… （285）
　一　龙的形象源于星象 ……………………………… （285）
　二　龙星行天与龙星阴阳 …………………………… （290）
　三　从观象授时到自然崇拜 ………………………… （299）
　四　"龙"字的音读与义涵 ………………………… （301）
第二节　《周易》乾坤卦爻辞研究 …………………… （302）
　一　龙星阴阳观的考古学研究 ……………………… （302）
　二　《乾》卦卦爻辞研究 …………………………… （314）
　三　《坤》卦卦爻辞研究 …………………………… （324）
　四　乾坤名义 ………………………………………… （350）
　五　易卦第三爻的意义 ……………………………… （355）
第三节　二里头文化常旜与上古舆服研究 …………… （357）
　一　升龙考 …………………………………………… （359）
　二　大常考 …………………………………………… （369）
　三　旗铃考 …………………………………………… （372）
　四　旗旜考 …………………………………………… （375）
　五　旜色考 …………………………………………… （388）
　六　旗旜变制考 ……………………………………… （390）
　七　常旜移用铭旌考 ………………………………… （396）
　八　铭旌变制考 ……………………………………… （400）

九　墓主身份考 …………………………………………………（409）

第五章　以祖配天　其严在上 ………………………………………（425）
　第一节　中国上古宗教的本质 ……………………………………（425）
　　　一　帝与嫡 …………………………………………………（425）
　　　二　眼目通神与三星堆觋像 ………………………………（426）
　第二节　红山文化巫祝研究 ………………………………………（428）
　　　一　红陶人像的性别 ………………………………………（428）
　　　二　红陶人像与女祝 ………………………………………（440）
　第三节　安徽蚌埠双墩春秋锺离君柏墓研究 ……………………（443）
　　　一　五色土遗迹与月令思想 ………………………………（451）
　　　二　圆璧遗迹与盖天观念 …………………………………（460）
　　　三　放射遗迹与星象之象征 ………………………………（464）
　　　四　土丘遗迹与形埒观念 …………………………………（471）
　　　五　山缘遗迹与八极观念 …………………………………（482）
　　　六　"亚"形墓室所见之宇宙观 ……………………………（487）
　　　七　以祖配天与昆仑升仙观念 ……………………………（492）
　　　八　墓葬所见宇宙观之地域传统及其影响 ………………（501）
　第四节　洛阳尹屯新莽壁画墓星象图研究 ………………………（507）

第六章　天地交合　阴阳刑德 ………………………………………（534）
　第一节　帝宰万物与天极阴阳 ……………………………………（534）
　　　一　阴阳思辨及其表现形式 ………………………………（534）
　　　二　冬至阳生与夏至阴生 …………………………………（537）
　　　三　以猪比附北斗的传统 …………………………………（538）
　　　四　北斗阴阳与猪的象征义涵 ……………………………（548）
　第二节　天地交泰观的考古学研究 ………………………………（553）
　　　一　交泰本义 ………………………………………………（553）
　　　二　红山文化交泰遗存 ……………………………………（556）
　　　三　交泰与堪舆 ……………………………………………（563）
　　　四　交祀与郊祀 ……………………………………………（566）

第三节　自然之色与哲学之色 ……………………………（573）
　　一　颜色的自然属性与哲学属性 ……………………………（573）
　　二　中国传统方色理论的内涵 ………………………………（576）
　　三　方色理论的文化影响 ……………………………………（579）
　　四　方色理论的起源 …………………………………………（584）
　　五　殷墟五色石的方色义涵 …………………………………（589）
第四节　咸池研究 …………………………………………（596）
　　一　传统之任德远刑观念 ……………………………………（597）
　　二　任德远刑观念的考古学与文献学证据 …………………（601）
　　三　咸池古义及四象表现形式的转变 ………………………（610）
第五节　参天两地与奇阳偶阴 ……………………………（615）
第六节　战国《筮法》卦位图研究 ………………………（624）
　　一　战国《筮法》卦位图之特点 ……………………………（625）
　　二　五行与方位阴阳的关系 …………………………………（628）
　　三　南北方位阴阳的差异与调整 ……………………………（633）
第七节　《月令》五藏祭与五行的关系 …………………（640）

引用文献简称 ………………………………………………（648）

自　　序

中国有着至少八千年未曾中断的文明史，有着四千年传承不绝的文献史，这在人类文明的历史上是绝无仅有的。毋庸置疑，这种经久不衰的传统文明一定有其无可比拟的优秀成分，其集中体现就是天人合一的宇宙观。然而随着百多年西风东渐的思潮，中国文化的优秀文萃虽历经数千年的积淀，但其独特价值在今日似乎并没有真正得到彰显，以致人们自觉不自觉地自我抛弃，渐渐失去了己身文明的根本。重建民族自信与文化自信是重要的，其首要工作当然就是从重拾自己的文化开始。

十六年前的2001年，我的《中国天文考古学》一书出版，虽然这部书基本建立了中国天文考古学这一学科体系，但是对于全面探索中国古代文明还远远不够。为弥补这一缺陷，近十几年来，我的天文考古学研究始终围绕着探索文明本源这一基本主题展开，希望能从天人关系这一角度梳理中国传统文化的文脉，揭示数千载文化发展的真谛和中国文明的独特内蕴。2006年出版《中国古代的天文与人文》，2009年修订再版，2013年又出版《中国古代物质文化史·天文历法》，都是对这一问题思考的研究实践。而一些散见于期刊、会议和文集的论文主要有《天地交泰观的考古学研究》（2005）、《洛阳尹屯西汉壁画墓星象图研究》（2005）、《"文邑"考》（2008）、《天文考古学与上古宇宙观》（2010）、《二里头文化"常旜"及相关诸问题》（2010）、《〈周易〉乾坤卦爻辞研究》（2010）、《上古宇宙观的考古学研究——安徽蚌埠双墩春秋锺离君柏墓解读》（2011）、《龙的来源——一个古老文化现象的考古学观察》（2011）、《陶寺圭表及相关问题研究》（2011、2013）、《敖汉旗兴隆沟红山文化陶塑人像的初步研究》（2013）、《〈保训〉故事与地中之变迁》（2013、

2015)、《自然之色与哲学之色——中国传统方色理论起源研究》（2013、2016)、《"亳中邑"考》（2013、2016)、《祖槷考》（2014)、《咸池考》（2015)、《清华〈筮法〉卦位图所见阴阳观》（2015)、《观象授时与文明的诞生》（2016)、《天文授时与阴阳思辨——上古猪母题图像的文化义涵》（2016)、《殷周畿服及相关制度考》（2017)。这些研究奠定了今天这部《文明以止》的基础。

天文学作为中国文化之源，这一点我们不仅已经反复强调，而且在今天，这个事实也看得愈来愈清楚。这意味着如果我们不从古代的天文学与天文观入手，不对传统的天人关系进行探索，要从本质上理解中国文化是根本不可能的。

我们所说的宇宙观是指中国先民对于天、地、人相互关系的思考，这种思考虽然源于一种最朴素的观象活动，但却广泛涉及了古代时空观、政治观、宗教观、祭祀观、舆服制度、哲学观与科学观，其知识与思想的形成与完善便构成了中国传统文化的核心。事实上，古代天文学对传统文化这七方面的影响使得上古天文学与天文观不仅是中国文化的渊薮，而且也是中国传统知识体系与思想体系的渊薮。

研究中国的上古文明，首先面临的就是有关文明与文化的理论问题。换句话说，既然我们研究的是中国问题，那么文明与文化的基本定义就只能从对中国先民的传统思考与认知体系中去探索，而不能简单地移植其他文明的现有成果。不同文明的文化背景与文化理解根本不同，生搬硬套其他文明的理论作为己身文明的研究标准不仅圆凿而方枘，甚至将直接导致错误结论的得出，无法揭示己身文明的真正价值。事实上，中国古代文明更多地强调形上思想与礼仪制度的建构，这是我们在研究中国上古文明时必须充分加以关注的问题。

文化是传承的，只有传承才可能形成传统，这意味着文明传承的本质其实是在追求一种精神的固守。本书取《易传》"文明以止"为题，即在强调文明传承的这种不变的文脉。尽管历史的失忆与民族的交流造就了古今文化的差异，但是作为传统文化的主流与根本，古今却一脉相承。

重建上古的天文、思想与制度，以考古资料作为直接史料，其价值当然无可替代。本书的讨论除天文学对作为中国古典哲学基础的儒道哲学的影响拟另成书外，全面讨论了上古时期及前文献时代的宇宙观问题。

通过天文考古学研究，从天文与天人关系的角度，结合考古学、古文字学、古文献学和民族学材料，以考古学、历史学、古文字学及天文学研究为手段，对上古思想与制度给予了必要的研究。

本书的完成得到国家社会科学基金后期资助的支持，中国社会科学出版社及黄燕生编审为本书的出版尽心筹划，学生韩雪、张雪妍协助录入文字并统理书稿，刘佳佳翻译英文书名，同事张蕾、吕杨、田苗代为补绘插图，助手莘东霞扫描制作图片，今藉拙作付梓之机，一并深致谢忱。

作　者

2017年6月30日记于尚朴堂

第 一 章

观象授时　以文治化

第一节　文明与文化

中国传统文明观的首要义涵乃在于对古代制度及宇宙观的建立，准确地说，古人定义文明并不特别注重他们创造的物质文明成果，至少不以其作为阐释文明的第一要素。物质文明所展现的技术进步事实上是为政治与宗教服务的，而与物质文明的创造相比，先民早期知识体系、礼仪制度与思想观念的形成则在根本上体现着人类摆脱野蛮状态最重要的标志，成为界定文明诞生的真正标准。很明显，由于人类文明的历史是由精神文明与物质文明共同构成的，因此，以重建古代历史为己任的考古学研究不可能也不应该忽略对古代制度与形上思想的探索。

人类知识体系的形成根植于三种最古老的科学，即天文学、数学和力学。这三种科学之所以古老，原因就在于其直接服务于先民的生产和生活。如果说力学的产生是人类为从事农业生产而适应定居生活的需要的话，那么天文学则是作为农业生产的基础而存在的。当先民摆脱了原始的采集狩猎经济，而以人工栽培农业的生产方式为氏族提供有保障的食物来源的时候，天文学就应运而生了。众所周知，地理的南北差异与气候的冷暖变化直接影响着先民是否可以随时通过采集果实维持生存，如果寒冷的季节过长，则在相当的时间内将无实可采，这意味着原始农业一定首先发生在寒暑季节变化分明的纬度地区，而在这样的地区从事农耕生产，一年中真正适合播种和收获的时间非常有限，有时甚至只有短短几天，[①]

[①] 参见《国语·周语上》虢文公谏宣王不籍千亩章。

显然，了解并掌握时间——农时——对农作的丰歉至为关键。因此就农业的起源而言，古人对于时间的认识已成为其不可或缺的首要前提。事实上，没有古人对时间的掌握便不会有人工栽培农业的出现，我们不能想象，一个对时间茫然无知的民族可以创造出发达的农业文明，这种情况是根本不可能发生的。而对早期先民而言，解决时间问题的唯一方法只能到天上去寻找，这个工作就是观象授时。显然，原始农业对于时间的需要促使天文学最早发展了起来。

为解决农业生产所遇到的时间问题，粗略地仰观天象显然毫无意义，人们需要对星象的观测尽量精确，通过了解星象的运行周期以争毫厘之差，并据此建立起时间的周期。在这个使星象观测逐渐精确化的过程中，数学知识及相应的计算工作必须被引入，从而使数学在作为早期天文学不可分割的部分的同时一并得到了发展。中国古人素以天数不分，正是基于这样的传统。

在人类创造的三大古典科学之中，天文学不仅出现最早，而且具有特殊的价值。如果说这三大古典科学构筑了人类知识体系的基础的话，那么天文学则不仅是这一知识体系的核心，而且更成为古代制度与思想之渊薮。尽管古人探索天象的初衷只是为农业生产提供准确的时间服务，但是随着人类文明的进步，天文学对中国古代文明与传统文化的形成则产生了深刻影响。具体地说，天文学不仅是古人赖以建立时空体系的重要手段，而且直接促进了传统政治观、宗教观、祭祀观、礼仪制度、哲学观与科学观的形成，这些观念在构建中国传统文化核心内涵的同时，也形成了独具特色的传统宇宙观，体现了古人对于天、地、人相互关系的深刻思考。这意味着如果我们探求中国文化，就不能不首先研究作为这一文化背景的天文学及宇宙观。事实上，如果我们不了解古代的天文学以及相应的宇宙观，我们就无法从根本上把握文明诞生和发展的脉络。显然，天文学作为中国传统文明之源的事实相当清楚。

一　文明考

何谓文明，澄清这一问题对正确认识中国文化及宇宙观非常重要。文明的诞生源自先民对于天人关系的独特理解，体现了天文作为文明之源的固有思考。《周易·乾·文言》云：

> 见龙在田，天下文明。

"见龙在田"为《乾》卦之九二爻辞。孔颖达《正义》："阳气在田，始生万物，故天下有文章而光明也。"龙本为上古时代观象授时的重要星象，其由二十八宿东宫七宿中的六宿所组成。每当黄昏日没后苍龙之角宿初现于东方的时候，这一天象便被称为"见龙在田"。① 古人又以东方属阳，故龙星自东方地平线上升起的天象也就是所谓"阳气在田"，而传统则以阳气主生，所以初民根据龙星东升天象的观测以行农事，便会"始生万物"而享有丰年，终致天下有文章而光明。很明显，天文作为文明之源的思想于此表述得清楚而明确。

"天下有文章而光明"的思想，其本质所强调的实为人文之彰著，这里的"文"也就是"文明"之"文"。先民对于"文"的推崇反映了一种根深蒂固的文化思考与文明传统。商周古文字的"文"本作"𠁣"，象人形而特彰明其心，所以"文"的原始内涵实相对于"质"，如果说"质"的思想乃在表现人天生所具有的动物的本能，那么"文"显然已是经德养之后所表现的文雅，这种通过内心修养所获得的文雅自然是对初民本能之质的修饰，这种修养的文雅由内而外，以德容的形式彰显出来，这便是古人所称的"文明"的本义。

传统的文明观念其实体现的是初民经过内心的德行修养而表现出的文德，从而将人从以质为本能的动物世界中分离出来的精神追求，所以"文明"之"文"的义涵就是文德。这种文质思想后来被儒家哲学所继承，而在传统的礼仪制度中则更多地以文武的思想加以阐释。当然，不论文、质相对还是文、武相对，"文"所具有的文德本义都是明确的。

文德修养不足，自然不可能彰明显著，于是文德之修养又关系到另一个重要观念——郁。"文明"之"文"于《说文》别作两字，一作"文"，训为错画；一作"彣"，训为𪰂。许慎的这种做法并不可取，"文"训错画实际乃是其本训𪰂的引申。显然，"文"、"彣"本为一字，唯作"文"。春秋以前的古文字有"文"而无"彣"，知"彣"字为后

---

① 冯时：《中国天文考古学》第六章第四节，社会科学文献出版社2001年版。

起,是为明证。《说文·有部》:"䶄,有文章也。从有,或声。"段注本改"文章"作"彣彰",并云:"䶄古多叚或字为之。或者䶄之隶变。今本《论语》'郁郁乎文哉',古多作或或。是以荀或字文若,《宋书》王彧字景文。《大戴·公冠篇》'遵并大道邠或',邠或即彬或,谓彬彬或或也。《小雅》'黍稷或或',《传》云:'或或,茂盛皃。'即有彣彰之义之引申也。""䶄"今通作"郁",其本义即为文德彰明。《论语·八佾》引孔子曰:"周监于二代,郁郁乎文哉!吾从周。"既见文盛德厚则可彰明的思想。《礼记·表记》引孔子曰:"虞、夏之质,殷、周之文,至矣。虞、夏之文不胜其质,殷、周之质不胜其文。"朱彬《训纂》引方性夫曰:"加乎虞、夏之质,则为上古之洪荒;加乎殷、周之文,则为后世之虚华。"虞、夏近古,其民始修文德而未郁,故文不掩其质。

  人何以需要修养文德?因为人必须要与动物相区别,这一点在后世的儒家思想中反复被强调。然而最早的文德是什么?先民根据怎样的标准建立并规范人类的文德?他们又从观象授时的活动中体会出怎样的朴素德行的认知呢?这些思考充分体现了古人对于天人关系的理解。

  观象授时的活动使先民首先完成了对时间与空间的规划,而人们对时间的认识则是通过对主授农时的标准星象的运行变化实现的,这个标准星象就是东宫苍龙星象以及位于其中心部位的大火。初民视龙星及大火之昏见以建时,久之而不爽,从而形成时间为信的思想,并由此产生了以信为德的观念。《礼记·乐记》:"天则不言而信。"即此之谓。显然,诚信思想是先民从对时间的观测与规划中感悟并懂得的,人们与时间虽无约守,但其每每如期而至,从无差误,初民据此指导农业生产,屡获丰稔,故时间便具有了诚信不欺的鲜明特点。郭店楚竹书《忠信之道》云:"至信如时,必至而不结。"讲的就是这个道理。[1] 先民以测影计时之圭为瑞信之物,也体现了同样的思考。而古代盟誓将约守诚信之盟辞书写于玉圭,或又以圭臬赠与妇人以显妇德之忠信,[2] 也都是这一思想的反

---

[1] 冯时:《战国竹书〈忠信之道〉释论》,《古墓新知——纪念郭店楚简出土十周年论文专辑》,国际炎黄文化出版社2003年版;《西周金文所见"信"、"义"思想考》,《文与哲》第六期,2005年6月。

[2] 冯时:《祖槷考》,《考古》2014年第8期。

映。事实上，西周金文所见时人之道德观正体现为信与孝，而信更是构建孝信之德的基础。① 事实上，在原始思维的背景下，"至信如时"的思想必然孕育出时间乃由神灵所司掌的朴素认识，而由此产生的信的本质内涵也一定体现为人神之间的诚信约守。显然，信的思想不仅源于远古的观象授时活动，而且集中体现了中国传统道德观的核心价值。这便是"见龙在田"与"天下文明"所呈现的因果脉络。

以信实为德而构成文明的本质内涵，这种思想在早期文献中反映得非常清楚。《尚书·舜典》云：

> 曰若稽古帝舜，曰重华，协于帝。濬哲文明，温恭允塞。玄德升闻，乃命以位。

经家解为："濬，深；哲，智。舜有深智，文明温恭之德，信允塞上下。"孔颖达《正义》："舜有深智，言其智之深，所知不浅近也。经纬天地曰文，照临四方曰明。既有深远之智，又有文明温恭之德，信能充实上下也。"所论未逮本义。实"温恭允塞"四字同在阐释文明之德的基本内涵。"温"，德容也。《诗·秦风·小戎》："言念君子，温其如玉。"《论语·季氏》："君子有九思，……色思温。"是以"温"即德容，其犹《诗》以修德之善作称"颂"，"颂"也德容之谓。② "恭"，敬肃也。《礼记·曲礼上》："是以君子恭敬撙节退让以明礼。"孔颖达《正义》引何胤曰："在貌为恭，在心为敬。""允"，诚信也。《尚书·尧典》："允恭克让。"伪孔《传》："允，信也。"伪《古文尚书·太甲上》："克终允德。"蔡沈《集传》："允，信也。"《左传·文公十八年》："明允笃诚。"杜预《集解》："允，信也。""塞"，诚实也。《诗·邶风·燕燕》："仲氏任只，其心塞渊。"孔颖达《正义》："其心诚实而深远。"《孟子·公孙丑上》："以直养而无害，则塞于天地之间。"《诗·大雅·常武》："王犹允塞。"郑玄《笺》："允，信也。尚守信自实满。"王先谦《诗三家义集

---

① 冯时：《燹公盨铭文考释》，《考古》2003 年第 5 期；《儒家道德思想渊源考》，《中国文化研究》2003 年第 3 期。

② 冯时：《四诗考》，《中国哲学史》2017 年第 1 期。

疏》："言王道诚信充实。"知经文实言舜有温恭允塞之德。《尚书·皋陶谟》论九德而有"愿而恭，直而温，刚而塞"，伪孔《传》解云"悫愿而恭恪，行正直而气温和，刚断而实塞"，实"塞"即"允塞"，乃言诚实。此与《舜典》所论正合。

德的观念的产生源自于观象，这一思想根深蒂固。《周易·大有·彖》云：

其德刚健而文明，应乎天而时行，是以元亨。

又《象》云：

火在天上，大有，君子以遏恶扬善，顺天休命。

王弼《注》："德应于天则行，不失时矣。"尚不失本义。文明来源于古人对天象的掌握，观象以知时，则文德渐成。天行健而不止，故德刚健而不息，其文彰著，遂有享大祀——元亨——之位。"火在天上"之"火"即为大火星，乃位于苍龙星象中心的授时主星心宿二。古人观火星以授时而"大有"，"其德刚健而文明"亦"大有"而享祀，皆所谓"顺天休命"，故上九爻辞言"自天祐之"。《周易·系辞上》："《易》曰：'自天祐之，吉，无不利。'子曰：'祐者，助也。天之所助者，顺也；人之所助者，信也。履信思乎顺，又以尚贤也。是以自天祐之，吉，无不利。'"古人以信见德，而信本形成于先民对于时间的掌握，故文明源自天文，于此表述得同样明晰。

人类以修养文德而彰明，而社会则得有制度的建设和礼仪的完善而彰明，事实上，文德与制度的形成皆有赖于一个根本工作，这就是观象授时。"见龙在田"所呈现的是苍龙星象的起始宿角宿昏见于东方地平之上的天象（参见第四章第二节之二），这既是新的农作周期开始的标志，当然也体现着先民对于空间与时间的规划。事实上，人类知识体系的形成是从他们对空间与时间有意识的规划开始的，而在时空体系完善的基础之上，一切人文制度及形上思想才可能最终建立。《礼记·大传》云：

立权度量，考文章，改正朔，易服色，殊徽号，异器械，别衣服。此其所得与民变革者也。

郑玄《注》："文章，礼法也。"即以"文章"所言为礼仪制度。《左传·隐公五年》云：

昭文章，明贵贱，辨等列，顺少长，习威仪也。

杜预《集解》谓"文章"曰："车服旌旗。"皆以文章为礼仪典章，其属人文制度自明。人文制度包括一系列的礼乐制度与典章制度，这不仅是人类社会区别于动物世界的重要标志，而且也同德行观念的推行一样，是维系社会正常秩序的根本保证，故光大昭明，可见其与野蛮的不同。

毋庸置疑，中国古人对文明的阐释充分体现了中国文化的独有特点，其所强调的其实是"文"字所具有的形上思想与制度义涵，而相关思想与制度的形成则直接导源于观象授时以及先民对于天人关系的思考。物质的创造尽管可以满足先民生活的需要，但以器载道，借器物以完成思想的表达及制度的昭明才是他们追求的根本目的。很明显，基于天文作为文明之源的事实，对于早期文明与文明史的研究而言，仅仅关注物质文明而忽略上古形上思想与礼仪制度的探索是极不全面的，忽略对上古天文学与宇宙观的探索同样也难中肯綮。

二 文化考

中国古代天文与人文的关系问题始终是中国文化的根本问题，先民对这一问题的思考和论述精审而深刻。《周易·贲·彖》云：

刚柔交错，天文也。文明以止，人文也。观乎天文，以察时变。观乎人文，以化成天下。

王弼《注》："观天之文则时变可知也，观人之文则化成可为也。""文明"之"文"所体现的由人之心斋而致文雅，到社会制度的完善而有秩序，都呈现出郁郁乎文的彰著。这使"文"具有了𩵦文的本训。人有文德则德容昭显，其犹以文绘饰之而掩其质；社会有制度礼仪则秩序井然，其犹以文绘饰而掩其野。故"文"又引申有错画之训，此即《象》所谓"天文"、"人文"之义。对天之绘饰错画即为天文，其本指天上由不同星辰所组成的图像；而对人类社会之绘饰错画则为人文，所指乃形上思想与礼仪制度。孔颖达《正义》："言圣人观察人文，则《诗》、《书》、《礼》、《乐》之谓，当法此教而化成天下也。"所论虽不全面，然尚得人文之旨。

"刚柔交错"意即阴阳迭运，其所描述的是天文星象的回天变化。星象之运行时刻都在变化，或东升西落，或天渊两别，这种星象运行的位置变化不仅可以象征阴阳的变化，同时更预示着时间的变化。古人以"刚柔"表述阴阳，既有时间的意义，也有空间的意义，而天象的特征乃在于变，这一点恰好可以借助阴阳思想而加以表现。故先民观测天象，其目的即重在掌握其变化规律，唯知其变，时间系统才可能建立。而与随时变化的天象不同，"文明以止"之"止"则在强调思想与制度的相对不变。如果说变是天象的基本特征，那么因人文制度与思想观念重在传承，其所表现的必然是恒守不移的不变传统。因此对于制度与思想而言，古人更怕其变，而希望其不变，如此才能完成对人类创造的一切知识、思想与制度的有序继承。天文不变则无以知时，人文若变则无以成传统。《易传》以变与不变的对比，准确地阐释了天文与人文的本质特征，这对客观理解上古文明是极为重要的。显然，先民求天文之变以建立时间，求人文之不变以形成传统，这些思想既体现了天文作为文明之源的思考，也揭示了天文与人文的本质内涵。

源于天文的人文制度与思想的形成，由于其内涵不同于天文所具有的时间意义，而重在强调人及社会之郁文，因此其作用则在于"化成天下"。这里的"化"意即以文明或人文教化，实际也就是以文治化，这当然涉及了古人对于"文化"的理解。

《说文·匕部》："化，教行也。"古文字"化"作"𠬢"，字象正逆二人之形。二人正逆的不同姿态并不是没有意义的，古人素有以人之正逆形象喻指德行高下之传统。如"文"字本作人正面站立而明见其心之形，是"文"有文德、文雅之义，而德以正德最善，雅也同有雅正之义。周人以文王之德至纯,而西周康王世之大盂鼎铭恰述文王之德为正德。《左传·文公七年》:"义而行之谓德礼。"杜预《集解》:"德,正德也。"而《毛诗大序》训"雅"为正,也在强调《雅》诗的德教作用。① 又如"大"字本作"𠘧",象人正立之形,而将"大"字倒之为"𠆢",则又是"逆"之本字。古人习以"逆"喻指无德之人,故乏德者称"逆子"、"逆民",乱礼窃国者称"逆贼"、"逆竖",结伙作恶者称"逆党"、"逆藩"、"逆臣",皆以人之反形以喻无德。而将逆形之人正之,则又习指德高者,故于有德之人称"正人"、"正士",有德之臣称"正臣",有德之君子称"正人君子"。以此观之,则知"化"字本义是以逆形之人喻指未经教化之逆子逆民,而逆子经教化必由反而正,自成有德之君子,故又以正形之人象之。显然,"化"字的本义即在阐释教化的作用,其目的就是通过文德教化而使逆人为正。《礼记·乐记》云:

> 是故先王之制礼乐也,非以极口腹耳目之欲也,将以教民平好恶而反人道之正也。……是故君子反情以和其志,比类以成其行。奸声乱色不留聪明,淫乐慝礼不接心术,惰慢邪辟之气不设于身体,使耳目鼻口心知百体皆由顺正以行其义。

即在强调人之身体与思想都须以顺正之方向行乎道德,这便是"化"字以正人之象以喻德化的本旨。《荀子·正论》:"尧、舜,至天下之善教化者也,南面而听天下,生民之属莫不振动从服以化顺之。"同样表达了教化以顺正的思想。德化实在于端正人心,端正之心即为化成以正人。故"化"字所体现的文治教化的本义极为鲜明。而《易传》以人文化成天下,表述的正是这一思想。

准此可知,古人所谓之文化同文明一样,也不是指人类技术的进步与物质的丰足,而在强调文德教化之尚德追求。《说苑·指武》:"圣人之治天下也,先文德而后武力。凡武之兴,为不服也,文化不改,然后加诛。夫下愚不移,纯德之所不能化,而后武力加焉。"所言"文化"本即以文德教化为义甚明。《文选·束广微补亡诗由仪》:"文化内辑,武功外

---

① 冯时:《四诗考》,《中国哲学史》2017年第1期。

悠。"李善《注》:"言以文化辑和于内,用武德加于外远也。"其以文化与武功相对,以文德与武德并举,以内和与外远互称,皆明文化本即以文德治化于心,此文明、文治之谓也。

三 中国原始文明的基本内涵

中国的传统文明体现着一种独具特色的宇宙观。我们所说的广义的宇宙观是指中国古代先民对于天、地、人之间相互关系的独特思考,这种思考虽然源出于一种最朴素的观象活动,但却是以古人对于时空的规划、政治制度与宗教观念的形成、祭祀及典章制度的完善,以及哲学思辨与科学证认的形式呈现的,显示出天文对于人文的深刻影响。

东西方文明的本质差异即在于两种宇宙观的不同。中国传统的宇宙观博大而包容,和而不同,这个特点不仅来自古人对于天人关系的认识,而且也造就了独具特色的传统文明。很明显,对中国上古文明的研究不可以抛弃其赖以建立的宇宙观背景。

中国原始文明的诞生是从初民有意识地对空间与时间的规划开始的,事实上在他们创造出独具特色的时空知识体系的同时,也完成了对时空关系的思考,而时空体系的建立以及时空关系的思考都必须基于相应的天文观测才可能完成。中国传统的时空关系表现为空间决定时间,这不仅意味着辨方正位成为一切用事的基础,从而决定了古人对于子午线的重视以及诸如都邑、茔域等的方正布局,而且对于传统文化中有关时空问题的理解,也都需要首先建立这种时空关系的背景。先民通过对时空的规划建立起一整套有关空间、时间的基本概念及表现形式,而且将时空体系与阴阳哲学彼此结合,建构了独具特色的文化传统。

阴阳的思辨虽然是对万物生养原因的哲学解释,但其本质却同观象授时的工作一样重在祈生,这使以观象为基础的时间体系成为表述阴阳的最理想的形式,从而形成传统的阴阳合历以及以阴阳为核心的时空传统与原始宗教传统。

空间方位的精确辨正显然得益于槷表的发明,这种天文仪器的出现成为天文观测精确化的必然结果。在中国传统的五方观念中,中的位置不仅是立表的位置,而且在早期文明社会,立表的活动由于被统治者所垄断,从而导致时空体系、政治制度与宗教思想的结合,使居中而治的传统政治观逐渐形成。

上古王权的基础当然在于对观象授时的掌握，由此则逐渐发展出君权天授的政治思想。因此根据传统的政治观，人君治民实受天命而为，故其配帝在下，所居之位也必依近于天。《逸周书·度邑》言武王治民作邑"其惟依天"，何尊谓武王定天保而直告于天，且宅中域以乂民，都体现了这一根本思想。① 古人以为，授命之帝居于天之中央——北极，则人王若要依天而立政，就必须居于地之中央。故王庭的选建首先就要解决以圭表求测地中的问题，从而形成以地中为中心的中域、中土、中国、中原的政治地理概念，以及相应的居中而治的传统政治观。《论语·尧曰》："天之历数在尔躬，允执其中。"即是这种观念的反映。

王庭选建于天地之中意味着建筑于观象授时基础上的政教合一的王权具有了政治和宗教上的合法性，所以，居于中央的王庭对四方的统治必须通过于王庭所在的内服周围分封诸侯而实现。外服诸侯所建立的实体为"国"，而由王庭及其所统御的侯国所形成的内外服政治实体则称为"邦"，国对于中央王庭首先具有的就是拱卫的义务，同时通过贡纳的形式以表现其对王庭的臣服。西周大盂鼎称武王嗣文王之业而"作邦"，即此之谓。而外服侯国以外的"方"则对王庭时叛时服，所以王所巡守之邦本及四国——四方之诸侯国，形成早期家天下王朝的基本政治格局。而王更以耀德使四方要服荒服之"方"归附宾服，形成更广大的内外服政治实体。西周昭王世之作册令方彝铭云舍命"三事四方"，即是这种政治格局的真实反映。

由立表测影而产生的"中"的观念事实上包括三方面的内涵。其一，因立表测定空间方位所获得的"中"具有"中央"的内涵，这是居中而治传统政治观的基础，对中国传统政治制度及王邑制度的形成具有深刻的影响。其二，立表测影的工作必须以校正表的垂直为前提，由此获得的"中"则具有"中正"的内涵，从而直接影响着"中庸"哲学观的形成。其三，表所居的位置在中央，其又以中正的状态呈现，这个位置显然是最为和谐且不偏不倚的，由此又引申出"中和"的内涵，从而使"中"最终具有了阴阳哲学的意义。

---

① 冯时：《天亡簋铭文补论》，《出土文献》第一辑，中西书局2010年版。

由于观象授时的工作始终为统治者所垄断，这使天文学从其诞生的那天起即具有了强烈的政治倾向。很明显，在生产力水平相当低下的远古社会，如果有人通过自己的智慧与实践掌握了在多数人看来神秘莫测的天象规律，并通过敬授人时维系着氏族的生存，那么这种知识本身也就具有了权力的意义。事实上，当观象授时作为王权政治的基础存在的时候，人王的权力源于天授的认知便自然产生了。基于这样的认知，至上神上帝开始被创造，帝廷组织得以建构，帝与人王的直接血缘关系得到确认，以祖配天的观念由此形成，进而对天地、天象、祖先、社稷的祭祀及相应的典章制度与礼器制度，以及有关阴阳、刑德的哲学思考相伴而出现。不仅如此，政治观的形成必须创造出王权的象征形象，而龙星以其授时主星的地位具有了这种资格。畿服的规划与王庭的建置必须体现出尊卑的差异，古人对于时空的认识最终解决了这个问题。人居于天地之间如何才能合于天地之道而永续恒久，这种思考使先民选择了顺时施政的用事法则。而宗教观的建立则又需要首先确定上帝的居所以及帝与人王的关系，于是有关天极、极星、璇玑的认识相继完成，而在确立帝作为天子嫡系祖先的同时，也创造出了帝的世俗形象。显然，天文学不仅导致了君权神授、天命观念的形成，而且直接关系到原始宗教观、古代祭祀制度及礼仪制度的建立。而就古典哲学而言，如果说儒家哲学的天命、中庸、道德等核心思想乃是对传统宇宙观的继承的话，那么道家的思辨哲学简直就是借助天文学的研究完成的。[1]

天文学既是原始文明的来源，当然也是原始科学的来源，古代科学观的内涵不仅包括科学知识与研究方法，而且更有支撑这一体系的科学思想。前者的建立必须通过天文学与数学的进步才能得以实现，而科学思想则与相应的哲学思想息息相关，成为传统宇宙观中颇具特色的部分。

中国古代文明是人类历史上天文学发端最早的古老文明，这意味着文明的起源与天文学的起源实际处于同一时期，而天文学所构筑的文明基石以典章制度与形上观念为特征，这是人类摆脱野蛮和蒙昧状态而真正具有社会意义的最重要标志。显然，天文学并不能仅仅被纳入科学的

---

[1] 参见冯时《中国古代的天文与人文》第四章，中国社会科学出版社 2009 年修订版。

范畴，它既创造了文明，也是人们探索原始文明的途径。事实上在早期文明社会，文化与科学是难以割裂的，人们对待科学的态度也就决定了他们对待文明的态度，这是我们在研究中国文明史的时候需要特别加以关注的。

第二节　河南濮阳西水坡原始宗教遗存研究

文明源自先民对于天、地、人关系的理解，或者更明确地说，人类观测天文的活动以及他们依据自己的理念建立起的天与地或天与人的关系，实际便构筑了文化的基石，这意味着一种有效的天文学研究不仅是重建古代天文科学的途径，而且提供了从根本上探索人类文明起源的可能。

天文考古学将古代天文学视为人类早期文明的重要组成部分，天文学的创造不仅是指天文技术以及由此导致的观象手段和计算方法，更重要的则是支持这些技术的天文思想以及一种以天人关系为思考主题的人文理解。显然，科学的发展进程便体现着文明的发展进程，古人创造科学的活动也就是他们创造文明的活动。

尽管目前的天文考古学研究已为这些问题的判断预留了广阔空间，然而我们似乎仍没有机会从中国古老文明的源头讲起，因为迄今为止的任何一项天文考古学个案研究，其所揭示的古代思想史和文明史的内涵都是综合性的，这意味着即使相关的考古资料的年代可以早至公元前第四千纪以前——这个年代其实已足以使传统的历史学与考古学深感惊诧，但那充其量也只是文明与科学发展到相当成熟阶段后的精神成果，因为这些基于古代时空观而建立的天人思想不仅已经非常系统，而且也已相当完整。

对于印证这个事实，恐怕再没有比对发现于河南濮阳西水坡的仰韶时代蚌塑宗教遗存的研究更能说明问题。遗迹包括彼此关联的四个部分，① 四处遗迹则自北而南等间距地沿子午线分布（图1—1），而且异常

---

① 濮阳市博物馆、濮阳市文物工作队：《河南濮阳西水坡遗址发掘简报》，《文物》1988年第3期；濮阳西水坡遗址考古队：《1988年河南濮阳西水坡遗址发掘简报》，《考古》1989年第12期。

准确。遗迹北部是一座编号 M45 的墓葬，墓穴南边圆曲，北边方正，东西两侧呈凸出的弧形，一位老年男性墓主头南足北仰卧其中，周围还葬有三位少年。在墓主骨架旁边摆放有三组图像，东为蚌龙，西为蚌虎，蚌虎腹下尚有一堆散乱的蚌壳，北边则是蚌塑斗形图像，斗形图像的东侧特意配置了两根人的胫骨（图1—2；图版一，1）。位于45号墓南端约25米处分布着第二组遗迹，由蚌壳堆塑的龙、虎、鹿、鸟和蜘蛛组成，其中蚌塑的龙、虎蝉联为一体，虎向北，龙向南，蚌鹿卧于虎背，鹿的后方则为蚌鸟，鸟与龙头之间则是蚌塑蜘蛛，蜘蛛前方放置一件磨制精细的石斧（图1—3；图版一，2）。距第二组遗迹南端约25米分布着第三组遗迹，包括由蚌壳摆塑的人骑龙、虎、鸟的图像以及圆形和各种显然不是随意丢弃的散乱蚌壳。蚌虎居北，蚌人骑龙居南，作奔走状，形态逼真（图1—4；图版一，3）。第二和第三组蚌塑图像与第一组直接摆放于黄土之上的做法不同，而是堆塑于人们特意铺就的灰土之上。在这南北分布的三处遗迹的南端约25米处，则有编号M31的墓葬。墓主为少年，头南仰卧，两腿的胫骨在入葬前已被截去（图1—5）。这座规模宏大的宗教遗迹，无论考古学的研究还是碳同位素的测定，都把其年代限定在公元前五千纪的中叶，准确时间约为距今6500年。遗迹所蕴涵的科学与文明的精神以及先民对于天文与人文的思考是深刻的，在今天我们近乎艰难地读懂了这些作品之后，更能体会到一种心灵的震撼！

图1—1　河南濮阳西水坡仰韶时代遗迹分布示意图（遗迹间距约25米）

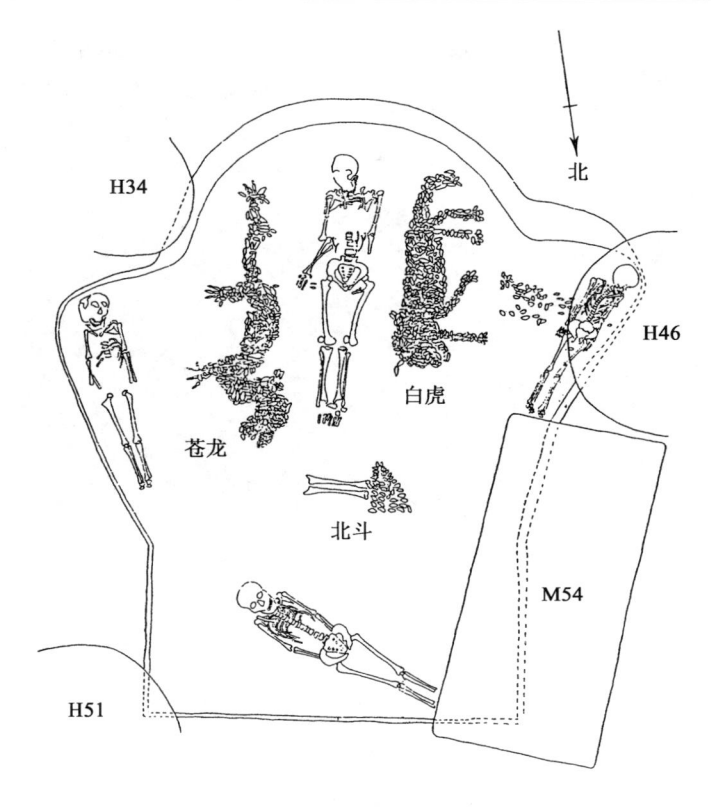

图 1—2　西水坡 45 号墓平面图

一　天文观测与天官的规划

西水坡蚌塑宗教遗存的核心便是葬有这座遗迹主人的 45 号墓，墓中的蚌塑遗迹构成了一幅完整的星象图，其中位于墓主脚端由蚌塑三角形和两根人的胫骨组成的图像即是明确可识的北斗图像，蚌塑三角形表示斗魁，东侧横置的胫骨表示斗杓，构图十分完整。

尽管星象图得以确认的关键首先即在于对北斗的考认，但仅从象形上认证北斗显然不够。事实上，斗杓不用蚌壳堆塑却特意选配人骨来表示，这本身就已显示出与其他蚌塑图像的差异。如果说这种耐人寻味的做法能够帮助我们从本质上了解北斗的含义的话，那么这正是我们渴望找到的线索。

中国天文学由于受观测者所处地理位置的局限而有着鲜明特点，其中重要的一点就是重视观测北斗及其周围的拱极星。因为在黄河流域的

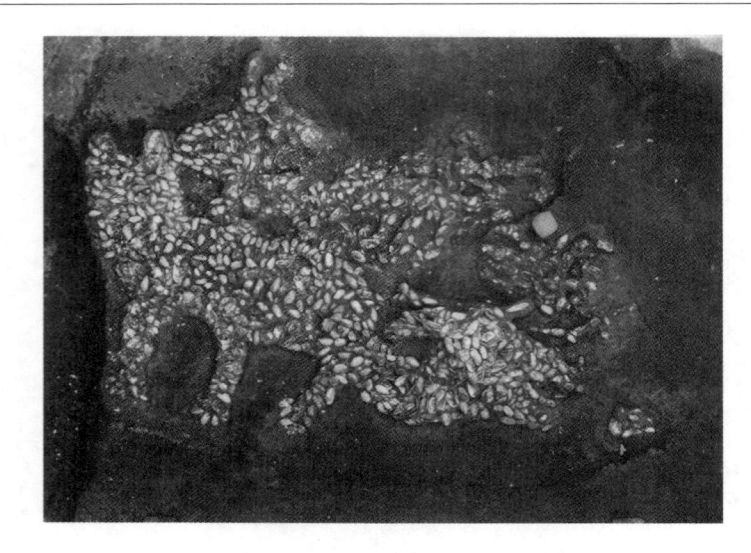

图1—3　西水坡第二组蚌塑遗迹

纬度，北斗位居恒显圈，而且由于岁差的缘故，数千年前它的位置较今日更接近北天极，所以终年常显不隐，观测十分容易。随着地球的自转，斗杓呈围绕北天极做周日旋转，在没有任何计时设备的古代，可以指示夜间时间的早晚；又由于地球的公转，斗杓呈围绕北天极做周年旋转，人们根据斗杓的指向便可掌握寒暑季候的更迭变化。古人正是利用了北斗的这种终年可见的特点，建立起了最早的时间系统。但是，北斗只有在夜晚才能看到，如果人们需要了解白天时间的早晚，或者更准确地掌握时令的变化，那就必须创造出一种新的计时方法，这就是立表测影。众所周知，日影在一天中会不断地改变方向，如果观察每天正午时刻的日影，一年中又会不断地改变长度。因此，古人一旦掌握了日影的这种变化规律，决定时间便不再会是困难的工作。

原始的表叫"髀"，它实际是一根直立于平地上的杆子，杆子的投影随着一天中时间的变化而游移，这一点似乎并不难理解。然而追寻"髀"的古义，却对古人如何创造立表测影的方法颇有启发。《周髀算经》卷上云："周髀，长八尺。髀者，股也。髀者，表也。"这个线索使我们有机会直探45号墓中北斗那种特殊造型的真义。事实上，古代文献对于早期圭表的记载有两点很值得注意，首先，"髀"的本义既是人的腿骨，同时

图1—4 西水坡第三组蚌塑遗迹

也是测量日影的表;其次,早期圭表的高度都规定为八尺,这恰好等于人的身长。① 这两个特点不能不具有某种联系,它表明早期的圭表一定是由人骨转变而来。《周髀算经》卷上的另一记载认为:"髀者,股也;正晷者,勾也。"足见先民对勾股所构成的直角三角形三边关系的认知实际即得自于立表测影的工作,其以槷表名"股",以表之晷影名"勾",同样反映了测影之表本取人之髀股的事实。联系《史记·夏本纪》有关大禹治水以身为度的故事,以及殷商甲骨文表示日中而昃的"昃"字即象太阳西斜而俯映的人影,都可以视为古人利用人体测影的古老做法的孑

---

① 伊世同:《量天尺考》,《文物》1978年第2期。

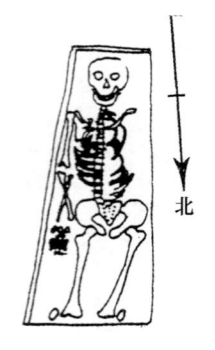

图1—5 西水坡31号墓平面图

遗。甚至"夸父逐日"的神话也并不仅仅反映的是古人立表测影的实践,① 而更再现了测影工作源于人体测影的历史。② 然而我们不可能想象古人为完成测影工作会永远停留在以人体测影的原始阶段,这种做法不仅不可能长期坚持,而且测量的精度也远远不够,于是随着天文观测的精确化,人们必须发明一种能够取代人体的天文仪器,这就是表。表的原始名称之所以叫"髀",原因就在于"髀"的本义为人的腿骨,③ 而腿骨则是使人得以直立而完成测影工作的关键所在。因此我们似乎可以相信这样一个事实,人类乃是通过长期的生产实践,通过不断观察自身影子的变化而最终学会了测度日影,因此,最早的测影工具其实就是人体本身。显然,从人身测影向圭表测影的转变,不仅会使古人自觉地将早期圭表必须为模仿人的高度来设计,同时也沿用了得以支撑人体直立完成测影工作的腿骨的名称。这种做法不仅古老,而且被先民一代代地传承了下来。

毫无疑问,45号墓中的北斗形象完美地体现了圭表测影与北斗建时这两种计时法的精蕴。事实上,"髀"所具有的双重含义——腿骨和表——已经表明,人体在作为一个生物体的同时,还曾充当过最早的测影工具,而墓中决定时间的斗杓恰恰选用人腿骨来表示,正是先民创造出利用太阳和北斗决定时间的方法的结果。这种创造在今天看来似乎很平常,但却是极富智慧的。

墓中的龙、虎形象虽然比北斗更为直观,但它的天文学意义却并不像北斗那样广为人知。中国天文学的传统星象体系为四象二十八宿,宿

---

① 郑文光:《中国天文学源流》,科学出版社1979年版,第38页。
② 冯时:《中国天文考古学》,中国社会科学出版社2007年版,第67页。
③ 《说文·骨部》:"髀,股也。"而墓中表现北斗杓柄的人骨则为胫骨。事实上股骨古或以为连股胫之称。《诗·小雅·采菽》:"赤芾在股。"郑玄《笺》:"芾,大古蔽膝之象也。胫本曰股。偪束其胫,自足至膝。"《广雅·释亲》:"股,胫也。"王念孙《疏证》:"股、胫,散文则通谓之胫,或通谓之股。经言股肱是也。"《史记·天官书》言参宿之外四星乃象白虎之"左右肩股","肩股"犹言股肱,股即通指股胫二骨。据此则知,"髀"字本义当通指腿骨。

与象的形成反映了古人对于星官的独特理解。古人观测恒星的方法非常奇特，他们并不把恒星看作是彼此毫无关系的孤立星辰，而是将由不同恒星组成的图像作为观测和识别的对象。因此，象其实就是古人对恒星自然形成的图像的特意规定，他们根据这些图像所呈示的形象，以相应的事物加以命名，并将其称之为"天文"。这里"文"即是"纹"字的古写，意思便是天上的图像。显然，四象二十八宿不仅构成了中国天文学最古老的星官体系，同时也展现着最古老的星象。

四象与二十八宿的关系随着早期天文学的发展出现过一些变化。尽管古老的天官体系将天球黄道和赤道附近的恒星划分为四区，并以四象分主四方，作为各区的象征，形成了东宫苍龙、西宫白虎、南宫朱雀、北宫玄武，每宫各辖二十八宿中七座星宿的严整体制，但这种形式并不是从一开始就这样完整。证据表明，四象虽然确是通过古人所认识的一种特定的恒星组合而最终形成的，但它们与二十八宿的关系却并不具有对等的意义。准确地说，四象的形象最初来源于二十八宿各宫授时主宿的形象，而它们作为四个象限宫的象征，则是对于各宫授时主宿意义的提升。即使晚在西汉的星象图上，这种观念依然体现得十分鲜明。显然，这为 45 号墓中的蚌塑龙、虎找到了归宿。

天文学所提供的答案是令人信服的。北斗既已认定，我们还能对蚌塑龙、虎的含义做出有悖于天文学的解释吗？显然不能。原因很简单，墓中的全部蚌塑遗迹必须被视为一个整体，这个整体由于北斗的存在而被自然地联系了起来。换句话说，除北斗之外，墓中蚌龙、蚌虎的方位与中国天文学体系二十八宿主配四象的东、西两象完全一致。两象与北斗拴系在一起，直接决定了蚌塑龙虎图像的星象意义。将蚌塑图像与真实星图比较（图 1—6），可以看出其所反映的星象的位置关系与真实天象若合符契。

相同的星图作品也见于战国初年曾侯乙墓出土的二十八宿漆箱（图 1—7），将其与西水坡 45 号墓的蚌塑遗迹对比，先民以蚌壳堆塑的方式表现星象的做法或许看得更清楚。漆箱盖面星图的中央特别书写着篆书"斗"字，表示北斗，"斗"字周围书写有二十八宿宿名，而二十八宿之外的左、右两侧则分别绘有象征四象的龙、虎，显然，北斗与龙、虎共存作为星象图的核心内容的事实相当明确，而这与西水坡 45 号墓蚌塑遗

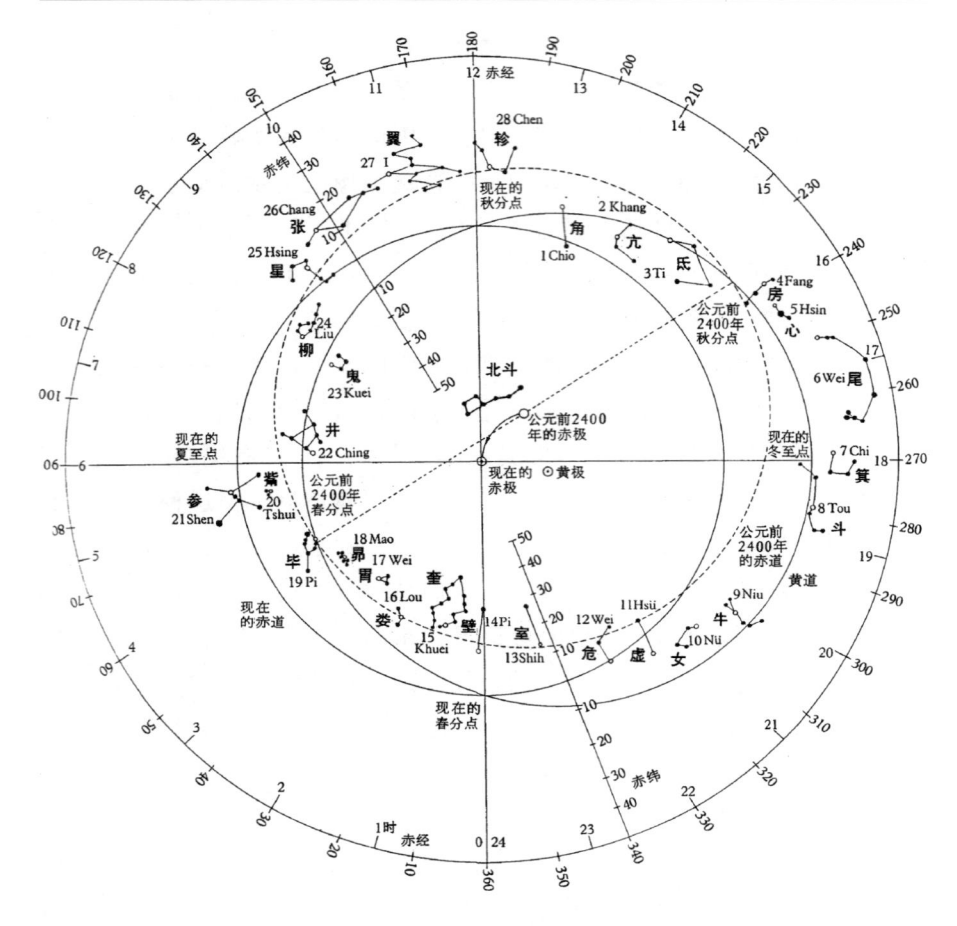

图1—6 二十八宿北斗星图（圆圈表示距星）

迹所表现的星象内容完全相同。不仅如此，即使两幅星象图的细节部分也毫无差异。我们注意到，西水坡45号墓蚌虎的腹下尚有一堆蚌壳，只是因为散乱，已看不出它的原有形状，而曾侯乙漆箱星图的虎腹下方也恰好绘有一个火形图像，[①] 它的含义当然是表现古人观象授时的主星——大火星（心宿二，天蝎座α）。很明显，由于有曾侯乙二十八宿漆箱星象图的印证，西水坡45号墓蚌塑遗迹组成了一幅与之内容相同的星象图的事实已没有任何可怀疑的余地了，而且直至公元前五世纪初，这种以北

---

① 庞朴：《火历钩沉——一个遗失已久的古历之发现》，《中国文化》创刊号，1989年。

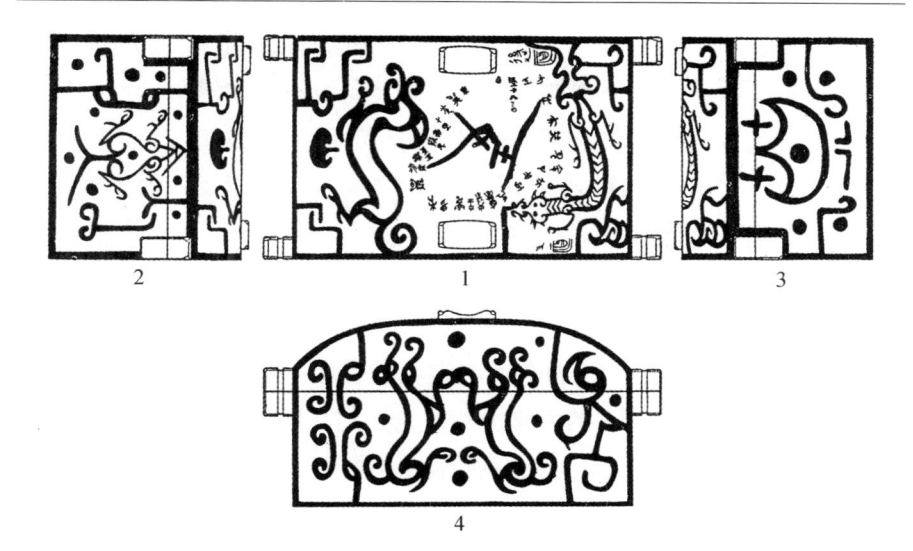

图 1—7 战国曾侯乙墓漆箱星象图（湖北随州出土）

1. 盖面 2. 西立面 3. 东立面 4. 北立面

斗和龙、虎为主要特征的星象作品，在四千年的时间里几乎没有任何改变，先民"文明以止"的文化传承于此可见一斑。

我们知道，随着地球的自转，北斗虽然为黄河流域的先民所恒见，但是位居天球赤道附近的星宿却时见时伏，于是古人巧妙地在北斗与二十八宿之间建立起了一种有效的联系。他们充分利用北斗可以终年观测的特点，将它与赤道星官相互拴系，以便通过北斗寻找二十八宿中那些伏没于地平以下的星宿。《史记·天官书》："北斗七星，所谓'旋玑玉衡，以齐七政'。杓携龙角，衡殷南斗，魁枕参首。"这种北斗与二十八宿的固定联系表现为，角宿的位置依靠斗柄的最后二星定出，实际顺着斗杓的指向，人们可以很容易找到龙角。同样，从北斗第五星引出的直线正指南斗，而斗魁口端二星的延长线与作为虎首的觜宿又恰好相遇。尽管北斗与二十八宿的这种关系在战国时代以前应该更完善，[①] 但北斗与龙、虎关系的确立事实上已足以构建起一个古老的天官体系。《天官书》："斗为帝车，运于中央，临制四向，分阴阳，建四时，均五行，移节度，

---

① 冯时：《中国天文考古学》，社会科学文献出版社 2001 年版，第 275—277 页。

定诸纪，皆系于斗。"古人把北斗想象为天帝的乘车，它运于天极中央，决定着时间，指示着二十八宿的方位。过去我们把中国天文学这一特点的形成时代追溯到公元前五世纪的战国初年，因为曾侯乙漆箱星图完整地体现了这些思想。然而现在我们知道，曾侯乙星图所反映的思想其实并不古老，它不过是西水坡星图的再现而已！

在二十八宿形成的过程中，由于古人观象授时的需要，东宫与西宫的部分星象曾经受到过特别的关注。上古文献凡涉及星象起源的内容，几乎都无法回避这一点。东宫苍龙七宿在其形成的过程中恐怕至少有六宿是一次选定的，从宿名的古义分析，角、亢、氐、房、心、尾皆得于龙体，[①] 从而构成了《周易·乾》所称的"龙"，[②] 也就是《象》所讲的"六龙"。而西宫白虎七宿的核心则在于觜、参两宿，甚至到汉代，文献及星图中还保留着以觜、参及其附座伐为白虎形象的朴素观念。[③] 当然，西水坡45号墓所呈现的蚌塑龙虎并不意味着当时的人们尚只懂得识别与这两象相关的个别星宿，因为第二组蚌塑遗迹中与龙、虎并存的鸟和鹿正展现了早期四象体系中的另外两象，其中鸟象来源于二十八宿南宫七宿中张、翼两宿所组成的形象，而鹿则反映了二十八宿北宫七宿中危宿及其附座的形象。[④] 在北宫的形象由玄武取代鹿之前，早期的四象体系一直是以龙、虎、鹿、鸟作为四宫的授时主星，这个传统至少在春秋时期仍未改变，而它的影响甚至比一个新的四象体系的建立更为深远。显然，西水坡蚌塑遗迹中四象的出现不仅表明作为各宫主宿的四象星官成为先民观象授时和观测二十八宿的基础星官，而且以北斗和二十八宿等重要星官建构的古老的五宫体系也已形成。

[①] 冯时：《中国早期星象图研究》，《自然科学史研究》第9卷第2期，1990年；《中国天文考古学》，社会科学文献出版社2001年版，第306—307页。

[②] 闻一多：《璞堂杂识·龙》，《闻一多全集》册二，生活·读书·新知三联书店1982年版；夏含夷：《〈周易〉乾卦六龙新解》，《文史》第二十四辑，中华书局1986年版；陈久金：《〈周易·乾卦〉六龙与季节的关系》，《自然科学史研究》第6卷第3期，1987年；冯时：《中国早期星象图研究》，《自然科学史研究》第9卷第2期，1990年。

[③] 《史记·天官书》："参为白虎。三星直者，是为衡石。下有三星，兑，曰罚，为斩艾事。其外四星，左右肩股也。小三星隅置，曰觜觿，为虎首。"张守节《正义》："觜三星，参三星，外四星为实沈，……为白虎形也。"

[④] 冯时：《中国天文考古学》第六章第五节，社会科学文献出版社2001年版。

东宫龙象中的大火星与西宫虎象中的参宿作为授时主星的事实，文献学与考古学的证据已相当充分。① 公元前五千纪的中叶，大火星与参宿处于二分点，这种特殊天象与观象授时的关系恰好通过西水坡 45 号墓蚌塑龙、虎二象的布列和北斗杓柄的特意安排十分巧妙而准确地表现了出来。很明显，为再现古人观象授时的工作，西水坡 45 号墓的蚌塑星象展现了当时的实际星空，这种授时传统不仅古老，甚至到数千年后的曾侯乙时代，仍然能感受到它的深刻影响。

北斗与心、参两宿作为中国传统的授时主星，它的起源显然就是心、参两宿与太阳相会于二分点的时代。《公羊传·昭公十七年》："大辰者何？大火也。大火为大辰，伐为大辰，北辰亦为大辰。"何休的解释是："大火谓心，伐谓参伐也。大火与伐，天所以示民时早晚，天下所取正，故谓之大辰。辰，时也。"这里的"北辰"过去一直以为是北极，其实由于古人对于天极与极星认识的不同，早期的极星正是北斗。② 显然，鉴于北斗与心、参两宿可以为先民提供准确的时间服务，因而对这三个星官的观测便产生了最古老的三辰思想。

以立表测影与观候星象为基础而建构的授时系统在仰韶文化时代已经相当完善，由此决定的空间的测量工作当然需要首先完成。西水坡的四处遗迹准确无误地分布于一条南北子午线上，这个事实足以证明先民对于空间方位的把握程度。接下来的工作便是对于时间的划分，而圭表致日与恒星观测其实已使时间的计量并不困难，而且由于龙、虎、鹿、鸟四象的出现，分至四气的校定显然已经非常准确，这甚至直接影响了《尚书·尧典》记载的以四仲中星验证四气的古老方法。正如四气的确定便意味着历年的确立一样，四象的形成也意味着古人对于黄道和赤道带星官的认识。虽然四象最初只是四方星象中最重要的授时主星的形象，而它们作为四宫的象征也只是这些授时主星地位的提升，但是我们不能想象古人在以四象校验作为时间标记点的四气的情况下，却对黄道和赤

---

① 参见《左传》襄公九年、昭公元年及《国语·晋语四》。又见庞朴《火历钩沉———一个遗失已久的古历之发现》，《中国文化》创刊号，1989 年；冯时《中国早期星象图研究》，《自然科学史研究》第 9 卷第 2 期，1990 年。

② 冯时：《中国天文考古学》第三章第二节，社会科学文献出版社 2001 年版。

道带的其他星官视若无睹，而未能建立起与这个时间体系相对应的识星系统，这意味着二十八宿作为古人建立的周天坐标体系在当时也已基本形成，当然这个早期的朴素体系后来经过了反复调整。事实上，古人识星体系的完整性不仅体现在对具体星象的缜密观测，同时还在于对全天星象的整体把握。《史记·天官书》以五宫分配天官，其中东、西、南、北四宫分配二十八宿，中宫天极星括辖北斗。尽管西水坡45号墓蚌塑星图中北斗与二十八宿的对应关系呈现了比《天官书》更为简略的模式，斗杓东指，会于龙角；斗魁在西，枕于参首。但第二组蚌塑遗迹作为四象的鹿、鸟的出现已经涉及了南、北两宫，这种四象与四宫的固定关系不仅可以获得《天官书》的印证，更可以获得曾侯乙星图的印证。因此，以北斗与四象星象为代表的五宫体系在当时已经建构起基本的雏形，它表明至少在公元前五千纪中叶，中国传统天文学的主体部分已经形成。

二　盖天理论的建立

中国古代的宇宙理论大致包括三种学说，即盖天说、浑天说和宣夜说。盖天家认为，天像圆盖扣在方形平坦的大地上，这种认识至少部分地来源于人们的直观感受，因而天圆地方的宇宙模式成为起源最早的宇宙思想。

正像早期星图作为描述星象位置及再现观象授时工作的作品一样，先民对于宇宙模式的描述也创造了相应的图解。由于不同季节太阳在天穹上的高度并不一样，夏至时太阳从东北方升起，于西北方落下，在天穹上的视位置偏北；冬至时太阳从东南方升起，于西南方落下，在天穹上的视位置偏南；而春分和秋分时太阳从正东方升起，于正西方落下，在天穹上的视位置居中。于是古人将二分二至时太阳因视运动而形成的三个同心圆记录下来，创造出了盖天家解释星象运动和不同季节昼夜变化的基本图形——盖图（图1—8）。盖图的核心部分为表现太阳于一年十二个中气日行轨迹的"七衡六间图"（图1—9）。据《周髀算经》及赵爽的注释，七衡六间的内衡为夏至日道，中衡（第四衡）为春分和秋分日道，外衡为冬至日道。显然，由于二分二至乃是古人建立严格记时制的基础，因此"七衡六间图"的核心实际就是三衡图。

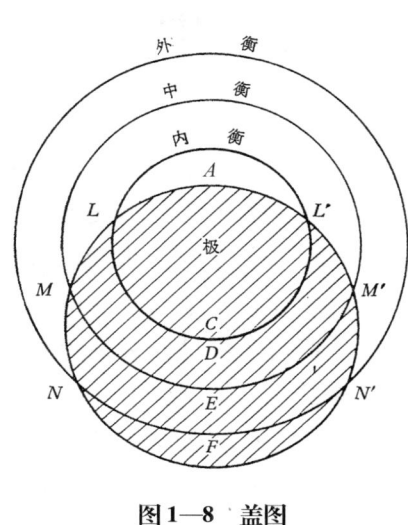

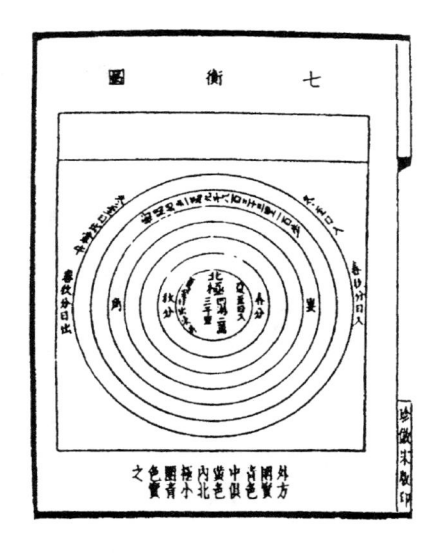

图 1—8　盖图　　　　图 1—9　《周髀算经》七衡六间图

　　盖天家对于盖图持有这样的认识，"七衡六间图"也就是所谓"黄图画"，它实际是一幅以北极为中心的星图，而叠压在黄图画上的部分则为"青图画"，表示人的目视范围。按照盖天家的理解，太阳在天穹这个曲面内运行并不是东升西落，而是像磨盘一样回环运转，太阳被视为拱极星，凡日光所能照耀的范围便是人的目力所及，太阳转入青图画内是白天，转出青图画外则是黑夜。如果以图 1—8 表述盖天家的天文理念，C 点则为观测者的位置，由于三衡分别以内衡表现夏至日道，中衡表现春秋分日道，外衡表现冬至日道，所以 L 点即为夏至日的日出位置，L' 点为其时的日入位置，太阳转入青图画内在 LDL' 弧上运行是白天，在相反的弧上运行则是黑夜。M 点为春秋二分日的日出位置，M' 点为其时的日入位置，太阳在 MEM' 弧上运行是白天，在相反的弧上是黑夜。N 点为冬至日的日出位置，N' 点为其时的日入位置，太阳在 NFN' 弧上运行是白天，在相反的弧上是黑夜。青图画和黄图画各有一个"极"，贯穿两个"极"点，不仅可以看见黄图画上的七衡六间和二十八宿等星象，而且能够很容易了解一年中任何季节日出日入的方向和夜晚的可见星象。同时，青图画所分割的三衡象征昼夜的两部分弧长之比理应随着季节的变化而不同，这种差异则为盖天家用来说明分至四气昼夜长度的变化。譬如，春秋分二日的昼夜等长，那么盖图的中衡表示昼夜的弧长就应该相等；冬至夜长于昼，夏至昼长于夜，比例相反，则外衡与内衡表示冬至与夏至的昼夜的两弧之比也应相反，这些特点至少在属于公元前四千纪的早期盖图中已经表现得相当准确。①

当我们以这种朴素的盖天理论重新看待西水坡 45 号墓的墓穴形状的时候，我们在获得天圆地方的直观印象的同时，

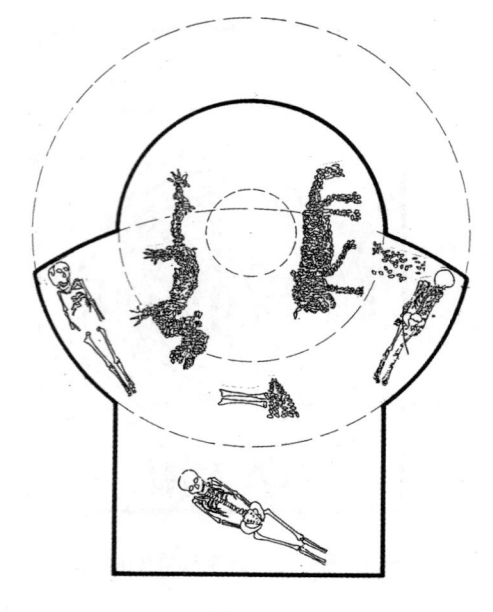

图 1—10

显然可以将墓穴的奇异形状理解为盖图的简化形式，因为如果我们以墓穴南边的弧形墓边作为盖图的中衡，也就是春分和秋分的日道看待，就可以完好地复原盖图（图 1—10）。其实，墓穴的形状正是截取了盖图的内衡、外衡和青图画的部分内容，构图十分巧妙！因此，西水坡 45 号墓不仅以其蚌塑遗迹构成了中国目前所见最古老的天文星图，而且墓葬的特殊形制也表现了最原始的盖图，这种设计当然符合中国古代星图必以盖图为基础的绘制传统。

中国古人始终持有一种以南象天的观念，与天相对的北方才是地的位置，这个传统几乎同时影响着早期天文图和地图的方位系统，因此，以南为天的图像表述便是以上为天，这个方位又恰好符合古人以圆首象天、方足象地的朴素思维。② 事实上，西水坡 45 号墓的墓穴形状不仅以盖图的黄图画作为南方墓廓，同时将墓穴的北边处理为方形，其刻意表现天圆地方的宇宙思想已相当清楚。墓穴又以盖图表示二分日夜空的部

---

① 冯时：《红山文化三环石坛的天文学研究——兼论中国最早的圜丘与方丘》，《北方文物》1993 年第 1 期；《中国天文考古学》第七章第二节，社会科学文献出版社 2001 年版。

② 《淮南子·精神》："头之圆也象天，足之方也象地。"

分作为主廊，这种设计与墓中布列龙虎星象及北斗的做法彼此呼应，准确体现了大火星与参星在二分日的授时意义。这些思想在《周髀算经》中都或多或少地留有痕迹。很明显，西水坡45号墓的墓穴形制选取盖图的春秋分日道、冬至日道和阳光照射界线，同时附加方形的大地，一幅完整的盖天宇宙图形便构成了。它向人们展示了天圆地方的宇宙模式、寒暑季节的变化特点、昼夜长短的交替更迭、春秋分日的标准天象以及太阳的周日和周年视运动特点等一整套古老的宇宙

图1—11　洛阳尹屯西汉墓穹窿顶所绘星象图

思想，表现了南天北地的空间观念和天地人三才的人文精神。或许这些答案的象征意义十分强烈，但它所反映的古老的科学思想与文化观念却很清晰。

　　中国古代的埋葬制度孕育着一种根深蒂固的传统，死者再现生者世界的做法通过墓葬形制得到了充分的表现，其中最显著的特点就是使墓穴呈现出宇宙的模式并布列星图。这种待遇恐怕最初仅限于王侯，显然它缘起于中国天文学所固有的官营性质。不过随着礼制被践踏，这种象征地位和权力的制度多少失去了原有的意义。尽管如此，西水坡45号墓作为这种传统的鼻祖应当之无愧，而后世那些因夯筑而得以残留的封冢遗迹以及更晚的穹窿顶墓室结构，显然都是天圆地方观念的直观反映。《史记·秦始皇本纪》描述其陵冢"上具天文，下具地理"，再造了一幅真实的宇宙景象。而晚期的墓室星图几乎一致地绘于穹窿顶中央，证明半球形的封冢和墓顶象征着天穹（图1—11）。与此对应的是，曾侯乙墓的棺侧绘出门窗和卫士（图1—12），表示墓主永居的家室，又证明方形的墓穴象征着大地。事实表明，传统的封树制度及穹窿式墓顶结构与方

图1—12　曾侯乙墓内棺图像（采自《曾侯乙墓》）

形墓穴的配合，正可以视为盖天宇宙论的立体表现。很明显，这种由西水坡45号墓盖天理论的平面图解到后世立体模式的转变，反映了同一宇宙思想的不同表现形式。

三　灵魂升天的宗教观念

西水坡45号墓中埋葬的主人不仅是这座墓穴的主人，同时也是包括第二组、第三组蚌塑遗迹和31号墓在内的完整祭祀遗迹的主人。事实上，45号墓主拥有的这座宏大遗迹所展示的内涵是清楚的，如果我们将第三组蚌塑遗迹中骑龙遨游的蚌人视为45号墓主灵魂的再现，那么这个具有原始宗教意义的壮丽场景岂不体现了古老的灵魂升天的观念！很明显，三组蚌塑遗迹等间距沿子午线分布，45号墓居北，人骑龙的遗迹居南，形成一条秩序井然的升天路线。45号墓主头南足北，墓穴的形状又呈南圆北方，一致地表达着一种南方为天、北方为地的理念，墓主头枕南方，也正指明了升天灵魂的归途。显然，如果位居这条升天通道北南两端的45号墓和人骑龙的蚌塑遗迹分别表现了墓主生前及死后所在的两界——人间与天宫，那么第二组蚌塑遗迹就毫无疑问应该反映着墓主灵魂的升天过程。理由很简单，古代先民常以龙、虎和鹿作为驾御灵魂升天的灵蹻,① 而灵蹻之所以能升腾,则正是由于鸟的负载。商周时代的铜器和玉器纹样,② 仍忠实地反映着这种朴素思想。有趣的是,这些思想恰好就是第二组蚌塑遗迹作为四象的龙、虎、鹿、鸟所要表达的主题。

值得注意的是,西水坡蚌塑星象图中龙、虎二象的布设方向与战国初年曾侯乙墓漆箱星象图有所不同,西水坡星象图中的龙、虎二象头向一致,从而将其与北斗拴系在一起,意在强调杓携龙角、魁枕参首的星象真实的位置关系,这当然也是对位居中宫的北斗与分布于赤道带的二十八宿星官的位置关系的描述。这些思想在《史记·天官书》中尚有完整的记载,足见《天官书》思想的古老。而曾侯乙漆箱星图中的龙、虎首尾异向,呈左旋的形式象征天象的运转,而并不专注于北斗与龙、虎二象的相互联系。事实上,西水坡原始宗教遗存中的三处龙、虎图像,其表现形式并不统一,与45号墓星象图龙、虎同向的设计不同,第二组与第三组的蚌塑星象,其龙、虎星象都呈现出异向的特点,其旨在表现星象的周天运行是显而易见的,而这样的表现形式不仅与整座遗存所具有的灵魂升天的原始宗教意义相符合,而且也为更晚的曾侯乙漆箱星象图所继承。

鸟载负着三蹻而驾御灵魂升天的观念看来是相当古老的,在这个意义上,作为星象本质的四象又从纯粹的天文回归到了人文的层面。人死之后,灵魂离开躯壳而逐渐升腾,无论是在升天的途中,还是最后升入天国,周围的环境显然已经与人间不同。所以古人在象征升天通途的第二组蚌塑遗迹和象征天国世界的第三组蚌塑遗迹的下面,都人为地特意铺就了象征玄天的灰土,从而严格区别于象征人间的45号墓埋葬于黄土之上的做法。这种刻意安排除了表明朴素的天地玄黄的思想之外,恐怕不可能有其他的解释。不仅如此,第三组蚌塑遗迹在为象征玄色的夜空而特意铺就的灰土之上,又于蚌龙与蚌虎周围有规律地点缀了无数的蚌

---

① 张光直:《濮阳三蹻与中国古代美术上的人兽母题》,《文物》1989年第11期。
② 中国社会科学院考古研究所:《殷墟妇好墓》,科学出版社1980年版,第159页。类似的图像还见于李学勤、艾兰《欧洲所藏中国青铜器遗珠》,图99,文物出版社1995年版;中国社会科学院考古研究所《张家坡西周墓地》,图208:1—3,中国大百科全书出版社1999年版。商周时期的青铜鸟尊或于羽翅饰有龙纹,同样反映了这一思想。

壳，宛若灿烂的银汉天杭。墓主升入天国后御龙遨游，使整个图景俨然一幅天宫世界，寓意分明。其实，这种展示灵魂升天的场面我们在马王堆西汉墓出土的非衣上也可以看到。画面下层绘有墓主生前的生活场景，中层描绘了墓主驾御二龙的升天过程，而上层则为天门内的天上世界（图1—13；图版二，2），含义及表现手法与西水坡蚌塑遗迹所展示的宗教内容一脉相承。

不啻如此，类似的四神升仙图在新近发现的西汉海昏侯墓出土的青铜当卢图像中不仅表现得相当完美，而且其观念又有所发展。当卢以锐首之形象征天极璇玑，① 璇玑之下绘朱雀，以其所喻指的南方象天；与朱雀相对的当卢下方则绘玄武，又以其所喻指的北方象地；南天北地之间则绘蟠阿向上的阴阳二龙，其中阳龙有舌而阴龙无之。蟠阿环绕的二龙之间绘三只灵兽，其中下方于地上的位置绘

图1—13 西汉非衣（湖南长沙马王堆一号西汉墓出土）

有一鸟，意在以鸟御龙升腾；其上依次绘麒麟与白虎，作为五方之象的中央与西方的象征；最上近天的位置则绘一成仙的仙人（图1—14；图版三，1）。② 整幅图像的设计理念及其所展现的以四神配以中央麒麟共同协助墓主升仙的思想生动而完整。显然，在早期的四象体系中，由于中央之象的空缺，协助墓主灵魂升天的灵兽只能有四个。而当北方之象以玄

---

① 关于璇玑的讨论参见冯时《中国天文考古学》第三章，社会科学文献出版社2001年版。
② 资料见江西省文物考古研究所、南昌市博物馆、南昌市新建区博物馆《南昌市西汉海昏侯墓》，《考古》2016年第7期。

武取代了麒麟，麒麟作为中央之象而完成了五方之象的配属之后，驾御灵魂升仙的灵兽也自然从四灵发展为了五灵。事实上，这种原始宗教观的发展辙迹，自西水坡时代以至西汉，清晰可鉴。

人的头象天，中国的早期文字已非常形象地表达了这种思想。天的位置在南方，这个观念又可以从古代君王观象授时的活动中自然地发展出来。显然，头枕南方的姿态当然指明了灵魂归所的方向。亡人与天的联系首先就需要表现出其灵魂与天的沟通，红山文化先民将上下贯通的箍形礼玉枕于死者的头下（详见第六章第二节），而西汉侯王用以敛尸的玉衣也要在亡人的头顶位置嵌有中空设孔的玉璧，① 这些象征天地交通的礼玉被置于死者的头部，其用意都是要为亡者实现灵魂升天的目的。事实上自商周以降，中国古代的墓葬形制存在着一种普遍的现象，这便是或有一条墓道而多居墓穴南方（或东方），如有多条墓道，则唯南方（或东方）墓道最宽最长，甚至有时在南墓道内还摆放有驾御灵魂升天的灵蹄（图1—15）。② 今据西水坡原始宗教遗迹的研究证明，这些观念的产生年代显然是相当久远的。

祖先的灵魂在天上，并且恭敬地侍奉于天帝周围，这些思想尽管在甲骨文、金文及传世文献中记载得足够详细，但早期的考古学证据却很难再有比西水坡的壮丽遗迹更能说明问题。事实上在早期文明时代，灵

图1—14　海昏侯墓出土青铜当卢

---

① 邓淑苹：《中国新石器时代玉器上的神秘符号》，《故宫学术季刊》第10卷第3期，1993年。

② 梁思永、高去寻：《侯家庄》第七本，1500号大墓，历史语言研究所1974年版，第40—42页；刘一曼：《略论甲骨文与殷墟文物中的龙》，《21世纪中国考古学与世界考古学》，中国社会科学出版社2002年版。

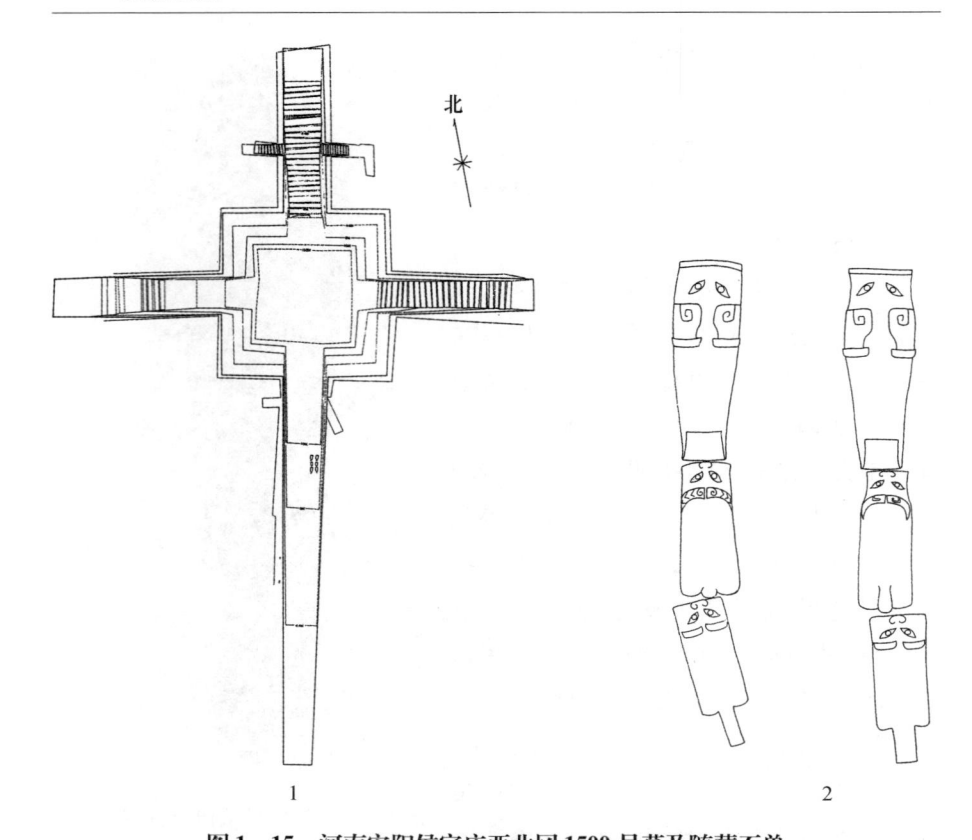

图 1—15　河南安阳侯家庄西北冈 1500 号墓及随葬石兽

1. 1500 号墓平面图　2. 1500 号墓南墓道内随葬石龙、牛、虎排列情形（头向北）

魂升天并不是每个人都能享有的特权，只有那些以观象授时为其权力基础的人才能获得这样的资格，这意味着天文知识不仅作为科学的滥觞，同时也是王权政治的滥觞。

四　敬授人时与王权的诞生

中国古代天文学与王权政治的密切联系造就了一种根深蒂固的观念，这便是君权神授、君权天授的朴素认知。天的威严当然通过水旱雷霆等各种灾害直接地为人们所感受，然而古人并不认为这种威严不可以通过作为天威的人格化的王权来体现，这个代表天神意旨的政治人物便是天子。

当人们摆脱原始的狩猎采集经济而进入农业文明的时候，掌握天文学知识则是必需的前提。换句话说，一个没有任何天文知识，一个不能了解并掌握季候变化的民族是不可能创造出发达的农业文明的。因此，天文学不仅与农业的起源息息相关，而且由于先民观象授时的需要，这门学科理所当然地成为一切科学中最古老的一种。

中国早期天文学在描述一般天体运动的同时还具有强烈的政治倾向，这种倾向事实上体现了一种最原始的天命观。我们知道，天文学对于人类生活的作用首先表现在它能为农业生产提供准确的时间服务，在没有任何计时设备的古代，观测天象便成为决定时间的唯一标志，这就是观象授时。《尚书·尧典》以帝命羲、和"敬授人时"，这里的羲、和便是战国楚帛书所讲的伏羲和女娲，[①] 二人分执规矩以规划天地，同时又以人类始祖的面目出现，显然，这种掌握了时间便意味着掌握了天地的朴素观念将王权、人祖与天文授时巧妙地联系了起来。

观象授时虽然从表面上看只是一种天文活动，其实不然，它从一开始便具有强烈的政治意义。很明显，在生产力水平相当低下的远古社会，如果有人能够通过自己的智慧与实践逐渐了解了在多数人看来神秘莫测的天象规律，这本身就是了不起的成就。因此，天文知识在当时其实就是最先进的知识，这当然只能为极少数的人所掌握。《周髀算经》所谓"知地者智，知天者圣"，讲的就是这个道理。而一旦有人掌握了这些知识，他便可以通过观象授时的特权实现对氏族的统治，这便是王权的雏形。理由很简单，观象授时是影响作物丰歉的关键因素，对远古先民而言，一年的绝收将会决定整个氏族的命运。显然，天文学事实上是古代政教合一的帝王所掌握的神秘知识，[②] 对于农业经济来说，作为历法准则的天文学知识具有首要的意义，谁能把历法授予人民，谁就有可能成为人民的领袖。[③] 因此在远古社会，掌握天时的人便被认为是了解天意的人，或者是可以与天沟通的人，谁掌握了天文学，谁就获得了统治的资格。《论语·尧曰》："尧曰：'咨！尔舜！天之历数在尔躬，允执其中。四海困穷，天禄永终。'舜亦以命禹。"这种天文与权力的联系，古人理

---

① 李零：《长沙子弹库战国楚帛书研究》，中华书局 1985 年版，第 67 页。
② Hellmut Wilhelm, *Chinas Geschichte, zehn einführende Vorträge*, Vetch, Peking, 1942.
③ Joseph Needham, *Science and Civilisation in China*, Vol. III, The Sciences of the Heavens, Cambridge University Press, 1959.

解得相当深刻。事实造就了中国天文学官营的传统,从而使统治者不择手段地垄断天文占验,禁止民间私司天文。很明显,由于古代政治权力的基础来源于人们对于天象规律的掌握程度和正确的观象授时的活动,因此,天文学作为最早的政治统治术便成为君王得以实现其政治权力的唯一工具,这不仅体现了初始的文明对于愚昧的征服,而且由此发展出君权神授、君权天授的传统政治观,甚至直接影响着西周乃至儒家的天命思想与诚信思想的形成。①

如果王权的获取只能通过对天的掌握来实现的话,那么授予王权的天也便自然成为获得天命的君王灵魂的归所,这意味着这种朴素的政治观直接导致了以祖配天的宗教观念的形成。毫无疑问,掌握天象规律是正确授时的前提,而在大多数不明天文的民众看来,正确的授时工作其实已经逐渐被神话为了解天命并传达天意的工作,从而使其具有了沟通天地的特殊作用,这种认识逻辑当然符合原始思维的特点。在这样的文化背景下考察西水坡的原始宗教遗迹,我们甚至可以揭示一些更为深刻的思想内蕴。毋庸置疑,西水坡45号墓不仅形制特殊,规模宏大,而且随葬星宿北斗,墓主与其说葬身于一方墓穴,倒不如说云游于宇宙星空,这种特别安排显然是其生前权力特征的再现,有鉴于此,不将45号墓的主人视为一位司掌天文的部落首领恐怕已没有其他的解释。事实上,在漫长的史前时代,由于神秘的天文知识只为极少数巫觋所垄断,因而这些拥有所谓通天本领的巫觋理所当然地被尊奉为氏族的领袖,当然也只有他们的亡灵可以被天帝所接纳,成为伴于天帝的帝廷成员。因此,天文学在为人类提供时间服务的同时,作为王权观、天命观与宗教观的形成基础其实是其具有的更显著的特点。

五 分至四神与创世神话

中国古代四子神话的出现年代,文献学的证据至少可以追溯到春秋以前。殷人显然还保留着天帝的四方使臣即是四气之神的观念,甲骨文的四方风名明确显示了四方神名来源于古人对于二分二至实际天象的描

---

① 冯时:《儒家道德思想渊源考》,《中国文化研究》2003年第3期;《西周金文所见"信"、"义"思想考》,《文与哲》第六期,2005年6月。

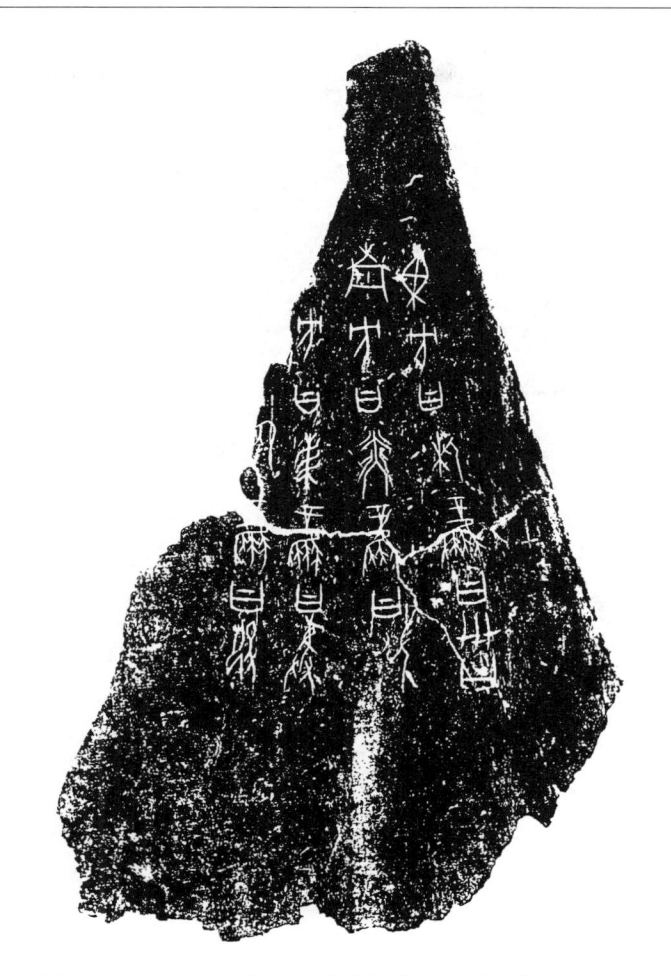

图1—16 记有四方风名的商代甲骨文（《合集》14294）

述（图1—16），这意味着四方神名其实就是司掌分至四气的四神之名，[①]因此，以分至四气分配四方的观念是古老而质朴的。

分至四神的本质源于四鸟（图1—17），之后演化为天帝的四子，进而在《尚书·尧典》中又规范为司掌天文的羲、和之官。[②]《尧典》的文字已颇为系统，显示出晚世对这一古老观念的整理。文云：

[①] 冯时：《殷卜辞四方风研究》，《考古学报》1994年第2期。
[②] 冯时：《中国古代物质文化史·天文历法》第十章第一节之二，开明出版社2013年版。

图1—17 四川成都金沙遗址出土太阳四鸟金箔

乃命羲、和,钦若昊天,历象日月星辰,敬授人时。

分命羲仲,宅嵎夷,曰旸谷。寅宾出日,平秩东作。日中,星鸟,以殷仲春。厥民析,鸟兽孳尾。

申命羲叔,宅南交。平秩南讹。敬致。日永,星火,以正仲夏。厥民因,鸟兽希革。

分命和仲,宅西,曰昧谷。寅饯纳日,平秩西成。宵中,星虚,以殷仲秋。厥民夷,鸟兽毛毨。

申命和叔,宅朔方,曰幽都。平在朔易。日短,星昴,以正仲冬。厥民隩,鸟兽氄毛。

帝曰:咨,汝羲暨和,朞三百有六旬有六日,以闰月定四时成岁。允釐百工,庶绩咸熙。

文中的"日中"、"日永"、"宵中"、"日短"分指春分、夏至、秋分和冬至,而帝尧命羲仲、羲叔、和仲与和叔分居四极以殷正四气,其为司分司至之神自明。

尽管《尧典》的羲、和四官作为司理分至的神祇的事实已相当清楚,但除此之外则还保留着四神作为析、因、夷、隩的更为古老的名称系统,这些名号在《山海经》中则作折、因、夷、鹓,显然直接来源于甲骨文所记的四方神名——析、因、彝、夗。① 因此，《尧典》同时记载的另一套与羲、和名义相关的羲仲、羲叔、和仲、和叔不仅反映了四神名称的演变，更重要的则是将四神与羲、和拉上了关系。

四神与羲、和相关联的思想在稍后的文献中则有更明确的表述。长沙子弹库出土的战国楚帛书以为，分至四神其实就是伏羲娶女娲所生的四子，这个记载为《尧典》反映的分至四神名由原本表现分至的天象特征而向羲、和子嗣的演变提供了证据。当然，古代文献文本的晚近并不等同于其所记载的观念的晚近。事实上，《尧典》将羲仲、羲叔、和仲、和叔四神与羲、和的联系如果说还仅仅停留在名号上的话，那么楚帛书的记载已明确将四神视为伏羲和女娲的后嗣了，由于伏羲、女娲的原型就是羲、和，因此，古老的四子神话其实就是司理分至的四神的神话，四神曾被人们认为只是伏羲和女娲的四个孩子，实际也就是羲、和的子嗣。

四神本为四鸟，这个观念当然来源于金乌负日的朴素思想，② 相关的考古遗物不乏其证。其实，从四鸟到四子的转变体现着一种神灵拟人化的倾向，这实际反映了先民自然崇拜的人文规范。由于至上神天帝的人格化，一切自然神祇便相应地被赋予了人性的特征，而四子神话的演进过程也应体现着这种精神。

四神因分主四气而分居四方，他们的居所在《尧典》中有着明确记载。羲仲司春分，宅嵎夷，居旸谷。旸谷又名汤谷，为东方日出之地。和仲司秋分，宅西，居昧谷。昧谷又名柳谷，为西方日入之地。羲叔司夏至，宅南交而未详居所，为南方极远之地。和叔司冬至，宅朔方，居幽都，为北方极远之地。古人以为，春秋二分神分居东极、西极日出、日入之地，敬司日出、日入，冬夏二至神则分居北极、南极，以定冬至、夏至日行极南、极北。事实上，古史传说中分至四神的居所虽然极富神话色彩，但它们在盖图上却是可以明确表示的，这一点显然可以通过西

---

① 胡厚宣：《甲骨文四方风名考证》，《甲骨学商史论丛初集》册二，成都齐鲁大学国学研究所 1944 年版；《释殷代求年于四方和四方风的祭祀》，《复旦学报》（人文科学）1956 年第 1 期。

② 冯时：《中国天文考古学》，社会科学文献出版社 2001 年版，第 154—160 页；《中国古代的天文与人文》第二章第二节之二，中国社会科学出版社 2006 年版。

水坡45号墓墓穴形状所呈现的盖图得到具体的说明。墓穴的南墓廓为盖图的中衡，也即春分和秋分日道，那么对观图1—8，中衡与青图画的交点 M 显然就是春秋分的日出位置，交点 M' 则为其时的日入位置。外衡为冬至日道，根据墓穴的实际方位，则外衡的顶点 F 为极北点。中衡之内又应有内衡，只是因与墓主的位置重叠而略去。内衡为夏至日道，则内衡的顶点 A 为极南点（图1—8；图1—10）。诚然，如果仅从天文学角度思考，这四个位置的确定不过只是在盖图中准确标出的四个点而已，但是在文化史上，这些点的确定便具有了更广泛的意义。因为春秋分日出的位置正是古人理解的旸谷，而其时的日入位置实际也就是昧谷，这两个文化地理概念在盖图上却恰可以通过 M 点和 M' 点来象征。沿着这样的思路，我们便能很容易地确定外衡极北 F 点乃为幽都的象征，而内衡极南 A 点则象征着南交。显然，根据盖天理论，将四子所居之位在盖图上作这样的设定是没有问题的。

西水坡45号墓的墓穴形状呈现了原始的盖图，由于作为盖图核心部分的黄图画的主体即是象征二分二至的日行轨道，因此，对于分至四气的认识显然已是西水坡先民应有的知识，而盖图四极位置的确定，实际已将借此探讨四子神话的产生成为可能，因为在墓中象征春秋分日道和冬至日道的外侧恰好分别摆放着三具殉人。三具殉人摆放的位置很特别，他们并非被集中安排在墓穴北部相对空旷的地带，而是分别放置于东、西、北三面。如果结合盖图相应位置所暗寓的文化涵义考虑，那么这些摆放于象征四极位置的殉人就显然与司掌分至的四神有关。准确地说，盖图中衡外侧的两具殉人分别置于 M 点和 M' 点，M 点为旸谷之象征，M' 点为昧谷之象征，因此，位居 M 点及 M' 点外侧的二人所体现的神话学意义正可与司分二神分居旸谷、昧谷以司日出、日入的内涵暗合，应该分别象征春分神和秋分神。而盖图外衡外侧的殉人居于 F 点，F 点为幽都之象征，从而暗示了此人与冬至神的联系。况且这具殉人摆放的位置与东、西殉人顺墓势摆放的情况不同，而是头向东南呈东偏南40度，这当然是一个极有意义的角度。以濮阳的地理纬度计算，当地所见冬至日出的地平方位角约为东偏南31度。西水坡先民认识的方位体系只能是基于太阳视运动的地理方位，而与今日所测的地磁方位存在磁偏角的误差。如果我们充分考虑到这些因素，或者以墓穴北部方边作为西水坡先民测得的东西标准线度量殉人方向，便会发现居于象征幽都位置的殉人，其头向正指冬至时的日出位置，而且相当准确。显然，这具殉人所具有象征冬至之神的意义是相当清楚的。

春秋二分神与冬至神的存在意味着人们有理由在同一座遗迹中找到夏至神。我们曾经指出，西水坡45号墓中作为北斗杓柄的两根人的胫骨很可能是自31号墓特意移入的，因为不仅同一遗址中31号墓的主人恰恰缺少胫骨，而且根据对墓葬形制的分析，可以肯定地说，墓主的两根胫骨在入葬之前就已被取走了，[①] 这当然加强了31号墓与45号墓的联系。在西水坡诸遗迹近乎严格地沿子午线作南北等间距分布的设计理念中，31号墓正是以这样的特点位于这条子午线的南端。很明显，这些线索已不能不使我们将31号墓的主人与45号墓中缺失的夏至之神加以联系，即使从殉人处于正南方的位置考虑，其所表现的夏至神的特点也十分鲜明。

南方象天当然是古人恪守的传统观念，这应该是西水坡先民独以位居南方的夏至神的胫骨表现北斗杓柄的首要考虑。与此同样重要的是，《尧典》唯于夏至之时而言"敬致"，即夏至致日测影之事，反映了初民一年中唯于夏至立表致日的古老传统（图1—18），至少夏至的测影工作在早期的观象活动中是最重要的一次，其不仅便捷易行，而且合于天数。蔡沈《集传》："敬致，《周礼》所谓'冬夏致日'，盖以夏至之日中，祠日而识其景。"江声《尚书集注音疏》也以"致"谓致日。《左传·桓公十七年》："天子有日官，诸侯有日御。日官居卿以厎日，礼也。"《汉书·律历志》师古《注》引苏林曰："厎，致也。"故"厎日"即言致日，与《尧典》"敬致"所言同事。《周礼·春官·冯相氏》："冬夏致日，春秋致月。"清陈寿祺以《尧典》独于夏至而言致日，冬至则无，当举夏至以赅冬至。[②] 上古之致日制度，因初民测影工具的质朴与局限，最初仅可能方便度测一年中最短的日影长度，这便是夏至日正午的日影。因此，原始的测影工作显然只适宜在夏至进行。日后随着天文观测的进步，测影工作尽管已可以在每一天进行，但夏至日的测影工作仍然体现着其与传

---

① 冯时：《河南濮阳西水坡45号墓的天文学研究》，《文物》1990年第3期；《中国天文考古学》，社会科学文献出版社2001年版，第280页。

② 陈寿祺：《答仪徵公书》，《左海文集》卷四下，清嘉庆道光间三山陈氏家刻本。

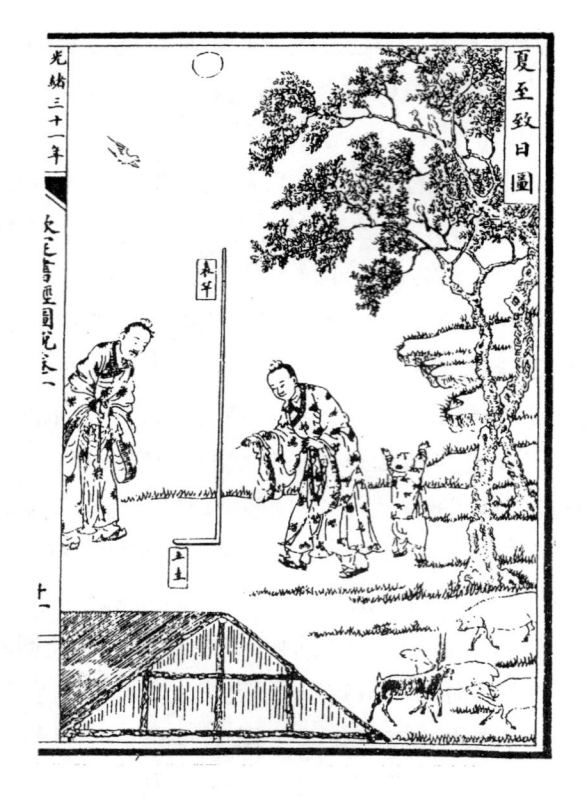

图 1—18　夏至致日图

统及夏至象天思想的契合。我们已经论证，居于遗址北端的 45 号墓，其用以表现北斗杓柄的两根人的胫骨具有测影之髀表的象征意义，而早期以髀表测影的工作又仅在夏至进行，这当然使古人有理由独取夏至神的腿骨以表现测影的髀表，这种独特的做法不仅因果逻辑显而易见，而且也体现了渊源甚古的夏至测影礼俗。

夏至神的头向正南，不同于象征冬至的神祇头指其时的日出方向，这种安排无疑也显示了古人对于夏至神的独特的文化理解。《淮南子·天文》："日冬至，日出东南维，入西南维。至春秋分，日出东中，入西中。夏至，出东北维，入西北维，至则正南。"其中独云夏至"至则正南"，则是对夏至测影以正南方之位的具体说明，这些方法在《周髀算经》中尚有完整的留存。夏至日出东北寅位而入西北戌位，所以表影指向东南辰位与西南申位，辰、申的连线即为正东西，自表南指东西连线的中折处，则为正南方向。显然，正南方位的最终测定与校验，唯在夏至之时，这便是所谓"至则正南"的深意，而墓中象征夏至的神祇头向正南，似乎正是这一古老思想的形象表述。

夏至神位居整座遗迹的南端，这个事实无疑反映了古人对于这一原始宗教场景的巧妙布置。很明显，由于 45 号墓的主人已经占据了夏至神原有的位置，而墓主头向正南，南方又是灵魂升天的通道，所以 45 号墓以南方的圆形墓边象征天位，墓主的灵魂由此升腾，经过第二组遗迹所表现的灵蹻的驾御，升入第三组遗迹所展现的天国世界。这样一个完整的升天理念使灵魂升天的通途上已不可能再有容纳夏至神的位置，因而夏至神只能远离他本应在的位置而置于极南，这一方面可以保持整座遗迹宗教意义的完整，使墓主人灵魂升天的通途中没有任何阻碍，另一方面也不违背古人以夏至神居处极南之地的传统认识。事实上，夏至神居所的这种变动与不确定性似乎体现着一种渊源有自的人文理解，《尧典》经文独于夏至神羲叔仅言"宅南交"而未细名居地，正可视为这种观念的反映。这个传统在曾侯乙时代仍然保持着，曾侯乙二十八宿漆箱立面星图唯缺南宫的图像，时人并将南立面涂黑，[①] 意在以玄色的画面象征玄色的天空。[②] 这种做法当然缘于南方一向被视为死者灵魂的升天通途，因而四神中唯以夏至之神脱离盖图而远置南端，正是要为避让墓主灵魂的升天路径。显然，西水坡宗教遗迹中四神的布处不仅可以追溯出《尧典》独于南方夏至之神只泛言居所而不具名其地的原因，而且可以使我们领略《尧典》四神思想的古老与完整。

其实，避让灵魂升天路径的思考在中国传统的埋葬制度中早就以制度的形式被固定了下来。《仪礼·士丧礼》："筮宅，冢人营之，掘四隅外其壤，掘中南其壤。"郑玄《注》："为葬将北首故也。"贾公彦《疏》："为葬时北首，故壤在足处。"明死者若首北，则掘圹之壤必在其南，以积于足侧。首为升天之位，故积壤于足，目的就是要使升天之途保持畅通，不可有所阻碍。三代士礼或主北首，此虽臣者之位，但升天之途不可有所阻碍的观念却与君主没有差异，足见这一观念渊源有自。

[①] 湖北省博物馆：《曾侯乙墓》上册，文物出版社 1989 年版，第 354—356 页。
[②] 冯时：《中国天文考古学》，社会科学文献出版社 2001 年版，第 329—330 页。

对于《尧典》文本不见夏至神的居所这一看似矛盾的问题，历代经学家均未能给出令人信服的解释。孔颖达《尚书正义》云：

> 古史要约，其文互相发见也。"幽"之与"明"，文恒相对，北既称"幽"，则南当称"明"，从此可知，故于夏无文。经冬言幽都，夏当云明都。传不言都者，从可知也。郑云："夏不言'曰明都'三字，摩灭也。"伏生所诵与壁中旧本并无此字，非摩灭也。王肃以夏无明都，避"敬致"然。即"幽"足见"明"，阙文相避，如肃之言，义可通矣。

这些解释牵强附会，不可信据。我们知道，《尧典》文本原本即不见有关夏至神居所的内容，而并非如郑玄所推测为磨灭夺字的缘故。① 今据上古宗教观的研究，《尧典》的思想本出西水坡遗迹所体现的原始宗教传统的事实较然明白。很明显，西水坡宗教遗迹事实上构建了《尧典》文本思想的文化背景。

也许在注意四子安排的同时，我们也不应忽略殉人的年龄。经过鉴定（31号墓未报道），他们都是12至16岁的男女少年，而且均属非正常死亡。这些现象显然又与四子的神话暗合，因为古代文献不仅以为四神乃是司分司至之神，甚至这四位神人本来一直被认为是羲、和的孩子。

西水坡遗迹既然表现了45号墓主灵魂的升天仪式，那么其中特意安排的四子就不能与这一主题没有关系。四子作为天帝的四位佐臣，当然也有佐助天帝接纳升入天界的灵魂的职能，因为四子既为四方之神，其实就是掌管四方和四时的四巫。四巫可以陟降天地，这在甲骨文、金文和楚帛书中记述得非常清楚。所以人祖的灵魂升天，也必由四子相辅而护送，当然，有资格享受这种礼遇的人祖必须具有崇高的地位。

古代神话的天文考古学研究，这样的契机或许并不很多。通过梳理，

---

① 《汉书·艺文志》："刘向以中古文校欧阳、大小夏侯三家经文，《酒诰》脱简一，《召诰》脱简二。率简二十五字者，脱亦二十五字；简二十二字者，脱亦二十二字。文字异者七百有馀，脱字数十。"所云脱字皆整简字数，不可能如郑玄所言仅灭去三字。况刘向据古文校今文经，如古文不脱，必可足补今文，亦不致后人臆度推测。

四子神话的发展与演变似乎已廓清了大致的脉络。四子的原型为四鸟，这当然来源于古老的敬日传统，并且根植于古代天文学的进步。但是随着神祇的人格化，四神由负日而行的四鸟转变为太阳的四子，而日神则由朴素的帝俊而羲和，其后又二分为羲与和，更渐变为伏羲和女娲。于是四子也就被视为羲、和或伏羲、女娲的后嗣。现在我们似乎有理由相信，这样一套完整的神话体系的建立，至迟在公元前五千纪的中叶就已经完成了。

最后提出一个大胆的假说应该不会是毫无意义的。《周易·说卦》："乾，天也，故称乎父。坤，地也，故称乎母。震一索而得男，故谓之长男。巽一索而得女，故谓之长女。坎再索而得男，故谓之中男。离再索而得女，故谓之中女。艮三索而得男，故谓之少男。兑三索而得女，故谓之少女。"此后天八卦与父母男女配属之本义。就四正卦所论，东方震与北方坎二阳卦分别配属长男和仲男，南方离与西方兑二阴卦则分别配属仲女和少女。而西水坡原始宗教遗存虽呈南天北地的安排，以见时人具有的南阳北阴的观念，但象征分至四神的四具殉人却与这种天地阴阳的观念不同，而显示了易数阴阳的特点。其于东方、北方同时随葬男性，以象其阳；而于西方则随葬女性，以象其阴。尽管位居南方象征夏至之神的殉人性别没有公布，但据已有的三子性别的差异，已可见其安排与后天八卦所配男女相契合是毋庸置疑的，这为《说卦》相关思想起源的探索提供了有价值的资料与重要启示。

六　西水坡宗教遗存的文明史意义

西水坡宗教遗迹对于中国天文学与原始文明的构建具有同等重要的意义，正因为如此，我们对于古代文明与科学的探索才有了新的有效方法。必须强调的是，西水坡遗迹所展示的科学史与文明史价值固然杰出，但它所构建起的重新审视古代社会的知识背景不仅系统，而且也更显重要。事实上，这种背景将成为我们客观分析古代文明的认识基础。

以往的上古文明研究似乎只可能将殷商文明作为中国原始文明的发端，然而西水坡原始宗教遗存内涵的揭示不仅使我们真切地了解了六千年前古老文明的种种创造，而且更感受到一种宏大宇宙观的强烈冲击。当时的先民已经学会了立表测影，并能通过他们发明的髀表规划空间和时间，从而建立了相应的空间体系与时间体系。他们已经懂得观象授时，并且根据对北斗与二十八宿的观测决定时间。他们建立了二十八宿恒星观测体系和相应的四象体系，并根据对日影及星象的共同观测认识了春分、秋分、夏至和冬至，进而建立了原始历法。他们至少完成了对盖天学说的思辨，对天、地以及星象的运行规律有了相应的解释理论，且借助盖图加以表现和说明。当时以观象授时为核心的王权已经形成，以上帝为核心的原始宗教体系已经确立，以祖灵配天的升天思想已经出现，以分至四神为原型的神话系统已经完成。凡此都极大地丰富了早期文明史的具体内涵，使六千年前的文明再不会被人认为是茹毛饮血的野蛮社会，或者唯求物质满足的蒙昧时代，而是具有着以知识体系、形上思想与人文制度构成的高度文明。这种文明的创造不仅远在殷商文明三千年前就已经完成，而且成为中国传统文明的渊薮，对中国传统文化的形成产生了强烈影响。殷商之视西水坡，即犹今人之视殷商。很明显，其所建立的重新认识中国上古文明的基础是十分重要的。

  初民对于时空的掌握是他们创造文明的开始，这意味着先民所想象的司掌时空的四位神祇——司分司至之神——事实上已成为最早的创世神祇。长沙子弹库楚帛书与《尧典》所描述的创世历史虽然提及了帝俊、帝尧及伏羲、女娲，但世界的创造由于是从开天辟地及对时空的规划开始的，所以分至四神才真正有着具体的创世作为。这个创世观无疑与人类文明肇起于时空体系建立的史实相暗合，表现了原始创世思想最本质的意义。[①] 很明显，西水坡原始宗教遗存不仅已经显示出古人对于分至四时的掌握，甚至创造出司掌二分二至的时间神祇，因此，相应的四神创世观已经形成应是可以接受的结论。

  尽管我们不得不忽略更多的细节完成上古天文与人文的鸟瞰，但仅就这些关乎古代文明的主体部分而言，天文考古学为我们提供的对于古代科学与文明的认识已足够新奇，我们甚至无法通过其他的途径或方式完成类似的探索。依凭考古资料进行古典哲学以前的原始思维的重建，这个工作当然很困难，但却绝对不是不可以实现的空想。事实上，科学与文明的传承使得后人留下了大量可供佐证先人劳绩的文献，只要我们

[①] 冯时：《中国古代物质文化史·天文历法》绪论第二节，开明出版社2013年版。

有足够的细心，考古遗迹和遗物所反映的科学史与思想史内涵就可以得到正确的解读。

天文考古学研究带给人们的新见识其实并不仅仅在于对古代科学成就的揭示，当然这些成就可以逐渐构建起我们重新审视文明历史的认识基础，但更重要的是，它使我们真正懂得，每一项科学的发展都是作为文明发展进程中的一项元素而已，它由于直接服务于先民的生产和生活，因此无法摆脱固有思想的影响和传统观念的制约。换句话说，古代科学的发展历史也就是古代思想的发展历史。我们不可以抛弃对传统思想的究寻而片面地强调科学本身，事实上这种做法无助于古代科学史与文明史的研究。

新石器时代是中国天文学与传统思想体系形成的关键时期，这将在很大程度上改变人们对于古代文明与古代科学的习惯认识。诚然，中国古代天文学所具有的科学史及思想史意义已逐渐为人们所领悟，这当然可以为重新评判中国古代文明的发展历史提供依据。就天文学本身的成就而言，天文考古学所展示的科学史内涵在某些方面甚至比《史记·天官书》的传统还要丰富，而在科学思想、宗教思想乃至哲学思想方面，这些新资料不仅比传统文献所提供的答案更具说服力，而且也更为生动。毫无疑问，对于重建早期科学史与思想史，对于探讨天文与人文的关系，天文考古学研究已经展现了它独有的特点和可预见的前景。

第 二 章

奉时圭臬　经纬天人

第一节　空间体系的建立

如果说人类文明的发生是从初民有意识地对时间与空间的规划开始的，那么时空问题便成为中国文化的根本问题。对相关问题的澄清不仅关系到对传统时空观的认识，甚至直接影响着我们对传统文明的理解。

一　二绳四方考

古人规划时空，只对天象做大略地观测显然没有意义，这要求人们必须学会通过星象天球视位置的改变完成对时空的精确测量。中国传统的观象方法有偕日和冲日两种方法，由于冲日法在观测精度上远优于偕日法，因而成为中国古代先民更普遍采用的方法。事实上，以冲日法观测恒星必然导致对恒星上中天观测的重视，这对于夜晚观测恒星的位移虽然毫无影响，但白昼碍于太阳过于明亮，这一工作则难以进行。因此，中星观测的古老传统需要先民在利用太阳视位置的行移变化解决时间问题的时候并不直视太阳，而只揆测太阳的影子，从而创造了立表测影的传统观测方法，并借此建立起恒星与观测者之间的有效联系。众所周知，日影在一天中会不断地改变方向，如果观察每天正午时刻的日影，一年中又会不断改变长度，因此，古人一旦掌握了日影的这种变化规律，决定时间便不再会是困难的事情。事实上，表作为一种最原始的天文仪器，它的利用不仅是古代空间与时间体系创立的基础，而且毫无疑问是使空间与时间概念得以精确化与科学化的革命。因此，表的发明对于人类文明与科学的进步而言，其意义是怎样评价也不过分的。

初民对于日影的认识显然源于自己的身影。日出而作，日入而息，人影会随之呈现方位与长短的变化，这种变化当然预示着空间与时间的变化。于是人们逐渐懂得可以根据日影的变化最终解决时空问题。事实上随着天文学的进步，先民不可能永远停留在仅满足于了解自己身影的朴素阶段。为规划更精确的空间和时间，人们就必须提高日影的观测精度，这使先民模仿人体测影创造出了可用的天文仪具，这就是髀表。

将表立于平整的地面上测影定向并不是一件困难的工作，古人通过长期的实践可以使这种辨方正位的方法日趋精密。《诗·鄘风·定之方中》："定之方中，作于楚宫。揆之以日，作于楚室。"毛《传》："定，营室。方中，昏正四方。揆，度也。度日出日入，以知东西。南视定，北准极，以正南北。"显然，为了将方向定得尽量准确，依靠星象的校准当然也很必要。

利用髀表规划空间显然是古人解决时空问题的基础工作。原始的辨方正位的方法见载于《周礼·考工记·匠人》，文云：

> 匠人建国，水地以縣，置槷以縣，眡以景。为规，识日出之景与日入之景，昼参诸日中之景，夜考之极星，以正朝夕。

《周髀算经》卷下对这种方法也有描述：

> 以日始出立表而识其晷，日入复识其晷，晷之两端相直者，正东西也。中折之指表者，正南北也。

这种方法的具体做法是，先将地面整理水平，并将表垂直地立于地面，然后以表为圆心画出一个圆圈，将日出和日落时表影与圆圈相交的两点记录下来，这样，连接两点的直线就是正东西的方向，而直线的中心与表的垂直连线方向则是正南北的方向（图2—1，1）。当然，为了保证方向定得准确，还要参考白天正午时的表影方向和夜晚北极星的方向。这种方法只需一根表便可完成，因此比较简单。但是，由于日出日落时表影较为模糊，与圆周的交点不易定准，所以相对而言，运用这种方法确定的方向也应比较粗疏。

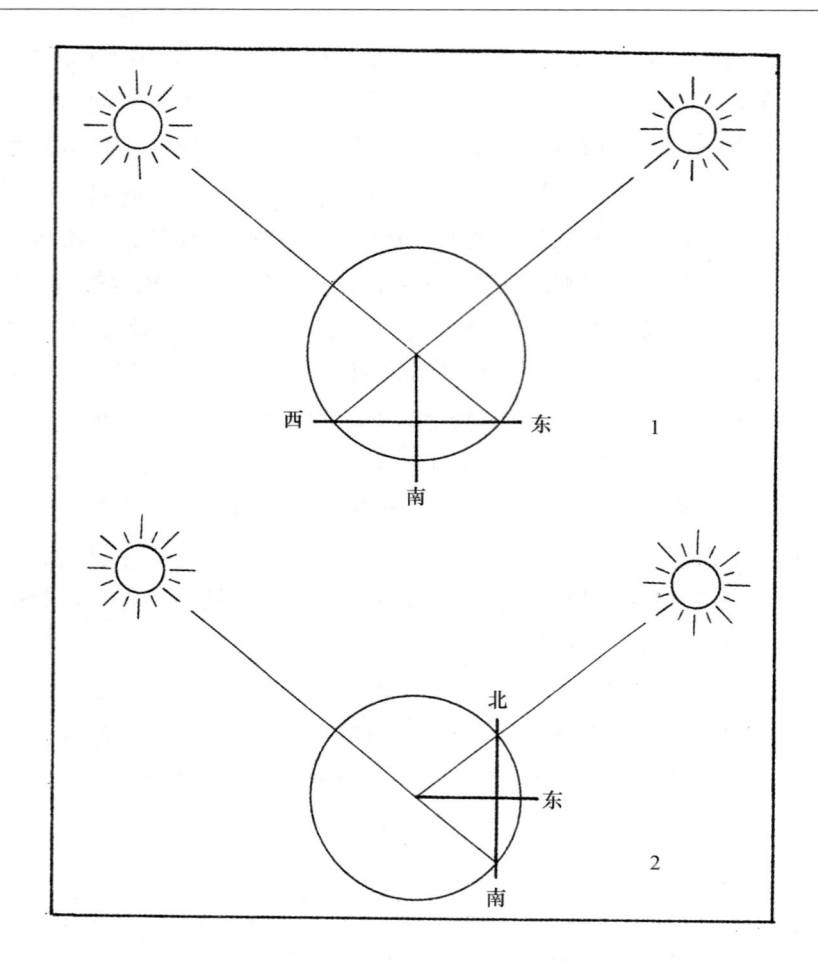

图 2—1 圭表定向示意图
1. 定表法示意 2. 游表法示意

西汉初年的《淮南子》一书保留了另一种测定方位的方法，这种方法由于必须运用两根甚至更多的表来完成，所以测得的方位，其精度也要比前一种方法提高很多。《淮南子·天文》云：

正朝夕：先树一表，东方操一表却去前表十步，以参望日始出北廉。日直入，又树一表于东方，因西方之表，以参望日方入北廉，则定东方。两表之中与西方之表，则东西之正也。

它的具体做法是，先立固定的一根定表，然后在定表的东边十步远的地方竖立一根可以移动的游表，日出之时，观测者从定表向游表的方向观测，使两表与太阳的中心处于同一条直线；日落时，再在定表东边十步远的地方竖立一根游表，并从这个新立的游表向定表的方向观测，也使两表与太阳的中心处于同一条直线。这样，连接两个游表的直线就是正南北的方向，两游表的连线与定表的垂直方向便是正东西（图2—1，2）。

《淮南子》的记载以为，必须使用一根定表和两根游表才能完成这项工作，其实，只要将第一根游表定准的位置记录下来，这根游表便可以用来校准第二个位置，这使此法实际只需一根定表和一根游表就绰绰有余了。

事实上，如果我们以定表所在的位置为圆心做一大圆，那么游表只是围绕着定表在这个圆周上游移。既然如此，我们便可以得到辨方正位的另一种可能。这就是说，假如在日落时人们不是从游表向定表的方向定位，而仍然要求从定表向游表的方向观测的话，那么结果同样十分圆满。人们只需要将校准第二个位置的游表从定表的东边沿圆周游移到定表的西边，使其置于定表和落日之间，这样，只要使两表与太阳的中心处于同一条直线而定准游表的位置，那么它与游表所校订的日出位置的连线就是正东西。

《考工记》所记载的定向方法相对原始，因此可以视为古人最早学会的方法。利用这样的方法建立相对精确的方位体系当然并不困难，事实上，定向与定时的精确化有赖于方法的精确化，显然，原始的方位体系虽然相对准确，但却不会是精确无误的。

中国古代的空间观与时间观是密不可分的，传统时间体系的建立事实上是通过对空间的测定完成的。当人们发明了表这种最原始的天文仪器之后，他们其实已经懂得了如何利用对空间的测量最终解决时间问题。这一点通过对古代文字的分析其实也很清楚。很明显，如果说商代甲骨文的"昃"字是古人通过太阳天球视位置的变化所投射的倾斜的人影而反映日中而昃的时空联系的话，那么相对于昃的概念则是中。商代甲骨文和早期金文的"中"字作"🇰"，或作"🇷"，又省作"中"，其字形无疑再现了一种最古老的辨方正位的方法，这便是立表测影。殷卜辞常见

"立中"之贞，即立表正位定时。① 而"中"字所从之"㫃"或"｜"实乃测影之表，而于表中所画之"○"最初则为《考工记》、《淮南子》诸书所记计量日影的圆形限界，故"中"字字形所表现的恰是立表于限界中央而取正的思想。显然，"中"的概念并非只相对于左、右而言，即一条直线的取中，而是相对于东、南、西、北四方而言，即平面的取中。受这种观念的影响，中国传统政治观以邑制取自为规之形而居中，遂称"中邑"；殷代的政治统治中心位于四方的中央，所以相对于四邦方而称"中商"。卜辞云：

> 戊寅卜，王贞：受中商年？十月。　　《前》8.10.3
> 己巳王卜，贞：［今］岁商受［年］？王占曰："吉。"
> 东土受年？
> 南土受年？吉。
> 西土受年？吉。
> 北土受年？吉。　　《粹》907

这便是殷代五方观念的体现。② 很明显，商与东、南、西、北四土相配而位在中央，故称"中商"，可明"中"之所指本为四方之中央。尽管甲骨文和金文中这两个繁简"中"字的用法在周代已经变为中央之"中"与伯仲行次之"仲"的分化，但在商代却还主要反映为方位与时间的区别。显然，"中"字不仅强调了日影取正的本义，从而建立起古人对于空间取正与时间取正的联系，而且成为中国传统文化核心观念的渊薮。

如果说古文字"中"字的形构特点印证了《考工记》、《淮南子》有关测影定位的古老方法的话，那么这种辨方正位的工作对传统文化的影响就具有了更广泛的意义。很明显，不论使用定表还是附以游表，最终

---

① 萧良琼：《卜辞中的"立中"与商代的圭表测景》，《科技史文集》第10辑，上海科学技术出版社1983年版；冯时：《陶寺圭表及相关问题研究》，《考古学集刊》第19集，科学出版社2013年版。
② 胡厚宣：《论殷代五方观念及"中国"称谓之起源》，《甲骨学商史论丛初集》，成都齐鲁大学国学研究所1944年版。

测得的空间方位只呈现为一个"十"形图形（图2—1），这个图形所表现的当然只能是东、西、南、北四方，因此"十"便成为中国古人对于空间认识的最基本的图形。

对于这个简易图形，古人赋予了其极朴素的名称——二绳。《淮南子·天文》云：

> 子午、卯酉为二绳，丑寅、辰巳、未申、戌亥为四钩。东北为报德之维也，西南为背阳之维，东南为常羊之维，西北为蹄通之维。①

高诱《注》："绳，直也。"这个训释其实并不准确。钱塘《补注》："南北为经，东西为纬，故曰二绳。"事实上，古人立表测影以正定四方，最后一步工作必须用准绳度量以连接表影与圆周的两个交点，其中用以度量南北方向的为经绳，度量东西方向的为纬绳，这才是先民将表示四方的"十"形图像称为"二绳"的根本原因。《淮南子·本经》："戴圆履方，抱表怀绳。"讲的就是这个事实。"二绳"图形不仅构成了中国传统方位的基础，同时也是汉字"甲"字的取形来源。由于中国传统的时空关系表现为空间决定时间，这意味着取自二绳"十"形的"甲"字可以被古人放心地移用作为十个天干文字的第一字，并以此记录空间和时间。

东汉许慎的《说文解字》显然还留有这种古老思想的孑遗。《说文·十部》云：

> 十，数之具也。一为东西，丨为南北，则四方中央备矣。

数字"十"的字形虽然在秦篆中与今天并没有什么不同，但甲骨文、金文则写作"丨"或"ᛏ"，并不具有二绳的形象。然而，尽管许慎错误地将五方空间的概念赋予了数字"十"，但这种将二绳的形象与数字"十"加以联系的做法却并不是没有根据的玄想。如果从古人辨方正位的传统

---

① "蹄通"或作"号通"。参见钱塘《淮南天文训补注》。

思考，那么可以认为，许慎对于数字"十"形构特点的阐释其实正体现了先民对于"甲"字所呈现的二绳内涵的固有认知。

早期先民对太阳的崇拜使他们很早便懂得了如何利用太阳运动来解决自己在方位和时间上所遇到的麻烦，这个工作当然是通过立表测影的方法完成的。《淮南子·天文》记述了古代盖天家所具有的独特的宇宙观，其以二绳四维构筑地平空间，体现了一种显然通过立表测影逐渐发展起来的朴素的空间观念。

"二绳"无疑是中国传统空间体系中表现东、西、南、北四方的基本图形，这当然也是用以表现地平方位的基本图形，如果配以十二支，则东、西纬绳"—"必系之以卯、酉，北、南经绳"｜"则系之以子、午，正象东、西、南、北四方。然而子午、卯酉虽然标示着四方，但二绳的交午处则为中央，因此，"二绳"图像所表现的其实并不仅仅是四方，它其实已通过二绳的互交而构成了五方。显然，从中国传统的空间观念考虑，二绳作为传统五方空间基本图形的事实是相当清楚的。

考古资料显示，以二绳为基础的空间图像在中国古代文化中广泛存在，相关知识不仅在距今七千年前的新石器时代遗物上已有充分的反映（图2—2），[①] 而且先秦器物上的二绳图像经常刻画得极为逼真。东周青铜器盖面装饰时有以两条形象的绳索纹交午而呈二绳图像，且二绳的四极位置与交午的中央皆饰有太阳图像（图2—3；图2—4），明确表现了二绳本所具有的古人测影以定四方的文化内涵。这一基本事实意味着，古代礼制遗存中普遍出现的"十"形图像都宜视为二绳观念的体现，其内涵无疑反映了早期先民对于空间与时间的朴素认知。

河南杞县鹿台岗曾经发现龙山文化时期的礼制建筑遗迹，平面呈外方内圆，颇有古明堂之风，其居内的圆室之中有一呈四正方向的二绳图像，宽60厘米，以花黄土铺成，与房内地面的灰褐色土迥然不同（图2—5），[②] 显示出时空观对于礼仪制度的重要作用。

[①] 安徽省文物考古研究所、蚌埠市博物馆：《蚌埠双墩——新石器时代遗址发掘报告》，科学出版社2008年版。

[②] 匡瑜、张国硕：《鹿台岗遗址自然崇拜遗址的初步研究》，《华夏考古》1994年第3期；郑州大学文博学院、开封市文物工作队：《豫东杞县发掘报告》，科学出版社2000年版。

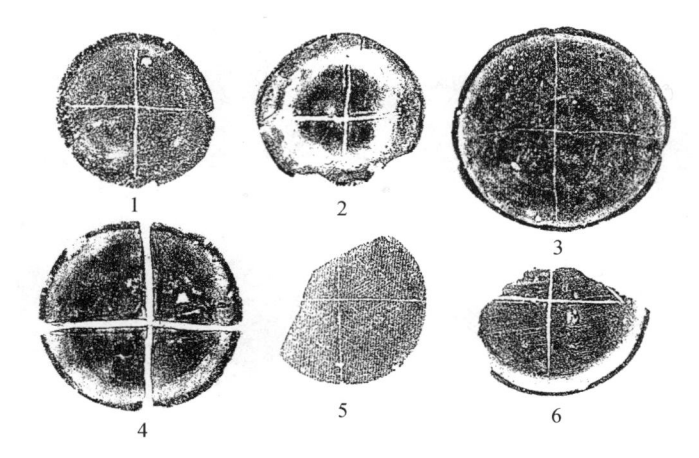

图 2—2 双墩新石器时代陶器外底契刻之二绳图像
1. 92T0521⑱：24 2. 92T0722㉙：51 3. 86T0820③：27
4. 86T0720③：78 5. 92T0523⑩：26 6. 91T0719⑲：58

图 2—3 春秋晚期铜盏盖面的二绳图像（湖北随州义地岗出土）

山西襄汾陶寺遗址出土属于夏代或先夏时代配合立表测影使用的水平校准仪，上部为盛水的圆盘，下部承盘支座则呈指向四方的"十"形（图2—6；图2—7），[①] 显然也是借二绳图形的设计以完成校正方位的工作。

---

① 中国社会科学院考古研究所：《襄汾陶寺：1978—1985 年考古发掘》，文物出版社 2016 年版。

54　文明以止

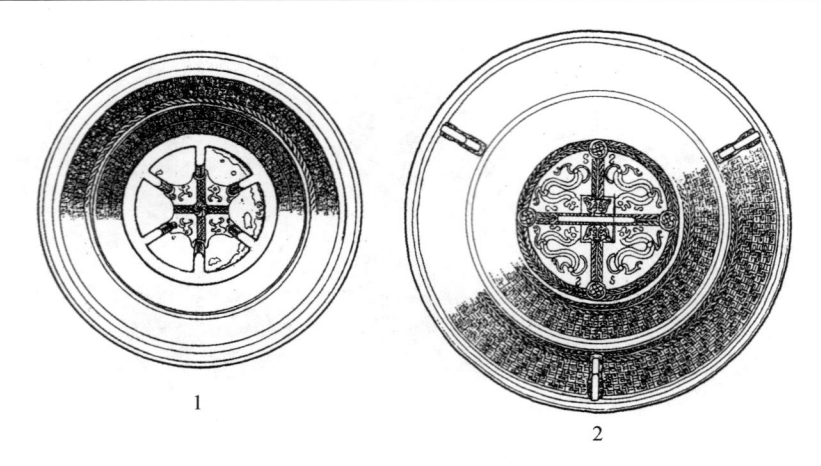

图 2—4　二绳图像

1. 河南淅川和尚岭二号春秋墓铜浴缶盖（M2：85）
2. 河南淅川和尚岭一号春秋墓曾大师奠鼎盖（M1：5）

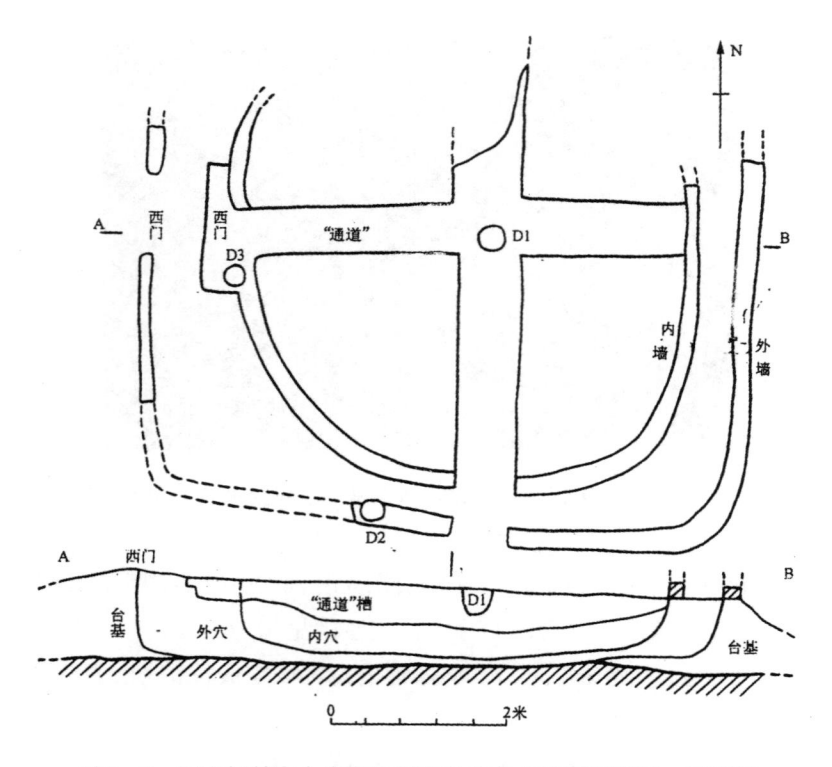

图 2—5　河南杞县鹿台岗发现河南龙山文化礼制建筑平、剖面图

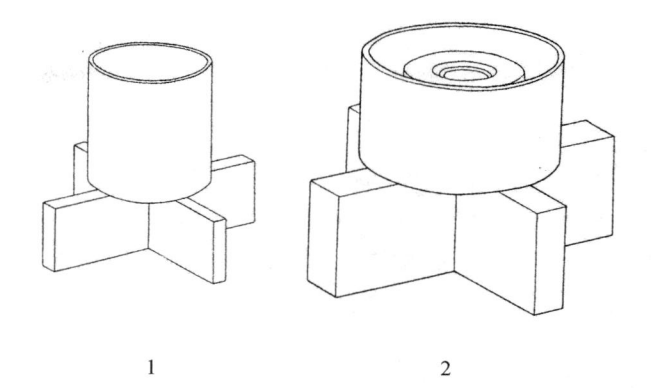

图2—6　陶寺遗址出土木质水平校准仪
1. M2172∶27　2. M2178∶29

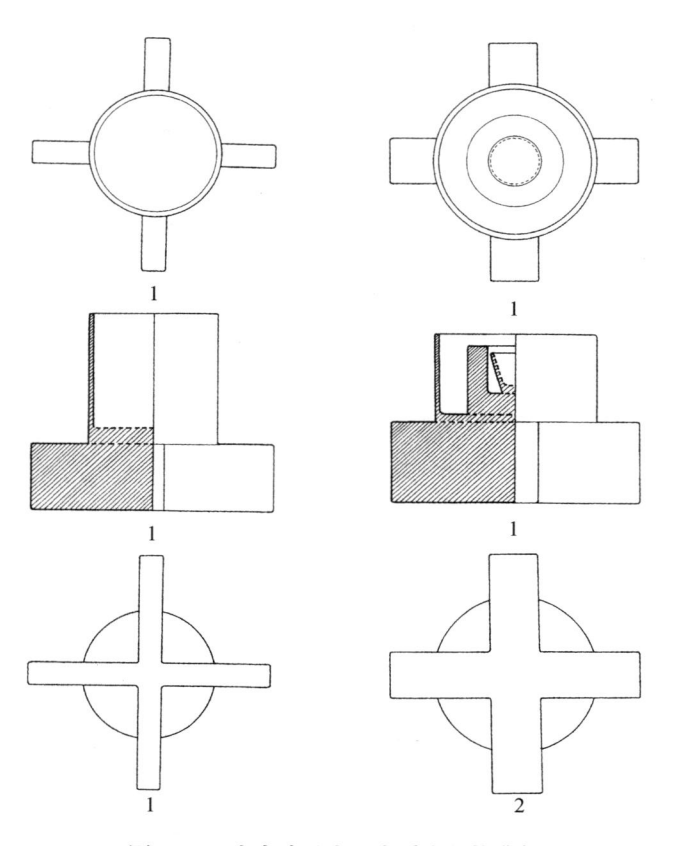

图2—7　陶寺遗址出土木质水平校准仪
1. M2172∶27　2. M2178∶29

比龙山与陶寺文化稍晚的二里头文化青铜钺与圆仪上的"十"形符号对于说明这一问题显得更为直接,① 这不仅因为青铜钺本身就是象征王权的仪仗（图2—8），圆仪可能属于星盘，而且更重要的是，二绳图像的设计方式明确反映了古人对于原始律历的理解以及与此相关的一整套数术观念，这使得位于十干之首的"甲"字本身的记时功能通过二绳图像作

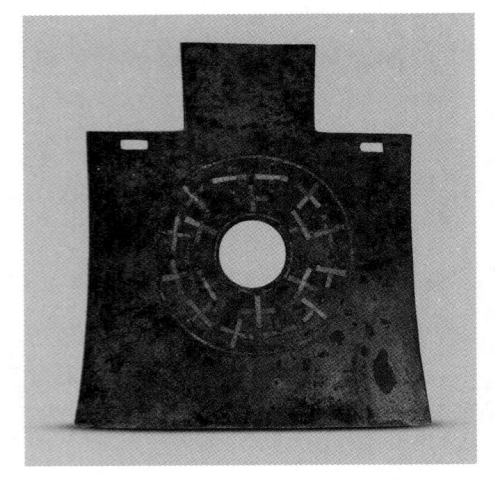

图2—8 二里头文化铜钺

为原始记时体系基础的方位概念的建立得到了彻底的体现。②

与龙山时代布设二绳图像的方圆遗迹相同的遗物在西汉景帝阳陵德阳宫遗址也有存留。阳陵坐落于陕西咸阳东北的张家湾，而德阳宫遗址位居阳陵及王皇后陵正南方400米处，东西长120米，南北宽80米。地表散布铺地砖和瓦砾，并有一条古道与景帝阳陵相通。遗址中心部位有一夯土台，为其主体建筑的台基（图2—9），其上部中央置一正方形石板，边长1.7米，厚0.4米，石板上部加工成直径1.35米的圆盘，圆盘中心刻二绳图像为凹槽，槽宽3厘米，深2厘米，经测定，方石呈正方向放置，圆盘中心的二绳图像正指东、西、南、北四方，当地村民俗称为"罗经石"（图2—10）。③ 从形制分析，此"罗经石"与鹿台岗龙山时代方圆遗迹别无二致，因此应是古人根据日影测定方位的校正仪器，其以二绳图像校准四方，而刻出凹槽，则为定向时于槽中注水以求水平（仪器注水时应有物堵塞"十"形凹槽四端），显然这种定向仪器实际就是后

---

① 上海博物馆：《上海博物馆藏青铜器》，上海人民美术出版社1964年版；中国科学院考古研究所二里头工作队：《偃师二里头遗址新发现的铜器和玉器》，《考古》1976年第4期。
② 冯时：《中国天文考古学》第三章第三节，社会科学文献出版社2001年版。
③ 王丕忠等：《汉景帝阳陵调查简报》，《考古与文物》创刊号，1980年；杨宽：《中国古代陵寝制度史研究》，上海古籍出版社1985年版；刘庆柱、李毓芳：《西汉十一陵》，陕西人民出版社1987年版。

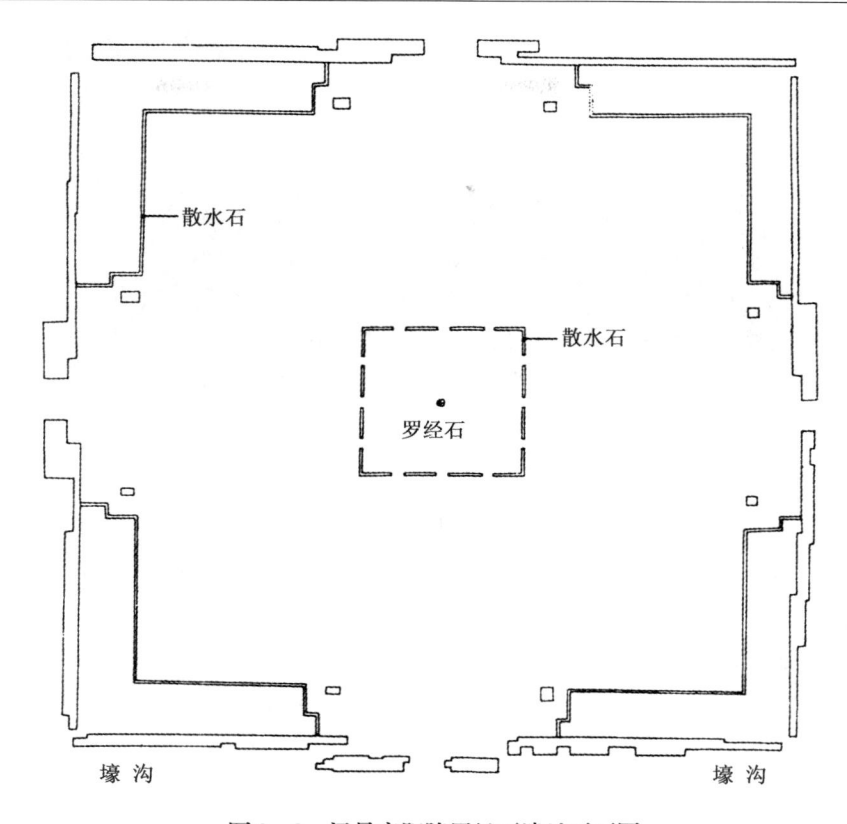

图2—9 汉景帝阳陵罗经石遗址平面图

世校正东、西、南、北四正方向的正方案的祖型，其置于陵园的德阳宫中央，起着校准整座陵寝方位的作用，所以也是阳陵陵寝的方位基准石。《周礼·叙官》："惟王建国，辨方正位。"郑玄《注》："辨，别也。"《尚书·召诰》："越三日戊申，太保朝至于洛，卜宅。厥既得卜，则经营。越三日庚戌，太保乃以庶殷攻位于洛汭。越五日甲寅，位成。"此"辨方正位"即谓营建生居或茔域之前辨正方位的工作，目的则是为规划端正宫庙陵寝之位。而西汉攻位石案的发现不仅可以印证龙山时代同类遗迹所具有的相同性质，而且可以追溯出中国古代这种独特的测影定位仪器一脉相承的发展历史。

古人以二绳图像表现的空间概念有两点需要特别强调，其一，古人据立表测影而端正四方，所以二绳图像所象征的方向当为居于正位的四方或五方。其二，古人以经纬二绳量定四方，这导致了原始的"方"的

图 2—10　汉景帝阳陵"罗经石"遗址

概念只能是二绳直线的延伸,而并不具有平面的意义。《说文·方部》:"方,併船也,象两舟省总头形。"事实上,古文字的"方"本取船榜之形以构字,[1] 而船榜把握的行船方向只能是直线。显然,"方"字的创造取自船榜准确地体现了方位之"方"的原始涵义。许慎训"方"虽不确切,但其将"方"与船相联系,仍可见古人以行船所呈之直线特点以表现"方"所具有直线方向的本义。

二　五位考

中国传统空间体系的形成经历了从四方、五位到八方、九宫的发展过程。四方是指东、西、南、北四正方向,古人又名之为"四正";五位则是东、西、南、北、中五方的平面化;八方是指四正方向加之东北、东南、西北和西南四维;九宫则为八方和中央。在这些空间概念中,"方"与"位"既有联系,又有区别。"方"本指一条直线的延伸方向,而"位"则是平面化的"方"。因此,"方"与"位"虽然不同,但是由于四方、八方乃是五位、九宫的形成基础,所以"方"、"位"两个概念完全可以相互表示。

四方的建立显然只是更为复杂的方位体系的基础而已。正像有日出就一定会有日落一样,从传统辨方正位的方法考虑,东、西或南、北两

---

[1]　郑张尚芳:《上古音系》,上海教育出版社 2003 年版,第 315 页。

个相对方位的认知实际是同时获得的。在系统的空间观念中，四方和五位当然只是方位的基础，而八方和九宫则体现着对前两个方位概念的延伸和发展。古人既可以十二地支平分地平方位，也可以分配八方，其中子午、卯酉为二绳，丑寅、辰巳、未申、戌亥为四钩，平分四方则为四维。二绳的互交构成东、西、南、北四正方向，二绳或四钩的平分便构成东北、西北、东南和西南四维。这个图形虽然表现了完整的空间观念，但相应的观念却无不是在二绳的基础上发展起来的。事实上，只有二绳的观念得以建立，中央的观念才可能自然地形成。因此，五方的观念虽然基于四方而出现，但古人认识它却不会是在四方体系形成之后很晚的事情。换句话说，假如古人在很早的年代已经习惯于用二绳的"十"形图像表示四方，那么这种图像实际已经蕴含着五方。同样，当两个"十"形图像转位叠加而构成八方的时候，其实是对二绳平分的结果，它所表达的方位概念当然是由八方加之中央交点的中方所构成的九方或九宫。

所谓"五位"其实就是《淮南子·天文》以二绳为中心的四钩以内的部分，这部分空间构成的图形即呈现为"亚"形。《淮南子·时则》云：

> 五位：东方之极，自碣石山过朝鲜，贯大人之国，东至日出之次，榑木之地，青土树木之野，太皞、句芒之所司者，万二千里。……南方之极，自北户孙之外，贯颛顼之国，南至委火炎风之野，赤帝、祝融之所司者，万二千里。……中央之极，自昆仑东绝两恒山，日月之所道，江、汉之所出，众民之野，五谷之所宜，龙门、河、济相贯，以息壤堙洪水之州，东至于碣石，黄帝、后土之所司者，万二千里。……西方之极，自昆仑绝流沙、沈羽，西至三危之国，石城金室，饮气之民，不死之野。少皞、蓐收之所司者，万二千里。……北方之极，自九泽穷夏晦之极，北至令正之谷，有冻寒积冰，雪雹霜霰，漂润群水之野，颛顼、玄冥之所司者，万二千里。

很明显，五位"亚"形的空间观念实际正是二绳观念平面化的结果。

然而二绳何以能够发展为五位，其中则体现着古人的朴素认知。诚然，二绳的观念源自立表测影所获得的以准绳度量四方的做法，而将直线扩大为平面的工作其实并不困难，只要使二绳不断地积累下去，直线式的二绳便可以最终扩大为平面化的五位。这种积绳成面的联想显然来源于古人熟悉的日常纺织的生活经验。换句话说，由于先民测量四方的工作需要通过二绳而取直，这一事实意味着人们可以根据纺织的经验很容易懂得，从"方"到"位"的发展其实体现的正是由"线"到"面"的发展，这个过程实际只需通过线的积累便可以完成。显然，这种做法与构成五方的两条直线取名"二绳"具有清晰的因果联系。

距今七千年的蚌埠双墩新石器时代陶器底部刻画图像提供了大量极具说服力的物证，[1] 近乎完整地展现了这些思想的发展历史。其中一些陶器仅刻有简单的二绳图像（图2—2），而另一些图像则反映着从二绳所表现的四方或五方到五位的平面化过程，这个过程从简单的两个二绳图像的叠交开始（图2—11），经过三个、四个、五个甚至更多的二绳的积累而完成（图2—12），明确表现了二绳通过积绳成面而形成五位的趋势。相关的证据在殷墟出土的商代青铜器图像中也有发现，[2] 侯家庄1400号大墓所见铜盘底部即铸有经二绳的叠交积累而使五方渐成五位的图像（图2—13，2）。在通过积累二绳而使五位形成之后，五位的四隅则势必留有四个矩形缺口，这便是"四钩"观念的由来。显然，如果我们简化这个空间观念的演进图式，而将子午、卯酉二绳之外其他交午的直线省却，那么我们所看到的空间图形便只具有作为方位基础的"二绳"以及规划四隅的"四钩"。殷墟青铜器上相关的空间图形同样展现了这种简省过程，侯家庄1400号大墓出土的另一件铜壶底部即清楚地留有这种图像（图2—13，1）。

事实上，双墩新石器时代陶器刻划图像中同样表现有四钩（图2—

---

[1] 安徽省文物考古研究所、蚌埠市博物馆：《蚌埠双墩——新石器时代遗址发掘报告》，科学出版社2008年版。

[2] 梁思永遗著、高去寻辑补、石璋如校补：《侯家庄》第九本，1129、1400、1443号大墓，历史语言研究所1996年版。

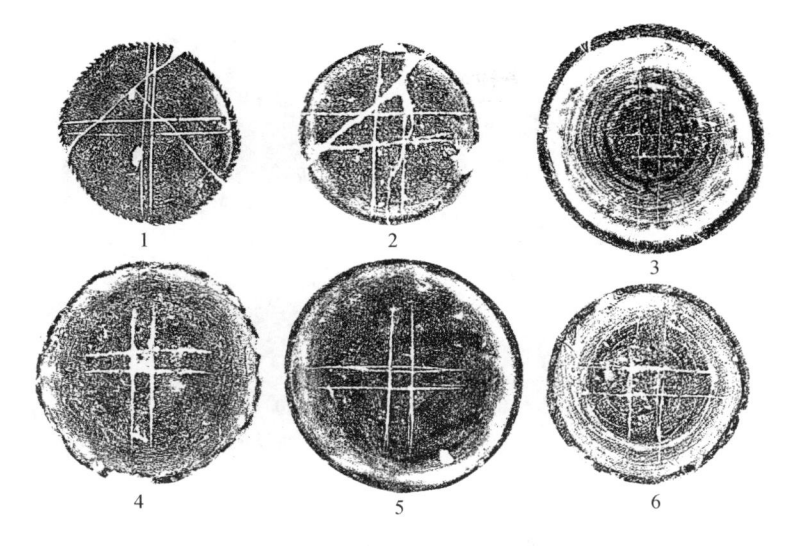

图 2—11　双墩新石器时代陶器外底契刻图像
1. 92T0523⑲：56　2. 91T0621⑪：92　3. 86 发掘品：27
4. 92T0721㉙：36　5. 86T0720③：99　6. 91T0719⑮：62

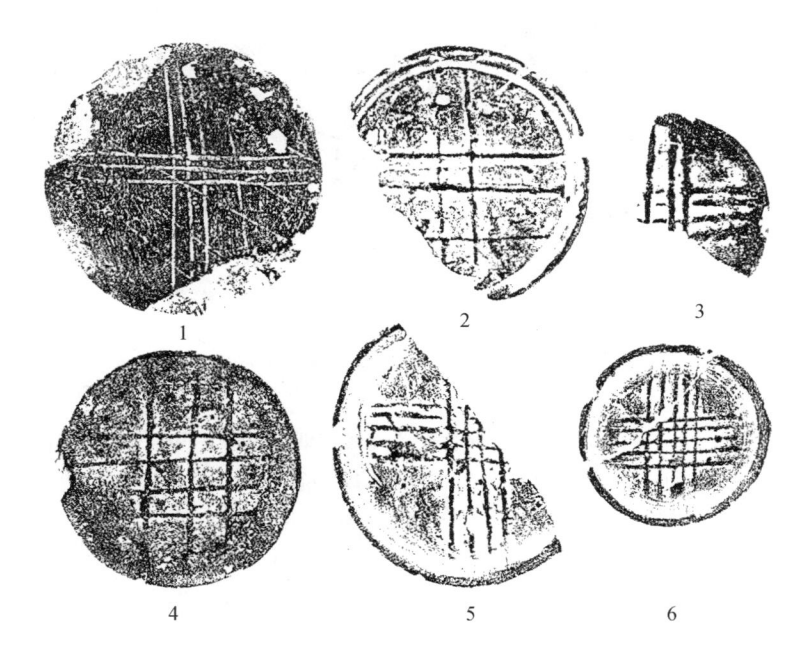

图 2—12　双墩新石器时代陶器外底契刻图像
1. 92T0723㉚：57　2. 92T0723㊱：57　3. 92T0722㉔：64
4. 92T0723㉔：59　5. 91T0719⑬：51　6. 91T0719⑱：58

62　文明以止

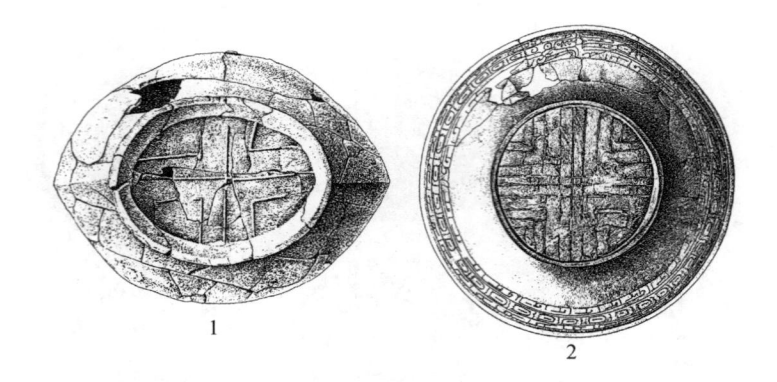

图 2—13　商代青铜器底部装饰的"亚"形
1. 铜壶（殷墟侯家庄 1400 号墓出土）　2. 铜盘（殷墟侯家庄 1400 号墓出土）

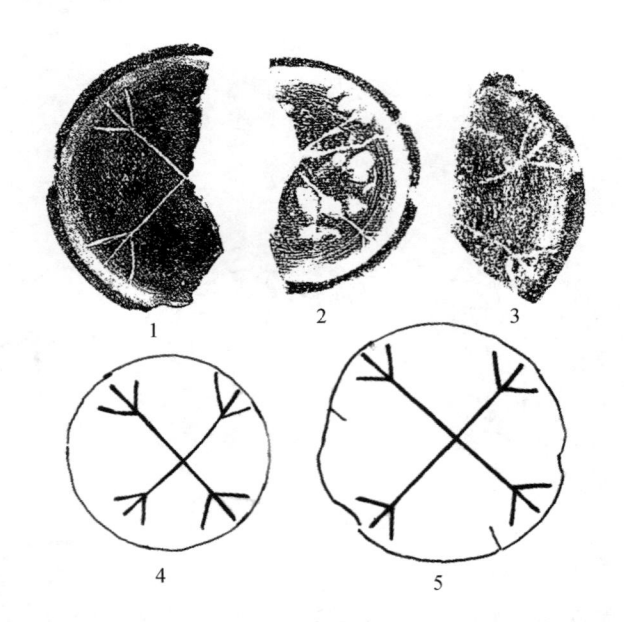

图 2—14　双墩新石器时代陶器外底契刻之四钩、四维图像
1. 92T0722㉖：76　2. 86T0720③：41　3. 91T0819⑲：107　4. 86T0820③：49
5. 86 发掘品：89

14），这意味着通过积累二绳而使五方逐渐平面化的工作早在七千年前就已完成。直至汉代，这种积绳为方的观念在先民的记忆中仍然非常清晰（图 2—15）。

图 2—15 汉长安城遗址出土瓦当

1. 六村堡东南采集　2、3、7. 长安城南郊礼制建筑出土（F5 采：1、F3 东门：1、F4 采：1）　4、6. 长乐宫遗址出土（T8③：29、44）　5. 相家巷遗址出土（TG1：8）　8. 长安城墙西南角遗址出土（T3④：3）

  这种由二绳与四钩组成的图像，秦汉时代则名之曰"日廷"。湖北荆州周家台30号秦墓出土竹简即存有此种图像，① 可见这一空间观念的悠久传统。湖北随州孔家坡汉墓竹简也见此种图像（图2—16），且自名曰"日廷"。② 通过"日廷"的名称尚隐约可见古人对于这种图形实出于先民立表测影的记忆，这个认识至少在汉代还相当清楚。《论衡·诘术》云：

  日十而辰十二，日辰相配，故甲与子连。所谓日十者，何等也？端端之日有十邪？而将一有十名也？如端端之日有十，甲乙是其名，何以不从言甲乙，必言子丑何？日廷图甲乙有位，子丑亦有处，各有部署，列布五方，若王者营卫，常居不动。今端端之日中行，旦出东方，夕入西方，行而不已，与日廷异，何谓甲乙为日之名乎？

---

① 湖北省荆州市周梁玉桥遗址博物馆：《关沮秦汉墓简牍》，中华书局2001年版。
② 湖北省文物考古研究所：《随州孔家坡汉墓简牍》，文物出版社2006年版。

图2—16 汉简《日廷图》

传统以甲、乙、丙、丁、戊、己、庚、辛、壬、癸十天干为十日，也称日名。十日之名来源于十日神话，古人则用以记录日廷图中的五方及五位，这一点在周家台秦简中看得很清楚。而子、丑、寅、卯、辰、巳、午、未、申、酉、戌、亥十二地支则来源于十二月神话，古人又用其记录由立表测影所建立的地平方位，也就是日廷图中的二绳和四钩，即十二地平方位。由此可以清晰地看到，空间方位中从十干至十二支的发展恰好反映着由二绳表现的五方逐渐向平面化的地平十二方位的发展，这种方位观的确立显然只能出于人们对于日行东西的观测。

日廷图中四钩廓划的空间呈现为五位图形，这个图形其实即构成了所谓的"亚"形，它不仅是汉字"亚"字字形的取象来源（图2—17），而且由于其直接源自立表测影，因而体现了人们对于大地形状的基本认识。显然，由二绳"十"形扩大为五位"亚"形，其观念的发展相当清晰。古人以为大地的形状呈现"亚"形，殷墟王陵的设计思想即以"亚"形的墓室象征大地（图2—18）。不啻如此，这类体现五方的二绳或体现五位的"亚"形如果铸刻于生活器皿，则皆出现于器物的底部，这种设计无疑也是一种独特宇宙观的反映。很明显，"亚"形大地观的传统虽然可以从商代王陵"亚"形墓室结构的设计理念中追溯出来，但这个时代其实并不古老。双墩新石器时代陶器刻画图像已经呈现出通过四钩的廓划或二绳的积累而形成的"亚"形（图2—

19），因此，这种以"亚"形为基本特征的大地观，它的建构事实上在七千年前早就被古人完成了。

三 八方九宫考

四方、五位观念的发展便是八方、九宫。方位之所以能由四方衍生为八方，最关键的一步是要在四方的基础上认识四维，也就是懂得将四正方向相邻的二方平分为东北、东南、西北和西南。如果古人习惯于以二绳图像"十"

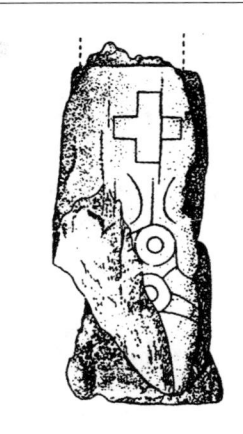

图2—17 刻有"亚雀"文字的商代骨器

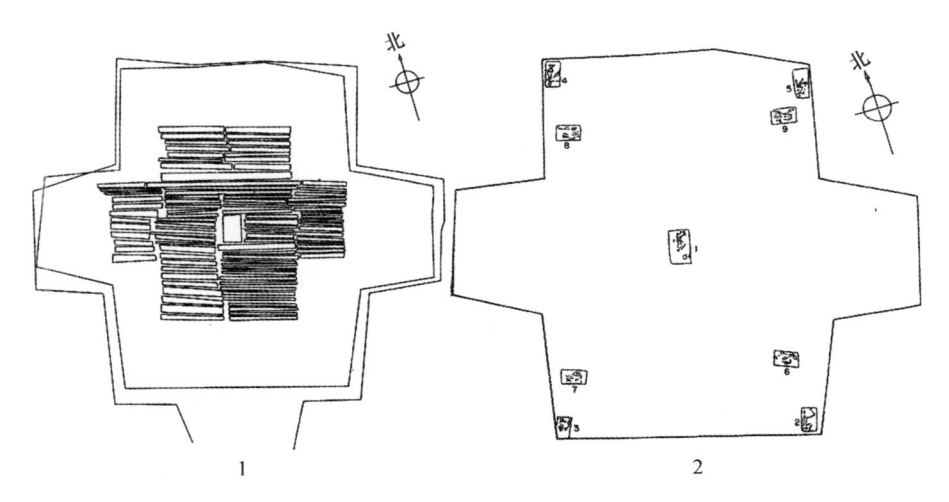

图2—18 殷墟侯家庄1001号墓
1. "亚"形木室地板遗迹平面图 2. 墓坑底殉葬坑分布图

表现五方，那么平分四方后得到的图形"米"便可以用来表现八方和九宫。《史记·龟策列传》："四维已定，八卦相望。"安徽含山凌家滩遗址出土新石器时代的洛书玉版，[①] 其八方图像的外层列有四维（图2—

[①] 冯时：《中国天文考古学》第八章第二节，中国社会科学出版社2007年版。资料参见安徽省文物考古研究所《凌家滩——田野考古发掘报告之一》，文物出版社2006年版。

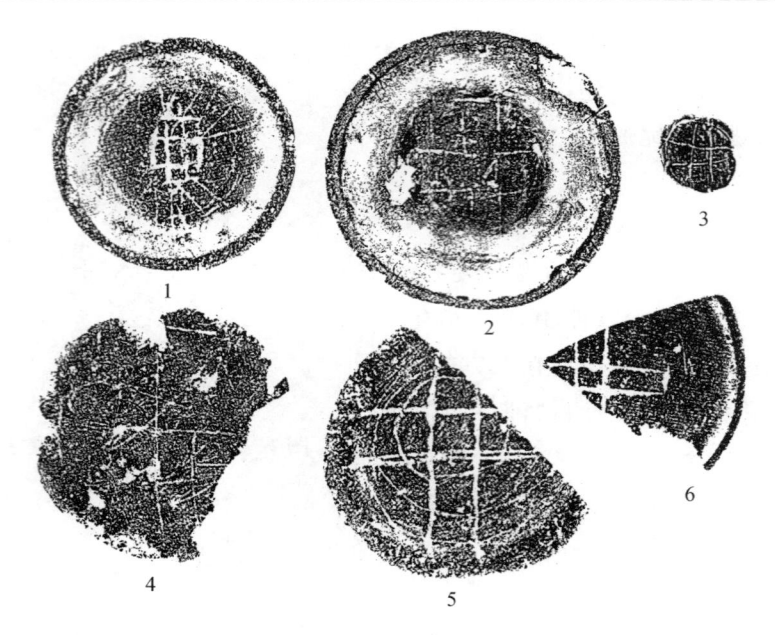

图 2—19 双墩新石器时代陶器外底契刻之"亚"形图像
1. 92T0722㉖：17—1 2. 92T0721㉚：42 3. 92T0523⑩：123
4. 92T0622⑭：106 5. 91T0719⑲：57 6. 86T0820④：41

20），即在强调四维对于构成八方系统的关键作用。事实上，古人为表现方位由四方五位到八方九宫的发展，在空间图形中特别强调四维的做法是十分普遍的。距今七千年前的双墩新石器时代遗址所出陶器底部即绘刻有表现四维与四钩的图像（图2—14），而在战国至汉代的遗物中，这类强调四维的设计更俯拾皆是。它们有时通过交午的两条直线平分四方以表现四维（图2—21），有时则以指向四维的四个璇玑符号表现四维（图2—22），[①] 手法虽异，但异曲同工。[②] 这些证据表明，以二绳、四钩、四维为核心的传统空间观不仅至少在距今七千年前的新石器时代即已形成，而且被先民们一代代地传承了下来。

五方或五位添加了四维便形成了九方或九宫，准确地说，方与位的

[①] 冯时：《中国天文考古学》第三章第二节，中国社会科学出版社2007年版。
[②] 具有四维连线的汉代遗物，学者或有汇集。参见黄儒宣《六博棋局的演变》，《中原文物》2010年第1期，第55—56页。

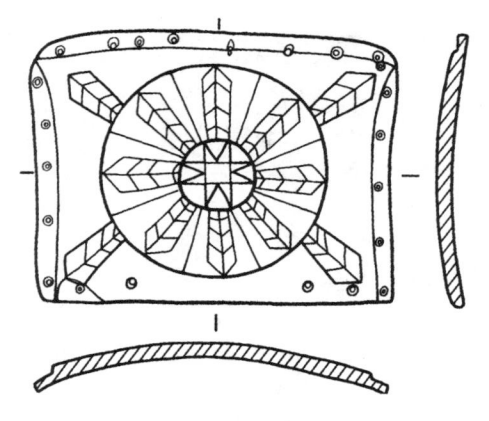

图 2—20　新石器时代洛书玉版（约公元前 3300 年，安徽含山凌家滩出土）

图 2—21　战国秦汉遗物上的四维图像

1. 战国中山王墓出土石博局　2. 荆州汉墓出土博局　3. 内蒙古托克托出土秦汉日晷
4. 甘肃武威磨咀子 M62 出土西汉式盘

图 2—22　战国汉代遗物上的璇玑四维图像
1. 战国透空镶嵌方铜镜　2. 新莽时代新兴辟雍铜镜　3. 东汉石刻画像

不同只表现为点线与面的区别，显然，当古人意识到表示四方的二绳可以扩大为表示四个区域的面的时候，那么表示四方的两条相交的直线便可以扩大为互交的两个矩形，从而形成五位，其中二绳交点的平面化便构成了中宫。

九宫与八方、五位的关系十分密切，它既是在八方之中复加了一个中方，即二绳与四维的交点——中央，同时又可视之为两个五位图的互交。这两个图形其实并不矛盾，古人对于方与位的概念是统一且相互暗示的，他们可以通过方来暗示位的存在，当然也可以通过位来暗示方的存在。这两个概念的联系当然源自古人对于"位"出于"方"，而"方"作为"位"的基础的认识。

出土于安徽阜阳双古堆西汉初年汝阴侯墓的太一九宫式盘，[①] 对于说明以二绳、四钩、四维构建的传统空间观提供了极为完整的材料。式盘

---

① 安徽省文物工作队、阜阳地区博物馆、阜阳县文化局：《阜阳双古堆西汉汝阴侯墓发掘简报》，《文物》1978 年第 8 期。

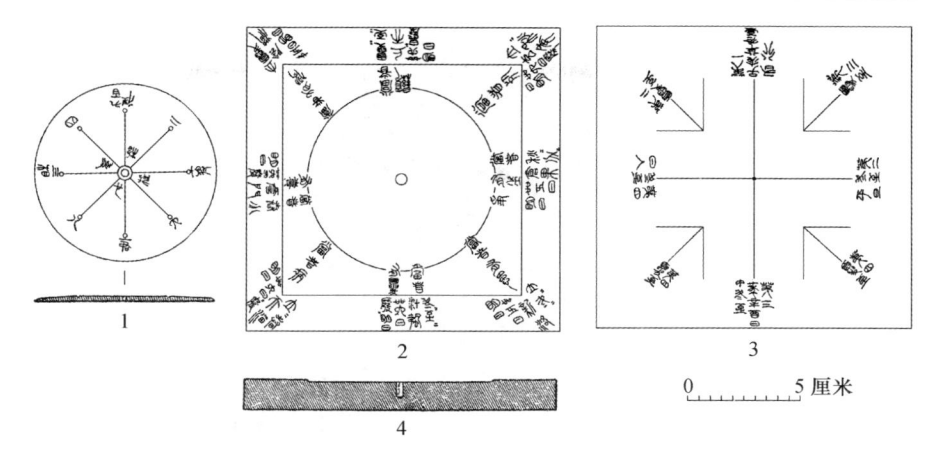

图 2—23 安徽阜阳双古堆西汉汝阴侯墓出土太一九宫式盘
1. 天盘 2. 地盘正面 3. 地盘背面 4. 地盘剖面

天盘布列由二绳、四维四条直线相交而形成的九方，其中二绳表示五方，加之平分二绳的四维则为九方（图2—23，1），九方配数呈现戴九履一、左三右七、二四为肩、六八为足、五居中央（招摇）的形式，明确证明这个直线式的九方其实就是九宫。这种九宫图的出现时代可以一直上溯到距今七千年前的新石器时代，双墩遗址出土的陶器底部九宫刻划图像与此完全相同（图2—24），而且由于"方"与"位"的联系，其与三三幻方式的平面式九宫其实没有任何差异。九宫在藏语中既称为"九宫"，意即九间宫殿，也可以称作"九痣"，意为九个点，[①] 这当然同样体现了古人以"方"作为"位"的基础的观念。式盘地盘背面的图像则是中国传统空间观更为完整的表达（图2—23，3），图像中央为由二绳表示的五方"十"形，其中于纬绳的两端分别标注"冬至平旦"和"冬至日入"，知其为卯酉绳，所指是为东、西二方；经绳的两端则分别标明"日中冬至"和"子，夜半冬至"，又明其显系二绳中的子午绳，其所指建的方向当然是四方中的南、北二方。而二绳的交午之点便是中央。不啻如此，二绳指建的四方又与地盘正面标注于四方的春分、秋分、夏至、冬至四个标准时点及天盘中央标注的招摇分别对应（图

[①] 王尧：《藏历图略说》，《中国古代天文文物论集》，文物出版社1989年版。

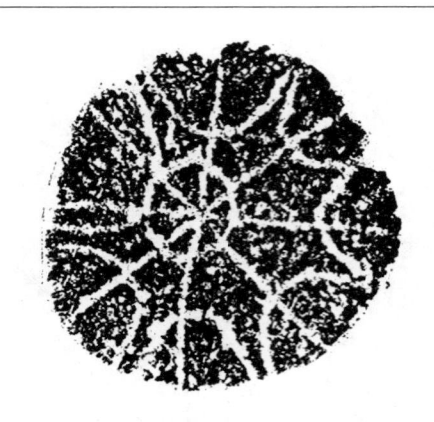

图 2—24　双墩新石器时代陶器契刻之九宫形埒图像（92T0723⑪：67）

2—23），更凸显了由二绳构成的"十"形所具有的表示五方空间的特有内涵。

二绳之外则为四钩，这显然是五方通过二绳的积累逐渐平面化的结果。四钩以内的部分是谓五位，也即"亞"字所呈现的空间图形。古人又以二绳与四钩配以十二支，形成十二地平方位，并名之曰"日廷"。

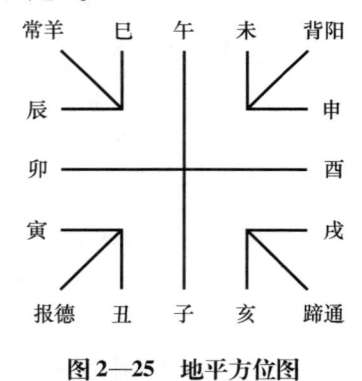

图 2—25　地平方位图

平分四钩各引出一条指向四维的直线，是为报德、背阳、常羊、蹄通四维（图 2—25）。其与二绳共同组成了八方或九宫。换句话说，如果在日廷图中补充四维，便可形成汝阴侯太一九宫式盘地盘背面的九宫图。事实上，四维本为由中央引出的四条平分二绳的直线，唯其位于五位"亞"形以内的部分为五位图所掩盖，所以只有日廷五位图以外的部分得以显现。由此可明，太一九宫式盘地盘背面的图形不仅表现了四方五位，而且呈现着八方九宫，其描述了中国传统空间的完整形式与发展历程。类似的空间图形在秦汉时代的铜镜图像中尚有广泛存留（图 2—26；图版三，2），而这种综合四方、五位、八方、九宫的完整方位观念至少在新石器时代即已形成。

图 2—26　秦代铜镜

原始空间思想的终极认知就是九宫。晚世的九宫图常呈三三幻方的九宫格形式，但早期的九宫形式却相当丰富。由于九宫是在五方的基础上添加四维的结果，而四方与四维的本义只是若干直线方向的延伸，这意味着最早的九宫图形首先就应是二绳与四维的交午。距今七千年前双墩文化遗存九宫图即呈现这种形式（图 2—24），而西汉早期汝阴侯墓所出太一九宫式盘天盘上的九宫则与此一脉相承（图 2—23，1）。这个九宫图形不仅呈现直线的形式，而且以阴阳数字配伍，其九宫性质是明确无误的。

方位观念的发展使得表现直线的"方"可以通过积累而最终发展为平面的"位"，这当然促使直线式的九宫发展成为了平面式的九宫。安徽含山凌家滩新石器时代墓葬出土距今五千多年的洛书玉版，玉版中央雕绘四方八角九宫图，且与其外双层同心圆所分割的八方空间形成了平面式的九宫（图 2—20）。这种由圆形九区组成的九宫与彝族的传统九宫图完全相同（图 2—27），根据彝族九宫图所配的绿、黄、碧、黑、青、赤、紫、白八种颜色可知，其具有平面式的九宫也很清楚。而藏历图的九宫意即九间宫室，或又名九痣，其所显示的点与面两个概念的联系事实上正说明了早期方位观从方到位的发展。

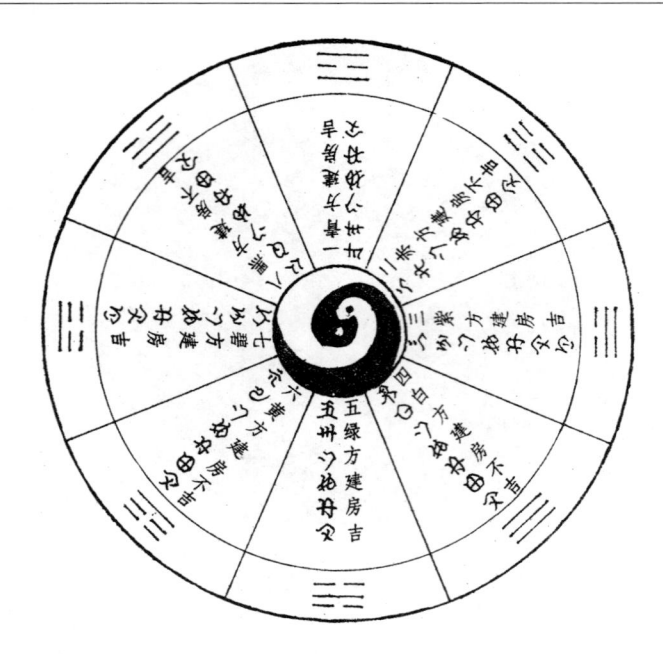

图2—27　彝文文献所载太极图与后天八卦配合

方位观念虽然随着人们对空间认识的深化而日趋复杂，但古人利用对太阳视运动的观测，并逐渐形成朴素的空间观念则是基本事实。东、西、南、北四方的建立缘于对日影的测量工作，从而形成了方位发展的基础图形——二绳。事实上，二绳不仅是时空体系的基础，同时也是最早表示二分二至四气的标志。而二绳的平面化则发展出五位的观念，这又是早期先民所认识的大地的形象。很明显，传统时空观不仅是古人通过对太阳视运动的观测建立起来的，而且这一工作对中国传统文化的形成具有着深刻影响。

四　方位的起点

空间观念建立之后，确定众方位的起点便是必需的工作。从方位观念发展的角度讲，四方作为八方的基础已是毋庸怀疑的事实，然而由于人们通过立表测影所获得的二分点显然要比他们获得二至点相对容易，况且东、西二方又是太阳出没的方位，因此与二分点对应的东、西方向便可以作为四方观念形成的基础。这意味着在原始的四方体系中，古人只能选择东、西二方中的某一点作为四方的起点。众所周知，东方不仅是日出的方位，甚至日出时刻在原始历法中还曾作为一日开始的标志，这使古人会很自然地将时间之始与方位之始加以联系，从而以东方作为四方的起点。传统以十天干配合四方五位，其中十干之首甲乙配属东方，便体现了这一古老思想。很明显，古人以东方作为方位起点的做法不仅原始，而且几乎完全出于天文学的考虑。因此，古人将东方作为方位之始，其实反映的是自然方位的朴素传统。

与此相对的另一套方位计算系统虽然也与天文观测有关，但从某种意义上讲，这种关系所强调的并非观测的对象，而是观测者的观测活动本身，因此更多地反映了某种人文传统。准确地说，由于观测天象乃是古代君王最重要的工作，而中国传统的观象授时的方法又是重点观测恒星的南中天，因此坐北朝南便渐渐成为古代君王用事的习惯方位。显然，在这种由观象授时所决定的人文传统中，君王所处的中央完全可以应和天上北斗所象征的天帝所在的中天方位，而其背后的方位便命名曰"北"，并理所当然地成为方位的起点。《说文·北部》："北，乖也，从二人相背。""北"即"背"的本字，本作二人相背。古代君王用事面南背北，因此，古人独选表示背后的"背"的本字"北"以命名北方，恰是这一事实的真实反映。传统以万数之始"一"、十二支之始"子"与五行之始"水"配伍北方，都是这一人文思想的体现。而北方与四气相属，以冬至应北方，后世历法又以冬至所在之月为岁首，已是将方位的起点运用于历法的发展。显然，古人以北方作为方位的起点，应该反映了自然方位人文化的趋势，或者我们可以将这种方位体系称为人文方位。

五 空间的表现

五方五位建立之后，如何表现方位便成为了重要的问题。在系统的方位名词被创造之前，先民采用的方法当然是取自他们对日月崇拜所产生的干支系统。甲、乙、丙、丁、戊、己、庚、辛、壬、癸十天干来源于古人的太阳崇拜传统，子、丑、寅、卯、辰、巳、午、未、申、酉、戌、亥十二地支又来源于古人的十二月崇拜传统。十天干为主属阳，十二地支为辅属阴。于是人们首先以十干表现五位，并依东方作为自然方位起点的原则与五位配伍，形成东方甲乙、南方丙丁、中央戊己、西方庚辛、北方壬癸的固有次序，其中戊己作为十干之中央，必以其配伍五方五位之中央。不过当五位空间发展为八方九宫之后，作为中央的戊己也同时配伍四维。考古资料显示，干支与五位、四维及十二方位的配伍形式至少在西周中期就已经存在了。

五位虽然表现的是五个方位，但二绳与四钩事实上却把一个平面空间等分成了十二部分，而这又恰与一年所建十二个月的历制相当。历法的形成显然必须建立在空间体系的基础之上，犹如北方作为人文方位的起点必须要在对自然方位起点的认知基础上完成一样，于是古人又以十二支表现十二地平方位，并以北方作为人文方位起点为原则，形成子北、午南、卯东、酉西以配伍二绳，丑寅、辰巳、未申、戌亥配伍四钩的既定形式（图2—25）。

十二地平方位所限定的空间事实上仍是二绳四钩规划的五位图形，在这个空间中，由于北方作为人文方位起点的确认，使其在观象实践及其所决定的王权制度中表现出一种固有的传统，因而成为空间表现的理想基础。这意味着如果人们需要利用更多的方式表现这个五位空间，他们就必须将那些具有起始意义的元素配在作为方位起点的北方，同时还要在这个位置上体现出阴阳的意义。

五行是古人表现五方四时的另一重要方法，在原始宗教思想的支配下，五行与五方的配伍必须首先确定土与中央的配属关系，[1] 尔后则以木配东，火配南，金配西，水配北，呈现东方甲乙木、南方丙丁火、中央戊己土、西方庚辛金、北方壬癸水的固有关系。事实上，五行与方位的这种配伍正体现着五行相生的次序，其反映的也恰是《月令》记述的时空体系。随着北方作为人文方位起点的确定，水不仅作为万物之始，而且也自然成为了五行之始。尽管《尚书·洪范》以生数所呈现的五行相胜的次序为水火木金土，不同的次序或为金木水火土，[2] 但作为五行之始的水居于五方之始的北位却是固守不移的。其后人们更以作为万数之始的一、作为时间之始的冬至配于北方，又以具有阴阳意义的玄武配于北

---

[1] 参见冯时《中国古代的天文与人文》第二章，中国社会科学出版社2006年版。
[2] 《国语·周语下》韦昭《注》："地有五行，金木水火土也。"

方，从而将空间与时间起点赋予了阴阳相生的哲学义涵。

有关干支体系及其起源问题，久讼不决。古今学者或据秦篆说字，①或牵就于鱼类，②或附会于星象，③难明根本。其实干支文字唯出假借，或同音而假，或依义引申，皆有本形。尽管对干支二十二字的具体来源目前还难以一一落实，但有些文字的本义却相当清楚。如古人以二绳之象形以制"甲"字，以玄鸟之象形以制"乙"字，④以兵器或工具之象形以制"戊"、"戌"二字，以乐器之象形以制"庚"字，以刑具之象形以制"辛"字，又据高辛氏二子神话以制"子"、"巳"二字，⑤以爪之象形以制"丑"字，以箭镞之象形以制"寅"字，以杵具之象形以制"午"字，以树木丰茂之象形以制"未"字，以雷电之象形以制"申"字，以酒器之象形以制"酉"字。很明显，由于干支体系的认知基础早已存在，这意味着据其创造的干支文字也不会是晚近的事情。殷商甲骨文所反映的商代纪日系统早已采用了完善的干支配伍的形式，这显然不可能是这个体系的形成时间。虽然殷卜辞和《史记·殷本纪》、《夏本纪》所见夏殷先民以十干所建立的庙号祭祀系统似乎不会早于夏代中期，但是否选取十干作为庙号的礼俗与十干的客观存在毕竟不同。因此，干支纪时体系形成时间问题的真正解决只能有赖于新史料的发现。

六　八方与八卦

四方之所以能发展成八方，关键取决于古人对于四维的认知，换句话说，如果人们不能认识四维，那么先民对空间的了解便永远只能停留在四方的阶段，而不可能产生出八方空间的观念。显然，四维的观念对于建构八方空间的体系是至关重要的。《史记·龟策列传》："四维已定，八卦相望。"传统式盘的布式原则是四维定局，都在强调四维在构成八方空间中的决定作用。而在古代有关空间的各种图像中，这样强调四维的

---

① 参见许慎《说文解字》。
② 《尔雅·释鱼》。
③ 郑文光：《中国天文学源流》，科学出版社1979年版。
④ 古文字"离"本会意字，写鸟自网中逃逸之象，鸟多象形（《甲》2270），或也简化作"乙"（《掇二》399），知"乙"本即"鳦"之本字，《说文》本作"乚"。
⑤ 郭沫若：《释支干》，《甲骨文字研究》，大东书局1931年版。

做法也十分普遍（图2—20；图2—21；图2—22）。

　　四方五位以及与其相关的十二地平方位的表现已经由干支体系所承担，于是当四维的观念产生之后，先民便赋予了其一套不同于干支体系的新的名称，即东北为报德之维，东南为常羊之维，西南为背阳之维，西北为蹄通之维。很明显，这些新的名称尽管可以合理地表现四维，但却无法与干支体系结合而完整地表现八方，即使四维可以通过戊、己二天干分别加以表现，但其与中央之位的重复却是显而易见的事实，于是先民创造出了八卦体系，以其统一且合理地配伍八方。因此，八卦的本质事实上是为古人表现八方的需要而产生的，这意味着配伍八方的八卦首先具有的就是方位的意义。

　　八卦的作用既然在于配伍八方，那么八卦的方位义涵便应只有一种，而且是固定不变的。《周易·说卦》云：

　　　　天地定位，山泽通气，雷风相薄，水火相射，[①] 八卦相错。

"天地定位"是指乾、坤两卦，"山泽通气"是指艮、巽两卦，[②] 而乾、坤、艮、巽在文王八卦方位体系中正是四维卦，古人以八卦表现八方，首先确定的就是四维卦的位置，这与"四维已定，八卦相望"的传统完全一致。四维既定，则"雷风相薄"所指的震、兑两卦，"水火相射"所指的坎、离两卦的位置便可以确定，"相薄"意即相搏击，而唯面对面方可搏击。"相射"或以为相厌，是在衍文"不"字基础上的解释，不可据，当亦为面面之意，故"相薄"、"相射"都是说两卦分别位于相对的位置，相对之方可称"薄"称"射"，而在文王八卦方位体系中，震、兑两卦分别配伍东、西，坎、离两卦分别配伍北、南，正呈相搏相射之位。很明显，《说卦》这段文字所阐述的文王八卦方位的思想非常清楚。宋儒不明中国古代的时空传统，据此杜撰出所谓的先天八卦方位，纯系子虚乌有。[③]

[①] 今本《说卦》作"水火不相射"，马王堆汉帛书本作"水火相射"，知今本衍"不"字。
[②] 《象》以巽为风，以兑为泽，盖因二卦为正覆象而错置。
[③] 参见冯时《中国天文考古学》第八章，中国社会科学出版社2007年版。

八卦的作用如果是为表现八方，那么其所具有的方位意义就只可能有一种，相关内容在《说卦》中阐释得非常清楚。文云：

> 帝出乎震，齐乎巽，相见乎离，致役乎坤，说言乎兑，战乎乾，劳乎坎，成言乎艮。万物出乎震，震，东方也。齐乎巽，巽，东南也，齐也者，言万物之絜齐也。离也者，明也，万物皆相见，南方之卦也。圣人南面而听天下，向明而治，盖取诸此也。坤也者，地也，万物皆致养焉，故曰致役乎坤。兑，正秋也，万物之所说也，故曰说言乎兑。战乎乾，乾，西北之卦也，言阴阳相薄也。坎者，水也，正北方之卦也，劳卦也，万物之所归也，故曰劳乎坎。艮，东北之卦也。万物之所成终而成始也，故曰成言乎艮。

《周易》之《象》以巽为风，以兑为泽，盖因巽、兑二卦为正覆象，故致二象错置。实巽、兑本应以巽泽、兑风为象。如果说观象授时的根本目的在于为农业生产提供准确的时间服务，那么《说卦》所述的八卦次序显然就是对农作物生长过程的完整描述。"万物出乎震"也就是"帝出乎震"，意即阴阳相生，这是乾、坤两卦所体现的意义。生命因阴阳而生，故乾、坤之后屯、蒙。"齐乎巽"的意义通过屯卦得以表现，屯为种子抽芽的形象，而雷震后需要有雨水的润泽，种子才可能发芽。《周易·系辞上》："在天成象，在地成形，变化见矣。是故刚柔相摩，八卦相荡，鼓之以雷霆，润之以风雨。日月运行，一寒一暑。"周振甫《周易译注》云："风雨，同义复词，即雨，风是陪衬，无义，因风是吹干的，不是滋润的。"所说极是。《说卦》云："雨以润之。"又云："桡万物者莫疾乎风。"正可见雨以润物、风以桡物的观念，二象的分别非常清楚。后人虽因巽、兑二卦呈正覆象的缘故，误将兑卦之风象错给了巽卦，但《说卦》在误以"兑为泽"的同时，仍以兑为口舌，而口舌恰为风之所象，① 应该还保留了巽为泽、兑为风的本象。所以依八卦次序论，雷、雨应为相次

---

① 古有箕星好风之说，而箕宿恰以为口舌之象。《尚书·洪范》："星有好风。"伪孔《传》："箕星好风。"《史记·天官书》："箕为敖客，为口舌。"又见《诗·小雅·巷伯》及《大东》。

两卦的卦象，其中震为雷霆，尔后便应有巽为润雨。显然，东南巽卦与东北的艮卦相对，正呈"山泽通气"的分布，这与古代堪舆术以北山南水为原则的认识也恰好吻合，因此艮山巽泽所体现的山泽正呈南北对立。接下来的各卦次序也很好理解，"相见乎离"之离为火，象征阳光，而作物经雨水润泽后得阳光始可生长，此即《说卦》所谓"日以烜之"，故禾苗冒地而出，于卦为蒙。"致役乎坤"，致役者，致劳役于地也，禾苗初长后便需田间耘作。"说言乎兑"之兑为和风，风不仅可使禾苗茁壮，且以风授粉，此亦《说卦》所谓"风以散之"及"兑以说之"。"战乎乾"乃谓天有冷暖旱涝，天顺则年丰。"劳乎坎"意言水的浇灌而使果实饱满。"成乎艮"则谓有年。显然，后天八卦次序所反映的农事生产过程事实上构成了易象的认知基础。其以自然方位为始，阴阳为震，而后巽泽，而后离火，而后坤役，而后兑风和，而后乾天，而后坎劳，最后艮成有年。

这个八卦方位理论与"天地定位"诸辞所反映的方位思想吻合无间，因此，所谓的先天八卦方位，或者更神秘地称之为伏羲方位是根本不存在的。事实上，八卦方位确定的关键乃在于天位，古人向以天倾西北，[①]这是表现天的乾卦作为西北之卦的观象基础，也是四维卦定位的标准。而震作为东方之卦又合于"万物出乎震"或"帝出乎震"的思想，源于东方作为自然方位起点的朴素认知，这又是四正卦或曰四时卦的定位标准。显然，所谓的文王方位事实上是八卦方位的唯一形式。

第二节　时空关系

中国传统的时空关系表现为空间决定时间，空间体系建构的目的不仅在于定准方位，更在于建准时间，因此，空间体系事实上是作为时间体系的基础存在的。

原始的计时法不论于白昼观测太阳的影长，还是夜晚观测星象的出没或绕极运动，其本质实际都是通过观测和计量恒星方向和位置的改变而最终实现的。换句话说，不能测定准确的方位便不能获得精确的时间，

[①] 参见冯时《中国天文考古学》第一章，中国社会科学出版社 2007 年版。

因此，建立完整的方位体系其实是一个系统精密的记时系统得以建立的基础。

古人最早确定的方位当然只有东、西、南、北四正方向，因为不论这四个方位中两个任意相对方位的确定，都意味着另外两个方位可以同时得到建立。尽管一年中只有春分和秋分时太阳的出没方向位于正东和正西，但测定东、西方位却并不一定非要在这两天进行。相反，只有当方位体系——至少是四方——建立完备之后，人们才可能根据已经确定的方位标准确定四气——春分、秋分、夏至和冬至。事实上，古人辨方正位的工作并不必考虑时间的因素，而以揆度日影为标志的时间计量却要首先建立其空间背景。因此，方位体系是作为原始的记时体系的基础这一点应该没有疑问。

空间对于时间的决定意义可以从三方面清晰地显现出来。

其一，空间的精确化决定了时间的精确化。

其二，空间的有限性决定了时间的有限性。

其三，空间的对称性决定了时间的对称性。

如果说时间的精确化必须以古人对于空间的精确化为基础的话，那么空间的有限性与对称性也必然决定了时间的有限性与对称性。因为很明显，有限的空间只能决定有限的时间，无论四方五位，还是八方九宫，这种空间观只能使得方位在有限的空间中循环，因而由此决定的时间，无论基于旦明、昏朦、日中、夜半形成的历日，朔、晦、弦、望形成的历月，还是基于分至四气形成的历年，也只能在一个有限的时间内循环。同样，东、西的建立无疑是对称的，东北与西南的划分同样也是对称的，这些观念在以方位规划时间的先民看来，自然也就暗示着时间的对称。当旦被测定的时候便意味着有昏，而日中的确定则意味着有夜半。春分与秋分的对称当然可以用东、西的方位概念加以描述，夏至与冬至的对称也可以借助南、北的方位加以表示。古人对于时间的划分皆为偶数，正是这种空间对称性的体现。

不过必须注意的是，空间与时间最终都会随着人类认识的进步，从有限发展为无限。在这个过程中，由于空间对于时间的决定作用，所以有限空间的破除必须有赖于无限时间观念的建立，这意味着空间对于其决定时间作用的消失实际是使时间无限化概念得以建立的关键所在，而时间对于空间的反作用则使无限时间的观念最终打破了有限的空间，从而发展出无限空间的思想。尽管真实的空间应该并不是无限的，但是由于中国传统时空关系的影响，无限时间观念的产生终于促成了人们对无限空间的认识。

事实上，时间对称性的发展经历了从有限到无限的阶段。首先，由于时间的对称乃因空间的对称所决定，因此有限的空间必然限制了有限的时间。无论一天中朝、夕的对称，还是一年中春、秋的对称，都只能是在有限时间框架内的对称，而并不具有时间无限的意义，因而是一种相对原始的对称形式。然而当古人逐渐产生了时间无限的概念之后，时间的对称便具有了新的形式，人们对于时间的认识从此进入了更高的阶段。

然而无论如何，尽管时间无限的概念可以摆脱空间的束缚而产生，但是空间的对称特点仍然对无限时间的形成具有着深刻影响。人类记忆的存在如果可以使时间得以单方向延伸的话，那么完整的时间无限观念的形成就不能不说是对原始的有限时间观念所具有的对称特征的复制。显然，空间对于时间的影响使得古人的时间观念日趋复杂而丰富。

人们对于过去事物的记忆产生了"昔"的概念，商代甲骨文的"昔"字作"䇂"，上象水波，下为"日"字，表示曾经发生过洪水的日子，便体现了人们对于铭刻于心的远古洪水时代的记忆。然而由于古人对于有限时间对称性的理解，会使他们在建立时间无限概念的同时，产生出与"过去"相对的"未来"的概念，对于这一意义，商代人是用"来"字表示的，而"来"字的本义却是麦类植物的象形。看来人们对于农作物生长与丰稔的期盼，永远都是他们最关心的未来发生的事情，这使古人选择"来"这样一个表示作物的专有名称来表示未来。

植物的生长是需要时间的，对古人而言，种子播种如果是属于现在范围之内的事情，那么禾苗的抽芽、生长就只能等到将来，这使人们可以用"生"这一本象禾苗抽芽生长的文字来表示将来，商代人正是这样做的，而且这种思维模式与用"来"字表示将来的形式完全相同。事实上，人类重视农业的事实或许意味着"将来"时间概念的产生甚至先于"过去"的时间概念。

"昔"与"来"虽然对称，但它们都是以"今"——现在——作为基点的。在"今"的基础上,记忆的作用使"过去"的时间界限得以延伸,而时间的对称性又使古人在认识了过去的时间概念"昔"之后,进而产生出与"昔"对应的"将来"的时间概念。当然,这种次序或者可能正好相反。但无论如何,不管是由于记忆的作用而使过去的概念首先产生,还是人们对于农作物的关心而使将来的时间概念首先产生,最终使这种无限时间概念得以完善的都离不开对称原则。

由于时间非固定性的特征,使得"今"以及与其相对的"昔"与"来"这些时间概念是可以相互转化的。"今"的流动不仅可以使"今"变为"昔",也同样可以使"来"变为"今",因此,如果假定相对于"今"的"昔"与"来"两个时间点固定不变,那么随着"今"的流动,"来"与"今"的距离则会逐渐靠近,这个特点使得表示将来的"来"的义训恰恰符合归来的"来",因为归来的"来"所表示的距离的渐近趋势其实与"今"的流动所造成的"来"与"今"的渐近趋势是相同的。当然,由于"来"字本身乃是麦作的象形文,而麦则是自域外传来的谷物,这意味着麦作的这一特点似乎使"来"字已经隐含有归来的意义,而这一点又与作为未来的时间具有相对于"今"的渐近特点相一致。《说文·来部》:"来,周所受瑞麦来麰也。……天所来也,故为行来之来。"段玉裁《注》:"自天而降之麦谓之来麰,亦单谓之来,因而凡物之至者皆谓之来。"正因为未来的时间具有与"今"逐渐接近的特点,从而使古人有理由独选象征麦作的"来"字表示未来。事实上,由于表示现今存在的"今"的时间概念的非固定性,"昔"的范围会不断扩大,因为不仅"今"可以成为"昔","来"也同样可以成为"昔"。这种相对时间的相互转变不仅有助于古人认识未来时间的无限性,而且同样可以使过去时间的无限概念自然地产生。很明显,这些思想虽然比分别一天或一年中的有限时间或季节复杂得多,因而也应更为晚起,但是在殷商人的思想体系中,这些时间无限的观念早已根深蒂固。

第三节 传统时空观的文化影响

中国传统的时空关系表现为空间决定时间,空间的规划是作为时间规划的基础而存在的。这一特点与以古希腊文明为代表的西方先民所持有的时空决定空间的时空关系的认识截然不同。很明显，这种传统时空关系的澄清非常重要，它不仅使古人对于时空问题的思考具有了文化史意义，而且也使这一命题具有了哲学意义。事实上，古人对于时空关系的不同认知造就了中西方两种不同的文化，而了解中国传统的时空关系对于正确解读独具特色的中国文明无疑大有裨益。

一　辨方正位的用事制度

空间决定时间的独特关系意味着空间体系的建立其实已成为一切制度建设的基础，这不仅要求子午线的知识必须首先产生，而且这一知识必须充分地加以运用，体现在诸如都邑、宫室、陵寝等一切具有空间意义的建筑布局之中，从而使中国传统的建筑形式不仅方位端正，而且符合对称的原则。这种做法与基于时间决定空间的思考背景下形成的西方建筑形式忽略建筑与方位谐调的传统形成了鲜明区别，表现出中国文化的独有传统。显然，中国传统文明讲究空间布局的追求并不是古人的任意作为，它直接植根于先民所具有空间决定时间的时空认识。

这种对于时空关系的思考使得辨方正位成为用事之先务，并以制度的形式得以固定而形成传统。《周礼·天官·叙官》云：

> 惟王建国，辨方正位，体国经野，设官分职，以为民极。

经所言"辨方正位"意即分辨四方，端正方位。这一工作不仅重要，而且必须首先完成。郑玄《注》："辨，别也。郑司农云：'别四方，正君臣之位，君南面，臣北面之属。'玄谓《考工》：'匠人建国，水地以县，置槷以县，视以景。为规，识日出之景与日入之景，昼参诸日中之景，夜考之极星，以正朝夕。'是别四方。《召诰》曰：'越三日戊申，太保朝至于雒，卜宅，厥既得卜，则经营。越三日庚戌，太保乃以庶殷攻位于雒汭。越五日甲寅，位成。'正位谓此定宫庙。"后郑破先郑之说，而以正位为正宫室之位。其实君臣之位尽管不可更易，但南北方位的确定仍然需要依靠立表测影的方法而辨正识别。孙诒让《正义》引干宝云："辨方谓别东、西、南、北之名，以表阴阳也。"贾公彦《疏》："谓建国之时辨别也。先须视日景以别东、西、南、北四方，使有分别也。正位者，谓四方既有分别，又于中正宫室朝廷之位，使得正也。"知古素以揆影正位为用事之先。《尚书·盘庚》："盘庚既迁，奠厥攸居，乃正厥位。"伪孔《传》："定其所居，正郊庙朝社之位。"孔颖达《正义》引郑玄云："正宗庙朝廷之位。"《逸周书·作雒》："及将致政，乃作大邑成周于土中，乃位五宫：大庙、宗宫、考宫、路寝、明堂。"足证营洛必先正宫庙之位，此亦即《尚书·召诰》所言之"攻位"及"位成"。

辨方正位不仅是对四方的辨别，同时更要在辨识四方的基础上确定中央的位置，这个求中的工作当然直接服务于居中而治的政治传统。《吕氏春秋·慎势》云：

> 古之王者，择天下之中而立国，择国之中而立宫，择宫之中而立庙。天下之地，方千里以为国，所以极治任也。非不能大也，其大不若小，其多不若少。

高诱《注》："国，千里之畿。"显然，求中立国也就是求定天下之中域。西周何尊铭文言地中为"中或"（图2—28），"或"也就是"域"的本字。《说文·戈部》："或，邦也。域，或，又从土。"西周金文"或"、"国"或有不分，实际则是"域"、"国"不分，所以中国的本义实即中域，求中的工作当然也就是辨方正位的工作。

经所言"体国经野"则是在辨方正位基础上的具体规划。郑玄《注》："体，犹分也。经，谓为之里数。郑司农云：'营国方九里，国中九经九纬，左祖右社，面朝后市。野则九夫为井，四井为邑之属是也。'"陆德明《释文》引干宝云："体，形体。"形体于此当然指的是对国野的总体设计。先郑所论本诸《周礼·考工记·匠人》，文云：

> 匠人营国，方九里，旁三门，国中九经九纬，经涂九轨，左祖右社，面朝后市。

郑玄《注》："天子十二门，通十二子。"贾公彦《疏》："子丑寅卯等十二辰为子，故王城面各三门，以通十二子也。"很明显，这样的营造模式

图2—28　何尊铭文拓本

完全是对中国传统空间体系的复制。古人以十二辰配属十二地平方位，是为二绳与四钩所呈现之日廷图式。而营国以天子之城十二门，正体现着这样的思想。《周髀算经》卷上云："数之法出于圆方，圆出于方，方出于矩，矩出于九九八十一。……方数为典，以方出圆。"明确讲到九九之数为数理之本，当然更是方数之本。而王城之模式以四方各九里为数，这一思想无疑也是"方数为典"传统的真实表现。《周礼·春官·典瑞》："上公九命，国家、宫室、车旗、衣服、礼仪以九为节。"所定命数也皆本之于此。

　　有关"九经九纬"的道塗布局，学者的意见并不一致。贾公彦《疏》："九经九纬者，南北之道为经，东西之道为纬。王城面有三门，门有三涂，男子由右，女子由左，车从中央。"又解"体国经野"云："则王城十二门，门有三道，三三而九，则九道。"此说误甚，尽管宋聂崇义《新定三礼图》极尽附会迎合。孙诒让《正义》云：

焦循云："疏所引《王制》文。彼注云'道中三涂'盖谓一道之中分而为三。疏以此三涂即九经九纬之三，而男女与车各行一涂也。若然，则涂虽有九，道止有三。每涂九轨，则每道二十七轨，为步三十有六，其度为太广。或三涂分为三处，则三涂即是三道，不得为一道三涂。且每涂皆以轨度，断非仅以中涂行事，若左右之涂止行男女，又何用此九轨之广哉！经文曰'九经九纬'，又曰'经涂九轨'，其制甚明。《王制》所云道路，与涂为通称。郑所云一道三涂，犹云一涂中分为三涂。一之为三，以男女车而别，非真界画为三。如每门之三涂也。"案焦说是也。《吕氏春秋·乐成篇》云："孔子用于鲁，三年，男子行乎涂右，女子行乎涂左。"是一涂分为左右中之证。王城旁三门而涂有九，则每门有三涂，故《文选·张衡西京赋》云"旁开三门，参涂夷庭"，薛注云"一面三门，门三道"是也。实则九涂之中，正当门者止三涂，其六皆不当门，盖并由环涂以达之。

所言九经九纬当为棋盘式的路网布局，其中三涂当三门，门三道者实只为一涂，各分男女车而已，馀六涂与城门之间则连之以环涂。

这种旁三门且九经九纬的布局其实只是《考工记》所建立的理想模式，从今日的考古资料看，这种模式在先秦时期恐怕并没有真正实行。一门三道的形制尽管早在二里头文化时期已经出现，但却是作为宫殿之门，[①] 而非如《考工记》所记之王城。其实西周晚期以前之王庭所在乃为邑制，其周并不具有城池。[②] 晚殷之大邑商为邑制而不具城墙，虽已发现三经四纬之道路遗迹，[③] 但完整的道涂布局尚不清楚。而至东周楚国之纪郢城，才始开城门而具三道的形制。[④] 西汉长安城已具旁三门之

[①] 中国社会科学院考古研究所：《中国考古学·夏商卷》，中国社会科学出版社2003年版，第66页。

[②] 冯时：《"文邑"考》，《考古学报》2008年第3期。

[③] 唐际根、荆志淳、岳洪彬、何毓灵、牛世山、岳占伟：《洹北商城与殷墟的路网水网》，《考古学报》2016年第3期。

[④] 刘庆柱：《中国古代都城考古学研究的几个问题》，《考古》2000年第7期；中国社会科学院考古研究所：《中国考古学·两周卷》，中国社会科学出版社2004年版，第260—261页；徐龙国：《古代城门门道的考古学研究》，《考古学报》2015年第4期。

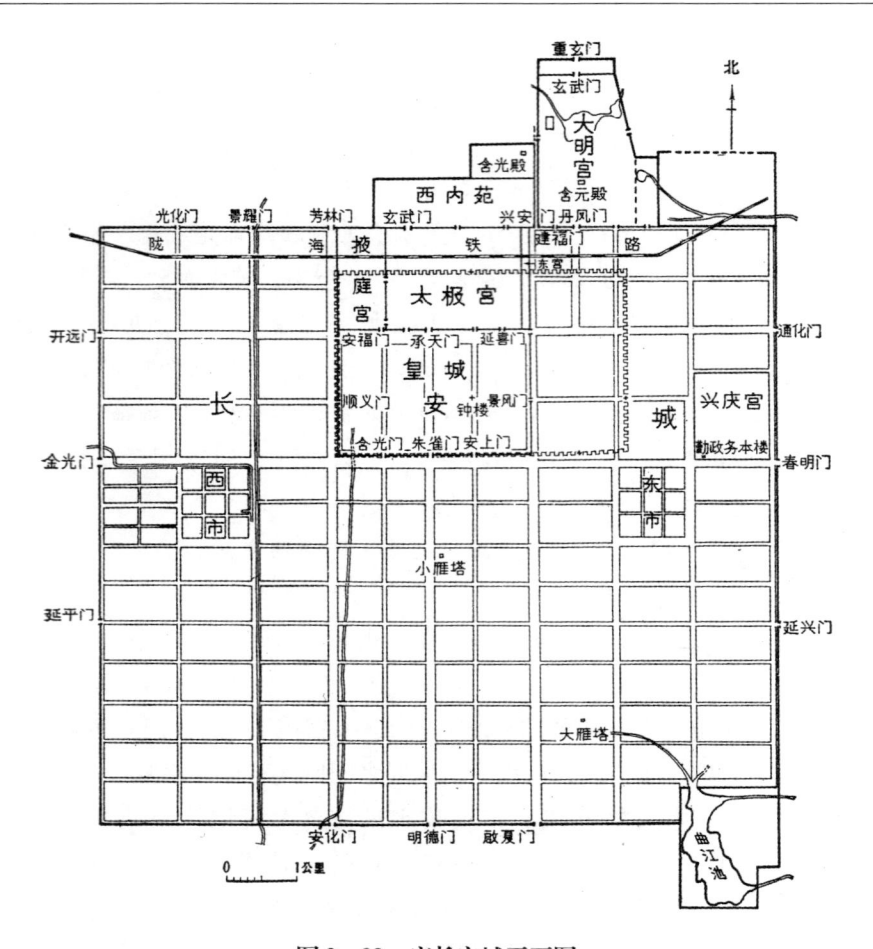

图 2—29 唐长安城平面图

布局，但东西两旁之门或南北两端之门并非完全对应，因此也不可能有九经九纬的路网相贯通。唐长安城的布局与《考工记》所说最为接近，其每旁三门，经涂九道，皇城以南之纬涂亦有九道（图2—29）。① 事实上，九经九纬的道涂设计正体现着上古文明为表现五方发展为五位并最终形成正方图形的思考，这种空间观念的完善是通过对二绳的积累实现的。显然，中国古代城市布局所规划的九经九纬实际形象地再现了这种

---

① 中国社会科学院考古研究所：《新中国的考古发现与研究》，文物出版社1984年版，第573页。

积累二绳的工作,其经涂乃象经绳,纬涂则象纬绳,观念一脉相承。

二 从亚形到方形的大地观

古人认为天圆地方,这是先民对于宇宙最朴素的认知。然而追究这种观念的来源却并不简单。天的形状是圆的,获得这样的认知其实并不困难,人们可以根据直观感受很容易了解这一点。但是在人们感觉到天是圆形的同时,他们感觉到的地的形状也一定呈现为圆形,而不会是方形,显然,方形大地的认识是无论如何不能从人们的自然感受中获得的。事实上,地方的观念并不源于古人的自然感知,而是通过立表测影的工作逐渐形成的。

初民以槷表决定方位首先端正的就是四方,其所呈现的图像则为二绳"十"形。古人取二绳之形"十"创造了"甲"字,并拘于空间决定时间的时空关系,将本来用作表现空间的"甲"字移用于记录时间,成为中国古代记录时空的干支体系的第一个文字。很明显,由于空间的测量乃是一切制度建立的基础,因此先民取表现空间的最基本的图形创制记录时空的符号体系,其观念发展的内在逻辑至为清晰。

"甲"字所表现的四方本只是四个直线方向的延伸(图2—2;图2—3),这使"方"的概念本来并不具有平面的意义,从而限制了古人对于空间的认知以及空间思想的表达。为解决这种狭隘的空间认知所带来的困扰,人们就必须首先打破对"方"的直线意义的原始思考,而使"方"的概念有所发展。纺织的工作无疑对先民空间观念的完善有所启发,既然经线纬线的积累可以使线成为面,那么由二绳所引发的空间观念的进步也完全可以借助同样的积绳工作而实现。于是人们模仿纺织积线的工作而将二绳不断积累(图2—12),终于使最初直线式的四方发展为平面式的五位,形成了先民对于大地形状的最朴素的认知,传统经天纬地的观念正是这种思想的反映。

五位虽然只是五方的平面化,但这种空间观念的发展却很有意义,它使大地形状的描述具有了关键的义涵。古人又据五位图像创造了汉字"亚"字,作为人们最早认知的大地的形象,并以这一形象普遍作为墓穴的形状(图2—18),以大地的安排再现死者生前的现实世界。或又用于明堂的设计(图2—30;图2—31),以五方大地的形式作为君王教命天

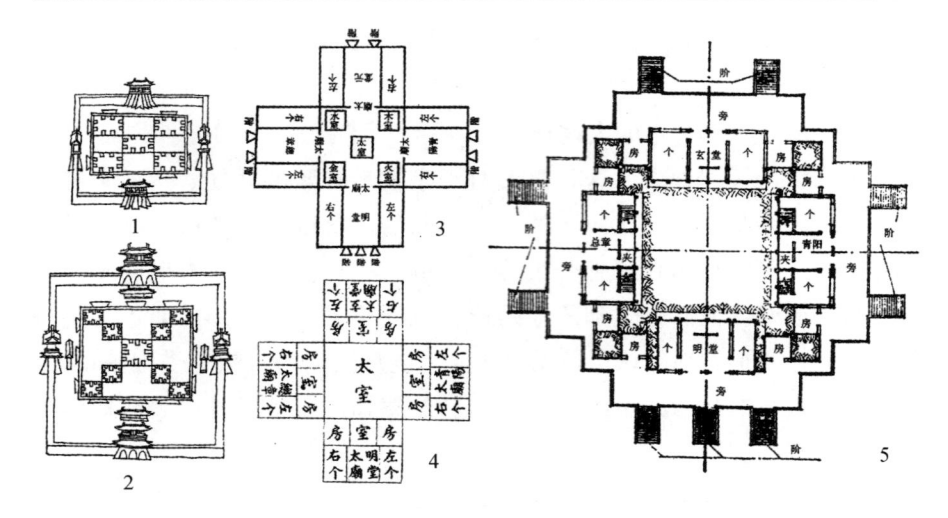

图 2—30 明堂图

1、2. 郑玄绘明堂五室、九室图 3. 阮元绘明堂图 4. 王国维绘明堂图
5. 王世仁据西汉明堂遗迹复原图

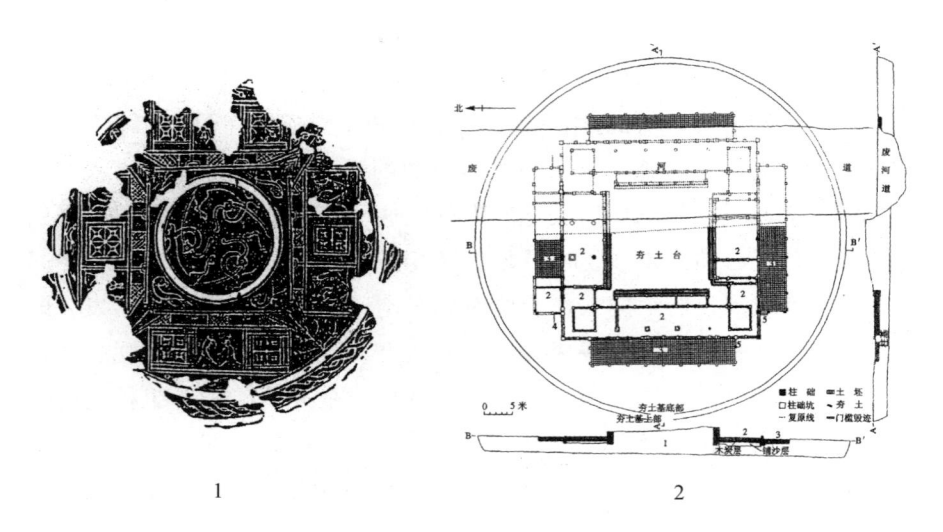

图 2—31 明堂图

1. 临淄郎家庄一号东周墓出土漆器上的明堂图像
2. 汉长安城南郊明堂遗址中心建筑平面图

下的象征。古人习以五方象征天下，传统方色理论则以五色配属五位而完成对大地的表现，甚至天子用于为天下万民祈福的大社也仅布设象征

五方的土色，这些思想显然都源出于古人本以五位"亚"形表现大地的传统。

从这一空间观念发展的历史可以看出，所谓天圆地方的认知其实并不古老，最初人们认识的大地形状只呈现为"亚"形，这是二绳图像不断积累的结果。当然，这种积累二绳的工作可以无限制地继续下去，最终将"亚"形所缺的四角补齐，使"亚"形大地发展为方形大地，从而完成天圆地方宇宙论的建构。

三　亚次与宗法

早期宇宙论认为，天为圆形，地为亚形，"亚"作为大地的形象，其相对于天也就具有了独特的义涵。

《周易·系辞上》："天尊地卑，乾坤定矣。卑高以陈，贵贱位矣。"天在上为尊，地在下为卑，而"亚"象五位大地之形，故有卑次之义。

《淮南子·天文》："天墜未形，冯冯翼翼，洞洞灟灟，故曰太昭。道始于虚霩，虚霩生宇宙，宇宙生气。气有涯垠，清阳者薄靡而为天，重浊者凝滞而为地。清妙之合専易，重浊之凝竭难，故天先成而地后定。"古人以为天以阳气而先成，地以阴气而后定，故从天地之形成次序言，所象大地之"亚"形也有次义。

《说文·亚部》："亚，醜也。象人局背之形。贾侍中以为次第也。"许慎以"亚"象人局背之形，乃据秦篆臆解，但训"亚"为醜，当承古说。"亚"古有两义，一训醜，一训次，彼此关联。事实上，"亚"以次为本义，又引申为醜众，而亚次之义则源于其字形所具有的深层文化内涵。

"亚"象大地，无论从天地形成的次序讲，还是从天地尊卑的地位讲，象征卑位大地的"亚"字都自然被赋予了"次"的意义。而将这一意义应用于宗族，则处于卑位的庶亚次于嫡长，其数且众，于是"亚"又有了亚醜庶众的意义。《左传·定公四年》："分鲁公以大路、大旂，夏后氏之璜，封父之繁弱，殷民六族，条氏、徐氏、萧氏、索氏、长勺氏、尾勺氏，使帅其宗氏，辑其分族，将其类醜，以法则周公。"杜预《集解》："醜，众也。"由此可知，古训亚醜之"醜"实谓类醜。[1]《诗·周

---

[1] 参见高鸿缙《中国字例》，广文书局1960年版，第116页。

颂·载芟》："侯主侯伯,侯亚侯旅,侯彊侯以。"毛《传》："主,家长也。伯,长子也。亚,仲叔也。旅,子弟也。"明确以为"亚"即小宗。准此,则甲骨文、金文与族氏合缀之"亚"本即指为小宗。①

"亚"具亚次之义,其于官制,言"亚"者则皆当副贰之称,如殷官"马亚"应即武官副职,相当于《周礼》之小司马。《尚书·酒诰》："越在内服,百僚庶尹,惟亚惟服宗工,越百姓里居。"西周作册令方彝铭云："舍三事命,眔卿事僚,眔诸尹,眔里君,眔百工。"两文对读,知《酒诰》之"百僚"即卿事僚,"庶尹"即诸尹,"百姓里居"即里君,"宗工"即百工,其中"尹"为官长,则"惟亚惟服"显即百僚庶尹之副贰及从事。"亚"训亚次,"服"训从事,故亚服实皆从官。②

甲骨文和金文的"亚"字,凡与官名缀连者都具有亚次副贰之义,凡与族名缀连者则指宗族中的小宗身份,小宗相对于大宗自为众庶,故有类醜之训。这些"亚"字所具有的文化内涵不仅来源于一种以五位亚形大地所建立的宇宙观,而且充分显示了传统空间思想对于中国文化的深刻影响。

四 十二州与九州

上古先民对地理的规划向有所谓十二州与九州之说,其事见载于《尚书》,并分别被视为舜、禹二贤的功烈。其中舜定十二州之说出于《尧典》,禹定九州之事则详于《禹贡》,另也见载于《山海经》。关于十二州与九州规划的先后次序,经典所言甚明,皆以十二州的形成先于九州。《尧典》述舜摄位事迹云:

> 肇十有二州,封十有二山,浚川。

又《汉书·地理志上》云:

---

① 冯时:《殷代史氏考》,《黄盛璋先生八秩华诞纪念论文集》,中国教育文化出版社2005年版。

② 有关古文字"亚"字含义的讨论,详见冯时《中国古文字学概论》第七章,中国社会科学出版社2016年版。

尧遭洪水，褱山襄陵，天下分绝，为十二州，使禹治之。水土既平，更制九州，列五服，任土作贡。

所述史实皆为舜首定十二州，尔后禹平水土，更变置十二州为九州。《汉书·王莽传上》："《尧典》十有二州，后定为九州。"都是这种观念的反映。伪孔《传》训"肇十有二州"之"肇"为始，也明确说明舜所规划的十二州其实正体现了古人对中国地理的最早规划，因此，十二州先于九州而定是明确无误的。

然而囿于人们对于地理早晚规划由粗而密的一般认识，似乎十二州的划分细于九州，所以其规划应比九州更为晚成。于是汉儒对《尚书》所记舜定十二州与禹定九州的先后次序给与了新的诠释。他们破除十二州的确定先于九州的传统认识，而主张十二州实际是在九州的基础上析分而成的，因此十二州应当形成于九州之后。《尚书》伪孔《传》云：

肇，始也。禹治水之后，舜分冀州为幽州、并州，分青州为营州，始治十二州。

孔颖达《正义》云：

《禹贡》治水之时犹为九州，今始为十二州，知禹治水之后也。

陆德明《释文》云：

十有二州谓冀、兖、青、徐、荆、杨、豫、梁、雍、并、幽、营也。

《史记·五帝本纪》裴骃《集解》引马融云：

禹平水土，置九州。舜之冀州之北广大，分置并州。燕、齐辽远，分燕置幽州，分齐为营州。于是为十二州也。

及至晚世文献，更循此观念加以发挥，说颇离奇。如《辽史·地理志一》云：

> 帝尧画天下为九州。舜以冀、青地大，分幽、并、营，为州十有二。

将禹定九州的事实错给了帝尧，已不顾早期文献有关尧舜规划十二州的基本事实。《左传·宣公三年》："昔夏之方有德也，远方图物，贡金九牧，铸鼎象物，百物而为之备，使民知神奸。"杜预《集解》："使九州之牧贡金。"足明夏王朝是建立在禹迹九州之上的，故十二州的规划在九州之前相当清楚。

舜定十二州之事虽系传说，但这个传说却不会是向壁虚造的，而应反映了上古先民对地理空间有意识规划的客观事实。显然，尽管尧舜先贤实出于原始创世观所创造的创世神祇这一点并不足以使人相信其作为历史人物的真实性，但十二州与九州的划分却应体现着上古先民最朴素的空间认知。

地理的规划来源于古人辨方正位的工作，这意味着人们对于地理的划分必须适应先民所具有的空间方位的知识。具体地说，不论十二州的划定还是九州的敷布，都只能是先民方位观念的反映。因此，地理规划的进步事实上体现的是古代空间观念的进步。

中国古代的空间观经历了从五位到九宫的发展，五位是二绳的平面化，其所呈现的图形也即所谓"日廷"（图2—13，1；图2—16）。"日廷"图作为人们对大地规划所形成的基本图形，其由二绳与四钩所组成，古人在这样的图形上配以十二支，便构成了所谓地平十二方位，其中二绳分系子、午、卯、酉四地支，四钩则分系丑、寅、辰、巳、未、申、戌、亥八地支，共成十二方位（图2—25）。十二方位并未表现出古人对于四维的认识，而只是在五方基础上的平面扩大，显然反映了更为原始的空间方位思想。而九州所体现的空间观念已是从五位发展而成的含有四维的九宫，其比十二方位进步是显而易见的。显然，从中国古人对空间方位的认识次序分析，基于地平十二方位所形成的地理十二州一定是比基于九宫空间所形成的九州更早完成的空间认知，因此，从十二州发展到九州的规划客观地体现了古人空间观念的进步。

第四节　早期圭表研究

　　中国传统天文学的计时基础在于观测，而观测的基本工具则是圭表。由于中国特有的时空观具有空间决定时间的固有关系，因此，圭表不仅是规划空间方位的天文仪器，促进着天文科学的形成和发展，同时还成为中国传统文化诸核心内涵，诸如传统时空观、政治观、宗教观、哲学观得以建立的柢石，因而在中国科学史及文明史上都具有特别重要的意义。

　　表在不同时期具有不同的名称，最早出现的名称应该是"髀"。髀为髀股，由于立表测影来源于古人对于人体身影的认识，而支撑人体可以直立完成测影工作的就是腿骨——髀。所以当人们模仿人体测影而创造出表，并以表取代人体测影的时候，支撑人体直立的腿骨的名称——髀——也就自然被移用作为了表的名称。

　　祖槷是表的另一个名称。表是确定方位与时间的标准仪具，而空间和时间又是古代制度得以建立的基础和标准，所以作为表的名称"槷"也就具有了标准的意义，其原称祖槷，祖也为准意。

　　圭表是测影仪具改革之后的新名，圭是计量表影的量尺，"槷"又写作"臬"，是测影的表杆。标准时间需要依靠圭与槷来测量，所以圭臬便成为标准的象征。圭与表后来结合为一体，称为圭表。之后又发展出计时的日晷。

　　考古学证据显示，中国古人通过立表测影决定方位，其历史至少可以上溯到距今八千纪的新石器时代。安徽蚌埠双墩新石器时代陶器刻画图像不仅具有系统的方位资料，[①] 而且这些图像的内涵可以运用传统时空观进行合理的诠释。[②] 当然，相关图像的获得以及其时空思想的形成都意

---

　　① 安徽省文物考古研究所、蚌埠市博物馆：《蚌埠双墩——新石器时代遗址发掘报告》，科学出版社 2008 年版。

　　② 冯时：《上古宇宙观的考古学研究——安徽蚌埠双墩春秋锺离君柏墓解读》，《历史语言研究所集刊》第八十二本第三分，2011 年。

味着当时显然已经存在着可以用来辨方正位的槷表。距今七千纪中叶的河南濮阳西水坡原始宗教遗存的发现，为上述认识提供了重要支持。其中 45 号墓出土了迄今所见最早的周髀遗存，明确证明当时已有槷表的存在。不啻如此，整个遗址的四处遗迹在南北近百米的广阔空间内准确地沿子午线等距分布，这种布局在人们不知方位的蒙昧时代是不可想象的。显然，周髀遗存与遗迹分布的彼此印证都使当时槷表的存在成为不容怀疑的事实。①

一　陶寺圭表考

中国古人使用圭表的历史尽管悠久，然而对三代甚至更早的圭表却一直未能认识。近年笔者系统考证了两周时代的祖槷，② 从而为寻找更早的槷表奠定了基础。2002 年，山西襄汾陶寺遗址的发掘为夏代或先夏时代圭表的证认提供了重要契机。在属于陶寺文化中晚期的 IIM22 中（图 2—32），发现了一系列重要遗存。IIM22 为竖穴土坑墓，墓圹为圆角长方形，口长 5 米，宽 3.65 米，底长 5.2 米，宽 3.7 米，墓向 140 度。墓室四壁底部共发现壁龛 11 个，其中南北两壁各 4 个，东壁 1 个，西壁 2 个，用于放置随葬品。墓室"倚南壁东半部摆放漆杆一根、装在红色箙内的骨镞 7 组、木弓 2 张"，"南 1 龛出土漆木盒 1 件（已朽坏），内盛玉戚 2、玉琮 1 件"。③

墓中所出漆木长杆立置，分段髹漆，十分精致。同出的其他相关遗物则有，盛放于漆盒内的一件方形圆孔玉器（简报名之曰"玉琮"）及两件玉圭（简报名之曰"玉戚"）、装于箙中的箭镞以及两张木弓。遗憾的是，简报未对这些遗物的详细情况做进一步介绍。2004 年秋，我有幸于侯马山西队文物库房观摹部分遗物，并就当时所想向发掘者阐明了我对这些遗物功用的基本看法：其一，漆木长杆的性质应是古人辨方正位的槷表。其二，方形圆孔玉器应与《考工记·匠人》"置槷以县"的工作有

---

　① 冯时：《河南濮阳西水坡 45 号墓的天文学研究》，《文物》1990 年第 3 期；《中国天文考古学》第六章第四节，社会科学文献出版社 2001 年版；《中国古代的天文与人文》第二章第二节之二，中国社会科学出版社 2006 年版。

　② 冯时：《祖槷考》，《考古》2014 年第 8 期。

　③ 中国社会科学院考古研究所山西队、山西省考古研究所、临汾市文物局：《陶寺城址发现陶寺文化中期墓葬》，《考古》2003 年第 9 期。

图2—32 陶寺 IIM22（南→北）

关。其三，两件玉圭当即测影之土圭。其四，箭镞似有垂绳正表的作用。这些遗物真正展现了陶寺先民使用的观象授时的天文仪器。

2009年，陶寺漆木长杆的资料终于公布。据发掘者介绍，此物竖立于墓室东南角，紧靠东南角壁龛口的西侧，出土时杆头有少部分损毁，残长171.8厘米。从漆杆局部剥落漆皮处可以清晰看到木质纤维朽痕及细线横向捆扎凹痕。现场发现漆杆顶部断面被挤压成蝴蝶状，故发掘者估计漆杆原本系木质空心管状杆体，圆方已无从判断。空心管状杆用丝线捆扎后髹漆。先整体髹黑漆，再间断髹石绿色漆段，绿色漆段两端分别髹以粉红色漆条段，使其与黑色底漆相间隔。整个杆体呈现黑、绿、粉色段相间的醒目图案（图2—33；图版四，1）。[1]

我们认为，陶寺漆木长杆的性质应为古人测影之槷表，而伴出的某些遗物也与测影致日的工作有关。这一发现不仅使我们找到了目前所见最早的槷表实物，甚至可以借此重建古人的致日方法，意义十分重要。现陶寺漆木长杆的资料既已发表，[2] 这使我们有可能就其所涉及的问题做

---

[1] 何驽：《山西襄汾陶寺城址中期王级大墓 IIM22 出土漆杆"圭尺"功能试探》，《自然科学史研究》第28卷第3期，2009年；《陶寺圭尺补正》，《自然科学史研究》第30卷第3期，2011年。《自然科学史研究》2009年文引述2004年我于陶寺与作者的谈话，内容多出作者臆测，今谨识于此，以志澄清。

[2] 类似的长木杆器早年于陶寺遗址也有发现。参见中国社会科学院考古研究所《襄汾陶寺：1978—1985年考古发掘》，文物出版社2016年版。

相对具体的讨论。

（一）槷表考

IIM22 所出槷表本为一漆木质柱状长杆，出土时倚南壁直立放置，表体分段髹漆，从其随葬时的摆放形式以及长杆形制分析，性质应为槷表。

有关槷表用以测影的记述，前引《周礼·考工记·匠人》所载最详，兹节录于次：

> 匠人建国，水地以縣，置槷以縣，眡以景。

郑玄《注》："故书槷或作弋。杜子春云：'槷当为弋，读为杙。'玄谓槷，古文臬假借字。于所平之地中央，树八尺之臬，以縣正之，眡之以其景，将以正四方也。《尔雅》曰：'在墙者谓之杙，在地者谓之臬。'"贾公彦《疏》："置槷者，槷亦谓柱也。玄谓槷古文臬假借字者，今之槷，从木埶声之省者也，古文槷为臬法字。故《尚书·康诰》云：'汝陈时臬。'臬法字亦得为槷柱之字，故云假借字也。"段玉裁《周礼汉读考》卷六云："杜正槷从弋，又云弋读为杙，此与正帝为奠，奠读为定，正笴为箮，箮读为櫜同。《说文》槷弋字作弋，而杙为《尔雅》刘刘杙之字。杜易弋为杙者，盖汉时槷弋字已作杙，故以今字易古字。如以灸易久之比。许自据《周礼》故书及字形得其说，故不同也。郑君则从槷，谓槷为臬之假借，如笴为櫜之假借，九轨为宄之假借。下文引《尔雅》分别杙臬字，见此经言在地者则作臬为正，不当如杜作杙也。"其说甚是。知槷表古或称"槷"，于出土文献已见于春秋金文及战国竹书（参见第三章第一节），字本作"弋"，或作"埶"，又作"臬"。古之测影，目的则在建构时空体系，故槷表乃

图2—33 陶寺文化槷表

是决定方位与时间之圭臬准绳，而方位与时间制度实为一切制度之源，是槷表称"臬"虽具作为时空之法的观念，但也体现了其作为制度之基的根本思想。

槷表的长度为八尺。《周髀算经》卷上："周髀，长八尺。""髀"即槷表，是较"槷"更为古老的名称，其源于槷表发明之前人体测影的朴素做法。① 贾公彦《周礼疏》："《天文志》云'夏日至，立八尺之表。'《通卦验》亦云：'立八神，树八尺之表。'故知树八尺之臬，臬即表也。必八尺者，按《考灵曜》曰：'从上向下八万里，故以八尺为法也。'"江永《周礼疑义举要》卷七云："古人树臬用八尺何也？盖测景之臬不可过短，过短则分寸太密而难分，过长则取景虚淡而难审。八尺与人齐，如是为宜。八尺虽无正文，而土中之地，夏至景尺有五寸，以知用八尺臬也。"孙诒让《周礼正义》："臬即《大司徒》测景之表。《周髀算经》亦谓之髀，长八尺。"江永以表高八尺取于人之高度，所说极是，这正反映了立表测影本为模仿人体测影的基本事实。故古人必先有表高八尺之法，后有天高八万里之数，不可反之。不过必须强调的是，此以表长为八尺，实皆指其地面以上的部分。

古人以何种方法立表，随时代不同，各有差异。自周以降的圭表致日活动已将槷表置于座中，使其中正不欹。类似的表座于东周时期多有出土，且极尽精致。如河南淅川和尚岭二号春秋墓出土青铜槷表，② 实为槷表表座，其铭文自名"祖槷"，已见其器性质。此类表座的共同特点是器体呈正方形盝顶之形，正中有中空的插柱以置槷柱，柱顶或饰阳鸟，座身装饰纹样或有日鸟图像，或有二绳图像，或有苍龙图像，皆与天文及古代时空观有关（详见第二章第五节），其为植表之表座而用于致日测影应该没有问题。表座使用时或置于地面，但也可能埋于地中而使座顶平面与地面齐平，这样可以同时完成正表与校正水平的工作。

这种以表座植表的做法已无须校正槷表的垂正，当然比较进步。然

---

① 冯时：《河南濮阳西水坡 45 号墓的天文学研究》，《文物》1990 年第 3 期；《天文考古学与上古宇宙观》，《中国史新论——科技与中国社会分册》，联经出版公司 2010 年版。后世又以碑为测影仪具，参见《礼记·杂记下》。表之所以名"碑"，实源于表本名"髀"的古老传统。

② 河南省文物考古研究所、南阳市文物考古研究所、淅川县博物馆：《淅川和尚岭与徐家岭楚墓》，彩版十五，大象出版社 2004 年版，第 109—111 页。

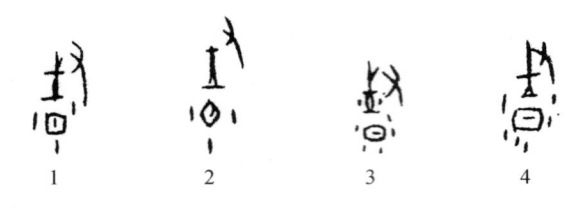

图 2—34　甲骨文"䂙"字
1.《粹》497　2.《粹》498　3.《粹》499　4.《京都》1812

依《匠人》所记，早期的测影工作必须"置槷以縣"，也即通过悬绳以校正槷表是否中正，可明当时应该还没有出现如后世的表座。但槷表依靠什么加固竖立？最简单的方法莫过于将表的下部植入地中，或者还有其他可以帮助槷表竖立稳固的工具？由于 IIM22 资料尚未全部发表，不便推测。参考商代甲骨文描写立表测影的"䂙"字（图 2—34），① 其槷表正作埋植于土中之形，知殷人立表仍然采用植埋的方法。然而若将槷表植埋，则完整之表的长度就必须超过八尺。陶寺槷表残长 171.8 厘米，经过四千多年的埋压，长度或有收缩，现存槷面髹漆中的同色漆段宽狭不均，或也不应排除这方面的原因。准此，则此表原始长度本应长于 172 厘米。尽管南北朝以后，天文尺与一般生活用尺逐渐殊途，但汉以前"同律度量衡"的制度却使当时的天文、律、医等专门用尺与生活用尺没有什么不同，② 这使我们有理由根据与陶寺时代相近的古代尺度进行比证分析。陶寺时代之度制今已不可详考，若以商代一尺合今 15.78—16.95 厘米作为参考，③ 八尺之表的长度皆短于陶寺槷表。知陶寺槷表的长度尚留有充裕的植埋空间。《易纬通卦验》："树杙于地。"即是对立表方法的说明，下文对土圭的考证也可以助证这一点。

需要同时讨论的是，古人立表测影，其前提条件是要将地面修整水平，而这种测量水平的仪器其实在陶寺遗址也有发现，它是一种形制呈"十"形高足，其上架以盛水的直壁圆筒形木器仪具，器表以朱绘，器中

---

① 宋镇豪：《释督書》，《甲骨文与殷商史》第三辑，上海古籍出版社 1991 年版。
② 伊世同：《量天尺考》，《文物》1978 年第 2 期。
③ 丘光明：《中国历代度量衡考》，科学出版社 1992 年版。

或放置挹水木瓢（图2—6；图2—7）。①"十"形是先民创造的最基本的空间图形，古人名之曰"二绳"，它是通过指向东西和南北两条绳的交午而构成的五方空间图形，这个图形乃是辨方正位的基本图形。因此，陶寺先民将测度水平的仪器配以二绳，其实正是这种传统时空观的完整体现。

古人校正水平之法，据《匠人》"水地以縣"郑玄《注》云：

于四角立植而縣，以水望其高下。高下既定，乃为位而平地。

贾公彦《疏》："植即柱也。于造域之处四角立四柱，而縣谓于柱四畔縣绳以正柱，柱正，然后去柱，远以水平之法遥望，柱高下定，即知地之高下。"江永《周礼疑义举要》卷七云："此谓测景之地须先平之，盖地不平，则景有差，故下注云'于所平之地中央，树八尺之臬'，非谓通国域之地皆须平也。"而于水地之法，江永有云："今工人作室既成，有平水之法：各柱任意量定若干尺，画墨，四面依墨用横线，线下以竹盛水，縣直物于线，进退量之。如柱平，则直物至水皆均；如不均，则知柱有高下，而更定之。意古人四角立植而縣，以水望其高下，亦是用此法。"又戴震《考工记图》云："水地者，以器长数尺承水，引绳中水而及远，则平者准矣。立植以表所平之方，縣绳正植，则度水面距地者准矣。"又孙诒让《周礼正义》云："四角立植，即于所平之地立之。縣绳所以正植，亦以测四植距水之高下均否，此盖兼有准绳之用矣。《淮南子·齐俗》云：'视高下不失尺寸，明主弗任，而求之于浣准。'许注云：'浣准，水望之平。'浣准疑即'管准'，所以测高下之表仪也。"所论皆后世之法，不识合否古制。

古人何以独取黑、绿、红三色以饰表，这种做法不仅具有时间的象征意义，而且显示了时空阴阳的内涵。初民立表测影，首要目的即在于正定四方，相关内容于《周礼·考工记·匠人》、《周髀算经》及《淮南子·天文》中均有详细记载。古人用以表示四方的方法非常丰富，其中

---

① 中国社会科学院考古研究所：《襄汾陶寺：1978—1985年考古发掘》，文物出版社2016年版。

之一便是建立方色的联系。传统时空观以子午、卯酉为二绳，分指四方，二绳的交午处则为中央，形成五方。五方作为方位的基础而与五色相属，呈现东青、西白、南赤、北黑、中黄的完整体系，其思想不仅来源于人们对于中国大陆自然地理的朴素认知，而且今天的考古资料显示，这一方色体系至少在公元前四千纪的红山文化时代即已形成（详见第六章第三节）。陶寺漆表表体髹以黑、绿两色且间以粉红色，显然应具有方色的意义。其中黑为北方之色，粉红为南方之色，[①] 自可喻指南、北二方；且黑色与粉红色的分布呈黑长红短，这种做法或许更有冬、夏二至日影长短的暗喻。而绿为东方之色，或可兼括东、西二方。先民向以东方为德而西方为刑，而立表正位定时的目的则在于主德祈生，这与西方主刑杀的思想恰相冲突，故时人以东方青色含括东、西二方，而将主杀之西方白色于表体隐去。这一传统不仅古老，而且绵续不绝。战国楚帛书创世章追忆分至四神的创世故事，在谈到五方色与分至四神的配色问题时迥然有别。帛书云：

> 长曰青䰝，二曰朱四单，三曰□黄难，四曰㳠墨䰝。千又百岁，日月夋生。九州不平，山陵备矣。四神乃作，至于覆，天旁动，扞蔽之青木、赤木、黄木、白木、墨木之精。

帛书言五方之色的布局，明确以青、赤、黄、白、墨五色配伍五方。但述及创造万物的时间神祇——分至四神——配色的时候，其做法却与论述五方的配色完全不同。分至四神分配四色，且以长幼论，观念与《尚书·尧典》将四神依长幼排序的做法一致，其中主司春分与夏至的二神居长，主司秋分与冬至的二神居次。而在楚帛书的四神名号中，居长的春分神与夏至神，其命名以第一字言方色，即青、朱二色；居次的秋分神与冬至神，其命名以第二字言方色，即黄、墨二色，前后用字厘然有序，不相混淆。据此可知，楚帛书实以主配中央的黄色兼言西方白色，

[①] 《说文·糸部》："红，帛赤白色也。"段玉裁《注》："《春秋释例》曰：'金畏于火，以白入于赤，故南方间色红也。'《论语》曰：'红紫不以为亵服。'按此今人所谓粉红、桃红也。"是古人所主南方之赤色，或即以为粉红。

这种以黄代白而为西方之色的做法，其目的显然在于近德而远刑。学者或拟秋分神名的第一字为"翟"，即"雌"字之别体，乃以光泽洁白暗喻西方白色。① 然而这一说法不仅迂曲，有悖四神的命名规律，而且"雌"字的本义也与西方白色存在本质的差异。这种以隐喻的形式表现西方的做法与帛书其他三神直称方色的传统完全不同，其所具有的主生避杀的意味相当明显。

传统天文学体系的四象以西宫为白虎，与东宫青龙、南宫朱雀、北宫玄武相配，而《史记·天官书》记二十八宿所分赤道之四宫，独于西宫不言"白虎"而称"咸池"。《天官书》云：

> 参为白虎，三星直者，是为衡石。下有三星，兑，曰罚，为斩艾事。其外四星，左右肩股也。小三星隅置，为觜觿，为虎首，主葆旅事。

张守节《正义》引《春秋运斗枢》："参伐事主斩艾。"司马贞《索隐》引姚氏曰："旅犹军旅也。言佐参伐以斩艾除凶也。"《晋书·天文志上》："参十星，一曰参伐，一曰大辰，一曰天市，一曰铁钺，主斩刈。又为天狱，主杀伐。"很明显，西宫的主宿觜、参为虎形，其星占内涵则主杀伐斩艾，参宿或连伐而名"参伐"，也清楚地反映了西宫主宿的星占特点。显然，白色配金而主杀，虎又主杀，两者与授时祈生的本质追求格格不入。而"咸池"于《淮南子·天文》乃为东方日出之地，其方位与地点都极好地体现了任德主生的观念，事实上这正是《天官书》在述及西宫时避用白虎而主咸池的重要原因（详见第六章第四节）。② 毫无疑问，不论楚帛书分至四神之名唯秋分神避言白色而以主生的黄色代之，抑或《天官书》于西宫避言白虎而以主生的东方咸池代之，其观念都与陶寺㲹表表体隐去白色的做法相同，体现了祈生避杀，任德远刑的阴阳刑德思想。

---

① 参见饶宗颐《楚帛书》，中华书局香港分局1985年版，第23页。
② 冯时：《咸池考》，《新世纪的中国考古学（续）——王仲殊先生九十华诞纪念论文集》，科学出版社2015年版。

中国古代的阴阳观与刑德观，其理想的表现形式便是传统的时空体系。《管子·四时》云：

> 四时者，阴阳之大径也。刑德者，四时之合也。刑德合于时则生福，诡则生祸。……德始于春，长于夏。刑始于秋，流于冬。刑德不失，四时如一。刑德离向，时乃逆行。

《春秋繁露·阳尊阴卑》云：

> 故曰：阳，天之德；阴，天之刑也。阳气暖而阴气寒，阳气予而阴气夺，阳气仁而阴气戾，阳气宽而阴气急，阳气爱而阴气恶，阳气生而阴气杀。是故阳常居实位而行于盛，阴常居空位而行于末。天之好仁而近，恶戾之变而远，大德而小刑之意也。先经而后权，贵阳而贱阴也。……此皆天之近阳而远阴，大德而小刑也。是故人主近天之所近，远天之所远；大天之所大，小天之所小。是故天数右阳而不右阴，务德而不务刑。

苏舆《义证》引《对册》云：

> 天道之大者在阴阳。阳为德，阴为刑。刑主杀而德主生。是故阳常居大夏，而以生育养长为事；阴常居大冬，而积于空虚不用之处。以此见天之任德不任刑也。

又《春秋繁露·王道通三》云：

> 阴，刑气也；阳，德气也。阴始于秋，阳始于春。

又《阴阳终始》云：

> 中春以生，中秋以杀。

又《阴阳义》云：

> 天地之常，一阴一阳。阳者天之德也，阴者天之刑也。……是故天之道以三时成生，以一时丧死。……天亦有喜怒之气、哀乐之心，与人相副。以类合之，天人一也。春，喜气也，故生；秋，怒气也，故杀；夏，乐气也，故养；冬，哀气也，故藏。四者天人同有之。……使德之厚于刑也，如阳之多于阴也。

又《天地阴阳》云：

> 任德远刑，若阴阳。

《白虎通义·姓名》引《刑德放》云：

> 皋陶典刑，不表姓，言天任德远刑。

凡此皆见古人好德而不好刑、尊德而卑刑之心。圭表致日，其目的即在于识阴阳，辨四时，故槷表的设计通过方色的取舍表现扬阳抑阴，甚合传统。而殷商时代虽仅具春、秋二季，[①] 但已识四气，是以东、西二方及春、秋二分比于刑德，更体现了这一思想体系的原始形式。很明显，槷表的功用本在于辨方建时，故表体以春分、夏至、冬至之三方色髹漆而避除秋分之色以见阴阳，准确地借以三时成生、一时丧死的观念表现任德远刑的追求，其传统渊源有自。

（二）置槷以悬考

槷表树立于水平之地，第一步工作就是校正表的垂直中正，此即所谓"置槷以縣"。贾公彦《周礼疏》对其具体做法有详细的说明。文云：

> 云置槷者，槷亦谓柱也。云以縣者，欲取柱之景，先须柱正。

[①] 于省吾：《岁、时起源初考》，《历史研究》1961年第4期；冯时：《百年来甲骨文天文历法研究》第五章第九节，中国社会科学出版社2011年版。

欲须柱正，当以绳縣而垂之于柱之四角四中，以八绳縣之，其绳皆附柱，则其柱正矣，然后眂柱之景。……《通卦验》亦云："立八神，树八尺之表。"……彼云八神，此縣，一也。以于四角四中，故须八神。神即引也，向下引而縣之，故云神也。

孙诒让《周礼正义》解《易纬通卦验》云：

神读如引。言八引者，树杙于地，四维四中，引绳以正之，故因名之曰引。

所述甚明。文既言四维四中，知正表之八绳需悬垂于槷表的四角与四中，这意味着表下必应有正方形的校正仪器可供校准垂绳的位置。据此可以推知，出土于 IIM22 南 1 龛漆木盒中的方形圆孔玉器（图 2—35），其功用或许就是校正八绳位置的仪具。①

此件玉器形状正方，中有圆孔，边长 5.2 厘米，高 2.8 厘米，孔径 4.4 厘米，而槷表直径约 3 厘米，致日时将槷表套于方形玉器的圆孔之中植埋于地，并将此方形校准器平置于槷表根部，如此则可使自表顶引下的八条校正表直的垂绳，参诸其下的方形校准器，分别对准校准器的四角和四中，从而方便地完成垂绳校正表直的工作，其方法与文献所记密合无间。

值得注意的是，据已发表的方形圆孔玉器观察，其正方形相对的两条外边长度并不相等，其中一对等长（图中的左右边），一对不同（图中的上下边），这种现象不知是因照片变形所致还是遗物本身所呈现的本来面目，有待发掘者进一步复验。如果这件校准器确实存在其中两条相对的外边长度不等的情况，这却是一种十分有趣的现象。可以与之比较参考的是两周祖槷之座的设计形式，目前讨论的八件完器，其中报道翔实的四件槷座外边长度不等（详见第二章第五节），这种设计当然应该体现着古人借方位的长短变化表现阴阳的固有传统，其与致日测影以辨阴阳

---

① 发掘者称此器为玉琮，不妥。今见玉琮形制与此不合，其虽几乎皆作方内容圆之形，但内圆必高出外方为射口，且与外方相切，从而体现出"周髀方圆图"的设计思想。参见冯时《中国古代的天文与人文》第五章，中国社会科学出版社 2006 年版。

的工作恰好相合。这一观念的影响无疑是深远的，坐落于河南登封告成镇的"周公测景台"，其独特形制或许就体现着古人为追求建时与阴阳和谐的理念。此台乃由南宫说建于唐开元十一年（723年），其后张用和重修于明弘治十一年（1498年）。台由两部分组成，下为梯形台座，座上建表，台座与表的高度皆合唐开元小尺的八尺。需要强调的是，表下梯形台座的下缘边长并不同长，其中东、西两边长均为1.70米，而南、北两边长却有差异，南边长1.80米，北边长1.90米，[①] 其形状虽基本不出正方，但稍有出入，与早期槷座的形制完全相同。看来这种有关致日测影的做法并不是唐人或明人的独创，而应体现了他们对早期观念的继承，其目的即在将与致日相关的仪具赋予阴阳的象征意义，从而在形式上满足致日以求阴阳和合的授时宗旨。在易数体系中，北属阳而南属阴，故"周公测景台"台座的设计以北边长于南边，其阴阳之暗喻甚明。这一传统渊源有自，仅就古人以致日测影实在辨识阴阳的观念考察，或已至少可以追溯到陶寺文化时代。因此，陶寺方形圆孔校准器如果呈现边长不均的现象，那么在使用时就不应是随意摆放的，它一定要以长边的一面居北，而短边的一面居南，以符合方位、时间与阴阳的配合。事实上，校准器方形外边的长度差异并不会影响校正表直的工作，八绳引垂乃以附表为正，故引绳必以校准器的圆孔内周作为校准四正四维位置的参考，因此，方器外边的长度变化对引垂校正表直的工作并没有任何影响。

图2—35　陶寺槷表之垂直校正仪

上述对于方形圆孔玉器用途的分析尚可获得古文字资料的佐证。甲骨文"督"字本象植表于土中致日之形，字形显示，时人于表根的位置均横写一画（图2—34），明示在槷柱植埋于地的表根位置本有一物。今以出土遗物考之，此画所表示的应该就是这类方形圆孔的校正表绳位置

[①] 董作宾、刘敦桢、高平子：《周公测景台调查报告》，商务印书馆1939年版，第40页。

的仪器。故据对甲骨文测影类文字字形的分析可知，先民在测影时需要首先使用校准器配合八绳而完成校正表直的工作。

然以垂绳正表，如果没有其他的辅助措施或工具，这个工作并不容易完成。因垂绳质轻，极易飘游，不便引悬。故知正表之时，绳端本必系以锥形重物，此垂物之重量在使悬绳保持悬垂状态的同时，其锥尖则可最大限度地定准方形圆孔校准器的四角与四中位置。犹如今日用以测量垂直之线锤，绳下的重锤也必制为圆锥的形状一样。这使我们有理由推测，墓中出土的盛于箙中的箭镞，其作用之一或许即在配合悬绳而使用，时人将其系于绳端，并使镞尖对准表根方形圆孔校准器的四角四中，从而使槷表最终得以校正。《庄子·秋水》："是直用管闚天，用锥指地也。"此锥指之意便应源于早期垂绳正表的工作。唯墓中随葬的箭镞为骨质，而陶寺时代由于尚未出现青铜镞，正表或许也可以使用石镞，具有一定重量。事实上，箭镞于致日活动中被用以引绳校正槷表，这种做法恐怕不会与箭矢为直以及其所具有的时间的象征意义没有关系。

先民具有以矢喻直的独特观念。《诗·小雅·大东》："其直如矢。"①即以矢喻直。这种认识源出射法，射矢必直，方可中的。而日光照人，恰犹射矢。《墨子·经说下》："景，光之人，照若射。"② 知古人以日光若射，实言其直。而日光直射，对这一现象的最简单的认知便是观察日光的投影。影出自日光，日射其光，呈影必直。显然，矢既可言直，更可喻指光影。《文选·张平子西京赋》："乃有迅羽轻足，寻景追括。"薛综《注》："括，箭括之御弦者。"也见其观念。古文字"至"作"⊻"，象矢著地，即会日出而光影著见于地之意，其与"侯"字本象远射所表现的本义适相反。③ 于此也可见矢喻日光的固有传统。

---

① 毛《传》："如矢，赏罚不偏也。"这一意义于古又用于诉讼，以矢直以喻理直。见《周礼·秋官·大司寇》。至少在西周时期，这一观念已有清晰的反映。参见孙常叙《𠭯鼎铭文通释》，载氏著《孙常叙古文字学论集》，东北师范大学出版社1998年版。

② 今本"照"作"煦"。高亨《墨子校诠》（科学出版社1958年版）卷三引曹耀湘《墨子笺》云："煦当作照。"又云："盖照煦形近而误。"又参谭戒甫《墨辩发微》，中华书局1964年版，第237页。

③ 古人造字，常以某一符号方向的不同体现与事物主体的远近亲疏关系，如"出"与"各"、"離"与"羅"。参见冯时《释"離"》，《古文字研究》第二十七辑，中华书局2008年版。

图 2—36　陶寺遗址 M2200

陶寺槷表目前已发现两支，除我们讨论的 IIM22 所出一支外，M2200 也出土一支（图 2—36；图 2—37；图 2—38，1、2）。值得注意的是，M2200 与槷表同墓随葬并靠近槷表表根一端同出有十七支带杆的骨镞和一枚骨镞头，分前后两排紧贴槷表表根靠立于墓壁，且箭镞倒立插于墓底（图 2—38，3；图 2—39；图版四，4），[①] 正合古文字"至"字的字形。陶寺两槷表同与箭镞共出，绝非偶然，其明确反映了古人以日影与箭矢联系的独特观念。古人察日影长短以知日至，故名之曰"至"，其实正是矢喻光影、而日影著地观念的准确体现。[②]

矢既有日光日影之喻，古人察影长影短以知时，于是矢便具有了时

[①] 中国社会科学院考古研究所：《襄汾陶寺：1978—1985 年考古发掘》，文物出版社 2016 年版。

[②] 饶宗颐：《殷代日至考》，《大陆杂志》第五卷第三期，1952 年；《殷历之新资料》，《大陆杂志》第九卷第七期，1954 年。

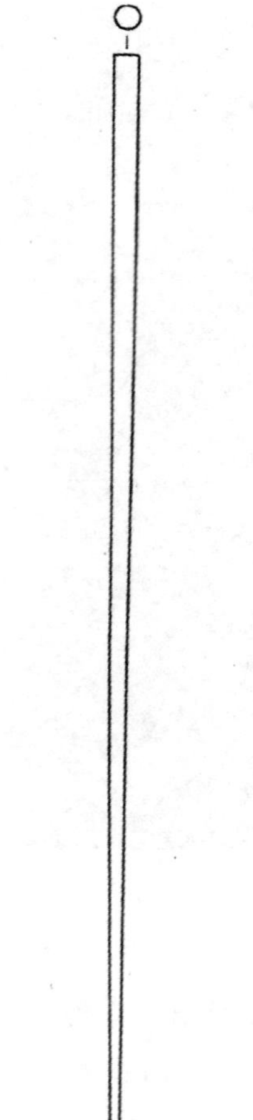

间的象征意义,并被移用为"寅"字作为地支以纪时。日行变化,光影转移,作为时间象征的矢自然又可以表现时间的进续,况矢为疾进之物,① 故古人别造"晋"字作"芺",从"日"从二"矢"会意,以矢的连续不断喻指时间的接续疾进。《周易·晋·彖》:"晋,进也。明出地上。"《说文·日部》:"晋,进也。日出而万物进。"许慎的解释不如《易传》,所谓"万物进"实际是指太阳的行移而导致的时间的进续。因此,无论以矢著于地所创造之"至"字,抑或以二矢合日象征日进而时进所创造之"晋"字,其实都是基于以矢喻直以及矢喻光影时间观念的文化创造。段玉裁《说文解字注》:"《礼》古文、《周礼》故书皆叚'晋'为'箭'。"即以箭矢喻指时间之疾进。后世漏壶仍以计时之刻尺称"箭",② 制度盖源于此。很明显,矢所具有的直与时间的双重象征意义正决定了陶寺圭表以矢镞垂正槷表的独特做法,反映了圭表致日的固有传统。

表既然需要引绳校正,则表顶的设计就必应适合这一工作的需要。《周髀算经》云:"立八尺之表,以绳系表颠。"惜陶寺槷表表顶残甚,唯见"顶部断面被挤压成蝴蝶状",原貌如何,已无从判知。

槷表之名本或作"弋",杜子春以为读作"杙","弋"字乃为"叔"字之所从,甲骨文、金文作"㧑",象槷表根部置有正表校准器,柱旁出橛,其本象置槷以悬之形。柱旁之橛于湖北枣阳郭家庙两周之际曾国墓葬曾与祖槷同出,一

图 2—37 陶寺文化木质槷表(M2200:2)

---

① 郭沫若:《释支干》,《甲骨文字研究》,大东书局 1931 年版。
② 华同旭:《中国漏刻》,安徽科学技术出版社 1991 年版。

表共配四橛，① 其作用实为悬绳之用（详见第二章第五节），表现出与古文字"弋"相同的形制特点。《说文·厂部》："弋，橛也，象折木衺锐著形。从厂，象物挂之也。"《玉篇·弋部》："弋，橛也，所以挂物也。今作杙。"在青铜祖槷与青铜弋橛出现之前，原始的弋橛应为木质。古人或执此以正表，将正表之绳上端系于弋橛，下端系于垂矢，使系丝绳之矢自弋橛垂附而校表。这种做法以矢与丝绳相系，故"弋"又有缴射之义，而系绳之矢实即矰矢。《诗·郑风·女曰鸡鸣》："弋凫与雁。"郑玄《笺》："弋，缴射也。"朱

图 2—38　陶寺遗址 M2200 出土槷表及箭镞

1. 起取后的木质槷表（M2200：2）　2. 槷表局部（M2200：2）　3. 插立于地的成组箭镞（M2200：2）

熹《集传》："弋，缴射，谓以生丝系矢而射也。"《庄子·应帝王》："且鸟高飞以避矰弋之害。"成玄英《疏》："弋，以绳系箭而射之也。"《淮南子·修务》："以备矰弋。"高诱《注》："弋，缴。"《周礼·夏官·司弓矢》："矰矢、茀矢，用诸弋射。"郑玄《注》："结缴于矢谓之矰。矰，高也。"矰矢是谓系生丝射鸟之短矢，或名"矰弋"、"矰缴"，乃古八矢之一。② 古代美术品中习见弋射图像，即绘射手张弓向天，以系生丝之矰仰射飞鸟（图 2—40）。《战国策·楚策四》："不知夫射者，方将修其碆卢，治其缯缴，将加已乎百仞之上。"吴师道补正云："缯、矰通，见

---

① 襄樊市考古队、湖北省文物考古研究所、湖北孝襄高速公路考古队：《枣阳郭家庙曾国墓地》，科学出版社 2005 年版。

② 详参《周礼·夏官·司弓矢》。

110　文明以止

图 2—39　陶寺遗址 M2200 桼表及骨镞出土情况
1. 墓壁桼表及箭镞出土现状　2. 桼表及箭镞局部

《三辅黄图》。矰，弋射矢。缴，生绢缕。"《楚辞·九章·惜诵》："矰弋机而在上兮，罻罗张而在下。"王逸《章句》："矰缴，射矢也。弋，亦射也。罻罗，捕鸟网也。言上有冒缴弋射之机，下有张施罻罗之网，飞鸟走兽，动而遇害。"洪兴祖《补注》："《淮南》云：矰缴机而在上，罘罝张而在下，虽欲翱翔，其势焉得。注云：矰弋，射鸟短矢也。机，发

图 2—40　战国青铜壶上的弋射图

1、4.《尊古斋所见吉金图初集》　2. 四川成都百花潭中学 10 号墓出土

3. 故宫博物院藏

也。"矰矢乃为射鸟之矢，故其主高而意在上天。而古人致日正表必以矰矢为制度，这一做法显然来源于矰矢射鸟而主天的观念。立表所致之影源出于日，古人习以鸟喻日，然日在天而距人高远，其影何以能得布施于地？以矰矢拴系于日则体现了先民的朴素想象。《尊古斋所见吉金图初集》卷二著录之战国铜壶，其图像分作五栏，首层为对鸟纹，间以对圭图像；第三层为主纹，绘弋射图像；五栏之间以日纹带相隔（图 2—40，1、4），明确具有以鸟喻指太阳的意义。故矰弋射鸟事实上正犹矰弋射日，这自然可以建立起天上之日与地上之影的牢不可破的联系。况矢又有喻直的涵义。很明显，陶寺先民以矰矢正表，正可见这一古老观念与悠久传统。①

---

① 罗马人似乎也有类似的测量方法，参见郭沫若《附庸土田之另一解》，《中国古代社会研究》附录，人民出版社 1954 年版。

（三）土圭考

碍于太阳过于明亮，不便观测，这使古人逐渐学会了通过观测太阳投影长短及方向的变化以决定方位与时间的方法，这既体现了先民的智慧，同时也形成了中国古代天文观测的固有传统。古人度影以土圭，《周礼·地官·大司徒》云：

> 以土圭之法测土深，正日景，以求地中。日南则景短多暑，日北则景长多寒，日东则景夕多风，日西则景朝多阴。日至之景尺有五寸，谓之地中，天地之所合也，四时之所交也，风雨之所会也，阴阳之所和也，然则百物阜安，乃建王国焉，制其畿方千里而封树之。

郑玄《注》："土圭，所以致四时日月之景也。测犹度也，不知广深故曰测。……郑司农云：'测土深，谓南北东西之深也。日南谓立表处大南，近日也。日北谓立表处大北，远日也。景夕谓日跌景乃中，立表之处大东，近日也。景朝谓日未中而景中，立表处大西，远日也。'玄谓昼漏半而置土圭，表阴阳，审其南北。景短于土圭谓之日南，是地于日为近南也。景长于土圭谓之日北，是地于日为近北也。东于土圭谓之日东，是地于日为近东也。西于土圭谓之日西，是地于日为近西也。如是则寒暑阴风偏而不和，是未得其所求。凡日景于地，千里而差一寸。"是知立表之位偏南则影短，偏北则影长，而在标准漏制的情况下，立表之位偏东则时过正午而影中，偏西则时未正午而影中。故天地之中不仅于南北之影长适中，而且于东西之时间也同样适中。《大司徒》又云：

> 凡建邦国，以土圭土其地而制其域。

郑玄《注》："土其地犹言度其地。郑司农云：'土其地，但为正四方也。'"又《周礼·春官·典瑞》云：

> 土圭以致四时日月，封国则以土地。

郑玄《注》："土地，犹度地也。封诸侯以土圭度日景，观分寸长短，以制其域所封也"。《太平御览》卷八〇六引马注曰："土圭尺有五寸，以求土中，故谓土圭也。"《周礼·夏官·土方氏》云：

　　土方氏掌土圭之法，以致日景。

郑玄《注》："致日景者，夏至景尺有五寸，冬至景丈三尺，其间则日有长短。"故知土圭实言度圭，古人立表致日，目的即在以土圭度晷影长短，以正四时。《尚书·尧典》："敬致。日永星火，以正仲夏。"《周礼·春官·冯相氏》："冬夏致日，春秋致月，以辨四时之叙。"是埶表致日，必以土圭与之配合。

　　《周礼·考工记·玉人》云："土圭尺有五寸，以致日，以土地。"郑玄《注》："致日，度景至不。夏日至之景尺有五寸，冬日至之景丈有三尺。土犹度也。"贾公彦《疏》："言土圭，谓度土地远近之圭，故云土圭。……夏至日，表北尺五寸景，与土圭等。"孙诒让《正义》："此明土圭之长，与夏至地中之景相应。其冬至之景，则八土圭之长又三分长之二也。"《易纬通卦验》："冬至之日，立八神，树八尺之表，日中规其晷之如度者则岁美，人民和顺；晷不如度者则其岁恶，人民为讹言，政令为之不平。"此明冬至致日必合圭以计晷。《文选·张平子东京赋》："土圭测影，不缩不盈。"薛综《注》："郑玄曰：'土，度也。'缩，短也。盈，长也。谓圭长一尺五寸。夏至之日，竖八尺表，日中而度之，圭影正等，天当中也。"据此则知，土圭本由玉石制成，其长度相当于夏至日影的晷长，为一尺五寸。尽管《周髀算经》所记夏至之影长为一尺六寸，这个数值很可能反映了早期地中的日影长度（详见第三章第一节），但当时使用的计晷土圭的长度也自应与这个影长相等。这使我们有理由推测，同见于 IIM22 盛放方形圆孔校准器的漆盒中的两件玉圭（图2—41；图版四，2、3），应该就是计度晷影的土圭。发掘者将此器定名为玉戚，然戚之两侧多有齿牙，[①] 与此器形制迥异。显然，如果我们对于玉圭即为土圭的推测不误，那么陶寺 IIM22 所呈现的实际就应是时

---

① 林沄：《说戚、我》，《古文字研究》第十七辑，中华书局1989年版。

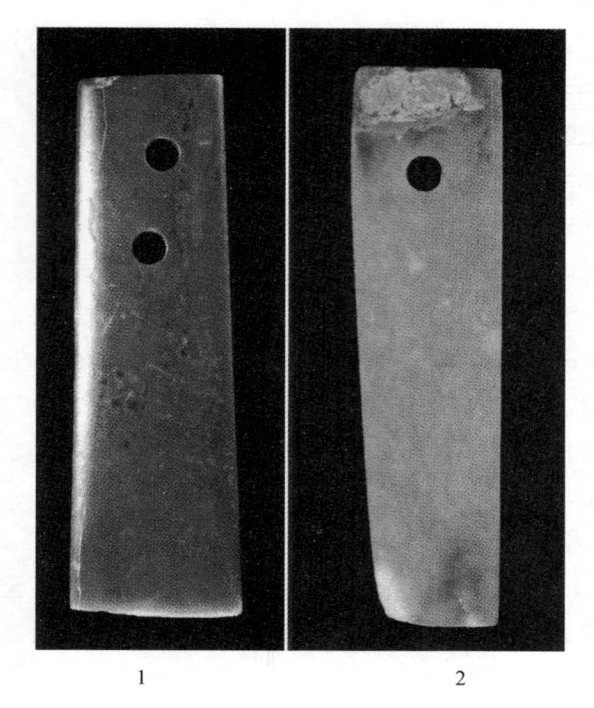

图 2—41 陶寺塈表之阴阳度影玉圭
1. 红色玉圭　2. 青色玉圭

人圭表致日的全套仪具。

　　土圭何以有两件？这个事实应该反映了早期致日传统所体现的阴阳思想。古人用事，必求内容与形式的和谐统一，如祭天需以圆璧，即因圆璧取象于天，而中国传统的祭祀理念首先崇尚的就是所祭必象其类。古以对天帝的祭祀为"类"，也就是《礼记·王制》所说的"类乎上帝"。郑玄《注》："类，祭名，其礼亡。"孔颖达《正义》："类乎上帝，谓祭告天也。"然而祭天何以名"类"，历代注家并未能给出合理的解释。事实上，类祭的名称正体现着所祭必象其类的祭祀理念。《周易·系辞下》："以类万物之情。"焦循《章句》："类，似也。"《广雅·释诂四》："类，象也。"故类以祭天所追求的其实就是象天而合天帝之意。《礼记·郊特牲》云：

　　　　天子适四方，先柴。郊之祭也，迎长日之至也，大报天而主日也。兆于南郊，就阳位也。埽地而祭，于其质也，器用陶匏，以象天地之性也。于郊，故谓之郊。牲用骍，尚赤也。用犊，贵诚也。

郊之用辛也，周之始郊，日以至。祭之日，王被衮以象天。戴冕璪十有二旒，则天数也。乘素车，贵其质也。旂十有二旒，龙章而设日月，以象天也。

凡祭位、祭时、祭法、舆服、用器、牲品等无不法天以类之，这种做法不仅应合天数，更重要的则是体现天所具有的诚朴之性，至质类质，以诚象诚。古祭天以璧，以象天圆，也属此类。这种敬天法天的传统意味着，如果古人揆度日影的目的即在于辨识阴阳，那么这个宗旨就必须通过相应的测影方法体现出来，具体地说，不仅测影的仪具需要表现阴阳，甚至测影的具体步骤也必须体现阴阳。以这一传统求诸度影之土圭，则以其表现阴阳就是一种必然的追求。《春秋繁露·阴阳义》："天地之常，一阴一阳。阳者天之德也，阴者天之刑也。迹阴阳终岁之行，以观天之所亲而任。"前论埶表髹漆以方色喻义阴阳刑德，也正是这一观念的体现。

传统于地中测影而立八尺之表，度暑之土圭长度仅为一尺五寸或一尺六寸，唯合夏至日正午的影长而已，换句话说，当夏至测景之时，本需用一件土圭即可完成。然古文字"圭"本作"𠀁"，乃象戈头之形，是为礼圭；或又作"圭"，从重圭为形，应即度影之圭的本字。《说文·土部》："圭，从重土。""圭"本作"𠀁"，后讹作"土"，故"重土"之形所表现的意义实际就是将二圭接续相重。然而"圭"字何以从重圭为形，向无定说。事实上从以度圭计暑的传统分析，冬至致日既然必须通过合圭相重的方法完成，而并不需要别造适合冬至影长的土圭，这种做法显然意在体现阴阳相合的朴素观念，那么夏至致日的原始做法恐怕也应是以通过合圭重圭的形式来实现。准确地说，圭表致日的目的本在辨识四时阴阳，这意味着古人必须借助象征阴阳的土圭完成这样的计暑工作，这当然符合古人用事必象其类的固有传统。很明显，计暑的土圭不可能不体现着阴阳的观念，而与冬至致日之原始做法必合圭计暑的传统相一致，夏至致日计暑也应以合阴阳二圭为其基本方法。准此，则"圭"字作两圭前后相重的字形结构如果视为体现着古人以二圭接续度影的计晷方法，应该不会是没有根据的玄想。这种分析不仅符合文献所记古人合圭致日的一贯传统，更重要的是，合二圭以计晷的方法恰可以完整地体现致日所强调的阴阳观念。因此，"圭"字所作重圭之形的字形结构其实正是古人对土圭计晷原始做法的客观写实。

陶寺 IIM22 所出土圭适为两件，当非巧合。如果用阴阳的观点分析两圭的选材与制作特点，则与两圭分别具有的阴阳内涵无有不合。两圭一为青色，上钻一孔（M22∶23）（图2—41，2；图版四，3），[①] 属阳；另一为赤色，上钻二孔（M22∶128）（图2—41，1；图版四，2），属阴。其阴阳性质既通过方色的形式得到了表现，又借助奇偶之《易》数以明喻之，可谓周备。《周易·系辞上》："天一，地二。"在《易》学体系中，青为东方阳位之色，"一"为天数阳数；赤为南方阴位之色，"二"为地数阴数。故两圭颜色一青一赤，配数或"一"或"二"，其所具有的阴阳义涵至为明显。《易》以南方归阴，时当夏至，与以南方象天非属同一传统（详见第六章第六节）。《淮南子·天文》云：

> 日冬至则斗北中绳，阴气极，阳气萌，故曰冬至为德。日夏至则斗南中绳，阳气极，阴气萌，故曰夏至为刑。……故曰阳生于子，阴生于午。……夏日至则阴乘阳，是以万物就而死；冬日至则阳乘阴，是以万物仰而生。

高诱《注》："德，始生也。刑，始杀也。"《周髀算经》卷下云：

> 故冬至从坎，阳在子；夏至从离，阴在午。

[①] 此圭之编号或为 M22∶2，见中国社会科学院考古研究所山西队、山西省考古研究所、临汾市文化局《陶寺城址发现陶寺文化中期墓葬》，《考古》2003 年第 9 期。另文则以为 M22∶23，见何驽《陶寺圭尺补正》，《自然科学史研究》第 30 卷第 3 期，2011 年。兹暂从一说。发掘者又以圭孔为景符（见何驽《陶寺圭尺补正》），此说不可信据。景符乃郭守敬所创（见《元史》本传及《天文志》），其据针孔成象原理以服务于所制四丈高表，因表顶置横梁以定影，可分割日面中心。严敦杰先生疑其或承金制（参蔡美彪等《中国通史》第七册，人民出版社 1983 年版，第 541 页）。此距陶寺时代甚远，且原理各殊。

赵爽《注》:"冬至十一月斗建子,位在北方,故曰从坎。坎亦北也,阳气所始起,故曰在子。夏至五月斗建午,位在南方,故曰离,离亦南也。阴气始生,故曰在午。"《京氏易·积算传》:"龙德十一月,子在坎,左行。虎刑五月,午在离,右行。"观念相同,《续汉书·律历志上》云:

> 天效以景,地效以响。……冬至阳气应,则乐均清,景长极,黄钟通,土炭轻而衡仰。夏至阴气应,则乐均浊,景短极,蕤宾通,土炭重而衡低。

也记北阳南阴、冬至为阳夏至为阴之理。《周礼·春官·大司乐》云:

> 冬日至,于地上之圜丘奏之,若乐六变,则天神皆降,可得而礼矣。……夏日至,于泽中之方丘奏之,若乐八变,则地示皆出,可得而礼矣。

古代制度以夏至配南而属阴,故古礼以冬至祭天于圜丘,夏至祀地于方丘,适合夏至祭地主阴的观念。很明显,IIM22 所出的两件土圭,其一赤红,系南方夏至之色,且配属地数"二",相对于配以天数"一"的属阳之青圭,正属阴圭。

两件土圭的长短也不一致,其中象征春分之一孔青色阳圭为短,长 13.8 厘米;象征夏至之二孔赤色阴圭为长,长 16.6 厘米。[①] 这种长短差异恐怕也体现了古人借一年中昼夜长短的变化所传达的时间意义。众所周知,对于北半球的居民而言,夏至日白昼最长而黑夜最短,冬至日白昼最短而黑夜最长,春秋二分日则白昼与黑夜等长。而从阴阳的角度讲,白昼主阳而黑夜主阴。《淮南子·天文》:"昼者阳之分,夜者阴之分,是以阳气胜则日修而夜短,阴气胜则日短而夜修。"显然,如果人们主阳祈

---

① 何驽:《陶寺圭尺补正》,《自然科学史研究》第 30 卷第 3 期,2001 年。然发掘者另文以为两圭分别长为 14.3 厘米和 16.6 厘米,见何驽:《山西襄汾陶寺城址中期王级大墓 IIM22 出土漆杆"圭尺"功能试探》,《自然科学史研究》第 28 卷第 3 期,2009 年。两说不知孰是,存以待证。

生的夙愿使他们需要以方色配以白昼的长短来表示时间，那么赤色的长圭就应该表现夏至，而青色的短圭便可以表现春分，这种做法所体现的任德而远刑的思想仍然十分清楚。很明显，古人度暑以阴阳二圭合而相重，以喻阴阳和合而生，天道循环不已。其设计周详，用思细密。

不过必须注意的是，中国传统的方色理论对于五方颜色深浅明暗的亮度变化并没有严格限制，换句话说，尽管古人的自然色彩观念要求他们对于颜色的认识逐渐细化，甚至同一种属性的色彩也可以区别出不同的层次，然而颜色一旦纳入方色体系的框架中，也就失去了其固有的狭义特征。人们只需关注颜色的属性即可，而并不在意其深浅明暗的层级差异。陶寺漆表表体髹漆以粉红（红色）象征南方夏至之色，而土圭之一的阴圭又因石料所限以绛红象征南方夏至之色，其所呈现的红色的层级虽别，但同属红色的属性却没有变化。澄清这一传统对于中国古代方色理论的认识非常重要（详见第六章第三节）。

天地之中夏至日正午的影长不仅体现着地理的中心，更重要的则是体现着阴阳的协和，这一观念实际对中国传统政治观的建立具有深刻的影响。《史记·天官书》云：

> 日方南金居其南，日方北金居其北，曰嬴，侯王不宁，用兵进吉退凶。日方南金居其北，日方北金居其南，曰缩，侯王有忧，用兵退吉进凶。

张守节《正义》引郑玄曰：

> 方犹向也。谓昼漏半而置土圭表阴阳，审其南北也。影短于土圭谓之日南，是地于日为近南也；长于土圭谓之日北，是地于日为近北也。凡日影于地，千里而差一寸。

日南日北，其暑均与土圭不等，是谓阴阳不和。故原始的计暑方法必以阴阳二圭相重，如此才可能体现辨阴阳而求中和的致日宗旨。

综上分析，知"圭"字之所以作重圭之形，实际即取自古人以阴阳二圭重接计暑的原始致日方法。古制以识日影别阴阳为念，故土圭为体现这一思想，必制为阴阳二圭，以象阴阳，度影时则需以阴阳二圭相重为原则，以阴阳相合而喻阴阳相和，故计晷之字必呈重圭之形。古人实写其法以造字，遂有重圭之"圭"字。事实上，先民表现阴阳的方法十分丰富，其中最普遍的做法就是通过方色或数字以传达一种具有一般意义的哲学观念，这个传统不仅可以追溯到新石器时代（详见第六章），而且作为古典哲学的渊薮，更可完整地建构起陶寺先民形上思辨的文化背景。故以土圭致日计晷，原始的做法应该即如陶寺土圭所反映的那样以阴阳二圭相重，其后随着计时活动中阴阳观念的逐渐淡化，两圭相重的计晷方法才最终定型为仅使用一圭而已，且使土圭的长度与夏至正午的影长一致。显然，陶寺土圭的考订不仅帮助我们恢复了原始的致日方法，同时也钩沉出"圭"字的形训本义。

古人以青、赤两件不同颜色的土圭计晷，这一做法对中国传统的祭祀与礼仪制度都具有影响。《周礼·春官·大宗伯》云：

> 以玉作六器，以礼天地四方。以苍璧礼天，以黄琮礼地，以青圭礼东方，以赤璋礼南方，以白琥礼西方，以玄璜礼北方。

所用礼器应天地四方之色。后世之规范礼器以剡上为圭，半圭为璋，可明璋出于圭，早期或许统归于圭属，同源而少有分别。故陶寺遗址所见青、赤二色之圭，似为晚世青圭、赤璋制度之源。古人独重圭璋，且行于聘礼，藉器以彰显诚信之德。《礼记·聘义》："以圭璋聘，重礼也。""圭璋特达，德也。"我们已经指出，信作为德的最基本的内涵实际源自古人对于时间的认识，而行聘之圭璋之所以具有诚信的义涵，显然本之于圭作为测度日影之尺以记时间之信的思想。

古人于夏至致日是为常法，故阴阳两土圭的长度之和必合于夏至日正午的影长。今知两土圭之长度互有不同，青色一孔之阳圭长 13.8 厘米，赤色二孔之阴圭长 16.6 厘米，二圭相重，共长 30.4 厘米，这或许反映了该地夏至日正午的影长。夏至地中之八尺表影，文献多记为一尺五寸，《周髀算经》则记为一尺六寸。如果陶寺阴阳二圭相重之长度相当于当时度制的一尺五寸，则一尺约当 20.2 厘米，露于地面之上的八尺表高当为 161.6 厘米；如果二圭的长度相当于其时度制的一尺六寸，则一尺约当 19

厘米，露于地面的八尺表高当为 152 厘米。两数皆短于现存槷表的长度，据此也可证明，此表用于致日，其下部的相当一部分应植埋于地中。然而必须强调的是，这些有关度制的考虑皆属推测，有待日后新材料的印证。不过根据早期地中变迁的历史分析，以及与殷商度制的实际情况参证，后说似更为近实。

中国古代的圭表有两类形制，分别决定了用以计晷的圭尺长度。其中一类为建置于露天的常设观测仪器，时代较早者如《三辅黄图》所载西汉太初四年（公元前 101 年）于长安灵台建置之八尺铜表。《三辅黄图》卷五云：

> 长安灵台有铜表高八尺，圭长一丈三尺，广尺二寸，题云太初四年造。

此种圭表不能随意拆卸，因而要求度圭的长度必须足够量出一年中任何一天的影长数据，所以其上自然需要标出计晷的刻度。西汉灵台铜圭表的量天尺长度为一丈三尺，正合一年中晷影最长的冬至日的影长，与制度符合。江苏仪征发现的东汉铜圭表乃为此类圭表的模型。[1] 而另一类圭表则属可以随时装拆的仪具，它主要是在夏至时节置表计晷，并不常设，因此土圭的长度只有一尺五寸或一尺六寸，唯为适合夏至的影长，以求方便，故这种圭表于土圭圭面实际无须加刻尺度。此类圭表的发明无疑要比固定的圭表为早，其制度已见载于《尚书·尧典》，而《周礼》所述乃为这种古法的孑遗。陶寺圭表的形制属于需要随时拆装的类型，故土圭相重的长度不可能比夏至正午的影长更长，其上未施刻度，与制度全合。

需要同时指出的是，我们所论定的陶寺槷表，发掘者则以为属于计晷的圭尺。[2] 然而从中国度制的传统分析，用于度量长度的尺，刻度必呈

---

[1] 车一雄、徐振韬、尤振尧：《仪征东汉墓出土铜圭表的初步研究》，《中国古代天文文物论集》，科学出版社 1989 年版。

[2] 何驽：《山西襄汾陶寺城址中期王级大墓 IIM22 出土漆杆"圭尺"功能试探》，《自然科学史研究》第 28 卷第 3 期，2009 年，《陶寺圭尺补正》，《自然科学史研究》第 30 卷第 3 期，2001 年。

等间距分布。自今日所见最早的商尺,以及历代的所有尺度,不论生活用尺抑或量天小尺,无不以等分刻度为其基本原则。① 事实上,度量衡制度的建立必须通过对某一标准单位的积累而完成,这意味着度量单位一定是等分的。《尚书·尧典》:"同律度量衡。"《汉书·律历志上》:"度者,分、寸、尺、丈、引也,所以度长短也。本起黄钟之长。以子谷秬黍中者,一黍之广,度之九十分,黄钟之长。一为一分,十分为寸,十寸为尺,十尺为丈,十丈为引,而五度审矣。"是为明证。度制单位有大小之别,积小而大,以成进制。若度分不等,便会破坏进制的基础,度制也就失去了意义。而陶寺漆表三色髹漆长短不一,明显不具有尺度的功用。其证一。在制度方面,由于夏至日正午的影长乃为全年最短的晷影,故传统于夏至致日,土圭的长度只需与晷影的长度相等即可,而全无必要于圭面之上加标刻度,这意味着早期拆装式圭表,其土圭不可能标有刻度。其证二。具有足以测量全年日晷的固定圭表,其创制时间不可能太早。从对古人有关二十四节气的日晷记录分析,早期文献如《周髀算经》及《易纬通卦验》给出的数据皆系冬、夏二至日的影长依率损益而得,非出实测,至《续汉书·律历志》才出现了对二十四节气晷影的系统测量。这个事实与文献所载固定圭表出现于西汉的情况不无暗合。即使这个时间可以允许提前,但也不可能早到夏商时期,不仅商代甲骨文与商周金文所反映的圭表致日的传统有悖此制,两周祖槷的发现也充分证明了这一事实,这说明早在陶寺文化时期不可能存在长度长于夏至日正午影长的土圭。其证三。在材质方面,传统作为计晷的土圭皆为玉质,其于《考工记》乃为玉人所为,可为明证。后世固定圭表的量天尺则或为石质,或为铜质,② 与陶寺之表为漆木质不合。其证四。由此可见,陶寺槷表所表现的形制特点与传统的土圭大相径庭。同时需要注意的是,槷表出土时倚南壁直立放置,这种埋葬形式对于认定随葬品的性质也不无帮助,显然,直立放置的长杆属于槷表比之将其视为圭尺更符合古人的习惯做法。

---

① 参见邱光明《中国历代度量衡考》,科学出版社1992年版。
② 伊世同:《量天尺考》,《文物》1978年第2期。

（四）弓矢喻义考

陶寺 IIM22 与槷表同出之木弓，其意义恐怕并不仅仅作为武器随葬而具有丧礼的意义。与弓相配的箭镞既有时间的象征意义及垂绳正表的实际用途，那么木弓的象征意义也应同样明显，它使我们很容易联想到先民将天穹想象为弧形弯弓的比喻。《老子》第七十九章："天之道，其犹张弓与！"古人又称天为"穹"，正因其形穹窿。《史记·天官书》："故北夷之气，如群畜穹闾。"司马贞《索隐》："邹云：一作弓闾。《天文志》作弓字，音穹，盖谓以氈为闾，崇穹然。"知穹本物状隆起之形，其象正取之于弓，是以弓象穹之证。《诗·大雅·桑柔》："以念穹苍。"毛《传》："穹苍，苍天也。"朱熹《集传》："穹苍，天也。穹言其形，苍言其色。"《尔雅·释天》："穹苍，苍天也。"郭璞《注》："天形穹隆，其色苍苍，因名云。"《文选·伤歌行》李善《注》引李巡《尔雅注》："仰视天形，穹隆而高，其色苍苍，故曰穹苍。"《说文·穴部》："穹，窮也。"段玉裁《注》："穹苍者，谓苍天难穷极也。"《文选·陆士衡挽歌诗》："穹隆放苍天。"《文选·潘安仁寡妇赋》："仰皇穹兮叹息。"刘良《注》："穹，天也。"《太玄·玄告》："天穹隆而周乎下。"范望《注》："穹隆，天之形也。"是为明证。唐韦庄《浣花集》一《关河道中》诗："但见时光流似箭，岂知天道曲如弓。"光影如矢，其因实际正在于天道如弓。古人以为天道似弓，故日行于天，则日光若射之矢，其影既直，其进且疾。今陶寺先民以弓象天，故知古人以弓比喻天盖，观念甚古。

墓中随葬之弓特小，非实用之器。而镞为骨质，于后世的丧礼中也非实用。《仪礼·既夕礼》言随葬弓矢之器云：

> 弓矢之新，沽功。有弭饰焉，亦张可也，有柲，设依挞焉，有鞬。骲矢一乘，骨镞短卫。志矢一乘，轩輖中，亦短卫。

郑玄《注》："设之宜新。沽，示不用。骲犹候也，候物而射之矢也。四矢曰乘。骨镞短卫，亦示不用也。生时骲矢金镞。志，犹拟也。习射之矢。……无镞短卫，亦示不用。生时志矢骨镞。"知墓中之弓但设而不用，故沽而小。陶寺时代虽尚未出现青铜镞，或以石镞骨镞为实用，但并减短其羽，犹生时习射拟准之志矢，皆以骨为镞，或不为实用。《周礼·夏官·司弓矢》："大丧，共明弓矢。"郑玄《注》："弓矢，明器之用器也。"此"用器"实即《既夕礼》所言陈器中之用器，其与耒耜、敦盂盘匜同属，而别于甲胄干笮之"役器"，知其本初非用于战争，而为田猎之器。后郑以"豫"训"候"。又《司弓矢》："杀矢、鍭矢用诸近射田猎。"郑玄《注》："杀矢言中则死，鍭之言候也。二者皆可以司候射敌之近者及禽兽。"如果将弓矢的这一意义与以矢喻时的观念加以联系，则候禽候敌之近为候，候时之至显也为候，二事实际具有相同的意义，甚至射的称"侯"，其义亦当源之于候射。[①] 很明显，上古葬制以弓矢为葬器，其于死者显然具有特别的象征意义。射不仅合于"六艺"而为男子必备的技能，而且更可上升为礼，以观道德。除此之外，就弓矢所具有的天时喻意而言，矢镞于辅助测影也还具有某种实际的作用。唯此随葬以骨镞，因涉用器，故不为实用器而已。然虽不用于役杀，仍可助锥指正表。

（五）槷表殊用考

早期槷表除辨方正位与计晷正时，还具有更广泛的功用。据槷表形制论，于八尺槷表之外，更有一丈高表。前者普遍应用于辨方正位与计时，后者则适用于大地的测量。就陶寺遗址所出槷表实物分析，两种槷表在当时都已存在。

1984 年在陶寺遗址早期中型墓 M2200 中出土漆木长杆一支，长杆置于墓主左侧棺室，斜靠于墓壁，现存长度 214 厘米，复原长度 225 厘米，顶端直径 4 厘米，近尖端直径 2 厘米，杆体髹红漆。近尖端同出十八支骨镞，其中十七支带杆，分前后两排倒立插于地面（图 2—36；图 2—37；图 2—38；图 2—39；图版四，4）。[②] 箭镞所具有的时间的象征意义前已论述，这意味着墓中所出红漆木杆，其性质也应为槷表。然而这支槷表无论髹漆色彩抑或其长度，都与 IIM22 所出者大有区别，二者之功用亦当

[①] 射起于田法，射中目标必须候伺而发，故射的亦名"侯"。《周礼·春官·小祝》郑玄《注》："侯之言候也。"《尚书·禹贡》："五百里侯服。"伪孔《传》："侯，候也。"至于《周礼·天官·司裘》郑玄《注》："所射正谓之侯者，天子中之，则能服诸侯，诸侯以下正之，则得为诸侯。"已失本义。

[②] 中国社会科学院考古研究所：《襄汾陶寺：1978—1985 年考古发掘》，文物出版社 2016 年版。

不同，从其较八尺之表为长的形制以及通体红色而不具阴阳涵义的特点分析，此表或属测量天高所使用的一丈高表。

《淮南子·天文》云：

> 欲知天之高，树表高一丈，正南地相去千里，同日度其阴，北表二尺，南表尺九寸，是南千里阴短寸，南二万里则无阴，是直日下也。阴二尺而得高一丈者，是南一而高五也，则置从此南至日下里数，因而五之，为十万里，则天高也。

钱塘《淮南天文训补注》云：

> 天高不可知，测之以景。树表所以求景也。此亦以勾股比例而知，盖同有大小两勾股也。

此"天之高"实指所谓太阳的高度。其法以一丈高表测影，既得影差寸千里之率，遂可求天高之率。因此表所测乃为日之高，故此件槷表通体红色，以象其类，且同时随葬十八枚骨镞至地，以象日影，凡此都暗喻了表的特殊功用。而表的形制以一端尖细，又知立表的方法仍不出植埋于地中一法。尽管这种天高的测量纯属臆测，并没有什么实际的意义，但它毕竟真实地反映了陶寺先民所具有的盖天宇宙论的朴素认知。

尽管我们还没有获得有关陶寺两件槷表的更为详备的资料，但通过对上述遗存的分析，已足以了解当时的人们圭表致日的完整仪具和基本做法。事实上，这些天文仪具的存留不仅系统地建立了从仰韶时代到《周礼》的连续不断的圭表致日传统，而且也揭示了陶寺先民观象授时活动的真实内涵，因而具有重要的意义。

结合考古学、古文字学和文献学的研究显示，陶寺遗址 IIM22 所出髹漆木杆的性质为时人测影之槷表，相伴而出的盛于漆盒的两件玉圭为计晷之土圭，方形圆孔玉器为正表之仪具。这些遗物构成了时人致日活动的全套仪具。不仅如此，M2200 所出槷表的性质也同样明确，而两墓与槷表共葬的弓矢器具的用途及其象征意义也充分助证了这一事实。

陶寺圭表的发现不仅使我们亲睹了夏代或先夏时代的圭表实物，并有机会重建当时的致日方法，而且对于中国传统文化的研究具有广泛的意义。毫无疑问，立表测影并不仅仅体现着一种简单的天文活动，对于传统时空观、政治观、哲学观诸核心观念的形成与相关制度的建设，表所提供的观测实践都已成为其直接的认识来源与思辨基础。事实上，由于执中观象在中国传统文化中的特殊意义，追溯表的历史对于揭示传统文化诸多制度观念的形成和发展自有其特殊的价值。

二 商代槷表钩沉

尽管商代的槷表实物至今还没有发现，但陶寺圭表的考定则使商代存在槷表的事实已不容有任何可怀疑的馀地了。事实上，可以佐证商代存在测影工作的材料在卜辞中不仅记载明确，而且通过对甲骨文相关文字的研究，也有助于我们对早期圭表及其使用方法的了解。

槷表古或名"弋"，字又作"杙"，前引杜子春所言极明。这一事实通过对甲骨文有关致日文字的研释恰可得到印证。甲骨文有"督"字（图2—34），为正午时称，① 字本取立表致日之形，上画槷表，表的下部植埋于土中，表根处横写一画以示正绳之校准器，表下画日形，以喻晷影中正，正合传统空间观上南下北的方位布局。故此字于卜辞作为中日时称，其义当源自立表以取日中之影的字形结构。故以六书分析，"督"字从"叔"从"日"，"叔"亦声，为会意兼声之字。

关于"督"字的考释，郭沫若以为乃"晷"之异文，② 刘桓解其为立表测影之象，③ 宋镇豪则谓即"昼"之本字，④ 皆以其与立表致日有关。于省吾认为，"督"即"督"之初文。汉印、汉碑"督"字均作"督"，从"日"而不从"目"。⑤ 所说甚是。《广韵·沃韵》："督，正也。俗作督。"实"督"为本字，"督"为后起之讹体，正俗适相颠倒。"督"取立

---

① 董作宾：《卜辞中之大小采与大小食说》，《庆祝朱家骅先生七十岁论文集》，《大陆杂志特刊》第二辑，1962年。
② 郭沫若：《殷契粹编考释》，日本东京文求堂1937年石印本，第73页。
③ 刘桓：《古代文字研究（续篇）·释时》，《内蒙古大学学报》1980年第4期；《殷契新释》，河北教育出版社1989年版。
④ 宋镇豪：《释督晝》，《甲骨文与殷商史》第三辑，上海古籍出版社1991年版。
⑤ 于省吾：《论俗书每合于古文》，《中国语文研究》第五期，香港中文大学中国文化研究所吴多泰中国语文研究中心，1984年。

表所见日中之影，故本训中正。《尔雅·释诂下》："督，正也。"《太玄·唫》："不中不督。"司马光《集注》："督，亦中也。""督"既有中正之义，故人体正中之经脉也名"督"。《庄子·养生主》："缘督以为经。"陆德明《释文》引李云："督，中也。"而"督"本立表测影之象，字与"表"意义关联，且有互用之例。郭店竹书《老子》甲本云："致虚，恒也；守中，笃也。"马王堆汉帛书《老子》乙本作："致虚，极也；守静，督也。"帛书甲本"督"字作"表"。学者或以为，"'督'训'中'，即《庄子》'缘督以为经'之'督'"。① 而"表"字与"督"互文，表乃致影仪具，日影取中必赖于表，故"表"字亦以中正为意。《淮南子·本经》："抱表怀绳。"高诱《注》："表，正也。"《素问·六节藏象论》："表正于中。"可明"督"、"表"二字同训。《老子》此言本有"守中"之义，帛书本作"守静，督也"或"守静，表也"，均尚存其义，"督"、"表"皆训中正，恰可递解"守静"即为执中，而可与"恒"字对文。而"笃"字本解"守中"，后人误以为解"守静"，遂改"恒"为"极"以为对文，大失本义。故《老子》本有"守中"思想，《老子》第五章："多言数穷，不如守中。"可为其证。"守中"可以称"笃"，但将"笃"字移述于"守静"，则原义顿失。显然"督"字本象立表测影以求日中，遂用为正午时称，而有中正之训。据此可明，商人以表计时正位，早有传统。而《老子》以"督"、"表"为中，其所继承的观念也甚为古老。

"督"字从"叔"会意，乃象立表之形。甲骨文、金文"叔"字作（图2—42）：

图2—42　甲骨文、金文"叔"字
1.《合集》22352　2. 克鼎　3. 叔鼎　4. 师簋　4. 弭伯簋

---

① 徐梵澄：《老子臆解》，中华书局1988年版，第23页。又可参见郑良树《老子新校》，学生书局1997年版，第75—76页。

或象槷表埋植地中而以手执橛正表之形。字中所从之"㞢"实即"弋"字，①本即槷表之象。表植于地中，必掘穴以埋之，而掘穴时其力自上而下，自中而外，故表下饰写土粒的方向呈现向旁侧及下方扩散，以明掘穴用力的趋势。且表之下端乃呈尖状，与陶寺槷表形制正合，其形正为"才"字作"㞢"所取象。故知"才"实本"栽"之初文，其于表之下端特写此形，恰明立表的做法必栽植而立的传统。故"叔"字所从之"朩"实即栽植立表之形，此即《易纬通卦验》所谓"树枟于地"，字或从"又"，亦植表正表之喻。故"朩"为本字，"叔"则为"朩"之孳乳繁体。《说文·朩部》训"朩"为豆，已失本义。实"朩"、"叔"皆为"俶"之本字，以"始"为训。古人用事必以辨方正位为始，辨方正位又以立表为始，立表则首在植表正表，此即"叔"字所见之义。古以"叔"训拾训善，均源于植表正表的事实。西周𪧀匜铭云："朩（俶）苟，我宜鞭汝千，驫剧汝。""朩"即读为"俶"，训为始。史墙盘铭云："烈祖文考朩（俶）彀，授墙尔楚福。""朩"亦读为"俶"，训为善。皆其明证。

"叔"字所从之"㞢"为"弋"字，乃表之象形，其中之"｜"为表柱，表下一横画乃示正表之方形校准器，而表侧所标之斜出短画则为弋橛之象。甲骨文"督"或不写此画，因其时表正以致日中之影，故已不必再以此画以喻正表的工作，可为明证。显然，根据与立表测影相关的"弋"、"朩"、"叔"、"督"诸字的分析，可明古人立表测影的步骤乃在先栽植槷表于地，尔后校正之，正表的做法则以置于表根的正方形校准器以正八绳附表，这一过程通过"弋"、"朩"、"叔"准确地得到了表现。

三 卜辞"立中"与《大司徒》之关系

表的另一名称为"中"，"中"字的字形与实写槷表的"弋"字不同，显非表之象形，而应反映着表、旗共建的事实，② 如此才可使"中"

---

① 郭沫若：《释叔》，《金文丛考》，人民出版社1954年版，第230页。关于"弋"字的讨论，又可参见裘锡圭《释柲·附录：释"弋"》，《古文字研究》第三辑，中华书局1980年版；《裘锡圭学术文集》第一卷，复旦大学出版社2012年版。

② 冯时：《中国古代的天文与人文》第一章第二节，中国社会科学出版社2006年版。

不仅具有中正的意义，而且也同时具有中央的意义。

古人致日，其首务即在校正槷表的垂直中正，这个工作，商代先民则名之曰"立中"。① 上古观象授时的活动本由王所掌握，而居中而治的政治传统意味着这种测影工作只能在天地之中进行，这使在地中的测影活动理所当然地被称为"立中"。

立表测影必须在晴天进行，且立中由于需要引八绳垂校，附表则直，因此最怕风的干扰。殷卜辞常卜立中是否赐日，或问无风，即是出于这样的原因。卜辞云：

  1. 癸卯卜，争贞：翌丙子其［立］中，亡风？丙子立［中］，允亡［风］。
    亡风？　　《合集》13357
  2. □□［卜］，争贞：翌丙子其立［中，亡］风？丙子立中，［允］亡风，易（锡）日。
    贞：翌丙子其立［中］？　　《英藏》680
  3. ［癸］酉卜，宾贞：翌丙子其［立中，亡风？丙］子立中，允亡风？　　《合集》7370
  4. 丙子其立中，亡风？八月。亡风，易（锡）日。
             《合集》7369
  5. ［丙］子其立中，亡风？［丙子立中，允］亡风，易（锡）日。　　《合集》7371
  6. 丙子立中。　　《合集》7373
  7. 辛亥贞，生月乙亥酚系立中？　　《合集》32227
  8. 甲戌卜，立中，易（锡）日？乙亥允易（锡）日。
             《怀特》1611

上录辞 1 至辞 6 六辞同卜于丙子日立中，显为同事所卜。而立中不仅关心是否晴天，而且也关心是否有风。显然，阴天无法测影，而风作则难以

---

① 萧良琼：《卜辞中的"立中"与商代的圭表测景》，《科技史文集》第 10 辑，上海科学技术出版社 1983 年版。

校绳正表。辞7与辞8也为同事所卜。值得特别注意的是，辞1卜日癸卯去所卜立中之丙子共三十四日，而辞7更明言于前月辛亥卜次月乙亥立中，相去二十五日，说明对立中之事的占卜提前一月即已开始，而辞8于甲戌日卜次日乙亥立中，与辞3至辞6所反映的癸酉日卜四日后丙子立中一样，同辞1与辞7相比，都反映了自远而近的卜选活动。如果参诸辞1、辞7所见殷人提前一月卜选立中之日的做法，则辞3的卜日癸酉或应在立中之月的前月月终，辞4既与辞3所卜同事，其记"八月"，故知立中的时间当在殷历九月。殷历九月适当夏至所在之月，①此正应古人于夏至致日的固有传统，时间契合。则诸辞所卜的丙子、乙亥二立中之日自是时人可以推步的重要节气，或不出夏至。《尚书·尧典》："申命羲叔，宅南交。平秩南讹。敬致。日永，星火，以正仲夏。"蔡沈《集传》："敬致，《周礼》所谓冬夏致日。"《尧典》于四气仅言夏至致日，是因其时日影最短，土圭合影之长，测影最为便利，端正方位也最为适宜。据此可知，原始的致日活动应该以行于夏至的一次最为重要。卜辞又云：

9. 甲寅立中？　　《合集》32214
10. 甲寅卜，弜立中？
    乙卯不易（锡）日？　　《合集》32226
11. 贞：来甲辰立中？　　《合集》7692
12. 贞：来乙□其立中，正㞢（右）？　　《合集》7377 正
13. 癸亥卜，㞢（右）立中？四月。　　《合集》5494

诸辞皆择立中之日，也知立中的活动并不常设。卜辞显示，殷人立中的地点似有差异，可能随节令的不同而有变化。殷人或于殷历四月占卜"右立中"，而卜辞之"正右"或许即在正位与右位之间进行抉择，凡此都反映了对立中地点的选择。传统以左祖右社为制，见载《周礼·春官·小宗伯》及《考工记·匠人》，而殷卜辞已见"右社"之称，②知其

---

① 冯时：《殷历岁首研究》，《考古学报》1990年第1期。
② 冯时：《中国古代的天文与人文》，中国社会科学出版社2009年修订版，第168页。

制度古老。因此，卜辞所谓"右立中"很可能意即于右社立中，也就是在社坛测影。而与右社相对的"正"位应即中庭。《周礼·春官·冯相氏》："冬夏致日，春秋致月，以辨四时之叙。"郑玄《注》："春分日在娄，秋分日在角，而月弦于牵牛、东井，亦以其景知气至不。"《汉书·天文志》："春秋分日至娄、角，去极中，而昴中；立八尺之表，而昴景长七尺三寸六分。"可明二分日的测影之事。《礼记·杂记下》："宰夫北面于碑南。"孙希旦《集解》："碑，以石为之，在庭之中，所以识阴阳，引日景

图2—43　周原凤雏三号建筑中庭石碑遗迹

也。"后世以碑为测影之具，其制度显然源于槷表称"髀"的事实。相关遗物于今已有发现（图2—43），[①] 乃西周植碑测影传统之反映。此又明中庭测影之事。除此之外，测影还可能在圜丘进行。事实上，公元前四千纪中叶红山文化圜丘遗迹的发现已为殷商圜丘的存在建立了明确的制度背景，[②] 这当然使殷人于圜丘立中测影的观象实践成为可能。毋庸置疑，殷人于不同地点的测影活动至少应在制度的层面适应着不同的时令。殷历四月时在春分之前，这意味着殷人于四月卜问"右立中"很

---

① 周原考古队：《周原遗址凤雏三号基址2014年发掘简报》，《中国国家博物馆馆刊》2015年第7期。东周韩都新郑小城内中北部有近方形的小城，小城南部宗庙区有长方形城址，中心有大型建筑基址一处，在房基中央，即城的中心位置有一巨型石圭（见马俊才《郑韩两都平面布局初论》，《中国历史地理论丛》1999年第2期），其性质应即属于测影之碑。事实上，石碑测影的历史已可上溯到距今八千年前。

② 冯时：《红山文化三环石坛的天文学研究——兼论中国最早的圜丘与方丘》，《北方文物》1993年第1期；《中国天文考古学》第七章第二节，中国社会科学出版社2010年版。

可能反映了时人提前一月占卜春分的祀社及测影活动。很明显，卜辞所载殷人立中测影与陶寺诸遗存所显示的圭表致日方法多相暗合。

《尧典》所记其时古历之岁实为"三百有六旬有六日"，仅取整数。殷卜辞或载"五百四旬七日"（《乙》15）的衰田周期，若加上卜日一日，恰合四分历回归年一年半的时间，故学者以为殷历已行四分术。[①]先民自古行干支记日，故以干支推时，简易而便捷。《淮南子·天文》："月日行十三度七十六分度之二十六，二十九日九百四十分日之四百九十九而为月，而以十二月为岁。岁有馀十日九百四十分日之八百二十七，故十九岁而七闰。日冬至子午，夏至卯酉，冬至加三日，则夏至之日也。岁迁六日，终而复始。"高诱《注》："冬至后三日，则明年夏至之日。迁六日，今年以子冬至，后年以午冬至也。"此乃四分术之气朔循环。知依四分之法，以十二支之循环可定节气。冬至加三日为下次夏至之日，冬至加六日为下次冬至之日。卜辞反映的立中日期与这种推步方法大致符合，但更为宽泛，说明殷人虽于夏至致日，但致日的活动显然并不局限于在夏至当天进行，而应扩大到夏至前后的数日甚至更远，至于卜选的工作，则提前一月即已开始。原因很简单，如果仅在夏至当天测影，则不便比较日影的长短，况夏至当天如果阴沉无日，当年的测影数据便付之阙如而无法弥补，显然，夏至前后连续数日的测影工作不仅必要，而且也体现着早期先民圭表致日的一贯做法。《宋书·历志下》载祖冲之尝取至前后二十三四日间晷景，折取其中，以定冬至。其法如与殷卜辞"立中"之事比较，渊源自明。

将卜辞"立中"与《大司徒》的相关内容进行比较无疑极有意义。前引《大司徒》所言立表以求地中，"日南则景短多暑，日北则景长多寒，日东则景夕多风，日西则景朝多阴"。关于这段文字的具体内涵，先郑后郑的解释并不准确。尽管立表之地偏南偏北而致寒暑不和这一点应该不难理解，但若以为地偏东偏西便会导致多风多阴的结果，二者与立表之地的选择似乎并不具有必然的因果联系。然而，如果我们将这些

[①] 董作宾：《殷历谱》下编卷一《年历谱》，第10页，卷四《日至谱二》，中央研究院历史语言研究所1945年版。

记载与殷卜辞有关"立中"的卜事加以对比,"多风"、"多阴"所体现的文化内涵便豁然明朗了。殷人立中唯祈"亡风"和"锡日",这两项内容正可以与《大司徒》立表偏东偏西而致"多风"、"多阴"的记载相印证。因此完全有理由认为,卜辞有关"立中"的内容其实就是《大司徒》思想的事实来源,二者所具有的内在联系不仅清晰明确,而且内容密合无间。很明显,多风乃无从正表,多阴则无法测影,这两点其实正是立表致日工作最为关心且力求避免的事情,因此无风与天晴其实是"立中"活动必须具备的天候条件。毋庸置疑,《大司徒》的相关内容显然源出卜辞所反映的早在殷商时代即已形成的知识体系。

殷卜辞"立中"与《大司徒》圭表致日内容的暗合当然很令人惊异,这不仅证实了卜辞"立中"所具有的立表测影的确切涵义,从而使以往对于其是否属于测影活动的任何疑虑都可以涣然冰释,[①] 而且证明殷商甚至更早时代的致日传统实际已构建起《周礼》相关记载的文化背景。众所周知,求中不仅是日影长短的取中,当然也是阴阳寒暑的和合,这种观念无疑反映了由立表(立中)活动所产生的中正与中和的思想。显然,《大司徒》将多风多阴与致日相联系的内容完全可以视为后人通过整齐划一的方式而对夏商以前先民立表致日制度的传承与规范。

第五节 两周祖槷研究

中国古代天文学的进步取决于先民对于槷表的发明,而槷表作为古人观象授时的基本仪具,不仅是时空制度赖以建立的标准,同时更是一切人文制度取法的"圭臬",因此,槷表的创制对于人类文明历史的形成和发展具有十分重要的意义。

中国天文学的古老意味着支撑传统观象活动的槷表早已存在。考古资料显示,公元前五千纪中叶的河南濮阳西水坡遗址已见周髀遗存,而山西襄汾陶寺遗址更发现两支夏代或先夏时代的槷表实物。这些资料明

[①] 相关讨论参见冯时《百年来甲骨文天文历法研究》第四章,中国社会科学出版社2011年版。

确无误地将槷表出现的时间提前至新石器时代，这一事实不仅与文献记载颇相暗合，而且为商周时代槷表的研究奠定了基础。

两周时代的青铜槷表实物多有存留，惜旧所不识。这些槷表的形制表现出近乎相同的特征，体现着相同的文化内涵。这对我们了解两周槷表的实际情况，梳理传统槷表的发展提供了极为重要的资料。

一 祖槷考

1990年，河南淅川和尚岭二号春秋晚期墓出土一件青铜器座（HX-HM2∶66），① 形制呈正方形，方座四面由底向上作弧形内收，平顶，整体呈穹窿形。平顶中央立一中空的管状插柱，柱下段为正方形，上段为八棱形，柱内残留朽木，可知管状柱中本插植木柱。柱中部有两个对穿方孔，当为穿插销钉之用，以便固定插入管状柱中的木柱。管状柱下段饰浮雕兽面，穹窿方座四面花纹相同，每面中央皆饰四涡日纹，四涡日纹四方以对连三角纹组成指向东、西、南、北四方的二绳图像，周边以对连三角纹围框，框内上层左右两区饰两个相向的屈体凤鸟，下层左右两区饰两个相背的屈体龙纹。边长19厘米，座高9.6厘米，柱高12.4厘米，通高22厘米（图2—44；图2—45；图2—46；图版五，2）。管状插柱孔内径未见报导，据图测量，约为2.3厘米。平顶四面铸铭文8字（图2—46，右），旋读为：

图2—44 和尚岭二号春秋墓青铜祖槷（M2∶66）

曾仲叴坪腥之且（祖）埶（槷）。

---

① 河南省文物考古研究所、南阳市文物考古研究所、淅川县博物馆：《淅川和尚岭与徐家岭楚墓》，彩版十五，大象出版社2004年版，第109—111页。

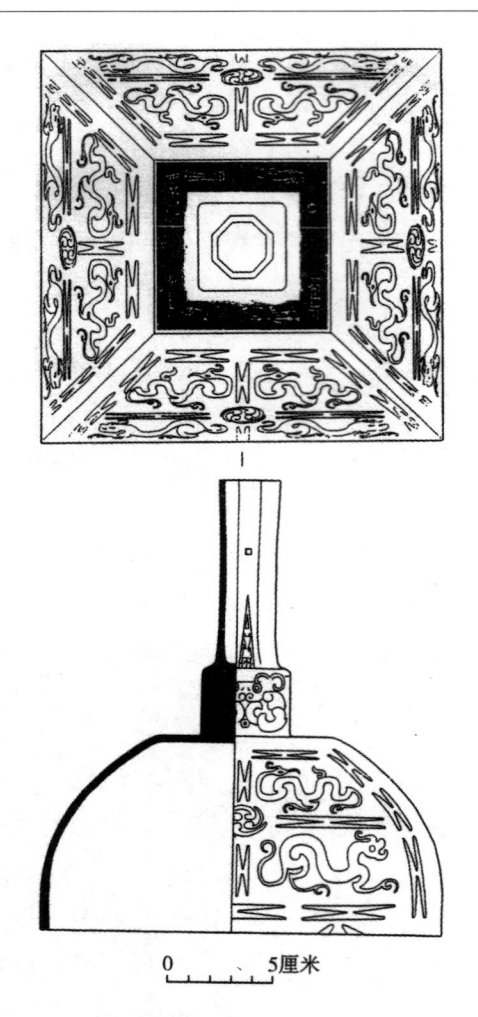

图2—45 和尚岭二号春秋墓青铜祖埶（M2∶66）

此器性质，学者多以为镇墓兽座。① 然据铭文则知，其自名"祖埶"，当系迄今所见自名明确的埶表实物。

---

① 河南省文物考古研究所、南阳市文物考古研究所、淅川县博物馆：《淅川和尚岭与徐家岭楚墓》，大象出版社2004年版，第109页；湖北省文物考古研究所：《曾国青铜器》，文物出版社2007年版，第404页；赵平安：《河南淅川和尚岭所出镇墓兽铭文和秦汉简中的"宛奇"》，《中国历史文物》2007年第2期；高崇文：《楚"镇墓兽"为"祖重"解》，《文物》2008年第9期；裘锡圭：《再谈古文献以"埶"表"设"》，《先秦两汉古籍国际学术研讨会论文集》，社会科学文献出版社2010年版。

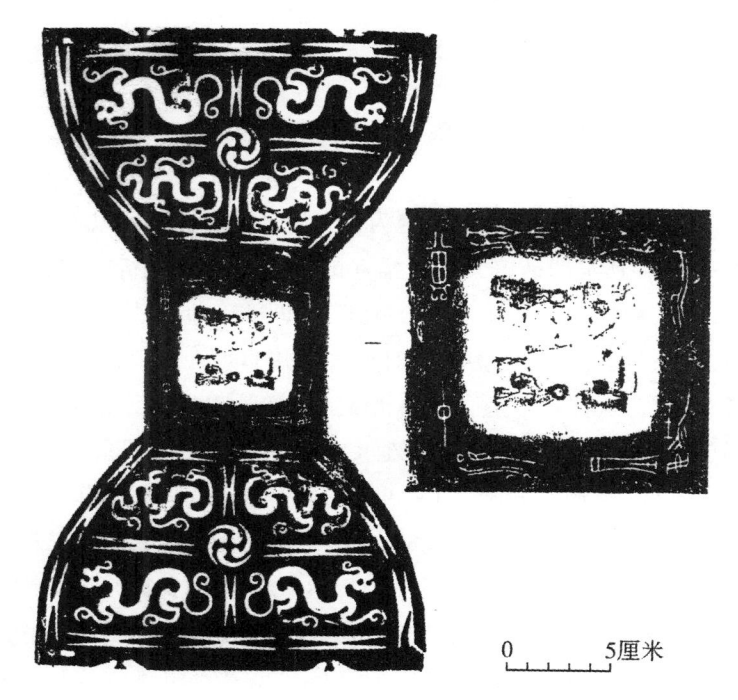

图 2—46　和尚岭二号春秋墓青铜祖槷（M2∶66）纹饰及铭文拓本

铭文之"埶"当读为"槷",为槷表之名。清华大学藏战国竹书《保训》云：

> 厥有施于上下远迩,廼易位埶（槷）稽,测阴阳之物,咸顺不逆。

文言帝舜立表易位测影而求地中之事,其中之"埶"即读为"槷",是为明证,有关问题我们在第三章第一节还要详细讨论。上海博物馆藏战国楚竹书《举治王天下·文王访之于尚父举治》云：

> 黄帝修三圆,备日行,习汝知埶（槷）皆纪,四正受任,五□皆□。

文中"三圆"于楚帛书则称"三天"。楚帛书云：

炎帝乃命祝融以四神降，奠三天，［维］思䉪（敷），奠四极。曰：非九天则大矢，则毋敢蔑天灵。帝夋乃为日月之行。

很明显，楚帛书以"三天"的奠定为日月运动的前提，所以不论"三天"还是"三圆"，其实都是盖天家所描述的二分二至之日行轨迹。①《举治王天下》后文释日行之义称"日行衡运"，即准确地反映了竹书所体现的盖天宇宙观。"衡运"即言盖天家对于太阳并非东升西落，而是沿天盖平行运转的解释，这种对于星辰围绕北极运行的认识，盖天家称为"旁动"或"旁转"，并为其后的浑天家所继承，其所绘制的宇宙图形便是《周髀算经》所载之"七衡六间图"（图1—9）。"七衡六间图"作为盖图的主要部分实为由七个同心圆所组成的图形，其中则以表现二分二至日行轨迹的三个同心圆最为重要（图1—8），这便是战国文献所称的"三圆"或"三天"的本义。事实上，"七衡六间图"中由内衡、中衡（第四衡）和外衡所构成的三个同心圆即是作为二分二至日行轨迹的象征，其或可名之曰"三衡图"。由此可见，竹书称太阳沿其轨迹平行运转为"日行衡运"，完全符合盖天理论的基本思想，表述相当准确。澄清了这个基本事实，则竹书《举治王天下》之"埶"读为"槷"而解为槷表便十分清楚。后文继言"四正受任"，古人以二分二至四气与四正方位相互拴系，故"四正受任"之意显为正定四方，而四方的正定必须借助槷表测影的方法来完成，所以"习汝知埶皆纪"的"埶"读为"槷"，其言立表测影而辨方正位之事是毋庸置疑的。②

河南淅川下寺春秋楚墓所出䱷钟铭云：

余吕王之孙，楚成王之盟仆。男子之埶（槷），余不贰，甲天之下，余臣儿难得。

---

① 冯时：《中国天文考古学》，社会科学文献出版社2001年版，第26页。
② 整理者或以"埶"读为"设"，见马承源主编《上海博物馆藏战国楚竹书（九）》，上海古籍出版社2012年版，第215页。然而同篇竹书已两见"设"字，故"埶"不宜破读为"设"。

此系斢自诩为忠君之臣不事二主，其心不异，故"埶"读为"槷",① 事尤明显，其有法度、准则之义。

先秦道德观的核心乃在于忠信，普天之下最诚信者，在古人看来则莫过于时间。而槷表作为建准时间的天文仪具，不仅具有准则、法度的意义，也自然体现着信的思想。东周时期流行夫君为夫人作槷或以槷赠予夫人的风习，即在借器喻德，彰明寡妻忠贞守节的妇德。而斢作为楚成王之臣仆不贰其心，以忠信作为"男子之槷"，显然也在藉建时之槷表以彰明其所具有的忠信之德。很明显，铭文之"埶"读为"槷"而取测影之事，甚合古人以时间以喻诚信之德的固有观念。

事实上，这些以"埶"读为"槷"的例证非常明确，其不仅反映了声音的相通，而且更体现着古人对于立表建时首先必须树艺槷表以建准，且时空之准作为制度之准的思考，因此至少在东周时期，"槷"已成为测影之表的更为通用的名称。

《说文·木部》："槷，从木，埶声。"字从"埶"声。《周礼·考工记·轮人》郑玄《注》："槷，从木，熱省声。"字又从"熱"省声，而"热"本亦从"埶"得声。故知"埶"读为"槷"，正反映了先秦时期习惯的通假用法。

古以测影之表名"槷"，已见《周礼·考工记·匠人》。郑玄《周礼注》："故书槷或作弋。杜子春云：'槷当为弋，读为杙。'"今以商周古文字观之，槷表之"槷"本即作"弋"，为"叔"字所从，系槷表之象形文，而"叔"之本义则取植槷之形（参见第二章第四节）。后假借作树埶之"埶"，更孳乳作"槷"，或亦作"臬"。

古以槷表为辨方正位之仪具，方位既定，才可能据此决定时间，进而规划人文制度。因此，时空体系的奠定乃为一切制度赖以建立的基础。很明显，时空制度既为人文制度之准则，而槷表又作为揆度时空、测影定晷的标准仪具，其可以正纠偏，遂槷表之名便具有了标准、法则的意义。《广雅·释诂一》："臬，法也。"王念孙《疏证》："凡言臬者，皆树之中央，取准则之义也。"《尚书·康诰》："汝陈时臬。"孔颖达《正义》："臬，为准限之义。"其因立表而有中准之义，又可移用于射的之

---

① 李家浩：《斢钟铭文考释》，《北大中文研究》第 1 辑，北京大学出版社 1988 年版。

称。而古以"埶"为"槷"之假借，故"埶"也自有准限之义。西周燮公盨铭："廼辨方埶征。"毛公鼎铭："埶小大楚赋。"两"埶"字皆读为"蓺"。①《左传·昭公十三年》："贡之无蓺。……合诸侯，蓺贡事，礼也。"杜预《集解》："蓺，法制。"《左传·文公六年》："陈之蓺极。"杜预《集解》："蓺，准也。极，中也。贡献多少之法。"此即所谓"蓺征"。《尚书·多方》："越惟有胥伯小大多正，尔罔不克臬。"江声《集注音疏》："臬，准也。"曾运乾《正读》："正，贡赋也。臬，准的也，通作'蓺'。""胥伯"，《尚书大传》引作"胥赋"，亦即所谓"楚赋"。②"蓺"关贡赋，皆定多少之准限。王引之《经义述闻·礼记中·故功有蓺》："蓺之言臬。臬，极也，法也，准也。"王念孙《广雅疏证》："蓺与臬古声义并同。""埶"为"蓺"字初文，故古以槷表字或假作"埶"。

铭文显示，时人以槷表本称"祖槷"。"祖"本作"且"，当读为"祖"。金文通例并不以亲称与器名之字联缀，冠于器名之前的文字多在说明该器的用途，如飤鼎、将鼎、醴壶、和钟等，故"祖槷"之"祖"也应在说明槷表所具有的立法建准的意义。

槷表乃建四方之正，并以此正时，故为揆度之准则。"祖"、"槷"并言，其当与"槷"同训。《广雅·释诂一》："祖、臬，法也。"即以"祖"、"槷"二字同义。《礼记·乡饮酒义》："祖阳气而发于东方也。"郑玄《注》："祖，犹法也。"《大戴礼记·虞戴德》："率天如祖法。"王聘珍《解诂》："祖，法也。"《史记·龟策列传》："若常以为祖。"司马贞《索隐》："祖，法也。"故槷表或称"祖槷"，正取其绳正四方四时之义，是为事之准则，实言立法建准之槷。

据此可知，槷表之名本或称"祖槷"。然而今日存留的青铜祖槷事实上多为槷表的表座部分，座上的木质槷柱早已残朽。和尚岭祖槷插柱中尚残留朽木，木柱直径约为 2.3 厘米，可知座上插柱内本应插有木质槷柱，槷柱顶端有些有青铜柱首，从而由槷柱与表座共同组成完整的祖槷。

目前所见东周时期的槷座皆呈穹窿形，与后世表座不同。《宣和博古

---

① 徐同柏：《从古堂款识学》卷十六，清光绪三十二年（1906年）蒙学报馆影石校本；冯时：《燮公盨铭文考释》，《考古》2003年第5期。

② 孙诒让：《籀庼述林》卷七，1916年刻本。

图》卷二七著录两件表座，形制各异，一为"周双螭表座"，一为"汉表座"。其中周代的所谓表座整体呈圆形，顶部中央有管状插柱，座身饰波曲纹和两蟠龙。从形制及纹饰观察，时代应为春秋早期。《宣和博古图》考云："右高一尺三寸七分，下径一尺九寸二分，重五十五斤。无铭。《周官》置槷，昼以参诸日中测景，槷即表也。是器形若大盘，上蟠双螭而仰其首，于两螭间又出一筒，中通上下，是为表座。中通所以植槷无欹侧，以取其端也。"此器与和尚岭所见春秋祖槷相比，不仅器形略大，且造型有方圆之别，因此更似同时期的鼓座，非属表座。而《宣和博古图》同卷著录的另一件汉代表座，形制已与周器大有变化（图2—47）。文云：

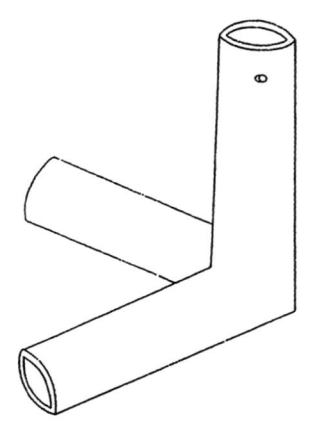

图2—47　汉代槷座

> 右高四寸六分，深四寸二分，阔七寸一分，口径一寸一分，重三斤九两。无铭。是器，表座也。作三圜筒相合为一体。措之地，则一筒端立，可以立表。《周礼》所谓槷者，是其所以为测日之具也。

其为槷表之座应该没有问题，学者对此或有证认。[①] 商代甲骨文所见时人立表乃以植埋为法，卜辞"叔"、"督"诸字所见其事甚明，故植表于地必先校正表直，而校正表直则需引悬八绳，此即《匠人》所谓"置槷以縣"，故知其时尚未创制出足以稳固表柱并使其端正不欹的表座。至迟到西周晚期或春秋早期，表座出现，随着表座形制的完善，悬绳正表的工作便没有再实施的必要，立表之法开始发生改变。

和尚岭祖槷管状插柱的上段呈八棱形，平面视之为四正四维的八边形，说明插入管内的木质槷柱，至少其下部当呈八边形，这种形制无疑

---

① 车一雄、徐振韬、尤振尧：《仪征东汉墓出土铜圭表的初步研究》，《中国古代天文文物论集》，文物出版社1989年版。

可视为早期以八绳垂于表之四正四维而正表制度的孑遗。尽管表座的出现已无须垂绳正表，但这个古老传统却被忠实地继承了下来。

和尚岭表座之管状插柱中尚存朽木，此朽木应即木质槷柱之残迹，可知管状八棱插柱即用于插塞槷柱。《周礼·考工记·轮人》："牙得则无槷而固。"郑玄《注》："槷，读为涅。"贾公彦《疏》："槷，读如涅，谓涅物于孔中之涅。"古以"槷"或读为"涅"，即以塞插为义，适合此将木质槷柱插入槷座而加以固定的独特形制。况且管状柱之一侧又有小孔，以备销钉固表，此亦合表柱称"槷"之义。

祖槷之座呈穹窿状，上具圆形以象天，下为四方以象地，乃为盖天宇宙论的形象模型。不仅如此，槷座于穹窿形顶的中央出柱，正象盖天家所认识的天极中央具有凸耸的璇玑。① 其整体造型完好地体现了盖天学说的宇宙思想。

祖槷之座的装饰图像具有鲜明的天学特色，对于说明此类器物属于槷表之座的性质颇有帮助。此座于穹窿顶四坡每坡面的中央各饰一枚四涡日纹图像，② 已明确显示出此类仪具所具有的测影功能。图像主题同时以日纹为中心，分别以四个对连三角纹向东、西、南、北四正方向延伸，指向卯、酉、午、子四方，形成以日居中的"十"形图像，这个图像便是中国传统时空体系中最基本的二绳图像，相关研究我们在第二章第一节已有考证。由于中国传统的时空关系表现为空间决定时间，因此作为空间图像的二绳在传统文化中便具有了特别重要的意义。和尚岭祖槷座面的二绳图像以四个直指四方的对连三角纹表现四方，又以决定方位的日纹居中而表现中央，构图完整，设思巧妙。

此种二绳与日纹组合的形象构图亦见于和尚岭二号墓所出青铜浴缶

---

① 相关研究参见冯时《中国天文考古学》第三章第二节之二，社会科学文献出版社2001年版。

② 商周时期的涡纹实有两种图案形式，分别具有不同的象征意义。一种如此器之涡纹，自中心旋出四芒，犹日之光芒。这个图像显然可以视为是对金沙遗址所出金箔十二旋芒太阳图像的简化形式，其本象太阳是毋庸怀疑的。另一种涡纹则绘为内外二圆，并于外圆向内旋出四至五个涡形曲线，形似汉字的"囧"字，其多与四象相属，本义显然表现的是夜晚所见之星象。参见冯时《中国早期星象图研究》，《自然科学史研究》第9卷第2期，1990年；《中国古代的天文与人文》，中国社会科学出版社2009年版，第110—111页，故两种涡纹，一可名之为日纹，一可名之为星纹。

盖面及一号墓所出曾大师奠鼎的鼎盖装饰。① 缶盖中央饰以两条交午的绳索纹，是为直观的二绳，而二绳的交午处则饰有太阳图像（图2—4，1），这种以日纹位居四方之中的构图与祖槷坡面的图像形式相同。鼎盖中央也见以两条绳索纹交午而呈现的二绳图像，二绳的四个端点，也就是东、西、南、北四方之极的位置则分别饰有四个四涡日纹（图2—4，2）。这两幅图像相结合的作品则见于湖北随州义地岗出土的春秋晚期青铜盏盖，② 图像以两条绳索纹交午而呈二绳，而二绳交午的中央与四极则分别饰有五个太阳图像（图2—3）。这些明确无误的二绳图像与太阳相配，明喻其所具有揆度日影以辨方正位的文化内涵。事实上，这些图像如果与和尚岭祖槷的装饰纹样相比，祖槷图像的设计变化则更为丰富。祖槷四坡面虽然构成了一个完整的以日纹为中心的二绳图像，这显然与浴缶盖面图像表现的意义相同，然而我们一旦以中央的槷表作为观察的基点而俯视槷座，便会发现，其上装饰的对连三角纹实际组成了一幅由五方发展出的五位九宫图像，③ 而且位居四坡中心的日纹其实正处于子午、卯酉二绳的四极（图2—45，上），这又与曾大师奠鼎盖图像的意义恰好相同。很明显，祖槷本身所表现的这些完整的空间观念已足以说明此器的功用当与揆度日影有关。

　　组成二绳图像的所谓对连三角纹其实只是我们对其形象的直观命名，其所体现的文化内涵恐与度影之土圭有关。陶寺遗址已见夏代或先夏时代的槷表，与其同出之漆盒中盛有相关的测影仪具，其中即包括两件计晷的玉圭。两件玉圭以颜色与配数呈阴阳之分，正体现了传统以测影乃为辨识阴阳的思想。而阴阳两圭在度影计晷时必须接续使用，这一做法正为古文字"圭"字本作重合两圭的独特造型的构形来源（详见第二章第四节）。很明显，如果从这样的测影传统考虑，所谓对连三角纹其实正显示了两圭锐首对接相连的形象，其形象地再现了揆度日影以重圭计晷的工作，似可名之曰"重圭纹"。这种纹样不仅见于和

---

① 河南省文物考古研究所、南阳市文物考古研究所、淅川县博物馆：《淅川和尚岭与徐家岭楚墓》，大象出版社2004年版，第9、11、44页。
② 陈欣人、刘彬徽：《古盏小议》，《江汉考古》1983年第1期。
③ 参见冯时《中国古代的天文与人文》第一章，中国社会科学出版社2006年版。

尚岭祖槷，也广见于其他表座。又因其本已具有方位的意义，因此于和尚岭祖槷中更组成了画面的边框，而且广泛地施用于其他东周铜器。[①]

坡面上区左右分饰两只相向的凤鸟，下区左右分饰两条相背的龙纹。两只凤鸟朝向中央的太阳，自有丹凤朝阳之象。古人以凤鸟喻指太阳，这一传统来源于古老的金乌负日的观念，所以凤鸟不仅是太阳运行的使者，同时更作为太阳的象征。而龙源出二十八宿之东宫星象，为古人观象授时的主星，是古代时空观得以建立的基础之一。相关问题，我们曾有系统的论述。[②] 显然，图像中以凤鸟象日体现白昼致日测影，以龙纹表现观象授时，这些极具天学意义的题材装饰于槷座，对于明确揭示器物的性质和功用极为关键。同时，凤鸟与龙纹成双出现而具有阴阳的内涵，也符合古人将时空体系作为阴阳观念理想表现载体的固有传统。

二 两周祖槷

和尚岭祖槷因其铭文、器物形制与装饰图像所具有的明确的天学内涵，其性质属于东周的槷表表座应无问题，这使我们有机会以此为标准器，解决同时期同类器物的性质问题。

（一）两周之际曾国祖槷

湖北枣阳郭家庙两周之际的曾国墓地出土完整之祖槷，旧或以为器座。[③] 这件祖槷包括青铜槷座、青铜柱首和青铜弋橛，同出于GM17椁室的西北部，系目前所见最早的青铜槷表实物，对于研究早期槷表的形制与演变非常重要。

槷座（GM17∶16）内空，平面近正方形，座体分上下两层，上层收分，逐渐隆起成四坡面，并于中央形成方形插孔，近口处有两半圆形

---

① 容庚：《商周彝器通考》，图二二九、二三〇，哈佛燕京学社1941年版，第139、140页；河南省文物考古研究所、南阳市文物考古研究所、淅川县博物馆：《淅川和尚岭与徐家岭楚墓》，大象出版社2004年版，第40—43、266页。

② 冯时：《中国天文考古学》第三章，社会科学文献出版社2001年版。

③ 襄樊市考古队、湖北省文物考古研究所、湖北孝襄高速公路考古队：《枣阳郭家庙曾国墓地》，彩版十五，图版五七，科学出版社2005年版，第268—269页。

第二章　奉时圭臬　经纬天人　143

图2—48　枣阳郭家庙青铜祖槷（上．柱首，GM17∶44；下．槷座，GM17∶16）

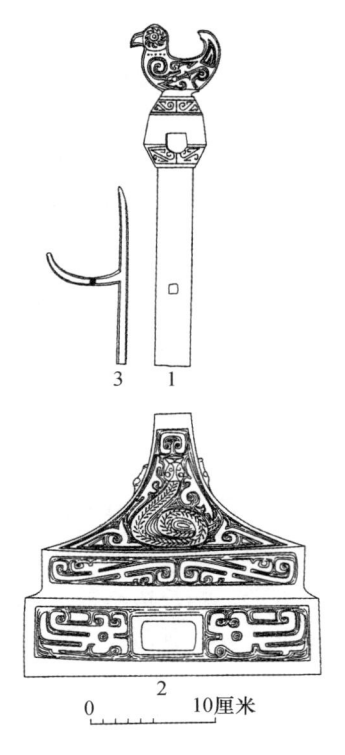

图2—49　枣阳郭家庙青铜祖槷
1. 槷柱首（GM17∶44）　2. 槷座（GM17∶16）　3. 弋橛（GM17∶27）

对穿销孔。器表主要装饰有蛇云纹和对称变形龙纹；下层座面每面正中有一长方形穿孔。高22厘米，底边长24厘米，宽23.6厘米，插孔内径数据未见报导，据图测量，约为2厘米馀（图2—48，下；图2—49，2；图版五，1）。重4公斤。

与槷座伴出的有青铜鸟形柱首（GM17∶44），形制为圆筒形杆柱，柱中部有两个方形穿孔，柱上端封闭，置一鼓形帽，帽腹部有两对上下错置的方形穿孔。帽端立一阳鸟。通高28厘米，柱径3.1厘米（图2—48，上；图2—49，1；图版五，1）。青铜槷座与槷柱首之间本应以木质槷柱相连，今柱首孔内尚存木质槷柱残迹，故知槷柱本系木质，上段为圆柱形，下段为方柱形，其首端冠以青铜柱首，上饰阳鸟。此阳鸟双目饰以日纹，周具十二旋芒，与金沙遗迹所见金箔太阳图像相同，准确地

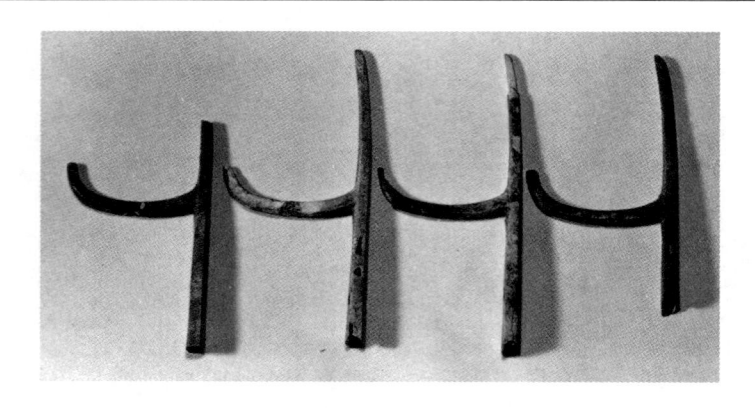

图2—50　枣阳郭家庙青铜祖槷弋橛（GM17∶27）

体现了槷柱本所具有的揆度日影的功能。

　　与祖槷同存者尚有四件青铜弋橛，形制为扁长筒形，略呈弧状，断面长方形，两长边略鼓，末端封闭，较细，主銎口渐粗，中部宽面外伸一弧形长橛。銎内均有残木杆。GM17∶27，通长14.2厘米，橛长5.7厘米（图2—49，3；图2—50）。

　　弋橛的作用在于校正槷表的垂直，准确地说，这个工作只有在槷座发明之前才显得必要。当时必须将槷柱植埋地中，故需垂系八绳以正表。西周以前槷座尚未出现，故甲骨文、金文本象槷表的"弋"字作"¦"，表旁出橛，用以悬绳。而"弋"为与测影相关的"叔"、"督"等字所从（图2—34；图2—42），字形皆于表旁出橛，表现出相同的制度特点。青铜橛出现之前，原本应为木橛。古人或执四橛，分置于方形表柱的四正位置，橛上系绳，方可正表。古文字"叔"字即写此形（图2—42）。

　　然而丝绳轻微，所以配合弋橛使用的一定还有足以垂绳的重物。陶寺遗址发现的夏代或先夏时代的槷表配以骨质短矢用于垂绳正表，骨矢系于绳，而绳之另端连于弋橛，故"弋"又有缴射之义，而矢实为矰矢（详见第二章第四节）。《周礼·夏官·司弓矢》："矰矢、茀矢，用诸弋射。"郑玄《注》："结缴于矢谓之矰。"此件槷表虽已具槷座，但其形制尚不完善，插植木质槷柱的插孔并未形成垂直的管状，仅呈弧形渐收之形，显然，这使植入插孔中的木柱很难保证处于垂直的状态，所以必须沿用古法而加以绳正。其后表座的形制渐改，插孔变为管状的直筒形式，槷柱植入其中必然端正垂直，用于校正槷柱的弋橛也便没有了其存在的必要。揆影方法之发展，于此器可见一斑。

（二）春秋早期黄国祖槷

1983年，河南光山宝相寺春秋早期黄君孟夫妇墓出土一件祖槷，仅存槷座（G2：A16）。器作盝顶，中有方形插柱，插柱方孔直通器底，其中残存木质槷柱（图2—51，左）。方孔长2.1厘米，宽1.9厘米，器顶长6厘米，宽5.6厘米，器底长15.2厘米，宽14.7厘米，通高13.6厘米，插柱上有两个相对的方形小销孔，供加固槷柱之用。销孔下饰一周窃曲纹，

图2—51　光山春秋黄君孟夫妇墓青铜祖槷（G2：A16）及纹饰拓本

图2—52　光山春秋黄君孟夫妇墓青铜祖槷（G2：A16）

图2—53　光山春秋黄君孟夫妇墓青铜祖槷铭文拓本

器身斜面饰蟠虺纹，下饰波纹，器底外饰窃曲纹（图2—51；图2—52）。盨顶面铭3行11字："黄子作黄甫（夫）人孟姬器，则永"（图2—53）。①

此件祖槷，其槷座正中用以植表的插柱已呈垂直柱状，这样可将植入其中的槷柱固定而垂直不欹。据此可知，槷座的形制于春秋早期已完善定型。

（三）春秋中期郜国祖槷

1995年，山东长青仙人台春秋中期郜国墓地4号墓出土完整之青铜祖槷，旧或以为鸟饰支架或挂饰。② 槷座盨顶，遍饰兽体卷曲纹和乳丁。槷座正中立一圆柱形槷表，表端及中部贯穿两只飞翔的阳鸟。通高48.5厘米，座高9.6厘米，边长16厘米，表柱高38.9厘米，槷柱根部直径1厘米（图2—54；图版五，3）。③

此件祖槷形制虽属辨正方位之小型槷表，但却系目前所见唯一之槷表完器，为早期槷表基本形制的认识提供了极为重要的资料。槷柱装饰两鸟，方向呈90度异向分布，明确具有以鸟象日，且揆度日影而正定四方的象征意义。

图2—54 春秋中期郜国青铜祖槷

（四）春秋晚期徐人祖槷

1982年，浙江绍兴坡塘306号战国早期徐人墓出土一件青铜祖槷座（M306∶18），时代应可上溯到春秋晚期。

---

① 河南信阳地区文管会、光山县文管会：《春秋早期黄君孟夫妇墓发掘报告》，《考古》1984年第4期。

② 山口縣立萩美術館・鋪上紀念館：《山东省文物展——中国仙人のふるさと》，1997年；山东大学考古系：《山东长清县仙人台周代墓地》，任相宏：《山东长清县仙人台周代墓地及相关问题初探》，俱见《考古》1998年第9期；中国青铜器全集编辑委员会：《中国青铜器全集》第9卷，图九二，文物出版社2006年版；方辉：《东周时期方座形铜器的定名与用途》，《海岱地区青铜时代考古》，山东大学出版社2007年版。

③ 槷柱直径未见报导，蒙山东大学方辉教授见告，深致谢忱。

盝顶形，平顶上有中空承插柱，插柱上段为四面八角体，下段弧括成四面体，形制与和尚岭祖槷相似。柱面以云纹饰边，中饰交龙纹。交龙缠绕留出上下两销钉孔，用以固定槷柱。座面以对连三角纹布列二绳图像，并以插柱为中心布列四维，分座面为五位九宫的空间。其中于四正位置

图 2—55　绍兴坡塘 M306 青铜祖槷（M306：18）

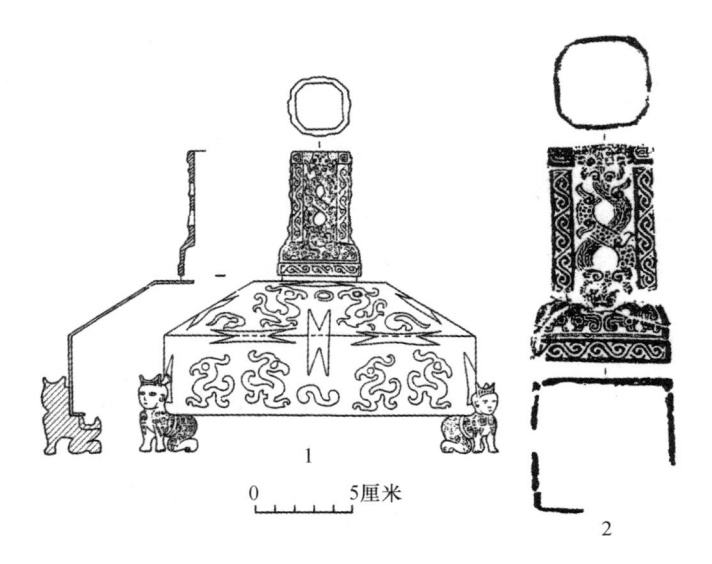

图 2—56　绍兴坡塘 M306 青铜祖槷（M306：18）及插柱纹饰拓本
　　1. 祖槷　2. 槷座插柱

装饰四个太阳图像，太阳两侧饰一对凤鸟，系丹凤朝阳的主题。其下左右两侧分别装饰双鸟，装饰题材与设计形式也与和尚岭祖槷多有相似。图案原以绿松石镶嵌，现多已脱落。槷座四隅以身饰云雷纹的四跪人为垫脚。通高16厘米，边长约16厘米，承插柱高6.5厘米，孔径约2.6厘米，座体高7厘米。座内灌铅，故器重10公斤，以起稳定插杆的作用（图2—55；图2—56）。据现场观察，插柱中原有木杆及附着物，[①] 应即槷表无疑。

传统天文观以盝顶象征天盖，方座象征大地，而凤鸟作为太阳的象征，所饰丹凤朝阳的图像显然在于昭明器物的用途实与致日有关。故据器物形制及其装饰题材分析，其为植表之表座而用于致日测影是显而易见的。座上承插柱孔平面呈四面八角之形，意味着其时槷表表柱的形制也应为四面八角之形，这种形制的槷表与和尚岭祖槷完全相同，显然承袭了早期致日以八绳正表的制度，源流一脉。

（五）春秋晚期屯溪祖槷

1965年，安徽屯溪弈棋春秋晚期三号土墩墓出土两件青铜祖槷（M3∶12、13），仅存槷座。器呈穹窿形，以象天盖，盖顶呈正方形，上置中空承插柱。其中M3∶13插柱有箍，箍下有销钉孔，以便固定插植其中的槷表，柱下穿入座，正方形足。柱饰八极纹样，盖顶饰正方形图像，座面四坡各饰对鸟图像，围以三道绳索纹。通高14厘米，足边长11厘米，宽10.9厘米，柱高4.7厘米，柱孔径1.4厘米，其中孔内径1.1厘米，孔壁厚0.15厘米（图2—57，1；图2—58，1—3；图2—59）。M3∶12形制与前器相似，唯四维饰有扉棱，座面饰游蛇蟠绕，中蹲一兽。通高17厘米，足边长10.3厘米，宽10.2厘米，柱残高5.5厘米，柱孔径2.5厘米，其中孔内径2厘米，孔壁厚0.25厘米（图2—57，2；图2—58，4；图2—60）。[②]

两器形制与和尚岭祖槷相同，皆穹窿如天盖，其或饰阳鸟以象日，

[①] 浙江省文物管理委员会、浙江省文物考古所、绍兴地区文化局、绍兴市文管会：《绍兴306号战国墓发掘简报》，《文物》1984年第1期。报告于槷表边长的数据为6厘米，据图测量，似为16厘米之误。

[②] 李国梁主编：《屯溪土墩墓发掘报告》，安徽人民出版社2006年版，第18—20页。两器孔径数据皆蒙安徽省博物院方林教授见告，深致谢忱。

第二章 奉时圭臬 经纬天人 149

图 2—57 屯溪弈棋三号土墩墓青铜祖埶
1. M3∶13 2. M3∶12

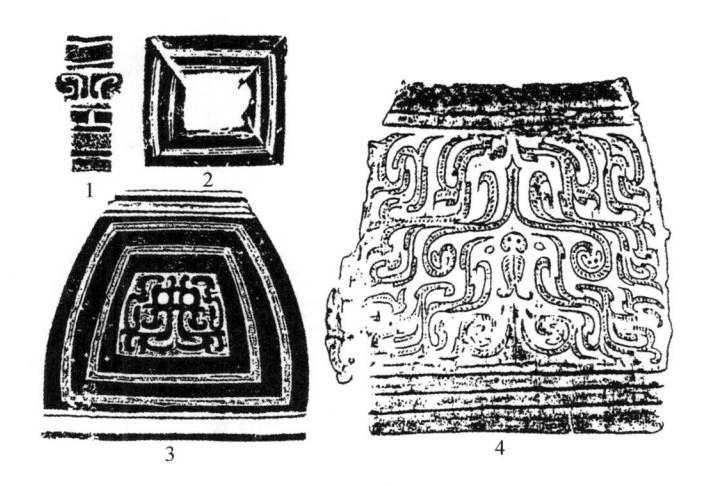

图 2—58 屯溪弈棋三号土墩墓青铜祖埶纹饰拓本
1—3. M3∶13 4. M3∶12

图 2—59　屯溪弈棋三号土墩墓青铜祖槷　图 2—60　屯溪弈棋三号土墩墓青铜祖槷
　　　　　（M3∶13）　　　　　　　　　　　　　　（M3∶12）

或以蛇纹构成璇玑形象以喻天地，且 M3∶13 座面围以三道绳索纹，更是传统二绳图像的变化，故为致日槷表之座非常清楚。唯两座植表之承插柱孔径不同，其中 M3∶12 一件内径 2 厘米，与其他槷座基本相同，柱内或可容八尺之表。而 M3∶13 一件柱径较细，与郜国祖槷相同，其中或容小表而用于辨正方位，犹《周礼·考工记·匠人》所记之制。

（六）春秋晚期楚国祖槷

1978 年，河南淅川下寺春秋楚墓出土青铜槷座（M1∶19），长方形盝顶，形制与黄国祖槷相同，唯盝顶四角各饰一小兽头。通体饰蟠螭纹。通高 11.4 厘米，座长 18.5 厘米，宽 17.3 厘米，中央管状柱直径 2 厘米（图 2—61）。[①]

（七）东周徐国祖槷

2007 年于江西安义工业园区内发现八件青铜器，其中一件为青铜祖槷座（图 2—62）。同出部分器物为东周徐器，故据此可以推测，祖槷似

[①] 河南省文物考古研究所等：《淅川下寺春秋楚墓》，文物出版社 1991 年版。

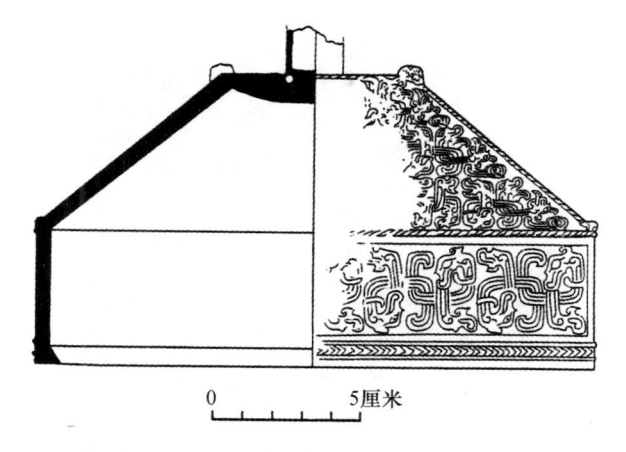

图 2—61　淅川下寺楚墓出土青铜祖祡（M1∶19）

也应为徐器。此座形制与和尚岭祖祡相似，而祡座之方体与其上的穹隆顶界限分明，又颇近绍兴坡塘徐器祖祡。惜相关资料尚未刊布，[①] 尺寸不详。

这些青铜祡座，以往学者多以为镇墓兽座，然而也有学者敏锐地指出，此类器多出于女性墓葬，因与镇墓兽不同。[②] 其实就二者功用与形制论，差异极为鲜明。其一，青铜祖祡或有铭文自名其器类，或有铭文明记其器为丈夫生前为在世之夫人特制，而祈夫人得保永终，明确显示出此类器物与为使阴宅安吉而借法术化凶压邪之

图 2—62　江西安义祖祡

镇墓功用大相径庭。其二，祖祡为青铜质，有些甚至于座内灌铅以增加重量，如绍兴坡塘祖祡仅为边长 16 厘米，通高 16 厘米的小型器物，但重量已达 10 公斤，故祖祡之座以青铜为质或加重，目的显在增强祡表

[①] 张俊、陈国菊：《安义发现春秋战国青铜器，保存良好十分罕见》，大江网，2007 年 5 月 16 日。

[②] 湖北省文物考古研究所：《曾国青铜器》，文物出版社 2007 年版，第 108 页。

152　文明以止

图 2—63　周公测景台

的稳定性，使槷座植入高危之槷表后不致倾覆。而镇墓兽座为漆木器，与此大异。其三，青铜祖槷之槷座插柱或呈八棱形，这决定了槷表杆柱的形制，而这一形制特点无疑体现了对早期槷表的继承，反映了原始植槷方法需以配于槷表四正四维之八绳正表的古老传统。不仅如此，祖槷插柱之柱孔普遍较细，一般仅有 2—3 厘米，由此可知槷表的杆径。[①] 况插柱皆有销孔，以涅固植入插柱的表杆。这些特点都与镇墓兽座区别明

[①] 和尚岭二号墓于祖槷北侧同出鹿角，学者或以为本应插入祖槷（见湖北省文物考古研究所《曾国青铜器》，文物出版社 2007 年版，第 404 页），但祖槷管状插柱的孔径仅约 2.3 厘米，而鹿角特粗，实无法植入柱孔，况鹿角于其北的徐家岭墓地普遍出于第 3、5、8、9、10 号墓，但相关的墓葬中却都未随葬祖槷（见河南省文物考古研究所、南阳市文物考古研究所、淅川县博物馆《淅川和尚岭与徐家岭楚墓》，大象出版社 2004 年版），可知鹿角与祖槷无关。

显。其四，祖槷所饰图像具有鲜明的天学内涵，不仅饰以明确的日纹或象征太阳的阳鸟以及四象，更有二绳甚至五位九宫这些体现传统空间观的基本图形，与镇墓兽座的装饰图案完全不同，其五，湖北枣阳郭家庙曾国祖槷与槷座同出者尚有槷柱与弋橛，明证此类器座与镇墓兽座无关，而应为致日测影之槷。

根据对两周青铜槷表的考证，知其本名"祖槷"，这是继槷表初名"髀"之后的晚出名称。"槷"字本作"埶"，以树藝为义，其名称的变化显示了观象授时从以人身测影到槷表发明的进步。古人置槷本植埋于地，约西周晚期至两周之际，槷表始有槷座，合之槷柱与柱首构为完器。座的形制由最初不能固定槷柱而需垂绳正表，逐渐发展为以插柱涅固表柱，从而使致日方法为之一变。唐人重建之"周公测景台"不以表植埋于地，而将其立于方台之中（图2—63），似乎仍保留着早期以槷座植表的传统。而立表建时定准，成为人们的用事准则，故槷有准则之义而名曰"祖槷"。显然，这些研究完整地建构了早期槷表发展的基本脉络，对中国古代天文与人文关系的探索具有价值。

三 实用祖槷与以器喻德

尽管江苏仪征石碑村东汉中期一号木椁墓曾经出有仅为原器十分之一的青铜圭表，[1] 但对上述所论的两周祖槷槷柱直径的分析，可知这些祖槷应该就是致日槷表之原器，而并非模型。况和尚岭二号墓与黄君孟夫妇墓所见两件祖槷皆具铭文，知其为生前实用之器。即使如此，如果以为迄今所见之祖槷皆仅用于致日，则恐未必。

出土祖槷的淅川和尚岭M2、下寺M1、枣阳郭家庙M17及仙人台邿国墓地M4的墓主均为成年女性，绍兴坡塘306号墓出土大量玉石装饰品，推测墓主也为女性。而黄君孟夫人祖槷更有铭文直称此器乃系黄子为其夫人所作，可知此类祖槷多出于女性墓葬，其或为君夫生前所用，卒前赠予夫人；或为夫人所特制。这一现象表明，由于祖槷本身已具有圭臬、法度之义，故祖槷或赠予夫人，或为夫人特制，目的皆在体现以男权为中心的社会对寡妻严守礼法、谨恪妇德的基本要求，是为以器

---

[1] 南京博物院：《东汉铜圭表》，《考古》1977年第6期。

喻德。

先秦道德思想之核心内容为信，信的本质体现为人对鬼神的不欺不倍。忠作为信的思想的延伸，则是由信发展出的心质专一不贰的品行。郭店楚竹书《忠信之道》："不讹不孛，忠之至也。不欺弗知，信之至也。……大久而不渝，忠之至也。至忠亡讹，至信不倍。"《国语·晋语二》："昔君问臣事君于我，我对以忠贞。……力有所能无不为，忠也；葬死者，养生者，死人复生不悔，生人不愧，贞也。"《楚辞·九章·惜诵》："竭忠诚而事君兮，反离群而赘肬。"《列女传》二《齐桓卫姬颂》："齐桓卫姬，忠款诚信。"显然，忠与信都是对为臣者的道德要求，既为臣德，也为妇德。这种道德在君臣关系中表现为臣忠其君，在夫妻关系中则又表现为妻忠其夫。《诗·鄘风·蝃蝀》刺奔女无贞洁之信，《管子·形势》："自媒之女，丑而不信。"皆是这一观念的反映。

前引戮钟铭所言"男子之埶，余不贰"，即以"埶"为体现忠信之德的器物，其义显与女子执埶而忠君守节的意义相通。古人以为，最能体现诚信思想者莫过于时间，竹书《忠信之道》云："至信如时，必至而不结。"这使古人可以方便地借取正建时之埶表作为人必须坚守的诚信之德的象征，并以埶表喻指为人之准则。因此，"埶"既有信义，也有准则之义。准确地说，以埶喻德的本质在于由时间引申出的诚信思想，其实这正是人们修德所奉之圭臬。由此可知，以信作为臣仆所谨守的为臣之德便是忠君不贰其心的"男子之埶"，而将这一意义移用于夫妻，信又自然成为女子所必须恪守的夫死不嫁的忠君守节之德。故丈夫以埶赠妻，其意显在以器喻德，告诫女子于君夫死后不失其节。

为臣为妻贵在从君而有终，故古以坤卦相喻。《周易·坤》六三云："或从王事，无成有终。"《象》："或从王事，知光大也。"《文言》："阴虽有美，含之以从王事，弗敢成也。地道也，妻道也，臣道也。地道无成而代有终也。"为臣为妻者遵循着同样的道德标准，故男子之埶与女子之埶强调的同样都是忠信之德。

这种以器喻德的做法也见于盟誓制度。侯马与温县两盟誓多书盟辞于圭，即视圭为诚信之器。《说文·土部》："圭，瑞玉也。"又《玉部》：

"瑞，以玉为信也。"《白虎通义·瑞赞》："以为珪信瑞也。"《周礼·地官·大司徒》郑玄《注》："土圭所以致四时日月之景也。"土圭既为测影之尺，是为古人借以了解天时的工具，自有信义，是盟誓借圭表现诚信，正在于彰明盟誓以信为宗旨的根本追求。西周琱生三器述琱生参与召氏宗族仆庸土田的管理事宜，其中五年琱生簋铭言召氏细议授予琱生的分配权限而未果，故琱生觐圭于召伯虎，以表其对召氏议事的信任态度。① 《尚书·金縢》载武王病疾，周公旦欲身代武王而植圭，以表其诚其信，也见圭所具有的诚信意义。显然，这种以圭见信的传统即源于圭作为计暑正时之仪具，而时间至信的古老观念。

　　《左传·成公十五年》："圣达节，次守节，下失节。"《国语·周语上》："守节不淫，信也。"《文选·陆士衡豪士赋序》："守节没齿，忠莫至焉。"古以寡居而德行高尚之妇为节妇，或谓其有节而行法度。《汉书·五行志上》："宋恭公卒，伯姬幽居守节三十馀年。"《太平御览》卷四四一引杜预《女记》云："徐淑丧夫守寡，兄弟将嫁之，为书曰：盖闻君子导人以德，矫俗以礼，是以烈士有不移之志，贞女无回贰之行。……梁寡不以毁形之痛忘执节之义。"② 是以夫死不嫁谓之守节。这一观念于春秋时代已十分普遍。上海博物馆藏战国楚竹书《孔子诗论》载孔子论《诗》教之旨，其中《燕燕》一篇即在教慎独守节，以见夫亡而寡妻终守其情，③ 此则体现守节不淫的忠信品德。《礼记·郊特牲》："信，妇德也。壹与之齐，终身不改，故夫死不嫁。"而郭店竹书《六德》也言夫死不嫁之信为妇德。是夫亡而守身自处，以见其用情专一，情志不移，慎独而信。此作为妇德之法度准则，恰可通过祖埶之器而喻晓。黄君孟夫人祖埶铭云："黄子作黄甫（夫）人孟姬器，则永。"将此与同墓所出之器铭对读，知"则永"是为"则永宝宝灵终灵后"之省语。寡妻守妇德方可得保灵终，守节不改则可保宗族永续，这不仅可见君夫作祖埶以赠夫人的真实用意，而且体现了周人固有的道德观念。

---

　　① 冯时：《琱生三器铭文研究》，《考古》2010 年第 1 期。
　　② 有关寡妻守节之文，参见杨树达《汉代婚丧礼俗考》，上海古籍出版社 2007 年版，第 45—51 页。
　　③ 冯时：《战国楚竹书〈子羔·孔子诗论〉研究》，《考古学报》2004 年第 4 期。

故其时之妇人以祖櫱随葬，皆在表现作为寡妻守终而不失节操的忠信之德。

第六节　西周芮伯尊盖的天学意义

陕西韩城梁带村 M27 出土西周兽面纹铜尊（M27：1014）。① 尊盖高 28.9 厘米，口径 25.6 厘米。其呈穹窿形，以象天盖。盖面虽圆，但圆中见方，具有明确的空间划分。中央立圭形柱，锐首，先定二绳，以明四正，将盖面空间分为四方；次定四维，四维起脊而使盖面形成四坡，并于四维立四个鸟首扁柱，以明八方九宫；维间外环带内布竖线十二条，以合法天之数而象十二月（图2—64；图2—65；图版三，3）。维柱右侧竖线间铭有"己"字，对维相同的位置亦铭"己"字。② 盖面图式虽颇具象征性，但其体现的四方五位及八方九宫的布局却极为完整。

古人铭"己"以配四维，则"戊"在可知矣。传统以十干配五位，其中戊己不仅配伍中央，而且出入于四维四门。《太玄·太玄数》："三八为木，为东方；四九为金，为西方；二七为火，为南方；一六为水，为北方；五五为土，为中央，为四维。"此以生成数配五方五行，若易之以十干，则为东方甲乙木，南方丙丁火，西方庚辛金，北方壬癸水，中央戊己土，且中央出入于四维四门，故戊、己必须同配四维。在汉代的式盘中，戊己与四维相配呈现两种形式，一种以戊、己二干对维而配，即"己"属东北报德之维与西南背阳之维，"戊"属东南常羊之维与西北蹄通之维（图2—66，1）。另一种则以戊、己二干分维而配，即"戊"属东北报德之维及东南常羊之维，而"己"属西南背阳之维及西北蹄通之维（图2—66，2）。芮伯尊盖以"己"对维而配，正合上述的前一种形式，这种配伍形式又见于晚殷所见之先周龟甲，③ 知其传统古

---

① 陕西省考古研究院、渭南市文物保护考古研究所、韩城市文物旅游局：《陕西韩城梁带村遗址 M27 发掘简报》，《考古与文物》2007 年第 6 期。

② 2012 年 8 月 13 日，余与张懋镕、金正耀二先生于上海博物馆观摩此器。张先生首先发现尊盖有字，我们辨识为"己"字。我以为，如此位置有"己"字，则在盖面与其相反之位置上也应有同样的文字，结果金先生于盖面的另一侧也发现了"己"字。

③ 冯时：《中国天文考古学》第八章第三节，中国社会科学出版社 2007 年版。

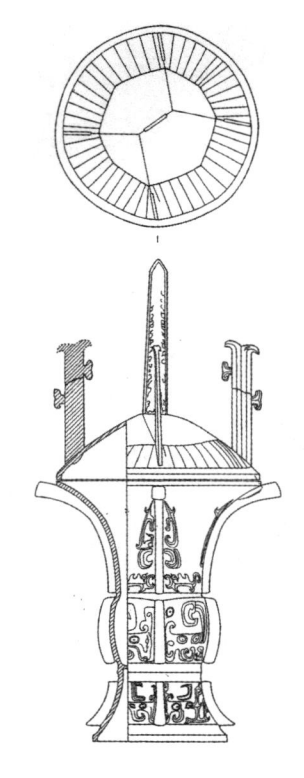

图 2—64　韩城梁带村西周青铜尊
（M27∶1014）

图 2—65　韩城梁带村西周青铜尊
（M27∶1014）

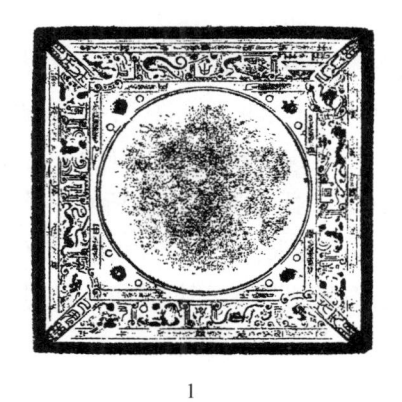

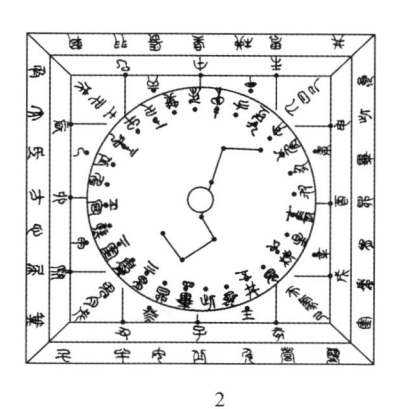

1

2

图 2—66　汉代式盘
1. 东汉式盘　2. 西汉式盘

图2—67　西周青铜方彝
（《劫掠》A643）

图2—68　宝鸡石鼓山出土西周户彝
（M3∶24）

老。由此可证，古人以十干配伍五方九宫的制度至迟于殷周时代即已建立。

尊盖图式所表现的空间观念甚为明确，这意味着盖上所立五柱所具有的天学内涵也同样清楚。五柱立于中央和四维，这一思想恰可与子弹库战国楚帛书所绘四维四木及相关五方木的记载相印证，象征古人认识的撑天五柱。[1] 四维柱首饰鸟，正有以鸟为分至四神的象征，[2] 而维间布列十二线以象十二月，又与楚帛书所言分至四神相代而步以为岁的记载相吻合。尊盖的这种五柱设计形式于其他铜器的器盖也有所见（图2—67；图2—68），[3] 反映了时人普遍具有的宇宙观。

立于尊盖中央的立柱呈圭首形，自有璇玑之象，此足与大汶口文化

---

[1] 李零：《长沙子弹库战国楚帛书研究》，中华书局1985年版，第71页。
[2] 冯时：《中国天文考古学》第二章第三节之四，社会科学文献出版社2001年版。
[3] 石鼓山考古队：《陕西宝鸡石鼓山西周墓葬发掘简报》，《文物》2013年第2期，图五〇户彝，封二。

相关之北斗天柱图像比观。① 而其置于八方之中央，又与古代式盘以北斗饰于中央天盘的传统一致（图2—66，2）。事实上，天极中央的璇玑因由北斗所规划，这意味着北斗在上古时代不仅可以充当极星，当然也可以由这一意义发展出作为位居中央的天柱，古人名之曰"空同"，或以山比附曰"崆峒"。这些彼此相通的天文思想其实都在强调一个基本事实，那就是北斗在上古时代作为拱极星所具有的规划空间和时间的重要作用。

然而随着天文学的发展，先民通过观测北斗而规划时空必然会被更精确的立表致日工作所取代，至少在白昼与黑夜的不同时段，两种方法应该是并行使用的，芮伯尊盖盖面明列四正四维的空间结构，这些知识的准确获得唯有依赖立表测影的工作，这意味着立于盖顶中央的圭形天柱其实同时具有着致日槷柱的意义，这种以北斗与槷柱的结合犹如西水坡45号墓中的北斗图像将北斗与周髀彼此结合一样巧妙，② 体现了早期先民至少在公元前五千纪中叶就已具有的根深蒂固的天文观念。

圭形天柱在形制上体现了槷柱与土圭的结合，柱形扁平，正为碑之形象。古以碑为测影之具。《礼记·杂记下》："宰夫北面于碑前。"孙希旦《集解》："碑，以石为之，在庭之中，所以识阴阳，引日景也。"《仪礼·聘礼》："上当碑。"郑玄《注》："宫必有碑，所以识日景，引阴阳也。"王筠《说文句读》："古碑有三用，宫中之碑，识日景也。"古人以识日影之仪具名"碑"，这一传统显然来源于先民以测影之表名"髀"的事实。而于公元前五千纪的中叶，作为这一认识的知识背景早已构建完成。

第七节　圭表致日与执中思想

陶寺槷表作为目前发现时代最早的测影仪具，其年代属陶寺文化中晚期，约值公元前二十一世纪，正相当于我们论定的夏禹时代。③《论

---

① 冯时：《中国天文考古学》，社会科学文献出版社2001年版，第43、102—103页。
② 冯时：《河南濮阳西水坡45号墓的天文学研究》，《文物》1990年第3期。
③ 冯时：《夏社考》，《21世纪中国考古学与世界考古学》，中国社会科学出版社2002年版；《"文邑"考》，《考古学报》2008年第3期。

语·尧曰》追述尧、舜、禹禅让云：

> 尧曰："咨！尔舜！天之历数在尔躬，允执其中，四海困穷，天禄永终。"舜亦以命禹。

这段话道明了天文历算作为王权基础的基本事实。司马迁将其意旨阐述得更为明确，《史记·历书》云：

> 其后三苗服九黎之德，故二官咸废所职，而闰馀乖次，孟陬殄灭，摄提无纪，历数失序。尧复遂重黎之后，不忘旧者，使复典之，而立羲和之官。明时正度，则阴阳调，风雨节，茂气至，民无夭疫。年耆禅舜，申戒文祖，云"天之历数在尔躬"。舜亦以命禹。由是观之，王者所重也。

"允执其中"之"中"义同卜辞所见商王"立中"之"中"，既为天地之中，也可为槷表之名，①《续汉书·律历志中》引刘洪云：

> 天道精微，度数难定，术法多端，历纪非一，未验无以知其是，未差无以知其失。失然后改之，是然后用之，此谓允执其中。

其以"执中"与历术正时相联系，仍存"中"源于槷表的古义。立表测影之事初系君王所为，故在居中而治的传统政治观的影响下，君王测影之事也便称为"立中"。然而以《尧曰》所述禅让君位的事实为背景，执中实际已具有了执表而求天下之中，并且居中而治天下的政治理想。所以"允执其中"的"中"实际应相对于"四海困穷"的"四海"而言，为天禄永终的中央和谐之地。

---

① 萧良琼：《卜辞中的"立中"与商代的圭表测景》，《科技史文集》第 10 辑，上海科学技术出版社 1983 年版；冯时：《中国天文考古学》，社会科学文献出版社 2001 年版，第 55 页；《中国古代的天文与人文》，中国社会科学出版社 2006 年版，第 252 页。

古代天文学作为王权的基础，这一点我们已经反复论及。① 古之观象授时乃为君王垄断的特权，而观象的基本工具就是槷表，这意味着谁掌握了槷表，谁就掌握了天文历数，并且拥有了居中治事的特权，所以《尧曰》述君王执表而亲重历数，且居中而治，代代相袭，这既是天文的传承，当然也是权力的传承。何晏《论语集解》引包咸曰："信执其中，则能穷极四海，天禄所以长终也。"正是执中而掌握天文从而终享王权这一根深蒂固的传统政治观的恰当表述。尽管商周甲骨文、金文并未见有所谓尧、舜贤王的任何线索，至少西周先民追述古史尚仅及禹，知禹以上之帝系实难征信，但这并不足以使人怀疑早期王权必须建立在天文历数基础之上这一根本制度的存在。《尧曰》所述史事虽然呈现出浓厚的东周史观的色彩，但也确实保留了夏禹执表治事的真实史迹，而相关内容在战国竹书《保训》中则得到了更为完整的保留。② 当然这与对陶寺IIM22墓主人身份的判断并没有直接的关系。换句话说，在陶寺文化的时代，天文观测工作尽管依旧为君主所垄断，但当时显然已形成了以帝王为中心的专门的观象机构。事实上，陶寺圭表遗存的发现不仅显示出这一时代独特的天文与人文精神，而且对于传统政治史、官制史、科学史和思想史的研究，都具有十分重要的价值。

古人通过立表测影的执中活动造就了汉字的"中"，并对中国文化诸核心观念的形成产生了广泛而深刻的影响，而陶寺圭表的发现则对我们深入理解"中"字以及与其相关思想的形成颇为重要。准确地说，如果说《尧曰》的"执中"思想可以于晚世引申理解为执持中正之道的话，③ 那么这一思想的本源显然就应出自古人立表致日且以表称"中"的事实。

商代甲骨文、金文的"中"分作三体，一作"𰀀"，一作"𰀁"，一作"𰀂"，随形立义，各有特点。作"𰀀"形者为"中"之初文，其中"｜"

---

① 冯时：《中国古代的天文与人文》，中国社会科学出版社2006年版，第62—63页；《天文考古学与上古宇宙观》，《中国史新论——科技与中国社会分册》，联经出版公司2010年版。
② 郭梨华：《孔子哲学思想探源——以天、德、中三概念为主》，《哲学与文化》第39卷第4期，2012年；冯时：《〈保训〉故事与地中之变迁》，《考古学报》2015年第2期。
③ 皇侃《论语疏》："执，持也。中，谓中正之道也。"

即槷表,其上所饰之斿则或以为旗斿,① 或以象校正槷表中正的垂绳。② 从"中"取义兼具表、旗二事以及"中"或从"广"的事实分析,此斿饰显系旗斿,况古文字"弋"字象表,而"朱"、"叔"均象植表而正之之形,但均无斿饰,也明此斿饰当与槷表无关,其系之于表,应有古制以表、旗共建之暗喻。事实上,"中"字所具有的表、旗共建的本义,使"中"既可指表,也可指旗。殷卜辞习见之"立中","中"即言表。而周原甲骨文又有"称中"之说,文云:

> 彝文武丁升。贞:王翌日乙酉其秦,禹中,□武丁豐□□,□卯□□左王。　　H11:112

"中"本作"𣃏"。相同之事于西周卫盉铭则谓"禹斿"(图2—69),文云:

> 唯三年三月既生霸壬寅,王禹斿于丰。

此"禹斿"显即周原卜辞之"禹中",可知"中"又可指旗。王所称之旗必为王旗大常,③ 其建于天地之中,故也可谓建旗为"禹中"。商人以立表名"立",周人则以建旗为"称",用字迥别,反映了"立中"与"称中"实为两种完全不同的活动。凡此皆明"中"字本取建旗立表之义。④ 建旗必得中央,而计时必先正四方,此唯赖于表,故表之所在相对于四方而言即为中央,且立表必求其中正,故于表言,"立中"之"中"本即具有中央、中正之意,而槷表之中正,实际则意味着竖立的槷表不偏倚于东、西、南、北任何一方的垂直状态,这便是表之称"中",而"中"具有中正之义的事实依据。很明显,槷表本或称"中",这一古名其实体现着古人立表测影的正表方法和测影步骤,而陶寺圭表的发现则

---

① 唐兰:《殷虚文字记》,中华书局1981年版,第48—54页。
② 萧良琼:《卜辞中的"立中"与商代的圭表测景》,《科技史文集》第10辑,上海科学技术出版社1983年版。
③ 李学勤:《试论董家村青铜器群》,《文物》1976年第6期。
④ 冯时:《中国古代的天文与人文》第一章第二节之一,中国社会科学出版社2006年版,2009年修订版。

图 2—69　卫盉铭文拓本

为"中"字这一本义的揭示提供了绝好的材料。

作"󰀀"形之"中"乃象建旗于中域，其中"󰀀"为"󰀀"字，即旗之象形。古制建旗之地必为中央，① 故"中"又有中央之意。而与"󰀀"合绘的"〇"，乃辨方所画之规，② 或也不妨理解为"邑"字的初文。古文字"问"作"󰀀"，"或"本作"󰀀"，"央"或作"󰀀"，所从之"〇"皆为象形的"邑"字，或者邑制的建立即取于测影为规之制。三代制度以邑为王庭之所在，其居天下之中，③ 如夏代王庭曰"文邑"、"夏邑"、"西邑"，商代王庭曰"亳中邑"、"商邑"、"大商邑"，周代王庭曰"洛邑"、"大邑周"，故"中"有中央之意，必合"〇"（邑）、"󰀀"二

---

① 唐兰：《殷虚文字记》，中华书局 1981 年版，第 48—54 页。
② 冯时：《中国古代的天文与人文》，中国社会科学出版社 2009 年修订版，第 24—25 页。
③ 冯时：《"文邑"考》，《考古学报》2008 年第 3 期。

字以会意，反映了上古时代居中而治的传统政治观。①

作"㣇"形之"中"则以表、旗与邑合而会意，故兼有中正与中央二意。古人建旗必置表候时，所以表随建旗的位置亦自有中央之意。② 然而从立表建旗之地为中发展为认识天下之中土，也即所谓地中，则需经历对不同地区日影长度的长期探索。随着政治地理的变化，人们最终认识到夏至日正午八尺槷表的影长为一尺五寸的地方，其地即为天下之中，这个地点正在以嵩山为中心的河洛地区。西周何尊铭云："唯武王既克大邑商，则庭告于天，曰：'余其宅兹中或，自之乂民。'""庭告"即言直告，意于天下之中告天，也即天亡簋所言武王祀于天室嵩山。③ 而"中或"则言中域、中国，意为天下之中或九州之中土。《河图括地象》："天下九州，内效中域，以尽地化。"《庄子·秋水》："计中国之在海内。"成玄英《疏》："中国，九州也。"《礼记·王制》："中国戎夷，五方之民，皆有性也，不可推移。"孙希旦《集解》："中国，谓绥服以内方三千里之地也。五方，谓中国与夷、蛮、戎、狄也。内举中国，外举四海，不及要荒者，举其俗之尤异者言之也。"皆以"中或（域）"、"中国"与"四方"相对，即谓天下之中央。《诗·大雅·民劳》："惠此中国，以绥四方。"《尚书·盘庚》："天其永我命于兹新邑，绍复先王之大业，厎绥四方。""新邑"即盘庚所迁之殷，卜辞称为"中商"或"大邑商"。其与"四方"相对，与《民劳》之思想全同，实即"中国"，④ 皆为明证。《史记·刘敬列传》："（成王）廼营成周洛邑，以此为天下之中也。"此于洛水建成周事，《逸周书·作雒》记周公则曰"俾中天下"，《史记·周本纪》载周公亦云"此天下之中，四方入贡道里均"，颇合何尊铭文所阐释的思想，知武王谋求于中土治民。据此可明，统治者居中而治，且河洛系即天下之中的观念，至迟于西周初年早已建立，而其前必有相当漫长的形成过程。考虑到三代王庭所在皆不出河洛地区，毛《传》释

---

① 冯时：《天亡簋铭文补论》，《出土文献》第一辑，中西书局2010年版。
② 冯时：《中国古代的天文与人文》第一章第二节之一，中国社会科学出版社2006年版；修订本，2009年。
③ 冯时：《天亡簋铭文补论》，《出土文献》第一辑，中西书局2010年版。
④ 胡厚宣：《论殷代五方观念及"中国"称谓之起源》，《甲骨学商史论丛初集》，成都齐鲁大学国学研究所1944年版。

《民劳》之"中国"为京师，适合《盘庚》之"新邑"及卜辞之"中商"，而商汤所居之邑更名为"亳中邑"，①故君王于天下之中建立王邑，居中以治民，其制度于夏商时代即已形成。这种传统政治观的建立源出于朴素的天文实践，对中国古代的政治制度产生着深远影响。

天下之中最终被规定在以嵩山为中心的中国之地，其夏至日正午之影长，早期文献多记为一尺五寸，而比这更早的地中之地，其夏至影长则于《周髀算经》中记为一尺六寸。根据古人影差寸千里的基本认知，不同文献所呈现的一寸影差如果不能解释为不同尺度的计量差异的话，那么就只能解释为不同地区的测影结果。目前所见新石器时代具有圭表遗存的遗址共有两处，一为位于河南濮阳的西水坡遗存，一为位于山西襄汾的陶寺遗存。令人惊异的是，两处遗址的地理纬度基本相同，其所暗喻的居中而治的文化寓意耐人寻味。我们曾经指出，太行山东西两侧的史前文化分别代表着夷夏两种不同的文化体系，②东方的西水坡文化遗存与西方的陶寺文化遗存尽管在时代上存在差异，但却显然可以视为不同时代夷夏两种文化体系的中心。诚然，文化体系的不同事实上并没有造成彼此政治制度的差异，居中而治的固有政治观则始终成为夷夏不同文化共有的传统，这一事实不仅通过两种文化对其政治中心地理位置的选择表现得相当清楚，同时也揭示了不同于晚世以嵩山为中心的河洛地区为地中的更古老的地中思想。

古人求测地中，其根本目的当然在于居中而治，这体现了中国传统政治观的核心内涵。然而人王何以必居中而治事？王庭大邑的选建又何以必择天地之中？其原因实际就在于授予天命的上帝的居所本位处天宇的中央。天宇的中央是为北极，这直接导致了古人对于天极与极星的认识。人们只有首先认识了天的中央，③然后才可能在原始宗教观与政治观的影响下认识地中，并求测地中。

中国传统的政治观与宗教观是合而为一的，这意味着人王的统治实

---

① 见战国竹书《尹诰》篇。李学勤主编：《清华大学藏战国竹简（壹）》下册，中西书局2010年版，第133页。
② 冯时：《试论中国文字的起源》，《韩国古代史研究》创刊号，2009年4月。
③ 冯时：《中国天文考古学》第三章第二节，社会科学文献出版社2001年版。

际只是配帝在下,① 天子受命而替天行政,首先体现的就是其于宗教上所具有的合法性,这当然也就直接决定了王权的合法性。因此,人王只有直居天帝之下而位于天地之中才可能实现配天的目的,从而完成与上帝最近距离的联系。很明显,在这样的背景下审视居中而治的政治传统,地中的测定显然已不只是一个空间问题,而应具有强烈的政治意义与宗教意义,它使掌握地中的人真正具有了政治与宗教的合法性。当然,这种合法性需要通过具体的标志物体现出来,这便是求测地中的槷表。事实上,自西周初年周公于嵩山重定地中之后,周公测影之地就始终成为王朝政治与宗教合法性的象征之地。唐人于其地重建周公测景台,至明代重修,历千年而不毁,显然,这样的测影遗迹已不再是简单意义上的古迹,在居中而治的政治传统下,这处位居天地之中的测影遗迹实际已作为王朝政治与宗教合法性的象征标志物,其政治与宗教意义都非常深远。

"中"的本义乃取槷表不偏不倚的中正状态,这一思想显然就是儒家哲学中庸思想的直接来源。西周康王世之大盂鼎铭称文王之德为"正德",战国楚竹书《孔子诗论》又称《颂》德为"平德",此"正德"、"平德"显然就是中正之德,② 可明以中庸为尚的观念,远在周初即已颇具系统。不仅如此,古人的形上思辨使"中"字本所具有的中正含义并不仅限于表现不偏不倚的中正思想,而更自然地引申出中和的观念,从而为传统的阴阳思想的建立提供了合理的理论基础。所谓阴阳其实只是人们对于万物生养这一生命现象的哲学解释,然而这一思辨如果仅仅停留在阴阳的层面则远远不够,因为无论阳亢于阴抑或阴亢于阳,都无法使这一哲学思考最终完成,只有在人们认识阴阳的同时求中求和,阴阳的思辨才可能具有真正的意义。因此,阴阳体系得以建立的关键其实并不仅仅在其阴阳本身,而在于中和的观念,也就是阴阳和合思想的引入,

---

① 默簋铭:"王曰:有余唯小子,余亡康昼夜,经拥先王,用配皇天。"默钟铭:"唯皇上帝百神保余小子,朕猷有成,亡竞,我唯嗣配皇天。"南宫乎钟铭:"天子其万年眉寿,畯永保四方,配皇天。"毛公鼎铭:"丕显文武,皇天引厌厥德,配我有周,膺受大命。"《尚书·召诰》:"其作大邑,其自时配皇天,毖祀于上下,其自时中乂。王厥有成命,治民今休。"

② 冯时:《论"平德"与"平门"》,《新出土文献与古代文明研究》,上海大学出版社2004年版。

这是传统阴阳学说得以完善的根本所在。《礼记·中庸》："致中和，天地位焉，万物育焉。"讲的就是这个道理。由于"中"本身具有着中正、中央的双重内涵，而中正又与中和的思想相通，所以中央之地也便成为阴阳和合之地。况执中之君王必居中而观象，而君王执中，目的即在于为万物的生养提供准确的时间服务，这意味着执中而致养万物与阴阳和合以生万物其实体现着共同的人文思考，因此，由槷表测得的天下中土自然具有了阴阳和合的性质，并成为统治者的立政治事之所，从而直接导致了居中而治的传统政治观的形成。《大司徒》所谓："日至之景尺有五寸，谓之地中，天地之所合也，四时之所交也，风雨之所会也，阴阳之所和也，然则万物阜安，乃建王国焉。"《文选·张平子东京赋》："区宇乂宁，思和求中。"薛综《注》："思求阴阳之和、天地之中而居之。"都是这一居中而治政治观的明确反映。不仅如此，中央可以通达四方，从而实现君王居中统御四方的目的。《尔雅·释乐》陆德明《释文》引刘歆云："宫，中也。居中央，畅四方。唱始施生，为四声纲也。"《汉书·律历志上》："中央者，阴阳之内，四方之中，经纬端直，于时为四季。"这当然也是居中治世政治观所特别强调的思想。

第 三 章

居中而治　自邑告命

第一节　《保训》故事与地中之变迁

清华大学所藏战国竹书《保训》是一篇颇具价值的先秦古遗书，自刊布以来，学者研释不绝，对通晓文意，揭示其思想有很大帮助。然因竹书某些关键字词的释读多有争议，致学者就竹书内容的理解仍颇存分歧。事实上，竹书宗旨乃在阐明居中而治的传统政治观，其中尤为重要者则在于保留了久已失载的有关古人对于地中的求测及早晚地中变迁的史实。

一　《保训》释文

竹书《保训》于《清华大学藏战国竹简（壹）》已做系统整理，兹参酌其释文，择各家训释之长，间下己意，将其内容释写如下，以便研讨。

佳（唯）王五十年，不瘳（豫）。王念日之多鬲（历），恐（恐）述（坠）保训。戊子，自演＝（演水）。己丑昧［爽］□□□□□□□□□。［王］若曰："发，朕疾適甚，恐（恐）不女（汝）及训。昔前人遘（传）保，必受之以調（诵）。今朕疾允病，恐（恐）弗念（堪）冬（终），女（汝）以箸（书）受之。钦才（哉）！勿淫！

"昔舜旧（久）复（作）小人，亲勤（耕）于鬲（历）茅，恐（恐）救（求）中，自诣（稽）氒（厥）志，不讳（违）于庶万眚

（姓）之多欲。氒（厥）又（有）伇（施）于上下远埶（迩），乃易立（位）埶（爇）诣（稽），测佥（阴）旸（阳）之勿（物），咸川（顺）不諻（逆）。舜既得中，言不易实变（变）名，身兹备，佳（唯）允，翼翼不解（懈），甬（用）乍（作）三降（降）之德。帝尧嘉之，甬（用）受（授）氒（厥）绪。於（呜）虖（呼）！𢿐（祗）之才（哉）！

"昔耑（微）叚（遐）中于河，以逯（复）有易。有易怀（负）氒（厥）皋，耑（微）亡萬（害），乃追中于河。耑（微）寺（志）弗忘，逋（传）貽（贻）子孙，至于成康（汤），𢿐（祗）备不解（懈），甬（用）受大命。於（呜）虖（呼）！发，敬才（哉）！

"朕聭（闻）兹不旧（久）命，未又（有）所次（羕）。今女（汝）𢿐（祗）备母（毋）解（懈），其又（有）所䚋（由）矣，不及尔身受大命。敬才（哉）！母（毋）淫！日不足佳（维）宿不羕（详）。"

二 竹书之"埶"与测阴阳

《保训》全文的意思并不难明了，文章通过文王临终前对武王讲述的两则故事，告诫武王执中而受天命的道理。然而欲通晓全文意义，要点却并不在文中反复提及的"中"，而在于对"乃易位埶稽"的"埶"字如何理解，换句话说，欲明"中"字的涵义，必先求"埶"字的用法，这是了解全篇文旨的关键。

"厥有施于上下远埶（迩），乃易位埶（爇）稽，测阴阳之物，咸顺不逆"。这段文字中有两个"埶"字，前一个"埶"字与"远"字对文互见，显然应该读为"迩"。西周大克鼎与番生簋铭并见"柔远能埶"，"埶"字本皆作"𢼸"，而战国文字"迩"或作"𨓹"（天星观简），是为明证。后文承前所述"上下远迩"，故有变易位置并加以求测稽考之作为，而这一作为，文章已明言为"测阴阳之物"，因此，后一"埶"字当读为"爇"，乃述立表测影之事，其义较然明白。

在先秦古文字材料中，以"埶"假借为"爇"，不乏其例。河南淅川和尚岭二号墓出土春秋晚期青铜测影爇表之座，其自名"祖爇"，"爇"本即作"埶"，是为"埶"用作爇表之"爇"的确证。有关古文字"埶"

用为"埶"的情况，我们于第二章第五节之一已经作了详尽考证，解决了字的正读问题。

《保训》以"埶"为"槷"而言立表考影之事，故下文递述"测阴阳之物"，正是对"槷"为测影之表这一本义的明确阐释。传统以时空体系作为阴阳思想的表述载体，这意味着辨方建时的活动其实就是辨识阴阳的活动。古以东方为日出之地，故在阳位，春分配属东方，自也属阳；西方为日入之地，其在阴位，秋分配属西方，遂而属阴。冬至阳气升，日影极长而渐消，故属阳；夏至阴气升，日影极短而渐长，故属阴，这些思想早在公元前第六千纪以前即已产生，① 并成为易数阴阳体系之源。而测影辨方定时，这一工作的宗旨其实亦即重在对阴阳的分别，故《保训》"测阴阳之物"的意义实际就是测阴阳之别或定阴阳之分，其实质便是定日影与时间之准。"物"字古有"分"义。《墨子·非攻下》："禹既已克有三苗，焉磿为山川，别物上下，卿制四极，而神民不违。"② 其中"别物上下，卿制四极"即为测影辨方之事，遣词与《保训》相同，"别物"显然意即分别，学者于此已有系统研究，③ 甚至因"分"、"勿"二字古读相同，"分"为帮纽文部字，"勿"属明纽物部字，其声同发重唇音，韵部则文物对转，通假的条件也是具备的。④《保训》之"物"本字作"勿"，当以分辨为义，竹书"测阴阳之物"当然即言辨识阴阳。《淮南子·精神》："别为阴阳，离为八极。"文义也同。显然在这种辨别阴阳的认知体系中，古人始终以为，立表测影的本质其实就是测阴阳。

古以立表识影谓之识阴阳，这一传统根深蒂固。古据碑以测影，《仪礼·聘礼》"上当碑"郑玄《注》云：

宫必有碑，所以识日影，引阴阳也。

---

① 参见冯时《天文考古学与上古宇宙观》，《中国史新论——科技与中国社会分册》，联经出版公司2010年版。
② "磿"各本作"磨"，依王念孙《读书杂志》改。"四极"各本作"大极"，依孙诒让《墨子间诂》改。
③ 裘锡圭：《释"勿""發"》，《古文字论集》，中华书局1992年版。
④ 同上。

《礼记·杂记下》"宰夫北面于碑南"孙希旦《集解》云：

> 碑，以石为之，在庭之中，所以识阴阳，引日景也。

知日影之变实际也就意味着阴阳之变。《续汉书·律历志上》云：

> 夫阴阳合则景至，律气应则灰除。……度晷景，……效阴阳。冬至阳气应，则乐均清，景长极；……夏至阴气应，则乐均浊，景短极。

所论致日测影与辨识阴阳的关系极为明确。《史记·天官书》云：

> 斗为帝车，运于中央，临制四向，分阴阳，建四时，均五行，移节度，定诸纪，皆系于斗。

《诗·大雅·公刘》云：

> 笃公刘，既溥既长，既景迺冈，相其阴阳。

毛《传》："'既景乃冈'，考于日景，参之高冈。"郑玄《笺》："厚乎公刘之居豳也，既广其地之东西，又长其南北，既以日景定其经界于山之脊，观相其阴阳寒燠所宜。"毛《传》以"景"训为考日景，甚是。竹添光鸿《会笺》："景者为测景，其日影也。以土圭正日景，而谓之景者，犹以土圭测土深亦谓之土也。"然郑《笺》以"相其阴阳"解为寒暖所宜，这一理解并不确切。据上述测影之传统，知《诗》之"相其阴阳"实即揆影正定四方之事。很明显，文献所言之"识阴阳"、"分阴阳"，其意义实即识日影，这与将竹书之"埶"读为"槷"而指致日之槷表叙事吻合。

　　天文历算事实上是古人表达阴阳思想最基本的手段，或者换句话说，古人对于阴阳哲学的建立乃是集中通过天文历算之学的形式完成的。正因为有了这样的认识，所以传统又将天文历算之学称为阴阳之学。《三辅黄图》卷五云："汉灵台，在长安西北八里，汉始曰清台，本为候者观阴阳天文之变，更名曰灵台。"《后汉书·张衡传》："衡善机巧，尤致思于天文、阴阳、历算。遂乃研核阴阳，妙尽璇机之正，作浑天仪，著《灵宪》、《算罔论》，言甚详明。"而《汉书·艺文志》述阴阳二十一家，载篇籍三百六十九篇，皆阴阳四时、八位、十二度、二十四时等数度之学及五德终始的五行之学，并谓"阴阳家者流，盖出于羲和之官，敬顺昊天，历象日月星辰，敬授民时，此其所长也"。后世之阴阳家更包括天文、占候、星卜、择日、相宅、遁甲六壬之属，皆不出传统的天文数术之学。事实上，《保训》既已明言"埶稽"测阴阳，因此"执"必读为"埶"，而"埶稽"实即测度考校日影长短之事便十分明显了。

《保训》的关键字"埶"得到正读之后，全篇"中"字的含义乃指天地之中的意义便可豁然明朗。① 竹书明言"救（求）中"，正可与《周礼·地官·大司徒》"以救（求）地中"的记载相互印证。《大司徒》云：

> 以土圭之法测土深，正日景，以求地中。日南则景短多暑，日北则景长多寒，日东则景夕多风，日西则景朝多阴。日至之景尺有五寸，谓之地中。

郑玄《注》解"以求地中"云："故书'求'为'救'，杜子春云为'求'。"明证古本"以求地中"正作"以救地中"，遣词与竹书全合。故《保训》之"救中"，其意实即《大司徒》之"以救地中"。

据《大司徒》可知，古人欲求天地之中便不能仅拘于一地一隅，而必须遍考南北四方之影的长短变化，如此才可能获得中央之位。故《保

---

① 目前学术界对《保训》"中"字涵义的理解颇存分歧，可归纳为七种主要的意见。其一，中道说。其二，地中说。其三，社会伦理说。其四，民众说。其五，诉讼说。其六，旌旗说。其七，军队说。诸说之中，当以天地之中说为是。参见李零《说清华楚简〈保训〉简中的"中"字》，《中国文物报》2009 年 5 月 20 日；《读清华简〈保训〉释文》，《中国文物报》2009 年 8 月 21 日；武家璧：《读清华简〈保训〉》，《古代文明研究通讯》总第四十二期，2009 年 9 月；艾兰：《〈保训〉及楚国书的问题》（提要），《清华简研究》第一辑，中西书局 2012 年 12 月。

训》称"求中"而"施于上下远迩",以南北远近"易位"考稽。这些做法正体现了对求测地中之影的基本要求。《周髀算经》卷下云:"昼夜易处。"赵爽《注》:"南方为昼,北方为夜。"知《保训》所言之上下"易位",其意正同《周髀算经》所云之南北"易处"。

《大司徒》指出,时人以为,夏至日正午时刻,八尺之表的影长为一尺五寸,其地即为天地之中。根据古人"损益寸千里"的定率,地理相去千里,两地正午八尺表之影长则相差一寸,故立表愈南,晷影愈短而多暑;立表愈北,则晷影愈长而多寒,这些内容并不难理解。但立表偏东、偏西则致多风、多阴,却似乎无法建立地理位置与气象变化之间的必然联系。其实,这两则内容取材于早期先民立表测影对天候条件的两点基本关注。很明显,立表以致日影必须在天晴日见的情况下才可能进行,阴天则无法完成测影的工作,所以致日必关心阴晴的问题。而多风则又直接关系到早期立表活动中首先进行的校正表直的基本方法。《周礼·考工记·匠人》经注所云古立表之法,必以正表为其先务,其术乃于表顶引八绳以垂之,八绳分置于槷表之四正四维,当八绳皆垂而附于表体,则其时之表正矣。这种正表方法对气象的基本要求就是不能有风的干扰,若风起而致八绳飘舞,则正表的工作就无法完成。显然,古人立表测影对赐日与无风的天候要求不仅完好地保留在《周礼》之中,使其与南暑北寒构成求取地中而致四方之影的不谐调因素,甚至在商代甲骨文所反映的测影活动中,这些思想也客观地得到了表现。卜辞习见"立中"之贞,即言立表测影之事,[①] 而相关卜辞所贞唯"亡风"与"锡日"二事,与《周礼》所载之事密合,这些问题我们在第二章第四节已有详细讨论。很明显,殷卜辞反映的这个致日传统完整地建构了《周礼》致日以定地中制度的知识背景,成为四方之影不谐于中正的文化渊薮。而《保训》但称于"上下远迩"易位考影,唯据影长的南、北变化而不及东、西二方,尚未将与影长无关的天候要素纳入其中,保留了较《周礼》更古老的未经与四方整合的朴素传统。

[①] 萧良琼:《卜辞中的"立中"与商代的圭表测景》,《科技史文集》第10辑,上海科学技术出版社1983年版。

三 舜求地中的故事

《保训》之"埶"本即蓺表假借字的用法既明，则文王所述的第一则故事乃为舜求测天地之中的内容便十分明确了。显然，竹书所谓"舜既得中"毫无疑问是在道明舜通过不断地改变位置，以立表致日的方法最终测得了天地之中的准确地点。事实上，尽管尧、舜古帝只是东周先民受当时史观的影响而塑造的上古圣贤，但舜求地中的故事如果视为新石器时代某一时期知天之圣者对于地中的测求史实，[①] 那将完全符合中国天文学的古老传统，这意味着《保训》有关舜求地中的故事鲜明地阐释了上古时代天文学与王权政治的联系，并真实地揭示了夏以前先民对于地中的求测历史。

夏王朝建立之前，舜求地中更重南、北之影的揆度而并不涉及东、西，这种做法显然与上古之政治形势具有密切的关系。据傅斯年《夷夏东西说》所论，上古时代之政治格局乃呈东、西分治，其中以夷在东而夏居西，中央则以太行山为界。[②] 这一分析不仅可与今日考古工作所反映的东、西两种不同的考古学文化相印证，而且更可获得东夷西夏两种不同文字所提供的坚实证据。[③] 世以舜为东夷之人，[④] 其生于诸冯，迁于负夏，卒于鸣条，活动之地应皆在东方，势力不及西邑夏，故其所求之地中当以端正南北之位为旨。而取南、北、东、西四方之中以为地中，这种观念只有在使四方宾服的前提下才可能形成，这当然只能反映着夏代及其以后以家天下的王庭为天地之中的政治体制和政治观念。

《保训》称舜耕于鬲茅，"鬲茅"于上海博物馆藏战国竹书《容成氏》作"历丘"，郭店楚竹书《穷达以时》又作"鬲山"，文献则作"历山"。伪《古文尚书·大禹谟》云：

> 帝初于历山，往于田。

[①] 《周髀算经》卷上云："知地者智，知天者圣。"
[②] 傅斯年：《夷夏东西说》，《庆祝蔡元培先生六十五岁论文集》下册，1935 年。
[③] 冯时：《文字起源与夷夏东西》，《中国社会科学院古代文明研究中心通讯》2002 年第 3 期；《试论中国文字的起源》，《韩国古代史研究》创刊号，2009 年。
[④] 见《孟子·离娄下》。

伪孔《传》："言舜初耕于历山之时。"孔颖达《正义》引郑玄云："历山在河东。"《史记·五帝本纪》云：

> 舜耕历山，渔雷泽，陶河滨。

张守节《正义》引《括地志》云："蒲州河东县雷首山，一名中条山，亦名历山，亦名首阳山，亦名蒲山，亦名襄山，亦名甘枣山，亦名猪山，亦名狗头山，亦名薄山，亦名吴山。此山西起雷首山，东至吴坂，凡十一名，随州县分之。历山南有舜井。"又云："越州余姚县有历山舜井，濮州雷泽县有历山舜井，二所又有姚墟，云生舜处。及妫州历山舜井，皆云舜所耕处，未详也。"知古名历山者甚众，或附会于舜耕作之迹。然河东本为夏墟之地，与东夷之舜本不相涉。后人以舜耕历山指为河东之地，显然是受晚世大一统史观的影响而产生的歧说。《五帝本纪》又云：

> 舜耕历山，历山之人皆让畔；渔雷泽，雷泽上人皆让居；陶河滨，河滨器皆不苦窳。一年而所居成聚，二年成邑，三年成都。

益明其耕渔陶作之地皆相去不远，舜久居此地而立邑，并非或东或西徙迁无定。据此观之，因雷夏之泽的地望相对清楚，故历山本属濮州雷泽之姚墟似最近实。《尚书·禹贡》："济、河惟兖州。九河既道，雷夏既泽，灉、沮会同。"《汉书·地理志上》以雷泽在济阴郡成阳县西北，即今山东鄄城南。裴骃《史记集解》引郑玄曰："雷夏，兖州泽，今属济阴。"又云："雍水、沮水相触而合入此泽中。"张守节《史记正义》引《括地志》云："雷夏泽在濮州雷泽县郭外西北。雍、沮二水在雷泽西北平地也。"舜陶河滨之地，《尚书·禹贡》或名陶丘。裴骃《史记集解》引皇甫谧曰："济阴定陶西南陶丘亭是也。"以此释舜陶河滨之陶。《禹贡》云："导沇水东流为济，入于河溢为荥，东出于陶丘北。"《汉书·地理志上》以陶丘地在济阴郡定陶县西南。张守节《史记正义》引《括地志》云："陶丘在濮州鄄城西南二十四里。又云在曹州城中。徐才《宗国都城记》云此城中高丘，即古之陶丘。"皆以雷泽、陶丘为近，其邻历山可知，故舜耕之历山当在濮州。《保训》明载舜通过易位考校日影，终于此地求得了地中，这一史料不仅客观地反映了最早形成的地中观念，而且说明了早期先民所认识的天地之中的具体地望，因而具有重要的价值。

舜所求测的天地之中，地在濮州、范县、鄄城、定陶一带，其观念于后世尚见孑遗。《史记·越王句践世家》述范蠡事云：

> 止于陶，以为此天下之中，交易有无之路通。

裴骃《集解》引徐广曰：陶，"今之济阴定陶"。张守节《正义》："《括地志》云：'陶山在济州平阴县东三十五里。'止此山之阳也，今山南五里犹有朱公冢。"又《史记·货殖列传》同述范蠡事云：

> 之陶，为朱公。朱公以为陶天下之中，诸侯四通，货物所交易也。

司马贞《索隐》引服虔云：陶，"今定陶也"。钱穆《史记地名考》亦以陶必济阴定陶。后人以定陶为天下之中，虽事为商贸交易，然其观念显应源于舜以历山得求地中的上古史实，观念传承有自。

舜既于历山求得地中，故居天下之中而治事。《五帝本纪》言其一年所居成聚，二年成邑，三年成都，即此之谓。《孟子·万章上》言帝舜云：

> 尧崩，三年之丧毕，舜避尧之子于南河之南，天下诸侯朝觐者不之尧之子而之舜，狱讼者不之尧之子而之舜，讴歌者不讴歌尧之子而讴歌舜。故曰"天也"，夫然后之中国，践天子位焉。

裴骃《史记集解》（《五帝本纪》）引刘熙曰："天子之位不可旷年，于是遂反，格于文祖而当帝位。帝王所都为中，故曰中国。"是舜"之中国"即言其复至历山。《括地志》云："尧陵在濮州雷泽县西三里。故尧城在濮州鄄城县东北十五里。《竹书》云昔尧德衰，为舜所囚也。又有偃朱故城，在县西北十五里。《竹书》云舜囚尧，复偃塞丹朱，使不与父相见也。"张守节《史记正义》："其偃朱城所居，即'舜让避丹朱于南河之南'处也。"按偃朱故城在今河南濮阳东二十五里，本名朱家阜。今河南范县传为丹朱墓之所在，其地之东周遗址出土书有"敦"字铭文的器物，① 是为甲骨文所见商代敦之旧地。而丹朱所治必居中国之地，此又可证明濮州、范县、定陶一带自为上古时代的天地之中。

《保训》所记舜求地中并居中而治的故事其实在传世史料中也有所存留。《论语·尧曰》言尧禅位于舜云："天之历数在尔躬，允执其中，四海困穷，天禄永终。"② 皇侃《疏》："允，信也。执，持也。中，谓中正之道也。……若内执中正之道，则德教外被四海，一切服化莫不极尽也。……若内正中国，外被四海，则天祚禄位长卒章汝身也。执其中，则能穷极四海，天禄所以长终也。"何晏《集解》引包曰："允，信也。言为政信执其中，则能穷极四海，天禄所以长终。"这些训释均欠准确。事实上，这则史料借古人对于尧、舜禅让的追忆，保留了早期先民通过测求地中建立上古政治制度的基本史实，唯因先贤不明"允执其中"的真实涵义，遂使这一重要史实的真相湮灭无闻。"允执其中"之"中"与"四海"对文并举，因此"中"字的本义显然即指天地之中，也就是与四海相对的"中国"。故"执"虽训"持"，但并不宜狭义地理解为手持，而应为秉持居中而治之制度。《公羊传·隐公七年》："不与夷狄之执中国也。"何休《注》："执者，治文也。"《孟子·离娄下》："汤执中。"朱熹《集注》："执，谓守而不失。"《尧曰》言"允执其中"，尤显其守而不失之意。因"中"本中央、中国之称，而中央实为立表之地，故"中"又可称用于槷表。殷商卜辞称立表即言"立中"，正体现了这一古老传统。

据《尧曰》之文，君王得以允执其中的前提乃在于其亲躬历数，司掌天文，显然天文历数与执中治世是为因果，这与《保训》所反映的思想完全相同。《中论·历数》："昔者圣王之造历数也，察纪律之行，观运机之动，原星辰之迭中，寤晷景之长短。于是管仪以准之，立表以测之，

---

① 承河南濮阳市文化局孙德萱先生，市文物保护管理所张相梅女士引为参观相关考古遗物，深致谢忱。
② 伪《古文尚书·大禹谟》："予懋乃德，嘉乃丕绩，天之历数在汝躬，汝终陟元后。人心惟危，道心惟微，惟精惟一，允执厥中。"《潜夫论·五德志》也引是文作："格尔舜！天之历数在尔躬，允执厥中，四海困穷，天禄永终。"

下漏以考之，布算以追之，然后元首齐乎上，中朔正乎下，寒暑顺序，四时不忒。夫历数者，先王以宪杀生之期，而诏作事之节也，使万国之民不失其业者也。"即以天文历算之学为上古政治之根本。《史记·历书》："其后三苗服九黎之德，故二官咸废所职，而闰馀乖次，孟陬殄灭，摄提无纪，历数失序。尧复遂重黎之后，不忘旧者，使复典之，而立羲和之官。明时正度，则阴阳调，风雨节，茂气至，民无夭疫。年耆禅舜，申戒文祖，云'天之历数在尔躬'。舜亦以命禹。由是观之，王者所重也。"皆以"历数"指为天文历算，其为王者所重，故禅让者谨嘱之。《尚书·尧典》："正月上日，受终于文祖。在璇玑玉衡，以齐七政。"亦此之谓。上古司历正时之工作，关键即在立槷表而识晷影，测求地中尤赖于此。故《尧曰》与《保训》所记舜求地中且居中而治的故事实为一正时。①

《保训》以为，舜求地中的目的在于自考其志，不负庶万姓之期望，故致日必恭必敬。竹书言舜"忎救中"，《说文·心部》以"忎"即"恐"字古文，意训惧。《论语·述而》："必也临事而惧。"朱熹《集注》："惧，谓敬其事。"可明其于测影求中之恭敬。中国早期文明以观象授时作为王权基础的制度是古老的，②《尚书·尧典》开篇即言观象授时，《论语·尧曰》以躬理天文历数为受禅的条件，《史记·历书》更直称亲掌天文历算为王者所重，都是这一思想的反映。原始的天命追求是通过对天文以及观象技术的掌握而实现的，换句话说，人与天的沟通必须依赖于人对天时的了解，这是其终获天命的根本原因。很明显，舜如果想成就庶万姓之所托以续帝位而践之，就必须从学习掌握天文开始。《保训》所述舜久为小人而恭求地中的故事，十分准确地阐释了原始天命观的本质特点。

竹书言舜致日求中之恭敬，显然意在阐释其敬天受命、以合民欲的追求。伪《古文尚书·泰誓》言武王灭商，即有相同的思想。文云："予小子夙夜祗惧，受命文考，类于上帝，宜于冢土，以尔有众，厎天之罚。

---

① 郭梨华：《孔子哲学思想探源——以天、德、中三概念为主》，《哲学与文化》第39卷第4期，2012年。
② 冯时：《中国古代的天文与人文》第二章，中国社会科学出版社2009年修订版。

天矜于民，民之所欲，天必从之。"① 即言天惩恶扬善，与民同心。此即《孟子·万章上》引《泰誓》所谓"天视自我民视，天听自我民听"。赵岐《注》："自，从也。言天之视听从人所欲也。"故《泰誓》所云"民之所欲"于武王，正与《保训》所称庶万姓所欲于舜一样，都表达了民众对于敬天有德者尊为君主的祈望。而民欲乃为天予，这种思想于《孟子·万章上》所论甚明。因此舜求得地中之后，慎修明德，并以孝信之德著称，成为三代德行观之渊薮。竹书"言不易实变名"者，信也；"身兹备"者，孝也，亦信也。《尚书·尧典》："帝曰：'格！汝舜。询事考言，乃言底可绩。'"即谓竹书"言不易实变名"。《礼记·祭统》："备者，百顺之名也，无所不顺者谓之备，言内尽于己而外顺于道也。忠臣以事其君，孝子以事其亲，其本一也。上则顺于鬼神，外则顺于君长，内则以孝于亲，如此之谓备。唯贤者能备，能备然后能祭。是故贤者之祭也，致其诚信与其忠敬，奉之以物，道之以礼，安之以乐，参之以时，明荐之而已矣，不求其为此孝子之心也。"是知"备"并言孝与信。《尚书·尧典》则谓舜"瞽子，父顽，母嚚，象傲，克谐，以孝烝烝，乂不格奸"，伪孔《传》："言能以至孝和谐顽嚚昏傲，使进进以善自治。"孔颖达《正义》："上历言三恶，此美舜能养之，言舜能和之，以至孝之行和顽嚚昏傲，使皆进进于善道，以善自治，不至于奸恶。"其于父顽、母嚚、弟傲皆能以孝和之，此舜之孝行实即竹书所言之"身兹备"。舜既言实显孝，故谓之"唯允"。"允"者，信也。是以言实与显孝并为诚信之德，其为舜所具有。上古"舜"、"顺"同音，字或从"允"声，似舜以大顺著称，故因顺信而名。

竹书的相关思想于《尚书·舜典》也有所反映。《舜典》谓舜"濬哲文明，温恭允塞，玄德升闻，乃命以位"，其中之"温恭允塞"实谓舜怀有诚信之德。《诗·秦风·小戎》："言念君子，温其如玉。"《论语·季氏》："色思温。"《尚书·皋陶谟》："愿而恭。"《礼记·曲礼上》："是以君子恭敬撙节退让以明礼。"孔颖达《正义》引何胤云："在貌为

---

① 《左传·襄公三十一年》穆叔曰、《昭公元年》子羽谓子皮曰并引《大誓》曰："民之所欲，天必从之。"杜预《集解》："今《尚书·大誓》亦无此文，故诸儒疑之。"杜氏所见乃西汉后得之古文《大誓》，其或残缺，已不能反映先秦古文原貌。

恭，在心为敬。"是"温恭"即言其容温润恭肃，此为正德之威仪。《说文·儿部》："允，信也。"《诗·邶风·燕燕》："仲氏任只，其心塞渊。"孔颖达《正义》："其心诚实而深远。"是"允塞"即言其心信实而笃。这些内容与《保训》之所载恰可互为印证。

　　古以陟帝位者必怀大德。《尧典》云："帝曰：'咨！四岳。朕在位七十载，汝能庸命巽朕位？'岳曰：'否德忝帝位。'"伪孔《传》："否，不。忝，辱也。"此适可反证舜乃为大德之人。《尧典》又云："慎徽五典，五典克从。纳于百揆，百揆时叙。宾于四门，四门穆穆。纳于大麓，烈风雷雨弗迷。帝曰：'格！汝舜。询事考言，乃言底可绩，三载。汝陟帝位。'"即使舜掌推行德教，教导臣民以父义、母慈、兄友、弟恭、子孝五典，臣民皆从；又命舜总理百官，百官咸服，诸事振兴；再以舜于明堂四门和以诸侯，诸侯咸睦。此三事实即《保训》之"用作三降之德"。"降"，读如下江反。《左传·哀公二十六年》："六卿三族降听政。"杜预《集解》："降，和同也。"《左传·隐公十一年》："其能降以相从也。"杜预《集解》："降，降心也。"《逸周书·小开》："务用三德。"潘振《周书解义》："和顺而能治人之诈伪，德莫明于此；出言而彼能敬，德莫饬于此；察意之善恶，而能积小以言大其善德，德莫聚于此，此所以宜务用也。"此三德应即《保训》所言"三降之德"，其为帝尧所考用。上海博物馆藏战国楚竹书《容成氏》云："昔舜耕于鬲（历）丘，陶于河滨，渔于雷泽，孝养父母，以善其亲，乃及邦子。尧闻之而美其行。尧于是乎为车十又五乘，以三从舜于畎亩之中。"虽亦述其事，但颇不及《尧典》详确。经此考验，"帝尧嘉之"舜德，"用授厥绪"而陟帝位，以成禅让。《保训》之文与《尧典》所述完全相同。

四　微变地中的故事

　　舜既求地中于历山，传为濮阳、范县一带，雷泽为舜捕鱼之地，其地当在北纬35度—36度一线，是为早期地中之所在。

　　然而随着三代封建政治的形成，至商汤六世先祖上甲微，则已不以为早期由舜于历山所测求的地中就是真正的天地之中，而认定真实的地中当远在河洛一带的有易之地，后更通过立表测影的工作，追逐测度日影于河洛有易之地，最终确定了真正的地中。这便是《保训》所言"昔微遐中于河",其后"乃追中于河"所反映的历史事实。很明显,竹书两"中"字与前述舜求中之"中"一样,其义均为天地之中。

《保训》"昔微叚中于河"之"叚"当读为"遐",远也。"河"虽言黄河,但据下文"以复有易",则知此"河"应专指作为地中的河洛之地。《周礼·春官·典瑞》陆德明《释文》:"叚,音遐。本又作瑕,亦作假,皆同。"是"叚"、"遐"通用之证。《尚书·召诰》:"天既遐终大邦殷之命。"伪孔《传》:"言天已远终殷命。""遐"义即远,以其去而不复返。《尔雅·释诂上》:"遐,远也。"《法言序》:"遐言周于天地。"则竹书"昔微遐中于河"意即上甲微不以传统之地中为中,而以真正的地中当在距传统地中遥远的河洛之地。相关内容适可与《周易·泰》之爻辞对读。《泰》九二云:

包荒用冯河,不遐遗,弗忘得尚于中行。①

《象》曰:"包荒得尚于中行,以光大也。"又九三云:

无平不陂,无往不复。艰贞无咎。勿恤其孚,于食有福。

《象》曰:"无往不复,天地际也。""包荒用冯河"者,缚瓠渡河之谓,②时微南渡黄河而复有易,以求地中。"不遐遗"者,不以其地远绝而放弃,伪《古文尚书·胤征》:"俶扰天纪,遐弃厥司。"伪孔《传》:"遐,远也。"《诗·周南·汝墳》:"既见君子,不我遐弃。"毛《传》:"遐,远也。"郑玄《笺》:"知其不远弃我而死亡。"此"遐弃"即为泰卦之"遐遗"。"弗忘"者,即竹书所谓"微志弗忘"。"得尚于中行"者,亦即竹书所谓"得中"是也。上古政治观以得中执中而王,故光大也。"中行"或即天地之中,古文字"行"作四钩之形,其呈五位之象,四钩之交合处即为中央。《周易·益》六三云:"益之用工事,无咎。有孚中行,告公用圭。"圭为计晷之土圭,以圭告公而定中行,其为定地中之事甚

---

① 参马王堆帛书本。
② 高亨:《周易古经今注》,中华书局1984年版,第192—193页。

明。《益》六四云："中行告公，从，利用为家迁国。"① 意为地中既定，则利易家迁国。② 此皆可佐证泰卦九二爻辞之义。而九三爻辞之"无平不陂，无往不复"则谓求测地中则可得中和之地。《象》以其事为"天地际也"，《大戴礼记·曾子天圆》："此皆阴阳之际也。" 王聘珍《解诂》："际，会也。"故"天地际也"实即《大司徒》所言之"天地之所合也"，此为地中所呈现的阴阳和合之态。《礼记·中庸》："中也者，天下之大本也。和也者，天下之达道也。致中和，天地位焉，万物育焉。"故求中则阴阳合，万物兴。这些思想不仅与居中而治之政治观彼此相通，而且诸爻辞所述正与竹书所言上甲微变求地中的故事相合。

上甲微改变早期由舜所测得的地中，而于河洛有易之地重新确定了新的地中，其重要原因即在于当时形成了一种不同于氏族社会的新的政治制度。夏代以前的早期社会，夷、夏两族东、西分治，其时之地中因受政治版图之所限，唯有求诸南、北地理的中点，其东、西之中央实际并不具有真正意义上的中央。然而自夏代家天下的封建政治制度建立之后，南、北、东、西四至的测量构成了决定天地之中的新的空间基础，居中而治再不限于同族内部的权力象征，而反映了以华夏民族为中心的居中统御四夷的新的政治格局与政治观念。显然，在这样的政治与时空背景下，放弃早期的地中并建立新的地中实为势之所必然，而商祖上甲微于河洛有易之地重建天地之中的事实，正是这一历史变革的具体体现。上甲微主张地中当于河洛有易之地，并复有易而度测之，终于在此地测得了新的地中。

天地之中弃旧求新的变化发生于殷祖上甲微之时，或者准确地说，殷祖上甲微重新测得了新的地中，这种做法显然必须建立在一种以九州为背景的新的政治地理的基础之上，这当然体现着上甲之前的先圣对于天地四方的布施与规划。史传对于天地的规划曾经进行过前后两次，首次为帝舜，然后则是夏祖禹和商祖契，而对这个重定的九州疆域的勘划测定，其与事者更有上甲微之父王亥。

---

① 参马王堆帛书本。
② 于豪亮说，见邓球柏《帛书周易校释》，第435—436页引于氏之说，湖南人民出版社2002年版。

有关帝舜首次对大地的规划，《尚书·尧典》载其事云："肇十有二州，封十有二山，浚川。"《史记·五帝本纪》裴骃《集解》引马融曰："禹平水土，置九州。舜以冀州之北广大，分置并州。燕、齐辽远，分燕置幽州，分齐为营州。于是为十二州也。"又引郑玄曰："更为之定界，浚水害也。"陆德明《释文》："肇音兆，十有二州谓冀、兖、青、徐、荆、杨、豫、梁、雍、并、幽、营也。"《尚书大传》"肇十有二州"作"兆十有二州"，故郑玄谓"兆十有二州"乃为十二州定界而规划之，其说当是。朱骏声《古注便读》："肇，垗也，畔也。定十二州之界也。"同样反映了对所谓舜定十二州的客观认识。然而马融以舜分十二州乃据禹所定之九州而扩大，但其时尚无禹治水而定九州之事，知此说不合史实。事实上，所谓帝舜分置十二州，其实质本应体现着先民对于地理疆域的初次规划。《尧典》泛言十二州，并无具体州名。崔述《唐虞考信录》云："十二州之名，经传皆无之。幽、并、营之为州虽见于《周官》、《尔雅》，然彼自记九州之名，与舜之十二州初无涉也。……古书既缺，十二州名无可考证，适见《周官》、《尔雅》有幽、并、营三州名为《禹贡》所无，遂附会之以补舜十二州之数，……而不知其误且诬也。"实"十二"乃古来所谓法天之数。《左传·哀公七年》："制礼上物，不过十二，以为天之大数也。"杜预《集解》："天有十二次，故制礼象之。"学者或以十二州之分源于此法天之数，[①] 其说甚确。古有此法天之数，则舜定十二州自应留有其借立表测影而规划地理，并求测地中的朴素史迹。

事实上，舜先于禹定九州而分大地为十二州，这一思想显然源出古人对于地理的规划。我们已经论定，方形大地的认识是从先民利用圭表致日所获得的二绳四方开始的，四方的观念发展为五位，其所规划的地平方位便必然呈现为二绳与四钩所结合的十二方位（图2—25），这个原始的日晷空间的模式即是十二州思想的来源。而自五位发展为九宫必须完成对四维的认识，这当然成为禹定九州的观念的基础。有关问题我们在第二章已有系统的讨论。很明显，从舜定十二州到禹定九州的变化正体现了传统空间思想的进步。

[①] 郭沫若：《金文所无考》，《金文丛考》，人民出版社1954年版；顾颉刚、刘起釪：《尚书校释译论》第一册，中华书局2005年版。

十二州的观念虽然古老,但十二州的名称却是在九州的基础上形成的,这是马融误以十二州源出九州的重要原因。随着上古政治形势的变化,至大禹治水敷土,其在帝舜十二州的基础上重新规划地理并定为九州,形成了新的政治地理格局。西周燹公盨铭云:"天命禹敷土。"《尚书·禹贡》:"禹敷土。"《书序》:"禹别九州。"《山海经·海内经》:"禹鲧是始布土,均定九州。……帝乃命禹率布土以定九州。"郭璞《注》:"布犹敷也。《书》曰:禹敷土,定高山大川。"是"布土"即言"敷土","帝乃命禹"亦即"天命禹"。此皆述禹敷布九州。《诗·商颂·长发》:"濬哲维商,长发其祥。洪水芒芒,禹敷下土方。外大国是疆,幅陨既长。"毛《传》:"诸夏为外。幅,广也。陨,均也。"郑玄《笺》:"禹敷下土正四方,定诸夏,广大其竟界之时,始有王天下之萌兆。"王先谦《诗三家义集疏》:"京师为内,诸夏为外,言禹外画九州境界也。"《尚书·禹贡》载禹定九州为冀、兖、青、徐、扬、荆、豫、梁、雍。很明显,在这个有别于十二州的新的地理格局的框架内,求定新的天地之中便成为了必需的工作。故殷祖上甲微求地中于河洛有易,从而改变了以往以舜依十二州为背景所建立的地理中心。

文献所载帝舜之后的第二次地理规划显然更为精确,其中不仅涉及大禹对于九州的划分,甚至还强调了九州四至的勘定,事实上这一切都在暗示着以九州为背景的中土、中域、中国观念的形成。与此同样重要的是,九州于殷人文献中或称"九围",表明殷人在重定九州的活动中还参与了勘划疆界的关键工作。长沙子弹库战国楚帛书创世章云:"法兆为禹为契,以司土壤,晷天步达,乃上下腾传。"即言禹、契步测天地之事。①《诗·商颂·长发》云:"帝命不违,至于汤齐。汤降不迟,圣敬日跻。昭假迟迟,上帝是祗,帝命式于九围。"齐说曰:"九围,九州之界也。"则知殷商先王又有受帝命而勘划九州之作为。而《诗·商颂·殷武》云:"天命多辟,设都于禹之绩。"知殷人对九州的重新规划仍不出禹迹的范围。

殷人对九州境界的勘划,《山海经》以为乃契王及王亥所为。《海外东经》云:

---

① 冯时:《中国天文考古学》第二章第一节,社会科学文献出版社2001年版。

> 帝命竖亥步，自东极至于西极，五亿十选九千八百步。竖亥右手把算，左手指青丘北。一曰禹令竖亥。一曰五亿十万九千八百步。

郭璞《注》："竖亥，健行人。"其步测东、西之广。又《淮南子·墬形》云：

> 禹乃使太章步自东极，至于西极，二亿三万三千五百里七十五步；使竖亥步自北极，至于南极，二亿三万三千五百里七十五步。

高诱《注》："太章、竖亥，善行人。"此又以南、北之步测归属竖亥，不及《山海经》所记准确。刘昭注《续汉书·郡国志一》云：

> 至尧遭洪水，分为十二州，今《虞书》是也。及禹平水土，还为九州，今《禹贡》是也。……是以《山海经》称禹使太章步自东极，至于西垂，二亿三万三千五百里七十一步。又使竖亥步自南极，尽于北垂，二亿三万三千五百里七十五步。四海之内，则东西二万八千里，南北二万六千里。①

书以太章及竖亥步测四至。"太章"应读为"大商"。《周易·兑》："商兑未宁。"汉帛书本"商"作"章"。《吕氏春秋·勿躬》"弦章"，《韩非子·外储说左下》作"弦商"。王引之《经义述闻》卷十七："古字商与章通。"《长发》："有娀方将，帝立子生商。"郑玄《笺》："禹敷下土之时，有娀氏之国亦始广大，有女简狄，吞鳦卵而生契，尧封之于商，后汤王因以为天下号，故云'帝立子生商'。"是生商之"商"即指商契，其号为"商"，或称"大章"（商）。史传契曾佐禹治水有功，楚帛书又谓其规则九州，这一劳绩为殷商后人所继承，并于晚世竖亥的步地活动而得以完善。商契早期唯步南、北之长，而至竖亥则足以东、西之广，故重定九州之四界，至此而完备。

---

① 参《后汉书·郡国志一》中华书局标点本校勘记。

竖亥其人，陈梦家以为即殷祖王亥，《楚辞·天问》以其为有扈牧竖，[①] 此说甚确。王亥之名，《天问》作"该"，《初学记》卷二十九引《世本》作"胲"，司马贞《史记索隐》引《世本》又作"核"，《汉书·古今人表》作"垓"。《天问》则作"眩"，当即"胲"字之讹。殷人习以日干为庙号，不用地支，故知王亥之"亥"当别有实义。《说文·土部》："垓，兼垓八极地也。从土，亥声。《国语》曰：天子居九垓之田。"段玉裁《注》："凡四方所至谓之四极，八到所至谓之八极。《郑语》曰：'王者居九畡之田，收经入以食兆民。'韦云：'九畡，九州之极数也。'《楚语》：'天子之田九畡，以食兆民。'韦云：'九畡，九州之内有畡数也。食兆民，民耕而食其中也。天子曰兆民。'按畡者，垓字之异也。韦云有垓数者，即《风俗通》千生万，万生亿，亿生兆，兆生经，经生垓。"桂馥《义证》："《释地》以四方为四极，加以四隅，故称八极。"以此论之，则王亥之名当有兼该九州八极之意，这与其最终步定九州四境的作为恰好吻合。

准上可知，殷祖契王与王亥重定九州而步划四极，在重定南、北二方之中的同时，更重东、西二方的取中，故于这种九州八极的新的空间格局内重定天地之中已属必然。这种于九州八极取中的思想事实上于王亥之名已有昭示，而重定地中的工作恰由王亥之子这一作为殷人庙祭始祖的上甲微来完成，以明殷人居中以承天命的正统地位，顺理而成章。

《保训》记上甲微为求新的地中而"以遆有易"，"遆"乃"复"之异文，返也。有易不仅是上甲之父王亥被杀的地方，而且更重要的是，它就是上甲认为的新的地中之所，因此才有微"遐中于河"，并随即以复有易的举措。《山海经·大荒东经》记王亥之事云：

> 有人曰王亥，两手操鸟，方食其头。王亥讬于有易、河伯仆牛。有易杀王亥，取仆牛。河念有易，有易潜出，为国于兽，方食之，名曰摇民。帝舜生戏，戏生摇民。

郭璞《注》引《竹书纪年》云：

[①] 陈梦家：《商代的神话与巫术》，《燕京学报》第二十期，1936年。

殷王子亥宾于有易而淫焉，有易之君緜臣杀而放之。是故殷主甲微假师于河伯以伐有易，灭之，遂杀其君緜臣也。

《天问》于此事记之较详。文云：

该秉季德，厥父是臧，胡终弊于有扈，牧夫牛羊？干协时舞，何以怀之？平胁曼肤，何以肥之？有扈牧竖，云何而逢？击床先出，其命何从？恒秉季德，焉得夫朴牛？何往营班禄，不但还来？昏微遵迹，有狄不宁。何繁鸟萃棘，负子肆情？眩弟并淫，危害厥兄。何变化以作诈，而后嗣逢长？

文中"该"、"眩"即王亥，"有扈"、"有狄"即有易，"昏微"即上甲微。① 而"昏微遵迹，有狄不宁"则合《保训》所述"以复有易"，故竹书继言"有易负厥皋"显指此前有易杀王亥之罪。② 至于《周易》大壮卦六五爻辞之"丧羊于易"，以及旅卦上九爻辞之"鸟焚其巢，旅人先笑后号咷。丧牛于易"同为王亥居有易而终遭杀害的故事，学者也早有揭橥。③ 这些记录虽本于史实，但或多与神话相杂糅，需要谨慎离析。其中《易》卦与《天问》所载最为质实，体现了对史实的忠实描述，是为信史；《山海经》与《竹书纪年》所云虽亦出信史，但已杂以神话，其中"王亥托于有易、河伯仆牛"及"殷主甲微假师于河伯以伐有易"云云，所言之"河伯"已是对大河的拟人表述。学者或以《纪年》"假师于河伯"对读《保训》"叚中于河"而以二者同意，不足取。

"有易"亦作"有扈"。《史记·夏本纪》："有扈氏不服，启伐之，大战于甘。将战，作《甘誓》，乃召六卿申之。启曰：'……有扈氏威侮五行，怠弃三正，天用剿绝其命，今予维共行天之罚。'……遂灭有扈

---

① 王国维：《殷卜辞中所见先公先王考》，《观堂集林》卷九，《王国维全集》，上海古籍书店1983年版；吴其昌：《殷卜辞所见先公先王三续考》，《燕京学报》第十四期，1933年。

② 伪《古文尚书·大禹谟》："（舜）负罪引慝，祗载见瞽瞍。"蔡沈《集传》："负罪，自负其罪，不敢以为父母之罪。"已见"负罪"之意。

③ 顾颉刚：《周易卦爻辞中的故事》，《古史辨》第三册，上海古籍出版社1982年版。

氏，天下咸朝。"据此可明，有易实为启所伐灭，时在夏初，而殷祖上甲微不当有覆灭有易之作为。启灭有易，其绪尚在。故《保训》称上甲微"以复有易，有易伏厥罪，微亡害"，明言有易其遗绪自负杀王亥之罪，致微身安然无有害，否则"微亡害"三字颇似蛇足，故知竹书"以复有易"非谓覆灭有易。以此观之，《天问》所云"有狄不宁"与竹书最为切近，应为事实。至于《竹书纪年》所记，当较《山海经》更为谬远。颇疑《纪年》讹"中"为"币"，或系整理者荀勖、和峤、卫恒、束皙辈误识误读，战国文字"中"作"![]"，"币"作"![]"，字形极近，①遂又有假师于河伯之谬说。

《山海经》以王亥托寄服牛于有易与河伯，其以有易与河伯并言，暗示了有易之地望应邻近黄河。王国维以有易地在大河之北，② 然据泰卦所云，实应在大河之南。旧据《汉书·地理志》以扶风鄠县即古扈国，或为时代稍晚之扈。钱穆《史记地名考》卷六考云："东周惠王子、襄王弟叔带封于甘，《左传》称甘昭公。《括地志》云：'故甘城在洛州河南县西南二十五里。'《洛阳记》云：'河南县西南二十五里，有水出焉，北流入洛山，上有甘城，即甘公采邑。'今洛阳县西南。又考《竹书》，殷王武丁居于河，学于甘盘。则先尚有甘，为近河之邑，或即'启战于甘'之甘。"所论极是。裴骃《史记集解》引马融云："甘，有扈氏南郊地名。"《史记·晋世家》：晋灵公初立，诸侯"会赵盾，盟于扈"。裴骃《集解》引杜预曰："郑地，荥阳卷县西北有扈亭。"《史记地名考》："今河南旧原武县西北。《水经注》：'河水迳卷之扈亭。《纪年》"晋出公时，河绝于扈"是也。'疑有扈氏亦在此。"甘近有易，则有易应在河洛之地甚明，而这一带正是世传周人测得天地之中的地方。

上甲微返于有易且安容其身，如此方可用心地"追中于河"，即在有易所居的河洛之地求测地中，并最终确定了新的天地之中。《保训》将上甲微求得地中的过程称为"追中"，"追中"的用法显有追逐日影自远方

---

① 学者或据战国文字"中"、"币"二字形近，而疑《纪年》以"币"为本字，《保训》误讹。见王辉《也说清华楚简〈保训〉的"中"字》，《古文字研究》第二十八辑，中华书局2010年版。愚意以《保训》用字为正，与彼说主张不同。

② 王国维：《殷卜辞中所见先公先王考》，《观堂集林》卷九，《王国维遗书》，上海古籍书店1983年版。

渐近而终至中央的意味，这一遣词不仅与上文"遐中于河"的"遐"字训远的意义彼此呼应，而且也颇具天学传统。

《山海经》载有夸父逐日之神话。《海外北经》云：

夸父与日逐走，入日。渴欲得饮，饮于河渭；河渭不足，北饮大泽。未至，道渴而死。弃其杖，化为邓林。

又《大荒北经》云：

夸父不量力，欲追日景，逮至于禺谷。将饮河而不足也，将走大泽，未至，死于此。

这一史实所具有的文化内涵其实就是立表测影。① 夸父逐日，其所追者乃是太阳的影子，而所弃之杖当然也即槷表的原型。古人立表以致日影，在未能建正四方之前，如欲求得一日之内的正午时刻，就必须求得一日之中最短的日影，这要求古人需要不断地跟踪度量太阳出没之间不同时段的影长变化；即使在他们有能力建立四方空间体系之后，确定一日之内最短影长的工作也同样需要通过对正午时刻前后影长的校验才能完成。这两种基本的致日方法既可以称为"槷稽"，也就是考校槷表之影长影短，当然也可以根据这种不断追逐度量日影长短变化的特点，形象地称其为"追日景"。而对于测求地中而言，不论是于不同地点的测影，抑或一日之内不同时间的测影，都可以形象地理解为如对日影的追逐一般。而上甲微以为地中未定，重据日影而求测地中的活动当然也就可以称之为"追中"。因此，《保训》将校测日影以求地中的工作名为"追中"，正完整地再现了早期先民的致日传统，表述相当准确。很明显，竹书"追中于河"所传达的就是上甲微通过于不同地点追逐测影，并最终在以嵩山为中心的河洛有易之地测得天地之中的基本事实。显然，"追"字的用法不仅可以描述一日或数日之内的测影工作，当然更可以描述求测地中而于不同地点的测影工作。

---

① 郑文光：《中国天文学源流》，科学出版社 1979 年版。

这个于九州背景下所建立的新的地中，在新的政治制度中自然具有了新的政治意义与宗教意义。上甲微不忘其志，将这一亲治天文、居中执中的传统传贻子孙，终至成汤享有了天命。

天地之中的重新确定无疑为王庭位置的选择奠定了基础，准确地说，晚期由上甲微重定的新的地中，理所当然地成为商汤选建王庭的规划基础。清华大学藏战国竹书《尹诰》记成汤作邦而立"亳中邑"，[1] 即知其于天地之中建立王邑，这一做法显然继承了上甲微的执中思想。《诗·商颂·玄鸟》："天命玄鸟，降而生商，宅殷土芒芒。古帝命武汤，正域彼四方。方命厥后，奄有九有。"郑玄《笺》："古帝，天也。天帝命有威武之德者成汤，使之长有邦域，为政于天下。"足见汤居立于九州的中央，如此才可以"肇域彼四海"，而使"四海来假"而朝。又《殷武》云："天命多辟，设都于禹之绩。""商邑翼翼，四方之极。"郑玄《笺》："极，中也。"禹迹也就是九州的格局，显然，商王所建王邑只能以禹迹九州为背景，而不可能再以舜迹十二州为基础。殷商王庭自成汤始即居四方之中，其制度代代相袭。这些作为既是对《尧曰》所载尧、舜、禹禅让必亲躬历数、居中而治思想的发展，同时也显示了古人对于天文与王权关系的深刻理解。

五 地中变迁的考古学与文献学证据

根据《保训》所记的两则故事可以明晓，先民对于地中——天地之中——存在着早晚变化的认识过程。先民以为，早期的地中乃由舜所测得，《保训》说他"厥有施于上下远迩，乃易位埶稽，测阴阳之物，咸顺不逆"，终定地中于历山，即今河南濮阳、范县一带，属古雷夏泽之范围。但这个地中在夏代新的政治格局形成之后便不再成为真正的天地之中，于是上甲微又远于河洛有易之地追踪揆度日影，将新的地中确定在了以嵩山为中心的大河地区。其后周公继承了这一新的地中观念，并于嵩山测影，留下了相关的测影遗迹，进一步印证了地中的位置，为后人所传续。这个地中早晚变化的事实告诉我们，古人对于地中的测求并非固守不变，天地之中的选择是随政治制度的改变而有所变化的。事实上，

---

[1] 李学勤主编：《清华大学藏战国竹简（壹）》，中西书局2010年版。

这一早晚地中的变迁历史在考古学与文献学两方面都可以获得坚实的证据。

目前发现的新石器时代槷表实物或其象征性遗存共有两处，一为河南濮阳西水坡仰韶时代的45号墓北斗周髀遗迹，北斗杓柄以人的胫骨配饰，象征测影之髀表，① 时代属公元前五千纪的中叶；另一则为山西襄汾陶寺遗址出土的两件槷表实物，时代约属夏代早期或先夏时代。如果我们将出土槷表的两处遗址——濮阳和襄汾——连为一线，便会发现，它们几乎位于同一纬度线上。濮阳西水坡位处北纬35度42分，② 襄汾陶寺位处北纬35度52分，③ 二者同位于35.5度上下的地区（图3—1），这当然不可能解释为偶然的巧合。

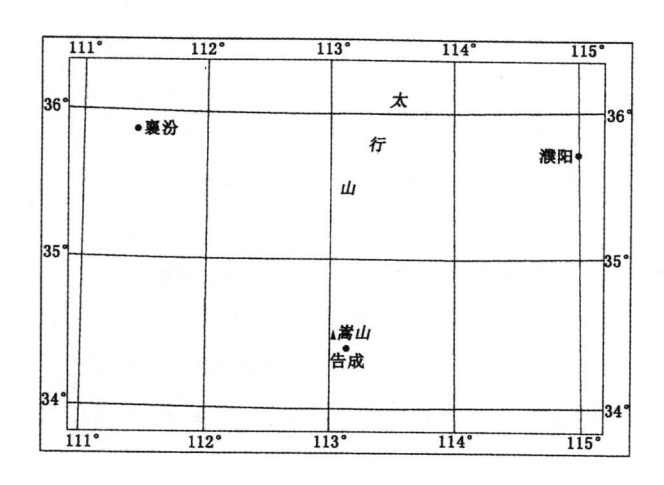

图3—1　早晚地中位置示意图

由于观象授时乃是古代帝王垄断的神秘知识，而居中治世又是传统政治观的突出特点，这意味着掌握槷表的人如果不是观象授时的主宰者，至少也应充当着君王观象的辅臣。很明显，迄今所见两处早期槷表的发现之地，其性质不仅应属不同时代的文化中心地区，当然从居中而治的

---

① 冯时：《河南濮阳西水坡45号墓的天文学研究》，《文物》1990年第3期。
② 河南省文物考古研究所、濮阳市文物保护管理所：《濮阳西水坡》，中州古籍出版社、文物出版社2012年版。
③ 中国社会科学院考古研究所山西队、山西省考古研究所、临汾市文物局：《山西襄汾县陶寺城址祭祀区大型建筑基址2003年发掘简报》，《考古》2004年第7期。

政治传统考察，这些文化中心地区也就应该反映着当时人们所认识的天地之中。毫无疑问，至迟夏代早期以前的槷表集中发现于北纬约35.5度的地区，这一现象显然说明，以濮阳与襄汾为中心的纬度地区其实就是先民所了解的天地之中。而濮阳地区作为世传舜求地中的历山所在，其地近雷夏泽，显然恰好可与其地见有原始周髀遗存的事实相印证。当然，这并不意味着我们可以据此认定濮阳所见的槷表象征遗存乃为舜迹的可能，要知五帝史观不过是东周史家的创造而已，其将漫长的上古史只简单地浓缩为五位帝王的历史，而将众多先民的劳迹归结到某一位或某几位圣王身上。因此，《保训》所述的舜求地中的故事与其说反映了舜帝自身的活动，倒不如将其视为以濮阳西水坡先民为代表的上古先圣测影求中的历史事实更客观。诚然，假如《尧曰》有关尧、舜、禹禅让教导后继者必亲掌历数、居中治世的传说尚留有些许史影的话，那么地近历山的濮阳作为所谓"舜迹"，其与世为夏墟的襄汾作为禹迹的史实就恰好可以互为关联，二者同处天地之中，从而与《尧曰》"舜亦以命禹"所教导的"允执其中"的政治追求不无暗合。

传由舜所测得的地中应在北纬约35.5度的地区，其与上甲微及周公所定的地中位处北纬约34度强的地区尚有相当大的距离（河南登封告成镇的地理纬度为北纬34度26分）。[①] 这种早晚地中地理上的差距表现在两地日中的晷影长度上当然有所不同，而这种差异在文献史料中恰好有所存留。

上甲微所测得的新的地中通过周公的测影活动而得以传续，地点也相对明确。其以嵩山为中心，夏至日正午八尺槷表的影长为一尺五寸，这在《周礼》中已有明确的记载。《周礼·地官·大司徒》：

    日至之景尺有五寸，谓之地中。

郑玄《注》引郑司农云："土圭之长尺有五寸，以夏至之日立八尺之表，其景适与土圭等，谓之地中。今颍川阳城地为然。"这个影长数据至少在汉代以前即已存在，并且几乎被人们公认为属于夏至日地中的影长。两

[①] 董作宾、刘敦桢、高平子：《周公测景台调查报告》，商务印书馆1939年版。

汉及其以后，这个影长数据又得到了一些改进，《续汉书·律历志下》刘昭《注》引《易纬通卦验》记为一尺四寸八分，《隋书·袁充传》及《天文志上》又记隋代袁充测得了一尺四寸五分，观测地点是在洛阳。如果按照当地的纬度计算，这个影长的误差确实很小。这些数据表明，夏至之日八尺表影的长度当为一尺五寸甚至更短，隋代以前于地中的测影结果都明确地说明了这一观测事实。

然而在中国的传统文献中，有关天地之中夏至日正午的日影长度事实上存在着两组不同的观测数据，除上述围绕一尺五寸的测影结果外，刘向于其《洪范五行传》中还记有一个一尺五寸八分的日影长度，比《易纬通卦验》所记汉代的影长数据足足长出了一寸，差异相当明显。尽管这一关键的测影数据并未记有相应的测量地点，以至于我们并不清楚刘向本人到底是在什么地方得到的这样的测影结果，但是可以肯定的是，这样的测影数据显然不能反映世传阳城的观测结果，因为同一时代不可能需要使用两种不同的度量尺度计算晷影，这意味着刘向所得一尺五寸八分的测影记录与《易纬通卦验》所记一尺四寸八分的地中影长数据存在的巨大差误完全不能解释为使用不同尺度的度影结果，而只可能体现着于不同地点的观测数据。《周髀算经》李淳风《注》解刘向所得之影云："时汉都长安，而向不言测影处所。若在长安，则非晷影之正也。"质疑已非常明确。其实即使在长安测影，也根本不可能得到一尺五寸八分的影长。① 值得特别注意的是，与刘向所得的地中影长近似的数据也见于《周髀算经》，该书卷上云：

> 陈子说之曰："周髀，长八尺。夏至之日晷一尺六寸。髀者，股也。正晷者，勾也。正南千里，勾一尺五寸；正北千里，勾一尺七寸。"

这个一尺六寸的地中影长与《周礼》所记地中的影长相比，也恰好多出一寸的长度，其结果与刘向所得日影数据长于《易纬通卦验》所记夏至

---

① 李淳风《周髀算经注》："大唐贞观二年己丑五月二十三日癸亥夏至中影一尺四寸八分，长安测也。"知长安所测夏至日中之影也近一尺五寸。

日的地中影长所形成的一寸差异完全相同。《隋书·天文志上》谓《周髀算经》所记的夏至影长当在"成周土中"所测，然而根据李淳风对于当时于长安测影的结果分析，这显然出于唐人妄议，赵爽所见之本并非如此。两个地中影长的数值差距如此之大，显然不能考虑为同一地点的观测误差，因此，如果我们没有理由将这种影长差异解释为古人利用不同尺度的测影结果的话，事实上这种可能性通过《易纬通卦验》与《洪范五行传》两部时代相近的文献保留的影长的比较已可以排除，那么就只能反映着古人于不同地点的测影结果。

《周髀算经》与《洪范五行传》所反映的地中影长与传统认识的不同尚不独体现在夏至日正午的影长方面，而且也涉及到冬至日正午的影长数值。《周髀算经》卷下云：

冬至晷长一丈三尺五寸。
夏至晷长一尺六寸。

《洪范五行传》云：

冬至一丈三尺一寸四分。
夏至一尺五寸八分。

而《周礼·考工记·玉人》郑玄《注》云：

夏日至之景尺有五寸，冬日至之景丈有三尺。

很明显，冬、夏二至日的影长数据皆较传统认为以嵩山为中心的地中所测得的影长为长，其体现不同地点测影的系统差异应是明显的。

《周髀算经》虽然列出了二十四节气的影长，但除夏至与冬至二气的影长之外，其他节气的影长数据皆据率损益而得。《周髀算经》卷下云："凡为八节二十四气，气损益九寸九分六分分之一。冬至、夏至为损益之始。"由此可知，冬、夏二至的影长数据出于实测是不容怀疑的。

根据传统盖天家立表以测大地距离所得"损益寸千里"的率法而论，

可以判断,《周髀算经》与《洪范五行传》所记较传统于嵩山、洛阳一带所测一尺五寸的夏至影长多出的一寸,无疑反映了二者于地理上相距千里的事实,尽管这一损益率制在后人看来并不正确,[①] 但其毕竟体现的是当时人们的认知水平。事实上,典籍所载夏至影长的差异与《保训》所记早晚地中的变化,以及考古所见嵩山河洛以北的北纬约 35.5 度地区集中发现槷表遗存的事实,三事至为吻合。

《周髀算经》卷上云:

> 法曰:周髀,长八尺,勾之损益寸千里。……故冬至日晷丈三尺五寸,夏至日晷尺六寸。冬至日晷长,夏至日晷短,日晷损益寸差千里。

赵爽《注》云:

> 勾谓影也。言悬天之影,薄地之仪,皆千里而差一寸。

《淮南子·天文》云:

> 正南北相去千里,同日度其阴,北表二尺,南表尺九寸,是南千里阴短寸。

钱塘《补注》云:

> 《周髀》以髀为股,以景为勾,日中立八尺之股,南北二千里,景差二寸,故寸有千里,故人以为通率,以测东西。
>
> 表近日则阴短,表远日则阴长,二表相去千里,故北表阴二尺,南表阴尺九寸,即为寸差千里之通率。

[①] 有关问题参见陈遵妫《中国天文学史》第一册,第二编第二章之二,上海人民出版社 1980 年版;冯时《中国古代物质文化史·天文历法》第十二章第二节,开明出版社 2013 年版。

故据此损益寸千里之通率，则《周髀算经》以夏至日影一尺六寸的长度为基点，而与其南千里之地夏至日影长尺有五寸，其北千里之地夏至日影长尺有七寸对比，自明夏至日影一尺六寸之地必为天地之中。显然，如果将《周髀算经》所记夏至日影尺有六寸的长度与《周礼》所载的一尺五寸相较，在不可能解释为不同尺度的计晷结果的前提下，这种晷影差异只可能反映古人于不同地点的测影结果。毫无疑问，这几乎暗示了西汉刘向在《洪范五行传》中所记的一尺五寸八分的夏至影长与同时代一尺四寸八分的晷长差异也具有同样的于南、北不同地点的测影意义。

《周髀算经》将夏至日中所得影长一尺六寸的事实归为陈子所传，似乎在某种意义上还留有所谓舜求地中这一远古史实的孑遗。世以陈为舜姓，故陈子如可认为舜后，则其所言地中一尺六寸的晷影就正应反映着距后世地中以北千里的夏至影长，这一结果当然与《保训》有关舜求地中于历山的记载以及考古学所揭示的夏代以前的埶表实物集中发现于以濮阳与襄汾为基点的约北纬35.5度地区的事实訢合无间。准确地说，文献所呈现的地中影长的一寸差异无疑反映了不同时代人们所认识的不同的地中。

大地距离的丈量与天地距离的测量一样，借助尺度是不切实际的，对古人而言，解决这一问题唯一可行的方法就是立表测影，并通过勾股计算而完成。很明显，依据影差寸千里的定率，文献所记天地之中夏至正午影长的一寸差异事实上反映的正是位处南北千里之差的两个地点的地理差异。如果这两个南北纬度地区分别作为不同时期人们所认识的天地之中的话，那么这个地理差异就显然应该被视为不同时期人们所认识的不同的地中。因此，《保训》所载早晚地中变迁的故事由于有考古资料与文献史料的佐证，其所追溯的以舜为代表的某一历史时期先民的作为无疑应该再现了历史的真实。

上甲微基于有夏新的政治格局所建立的地中不仅在南北距离上与旧有的地中不同，而且在东西位置上，新旧地中也存在着明显的差异。如果说在早期的政治框架下，濮阳西水坡可以视为东方夷文化的中心，襄汾陶寺又可以视为西方夏文化的中心的话，那么这两个中心尽管可以根据当时南北势力的消长放心地确定其南、北的中心，但对求得东、西二方的中心而言，却必须为避让对其制约的敌对势力，尽量地趋于地中，而并不能真正位处九州的中心。这种情况至夏王朝的建立而发生了根本改变，从而使上甲微所定的新的地中可以真正建立在九州的基础之上，这不仅意味着新的地中既是南、北的中心，同时也必须是东、西的中心。有趣的是，当我们将由上甲微所定的这个以嵩山为中心的新的地中与濮阳西水坡、襄汾陶寺两个地点进行比较的时候，便会发现，这个新的地中在东、西方位上恰好位处东夷濮阳与西夏陶寺的中心点上。濮阳西水坡位处东经114度59分，[①] 襄汾陶寺位处东经111度29分，[②] 而传为周公测影并留有其致日遗迹的河南登封告成镇则位处东经113度2分，[③] 三地经度的计算结果表明，告成之地恰好位于早期地中所在的东、西两地的中央（图3—1），其地点的选择相当准确。或者我们可以将濮阳与襄汾两地连为一线，而后取其中点平分，结果显示，告成之所在恰好落在两地连线的垂直平分线上，这同样无论如何不能认为出于偶然。如果嵩山告成可以视为周公对上甲微所定新的地中的继承的话，那么上甲微重新确定的地中就不仅比早期的地中南移了千里，而且其相对于旧有地中最显著的不同便是在关注南、北取中的同时，也关注了东、西的取中。因此，这个新的地中求取四方之中的意图颇为明显。这个事实所具有的意义非常重要，它明确揭示了新的地中的确立原则，这种原则便是在九州的背景下同时求取南北与东西的中心，进而产生了居四方之中并抚有四方的思想。当然这也反证了濮阳与陶寺在夏代之前作为地中的独特地位。

居中而治的传统政治观使得天地之中成为君王大邑的选建之所，这一制度在《大司徒》中所述甚明。这意味着濮阳西水坡及襄汾陶寺这两处具有槷表遗存的上古遗址，其性质无疑属于各自时代的王邑。我们曾经论定，陶寺遗址由于有夏社遗存及"文邑"朱书的发现，可以确定其性质为早期的夏邑，[④] 这一事实恰好适应着其地望位居的早期地中。而当

[①] 河南省文物考古研究所、濮阳市文物保护管理所：《濮阳西水坡》，中州古籍出版社、文物出版社2012年版。

[②] 中国社会科学院考古研究所山西队、山西省考古研究所、临汾市文物局：《山西襄汾县陶寺城址祭祀区大型建筑基址2003年发掘简报》，《考古》2004年第7期。

[③] 董作宾、刘敦桢、高平子：《周公测景台调查报告》，商务印书馆1939年版。

[④] 冯时：《中国古代的天文与人文》第二章第四节，中国社会科学出版社2009年修订版；《"文邑"考》，《考古学报》2008年第3期。

商汤的六世祖先上甲微变置地中之后，假如这一新的地中为夏人所遵从，则夏代晚期王邑地点的选择也必然随之而改变。当然这也是商汤建立亳中邑所必须参考的地理标准。如果位居河洛之地的二里头文化遗址可以认为属于这一时期的王邑遗存的话，那么这个王邑地点的选择就显然是为适应由上甲所确定的新的地中。由此可见，考古学与文献学所提供的早晚地中变迁的证据坚实而完整。

六　周人居中而治思想的传承

《保训》所述文王训导其太子发，以书授之，并讲解了书中记载的两则故事，核心思想即在阐释居中而治的传统政治观。

故事之一是言史传舜求地中，其通过立表测影，于上下远近易位而考校晷影，终于定历山为天地之中。舜居地中而治，又以信孝之德立身，得到帝尧的嘉赏，"用授厥绪"而禅让其位，使舜得以祇承帝位而王天下。《论语·尧曰》所载尧、舜禅让而尧语舜曰"天之历数在尔躬，允执其中，四海困穷，天禄永终"，即言此事。然舜所定之地中囿于其时的政治格局，但求南、北之中而已。竹书言舜置槷考影，唯重"上下远迩"的位置变化，即准确地表述了这一史实。

故事之二是言商王祖先上甲微由于有夏王朝新的政治格局的确定，因而变易早期由舜所定之地中，将天地之中的位置从北方的历山一带南移至河洛有易之地，并通过追中测影，最终确定了新的天地之中。上甲微求得地中后不忘居中而治的政治追求，并将这一传统传贻子孙，敬修孝信之德而不懈，终于至成汤之世戡灭有夏，膺受天命而王天下。新的地中的确定不独重视南、北的取中，同时也重视东、西的取中，从而产生了真正意义上的四方之极与抚有四方的思想。清华大学所藏战国竹书《尹诰》言汤所居之亳名"亳中邑"，[①] 即以其王邑居天地之中（详见第三章第三节），正可见这一思想的传续。《诗·商颂·殷武》："商邑翼翼，四方之极。"郑玄《笺》："极，中也。商邑之礼俗翼翼然可则效，乃四方之中正也。"马瑞辰《毛诗传笺通释》："惟中正可为法则。文六年《左传》'陈之藝极'，藝与臬通；臬，法也；则极亦法矣。"林义光《通

[①] 李学勤主编：《清华大学藏战国竹简（壹）》，中西书局2010年版。

解》:"极,毛《思文》《传》云中也。按屋之中央最高曰极,故极有中义。商邑,亳也,居九州之正中,故曰四方之极。"林氏所论最近本义。郑玄以后,则地理之中的思想已逐渐发展为教化之则。

这两则故事的核心思想即在教导武王遵循古鉴而求天地之中,并居中以治事,敬修信孝之德,如此方有机会受有天命。正因为武王承训文王的如是教诲,才可能使我们在西周早期的铜器铭文中读到武王克殷后居中而治的首要追求。何尊铭云:

> 唯武王既克大邑商,则庭告于天,曰:"余其宅兹中或,自之乂民。"

《说文·戈部》:"域,或,又从土。"是"中或"即言中域、中土、中国,意即位处中原的天地之中。① 《河图括地象》:"天下九州,内效中域,以尽地化。"此"中域"即同何尊铭文的"中或"。故依《保训》所建立的历史背景观之,居中而治的思想由于有文王的训教,其实早已是武王的固有信念。西周天亡簋铭述武王于天室祭天而"殷三(四)方",② 大盂鼎铭述武王作邦而"抚有四方",既言"四方",则武王必居天地之中自明。很明显,《保训》的故事正可与何尊、天亡簋及大盂鼎铭文所记武王的事迹彼此呼应,而何尊所反映的武王居中而治的追求其实正体现了其亲承文王教诲的结果。

《保训》所体现的文王告诫武王居中治世的思想在《尚书》中也有明确的反映。《召诰》云:

> 王来绍上帝,自服于土中。旦曰:"其作大邑,其自时配皇天。毖祀于上下,其自时中乂。王厥有成命,治民今休。"王先服殷御事,比介于我有周御事。节性,惟日其迈。王敬作所,不可不敬德。
> 我不可不监于有夏,亦不可不监于有殷。我不敢知曰,有夏服

---

① 参见冯时《中国古代的天文与人文》第一章第二节,中国社会科学出版社2009年修订版。

② 冯时:《天亡簋铭文补论》,《出土文献》第一辑,中西书局2010年版。

天命，惟有历年；我不敢知曰，不其延，惟不敬厥德，乃早坠厥命。我不敢知曰，有殷受天命，惟有历年；我不敢知曰，不其延，惟不敬厥德，乃早坠厥命。今王嗣受厥命，我亦惟兹二国命，嗣若功。

尽管这些内容乃为武王作邦以后之事，但其思想却与《保训》所体现的文王之教完全吻合。《召诰》"王来绍上帝，自服于土中"即以居中治世为其政治统治的核心。"其作大邑，其自时配皇天"当然又与天亡簋、何尊铭文所载武王于天地之中的天室祭天，也即"庭告于天"所具有的直承天帝、配帝在下的观念相一致。① 而"其自时中乂"则简直就是何尊铭文所述武王自称"余其宅兹中或，自之乂民"的翻版。这些思想如果视作是对《保训》文王之教的继承，显然毫无问题。

当然，居中而治的政治思想虽然源出上古天文观，其在空间上建立了人王与其直系祖先上帝最直接的联系，但是在德行观念推行之后，道德的高下则已成为人们是否有资格获取天命的关键所在，至少在西周及其以后，这一政治主张得到了特别的强调。因此，《保训》在传达舜与上甲微以天文之法求测地中的同时，还着重强调了其"身兹备，唯允"、"祗备不懈"的德行修养，而这一思想在文王对武王的训导中也以"今汝祗备毋懈"的告诫体现了出来。古人以为天命靡常。《诗·大雅·文王》："天命靡常。"郑玄《笺》："无常者，善则就之，恶则去之。"《墨子·天志上》："然则天亦何欲何恶？天欲义而恶不义。""义"的本质为诚信之德，史载文王以诚信之德受命，而西周社会则以信与孝为道德的基本内涵，② 凡此都可与《保训》以"备"为孝信之德的思想相印证。文王以为殷命不久，"未有所羡"，"羡"读予线反，延也，此即《召诰》所言殷命"不其延"。《尚书·君奭》："不知天命不易，天难谌，乃其坠命，弗克经历，嗣前人恭明德。"吴闿生《尚书大义》："经历，长久也。"故"弗克经历"即言天命不能长久，与《保训》所述亦合。故文王教太子发"祗备毋懈"，"祗备"亦即《召诰》所谓"敬德"，如此才可"尔身受大

---

① 冯时：《天亡簋铭文补论》，《出土文献》第一辑，中西书局2010年版。
② 冯时：《中国古代的天文与人文》第四章第二节，中国社会科学出版社2009年修订版；《西周金文所见"信"、"义"思想考》，《文与哲》第六期，2005年6月。

命",实现王天下的政治理想。事实上,由于槷表之"槷"本所具有的准则意义,而"至信如时"的思想又使古人常以槷表作为比德之器,以显其诚信不欺之德操,因此,这使考校地中之影的工作其实具有了自考其志的意味。《保训》言舜"恐求中,自稽厥志",于这一思想阐释明确。

《保训》以"日不足维宿不详"作为全文的终结,即以所述之事为后人所戒。《逸周书·大开》:"戒后人其用汝谋,维宿不悉日不足。"又《小开》:"后戒宿不悉日不足。"故《保训》谓文王告诫武王效法前人之谋,不仅修德,更不忘居中之志。有此训导,遂有其后武王灭商而"余其宅兹中或,自之乂民"的宏图。

七 地中变迁与夏商王邑的关系

由观象授时发展形成的天命观使君王治民实际只是其受有天命而代天行道的活动,故其配帝而在下。授予天命的上帝因居天之中,故君王配帝在下也必依于天而居地之中,所以王邑之选建需先求地中。《逸周书·度邑》言武王克商立邑,唯有"定天保,依天室","其惟依天,求兹无远"之所求。何尊铭言武王告天曰"庭告",意即于天地之中告天,都体现了这一根本思想。这种天与地的地理中心的确定可以使人王与上帝保持着最近的距离,并借这种地理的中心彰显统治者政治与宗教的合法性,从而最终形成居中而治的传统政治观。

《保训》所记帝舜求测地中的传说事实上反映了中国传统的居中而治的历史,准确地说,史传所谓帝舜测得地中的时代实际也就是居中而治传统政治观及其制度的形成时代。夏王朝的诞生,王庭地点的选择无疑围绕着早期所定的这个传统的地中。其后上甲微变求地中,这一事实不仅反映了天地之中位置的改变,更重要的是使早期的政治中心发生了变化。而成汤建立殷商王朝,姬发建立西周王朝,都应遵循着这个新的地中规划王庭,成为各自时代的政治中心。这个客观的文化背景对于三代政治中心变迁的研究是有益的,尤其是为在考古学上证认三代王庭的遗存及其地点提供了极为重要的启示。

居中而治与帝王对于观象授时的垄断造就了天地之中与帝王观象的固有联系,帝王居于天地之中而统御四方,天地之中也就成为了帝王的观象之地。直至商代，商王立表测影的工作仍被称为"立中"，这意味着如果我们可以在考古学上确认早期圭表测影的遗存，那么我们实际也就找到了相应时期王庭所在的王朝的中心。很明显，早晚地中变迁历史的揭示足以为我们提供从考古学角度探索三代王邑遗存的线索。

早期王邑的地点不仅必须选择在天地之中，而且正是由于其有居于四方之中央的特点，因而一定在形制上呈现为没有城墙的聚邑。这些问题我们已有详细的论证。以这样的标准检讨目前所知的考古遗存，山西襄汾陶寺遗址晚期遗存的性质无疑可以考虑为属于夏代早期王庭所在的王邑，这不仅因为我们在陶寺早期的遗存中找到了夏社，而且更在中晚期的遗存中发现了测影的圭表遗物以及"文邑"的朱书文字，[①] 这些遗存对于确定陶寺遗址的文化性质至为关键。夏社遗迹可以与文献有关夏社句龙的记载相印证，而"文邑"作为夏代的王邑不仅在商代的卜辞中仍见其孑遗，甚至可以与夏代的国号本称"文夏"、夏祖大禹本名"文命"所体现的夏人重文尊命的传统相符合。显然，这个夏代早期政治中心的建立无疑应适应着当时人们所认识的地中。

然而时至夏代中晚期，新的地中已经确定，如果夏人认同这个由上甲微所测定的地中，那么夏代晚期的王邑就应围绕着这个新的地中迁徙重建。假如上甲微所定的地中并不为夏人所接受，那也不影响上甲必须定居于这个新的地中之地，并如《保训》所言为其子孙所固守，终致成汤获有天命。当然也可能夏人遵从了新的地中而徙建王邑，其后成汤于灭夏之后继续在这个由上甲微所定的地中之邑建立亳中邑。通过对文献史料的分析，似乎可以相信，夏王庭迁都的事实是可以成立的。《周易·益》之卦爻辞记尊中而涉川迁国，益工事而占卜大作，这些内容如果可以解释为夏人徙居新定的地中而兴作王邑之事，则正是我们渴望找到的线索。

《周易·益》云：

> 益，利有攸往，利涉大川。

[①] 冯时：《中国古代的天文与人文》第二章第四节，中国社会科学出版社2009年修订版；《"文邑"考》，《考古学报》2008年第3期。

初九，利用为大作，元吉，无咎。
六二，或益之十朋之龟，弗克违。永贞吉。王用享于帝，吉。
六三，益之用凶事，无咎，有孚。中行告公用圭。
六四，中行告公，从，利用为家迁国。①
九五，有孚惠心，勿问，元吉。有孚，惠我德。
上九，莫益之，或击之，立心勿恒，凶。

六四爻辞之"利用为家迁国"显然意在说明利用徙家迁国，也即家国之迁徙。"家"于今本作"依"。《荀子·王制》："居则设张，客负依而坐。"杨倞《注》："户牖之间谓之依，亦作扆。扆、依音同。"《尔雅·释宫》："牖户之间谓之扆，其内谓之家。"然而，这个家国迁徙的历史故事究竟是指夏人为适应上甲微所定的新的地中而将夏之王室迁至河洛地区这一新的地中，还是上甲微在求得地中之后将商家迁往河洛之地中，抑或成汤徙都于河洛地中，或者更晚至武王或周公之事迹？通过对相关卦爻辞的分析并非不可以得出一些倾向性的认识。"中行告公，从"之"从"如果可以理解为是对上甲微所定地中的遵从或认同，那么家国迁徙之事就不能排除夏人认从上甲新定之地中而徙迁王邑的可能。《周易》以四应初，因此六四爻辞与初九爻辞"利用为大作"而言大兴建筑的内容正为因果。而迁徙的目的，六四爻辞及作为终爻之六三爻辞都在强调"中行"，也就是以土圭测得的天地之中。

　　初九爻辞的"大作"意即修作大邑，故六二爻辞述及以十朋之大龟用为卜事。此"十朋之龟"或当《大诰》之大宝龟，彼云："予不敢闭于天降威，用宁王遗我大宝龟，绍天明。"知其以大龟行卜事。而古迁宅作邑必卜，是为制度。《尚书·盘庚》言殷王盘庚迁于殷而行卜稽之事。又《召诰》言成王营成周，使"太保朝至于洛，卜宅。厥既得卜，则经营"。而卜祭二事并行，也为营宅之事。《召诰》："若翼日乙卯，周公朝至于洛，则达观于新邑营。越三日丁巳，用牲于郊，牛二。越翼日戊午，乃社于新邑，牛一，羊一，豕一。……王来绍上帝，自服于土中。"六二爻辞并云"王用享于帝"，与制度正合。而周成王世器何尊述成王初迁宅

---

① 参马王堆帛书本。

成周便效法武王的做法祭天,也明新邑所成必祭帝以告之。事实上,成王选建成周大邑,宅中卜居,其事最可比较。《说苑·至公》:"昔周成王之卜居成周也,其命龟曰:'予一人兼有天下,辟就百姓,敢无中土乎。'"足证卜决中央之位的重要。殷卜辞屡卜王作邑而帝若否(《合集》14201,参见第三章第四节),同为这种观念的反映。很明显,夏人遵从上甲微重定的地中而迁国徙邑,其新作的夏邑一方面需要围绕着以河洛嵩山为中心的新的地中而选建,另一方面又必须呈现为没有城墙的邑制,从这两个特点分析,目前的考古遗存唯有二里头遗址可以当之。

有关二里头文化第一期的始年,可以参考的碳十四测年数据颇为悬殊,最新的测年结果将其限定在公元前十八世纪的中叶,准确时间不早于公元前1750年,[①] 这意味着二里头文化第一期的年代恰好落在了商汤六世祖先上甲微变求地中的时代。很明显,文献记载与碳十四测年结果以及考古学研究三者的契合使我们相信,不仅早晚地中变迁的史实可以得到印证,而且正是由于这一史实的澄清,使我们得以据居中而治及以邑制为王庭的传统思考,认为二里头一期文化属于夏王朝晚期遗存的结论更具有意义。

诚然,上甲微重定的地中即使不被夏人认同,但却是商人必须继承的政治遗产。《保训》言上甲微得中而传贻子孙,终至汤受天命。这意味着汤灭夏后所作之王邑必固守着上甲所定的地中。亳本名"亳中邑",即见其位居地中的特点。殷商建筑的中轴线异于前朝而合上甲所定地中的方位,似也证明了上甲变置地中的事实。其实,汤之亳中邑如果不是在夏邑的基础上重施规划,就必是延续了上甲的遗绪。鉴于目前河洛地中之地发现的符合夏、商王邑制度的遗存只有二里头遗址,可以判断,不论二里头遗址属于夏邑抑或商邑,这个早期邑制的建作显然都应与上甲所确定的地中有关,而公元前1750年的遗址始年正与上甲变置地中的年代密合。

---

① 仇士华、蔡莲珍、张雪莲:《关于二里头文化的年代问题》,《二里头遗址与二里头文化研究——中国·二里头遗址与二里头文化国际学术研讨会论文集》,科学出版社2006年版;张雪莲、仇士华、蔡莲珍、薄官成、王景霞、钟健:《新砦—二里头—二里冈文化考古年代序列的建立完善》,《考古》2007年第8期。

同时必须指出的是，古人通过立表测影找到了地中，这是否意味着这样的立表活动可以因此一劳永逸而再无进行的必要？答案当然是否定的。虽然古人寻找地中需要通过立表而取得，但立表测影的目的却并不仅仅是为了寻找地中。天文学作为古代帝王所垄断的知识，其作用即在于完成正确的授时工作，而立表测影则是使天文观测逐渐精确化的重要手段，其中最重要的一点就是通过这样的测影活动而使历法的编算日趋精密，这当然不得不使古人必须借圭表致日的连续性获得更高精度的回归年数值而实现。然而无论夏至点或冬至点都不可能总发生在正午，它可能出现在一天之中的任何时刻，因此，为了求测精确的回归年长度，人们就必须对二至日的日影进行有规律且持续不断的长期测量，这是古人为制定精密的历法而求历术合天所必行的工作。显然，圭表致日的历史不仅悠久，而且由于这一工作可以系统建立自殷商以降的观测传统，因此在中国古代天文学史上具有着鲜明的特点。

八　地中变迁对殷商文化的影响

（一）殷商子午线的确定

商代建筑布局的南北中轴线与上甲重测地中而确定的子午线呈现出相同的方位偏转趋势，从而使殷商时期的建筑方向与前朝截然不同。准确地说，商代以前辨方正位的结果使建筑布局的中轴线都向东南偏转，如先夏或夏代早期的陶寺遗址以及夏代晚期的二里头遗址，其建筑布局皆呈现出相同的方位特征（图3—2）；而殷商时期的建筑布局则与此完全相反，其中轴线均向西南偏转，如早商时代的偃师商城遗址、中商时代的郑州商城遗址与洹北商城遗址，以及晚商时代的殷墟遗址，其建筑方位皆表现出不同于夏代的特征（图3—3）。殷商先民的这种不同于前朝的方位选择究竟出于怎样的原因，过去我们一直无从知晓，然而上甲微重定地中史实的揭示，则对解决商人这一方位传统的形成问题给与了启示。事实上，如果上甲微确定的新的地中与早期地中的关系可以描述为以嵩山告成镇为中心的子午线垂直平分了早期地中通过连接濮阳与襄汾而形成的纬度线的话（图3—1），那么这个新的地中所获取的子午线就恰好呈现为向西南偏转的特点。显然，殷商建筑布局所取子午线与上甲微所定子午线的一致似乎可以说明殷商子午线异于前朝的原因。其实，殷商先

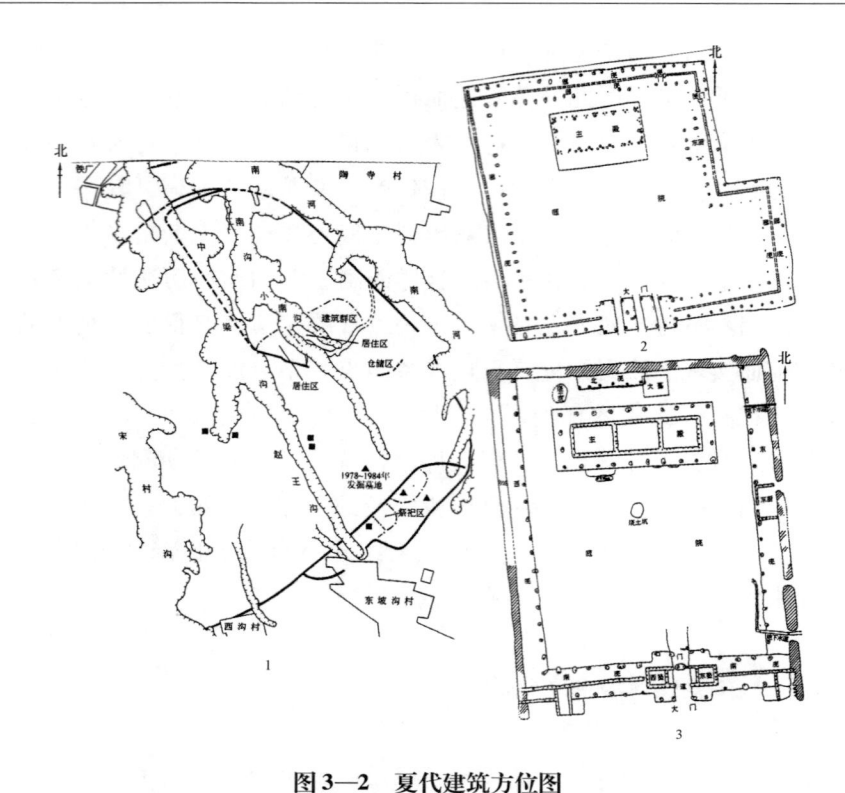

图3—2 夏代建筑方位图
1. 陶寺城址平面图 2. 二里头遗址一号宫殿基址平面图
3. 二里头遗址二号宫殿基址平面图

民正是通过恪守由上甲微重测地中所形成的新的方位传统,并以其作为取代有夏而建立的殷商王朝在政治与宗教上的合法性的象征。

《诗·商颂》屡称商人于禹迹作邦立邑。《玄鸟》云:"天命玄鸟,降而生商,宅殷土芒芒。古帝命武汤,正域彼四方。方命厥后,奄有九有。"毛《传》:"芒芒,大貌。正,长。域,有也。九有,九州也。"《韩诗》作"奄有九域",韩说曰:"九域,九州也。"毛《传》训"宅殷土芒芒"之"芒芒"为大貌,其意实指殷土之疆域兆界不清。《吕氏春秋·应同》:"芒芒昧昧,因天之威,与元同气。"高诱《注》:"芒芒、昧昧,广大之貌。""芒芒"与"昧昧"同,即此之意。《长发》云:"濬哲维商,长发其祥。洪水芒芒,禹敷下土方。外大国是疆,幅陨既长。

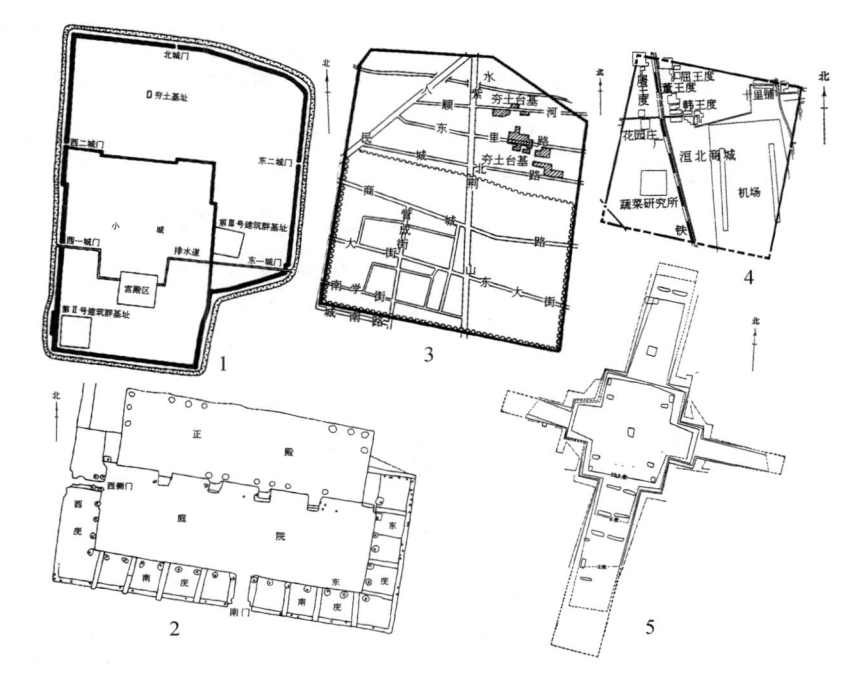

图 3—3　商代建筑方位图

1. 偃师商城平面图　2. 偃师商城四号宫殿基址平面图
3. 郑州商城平面图　4. 洹北商城平面图　5. 殷墟侯家庄 M1001 平面图

有娀方将，帝立子生商。""宅殷土芒芒"之"芒芒"意犹此"洪水芒芒"之"芒芒"，皆广大无边之谓，故有其后"古帝命武汤，正域彼四方"之事。毛训"正域"为长有，郑玄《笺》谓"使之长有邦域，为政于天下"，其说颇不足取。马瑞辰《毛诗传笺通释》云："正、域二字平列，皆正其封疆之谓。《周礼》'形方氏掌制邦国之地而正其封疆，无有华离之地'，此诗所谓正域也。正域与兆域义相近。"所说甚是。事实上，《玄鸟》所谓成汤端正封疆的作为正体现着其在上甲微重定地中基础上的疆域规划，这个新的疆域规划当然也就是在禹迹基础上的规划，遂有下文"方命厥后，奄有九有"。《长发》云："昭假迟迟，上帝是祗，帝命式于九围。"毛《传》："九围，九州也。"而《殷武》更云："天命多辟，设都于禹之绩。……商邑翼翼，四方之极。"根据上古居中而治的政治传统，定王庭于禹之迹也就是将王邑选定在禹所规划的九州九有的中央，其不称舜迹十二州，这个思想如果结合对《保训》的分析，似乎正反映了商人在禹迹的基础上重测地中的工作。尽管新的地中打破了舜之十二州格局，但殷人反复强调其作邦立邑于禹迹九州，显然意在彰明殷商王朝具有着与有夏王朝相同的政治基础与宗教基础。事实上，商人虽然以一种不同于夏王朝的新的子午线作为新王朝的标志，但这种建立在观测基础上的做法并不意味着殷商王朝可以获得不同于夏王朝的天命，同时更为重要的是，殷人通过这种天文观测所建立的授命之天帝与配帝在下的人王的联系，强化了新王朝在政治与宗教上的合法性。

（二）上甲微庙祭地位的确定

殷商历史开始于由简狄吞玄鸟卵所生之始祖契，其于殷商卜辞称为高祖夒，[1] 而成汤作为开国之君，其于殷商史上自然也享有崇高的地位，然而殷墟卜辞资料显示，以所谓周祭——五种祭祀——为代表的殷商宗庙祭祀却是从上甲开始的，以至于学者普遍认为，殷商的成文历史其实正始自上甲。[2]《诗·商颂》屡颂契与成汤，时称相土、武丁，而并未提及上甲的事迹，《史记·殷本纪》述及上甲也极为简略，这使殷人以上甲微作为商人庙祭始祖的做法颇令人疑惑。殷人何以独尊上甲？或者时人何以认为上甲在殷人历史中有比成汤及商祖契更显赫的功业？这个问题一直使人困惑不解。其实，这一史实如果建立在上甲微重定地中的基础之上，那么其所享有高于成汤及商祖契的地位就不难理解了。地中的重新确定意味着自有夏王朝开创的新的政治制度与宗教基础得到了重新确认，因此商人成文历史从上甲微开始正是对其确定地中这一史实的真实反映。《国语·鲁语上》："以劳定国则祀之。……上甲微，能帅契者也，商人报焉。"韦昭《注》解以劳定国受祀者有虞幕、夏杼、殷上甲微、周高圉及大王。《周礼·夏官·司勋》："事功曰劳。"郑玄《注》："以劳定国，若禹。"禹平水土而规划九州，故以劳功受祀。而上甲微在重新规划的九州基础上更定地中，显然具有与禹同样的劳功，故受殷人祭享理所当然。《鲁语上》又云："高圉、大王，能帅稷者也，周人报焉。"大王迁

---

[1] 王襄：《簠室殷契征文考释·帝系》，天津博物院1925年版。
[2] 郭沫若：《卜辞通纂》，《郭沫若全集·考古编》第二卷，科学出版社1983年版。

周以定周室，故周人之京宫宗庙以大王为始祖，① 其事与殷人以上甲微为其庙祭始祖的制度颇相类似。很明显，殷人以上甲微为其庙祭始祖，这一做法实际正是建立在以上甲重定地中而享有王权正统的史实背景的基础之上。

从上甲微到三报二示的日名显然是人为排定的，② 而非卜选所定，因此其次序井然。"甲"字本呈描述东、西、南、北四方的二绳图像，二绳的交午处则为中央，故"甲"字所表现的空间方位实际是合之四方与中央而构成的五方。显然，微以日名甲为庙号，这一事实与其规划东、西、南、北四方并求测地中的作为完全相符。这不仅体现了上甲微以"甲"作为其日名的根本缘由，而且也说明了其作为商人庙祭始祖的真正原因。

尽管《保训》以早期地中的测求归之于舜之所为，这当然体现了战国时代的古史观念，新石器时代先民对于地中的测求活动虽然不可能不属于某位圣王的作为，但以舜来概括这种作为或比附相应的人物却是晚世史家的通行做法。与此相比，上甲微变求地中的作为则应该可以作为信史，因此，这一史实的揭示对于殷商文化某些关键问题的厘清具有特别重要的意义。

第二节　文邑研究

《保训》所传达的早晚地中变迁的史实体现着居中而治的政治史观，这一传统上可承《论语·尧曰》"天之历数在尔躬，允执其中"的禅让制度，下可启武王克殷"余其宅兹中或，自之乂民"的封建制度，脉络清晰，源流分明，对于中国古代天文与人文关系的研究以及三代都邑的考古学探索都具有极其重要的价值。

山西襄汾陶寺遗址 H3403 出土的陶扁壶上发现了朱书文字，资料自公布以来，③ 引起学术界的极大关注。扁壶的时代约为公元前二十世纪，

---

① 唐兰：《西周铜器断代中的"康宫"问题》，《考古学报》1962 年第 1 期。
② 于省吾：《甲骨文字释林》，中华书局 1979 年版。
③ 李健民：《陶寺遗址出土的朱书"文"字扁壶》，《中国社会科学院古代文明研究中心通讯》第 1 期，2001 年。

已属夏代的纪年范围。同时由于夏社及相关史实的考证,① 更可证明陶寺文化与夏文化具有密切的关系。众所周知,甲骨文的发现对于殷墟文化性质的认证具有决定性的意义,那么陶寺文化的朱书文字在认证陶寺文化的性质方面是否也具有与甲骨文同样的作用,这正是我们渴望探索的问题。

一 陶寺文字考证

我们曾经指出,陶寺文化的朱书文字与商代的甲骨文属于同一系统的文字,因此应为汉字的祖先,② 这使我们有可能以商周甲骨文与金文考释陶寺朱书文字。关于陶寺文化两个朱书文字的释读(图3—4;图版六,1),已有不同的意见发表。其中第一字为"文",学者无异辞,而对第二字的识读则意见分歧。或释为"易",③ 或释为"尧",④ 其说可商。"易"、"尧"二字皆见于商周文字,字形与陶寺朱书均不相同。"易"字字形,学者已做汇集比较,⑤ 兹增列字形如图3—5。可以看出,"易"字与朱书第二字不仅形构迥别,而且笔势不合,"易"字下部皆左势收笔,然朱书第二字下部则象人跪踞之形而右势收笔,取势各异。而"尧"字除见于甲骨文外,西周金文及战国文字俱存其字,字形虽繁省不定,但皆上从"土"(或从二"土"),下从"人"(图3—6)。"土"字于甲骨文、金文皆作"Ω"或"Δ",象地面封土之形,土与象征大地的横画连为一体,断无分离之理。以此比较,可明朱书第二字的上部显非"土"字,故其与"尧"字形构差距明显。

分析字形,陶寺朱书第二字应为"邑"字。古文字"邑"乃作从"囗"从"人"之形,通作"㕛"。然而早期文字或字形古朴,表现出更多的原始特征,兹聊举殷彝铭文对照比较(图3—7)。

---

① 冯时:《夏社考》,《21世纪中国考古学与世界考古学》,中国社会科学出版社2002年版。
② 冯时:《文字起源与夷夏东西》,《中国社会科学院古代文明研究中心通讯》第3期,2002年;《试论中国文字的起源》,《韩国古代史探究》创刊号,2009年4月。
③ 罗琨:《陶寺陶文考释》,《中国社会科学院古代文明研究中心通讯》第2期,2001年。
④ 何驽:《陶寺遗址扁壶朱书"文字"新探》,《襄汾陶寺遗址研究》,科学出版社2007年版;葛英会:《破译帝尧名号 推进文明研究》,《古代文明研究通讯》总第32期,2007年3月。
⑤ 罗琨:《陶寺陶文考释》,《中国社会科学院古代文明研究中心通讯》第2期,2001年。

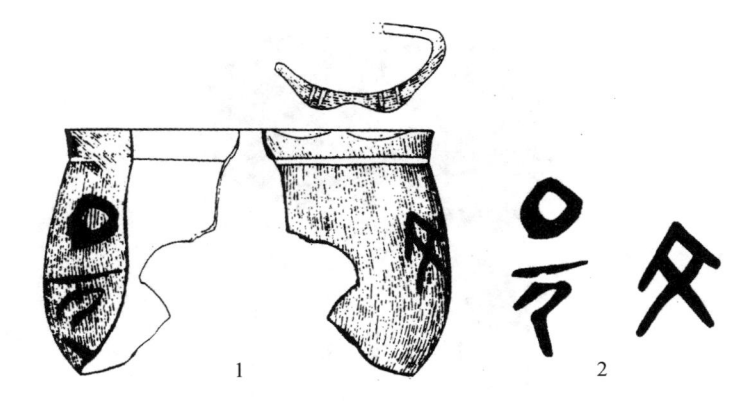

图 3—4　陶寺文化朱书文字

1. 采自《中国社会科学院古代文明研究中心通讯》第一期李建民文　2. 笔者自摹

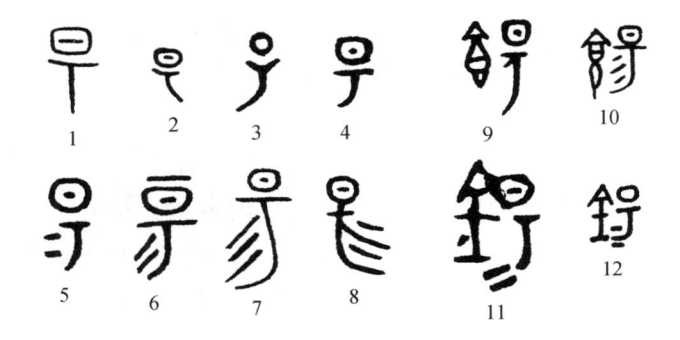

图 3—5　甲骨文、金文"易"及从"易"之字

1—8. 易（《前》7.14.1、《乙》6684、易方簋、同簋、小臣宅簋、五年师旋簋、沇儿钟、嘉子伯易鏄）　9、10. 錫（令鼎、居簋）　11、12. 錫（逆钟、楚公逆鎛）（3—9、11.《集成》4042、4271、4201、4216、203、4605、2803、62，10.《捃古》2.3.85，12.《新收》891）

图 3—6　古文字"尧"字

1.《合集》9379　2. 尧盘（《集成》10106）　3. 楚帛书
4.《郭店·穷达以时》3　5.《郭店·六德》7

212　文明以止

图 3—7　殷金文"邑"
1. 邑（邑爵，《集成》7589）　2. 邑（邑爵，《集成》7588）
3. 邑尹（邑尹爵，《流散》83）

　　图 3—7 所揭"邑"字作从"囗"从"人"之形，[1]而两件邑爵铭文所从之人形，人头已从象形的写法变为一横，其中《集成》7589 一字之形构与陶寺朱书第二字酷肖（图 3—7，1），二者为一字甚明，唯陶寺文字人形与其上的横画因笔势所致而稍有分离（据朱书残迹观察，两笔实有相连的趋势）。两件邑爵铭文于《金文编》释"邑"，至确。据此可知，陶寺朱书二字当释为"文邑"。

　　"文邑"之名又见于殷卜辞。文云：

　　癸酉卜，贞：文邑〔受〕禾？　　《合集》33243（图 3—8，1）
　　〔壬申〕卜，〔贞：文〕邑受禾？
　　〔癸〕酉卜，〔贞〕：文邑受禾？
　　　　　　　　　　　　　　《合集》33242（图 3—8，2）
　　壬申卜，贞：文邑受禾？
　　癸酉卜，贞：文邑受禾？　　《村中南》452（图 3—9）

---

[1]　"邑尹"，学者或释"尹人囗"，将"邑"分为二字。参见刘雨、汪涛《流散欧美殷周有铭青铜器集录》，上海辞书出版社 2007 年版，第 83 页。

图 3—8　商代"文邑"卜辞
1.《合集》33243　2.《合集》33242　3.《屯南》3194

壬午卜。

壬午卜。

［癸］未贞：文邑受禾？　　　《屯南》3194（图3—8，3）

四卜皆为"历组"卜辞，前三卜同文。其中辞2第一卜"文邑"之"文"字仅存下半，学者以为当系"大"字之残，并据此以为辞1之"文邑"乃"大邑"之讹，① 其说可商。辞1之"文邑"字甚清晰，而辞2之残字从笔势分析，应也为"文"字残形，并非"大"字（图3—8，1、2）。《屯南》3194一例细审原骨，亦为"文邑"，唯"文"字相交的两笔颇为接近而已（图3—8，3），与卜辞所见"大邑"之"大"字对比（《合集》32176），显系"文"字。"大"字表现人体下肢的两笔斜垂，而"文"字则作直垂之形，差异分明。而《村中南》一例文

---

① 屈万里：《殷虚文字甲编考释》，历史语言研究所1992年版，第459页。

图3—9　刻有"文邑"的商代卜骨（《村中南》452）

辞完整（图3—9），故知"文邑"实非"大邑"，于此则为殷人祈年的对象。四卜或皆于壬、癸二日相继而卜，为其特点。

"文邑"为邑名，当指夏代王庭。三代王庭皆称"邑"，史有明载。《尚书·汤誓》云：

> 夏王率遏众力，率割夏邑。

又《多方》云：

> 亦惟有夏之民叨懫日钦，劓割夏邑。

孙星衍《疏》："夏邑者，夏之京邑。"是夏邑实即夏之王庭。又《礼记·缁衣》引《尹吉》云：

> 惟尹躬天见于西邑夏。

也明夏代王庭称"邑"。《尚书·牧誓》云：

> 以姦宄于商邑。

又《多士》云：

> 肆予敢求尔于天邑商。

《逸周书·度邑》云：

> 王乃升汾之阜，以望商邑。

《诗·商颂·殷武》云：

> 商邑翼翼，四方之极。

三家《诗》则作"京邑翼翼"。毛《传》："商邑，京师也。"知"商邑"、"天邑商"皆谓殷王庭。殷卜辞及西周金文名殷王庭或称"商邑"。如沫司徒送簋铭云：

> 王来伐商邑。

或称"大邑商"。如何尊铭云:

> 唯武王既克大邑商,则庭告于天。

殷卜辞则称"大邑商"(《合集》36482)或"天邑商"(《合集》36535)。是商王庭也名"邑",其属大邑。《诗·大雅·文王有声》云:

> 既伐于崇,作邑于丰。

《史记·齐太公世家》:"周西伯政平,及断虞芮之讼,而诗人称西伯受命曰文王。伐崇密须大夷,大作丰邑。"明殷末侯伯之都亦称"邑"。后成王即位,则承武王之志而营建洛邑。洛邑未兴之前仅以地名"洛"或"洛师",如《尚书·召诰》:"太保朝至于洛,卜宅。"又《洛诰》:"朝至于洛师。"既营则名曰"新邑"、"大邑"或"新大邑"。如《康诰》云:

> 周公初基作新大邑于东国洛。

又《召诰》云:

> 周公朝至于洛,则达观于新邑营。……乃社于新邑。……其作大邑。

又《多士》云:

> 周公初于新邑洛,用告商王士。……今朕作大邑于兹洛。

又《洛诰》云:

祀于新邑。……王在新邑烝祭。

或因其地而称"洛邑"。如《多方》云：

尔乃自时洛邑。

而《孟子·滕文公下》引《书》又云：

惟臣附于大邑周。

后则更名"成周"。《尚书序》云：

召公既相宅，周公往营成周。

《逸周书·作雒》云：

乃作大邑成周于土中。

而西周金文称"新邑"、"成周"者也不乏其例。

丁巳，王在新邑，初㵸。　　㪤士卿尊
公违省自东，在新邑。　　臣卿簋
癸卯，王来奠新邑，[二]旬又四日丁卯，[往]自新邑于柬。
　　　　　　　　　　　　　　王奠新邑鼎
唯王初迁宅于成周，复禀武王礼祼自天。　　何尊
唯三月王在成周，延武王祼自蒿。　　德方鼎
唯四月，在成周。　　□卿方鼎

"新邑"之名意即新建之王邑，为各代之通称，并非仅指洛邑。《尚书·盘庚》："天其永我命于兹新邑。……予若吁怀兹新邑。……无俾易种于

兹新邑。"是此"新邑"即指盘庚所迁之殷。而文王都丰之时西周未立，故"丰邑"则以地相称。由此可明，夏、商、西周王邑之制皆为邑，并以国号称之，"夏邑"、"商邑"、"大邑周"（"大邑成周"或"成周"）以及武王所立之宗周，皆三代京师之地。《白虎通义·京师》："或曰：夏曰夏邑，殷曰商邑，周曰京师。"其说与西周早期之王邑制度稍异，至东周则更有变化。显然，陶寺朱书"文邑"若为王邑之称，则"文"也或为有夏之国号。

有夏王朝之国号或冠以"文"字而称"文夏"，其制盖古，当为本称。事实上，"文夏"之名于殷金文尚有孑遗。商器文夏父丁簋铭云（《集成》3312）：

文夏父丁。
文夏父丁（盖、器同铭）。

又商器文夏父丁卣铭云（《集成》5155）：

文夏父丁。
文夏父丁（盖、器同铭）。
畎（器底）。

"夏"本作"頁"，从"日"从"页"。学者释"夏"，[①]甚确。字又见于殷卜辞，为何组贞人名氏。《国语·周语下》：禹"赐姓曰姒，氏曰有夏"。《急就章》注引《风俗通》："夏氏，氏于号。夏桀为汤所灭，其后遂称夏氏。"《元和姓纂》卷七："夏，夏后氏之后，以国为姓。"故此"文夏"当为氏名，正承夏后之氏。《国语·周语下》："有夏虽衰，杞、鄫犹在。"韦昭《注》："杞、鄫，二国，夏后也。"夏遗封杞，始在商汤。《史记·周本纪》记武王既克殷，"追思先圣王，乃褒封……大禹之后于杞"。张守节《正义》引《括地志》云："周武王封禹后于杞，号东

[①] 唐兰：《甲骨文自然分类简编》，山西教育出版社1999年版，第71页；刘钊：《古文字构形学》，福建人民出版社2006年版，第283—285页。

楼公。"又《六国年表》载楚惠王四十四年（公元前445年），"灭杞。杞，夏之后"。《礼记·乐记》："武王克殷反商，……下车而封夏后氏之后于杞。"《吕氏春秋·慎大》所记相同。皆以姒姓始封于周初。然《大戴礼记·少闲》云："成汤卒受天命，不忍天下粒食之民刈戮，不得以疾死，故乃放移夏桀，散亡其佐，乃迁姒姓于杞。"《文选·张士然为吴令谢询求为诸孙置守冢人表》："成汤革夏而封杞。"《世本》："汤封夏于杞，周又封之。"① 《史记·夏本纪》："汤封夏之后，至周封于杞也。"《史记·留侯世家》引郦生曰："昔汤伐桀，封其后于杞。"《史记·陈杞世家》："杞东楼公者，夏后禹之后苗裔也，殷时或封或绝。周武王克殷纣，求禹之后，得东楼公，封之于杞，以奉夏后氏祀。"故梁玉绳《史记志疑》以为禹后封杞即商汤之封，至武王乃特因其旧封而重命之，故《汉书·梅福传》云："绍夏于杞。"王聘珍《大戴礼记解诂》亦谓陈、杞皆夏商所封国号。皆是。商周古文字资料俱见杞、曾，殷墟甲骨文更称"杞侯"（《合集》13890），商器者婟爵与杞妇卣铭文显示，杞乃姒姓之国，② 是为夏馀。③《国语·周语中》："杞、缯由大姒。"知杞、鄫实皆殷之旧国。杞亦称"夏"。④《逸周书·王会》："成周之会，……堂下之左，殷公、夏公立焉。"孔晁《注》："杞、宋二公。"或以氏相称，故"文夏"殆即杞君之氏。《通志·氏族略》："武王克商，封其后于杞，其非为后不得封者，以夏为氏焉。"又以夏遗别支为夏氏。两说是非虽不能遽定，但以夏为氏者自为夏遗却很明确。⑤ 旧定两件文夏父丁器皆为殷器，⑥ 或可晚至西周早期，故卣铭之"𢀛"似为杞侯或夏遗支

---

① 茆氏辑本据殷敬顺《列子释文》引。参见《世本八种》，商务印书馆1957年版。
② 冯时：《古文字与古史新论》，台湾书房出版有限公司2007年版，第259—260页。
③ 陈槃：《春秋大事表列国爵姓及存灭表譔异》（三订本），历史语言研究所1997年版；曹淑琴：《商周时代的杞国》，《21世纪中国考古学与世界考古学》，中国社会科学出版社2002年版。
④ 梁玉绳：《人表考》，《史记汉书诸表订补十种》，中华书局1982年版，第688页；陈槃：《春秋大事表列国爵姓及存灭表譔异》（三订本），历史语言研究所1997年版，第242页。
⑤ 《潜夫论·志氏姓》："夏氏，……皆妫姓也。"《通志·氏族略》以为陈宣公之子少西字子夏，其后徵舒以王父字为氏，与此无涉。
⑥ 陈梦家：《美帝国主义劫掠的我国殷周铜器集录》，A171、A585，科学出版社1962年版。

子私名,① 而器主以"文夏"昭明其氏,不仅表明其为夏遗之身份,而且正因氏承其国的古老制度,从而揭示了夏又有"文夏"的古称。

夏代国号之所以又有"文夏"一名,当与禹为夏祖,或夏为禹裔有关。汤武封夏遗于杞,皆以为禹后。春秋叔夷钟铭云:"虩虩成唐(汤),有严在帝所,溥受天命,剿伐夏后,敗厥灵师,伊小臣唯辅,咸有九州,处禹之土。"以商灭夏而处禹之土,故明禹为夏祖。

史载禹名"文命"。《大戴礼记·五帝德》引孔子曰:"高阳之孙,鲧之子也,曰文命。"相同内容又见于《帝系》。二戴礼的编纂虽在西汉中期,但其所据资料则为《汉书·艺文志》所录《记》百三十一篇及《明堂阴阳》等五种,这些孔门后学的研礼心得于近年出土的战国竹书中已有发现,故其形成时代可直溯至先秦。《大戴礼记》以禹名"文命"为孔子所言,这个说法看来并非毫无根据。《史记·夏本纪》:"夏禹,名曰文命。"正承其说。唐陆德明作《经典释文》,也以禹名"文命"为先儒通识。至于伪《古文尚书·大禹谟》所云"曰若稽古大禹,曰:文命敷于四海,祗承于帝",伪孔《传》解"文命"为"文德教命",则对"文命"的名义做了更为确切的诠释。显然,禹名"文命"集中体现了夏人的政教思想。

笔者曾经指出,陶寺朱书"文"字与禹名"文命"的关系十分密切。② 当然,这一名称或许正是出于后人对于夏人文德观念的概括。《礼

---

① "**敃**"盖"改臣"合文,"臣"为"颐"之本字(《说文·臣部》)。《周易·序卦》:"颐者,养也。"《夏小正》五月"时有养日。养者,长也"。"改"古作"攺",字象驱蛇之形,"巳"亦声,故本逐鬼彪之意(《说文·支部》)。古以傩逐厉鬼以迎新,遂有变更之训(参见周法高《金文诂林补》卷三,加藤常贤说,历史语言研究所1982年版,第1073—1074页)。此与"颐"为长养意正相因,或为名字之别。段玉裁《说文解字注》:"古名颐字曰,晋枚颐字仲真,李颐字景真。"《说文·匕部》:"真,仙人变形而登天也。"李善注《文选》引作"仙人变形也"。以变化为本义。《淮南子·本经》高诱《注》:"真,不变也。"或以诚为本义(参见王筠:《说文句读》)。甲骨文有"弜改"之辞,意为不变(参见张政烺《殷契肜田解》,《甲骨文与殷商史》,上海古籍出版社1983年版),知"改"与"真"字义相应,故名颐字改意尤契合。抑或"敳"之或体。"敳"又作"䭇"(《说文·食部》),知"配"、"喜"通用,似"敃"或可分析为"敳"之本字。两说孰是,未敢遽定。

② 冯时:《夏社考》,《21世纪中国考古学与世界考古学》,中国社会科学出版社2002年版;《文字起源与夷夏东西》,《中国社会科学院古代文明研究中心通讯》第3期,2002年;《试论中国文字的起源》,《韩国古代史探究》创刊号,2009年4月。

记·表记》云：

> 夏道尊命，事鬼敬神而远之，近人而忠焉。……殷人尊神，率民以事神，先鬼而后礼。

郑玄《注》："远鬼神近人，谓外宗庙，内朝廷。先鬼后礼，谓内宗庙，外朝廷也。"孔颖达《正义》："夏道尊命，言夏之为政之道尊重四时政教之命，使人劝事乐功也。"孙希旦《集解》："尊命，谓尊上之政教也。远之，谓不以鬼神之道示人也。盖夏承重黎绝地天通之后，惩神人杂糅之敝，故事鬼敬神而远之，而专以人道为教。"知夏尊文德教命，本以人道为教，此也正是"文命"二字的本义。古文字"文"繁作"𠁩"（金文多见，或见利鼎），正象人心斋修身之形，准确地反映了夏人以人道为教的朴素思想。而史载禹重文德而建立纲纪，正是夏兴文教的开始。《国语·周语下》："文之恭也。"韦昭《注》："文者，德之总名也。"《说苑·修文》："文，德之至也。"《逸周书·谥法》："道德博厚曰文。"显然，"文"作心斋之形正体现了文德的思想。西周燹公盨铭云："天命禹敷土，堕山濬川，廼辨方艺征，降民监德，廼自作配相民，成父母，生我王。作（则）臣厥颊为德，民好明德，优哉天下。"《大戴礼记·五帝德》言禹"敏给克济，其德不回，其仁可亲，其言可信；声为律，身为度，称以上士；亹亹穆穆，为纲为纪。巡九州，通九道，陂九泽，度九山。为神主，为民父母，左准绳，右规矩，履四时，据四海，平九州，戴九天，明耳目，治天下"。皆重文德立纲纪之谓。燹公盨乃西周中晚期器，直述文德而溯至夏禹，足证禹重文德的史观渊源甚久，当为信史，有关问题我们已有详细讨论。[①] 史传禹铸九鼎，以显其德。《左传·宣公三年》引王孙满云："昔夏之方有德也，远方图物，贡金九牧，铸鼎象物，百物而为之备，使民知神奸。"益明夏重文德之事。是夏人尊命而重人道，实即尊崇文德教命。而禹创文德教命以为夏祖，故后人以"文命"赋予禹名，遂以夏称"文夏"。《左传·昭公元年》："迁实沈于大夏，主参，唐人是

---

① 冯时：《燹公盨铭文考释》，《考古》2003 年第 5 期；《儒家道德思想渊源考》，《中国文化研究》2003 年第 3 期。

因，以服事夏商。"服虔曰："大夏在汾、浍之间。"沈钦韩《补注》："《史记》屡言凿龙门，通大夏。所谓大夏者，正今晋绛吉隰之地。"晚世文献于夏又称"大夏"，疑"大夏"盖即"文夏"之讹。金文"大"或写实作"㔾"，① 与"文"字作"㝔"俱写人形，字形极近，《屯南》3194"文邑"之"文"即极似"大"字（图3—8，3）。准此，则夏邑之名便可取禹名或国名中突显文德之"文"字而称"文邑"，正像商人敬鬼神而远人道，故商邑则以重鬼神之意而称"天邑"一样。因此，陶寺朱书"文邑"之义实即夏邑。

"文邑"为夏之王邑，殷人仍袭其名。殷卜辞又有"作大邑于唐土"（《英藏》1105正）及"唐邑"（《合集》14208正）之辞，乃晚殷于夏之故地新作之邑，已与"文邑"无关。唐在夏墟，即古阳城之地，② 故唐邑与文邑当去不远。文献又以夏邑或称"西邑夏"，而"西邑"之名也见于殷卜辞。

　　贞：勾舌方？
　　贞：燎于西邑？　　　《合集》6156正
　　贞：于西邑？　　《合集》7863
　　贞：屮（侑）于西邑？　　　《合集》7865
　　西邑壱？　　《合集》7864正
　　丁巳［卜］，告䰝于西［邑］？七月。　　　《林》2.18.2

诸辞皆为宾组卜辞。甲骨文虽有"唐邑"、"柳邑"（《合集》36526）之称，"邑"前所冠为国名或地名，但又见"右邑"（《合集》8987），似为方位之称。故"西邑"之"西"也应非地名，当为方位名词，或即"西邑夏"所称之西邑。殷之舌方与唐相近，学者或指在晋南，③ 可从。而《合集》6156正"西邑"与舌方之事同卜，知二地当近，似即夏邑旧

---

① 例可见克罍、克盉铭文。
② 冯时：《夏社考》，《21世纪中国考古学与世界考古学》，中国社会科学出版社2002年版。
③ 陈梦家：《殷虚卜辞综述》，科学出版社1956年版，第274页。

地。《林》2.18.2"西邑"之"邑"仅存下部,从笔势分析,似为"邑"字。"西邑"作为告蠡之对象,当为以邑名而兼神祇之名。殷人告蠡之祭,其所诏神祇既有河、岳等自然神,也有高祖夒、上甲等先公先王,而"西邑"之性质与此相同,自当为京邑之神,或当夏之王社旧神。古人告蠡之目的在于弭止蝗灾而祈求丰年,况农作又以行夏时为务,而京邑作为王权所在之地,君王又是观象授时之垄断者,这使承载王权的夏邑自然具有了夏时的象征。显然,殷人以西邑土神作为告蠡祈年之神祇,实有谐于夏时而祈风调雨顺之寓意,由此可明,"西邑"本即夏邑。事实上,"文邑"与"西邑"应属一地,当同指夏之故邑,其于宾组卜辞或称"西邑",而于"历组"卜辞则仍守"文邑"旧名。

二 早期都邑制度

三代时期,邑与城郭的概念区别严格。古文字"邑"作"𠁣",上为围邑的象形文,下为人跽坐而居之形,所以"邑"本指人居之邑。而城郭的象形文"墉"(郭)本作"𩫏",省作"𩫖",则象城垣而四方各设门亭。《说文·𩫏部》:"𩫏,度也。民所度居也。从回,象城𩫏之重。两亭相对也。或但从口。"段玉裁《注》:"按城𩫏字今作郭。"又《土部》:"墉,城垣也。从土,庸声。𩫏,古文墉。"知"郭"、"墉"古本同字,皆象城郭之形。因此通过"墉"(郭)与"邑"二字的比较可以明显看出,其重要区别在于,"墉"(郭)是建有城垣之城郭,而"邑"则是没有城垣的居邑。甲骨文有"作邑"与"作墉(郭)"的不同卜事,"作墉(郭)"意即筑城,而"作邑"则是建作没有城垣的居邑。[①] 殷都大邑商称"邑",并无墙垣;[②] 文王所都丰邑称"邑",[③] 西周成王所建洛邑为"邑",至今也都没有发现城垣。[④] 足证"邑"为本无城垣的居邑,而

[①] 冯时:《夏社考》,《21世纪中国考古学与世界考古学》,中国社会科学出版社2002年版。

[②] 中国社会科学院考古研究所:《中国考古学·夏商卷》,中国社会科学出版社2003年版,第295—296页。

[③] 《诗·大雅·文王有声》:"文王受命,有此武功,既伐于崇,作邑于丰。"然因后人不明上古时代邑、城有别,故皆以后世城邑之制托度前朝,遂有"筑城伊淢"、"维丰之垣"之辞。这类情况于晚出典籍十分普遍,与考古所见之实际情况不合。

[④] 中国社会科学院考古研究所:《中国考古学·两周卷》,中国社会科学出版社2004年版,第56页。

"邑"所从之"囗"也即壕堑或封域之象形。

《逸周书·作雒》谓成周"城方千七百二十丈，郛方七百里"，《左传·昭公三十二年》又引周敬王曰"昔成王合诸侯，城成周"，此"成周"应系后人所追记。关于西周早期都邑之制，情况比较复杂。《公羊传》以成周、王城双城之制，《汉书·地理志上》、《诗谱》并以双城皆周公所作。《地理志上》河南郡雒阳县注："周公迁殷民，是为成周。《春秋·昭公三十二年》，晋合诸侯于狄泉，以其地大成周之城，居敬王。"又河南县注："周武王迁九鼎，周公致太平，营以为都，是为王城，至平王居之。"然据西周金文可知，成周的落成在成王五年，其时并无所谓王城。而王城于金文可供讨论的资料，最早见于昭王时期的作册令方彝和卫簋，① 故后世以成周仅指迁殷遗之地，不合周初史实。盖成周始建之时当包括涧水东及瀍水两岸地区，其时并无"王城"之名，也无城垣。《洛诰》称先后卜涧水东、瀍水西及瀍水东，皆"惟洛食"，知其并属洛邑之地，可为明证。经文但言周公"来相宅"及"定宅"，学者或以"宅"为宫室宗庙的筑地，② 甚是。也明洛邑之建并未涉及城垣之事。据考古所见，东周王城位于今涧水两岸，实即成周之地，这里也是西周遗存分布相对集中的地区。此城建于春秋中叶以前，③ 足证成周本无城垣。故西周事实上唯有成周，并无所谓王城。

据《洛诰》可知，成周大邑分东、西两域，犹周原规划东、西两域之制。④ 其西域当为王室宗庙之所，东域则乃迁殷之地，遂后世以成周西域为王城，而东域仍守成周之名，致有双城之误。实周初金文可考虑为王城的资料皆但称"王"，应指王之宫室所在，其在成周之内，而并非时人于成周之外别作王城。童书业以所谓王城实即成周之内城，⑤ 其说近是。然金文"王"不言城，其是否有城，也未可知。约至昭王时期，或

---

① 唐兰：《西周青铜器铭文分代史征》，中华书局1986年版，第211—212页。
② 王世舜：《尚书译注》，四川人民出版社1982年版，第194页。
③ 中国社会科学院考古研究所：《中国考古学·两周卷》，中国社会科学出版社2004年版，第230—231页。
④ 冯时：《陕西岐山周公庙出土甲骨文的初步研究》，《古代文明》第5卷，文物出版社2006年版。
⑤ 童书业：《春秋王都辨疑》，《童书业历史地理论集》，中华书局2004年版。

于成周之东的殷遗居地更筑城卫守,藩卫周室,制度已有变化。西周昭王及以后的铜器铭文屡见"殷八师"和"成周八师",当即殷遗。小克鼎铭云:"王命膳夫克舍命于成周遹正八师之年。"可明殷八师屯驻成周。筑城的目的在于军事的需要,此与其后于成周东域之殷遗居地作郭的做法相合,可为佐证。近年洛阳汉魏故城的城墙之下曾发现约当西周中晚期的夯土城墙,① 或即此城,而《逸周书》所谓成周筑城以及周敬王所云"城成周",实皆指此周初徙置殷遗之成周东域。至敬王于此扩大筑城,事于《左传·昭公三十二年》记述颇详。这些事实表明,西周早期的成周本为没有城垣的大邑是显而易见的。

《诗·大雅·崧高》:"亹亹申伯,王缵之事,于邑于谢,南国是式。王命召伯,定申伯之宅。……因是谢人,以作尔庸。……申伯之功,召伯是营。有俶其城,寝庙既成。"毛《传》:"谢,周之南国也。召伯,召公也。庸,城也。俶,作也。"郑玄《笺》:"时改大其邑,使为侯伯。"谢本称"邑",并无城垣,故于作墉之前而云"于邑于谢",是谢邑只为有封域之邑。后令谢人在谢邑的基础上改大其地,作墉筑城,遂云"以作尔庸","召伯是营,有俶其城",明证谢邑原本无城。据此可明,邑为不具城垣的聚邑实本三代通制,这意味着夏王庭文邑也应属于这样的居邑。②

段玉裁《说文解字注》释"邑"所从之"囗"云:"囗音韦,封域也。"这种封域究竟是以怎样的形式呈现,可以结合考古与文献资料略做推阐。《周礼·夏官·掌固》云:

> 掌固掌修城郭、沟池、树渠之固。……若造都邑,则治其固,与其守法。凡国都之竟有沟树之固,……若有山川,则因之。

郑玄《注》:"树谓枳棘之属有刺者也。"贾公彦《疏》:"言王国及三等

---

① 中国社会科学院考古研究所汉魏城队:《汉魏洛阳故城城垣试掘》,《考古学报》1998年第3期。
② 值得注意的是,朱书扁壶残器沿残片断缘涂朱线围匝,从而将"文邑"二字框于其中,这种做法或许正有以朱线围框表现"邑"字所从之"囗"以象征围邑的暗喻。

都邑所在境界之上，亦为沟树以为阻固。"王引之《经义述闻》卷九云："渠谓篱落也。因树木以为篱落，故曰树渠。司险职曰：'设国之五沟五涂，而树之林，以为阻固。'郑《注》曰：'树之林，作藩落也。'是其证矣。"孙诒让《周礼正义》："树渠者，于城外宫外设藩落，以资守卫也。《尔雅·释宫》云：'屏谓之树。'屏藩皆以遮蔽门垣，故藩亦谓之树，又谓之渠。其制盖有二：或种植林木，因编联以为阻固，《司险》'树林'是也；或斩伐材木，罗列栽筑为之，《土方氏》云'王巡守则树王舍'，注云'为之藩罗'是也。渠字亦作椐，《墨子·备梯篇》云：'置裾城外，去城十尺，伐裾，小大尽木断之，以十尺为断，离而深埋，坚筑之，毋使可拔。'裾即椐之讹。此城守伐木为渠之法。"知三代都邑当有沟树之固，而大邑则或因山川之势以为封。《周礼·地官·大司徒》："辨其邦国都鄙之数，制其畿疆而沟封之。"郑玄《注》："沟，穿地为阻固也。封，起土界也。"又《封人》云："封人掌设王之社壝，为畿封而树之。凡封国，设其社稷之壝，封其四疆。造都邑之封域者亦如之。"贾公彦《疏》："四边皆有封疆而树之。"封域之制以畿上或有沟堑，其土在外而为封，又树木而为藩落。如有山川之险，则因自然地势而为阻固。《逸周书·作雒》："乃作大邑成周于土中，……南系于洛水，北因于郏山。"与《掌固》所述正同。殷墟大邑也仅以洹水半围大邑商，[①] 形成半因洹水之阻的围邑形式。这种做法与《掌固》所云"若有山川则因之"的制度以及大邑成周因洛水郏山之险所反映的邑制传统密合无间。

"邑"与"墉"（郭）除建筑方法的不同之外，更重要的一点则在于在夏、商及西周文明中，作为王朝的政治中心，也就是君王所在的京师之地，都是以"邑"的形式出现的。如成王定鼎洛邑，文王作都丰邑，

---

① 学者曾经以为殷墟大邑商半因壕堑之固，其西堑呈南北向，北端直达洹水南岸；西堑至花园庄村西通向村南，折转向东，而东端与洹水西岸相接。见中国社会科学院考古研究所《殷墟发掘报告（1958—1961）》，文物出版社 1987 年版，第 94—96 页；《殷墟的发现与研究》，科学出版社 1994 年版，第 77—78 页。但最新的考古工作则证明，这条所谓的壕堑并不存在。见唐际根、荆志淳、岳洪彬、何毓灵、牛世山、岳占伟《洹北商城与殷墟的路网水网》，《考古学报》2016 年第 3 期。

皆为邑,而盘庚徙王庭于大邑商又名商邑,也为邑。① 王庭大邑为王朝的中心,在空间结构中自有中央的象征,这种观念不仅根深蒂固,而且反映了三代文化独特的政治体制。《尚书·酒诰》:"辜在商邑,越殷国灭,无罹。"旧皆以"商邑"与"殷国"为一事,不加分别,这种看法实不足信。"邑"本象人居邑之形,而古文字"国"本作"囗",为指事字,字形是在象征中央邑的"囗"符的四外添加了四个指事符号,以明"国"之所指本即中央邑周围的区域。这恰好表现了三代政治体制的基本格局。商代甲骨文显示,商王朝的政治中心为大邑商,而大邑商之外的地区则为商王同姓子弟和异姓贵族分封的"国",因此,商代实际至少是由位居中央的作为内服的大邑商的"邑"和邑外作为外服的同姓异姓诸侯所封的"国"共同组成的政治实体。所以"邑"为王邑之称,而"国"则仅指外服封国而称。大邑商地在殷墟,也即《酒诰》之"商邑",而其外拱卫王室的殷代诸国的范围则要广大得多。何尊铭述灭商则仅言"既克大邑商",与《酒诰》之观念相合。故《酒诰》乃言大邑商(殷王)有罪,致殷之诸国也同遭覆灭,无有附丽者。《尚书·立政》:"其在商邑,用协于厥邑。其在四方,用丕式见德。"也以"商邑"与四方相对,知邑必居王朝的中心。而西周的情况也同样如此。据天亡簋与何尊铭文可知,武王克商后即在地中之嵩山天室告天,自谓"宅兹中域","中域"意即天下之中,遂成王于洛作邑,封建诸国。这些问题我们已有论列。② 《说文·邑部》:"邑,国也。从囗,先王之制,尊卑有大小。从卪。"乃谓国都所在。③ 桂馥《义证》引清钱大昭云:"夏、商,天子所居名邑。"顾

---

① 关于郑州、偃师两商城的性质,学界争论已久,并不都以为王庭,问题的最终解决恐怕还需要有更多资料特别是文字资料的印证。不过据"邑"与"墉"(郭)的不同含义以及商与西周已知王庭的形制皆为邑的事实,似可对这一问题提供新的思考。至于二里头遗址的性质,迄今也争讼不决,本文存而不论。近年二里头遗址已发现所谓宫城(参见中国社会科学院考古研究所二里头工作队《河南偃师二里头遗址宫城及宫殿区外围道路的勘察与发掘》,《考古》2004年第11期)。但这类墙体一般基部宽度仅约3米,在残高0.1—0.75米的情况下,残宽1.8—2.3米,远狭于目前所见时代相近的郭城墙体。推测这类墙体不会很高,其性质疑属《周礼》所言之封壝,有待研究。

② 冯时:《中国古代的天文与人文》,中国社会科学出版社2006年版,第25—37页。

③ 金鹗:《求古录礼说·邑考》,清道光庚戌(1850年)嘉平木犀香馆刻本。

炎武以为，人主所居谓之邑，① 皆以王庭为邑。许慎以"邦"、"国"互训，早已湮灭了"国"本指封建于中央邑之外的侯国的本义，然而依三代封建之礼，君王所居之邑由诸侯拱卫，因此王邑小朝廷既是王朝所在之地，当然也是国家的象征之地。在这个意义上，许慎对"邑"字的解释则颇存古义。由此可见，居中而治的思想乃是三代帝王的固有观念，而"邑"作为中心邑的位置不仅在"国"字的造字理念中体现得十分清楚，而且其作为京邑，也是三代政治观的客观反映。

与邑制不同的是，城垣的作用则重在防御，甲骨文所见"作墉（郭）"的活动都是为着军事的目的而筑城，② 从而与"作邑"形成了鲜明的区别，因此，居于中心的王邑由于有诸侯的藩屏，实际已无须建筑高大的城垣。金文"附庸"本作"仆墉"，"墉"乃城之象形文，这意味着附庸的本义其实即来源于作为臣仆并依附于中心邑的城墉，足见城所具有的拱卫中心的性质。《左传·定公四年》："昔武王克商，成王定之，选建明德，以蕃屏周。"西周金文屡见"屏王位"、"屏朕位"之说，显然，拱卫王室的目的既然已通过封建诸侯的做法而实现，所以王庭复筑城池便成为没有意义的工作。《左传·昭公二十三年》引沈尹戌述上古都邑之制曰：

> 古者天子守在四夷；天子卑，守在诸侯。诸侯守在四邻；诸侯卑，守在四竟。慎其四竟，结其四援，民狎其野，三务成功。民无内忧，而又无外惧，国焉用城？

所言极明。诸侯作为天子之守，自有御四夷之侵的责任，这意味着天子居于天下之中是没有必要修筑仅具防御作用的城池的。③ 而东周敬王城成周之事，更是对城垣作用的绝好诠释。《左传·昭公三十二年》云：

---

① 顾炎武：《日知录》卷一。
② 彭邦炯：《卜辞"作邑"蠡测》，《甲骨探史录》，生活·读书·新知三联书店1982年版。
③ 《中国文明起源座谈纪要》，杨锡璋说，《考古》1989年第12期，第1118页；郑杰祥：《商代地理概论》，中州古籍出版社1994年版，第10—11页。

> 秋八月，王使富辛与石张如晋，请城成周。天子曰："天降祸于周，俾我兄弟并有乱心，以为伯父忧。我一二亲昵甥舅不遑启处，于今十年。勤戍五年。余一人无日忘之，闵闵焉如农夫之望岁，惧以待时。伯父若肆大惠，复二文之业，弛周室之忧，徼文、武之福，以固盟主，宣昭令名，则余一人有大愿矣。……今我欲徼福假灵于成王，修成周之城，俾戍人无勤，诸侯用宁，蛮贼远屏，晋之力也……"范献子谓魏献子曰："与其戍周，不如城之。"

时因子朝之乱，馀党多在王城，敬王畏之，故欲罢诸侯戍周之兵，于成周扩大筑城，以求永固。遂范献子曰"与其戍周，不如城之"。很明显，如果没有对君王自身安全的威胁，城垣的建设是毫无必要的，这在三代社会礼制森严的时期几乎不成问题。《尚书·顾命》云：

> 王若曰：庶邦侯、甸、男、卫，惟予一人钊报诰。昔君文武丕平富，不务咎，厎至齐，信用昭明于天下。则亦有熊罴之士，不二心之臣，保乂王家，用端命于上帝。皇天用训厥道，付畀四方，乃命建侯树屏，在我后之人。今予一二伯父尚胥暨顾，绥尔先公之臣服于先王。虽尔身在外，乃心罔不在王室。用奉恤厥若，无遗鞠子羞。

其制甚明。然而至春秋时期，王室衰微，逐渐失去了号令诸侯的能力，各诸侯不再定期向天子述职纳贡，实力渐盛，争相称霸，这种"礼乐征伐自诸侯出"的局面使诸侯不仅丧失了藩屏王室的义务，甚至直接形成了对王室的威胁，因此这时的王庭开始修筑城垣以卫固王室而求自保，制度始有变化。

早期王邑既为天子所居之地，当然也是宗庙所在之地。何尊铭云："唯王初迁宅于成周，……王诰宗小子于京室。"□卿方鼎铭云："唯四月，在成周。丙戌，王在京宗。""京室"、"京宗"皆即作册令方彝铭之"京宫"，其与康宫同为周王宗庙，[①] 是知大邑成周乃宗庙之所在。《左

---

① 唐兰：《西周青铜器断代中的"康宫"问题》，《考古学报》1962年第1期。

传·庄公二十八年》:"凡邑,有宗庙先君之主曰都,无曰邑。邑曰筑,都曰城。"然成周称邑,且有宗庙,言之确凿,故与西周金文及《周书》对观,知左氏之说有违西周早期制度,实系晚出之观念。至东周王庭或筑城为之,遂左氏强以"筑"、"城"以别大小尊卑之例,说甚牵强,不合《春秋》体例。① 然"筑"乃造作之辞,涉义比"城"更为广泛,凡宫室、台观、苑囿、城池之作皆可称"筑",故左氏的这种区别或许留有早期制度邑本无城的痕迹。

诚然,除诸侯负有拱卫王室的责任之外,早期国家特殊的政治结构以及君王内治而重文教的传统,也使王庭必须呈现为不具城垣的邑的形制。《周易·夬》云:

夬,扬于王庭,孚号有厉。告自邑,不利即戎,利有攸往。

许慎《说文解字叙》:"'夬,扬于王庭',言文者宣教明化于王者朝廷。"知"扬于王庭"即君主宣命教化之意。《彖》:"孚号有厉,其危乃光也。"《象》:"君子以施禄及下,居德则忌。"李鼎祚《集解》引干宝曰:"应天顺民,以发号令,故曰'孚号'。"李道平《纂疏》:"刚正明信,以宣其令,故曰'孚号'。""孚号",马王堆帛书本作"复号",意皆布号,乃敷布教命之谓,然王命不出国门,流播不远,是谓"有厉"。《象》又云:"告自邑,不利即戎,所尚乃穷也。利有攸往,刚长乃终也。"邑为王宣命之所,故《易》言"告自邑"。作册令方彝铭记王命周公子明保尹三事四方,遂明公于成周舍三事四方命。假如其时王城已在,但舍命会同却仍于成周大邑而不在王城,况金文所见周王于成周告命已为制度,也不在王城,足见自邑告命对于教命远播的特殊意义。"即戎"即言兵事。《周礼·春官·巾车》:"大白以即戎。"郑玄《注》:"即戎谓兵事。"殷卜辞又有"即宗"、"即燎"之说,遣词相同。《周易·谦》上六云:"利用行师征邑国。""邑国"即诸侯国邑,其或不具城垣,便于征伐,也明邑制本不利于防御。"攸往"与"复号"相因,实教命流布之意。古之

---

① 参见刘文淇《春秋左氏传旧注疏证》,第206—207页引唐顾德《东都神主议》,科学出版社1959年版。

君王重文德教命，而邑无城垣，虽不利战事，但利于教命远播，"即戎"不合文教，故曰"所尚乃穷"；邑无城垣之阻，宜于教命远达，故曰"刚长乃终"。《左传·昭公三十二年》引周敬王述成王作成周，以为东都，其目的即在于"崇文德也"。竹添光鸿《会笺》："东都之作，专为会朝。则崇文德乃对武功言。"《论语·季氏》："故远人不服，则修文德以来之。"此则"不利即戎，利有攸往"之意。《左传·昭公二十三年》："古者天子守在四夷。"杜预《集解》："德及远也。"也合卦辞之意。故卦辞显示，王于邑告命，故不能以深沟高垒将王与诸侯彼此分割，这样将会影响王命的传布，相反，宣命之所应以破除城垣的邑为形制，如此方可加强内外服的联系，使教命宣达于四方。尽管都邑或也有沟树之固，但沟树的作用与城垣适于军事的目的大为不同，而只具有防避兽害及规划疆界的作用。因此，王庭采用无城之邑的形制其实正有使教命流布畅达的象征意义，这些观念都应是早期王庭以邑为制度的重要原因。有关早期都邑所体现的制度问题，我们在第四节再作系统论述。很明显，陶寺朱书之"文邑"既指夏之王庭，当然应是夏代王室所在之王邑。

据三代礼制，王庭所在之地为邑，或缀以国号，如夏之"文邑"、"夏邑"、"西邑"或"西邑夏"，商之"商邑"、"大邑商"、"天邑商"，周之"大邑周"。而诸侯之都虽也为"邑"，但名以地名。如甲骨文所见之"唐邑"，商末文王所作之"丰邑"。这些邑尽管有王邑侯邑的不同，但都应属没有城垣的聚邑。然而陶寺遗址已发现陶寺文化早中期的城垣遗迹，其与"文邑"的关系其实正体现着禹都"阳城"向夏庭"文邑"的转变。

三　夏王朝的证认

目前学术界将陶寺文化分为早、中、晚三期遗存，据碳十四测年数据分析，陶寺文化的早期约在公元前二十四至前二十二世纪，中期约当公元前二十二至前二十一世纪，晚期约当公元前二十一至前二十世纪。[①]而陶寺城垣遗迹的时代属早、中期，"文邑"朱书属于晚期，时代是有差距的。学者指出，陶寺三期文化具有一致性与连续性的特点，显示了同

[①] 参见何驽《陶寺文化谱系研究综论》，《古代文明》第3卷，文物出版社2004年版。

图 3—10　陶寺文化句龙图像
1. M3072∶6　2. M2001∶74　3. M3016∶9　4. M3073∶30

一文化共同体的三个不同发展阶段。① 而笔者曾经考定，陶寺文化早期遗存出现的句龙社神图像其实正体现了禹迹的文化内涵（图3—10），② 显然，陶寺早期文化所见夏社遗迹的存留，明确证明了其时的文化应该属于夏禹的文化。

史载禹都阳城。《孟子·万章上》："禹避舜之子于阳城。"张守节《史记正义》引《世本》："自禹都阳城，避商均也。"古本《竹书纪年》：

---

① 高天麟、张岱海、高炜：《龙山文化陶寺类型的年代与分期》，《史前研究》1984年第3期。
② 冯时：《夏社考》，《21世纪中国考古学与世界考古学》，中国社会科学出版社2002年版。夏社资料目前已刊布多件，见中国社会科学院考古研究所《襄汾陶寺：1978—1985年考古发掘》，文物出版社2016年版。

"禹都阳城。"阳城之地,旧说不一。学者以阳城或即"唐城",① 甚是。"阳"、"唐"古字通用不别,故阳城之地本在晋南夏墟,② 去周初叔虞之封不远。阳城名"城",知属建有城垣的城郭。这意味着陶寺文化早期至中期的城垣建筑,无论其性质及其地望,均与禹都之阳城密合。因此,陶寺城址的性质应即禹都之阳城。

而至陶寺文化晚期,早、中期的城垣已被毁弃。据发掘者报导,城址的各道墙体均被陶寺文化晚期地层、灰坑所叠压或打破,其时城墙已遭毁弃。③ 而在这一时期出现的朱书"文邑"的遗物正意味着夏人毁弃阳城的行为其实正是他们建立夏邑——文邑——的工作,这恰好说明"文邑"其实即是没有城垣的聚邑。今本《竹书纪年》:"帝禹夏后氏,元年壬子帝即位,居冀(注云:三年丧毕,都于阳城)。(八年)夏六月,雨金于夏邑。……帝启元年癸亥,帝即位于夏邑,大飨诸侯于钧台。诸侯从帝归于冀都,大飨诸侯于璿台。"所谓六月雨金之说,又见于任昉《述异记》,乃后人汇纂之文。《左传·昭公四年》:"夏启有钧台之享。"故世以禹之阳城与启之夏邑本为一地,合于事实。阳城以"城"为名,为具有城垣的城郭;而夏邑以"邑"为名,则为不具城垣的围邑。很明显,这种从禹到启以及自陶寺文化早期的阳城到晚期在早期阳城的基础上重建之文邑的转变,与考古学所揭示的陶寺文化的兴废与制度变革若合符契。

从陶寺文化早中期的阳城时代到晚期的文邑时代所显示的巨大社会变革,考古学资料已展示得相当清楚,这种变革的转折点应该即在陶寺文化的晚期。换句话说,晚期文邑的兴建不仅是对早中期阳城的废弃,更重要的则应体现着制度的变革,准确地说就是君位继承制由传统的禅让制被世袭制所取代,这标志着中国历史上第一个世袭制王权的奴隶制国家的诞生。

禹都阳城的时代正处于原始氏族公社的末期,其时以禅让作为君位

---

① 丁山:《由三代都邑论其民族文化》,《中央研究院历史语言研究所集刊》第五本第一分,1935年。
② 同上。
③ 中国社会科学院考古研究所山西队、山西省考古研究所、临汾市文化局:《山西襄汾陶寺城址 2002 年发掘报告》,《考古学报》2005 年第 3 期。

继承的唯一制度。禅让的核心在于举贤而不举亲。郭店楚竹书《唐虞之道》云："唐虞之道，禅而不专。……禅也者，尚德授贤之谓也。"其后随着禅让制遭到破坏，王位继承制由禅让变为世袭，氏族公社于是变为家天下的私有制国家，这既体现了中国古代君王继承制度的根本变革，也是国家形成的最重要的标志。

王位继承制的世袭化事实上是夏启通过暴力的手段实现的，这一事实使早期基于观象授时而形成的王权在其本所具有的以帝为中心的宗教意义之外更增加了军事的意义，并以斧钺作为权力的象征而创造出"王"字，[1] 从而产生了真正意义上的"王权"。

史载禹都阳城之后，先后举皋陶与益继承其位，仍然实行禅而不专的禅让制度。《孟子·万章上》："禹荐益于天。"《史记·夏本纪》："禹于是遂即天子位，南面朝天下，国号曰夏后，姓姒氏。帝禹立而举皋陶荐之，且授政焉。而皋陶卒。……而后举益，任之政。十年，帝禹东巡狩，至于会稽而崩。以天下授益。"禹禅让予益的史实在西周燹公盨铭文中可以得到佐证。文言禹作配为王而相民，致天下和乐，后人则继承了益与契的美德。铭文所讲的益即伯益，契为商契，契佐禹治水，益则以贤而受禅。这些事实至少在西周中期的人们看来仍然被奉为信史。[2] 而陶寺文化的早中期遗存相当于阳城时代，或许反映的就是这一史实。

益受禅之后的作为，至少在战国时期就已形成了两种截然不同的看法。《孟子·万章上》云，禹死之后，"益避禹之子于箕山之阴。……启贤，能敬承继禹之道"。言益谦让于禹子启，转变似乎是和平的。然而古本《竹书纪年》以为："益干启位，启杀之。"这种古史观事实上在先秦文献中广有存留。《楚辞·天问》："启代益作后。"《韩非子·外储说右上》："古者禹死，将传天下于益，启之人因相与攻益而立启。"《战国策·燕策一》："禹授益，而以启人为吏。及老，而以启为不足任天下，传之益也。启与支党攻益，而夺之天下，是禹名传天下于益，其实令启

---

[1] 林沄：《说王》，《考古》1965年第6期。不仅汉字，古彝文的领袖之字也取斧钺象形。参见冯时《试论中国文字的起源》，《韩国古代史探究》创刊号，2009年4月；《中国古文字学概论》，中国社会科学出版社2016年版，第26—27页。

[2] 冯时：《燹公盨铭文考释》，《考古》2003年第5期。

自取之。"至班固作《汉书·律历志》引张寿王言："化益为天子代禹。"仍承其说。王夫之《楚辞通释》卷三云："《竹书纪年》载益代禹立，拘启禁之，启反起杀益以承禹祀。盖列国之史，异说如此。"致西周燹公盨不言启德，也明其代益为后。而近出战国楚竹书《容成氏》云："禹于是乎让益，启于是乎攻益自取。"皆可明启杀益为后之说当为信史，据此可知，益、启争位的斗争应该是惨烈的，启通过革命的手段破坏了禅让制，创立了家天下的夏王朝，而在属于文邑时代的陶寺文化晚期遗存中发现大量暴力遗迹，① 或许正可印证这一事实。

学者曾将陶寺文化晚期出现的暴力遗迹所反映的史实归纳为六方面内容，即平城墙、废宫殿、杀壮丁、淫妇女、毁宗庙、扰祖陵，② 但据此否定禅让制的存在，则似嫌草率。事实上，禅让制作为部落联盟的一种古老的君位继承制度在燹公盨铭文中已有所反映，因此至少在西周中期，人们似乎并不怀疑禹禅位给益的事实是确实存在的，③ 至于禹以上的历史，目前则还缺乏有价值的早期史料的印证。不过必须指出的是，禅让制虽然存在，但它却并不是像战国儒家所追溯的那种理想形式，其实质只是上古时代部落联盟政体下的一种朴素的君位继承制度，其不仅不同于后起的王位世袭制，而且根据三代盟誓制度的分析可以看出，君位的产生过程完全不需要借助暴力的手段来完成。很明显，陶寺文化晚期出现的种种暴力现象与处于禅让阶段的所谓尧舜时代的精神格格不入，而这正应反映了夏启以武力的方式夺取王权，变禅让为世袭的制度革命。

学者归纳的上述六方面内容似乎反映了三项事实。

其一，晚期废弃早期城墙的历史学解释或许体现着夏启为建立夏王朝而毁弃旧有的阳城，重建夏邑——文邑——的事实。益受禅而君，他的城池自然无法作为新王朝的象征，而相应的宫殿也必须被废弃。因此，启变阳城为文邑，以围邑作为王权所在的中心王邑，实则开创了三代都

---

① 中国社会科学院考古研究所山西队、山西省考古研究所、临汾市文化局：《山西襄汾陶寺城址2002年发掘报告》，《考古学报》2005年第3期。
② 王晓毅、丁金龙：《也谈尧舜禅让与篡夺》，《中国文物报》2004年5月7日第7版。
③ 冯时：《燹公盨铭文考释》，《考古》2003年第5期。

图 3—11　陶寺遗址 IHG8③ 人骨（南→北）

邑的新的制度。

其二，陶寺文化晚期 IT5026 揭露的垃圾灰沟 HG8 中不仅出土大量石坯剥片，而且见有五层人头骨，计 30 馀个，散乱人骨个体为 40—50 人，多为青壮年男性（图 3—11）。人骨明显被肢解，许多颅骨有钝器劈斫的痕迹，其中人工劈下的面具或面颊有六个之多。这种对于男丁的屠戮或许反映了夏启势力对于伯益势力的杀伐，这与史载启杀益为后的记载十分吻合。

其三，陶寺文化晚期 IT5126H68 第 8 层出土一具 35 岁左右的完整女性骨架，死者颈项折断，阴道部位插入一牛角（图 3—12）。女阴为生殖器官，以牛角幽闭阴部，犹后世之宫刑，故所施酷刑当有绝嗣之意。绝嗣也便意味着绝祀。春秋叔夷钟铭云汤灭夏而绝伐其祀，西周天亡簋记武王克殷而终讫殷王之祀，大盂鼎则言周灭殷商，使其并丧军队与祭祀，足见绝祀对于王朝覆灭所具有的标志性意义。而夏启为开创家天下的新王朝，必绝非夏之祀。由此可见，毁宗庙、扰祖陵也都应为着同样的目的。

这些触目惊心的遗迹所反映的暴力革命的事实是足可想见的，它与尧舜"协和万邦"的景象显然极不相符，却与益启争夺后位的历史事

图 3—12　陶寺遗址 IHG8③ 人骨（东→西）

实颇为吻合。事实上，大凡建王邑、戮异族、绝异祀的措施都只是为了一个最终的目的，这就是王位由禅让而世袭的转变。夏启终废禅让而立世袭，在中国历史上创建了新的王位继承制度，一个家天下的国家形式便由此形成。毫无疑问，这些新制度的建立则是国家出现的根本标志。

陶寺文化中、晚期的年代或许也可以反映某些问题。从碳十四测年数据看，中期的四个年代分别为公元前 2130±95、前 2095±95、前 2080±95 和前 1820±130 年，而晚期的五个年代分别为公元前 2440±135、前 2220±95、前 2180±95、前 2160±95 和前 1905±95 年，二者的范围是相互重叠的，这似乎暗示了两期文化在年代上的相近甚至交错，显然这与夏启代益的史实也相吻合。

类似的以毁城为邑而象征开创新朝的事例也见于文献所载。《周易·泰》上六爻辞云：

城复于隍，□勿用师，自邑告命。[1]

---

[1] 参马王堆帛书本。

郑玄《注》："隍，壑也。"陆德明《释文》："隍，城堑也。子夏作堭，姚作湟。"① 李鼎祚《集解》引虞翻曰："隍，城下沟，无水称隍，有水称池。"孔颖达《正义》："子夏《传》云：'隍是城下池也。'城之为体，由基土陪扶，乃得为城。今下不陪扶，城则陨坏，以此崩倒反复于隍。"说显迂曲。学者或以"复"读为"覆"，"城覆"意即城坏，② 故"城覆于隍"即言城崩而倾覆于隍中，③ 更近经意。"勿用师"，马王堆帛书本作"□勿用师"，学者或补读为"密勿用师"，意即黾勉用师，④ 可从。足见"城覆于隍"实为战争的结果。"自邑告命"，顾炎武《日知录》卷一云"人主所居谓之邑。《周易》之言邑者，皆内治之事。《夬》曰：'告自邑。'如康王之命毕公，'彰善瘅恶，树之风声'者也。"其说甚是。故爻辞"自邑告命"意犹何尊铭"自之乂民"。据此可明，爻辞之意实谓胜利者毁覆旧城而作邑，遂自邑颁告王命。《象》曰："城复于隍，其命乱也。"学者或以此"命"与经"告命"之"命"不同，当指天地自然之命运，⑤ 或即天命，故"命乱"即言天命改变。⑥《尚书·顾命》："皇天改大邦殷之命，惟周文武诞受羑若。"即改命之谓。故《周易》实以覆城兴邑作为天命改变的标志。高亨谓此爻辞乃述古代故事，⑦ 说甚精辟。文献学的研究表明，《周易》卦爻辞的形成年代不晚于西周早期，故其所记事迹皆当在西周以前。晚殷王邑为大邑商，不具城垣；夏代王庭称"邑"而曰"西邑"或"夏邑"，也应不具城垣；故知汤武革命都不会发生"城覆于隍"的情况，与泰卦所述之事不合。然而如果考虑到禹都阳城到启建文邑的转变，其与泰卦上六爻辞的关系则难以割裂。事实上，尽管目前的证据尚不足以使我们可以放心地将这则故事所反映的历史真实与启夺益位而开创夏祀的事件加以联系，但这种可能性却不能排除，爻辞所言废城为邑并使天命变乱的事实与陶寺

---

① 马王堆帛书本作"湟"。
② 尚秉和：《焦氏易诂》，中华书局1991年版，第98页。
③ 高亨：《周易古经今注》，中华书局1984年版，第195页。
④ 邓球柏：《帛书周易校释》，湖南人民出版社2002年版，第274页。
⑤ 尚秉和：《周易尚氏学》，中华书局1988年版，第79页。
⑥ 金景芳、吕绍纲：《周易全解》，上海古籍出版社2006年版，第124页。
⑦ 高亨：《周易古经今注》，中华书局1984年版，第195页。

文化所呈现的毁城为邑而开创新朝的史实颇相暗合，这使我们有理由相信，爻辞所反映的内容或许就是对启攻益自取而创建有夏王朝的实录。

据今本《竹书纪年》，启兴夏邑后则归于冀都而有璇台之享，政治中心已不在文邑。《文选·王元长三月三日曲水诗序》李善《注》引《归藏》云："昔者夏后启筮享神于晋之墟，作为璇台于水之阳。"地望正与曲沃、翼城间的南石—方城遗址相合。① 晋墟地于山西翼城西，② 今有晋侯墓地的发现可为佐证。《左传·隐公五年》曲沃伐翼，《桓公八年》曲沃灭翼，皆指此地。盖启归冀都，或即晋封之翼，"冀"、"翼"讹作而已。这个变化与学者所论陶寺文化晚期作为王邑的地位为南石—方城遗址所取代的意见相契。③ 今本《竹书纪年》向被视为伪书，但所据史料或来源有故。

最后必须指出的是，中国史学至少自西周中期以后即已颇具系统，其中最重要的资料就是燹公盨的发现。该器铭文将西周以上的古史仅溯至夏禹，而置晚出史观所构建的尧舜诸帝不论，这是非常值得重视的现象，它说明，至少在西周中晚期，人们并不以为禹以前的历史为信史。《大戴礼记·五帝德》引孔子曰："予！禹、汤、文、武、成王、周公可胜观也。夫黄帝尚矣，女何以为？先王难言之。"仍以禹以前的古史旷远难言，与西周之古史观甚相契合，反映了同样的古史传统。相反，燹公盨铭云"天命禹敷土，堕山濬川"，以为禹平水土实受天帝之命；而《尚书·尧典》则谓禹平水土实受舜命，两相比较，明显可以看出舜及其以前的尧出自天神的演变痕迹，④ 这意味着至少据目前的资料而言，所谓尧舜时代并不足以令人相信属于历史的真实。而黄帝之起则更晚至战国，它其

---

① 山西省考古研究所：《山西翼城南石遗址调查、试掘报告》，《三晋考古》第二辑，山西人民出版社1996年版。
② 顾炎武：《日知录》卷三十一；邹衡：《论早期晋都》，《文物》1994年第1期。
③ 参见何驽《陶寺文化谱系研究综论》，《古代文明》第3卷，文物出版社2004年版。
④ 有关尧本天神的转变，学者早有讨论。参见郭沫若《先秦天道观之进展》，《青铜时代》，《郭沫若全集·历史编》第一册，人民出版社1982年版；童书业《五行起源的讨论》，《古史辨》第五册下编，上海古籍出版社1982年版；杨宽《中国上古史导论》，《古史辨》第七册上编，上海古籍出版社1982年版；冯时《夏社考》，《21世纪中国考古学与世界考古学》，中国社会科学出版社2002年版。

实只是战国时期五行思想与大一统思想相互结合的产物,其时天下纷争,诸侯认祖归宗而争为华夏正统。因此,早期的古史观以开创夏王朝的禹作为古史之源,不仅体现着传统史学的正宗地位,而且也是后世层累创造的古史的基本原型。

综上所述,陶寺文化扁壶上的朱书文字应释为"文邑",意即夏邑。"文邑"的名称得于禹名,似更早于"夏邑"之名。而邑的形制不同于城郭,为不具城垣的围邑,其作为世袭王权的中心王庭所在,其制上承新石器时代的围邑制度,并为夏启规范为王朝都邑的基本形制,从而形成三代礼制的固有传统。禹都阳城,启兴夏邑,而陶寺早晚期文化的面貌正清晰地展现了这个划时代的历史变革,它标志着由启所开创的中国历史上第一个家天下的奴隶制国家约在陶寺文化晚期正式诞生,其时适值公元前二十一世纪,与传统认为的夏纪年吻合。

第三节　亳中邑研究

清华大学藏战国竹书有《尹诰》一篇,其文有云:

> 惟尹既及汤咸有一德,尹念天之败西邑夏,曰:"夏自绝其有民,亦惟厥众,非民亡与守邑。"……乃致众于白(亳)审(中)邑。

其中之"白审邑",整理者读为"亳中邑",谓即商汤所都之亳,[①] 甚确。史称汤都亳。[②]《尹诰》的发现不仅使我们获得了有关亳本为邑的史料,而且这一事实的澄清对于研究三代都邑制度的形成与演变具有极为重要的价值。

有关商汤居亳之地望,久存争议。《书序》云:

---

① 李学勤主编:《清华大学藏战国竹简(壹)》,中西书局2010年版,第133页。
② 汤都亳参见《孟子·滕文公下》、《逸周书·殷祝》等文。殷卜辞多见"亳"与"亳社",但是否为汤都之地,难以考实。

自契至于成汤八迁，汤始居亳，从先王居，作《帝告》、《釐沃》。

裴骃《史记集解》引皇甫谧云："梁国穀熟为南亳，即汤都也。"又引孔安国曰："契父帝喾都亳，汤自商丘迁焉，故曰'从先王居'。"张守节《史记正义》："《括地志》云'宋州穀熟县西南三十五里南亳故城，即南亳，汤都也。宋州北五十里大蒙城为景亳，汤所盟地，因景山为名。河南偃师为西亳，帝喾及汤所都，盘庚亦徙都之。''亳邑故城在洛州偃师县西十四里，本帝喾之墟，商汤之都也。'按：亳，偃师城也。商丘，宋州也。汤即位，都南亳，后徙西亳也。"林义光《诗经通解》释《书序》云："言始者，则知由汤上溯至契无居亳者。言从先王居，则知由契再上溯当有居亳之王。"据此可知，古以"亳"或称"亳邑"，其地当在天地之中，故称为"亳中邑"。学者或以其地当今河南偃师。《汉书·地理志上》河南郡有偃师，班固自注云："尸乡，殷汤所都。"臣瓒谓汤居亳于济阴，颜师古《汉书注》并驳臣瓒与皇甫谧说。《诗·商颂·玄鸟》："古帝命武汤，正域彼四方。"林义光《诗经通解》："言上帝因自契以来殷社不定，故命成汤徙居于亳。亳，今之偃师，居九州之正中，故《殷武》篇言'商邑翼翼，四方之极'，而此诗言'正域彼四方'也。"又解《殷武》云："商邑，亳也，居九州之正中。此篇言武丁宅商邑以保我后生，而皆上及成汤之事，则武丁徂亳与汤同都，事在不疑。而《玄鸟》言正域彼四方，此诗言商邑翼翼，四方之极，又惟偃师之亳足以当之。诸书于汤所都之亳纷无定说者，亦据此可定矣。"事实很清楚，亳为邑且位处天地之中，这些特点已通过竹书"亳中邑"之名得到了明确体现。而《书序》以汤始居亳，是言汤作为殷商王朝的开国之君始定王邑而言，而"从先王居"则在说明其所居之亳曾经作为先王故地的事实。如果联系商汤六世祖先上甲微重定地中的史实，这一记载将更具有意义。上甲重定地中必将意味着其于地中作邑而居。故上甲之邑或许即成为商汤选建王庭所居之亳，这与《保训》强调商汤恪守上甲所定地中的传统终致其获有天命的记述也至为吻合。

据竹书可知，汤所居之亳，其名于夏亡前后并不相同。清华大学藏战国竹书《尹至》云：

惟尹自夏徂白（亳），綠（录）至在汤。……汤往征弗服，执宅执德不懈。自西戡西邑，戡其有夏。

"綠"字仅见于殷卜辞，为夜半时辰，[①] 又称"中綠"或"中录"，系以漏壶所计之中夜时刻，[②] 可明竹书所录之史实来源古老。两文对读，乃知汤居之亳于灭夏之前但名曰"亳"，夏亡商兴之后则称"亳中邑"，且其地在夏邑之东。这种都邑名称的变化无疑体现了根深蒂固的居中而治的政治传统。

"亳中邑"之名相对于地名"亳"而言，显然更富有王权政治的色彩，其中附缀于地名之后的"中邑"不仅体现着居中而治的传统政治观，而且更反映了早期王邑制度的特点。

古文字的"中"字实取形于古人表旗共建的活动，[③] 这个工作至少可使"中"字获有三个基本内涵。其一，测影工作首先必须要求槷表垂直地立于水平的地面上，这意味着垂直的槷表不会向东、西、南、北任何一方倾斜，而处于一种中正的状态，这是"中"具有中正意义的由来。其二，中国传统的时空关系表现为空间决定时间，因此，人们想要测得精确的时间，就必须首先测得精确的空间。换句话说，立表建时的正确性取决于辨方正位的精确性，而通过立表辨正五方则是古人认识空间的基本方法。[④] 很明显，古人在借助槷表测得东、西、南、北四方的同时，槷表所在的位置也便自然具有了中央的义涵，同时，古人居中建旗必立表以候至，从而使表旗共建，这是"中"具有中央意义的由来。其三，"中"所具有的中正内涵由于使槷表不向四方之中的任何一方偏倚，这一特点在传统的阴阳哲学观念中便发展出了中和的义涵，这又是"中"同时具有中和意义的由来。而就中国传统政治观的完善而言，中央与中和

[①] 黄天树：《殷代的日界》，《华学》第四辑，紫禁城出版社2000年版；《殷墟甲骨文所见夜间时称考》，《新古典新义》，学生书局2001年版。

[②] 冯时：《殷代纪时制度研究》，《考古学集刊》第16集，科学出版社2006年版。

[③] 冯时：《中国古代的天文与人文》第一章，中国社会科学出版社2006年版；《陶寺圭表及相关问题研究》，《考古学集刊》第19集，科学出版社2013年版。

[④] 详见《周礼·考工记·匠人》。

思想的产生至关重要。

中国传统天文学作为王权政治基础的事实相当清楚，这意味着在早期文明社会，观象授时实际就是观象者通过历象日月星辰对氏族实现其统治的活动，而观象的基本工具则是槷表。殷卜辞习见商王"立中"之贞，即言立表测影之事。[①] 原因即在于，测影之事本系君王所为，故在居中而治的传统政治观的影响下，君王立表测影也即谓之立中。因此，作为槷表的"中"既是最古老的天文仪器，当然也可以引申出天下之中的意义，并作为王权的象征。前引《论语·尧曰》言尧、舜、禹禅让恪守"天之历数在尔躬，允执其中"的原则，其执中思想即源于执表，事关观象授时，这一点于《史记·历书》及《续汉书·律历志》载刘洪论历章都有明确的解释。事实上在《尧曰》篇所建立的禅让君位的背景下，执中实际已具有了执表而求天下之中，并居中而治天下的政治理想。故"中"相对于"四海"，实为天禄永终的中央和谐之地。《尧曰》表明，地中的获知是统治者亲掌天文历算的结果，因此天文观测便成为居中治事的前提，天文学作为王权基础的特点，于此表述得至为明确。而对这一观念，清华大学所藏战国竹书《保训》更有进一步阐发。很明显，立表的工作最初乃由统治者所掌握，那么槷表所在的中央位置也就必由统治者所拥有，这是居中而治传统政治观得以形成的天学基础。

观象授时不仅作为王权的基础，同时也自然地建立起观象的对象——天——与观象者本人的联系，这种联系不仅逐渐形成了观象者的权力乃由天所授予的君权神授的天命观，而且享有这种权力的人也便与权力的授予者具有了嫡系血缘的关系。权力的授予者上帝一定居住在天的中央——北极，因为星辰的拱极运动势必会诱发中央具有至尊地位的想象，那么作为天子的人王配天在下，也就必须居住于大地的中央，这样才可能实现人王与上帝的直接对话。西周何尊铭记武王灭商后则庭告于天，"庭告"即言直告，意即居天下之中而告，[②] 正是这种思想的客观反映。这是居中而治传统政治观得以形成的原始宗教基础。

[①] 萧良琼：《卜辞中的"立中"与商代的圭表测景》，《科技史文集》第10集，上海科学技术出版社1983年版；冯时：《中国天文考古学》，社会科学文献出版社2001年版，第55页。

[②] 冯时：《天亡簋铭文补论》，《出土文献》第一辑，中西书局2010年版。

爇表用于辨方正位，首要的工作就是校正表的垂直，中正的垂表不会偏向任何一方，这意味着居于四方的中央也必为阴阳和合之地，这种哲学观与观象授时以生万物的授时宗旨完全吻合。《礼记·中庸》："致中和，天地位焉，万物育焉。"《尔雅·释乐》陆德明《释文》引刘歆云："宫，中也。居中央，畅四方。唱始施生，为四声纲也。"《汉书·律历志上》："中央者，阴阳之内，四方之中，经纬端直，于时为四季。"《文选·张平子东京赋》："区宇乂宁，思和求中。"薛综《注》："思求阴阳之和、天地之中而居之。"都是这种思想的反映。这是居中而治传统政治观得以形成的哲学基础。

在这样的文化背景下，居中而治的政治追求便成为中国古代王权政治的必然选择。事实上，将立表之地所获得的中扩大为天地之中，这一认识必须通过立表测影才能完成。殷商先民经过长期于不同地区日影长度的探索实践，最终认识到，夏至日正午八尺爇表的影长为一尺五寸的地方即为天下之中，这个地点正在以嵩山为中心的河洛地区。文献学的证据表明，至少在有夏时代，以嵩山为地中的思想即已确立，至西周初年，这一认识更为明确，今其地尚留有传为周公测影的"周公测景台"。周初建王邑于洛水，《逸周书·作雒》记周公曰："俾中天下。"《史记·周本纪》记周公云："此天下之中，四方入贡道里均。"《史记·刘敬列传》："（成王）迺营成周洛邑，以此为天下之中也。"这些记载恰可与何尊铭文所记周武王宅兹中域以治民的政治理想相呼应。铭文"中或"读为"中域"，本义即中原。或读为"中国"，义也无别，皆谓天下之中央，乃为政治地理概念，并非政体。而二里头遗址如果可以考虑为夏代晚期或商代早期的王邑，那么以嵩山为中心的地区作为天地之中的思想，其形成的时代就将更早，相关问题我们于第三章第一节已有讨论。

天地之中的认识为王庭位置的选择奠定了基础，因为大地之中的获得不仅在观象授时的制度下体现了统治者基于执表测影的特权所享有的王权，并且在中和思想的影响下，天地之中成为九州之中最利于生养万物的阴阳和合之地，同时更建立起天子与其直系祖先——上帝——最近距离的沟通渠道。毫无疑问，这些观念的形成为王权的建立在政治与宗教两方面确立了合法性。《周礼·地官·大司徒》以地中之域乃天地所合，四时所交，风雨所会，阴阳所和，百物阜安，为建置王庭的理想之地，已是对这些思想的系统整理。显然，王庭之所建，于周初之洛邑乃位居"天下之中"，晚殷之大邑商或称"中商"，而商汤所居之亳实名"亳中邑"，知其地皆不出以嵩山为中心的中原地区。

《诗·商颂·殷武》："商邑翼翼，四方之极。"郑玄《笺》："极，中也。"林义光《通解》："极，毛《思文传》'中也'。按屋之中央最高曰极，故极有中义。商邑，亳也。居九州之正中，故曰四方之极。"是知汤所居之亳地在九州之中央。《诗·商颂·玄鸟》："古帝命武汤，正域彼四方。方命厥后，奄有九有。"毛《传》："九有，九州也。"郑玄《笺》："方命其君，谓徧告诸侯也。"《诗》以"正域"言四方疆域之正中，而汤与后文"厥后"对文，故"正域"实即九州之中，其有求定"四方之极"的意义也很明显，亦言汤实居于九州之正中。此与竹书称汤居之亳为"中邑"全合。

亳中邑以邑为制，正与三代社会以王庭为邑之制度相符。上古时代之邑与墉形制不同，邑本为不具墙垣之居邑，而墉则为具有高大墙垣之城。城墉实本用为防御，而邑作为人所居之地，正为三代王庭的基本形式。

夏、商及西周之王庭皆为邑制，文献与考古资料所反映的事实已相当清楚。兹承前引文献，将三代王邑名号择要整理于下。夏之王庭为邑，如：

文邑　　　　　陶寺文字
夏邑　　　　　《尚书·汤誓》、《尚书·多方》
西邑　　　　　清华竹书《尹至》
西邑夏　　　　清华竹书《尹诰》、《礼记·缁衣》引《尹吉》

清华大学所藏竹书《尹诰》或云："夏自绝其有民，亦惟厥众，非民亡与守邑。"亦以夏王庭所在之地称"邑"。

商代王庭为"邑"，如：

亳中邑　　　　清华竹书《尹诰》
大邑商　　　　《合集》36482、何尊

天邑商	《合集》36535、《尚书·多士》
商邑	沫司徒送簋、《尚书·牧誓》、《酒诰》、《立政》、《逸周书·度邑》、《诗·商颂·殷武》
新邑	《尚书·盘庚》

其中"新邑"即为大邑商，乃盘庚新作之邑。

西周初年的王庭亦为"邑"，如：

新邑	噉士卿尊、臣卿簋、王奠新邑鼎、《尚书·召诰》、《洛诰》
大邑	《尚书·召诰》、《多士》
新大邑	《尚书·康诰》
新邑洛	《尚书·多士》
洛邑	《尚书·多方》
大邑周	《孟子·滕文公下》引《书》
大邑成周	《逸周书·作雒》

成周为邑，其事亦明。

不啻王庭，侯伯所在之都也为邑。《诗·大雅·文王有声》："既伐于崇，作邑于丰。"知文王之都名曰"丰邑"。①

邑与城墉在形制上的重要区别就在于墙垣的有无，墉有墙垣，而邑无城墙，或具隍壕。这一点已为考古工作所证实，如名"邑"之早夏王庭文邑、晚殷王庭大邑商、西周早期王庭洛邑以及文王所都之丰邑，都没有发现城墙。这一制度显然承袭新石器时代之隍壕聚邑的制度而来，本为氏族的中心区域。世袭制王权确立以后，邑制则成为王庭及侯伯所拥有的基本制度。桂馥《说文解字义证》引清钱大昭云："夏、商，天子所居名邑。"顾炎武《日知录》卷一也以人主所居谓之邑，这些认识符合三代都邑的实际情况。

城以筑垣防御，故其主要是以军事为目的，利于"即戎"。殷卜辞习

---

① 《史记·齐太公世家》径称"丰邑"。

见"作墉"之贞，均与戎事相关，从而与"作邑"之贞形成鲜明的区别。这意味着城墉本应出现于王朝的边缘地带，而并不会处于文化的中心。其或为附庸之源，意即臣于诸侯之城墉，"墉"即城垣之象形文，可见附庸的本义实即作为臣仆并依附于邑的城墉，城具有拱卫中心邑的性质非常清楚。

邑相对于城墉，其位置显然处于侯国的中心，而王庭大邑的位置更应处在天下之中，故"邑"字本亦具有中央的意义，其或言中，或以邑以示中央。今知汤所居之亳本名"亳中邑"，其必在天下之中而为邑制，故名"中邑"。很明显，汤庭之名所体现的思想与三代政治制度完全符合，其不具城垣且于天地之中的特点为在考古学上寻找汤居之亳指明了方向。

第四节　内服与外服

商周实行封建，[①] 有夏亦然，这种政治制度意味着三代国家政体是由王庭所在的内服与诸侯国所形成的外服共同组成的。[②] 内服是王庭直接管辖的地区，名之曰"畿"，《诗·商颂·玄鸟》"邦畿千里"是也。外服则是由受封之诸侯所管辖的地区，名之曰"国"，西周厉王㝬钟铭言天子"畯保四国"是也。而四国以外的四方则由与王庭关系疏远的蛮夷戎狄所管辖，名之曰"方"，西周毛公鼎铭所谓"不廷方"是也。[③] 在畿服系统中，不廷方如果归附王庭则作为王朝的要服或荒服，《国语·周语上》"蛮夷要服，戎狄荒服"是也。

《尚书》诸篇详述殷周内外服，孔颖达《正义》："服，治事也。"是明"服"义。内服百官勤王以治事，外服诸侯拱卫、贡纳于王室以治事，各司其职。《说文·田部》："畿，天子千里地，以逮近言之则言畿也。从田，幾省声。"则内服相对于外服，其地近天子，故曰"畿"。西周昭王

[①] 参见《左传·僖公二十四年》；胡厚宣《殷代封建制度考》，《甲骨学商史论丛初集》第一册，成都齐鲁大学国学研究所1944年版。

[②] 详见顾颉刚《畿服》，《史林杂识初编》，中华书局1977年版。

[③] 参见冯时《中国古代的天文与人文》第一章第二节，中国社会科学出版社2006年版。

世之作册令方彝铭以内服、外服、四方分别叙事，客观地反映了其时政治制度的基本情况。

学者或以为殷末周初尚无畿服制度。① 晚殷卜辞有言殷王自贞"余其从多田（甸）于（与）多伯正（征）盂方伯炎"（《甲》2416），郭沫若读"多田"为"多甸"，其与侯伯同名，故非畿服之名。② 然武丁卜辞有记诸侯告王曰"土方拔于我东鄙，戬二邑；𢀛方亦侵我西鄙田（甸）"，或曰"𢀛方出，侵我示（氏）𤉲田（甸）七十人五"（《合集》6057正），"西鄙甸"与"东鄙"对举，同为被侵之地，可证甸应为畿服之名，而不会仅作官名。又西周邢侯簋铭云："蔼邢侯服。"《说文·言部》："蔼，臣尽力之美。从言，葛声。《诗》云：蔼蔼王多吉士。"故知"蔼邢侯服"意即邢侯尽其服事，③ "服"具有外服诸侯治事的意义也非常清楚。早期文献多以侯、甸连称，甸既为外服，则侯为外服自明。实上古官名或与服名通用，④ 诸侯为"多伯"，其例与"多甸"相同，唯殷商外服本仅侯、甸二服而已。⑤ 西周早期犁子鼎铭言"王赏多邦伯"，事同保卣铭称"四方会王大祀祓于周"，多邦伯即外服诸侯。⑥ 殷周时期，与外服相对的内服王畿以王邑为中心，金文本称"内国"，文献或称"邦内"、"中国"。明其时畿服制度已经建立。

殷周时代，畿服制度已经确立殆无疑问，且官名或与服名通用。但就其制度细节，特别是有关邑、城、国、方、都、附庸、邦家等制度的本质内涵及发展变化，长期以来却不能明确。显然，这些问题的澄清不仅直接关系到对中国早期文明及国家形态的正确认识，而且也有助于对传统考古学研究的反思。当然，问题的解决，系统利用殷周直接史料的研究尤为关键。

---

① 郭沫若：《金文所无考》，《金文丛考》，人民出版社1954年版。
② 郭沫若：《卜辞通纂》后记，日本东京文求堂石印本，1933年。
③ 冯时：《班簋铭文补释》，《出土文献》第三辑，中西书局2012年版。
④ 裘锡圭：《甲骨卜辞中所见的"田""牧""卫"等职官的研究——兼论"侯""甸""男""卫"等几种诸侯的起源》，《文史》第十九辑，1983年。
⑤ 殷卜辞又有"多侯"残辞（《合集》11024），其本为官名。参见岛邦男《殷墟卜辞研究》第三章，中国学研究会1958年版。
⑥ 冯时：《叶家山曾国墓地札记三题》，《江汉考古》2014年第2期。

一　邑制考

人王配帝在下的传统宗教观建构了政治制度的基础。帝的居所在天之中央——北极，则人王的居所就必须建于地之中央——天下之中，这意味着居中之王庭不仅在地点的选择上有其特殊要求，而且在筑作形制上也必须表现出独特的邑制。这些做法体现了封建制度的重要内容，形成了早期王朝政治的鲜明特色。

三代社会，准确地说是夏、商和西周王朝，其王庭的筑作形制都呈现为邑制。邑又有邑与大邑之分，规模自别具大小。王庭之邑是为大邑，诸侯之邑但称为邑，其特点则皆为不具城垣的聚邑。① 随着两周之际都邑制度的变化，东周先民已对邑制的本质特点不甚了解。这种文化记忆的丧失直接影响着我们对早期政治制度的认识。

（一）邑制的起源

邑本民居之所聚。②《释名·释州国》："邑犹俋也，邑人聚会之称也。"是知邑本为人聚居之所。古人聚族而居，故邑之为制当源于族邑。

中国新石器时代居址已普遍存在由环壕围成的聚邑（图3—13），③无疑体现了早期的邑制。这些聚邑的规模一般不大，其以壕堑围匝，起着防御野兽的作用。此类原始的邑显然具有聚族而居的性质，应该就是早期的族邑。

这种由壕堑围聚所形成的族群居所事实上就是最早的邑制，其作为社会的基本组织，历史悠久。《周礼·地官·里宰》："里宰掌比其邑之众寡。"郑玄《注》："邑，犹里也。"贾公彦《疏》："邑是人之所居之处，里又训居，故云邑犹里也。"《尔雅·释言》："里，邑也。"郭璞《注》："谓邑居。"可明邑制的本质实际就是聚族之居邑。这种散居分布的族邑本因血缘关系的亲密，显然不可能以墙垣彼此分隔，而只能于族邑之间界以壕堑，以达到宗氏与分族聚族独立的目的，从而最终形成了传统邑制的基本形制。

---

① 冯时：《夏社考》，《21世纪中国考古学与世界考古学》，中国社会科学出版社2002年版；《"文邑"考》，《考古学报》2008年第3期。
② 金鹗：《求古录礼说·邑考》，清道光庚戌（1850年）嘉平木犀香馆刻本。
③ 中国科学院考古研究所、陕西省西安半坡博物馆：《西安半坡》，文物出版社1963年版；中国社会科学院考古研究所：《蒙城尉迟寺》，文物出版社2001年版。

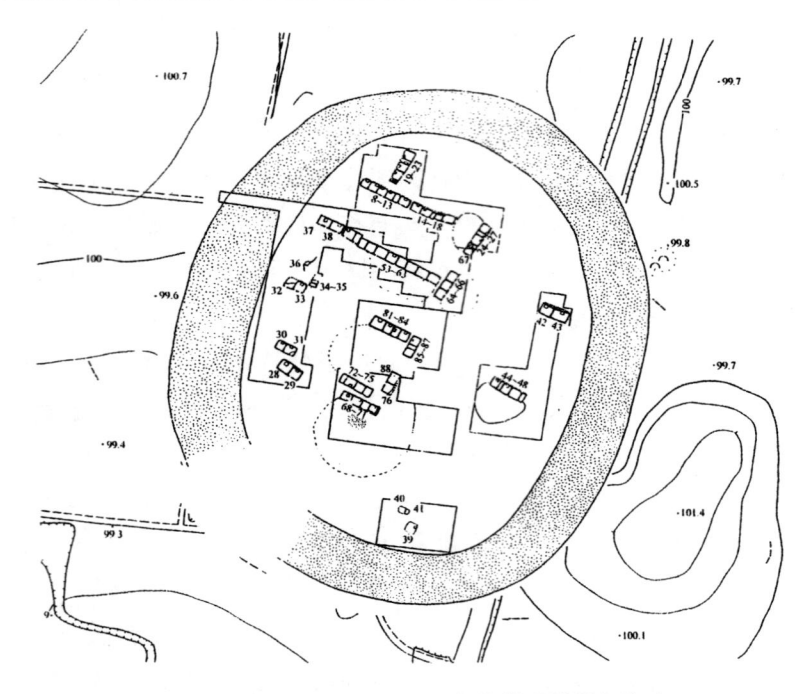

图 3—13　新石器时代族邑（安徽蒙城尉迟寺遗址）

古族因民人有多少，邑亦有大小。《周礼·夏官·遼师》："物之可以封邑者。"孙诒让《正义》："凡民所聚居，大小通曰邑。"又《里宰》《正义》云："邑为民居所聚，民居有多少，故邑有大小。极其大而言之，则为王都之邑；极其小而言之，则《论语》有十室之邑。其间大小不等，未可枚举也。"邑制本出族邑，为人聚居之所，致王庭主一族之居，亦必取邑为制，故凡为人所居之地，无论大小，通取邑制。《周礼·地官·小司徒》："九夫为井，四井为邑。"郑玄《注》："四井为邑，方二里。"其说拘泥。孙诒让《正义》："凡乡遂都鄙公邑，聚居无城，不论家数多少，通谓之邑。"所说极是。《管子·小匡》："六轨为邑。"《论语·公冶长》："千室之邑，……十室之邑。"《穀梁传·庄公九年》："百室之邑。"知邑之大小本无定制。西周宜侯夨簋铭云：

王命虞侯夨曰：迁侯于宜。……锡厥土：厥川三百囗，厥囗百又囗，厥宅邑卅又五，［厥］囗百又卌。囗在宜王人［十］又七姓……

铭云"宅邑",显为居所聚邑。《尚书·多士》:"今尔惟时宅尔邑。"蔡沈《集传》:"邑,四井为邑之邑。"簋铭赐邑与赐族同述,亦明邑制本诸族邑的传统,而诸侯之国邑乃至王庭之王邑,实际都只是在这一制度基础上的扩大。正像邑制的原始形制族邑不可能具有墙垣一样,在此基础上发展形成的国邑、王邑,其本不具城垣便是必然的结果。事实上,早期王邑与国邑不筑墙垣正是对邑制源出族邑制度的继承。

(二) 邑制特点

孙诒让以为邑制的特点是聚居无城,这一见解甚为精辟。我们根据对早期文字的研究,可以印证这一观点。商周甲骨文、金文"邑"字作:

字从"人"从"囗",会意人聚居之地,其中之"囗"作为字的主要部分,正是围堑以为邑制的象形。

《说文·邑部》:"邑,国也。从囗。先王之制,尊卑有大小,从卪。"段玉裁《注》:"囗音韦,封域也。尊卑谓公侯伯子男也。大小谓方五百里,方四百里,方三百里,方二百里,方百里也。《土部》曰:公侯百里,伯七十里,子男五十里。"许慎以"邑"训国虽属晚世思想,与三代制度不合,但对邑制有大小之别的认识却与甲骨文、金文及早期文献所反映的情况相同。

"囗"作为"邑"字的主体部分乃象围域之形,故读如"韦"。而甲骨文、金文"韦"字恰从"囗"而作,同样明确反映了邑制的基本形制。古文字"韦"也即"围"及"卫"之本字,字形作:

字象众人围邑卫守之形,这种环邑而守的形式显然只体现在对没有城垣

的聚邑的卫守，而与城墉的卫守形式完全不同。所以"囗"本象没有城垣的聚邑非常清楚。

邑制的本质特征是不具城垣，这一点还可以通过古文字"邑"、"墉"二字的比较而获知。《说文·土部》云：

> 墉，城垣也。从土，庸声。𠁩，古文墉。
> 城，以盛民也。从土，从成，成亦声。𩫨，籀文城，从𩫏。
> 垣，墙也。从土，亘声。𩫰，籀文垣，从𩫏。
> 堵，垣也，五版为一堵。从土，者声。𩫱，籀文从𩫏。

诸字或以城墙为义，或以筑作墙垣的城郭为义，故皆以"𩫏"作为其表意的基础，而"𩫏"则即城墉之本字。《说文·𩫏部》云：

> 𩫏，度也，民所度居也。从回，象城𩫏之重，两亭相对也。或但从口。

字读如"郭"。《说文·邑部》云：

> 郭，从邑，𩫏声。

故知"墉"、"郭"本为一字，城墉即为城郭，其为具有高大城垣的建筑。

商周甲骨文、金文"墉"有繁省两种写法，字形作：

字象墙垣围匝之城墉，四面各有门楼。而与城垣相关之"城"、"坂"、"堵"诸字则或从"𩫏"为意符作：

是明"𩫏"即城垣城埔之象形。显然,比较"𩫏"、"邑"二字,邑制所显示的不具城垣的特点一目了然。《左传·庄公二十八年》:"邑曰筑,都曰城。"也强调了邑本无城的特点。

邑制本之于族邑,为族群聚居之所,这一本质意义其实对诸侯族氏乃至王族的居地同样适用,这决定了早期都邑的基本形制。事实上,三代都邑以王族所在的王庭以及诸侯所在的国都普遍采用不具城垣的邑的形制,正是对邑制本为族邑制度的继承。显然,以族群聚居为特征的邑制对早期都邑制度的形成产生了深刻影响。不啻如此,大邑与邑作为王庭所在或诸侯的政治中心,也自然成为权力的象征之地。甲骨文、金文有"拔"字,本作双足踏邑之形,即以占领其邑象征夺取其政权。"拔"字之古形作:

此字旧多释"征",或释"围"。"围"字古形已见上录,而"征"及所从之"正"字本作:

"正"字从"止""丁"声,① 与"𣥂"字形迥异。况"征"与"𣥂"在甲骨文、金文中的用法完全不同。如殷卜辞、金文之"征人方"或"来征人方","征"字即无一例作"𣥂",足见二字之别。而"拔"字本从

---

① 闻一多:《璞堂杂识》,《闻一多全集》册二,生活·读书·新知三联书店 1982 年版,第 598 页。

"囗"从"癶","囗"即邑之象形,"癶"写双足,其或往征于邑,正反无别;或双足踏入邑中,以象占领都邑之意,并兼而表音。《说文·癶部》:"癶,足剌𨆌也,从止𠨷。读若撥。"其用于战争则读为"拔"。《说文·巾部》:"帗,读若撥。"《左传·襄公二十九年》:"公叔發。"《礼记·檀弓上》郑玄《注》作"公叔拔"。《周易·困》:"朱绂方来。"马王堆帛书"绂"作"發"。《诗·豳风·七月》:"一之日觱發。"《说文·仌部》"冹"下引作"一之日凓冹。"此皆"發"、"犮"相通之证。古人以"拔"或用为拔取,其于战争,则为攻取占领之义。《战国策·秦策四》:"拔燕、酸枣。"高诱《注》:"拔,取也。"《汉书·高帝纪上》:"三日拔之。"师古《注》:"拔者,破城邑而取之,言若拔树木,并得起根本也。"《史记·高祖本纪》:"攻下邑,拔之。"司马贞《索隐》引范晔云:"得城为拔。"其实,这些训释并未能从根本上揭示"拔"字用于攻伐的本义。"拔"本作双足踏入邑中之形,古人正是以中心都邑的丧失表现征伐者对其所伐之政治势力的戡除。殷卜辞有诸侯告曰"土方拔于我东鄙,戡二邑"(《合集》6057 正),正以邑之灭除称"拔"。西周金文又有"捷"字,① 从"邑"以为意符,表意与"拔"字相同。字作:

虢鼎铭云:"王命虢捷东反夷。"《诗·小雅·采薇》:"一月三捷。"毛《传》:"捷,胜也。""捷"从"邑"而有胜义,这种观念显然也源出以对权利象征的邑的戡除作为战争胜利标志的传统。② 西周早期员卣铭云:"员从史旗伐𨛧,员先入邑。员俘金,用作旅彝。"明述以对邑的占领象征其国族的覆灭。矢人盘铭云:"用矢撲散邑。"也见其义。由于这一戡

---

① 郭沫若:《两周金文辞大系图录考释》第六册,科学出版社 1957 年版。
② 《说文·手部》:"捷,猎也,军获得也。"吕壶铭云:"唯四月,伯懋父北征,唯还,吕行捷孚(俘)兜。"庚壶铭云:"庚捷其兵皋车马,献之于庄公之所。"均与许训相合。《国语·周语上》:"且献楚捷。"《春秋·庄公三十一年》:"齐侯来献戎捷。"杜预《集解》:"捷,获也。"孔颖达《正义》:"捷,胜也,战胜而有获,献其获,故以捷为获也。"何休《公羊传注》:"战所获物曰捷。"《穀梁传》:"军得曰捷。"

灭的意义本不以双足踏入城堙，而以踏入邑中的内涵加以表现，这从根本上揭示了邑所具有的作为王朝或诸侯政治中心的特有地位，从而体现了夺取其邑即象征夺取其政权的古老观念。西周何尊铭述武王灭商云："唯武王既克大邑商。"大邑商被克亦即象征着殷商王朝的覆灭，真实地反映了这一观念。显然，夺邑为拔为捷的思想与我们考证的王庭为大邑、诸侯居国邑的史实若合符契。

作为王庭所在的大邑及诸侯的国邑除不具城垣之外，其另一显著特点就是位处文化的中心地区，其中王庭大邑位居天下之中，诸侯国邑则应位居侯国之中央。由于王庭大邑实为邑制之极，地位崇高，致使位居天地之中的王邑理所当然地成为邑制的代表，从而使"邑"字本身也具有了中央的意义。

古文字"冋"作"冋"，从"囗"从"丨"会意，"丨"乃"方"、"巫"、"帝"诸字所从之表现四极的文字，而"囗"则为邑之象形文，所以"囗"、"丨"会意实际也就是以"邑"、"方"会意，其本义即在以居于中央之王邑喻指冋地之遐远。《说文·冂部》云：

　　冂，邑外谓之郊，郊外谓之野，野外谓之林，林外谓之冂。象远界也。冋，古文冂，从囗，象国邑。垌，冋或从土。

很明显，"冋"字所从之"囗"为邑，其所反映的邑居中央的制度特点相当鲜明。

对于说明邑居中央的制度特点，古文字"中"、"央"、"帝"三字的字形结构也同样具有意义。甲骨文、金文"中"或作：

乃象表、旗共建，[①] 并于字之中央绘出圆形的规界或围邑，显然旨在借居

---

① 冯时：《中国古代的天文与人文》第一章第二节，中国社会科学出版社2006年版。

于天地之中的邑表现"中"本具有中央的意义。

甲骨文又有"央"字，或作：

卜辞则有神祇"母央"，即指居于大地中央之地母。① "央"字从"中"从"冂"会意，而"中"字所呈现的中央圆界其实就是邑制的形象。故邑制居中的制度通过古文字"央"字的字形结构表现的也同样明确。

甲骨文"帝"字有二形：

其以花蒂之"米"为本形，组合以表现四方之"冂"或表现围邑之"囗"，以会帝居中央之意。显然，由于"囗"所表现的围邑其实就是邑之象形，因此，古人以居中之邑喻指帝位居于天之中央，这一思想所反映的邑居中央的事实也不容怀疑。

邑本无城，且居中央，这一事实于目前所见的考古资料同样给予了充分的证明。我们考定的位于山西襄汾陶寺的夏代早期王庭是在毁弃旧城的基础上建立起的无垣之邑，时称"文邑"，《周易》之《泰》卦上六爻辞记述了这一历史变革，成为家天下王朝王邑制度的滥觞；② 可以考虑为夏代晚期王邑的二里头遗址至今没有发现城垣，这与文献习称夏代王庭为"夏邑"、"西邑"或"西邑夏"的传统甚相符合；③ 晚商王邑殷墟未建城垣，时称"大邑商"或"天邑商"；④ 西周成王所作之洛邑迄今也没有发现城垣，古人名之曰"新邑"、"新大邑"、"洛邑"、"大邑周"或

---

① 冯时：《中国古代的天文与人文》第二章第二节，中国社会科学出版社 2009 年修订版。
② 冯时：《"文邑"考》，《考古学报》2008 年第 3 期。
③ 参见《尚书·汤誓》、《多方》，《礼记·缁衣》引《尹吉》，清华大学藏战国竹书《尹至》、《尹诰》。
④ 参见《合集》36482、36535，何尊及《尚书·多士》。

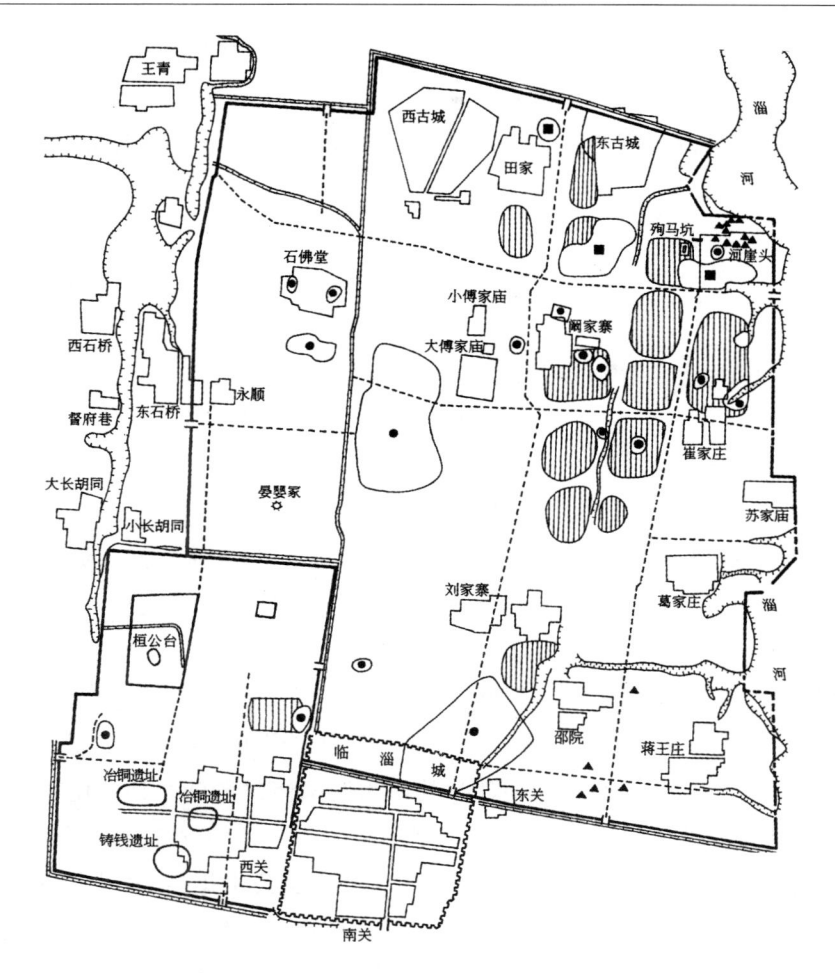

图 3—14　临淄齐国都城平面图

"大邑成周";① 而文王以西伯身份作都丰邑，同样没有筑作城垣。② 这些明确称"邑"的上古邑制或为王庭大邑，或为诸侯都邑，皆以不具城垣为其基本特征，为我们对于上古邑制的客观认识提供了极具说服力的证据。而至东周以后，王庭、侯都以城墉为制，称谓也自有改变。东周齐

---

① 参见王奠新邑鼎、臣卿簋等，《尚书·召诰》、《洛诰》、《康诰》、《多方》及《逸周书·作雒》、《孟子·滕文公下》引《书》。

② 中国科学院考古研究所：《沣西发掘报告》，文物出版社 1962 年版；胡谦盈：《丰镐地区诸水道的踏查——兼论周都丰镐遗址》，《考古》1963 年第 4 期。

临淄城建有东、西二城（图3—14），① 其西城于齐侯甗铭文即称为"西墉"，② 足明邑、墉二制的区别。

早期文献以王庭为邑的记载同样可以为上述讨论提供明确的佐证。《周易·夬》云：

> 夬，扬于王庭，孚号有厉。告自邑，不利即戎，利有攸往。

《周易·泰》上六（马王堆帛书本）云：

> 城复于湟，□勿用师，自邑告命，贞吝。

高亨《周易古经今注》："复疑当读为覆，倾也。"甚是。此言城毁而为邑，邑则为王庭告命之地。惠栋《周易述》："邑，天子之邑也。"《周易·无妄》："邑人之灾。"惠栋《周易述》："天子所居曰邑。"根据夬、泰两卦的内容，王庭为邑，而邑本为不具城垣的聚邑的内涵表述得相当清楚。③ 邑无城垣虽不利戎事，但却宜于王命之广布，故君王于王庭告命也就是自邑告命。王庭是为朝廷，其作为四国诸侯所朝之地，位置自在九州之中央。西周毛公鼎铭云："率怀不庭方。""不庭方"意即不朝于王庭之方，其与王庭之关系最为疏远。《左传·隐公十年》："以王命讨不庭。"杜预《集解》："下之事上皆成礼于庭中。"《诗·大雅·韩奕》："榦不庭方，此佐戎辟。"戎生钟铭："遹伺蛮戎，用榦不庭方。"此"不庭"、"不庭方"实即不朝于王庭之方。君王崇德而使四方宾服以来之，是谓"率怀不庭方"，意即使四方朝于王庭而归之。《汉书·赵充国传》："鬼方宾服，罔有不庭。"师古《注》："庭，来帝庭也。"意与"率怀不庭方"相同。此王庭相对于四方，知王邑之选建必居天地之中。西周大盂鼎铭言天子"抚有四方"，亦知王庭的位置必居四方之中央。

王所具有的文治教化的职事使王庭所在之地不仅居于四方之中央，

---

① 中国社会科学院考古研究所：《中国考古学·两周卷》，中国社会科学出版社2004年版。
② 冯时：《中国古文字学概论》，中国社会科学出版社2016年版，第618页。
③ 冯时：《"文邑"考》，《考古学报》2008年第3期。

同时也不应有墙垣的阻隔。《周易·夬》谓君王宣命教化为"扬于王庭"且"告自邑",而"告自邑"实同泰卦上六爻辞之"自邑告命",皆言文治教命必自邑颁布,是明邑制虽不利于战事,但却利于教命的传布。相反,如果王庭以高垣自闭,虽利兵戎防御而自保,但于教命的传播则不可广远,不能长终,无法实现宣命广教的初衷。

"扬于王庭"意即宣于王庭,"宣"、"扬"同义,本有宣通布散之意。《左传·昭公元年》:"于是乎节宣其气。"又云:"宣汾洮。"杜预《集解》:"宣,犹通也。"《国语·周语上》:"川壅而溃,伤人必多,民亦如之。是故为川者决之使导,为民者宣之使言。"韦昭《注》:"宣,犹放也。"王以教命教化天下,故于王庭宣布政命,必使教命广及于民,远播四方,这才能体现宣扬王命的意义。《白虎通义·辟雍》:"天子立辟雍何?辟雍,所以行礼乐、宣德化也。"《国语·周语下》:"夫政象乐,乐从和,和从平。……歌以詠之,匏以宣之。"韦昭《注》:"宣,发扬也。"即言王于朝廷宣教布命,使王德务求广及四海。《尚书·顾命》:"昔君文王武王宣重光,奠丽陈教,则肄肄不违,用克达殷集大命。"则言文武继世重光,宣昭令德,定法垂教,民用恪恭,故受有天命。而为臣者助成王命,也以宣播王命为职。《诗·大雅·崧高》:"四国于蕃,四方于宣。"《礼记·孔子闲居》引此诗,郑玄《注》:"天下之蕃卫,宣德于四方,以成其王功。"都可见王使其教命宣畅于四方的追求。基于这样的观念,王宣命之所即名宣室。《说文·宀部》:"宣,天子宣室也。"段玉裁《注》以为宣室即大室。古又有宣榭,为讲武屋。《左传·宣公十六年》:"夏,成周宣榭火。"杜预《集解》:"宣榭,讲武屋,谓屋歇前。"孔颖达《正义》:"无室而歇前,歇前者,无壁也。"《尔雅·释宫》:"无室曰榭。"古以歇前无壁为宣榭,宣室也应为歇前无壁之室,是古人以宣命之所无壁歇前,目的即在使王之教命不受任何阻碍而广布远播。《诗·大雅·公刘》:"笃公刘,于胥斯原。既庶既繁,既顺迺宣,而无永叹。"毛《传》:"宣,遍也。"马瑞辰《毛诗传笺通释》:"宣之言通也,畅也。"即见平原无阻而宣畅通顺的朴素观念。古人以为,城垣无异于屏障,其不利宣命,而王功以教命为本,旨在使王命通达四方,因此王邑不能有墙垣的阻隔。

王如使其教命远布,墙垣的阻碍就是不可想象的事情,这一思想在中国文化中有着广泛体现。"广"字之所以具有广大、广远的意义，正是这一观念的反映。其字正形作"廣"。《说文·广部》："廣，殿之大屋也。从广，黄声。"或即宣教布命之明堂，古又名之曰"堂皇"。《广雅·释宫》："堂皇，合殿也。"《汉书·胡建传》："监御史与护军诸校列坐堂皇上。"师古《注》："室无四壁曰皇。""皇"即言从"黄"声之"廣"，故段玉裁《说文解字注》云："覆乎上者曰屋，无四壁而上有大覆盖，其所通者宏远矣，是曰廣。"知其与宣畅同义，均见古人以无壁而使王命播远的思考。可为佐证的是，礼以天子贽鬯。《礼记·曲礼下》："凡挚，天子鬯，诸侯圭，卿羔，大夫雁，士雉，庶人之挚匹。"《礼记·王制》：诸侯"未赐圭瓒，则资鬯于天子"。古以"鬯"之言"畅"。《汉书·礼乐志》："清明鬯矣。"师古《注》："鬯，古畅字。"《汉书·律历志》："然后阴阳万物靡不条鬯该成。"师古《注》："鬯，与畅同。"显然，天子以鬯挚，其所体现的同样是使王之教命畅达四方的根本追求。

三代王庭独取不具城垣的邑制，除广布教命的需要之外，其原因更在于古人对邑本为族居之所这一古老传统的继承。由于邑具有聚族而居的本质内涵，这意味着王族聚居的事实必须通过相应的制度形式体现出来，这不仅可以借制度的古老以显示族氏的古老，而且反映了古人渴望通过古老的具有族群凝聚力象征的邑制以表达族氏永续不绝的追求。事实上，族邑的古老传统使人们懂得了在相应的邑制环境下宗族蕃息、子孙昌茂的朴素道理，而对王族而言，相应邑制所象征的王族的蕃昌当然也就决定了以家天下为中心的王权的永续不绝。因此，正像族邑不可能以墙垣将族与族或宗氏与分族彼此分割一样，王族与作为王族亲族的诸侯也不应该以墙垣相隔。

与此同样重要的是，三代社会所实行的封建政体使王庭所在之地根本不需要筑城自保，换句话说，三代王庭采用邑制的另一个不可忽视的重要原因就是其时实行的封建的政治制度。事实上，三代封建制度的建立赋予了分封于王邑周围的外服诸侯具有拱卫王庭的首要义务与责任，这意味着在这样的分封制度下，王室四周实际已树立起了一道道坚固的护卫藩屏，从而使王室垒城自保成为毫无意义的工作。《尚书·顾命》："乃命建侯树屏。"西周金文习见"屏王位"（班簋、番生簋）、"屏朕位"（毛公鼎）之辞，既见天子念兹诸侯群臣卫护王位之愿。显然在这样的制度背景下，藩屏拱卫王室之责已由诸侯承担，故王室无须自作城池。《左传·昭公二十三年》引沈尹戌述上古都邑制度曰："古者天子守在四夷；天子卑，守在诸侯。诸侯守在四邻；诸侯卑，守在四竟。慎其四竟，结其四援，民狎其野，三务成功。民无内忧，而又无外惧，国焉用城？"竹添光鸿《会笺》："亦言其和柔四夷以为诸夏之卫也。"杨伯峻《注》："守在诸侯，谓以诸侯御四夷之侵。"所言极明。清华大学藏战国竹书《尹诰》云："尹念天之败西邑夏，曰：'夏自绝其有民，亦惟厥众，非民亡与守邑。'"知民有卫守王邑之责。古文字"卫"本作民卫守王邑之形。而卫为周之外服，[①]自有守卫王邑之义。殷卜辞或云"卫凡（般）"（《屯南》1008），意即般辟而成卫，正与"卫"字古形相合。故王庭为邑而无须自守，于此表述得甚为明确。

三代德行观的推行使诸侯的封建尚德而不尚年，从而保证了作为臣子的诸侯对其辟君的卫守。《左传·定公四年》："昔武王克商，成王定之，选建明德，以藩屏周。"王庭"选建明德"，封建以为藩屏，可明诸侯的选建唯尚德行。因此在文德盛行的三代社会，王室实无须复筑城垣以自守。而天子也以慎修明德为念，天子纯德，则四夷宾服，故其守远在四夷，无有叛之者。天子若失德而卑，其守虽近在诸侯，但仍无须筑城自保。

诸侯卫王，其制度通过分封所建立的外服之名也可得到说明。据金文及早期文献可知，殷商尚仅侯、甸二服，"侯"本射侯之本字，[②]传统又以侯服为斥候，足见其所具有的军事卫守意义。至西周晚期，外服已形成侯、甸、男、卫四服，而"卫"更为卫守之义。《逸周书·职方》以侯、甸、男、卫、蛮、镇、藩为外服，虽非事实，但诸外服名称所具有的卫守意义却很明确。孔晁《注》："侯，为王者斥候也。言服正事也。卫，为王扞卫也。藩服，屏四境也。"潘振《周书解义》："镇者以其入夷狄深，故须镇守之。藩者以其最在外为藩篱，故以藩为称也。"

[①] 陈梦家：《殷虚卜辞综述》，科学出版社1956年版，第512页；裘锡圭：《甲骨卜辞中所见的"田""牧""卫"等职官的研究——兼论"侯""甸""男""卫"等几种诸侯的起源》，《文史》第十九辑，中华书局1983年版。

[②] 参见《礼记·射义》。

显而易见，外服诸侯之名所反映的其拱卫王室的义务非常清楚，因此在以纯德成为获得天命条件的时代，受命之君根本没有必要依据具有军事卫守色彩的城池建作王庭。相反，君王最重要的工作乃在于慎修明德，宣命教化，而教命的传布最忌因重重阻碍而流播不广，显然，为使王命广布而播远，以不具高大城垣的邑制建作王庭实为最理想的选择。

然至西周晚期以后，王室衰微，诸侯势强，王室的安全已受到严重威胁，王庭筑城于是成为不得不为的事情，从此，王邑制度彻底改变。《左传·昭公三十二年》："秋八月，王使富辛与石张如晋，请城成周。天子曰：'天降祸于周，俾我兄弟并有乱心，以为伯父忧。我一二亲昵甥舅不遑启处，于今十年。勤戍五年。余一人无日忘之，闵闵焉如农夫之望岁，惧以待时。伯父若肆大惠，复二文之业，弛周室之忧，徼文、武之福，以固盟主，宣昭令名，则余一人有大愿矣。……今我欲徼福假灵于成王，修成周之城，俾戍人无勤，诸侯用宁，蛮贼远屏，晋之力也。其委诸伯父，使伯父实重图之，俾我一人无徽怨于百姓，而伯父有荣施，先王庸之。'范献子谓魏献子曰：'与其戍周，不如城之。'"杜预《集解》："子朝之乱，其余党多在王城，敬王畏之，徙都成周。成周狭小，故请城之。"于筑城的需要言之甚明。

综合以上分析，可明三代王庭独取邑制的三方面考虑。其一，对传统族邑制度的继承决定了邑的形制本不具有墙垣；其二，王命广布播远的需要决定了王邑不应具有墙垣；其三，封建诸侯的拱卫决定了王庭的守卫根本不需要有墙垣。这三点事实上体现了早期王朝以邑制为王庭的根本原因。

（三）邑与大邑

邑制是在族邑基础上形成并发展起来的聚邑制度，这意味着上古邑制本必有邑与大邑之别，此即许慎所谓之"尊卑有大小"。晚商王邑大邑商称为大邑，西周王邑成周称为新大邑、大邑周或大邑成周，也属大邑，因此王庭所在应以大邑为制。由于大邑之称显因其面积较一般之邑更为广大，所以围堑以为封域的做法显然也就失去了意义，故大邑应但因山川封树为固，并不具有围堑。最新的殷墟考古工作证明，王庭大邑商实不具壕堑的环之，① 合于制度。

殷卜辞所显示的邑与大邑的区别十分明确。卜辞云：

> 甲午王卜，贞：作余彭，朕莱。下酉余步比侯喜征人方，上下敦示，受余有祐，不盲戬，备告于大邑商，亡尤在祸？王占曰："吉。"在九月。遘上甲夒，唯十祀。　《合集》36482

大邑商为王庭所在之邑，或称"天邑商"（《合集》36535）。《尚书·多士》："肆予敢求尔于天邑商。"实因王庭乃配帝庭在下，故将大邑神之而称"天邑"。或又相对于四方而称"商"或"中商"，卜辞云：

> 己巳王卜，贞：□岁商受〔年〕？王占曰："吉。"
> 东土受年？
> 南土受年？吉。
> 西土受年？吉。
> 北土受年？吉。　《合集》36975
> 戊申卜，王贞：受中商年？□月。　《合集》20650

故明大邑商地在天地之中。大邑商即今所见之洹滨殷墟，殷人或省称为"邑"。卜辞云：

> 辛卯卜，大贞：洹引弗敦邑？七月。　《合集》23717

辞贞洹河涨水是否淹及商邑，所以此辞之邑显即大邑商。

王庭为大邑，但大邑却并非仅限于王庭。卜辞又见有关大邑的占卜，卜辞云：

> 甲子贞，大邑有入，在辰？

---

① 唐际根、荆志淳、岳洪彬、何毓灵、牛世山、岳占伟：《洹北商城与殷墟的路网水网》，《考古学报》2016年第3期。

甲子贞：大邑受禾？　　　《合集》32176
贞：作大邑于唐土？　　　《英藏》1105 正
贞：作大邑？　　《合集》13513 反
癸亥卜，王，方其敦大邑？　　《合集》6783

诸辞之大邑或系地名，显非大邑商，应是在王庭以外所作之大邑。这些大邑或也可以省称为"邑"。卜辞云：

贞：王作邑，帝若？八月。　　《合集》14201
己卯卜，争贞：王作邑，帝若，我比之唐？
　　　　　　　　　　　　　　《合集》14200 正
甲寅卜，争贞：我作邑？　　《合集》13496
己亥卜，内贞：王粦石在鹿北东，作邑于之？
　　　　　　　　　　　　　　《合集》13505 正

诸邑皆为王所作，故知在大邑商所在的王庭之外，仍有由王所作之大邑或邑。唐土为夏墟之地，或为夏代早期王邑——文邑——之故墟，殷人于其地扩建文邑而为大邑，故夏墟文邑与殷人于唐土所作之大邑似为一地，时人或袭其旧而称"文邑"，或也称"大邑"。文邑在大邑商之西，而大邑商之东也有大邑，其地近辰，故知殷商之大邑非止一地。

诸侯之邑则在外服，若文王之丰邑。卜辞云：

呼比臣沚有瞽卅邑？　　《合集》707
癸巳卜，𣪍贞：旬亡祸？王占曰："有祟，其有来艰。"迄至五日丁酉允有来艰自西。沚咸告曰："土方拔于我东鄙，戕二邑，舌方亦侵我西鄙田。"　　《合集》6057 正
王族其敦人方邑旧，右左其□？　　《屯南》2064

很明显，上述卜辞之诸邑或在外服而属诸侯之邑，或在边方而属方伯之邑，其地皆不在地中，当值外服或边方。

二　内服考

"国"本为分封在王邑周围的由诸侯所建立的政治实体，这意味着居于由四方诸侯拱卫的以王邑为中心的王畿地区可称为"内国"。西周录栻卣铭云：

> 王命戎曰：䧹淮夷敢伐内国，汝其以成周师氏戍于㒸次。

铭言淮夷"敢伐内国"，足明"内国"不同于四方之诸侯国，当系内服王畿，故周王命成周师氏戍守之。《国语·吴语》："而以中国之师与我战。"韦昭《注》："中国，国都。"此中国之师意犹成周之师。

"内国"意为四方诸侯国以内之地，而"中国"古也有国中一义，所以在这个意义上，"内国"其实也就是"中国"。《说文·丨部》："中，内也。"知"内国"又与"中国"意义相同。《穀梁传·僖公二十八年》："复者，复中国也。"范宁《注》："中国，犹国中也。"《周礼·秋官·大司寇》："反于中国。"孙诒让《正义》："中国，犹言国中。"国中当谓四方诸国之中，是为京师王畿之地。《诗·大雅·民劳》："惠此中国，以绥四方。"毛《传》："中国，京师也。"据此可知，古以王畿内服本称"内国"，其相对于作为国中之意的"中国"，当为本初之称。况此"内国"之"国"字从"囗"从"或"（图3—15），不同于作为诸侯国之"国"字本仅作"或"，可见其有以"囗"为王邑封域的意义。《说文·邑部》："邑，国也。"亦明内国应为四方侯国以内的内服王畿。

图3—15　录栻卣铭文拓本
（《集成》5420）

古以"国"、"邦"互训，故"内国"也就是文献所见之"邦内"。《国语·周语上》："夫先王之制，邦内甸服，邦外侯服。"古"邦"、"封"通用，故此"邦内"于《荀子·正论》则作"封内"。韦昭《国语注》："邦内，谓天子畿内千里之地。京邑在其中央。邦外，邦畿之外也。"所言甚明。故知王畿之内服本称"内国"，"内"当相对于王畿之外的诸侯国而言，自为内服。

三　外服考

外服是王庭以外的四域之地，其由王室分封之诸侯所管辖，形成对王庭的藩屏巩卫。作册令方彝铭述西周早期之外服诸侯包括侯、甸、男，《尚书·酒诰》、《顾命》所记殷商外服还有卫，与殷商甲骨文和西周金文反映的殷周外服互有不同。作册令方彝铭云：

> 唯八月辰在甲申，王命周公子明保尹三事四方，授卿事僚。……唯十月月吉癸未，明公朝至于成周，诞命，舍三事命，暨卿事僚，暨诸尹，暨里君，暨百工，暨诸侯侯、甸、男；舍四方命。

《尚书·酒诰》云：

> 越在外服，侯、甸、男、卫邦伯；越在内服，百僚庶尹，惟亚惟服宗工，越百姓里居（君）。

两文对读，知彝铭"三事"当统指内外服百官。《尚书·立政》："立政任人，准、夫、牧，作三事。"又云："宅乃事，宅乃牧，宅乃准。"故郭沫若以"夫"为"吏"之坏字，"吏"、"事"古本一字，则吏殆事务官，准为政务官，此皆内服百官，而牧则为地方官，其属外服自明。[①] 故知畿服制度于殷周时期早已相当完善，其初成时代当可溯至更早。

（一）国与诸侯

上古之王庭采用邑制，这意味着外服位于王庭之四域实际也就是位

[①] 郭沫若：《两周金文辞大系图录考释》第六册，科学出版社1957年版。

于邑之四域，所以外服由诸侯所建立的政治实体则名曰"国"。西周金文"国"字有两形，一作"國"，从"囗""或"声，见于上引录或卣铭（图3—15），其仅用于内国，而指内服，内服以王邑为中心，故字从"囗"（邑）以围之。而诸侯国的"国"字则本作"或"，至春秋金文孳乳"二"符作：

以显示作为诸侯国的政治实体与内服以王邑为中心的"内国"的不同。许慎作《说文解字》，仅保留了一个从"囗"从"或"的"國"字，湮灭了上古时代作为内服的内国之"国"与外服诸侯国之"国"的区别。

《说文·囗部》："国，邦也。从囗，从或。"古"邦"、"封"同源，而金文具有这一意义的"国"字本不从外"囗"，故"或"实为"国"之本字。古文字"或"字作：

《说文·戈部》："或，邦也。从囗，从戈，以守一，一，地也。域，或，又从土。"其与"国"字同训，指为诸侯之国。许慎解释字形颇显无据，分析古文字"或"字可知，其本形当为从"囗""弋"声，显然，"或"字所从之"囗"实际就是"或"、"国"二字的表意初文。

"囗"为指事字，其所从之"囗"乃象中央邑，邑外之四画为指事符号，表明"国"之本义实指中央邑以外的四域。[①] 显然，中央邑为王庭之所在，那么王庭以外的四域之地即为四国。四域为诸侯分封之地，于是由诸侯所建立的政治实体即名曰"国"。

国之本义既为王庭以外的四域，也就是由四方诸侯所建立的四国，

[①] 冯时：《中国古代的天文与人文》第一章第二节，中国社会科学出版社2006年版。

则国显属外服。西周金文以四域之国习称"四国"，且为天子巡守之地，足见国本由王室所封建。大盂鼎铭云："雩我其遹省先王授民授疆土。"先王授民授疆土之地自为封建之国，其为天子遹省之地，隶属周王朝自明，故彝铭有云：

  王肇遹省文武勤疆土南或，……㝬其万年，畯保四或。 㝬钟
  王亲遹省东或、南或。 晋侯穌钟
  王命中先省南或。 中甗
  王在宗周命师中暨静省南或。 静方鼎
  亦唯鄂侯驭方率南淮夷、东夷广伐南或、东或。 禹鼎
  卢、虎会杞夷、舟夷雚不坠，广伐东或。 史密簋
  王省武王、成王伐商图，延省东或图。 宜侯矢簋
  王命保及殷东或五侯。 保卣
  康能四或，……迺唯是丧我或。 毛公鼎

  上录诸铭之"或"均宜读为"国"，其不仅为周王所遹省，且为方夷所侵扰，其所在必当于王邑与四方蛮夷之间，故"四或"即为封建于王邑以外东、西、南、北四域之国，其作用之一即在蕃屏拱卫王室。国作为天子分封之诸侯，自然享有觐见之礼。故保卣之"殷东或五侯"意即殷见周邦东国之五种诸侯。[1]《左传·僖公四年》："五侯九伯，女实征之。"贾逵、服虔、杜预并以"五侯"即五等诸侯。服云："五侯，公、侯、伯、子、男。"其事甚明。

  《礼记·祭法》："王为群姓立社，曰大社；王自立为社，曰王社。诸侯为百姓立社，曰国社；诸侯自立为社，曰侯社。"侯国所立之社曰"国社"，可明诸侯称国之制度。《礼记·曲礼下》："天子死曰崩，诸侯曰薨，大夫曰卒，士曰不禄，庶人曰死。"《公羊传·隐公三年》："天子曰崩，诸侯曰薨，大夫曰卒，士曰不禄。"是明天子、诸侯制度之不同。《礼记·曾子问》引老子云："天子崩，国君薨。"明证此国君即为诸侯，诸侯既为一国之君，则国本为诸侯国的制度也甚明确。《尚书·酒诰》："辜

---

[1] 蒋大沂：《保卣铭考释》，《中华文史论丛》第5辑，1964年。

在商邑，越殷国灭，无斁。"商邑乃殷之王庭，殷国则为殷之外服诸侯，也即大盂鼎铭所称外服之"殷边"，或《立政》所言外服之"牧"。《尚书·多方》："告尔四国多方，惟尔殷侯尹民。"是明"四国"即金文"四或"，其为殷周之外服。东周秦公钟铭云：

秦公曰：我先祖受天命，赏宅受或。

"或"亦读为"国"。此诸侯称国之明证。

古制于四国之外的四境必有封，所以国实为王邑以外及四疆之封以内的地区，遂使"国"、"邦"（封）互训。而方与国相比，则为四封以外的区域，故殷商甲骨文又称方为"四封方"或"四邦方"（《合集》36528 反），意即四国之封以外的方，此亦见方之地域实距王邑最远。

金文作为诸侯国之"国"字本作"囗"，为指事字，后孳乳作"或"，为形声字，本义即在表现诸侯封建的位置乃在中央王邑的四域。事实上仅就某一诸侯国而言，其封建所在只能位于王邑以外的一方，故东周金文的"国"字又作从"匚"之形，乃象封建于一面。这个字形与具有内服内国意义的"国"本从"囗"（邑）以围之为意完全不同。唯后世二字渐趋合流，不生分别。

"或"本指邑外四域，故又为"域"之本字，其字形的指事结构所显示的地理概念十分明确。西周何尊铭言武王克商云："余其宅兹中或（域），自之乂民。"鲁侯簋铭云："唯王命明公遣三族伐东或（域）。"班簋铭云："伐东或（域）瘠戎。"三"或"字均当读为"域"，"中域"显为天地之中，而"东域"则指周王朝之东方。

外服中的侯服为王室分封的同姓子弟或异姓功臣，但甸服却应有其特别的意义。殷卜辞云：

王占曰："有祟，其有来艰。"迄至七日己巳允有来艰自西。堃友角告曰："舌方出，侵我示（氏）菐甸七十人五。"五月。

癸巳卜，㱿贞：旬亡祸？王占曰："有祟，其有来艰。"迄至五日丁酉允有来艰自西。沚㦰告曰："土方拔于我东鄙，戋二邑，舌方亦侵我西鄙田。"　《合集》6057 正卜辞"我示"即为我氏。① 螚友角之称"我氏",不同于王卜辞所见之"三族"、"多子族",当为殷商外服侯伯之称,或指甸服。是殷以大邑为王庭,同姓为族,非同姓而得氏者或为甸服,故甸服包括得氏之族。"我氏纍甸"意为我之赐氏于纍者,其地为甸服。

甸服的情况或许比较复杂。殷器作册羽鼎铭云:

庚午,王命寑农省北甸四品,在二月,作册羽事,锡囊贝,用作父乙䲰。羊册。

器主作册羽事奉寑农省察北甸四品,铭末缀作册官氏,"四品"意即四等四类,故知殷之甸服当由不同身份的人所构成。西周保卣铭言"东国五侯",五侯即具公、侯、伯、子、男五等爵位的诸侯,则四品或为除公之外的其他诸侯。《逸周书·职方》:"凡国,公侯伯子男,以周知天下。"潘振《周书解义》:"邦国,五等之国也。"此四品当即其中之四等。《左传·定公四年》引子鱼封建尚德论云:"曹,文之昭也;晋,武之穆也。曹为伯甸,非尚年也。"杜预《集解》:"以伯爵居甸服,言小。"是甸服卑于侯服,故不可以公爵受甸服,则甸服唯有侯、伯、子、男四品。

(二) 外服的发展

西周之外服诸侯最初或许尚仅侯、甸、男三种,而殷商外服本更仅具侯服和甸服。大盂鼎铭述殷之服制云"殷边侯甸雩殷正百辟",外服即仅摄侯、甸两种,如果认为鼎铭因牵就文势而有所省略,那么《尚书·君奭》则提供了与鼎铭所述殷制相同的内容,文云"小臣屏侯甸",以明殷之外服,与大盂鼎铭所言一致。这种制度至西周而改变。作册令方彝铭所述西周诸侯已有侯、甸、男,是为明证。《尚书·召诰》:"命庶殷,侯、甸、男邦伯。"所述与彝铭同。至于《尚书·酒诰》所言殷之外服而有侯、甸、男、卫邦伯,更增卫服,当是在西周早期服制基础上的发展。《尚书·康诰》:"惟三月哉生魄,周公初基作新大邑于东国洛,四方民大和会。侯、甸、男邦,采、卫、百工播民和,见士于周。"其时仅以侯、甸、男称邦为外服,而采、卫则与内服百工同述,不属外服。西周金文

---

① 丁山:《甲骨文所见氏族及其制度》,中华书局1988年版。

凡于采地皆曰"锡"曰"贶畀",如:

> 唯十又三月辛卯,王在序,锡趞采曰趞。　　趞卣
> 唯十又三月庚寅,王在寒次,王命大史贶𥝢土,王曰:"中,兹𥝢人纳事,锡于武王作臣。今贶畀汝𥝢土,作乃采。"　　中鼎
> 王在成周大室,命静曰:"司汝采,司在曾、鄂次。"王曰:"静,锡汝㠱、旂、市、采𦀚,日用事。"　　静方鼎

所言极明。其与分封诸侯而言"侯于某",遣词迥异。如:

> 命克侯于燕。　　克盉
> 王命虞侯夨曰:"迁侯于宜。"　　宜侯夨簋
> 王命辟邢侯出坏侯于邢。　　麦方尊

很明显,金文贶赐采地与封建诸侯所反映的制度完全不同。《礼记·礼运》:"故天子有田以处其子孙,诸侯有国以处其子孙,大夫有采以处其子孙,是谓制度。"金文以采别于侯,颇存周制。《禹贡》以侯服之百里为采,已为晚世思想,与金文所见制度不合。而卫本非外服,其事亦明。孔颖达《尚书正义》:"卫为藩卫。"《逸周书·职方》孔晁《注》:"卫,为王扞卫也。"而据古文字"卫"字字形所表现的字义可知,其本义为卫守王邑,故其地本应位于王畿之外。后作为外服之一,且据《职方》位于侯、甸、男之外,去王畿千五百里,制度已有变化,晚世更以《尚书·禹贡》所言甸、侯、绥、要、荒为五服,与早期制度已大为不同。

据对早晚文献的梳理,可大致厘清外服制度的发展。

殷商外服	侯、甸	大盂鼎
	侯、甸	《尚书·君奭》
西周早期外服	侯、甸、男	作册令方彝
	侯、甸、男	《尚书·康诰》
	侯、甸、男	《尚书·召诰》

西周晚期外服	侯、甸、男、卫	《尚书·顾命》（《酒诰》以为殷制）
晚世文献	侯、甸、男、卫、蛮、镇、藩	《逸周书·职方》
	甸、侯、绥、要、荒	《尚书·禹贡》
	甸、侯、宾、要、荒	《国语·周语上》

殷代外服仅具侯、甸，至西周早期则增有男服。而《尚书·顾命》云："庶邦侯、甸、男、卫，惟予一人钊报诰。"似乎表明西周康王时已有卫服，从而与《酒诰》所述殷商外服相同。事实上，《酒诰》与《顾命》所述制度较时代更晚的大盂鼎、作册令方彝铭文所记内容还要完备，矛盾显而易见。作册令方彝铭文显示，晚至康王之后的昭王之世，其时之外服尚仅及侯、甸、男三服而并无卫服是明确无误的，故《顾命》所述必非西周早期外服的真实情况。至于《酒诰》以侯、甸、男、卫四服为殷商制度，不仅与大盂鼎铭"殷边侯甸"的情况不合，与《尚书·君奭》对殷制外服的追述也不相符，不足采信。故据彝铭及文献分析，《酒诰》、《顾命》应掺入了至少是在西周中晚期形成的侯、甸、男、卫四服制度的思想，并以这些晚出之思想附会殷商及西周早期的外服制度。

西周早期的外服虽然只有侯、甸、男三服，但外服之外的方伯却可以因周王德行至纯而宾服，从而形成王朝新的外服。以蛮夷戎狄为主所构成的方与王室疏远，其或叛或服。天子乏德，则叛之以为敌；天子厚德，则约之以信而宾服。故《逸周书·职方》以卫服以外为蛮、镇、藩，即此之谓。作册令方彝铭言昭王命周公子明保尹三事四方，知其时四方蛮貊已宾服于周，形成了西周王朝新的外服，这种外服的变化构成了西周外服制度基于侯、甸、男三服进一步发展的基础。至于《禹贡》、《周语》以甸服为外服中最近王畿的服制，则应该是对殷商以"奠"为郊甸意义的发展。殷卜辞"奠"或用为郊甸，[①] 可明"奠"、"甸"二字互用通假。后以"奠"讹为"甸"而为服制，实与殷商本作为外服的甸完全不同。

---

① 董作宾：《殷历谱》下编卷九，中央研究院历史语言研究所1945年版；陈梦家：《殷虚卜辞综述》第九章第三节，科学出版社1956年版。

四 都制考

"都"字从"邑""者"声,"者"在金文中多用作"诸",有聚多之义,故"都"训为聚,也训为盛。《释名·释州国》:"国城曰都。都者,国君所居,人所都会也。"《穀梁传·僖公十六年》:"民所聚曰都。"《广雅·释诂三》:"都,聚也。"《小尔雅·广言》:"都,盛也。"皆其明证。而"城"的古训也为盛,"都"、"城"二字意义近同。《周礼·春官·司常》郑玄《注》:"都,民所聚也。"《诗·郑风·出其东门》孔颖达《正义》:"都者,人所聚会之处。"又《周颂·天作》孔颖达《正义》:"都是众聚之称。"《汉书·百官公卿表》"水衡都尉"师古《注》引张晏曰:"主诸官,故曰都。"均从本质上给与了"都"明确的定义。因此,"都"本聚众之辞,为聚人而居之义,其本义也就是所谓的都会。

在三代政治制度中,都的意义早晚不同,其本指王庭以外被封建于外服的诸侯以及外服之外的方伯所居之中心地区,这一特点在西周金文中反映的非常清楚。周厉王㝬钟铭云:

> 王肇遹省文武勤疆土南国,艮孳敢陷处我土,王敦伐其至,撲伐厥都。艮孳廼遣间来逆昭王,南夷、东夷俱见,廿又六邦。

都为边方蛮夷伯酋之所居,于此可得明证。西周麦方尊铭云:

> 王命辟邢侯出坏侯于邢。雩若二月,侯见于宗周,亡尤。……侯锡者(都)赜(委)臣二百家,赍用王乘车马、金□、冂衣、巿舄。唯归,䀠天子休,告亡尤。

铭文"者赜臣二百家"因有具体家数,故"者"字显然不可读为"诸"。或读"赭赜臣"①,也不可通。按"者"当读为"都","都赜臣"实即都委臣,遣词犹《诗·小雅》之"都人氏"。《说文·丑部》:"赜,读若踝。"又《女部》:"媁,或读若委。"是"赜"、"委"通用之证。《说

---

① 郭沫若:《两周金文辞大系图录考释》第六册,科学出版社1957年版。

文·臣部》："臣，牵也，事君也。"所以都委臣也就是居住在邢国之都而委质于邢侯之臣隶。《尚书·文侯之命》云：

> 王曰："父义和，其归视尔师，宁尔邦。用赉尔秬鬯、彤弓一、彤矢百、卢弓一、卢矢百、马四匹。父往哉！柔远能迩，惠康小民，无荒宁。简恤尔都，用成尔显德。"

郑玄《注》："都，国都也。"此都本指晋国之都，显示了都作为诸侯国都的本义。洹子孟姜壶铭云："齐侯女雷肆丧其舅，……齐侯既济洹子孟姜丧，其人民都邑堇憂。"都义也同。很明显，都本为诸侯及方伯所居之地，而王庭、王邑本不称"都"。

《左传·庄公二十八年》："凡邑，有宗庙先君之主曰都，无曰邑。"这一解释更为晚出，未能厘清都、邑之畛域。事实上，早期制度如以邑指王邑，则不可称"都"；如作为诸侯之国邑，则可为"都"。诸侯之都多为无城之邑，然其位居边方者，则或为御敌而筑有城墉。① 邑制本不具城，但以聚众为义，故作为诸侯之都可以"都邑"连言。此后随着制度的变化，王邑始筑城墉，诸侯之都邑也普遍以城墉为制，致都邑与城墉逐渐趋同而不分。《左传·隐公元年》："都，城过百雉，国之害也。先王之制，大都不过参国之一；中，五之一；小，九之一。"此"大都"相对于王城而言，显然只能是指诸侯之都。因此，王庭本不为都，更不能称为大都，② 制度明确。

《说文·邑部》："都，有先君之旧宗庙曰都。从邑，者声。《周礼》：距国五百里为都。"许慎承左氏之说而改之，又引《周礼》，以为都本具有两个特点，一为有先君宗庙之地，一为于王畿之外的外服。这个认识准确地说明了早期制度中都所具有的外服诸侯之都的本义，与金文所见

---

① 如西周燕国都城，参见北京市文物研究所《琉璃河西周燕国墓地（1973—1977）》，文物出版社1995年版。

② 《周礼·地官·载师》："以小都之田任县地，以大都之田任畺地。"郑玄《注》："小都，卿之采地。大都，公之采地。王子弟所食邑也。畺，五百里，王畿界也。"此大都之另一意义，大都小都乃就采地之大小而言。《周礼·地官·小司徒》以"四县为都"，又据税入天子而言。

之都皆非王庭的事实甚相切合。

都本属诸侯封地，这一意义的扩大自然使得都具有了作为受赐之采地的意义。《周礼·春官序官》郑玄《注》："都，谓王子弟所封及公卿所食邑。"又《夏官序官》郑玄《注》："都，王子弟所封及三公采地也。"又《考工记·匠人》郑玄《注》："都，四百里外距五百里王子弟所封。"孙诒让《周礼正义》："此都谓小都，卿之采地，其家邑大夫之采地亦兼之。"春秋綌镈铭云："鲍叔有成，劳于齐邦，侯氏锡之邑二百又九十又九邑，与鄂之民人都鄙。"是用其义。

都本为诸侯居地，至东周时期，诸侯势力渐盛，欲与王庭相抗衡，故诸侯之国都也便逐渐具有了京都的意义，产生了侯都的地位等同于王邑的思想，于是都开始有了王都的涵义。至周室覆灭，诸侯之都终于具备了王城的意义，至秦一统，更成为制度。《孟子·公孙丑下》："王之为都者。"此"王"为齐王，所以都还不能是天子之都。《慧琳音义》注引《风俗通》："天子治居之城曰都。"《文选·马融长笛赋》李周翰《注》："都，谓天子所都。"已明确以都指天子之都。都义的这种由诸侯之都到天子之都的发展，脉络清晰。《诗·小雅·都人士》郑玄《笺》："城郭之域曰都。"所言泛泛。朱熹《集传》："都，王都也。"已以晚世的观念限其归指。《尔雅·释地》："邑外谓之郊。"郭璞《注》："邑，国都也。"邑本为王邑，郭氏以国都解释王邑，实以晚世思想臆说古制。至邢昺《疏》更云："天子诸侯所居国城或谓之邑，或谓之都。"将都本为诸侯方伯之都，后渐发展为京都的早晚差异混淆不分，泯灭了都的制度变化。

五　方伯考

方作为与王庭关系最为疏远的由蛮夷戎狄构成的政治实体，其位置处于四国以外的四方边鄙。这个地理特点通过古文字"巫"字的造字形构可以清晰地表现出来。古文字"巫"字作：

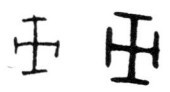

这个字形是在二绳"十"的四端添加了四个指事符号而形成，二绳表现

的是东、西、南、北四方，而二绳的交午处则为中央，因此，于二绳的四端标注指事符号的用意显然在于说明"巫"字的本义是在强调距中央最远的四方之极。这种表意手法与"或"字将四个指事符号标注于王邑之外的四域一样，所不同的只是"或"字的四个指事符号只标注于邑外四域，指分封于王邑之外的侯国，而"巫"字则将四个指事符号标注于四极，所指当为较诸侯之国更为遥远的方。"巫"字本指四方之极，而四极正是四巫所居之地，所以殷商甲骨文"巫"、"方"二字同义，读音相同。① 因此，方作为政治实体之名，其义当取自"巫"之本义所表示的四极，限指与中央王权最为疏远之边方，成为与王庭敌对的势力。

卜辞显示，商王用兵的主要对象皆为方，如舌方、土方、羌方、鬼方、人方、馭方、羞方、䇘方、基方、马方、林方、盂方、召方等，明确表现了殷人以方作为与王庭关系最为疏远的敌对势力的制度特点。由于国与方之间每有树封，所以方实际就是位处四封之外的势力，自可称之为"封方"（《屯南》2799），而居于四域之国以外的方当然可以称为"四封方"（《合集》36528 反），居于三域之国以外的方则可称为"三封方"（《合集》36530），而位处南国、东国以外的方当然可以称为"南封方"（《合集》20576 正）和"东封方"（《合集》33068）。显然，方本位居四国四域以外，其不隶属王庭的事实非常清楚。事实上，王庭德行之高下决定着四方的叛服，其耀德可使四方归附，其乏德又可导致四方不庭。作册令方彝铭言于舍内外服三事命之后更舍四方命，知其时四方宾服，成为周王庭新的外服——要荒。

《国语·周语上》："蛮夷要服，戎狄荒服。要服者贡，荒服者王。"韦昭《注》："蛮圻去王城三千五百里，九州之界也；夷圻去王城四千里。要者，要结好信而服从也。戎、狄，去王城四千五百里至五千里也，在九州之外荒裔之地，与戎、狄同俗，故谓之荒，荒忽无常之言也。王，王事天子也。"蛮夷戎狄之王事天子，朝觐王庭而归之谓之方伯"来庭"，《诗·大雅·常武》"四方既平，徐方来庭"是也，此亦即毛公鼎铭之"率怀不庭方"。不事天子则谓之"不庭方"，戎生钟铭言穆王"遹伺蛮

---

① 冯时：《中国古代的天文与人文》第一章第二节，中国社会科学出版社 2006 年版。

戎，用榦不庭方"是也。方伯叛服无常，故谓之"荒"。是方为边方，其义甚明。

方为四域诸侯之外的边方，其与国为于王邑四域所封建之王朝外服迥异，故"方"与"国"作为两种不同的政治实体，无论于"方"于"国"，都不可联名而称为"方国"。①"国"自为国，其本由诸侯所建，君首为邦伯；而"方"自为方，其与王庭的关系疏远，于王室或叛或服，君首为方伯。二事畛界清晰，不容混淆。殷卜辞于方之酋首以伯长相称，其犹诸侯之称邦伯，故"四封方"也可称之为"四封伯"。卜辞云：

  甲申贞：其执三封伯于父丁？　　《合集》32287

辞记殷王以三方之君长致祭父丁，故"三封伯"即言三封方之伯。卜辞及金文又云：

  余其比多甸于多伯征盂方伯炎。　　《合集》36511
  唯王来征盂方伯炎。　　《合集》36509
  盧方伯渼……王道？大吉。　　《屯南》667
  ……[比] 多侯晋伐人方伯，……人方伯矞率……
            《考古》1974.4
  椃擒人方濼伯夗（頑）首毛，用作父乙障彝。史。　　椃盂
  壬戌卜，王其寻二方伯？大吉。
  王其寻二方伯于自犀？　　《合集》28086
  方伯其畝于……吉。　　《合集》28097
  ……方伯……祖乙戌……　　《合集》38758
  方伯用……　　《合集》38759

方伯或缀以私名，或但称"方伯"，制度明确。《礼记·王制》："千里之

---

① 《诗·大雅·大明》："厥德不回，以受方国。"郑玄《笺》："方国，四方来附者。"失之。马瑞辰《毛诗传笺通释》以"方国"为"大国"，甚是。

外设方伯。"此"方伯"为诸侯,本当作"邦伯",其称已误。又《礼记·曲礼下》云:"五官之长曰伯,是职方。"《周礼·春官·大宗伯》:"九命作伯。"郑司农云:"长诸侯为方伯。"周制五官之长之伯则为王朝伯老,其制承周初之二伯,若周召二公,其位至崇。① 晚世虽存"方伯"之名,然已非其实,与边方之伯长无关。

六　附庸考

甲骨文、金文"墉"本为城墉之象形文。古人筑作高大的城垣,目的显然在于战争防御。殷卜辞有记作墉之事,即关乎戎兵。卜辞云:

> 辛卯卜,㱿贞:勿鼏基方缶作墉,子商戋?四月。
> 辛卯卜,㱿贞:勿鼏基方缶作墉,子商[戋]?
> 辛卯卜,㱿贞:基方作墉,其祟?
> 辛卯卜,㱿贞:基方作墉,不祟弗㕦(陨)?
> 辛卯卜,㱿贞:基方缶作墉,不祟弗㕦(陨)?
> 《合集》13514 正

"作墉"意即筑城,"鼏"字似有抵御之意。② 基方是商王室的敌对方伯,故其作墉以御之。而殷人占卜旨在祈求其城墉毁陨,足明作墉与戎事的关系。《诗·小雅·出车》:"城彼朔方。"郑玄《笺》:"巩城于朔方为军垒,以御北狄之难。"也明筑城的目的在于军事。

殷人作墉与作邑的区别是明显的。卜辞云:

> 壬子卜,争贞:我其作邑,帝弗左,若?三月。二告
> 癸丑卜,争贞:勿作邑,帝若?二告
> [癸]丑卜,争贞:我宅兹邑,大宾,帝若?三月。二告
> 癸丑卜,争贞:帝弗若? 《合集》14206

---

① 冯时:《周初二伯考——兼论周代伯老制度》,《中原文化研究》2018 年第 2 期。
② 饶宗颐:《殷代贞卜人物通考》,香港大学出版社 1959 年版,第 177 页。

邑不仅由王所作，为不具城墉之聚邑，且居之而行祭，故必祈上帝之若否，其所体现的政治与宗教义涵不言自明。与此可以关联思考的还有周人的作邦。大盂鼎铭："在武王嗣文作邦。"即言武王建立周王朝为"作邦"。《诗·大雅·皇矣》："帝作邦作对，自太伯王季。"毛《传》："对，配也。"郑玄《笺》："作，为也。天为邦，谓兴周国也。作配，谓为生明君也。""帝作邦作对"的思想实际反映的是配帝在下的人君获有天命而建立王朝的事实，因此，王朝的建立与其说是明君所为，毋宁说需经授予人君天命的天帝的允诺。很明显，商周时代作邑与作邦的活动皆具有鲜明的政治意义与宗教意义，而这一特点在作墉的活动中却并未得到体现。显然，古人作墉筑城的最初目的唯在于军战，故知城墉本与政治中心毫无关系。

城墉既重防御，事关戎兵，故其位置当于文化区域的边缘，而不在中心。王邑居于中央，其不利即戎，却利于教命的传布，而城墉位居边缘，作用则显然利于即戎，这体现了古人筑城的首要追求。

城墉位于邑之周边，或诸侯之都位处边鄙也需筑城为制，故城墉作为臣仆卫守其邑的意义非常清楚，这便是"附庸"一义之本源。西周金文之"附庸"，其字本皆作"僕墉"，"墉"相对于邑，是为筑有垣墙之城；而"僕"相对于居邑之尊主，自系臣仆。《说文·丵部》："僕，给事者，从人，从丵，丵亦声。𹠤，古文从臣。"段玉裁《注》："《周礼注》曰：'僕，侍御于尊者之名。'然则大僕、戎僕，以及《易》之童僕，《诗》之臣僕，《左传》人有十等，僕第九，台第十皆是。《大雅》'景命有僕'，毛《传》：'僕，附也。'是其引申之义也。"所言极明。

《孟子·万章下》："天子之制，地方千里，公侯皆方百里，伯七十里，子男五十里，凡四等。不能五十里者，不达于天子，附于诸侯，曰附庸。"文又见《礼记·王制》。郑玄《注》："小城曰附庸。"孔颖达《正义》："庸，城也。"《诗·鲁颂·閟宫》："土田附庸。"朱熹《集传》："附庸，犹属城也。"皆以城墉训"庸"，与金文所记密合。此虽系晚出史料，但仍留有早期制度的痕迹。故附庸之本义即为臣于其主的城墉。古制以主君居邑，故作为臣仆之墉实臣于其邑。换句话说，僕相对其主君为臣，而城墉相对于主君所居之邑制自也为臣，故古以邑为主，以墉为僕，是为"僕墉"，后世则通作"附庸"。

古以管理邑制之官曰"邑人"，则管理城墉之官便为"墉人"，分别明晰。邑人在王邑或国邑，其管辖的人员身份复杂。西周询簋铭云：

> 王若曰：询，丕显文武受命，则乃祖奠周邦，今余命汝嫡官司邑人，先虎臣，后庸：西门夷、秦夷、京夷、㚇夷、师笭、侧薪、□华夷、弁瓜夷、䣎人、成周走亚、戍、秦人、降人、服夷。

据此则知，邑人司主虎臣及庸，此"庸"字从"用"从"庚"，与城墉无涉，文献或作"傭"。① 金文又有"僕庸臣妾"之称，"庸"字的写法同此，亦当指西门夷以下诸类奴隶，或当《周礼》之五隶。西周金文又云：

> 王呼史墙册命师酉：司乃祖嫡官邑人：虎臣、西门夷、㚇夷、秦夷、京夷、弁瓜夷。　师酉簋
> 王呼史翏册命此曰：旅邑人、膳夫。　此鼎
> 王呼内史吴册命师瘨曰：先王既命汝，今余唯申先王命，命汝官司邑人、师氏。　师瘨簋

可见邑人之地位。邑人所辖之庸包括成周走亚，其必与王邑及都邑有关。而与此相对，墉人则当为管理城墉之臣官。西周邢侯簋铭云：

> 唯三月，王命荣暨内史曰：蔿邢侯服，锡臣三品：州人、重（冢）人、墉人。

墉人为臣，其属僕墉自明。古文"僕"字从"臣"，亦见臣僕之意。是附庸之本义源出城墉，可得确论。

第五节　邦家考

古"邦"、"国"互训。《说文·邑部》："邦，国也。从邑，丰声。

---

① 郭沫若：《弭叔簋及訇簋考释》，《文物》1960年第2期。

，古文。"又《口部》："国，邦也。""邦"所从之"丰"实即古文"封"字，上古"邦"、"封"二字皆属邦纽东部字，读音全同，当出同源。①

古文字"封"本作：

乃象封树之形。《说文·土部》："封，爵诸侯之土也。"此非本义。《周礼·地官·大司徒》："制其畿疆而沟封之。"郑玄《注》："沟，穿地为阻固也。封，起土界也。"此说虽较许慎近古，但仍非封树之原始制度。《周礼·地官·封人》："封人掌诏王之社壝，为畿封而树之。凡封国，设其社稷之壝，封其四疆。造都邑之封域者亦如之。"郑玄《注》："畿上有封，若今时界矣。封国，建诸侯，立其国之封。"故郭沫若以为远古封制实以树为之，② 甚是。西周封制即见于矢人盘，③ 而战国宗邑瓦书所云封制也很明确，文云："自桑墩之封以东北到于桑堰之封，一里廿辑（楫）。"即但因自然之墩堰而植桑，一里树桑二十楫，④ 聚敛成林。是上古之封树制度如此。《周礼·夏官·司险》："树之林以为阻固。"郑玄《注》："树之林作藩落也。"制度正合。

与"封"字重在封树不同，古文字"邦"则作：

唯象封疆之畛域。"邦"与"封"本出同源，而四域之国与方之间必有四封，是为四疆，故知"邦"本指四封四疆以内之地，包括内服王庭与外

---

① 郭沫若：《释封》，《甲骨文字研究》，大东书局1931年版。
② 同上。
③ 郭沫若：《两周金文辞大系图录考释》第七册，科学出版社1957年版。
④ 李学勤：《李学勤学术文化随笔》，中国青年出版社1999年版，第340页。

服之国。这种由王所建立的包括王庭与诸侯国的王朝政体，于上古时代本称为"邦"。故建立新王朝，于早期金文则称为"作邦"。大盂鼎铭："在武王嗣文作邦。"《诗·大雅·皇矣》："帝作邦作对。"即此之谓。《尚书·君奭》："今汝永念，则有固命，厥乱明我新造邦。""造邦"意同"作邦"。准此，则包含内外服在内的周王朝便可称为"周邦"或"我邦"。西周金文云：

  用肇彻周邦。   史墙盘
  有劳于周邦。   录伯㦰簋
  唯乃先祖考有劳于周邦。 师克盨
  则乃祖奠周邦。   询簋
  保乂周邦。 大克鼎
  纯恤周邦，……拥我邦小大猷。 师询簋

邦本为王朝之称的制度是明确的。殷卜辞又有"邦社"，卜辞云：

  贞：勿桒年于邦社？ 《合集》846

邦既兼括诸侯国与王室王家，且殷王又于邦社祈年，故邦社相对于卜辞常见之"亳社"（《合集》32675），其性质显然当为大社，而亳社则应为王社。

  《周礼·天官·大宰》："大宰之职掌建邦之六典，以佐王治邦国。"郑玄《注》："大曰邦，小曰国。"而据商周古文字材料可知，邦本为王朝之称，包括内外服，故为大；而国本仅指外服诸侯之国，故为小。《大宰》之"建邦"于金文本作"作邦"，即合王家与诸侯国为一体，故亦称"国家"。《尚书·立政》："其惟吉士，用励相我国家。"是其义。

  上古诸侯称国，而邦既为四域封疆以内的地区，四封实为四域诸侯国与其外之方的畛界，故诸侯国也渐可称邦。西周金文有"邢邦"（禹鼎），东周金文或有晋邦（晋姜鼎）、齐邦（陈侯午敦）、郑邦（哀成叔鼎）等，或称"定均庶邦"，"均子大夫，建我邦国"（蔡侯申钟），邦、国已无分别。

诸侯国四封以外的地区本称为方,后因诸侯国可称为邦,遂方伯也渐可称邦。西周猷钟铭云:"南夷、东夷俱见,廿又六邦。"驹父盨铭云:"南仲邦父命驹父即南诸侯,率高父见南淮夷,厥取厥服,谨夷俗,遂不敢不敬畏王命,逆见我,厥献厥服,我乃至于淮小大邦。"邦的意义已不独指王朝。西周史墙盘铭云"迨受万邦",《尚书·尧典》"协和万邦",万邦已是包括诸侯国与方伯的通称。故知"邦"实有广狭二义,其本指包括内外服的王朝之称,此广义之邦;后又以诸侯国或方伯称邦,此狭义之邦。

邦之广狭二义于金文及文献则称为大邦小邦。《尚书·召诰》:"天既遐终大邦殷之命。"又《顾命》:"皇天改大邦殷之命。"《诗·大雅·大明》:"大邦有子,俔天之妹。"此大邦也指殷王朝。[①] 而《大诰》则云:"兴我小邦周。"故知周人本又以王朝之邦称为大邦,此为合内外服之邦,亦即作册令方彝及《立政》所言之"三事";而诸侯或方伯之邦则称为小邦,此邦伯或方伯之邦。

西周昭王世之中甗铭云:"王命中先省南或,贯行,埶应在曾。史兒至,以王命曰:余命汝使小大邦。……中省自方,复造□邦,在鄂䧅次。"又西周晚期驹父盨铭言:"淮小大邦。"两铭对读,可明至迟于西周早期,诸侯国与方伯之邦因有大小之分,也可称为小大邦,此称之大邦已与王朝大邦无涉。《逸周书·职方》:"凡拜国,大小相维,王设其教。"此大国小国即金文所言小大邦是也。诚然,尽管狭义的邦可以是指诸侯国与封方的事实似乎表现出邦、国意义的近同,但国作为诸侯国的称谓却绝无移用于方伯,这种制度的区别是非常明显的。

与邦相对之家是以血缘为纽带而形成的基本社会组织。商周之家又有王家与臣家之分。金文有云:

  王命死司王家。 康鼎
  谏乂王家。 大克鼎
  用䋙保我家、朕位、猷身。 猷簋
  昔先王既命汝作宰司王家,今余唯申就乃命,命汝暨智歔胥对

---

① 顾颉刚:《周易卦爻辞中的故事》,《燕京学报》第六期,1929年。

> 各，从司王家外内。　　蔡簋

此王家之称。金文又云：

> 献身毕公家。　　楷伯簋
> 乃祖考有劳于我家。　　师獣簋

此臣家之称。邦有王朝与邦国广狭二义，其合之以家则为"邦家"。作为王朝之义的大邦仅与王家相缀，金文有云：

> 王曰：父厝，今余唯肇经先王命，命汝乂我邦我家内外。
> 　　　　　　　　　　　　　　　　　　　　毛公鼎
> 穆穆朕文祖考师华父……肆克恭保厥辟恭王，谏乂王家。……天子其万年无疆，保乂周邦，畯尹四方。　　大克鼎

此邦明指周邦，故邦家即言周邦及王家，意近《立政》所述之"国家"，实指天下。而臣家与邦合称，则邦家唯指诸侯。金文云：

> 叔向父禹曰：余小子嗣朕皇考，肇帅型先文祖恭明德，秉威仪，用申恪奠保我邦我家。　　叔向父禹簋
> 昔者吾先祖桓王、昭考成王身勤社稷行四方，以忧劳邦家。
> 　　　　　　　　　　　　　　　　　　　　中山王𪧐鼎

此邦乃为诸侯之邦国，则邦家实指诸侯国。《韩非子·爱臣》："臣闻千乘之君无备，必有百乘之臣在其侧，以徙其民而倾其国。……社稷将危，国家偏威。"此诸侯之邦国侯家意同《爱臣》之"国家"。

第 四 章

见龙在田　天下文明

第一节　龙的来源

中国传统文化中的龙作为一种古老的文化现象，在今天的中国和华人世界早已成为文化认同的象征符号。在漫长的古代社会，龙不仅始终作为王权的象征，而且这一传统也对周边文化产生着深刻影响。然而，龙的原始形象呈现怎样的面貌？龙的本质含义究竟是什么？龙何以会成为古人的崇拜偶像？龙又为什么与王权具有密切的关系？这些问题虽然关乎中国古代政治史、宗教史、神话史以及艺术史的研究，十分重要，但却长期不能得到合理的解释。今天的考古资料已为我们提供了研究这些棘手问题的丰富史料，它使我们有可能尽量从龙的源头说起。

一　龙的形象源于星象

考古学证据显示，中国古人对龙的崇拜至少已有八千年的历史[1]，这些丰富史料已足够建立起一个不间断的以龙为偶像的原始宗教传统，对于探索龙崇拜的缘起及其形象来源，无疑具有重要的价值。事实上，如果我们要解决龙的起源问题，那么首先就必须澄清一个基本事实：最早的龙，其象征意义及文化内涵究竟是什么。

事实告诉我们，最早的龙是作为星象存在的，首先我们可以通过对"龙"字的分析以及龙宿宿名古义的探索证明这一点。中国的古文字，凡

---

[1] 辛岩：《查海遗址发掘再获重大成果》，《中国文物报》1995年3月19日。

属动物的名字,都以象形的方法客观地描写该种动物的特征,不论家畜抑或野兽,无有例外,然而"龙"字所呈现的形象却在自然界所能见到的动物中难觅踪迹。我们当然无法设想这个事实乃是由于龙属于已经灭绝的物种,因为商周乃至更早时代的先民对于这一形象不仅非常熟悉,而且龙所呈现的面貌也并非一种,如河南濮阳西水坡仰韶时代宗教遗存所见的蚌龙颇似鳄鱼,而内蒙古三星他拉红山文化玉龙又极似马,甚至山西襄汾陶寺先夏文化的社龙形象更似蛇,显然,早期龙在现实生活中的形象并不是一成不变的,而这些以龙的面貌所呈现的动物其实都没有灭绝。这个事实意味着,我们要解决龙的原始形象问题,就必须从对汉字"龙"字取象对象的分析入手。

商代甲骨文与商周金文的"龙"字乃呈角、首、颈、身、尾俱全的形象(图4—1),这一形象虽然在自然界中难以找到可类比的对象,但是如果我们将天上的苍龙星宿依次连缀,便不难发现,汉字"龙"的形构正是以象形的手法描绘了天上龙星所组成的形象,两者别无二致。事实上,问题的关键并不在于"龙"字与苍龙星象的相似程度,更重要的是,苍龙诸宿宿名古义及其于龙体的位置关系恰可与"龙"字所呈现的形象一一对应,这是建立二者联系的关键所在。我们曾对苍龙星宿的宿名本义有过详细的考证,指出作为苍龙之体的角、亢、氐、房、心、尾六宿,其宿名皆与龙体有关,其中角为龙角,亢为龙咽,氐为龙首,心为龙心,尾为龙尾,房虽具星占意义,但指龙腹无疑。需要注意的细节是,龙星位居龙咽的亢宿与位居龙首的氐宿,次序似乎颠倒,但是如果将这样的次序比较苍龙六宿所构成的形象(图4—1),便会发现,二者所表现的龙体部位与相应位置的星宿名称竟完全相同。显然,亢宿先于氐宿正是中国原始"龙"字所呈现的基本事实,而这一形象的定型正取象于天象。因此可以认为,汉字的"龙"字并不像其他描写动物的文字那样乃出于对真实物种的写实,其所呈现的形象在现实生活中并不存在,反却与龙星六体所构成的天象吻合,这为龙的形象源自星象的论证提供了确凿的证据。

苍龙星象作为传统龙的形象来源,这一观念根深蒂固。东汉末年,应劭在其《风俗通义》中尚完整地记录着这一思想。文云:

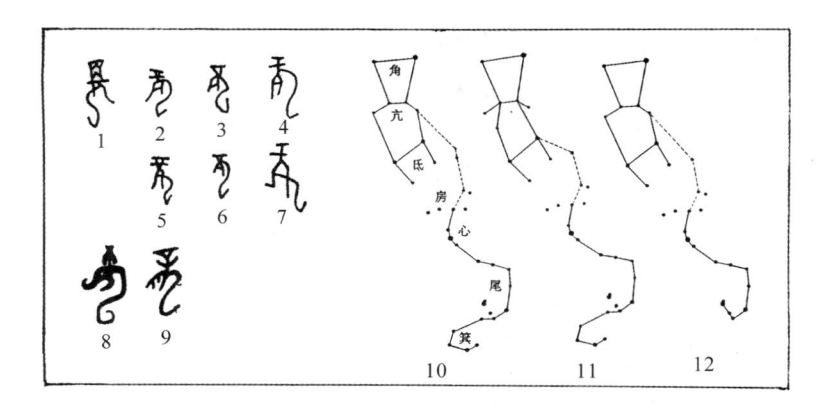

图 4—1　甲骨文、金文龙字与苍龙星宿之比较
1—9. 甲骨文、金文"龙"字　10—12. 苍龙星宿构想图

  四方皆有七宿，各成一形。东方成龙形，西方成虎形，南首而北尾。南方成鸟形，北方成龟形，西首而东尾。以南方之宿象鸟，故谓之朱鸟七宿者也。①

  很明显，当时的人们依然懂得，二十八宿东宫星宿所组成的形象即为龙形，这便是传统龙的取象来源。所不同的是，晚世将苍龙星象视为东宫七宿的完整呈现，却不及早期先民以东宫六宿作为龙的形象的做法更客观。

  以星象的本质所呈现的龙，其艺术形象的塑造至少在公元前五千纪中叶的新石器时代就已经完成了。河南濮阳西水坡发现的仰韶时代蚌塑星象图，② 即以龙、虎和北斗为内涵（图 1—2），不仅可与战国初年曾侯乙墓所出二十八宿漆箱盖面星象图彼此印证，而且提供了作为四象之一的龙，其形象源出星象的确凿物证。③

  在传统的四象体系中，由于各宫授时主星所建时间的不同，各象的

---

① 参见王利器《风俗通义校注》，佚文，中华书局 1981 年版。
② 濮阳市文物管理委员会、濮阳市博物馆、濮阳市文物工作队：《河南濮阳西水坡遗址发掘简报》，《文物》1988 年第 3 期；濮阳西水坡遗址考古队：《1988 年河南濮阳西水坡遗址发掘简报》，《考古》1989 年第 12 期。
③ 冯时：《河南濮阳西水坡 45 号墓的天文学研究》，《文物》1990 年第 3 期；《中国天文考古学》第六章第四节，社会科学文献出版社 2001 年版。

图4—2 郑州小双桥出土商代青铜建筑构件（侧面）

地位也各有高下，其中龙、虎较重，鸟与玄武较轻，而龙、虎二象不仅相配而见，又因龙本含有六宿，虎只含有二宿，故呈龙大而虎小的形式。事实上，古人于四象中特别强调龙、虎，原因即在于龙、虎二星官于公元前五千纪恰好分别位于二分点上，而秋分又是原始历法的岁首标志，① 具有重要的授时意义，所以龙、虎便成为观象授时的重要星象。这个文化传统不仅在文献中有着生动记载，而且在考古学所提供的证据方面也颇为系统。显然，龙与虎作为星象并存的事实也为龙的形象源于星象提供了佐证。

《左传·昭公元年》所载高辛氏二子的故事即来源于古人对于龙、虎星象的观测实践，其中作为龙心的辰星乃为二十八宿东宫心宿的第二星（天蝎座 α），由于其为红色的一等亮星，所以古人又名其为大火星（Antares）。而参星则为西宫的虎星。两星位居黄道的东、西两端，是上古先民用以指示时间的重要星象。这个授时传统不仅决定了古人需要在星图中突显龙、虎的形象，甚至影响到他们将龙、虎这一具有星象内涵的形象广泛地移用于多种礼器。河南郑州小双桥商代遗址出土青铜建筑构件，② 其上的图像即以四象中的龙、虎作为装饰题材（图4—2）。法国巴黎赛努奇博物馆及日本东京泉屋博古馆各藏一件商代虎食人卣，③ 造型作虎食人形，外底则装饰有身饰鳞纹的龙（图4—3），已有参商之喻。法国吉梅博物馆藏西周早期的青铜杖首，④ 其上雕有鸟负龙、虎的造型，龙、

---

① 冯时：《百年来甲骨文天文历法研究》第五章第八节，中国社会科学出版社2011年版。
② 河南省文物研究所：《郑州小双桥遗址的调查与试掘》，《郑州商城考古新发现与研究》，中州古籍出版社1993年版。
③ 李学勤、艾兰：《欧洲所藏中国青铜器遗珠》，文物出版社1995年版；泉屋博古馆：《泉屋博古——中国古铜器编》，便利堂2002年版。
④ 李学勤、艾兰：《欧洲所藏中国青铜器遗珠》，文物出版社1995年版。

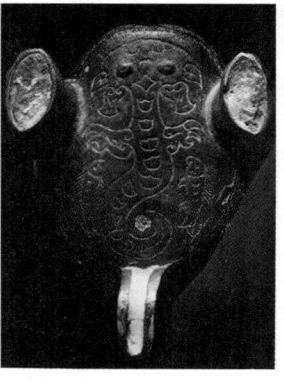

图 4—3　殷代虎食人卣及器底所饰龙图　　　图 4—4　西周早期龙虎杖首

虎御鸟而行天，显然也以星象为内涵（图 4—4）。战国初年曾侯乙墓二十八宿漆箱盖面星象图，① 与二十八宿星名同时布列的还有居中的北斗以及东西两侧的龙、虎（图 1—7，1），这个图像不仅与西水坡星象图的内容完全一致，而且也颇可印证龙、虎所具有的星象学本质。很明显，这个以授时主星的龙、虎作为星图主题的古老传统，自公元前五千纪以至战国，竟几乎没有任何的改变！

其实即使在四象俱全的早期星图作品中，龙或龙、虎由于具有授时主星的地位，其形象也得到了特别的强调。公元前九世纪中至前七世纪中叶的虢国铜镜，② 其上的四象设计即将龙、虎两象做了特别的夸张（图 4—5）。而于西安交通大学发现的西汉壁画墓星象图，③ 更以龙星的形象包辖

图 4—5　三门峡虢国墓出土铜镜拓本
（公元前九至前七世纪）

---

① 随县擂鼓墩一号墓考古发掘队：《湖北随县曾侯乙墓发掘简报》，《文物》1979 年第 7 期。
② 中国科学院考古研究所：《上村岭虢国墓地》，科学出版社 1959 年版。
③ 陕西省考古研究所、西安交通大学：《西安交通大学西汉壁画墓》，西安交通大学出版社 1991 年版。

290　文明以止

图 4—6　西安交通大学西汉墓星象图

角、亢、氐、房、心、尾六宿（图4—6），突显了龙星所具有的不同于其他任何星象的特殊地位。这些早期龙的形象统统以星象的面目呈现，明确证明了四象中取于东宫六宿的龙象其实就是中国传统文字中龙的形象原型。

二　龙星行天与龙星阴阳

龙的形象来源于东宫苍龙六宿所构成的形象，六宿作为授时主星，当然受到古人的格外关注。因此，无论文献史料还是考古学证据，都大量留存有关于龙星行天的内容和图像。《周易》乾卦的爻辞即言龙星的行移，[①] 也可证明龙本指天上的星象，其中九四爻辞乃谓"或跃在渊"，实

[①] 闻一多：《璞堂杂识·龙》，《周易义证类纂》，《闻一多全集》册二，生活·读书·新知三联书店 1982 年版。

际描述的则是龙星六宿于黄昏后从东方的地平线跃出的天象。① 古人于这一天象或称为"龙见"。《左传·桓公五年》："龙见而雩。"杜预《集解》："龙见建巳之月，苍龙宿之体昏见东方。"指的就是这一天象。而考古遗物中所见古人对这一天象的表现同样丰富。河南偃师二里头遗址出土夏商时期的旗旜画章，唯存由绿松石镶嵌的升龙图像，② 升龙的造型正为跃渊而出的登天之龙（详见第四章第三节）。相似的升龙图像也见于山西石楼桃花庄发现的商代铜觥（图4—7；图版四，5）。事实上，铜觥盖面图像的设计不仅具有登天的升龙，而且还有与升龙配饰的数枚星纹，其中位居龙心的三星最为突显，其所表现的显然就是位居龙心的心宿三星。三星中

图4—7 商代龙形铜觥盖面纹样

又以中央的一星最大，且作为錾钮，以其象征最重要的授时主星——大火星，整个图像所表现的龙象取形于星象的文化内涵至为明确。

龙星行天，其自地平以下跃渊而出，渐升至中天，这一天文现象被古人赋予了美好的想象。先民的朴素认知告诉他们，鸟是唯一可以在天上飞翔的灵禽，这意味着星辰之所以能在天上行移，那是因为有鸟的负载。《山海经》记有金乌负日的著名神话，这种观念甚至可以一直上溯到公元前五千纪的新石器时代。③ 而鸟既然可以负载太阳行走，当然也同样可以负载其他的星辰，其中自然也就包括了龙星。殷墟妇好墓出土一件

---

① 夏含夷：《〈周易〉乾卦六龙新解》，《文史》第二十四辑，中华书局1985年版；陈久金：《〈周易·乾卦〉六龙与季节的关系》，《自然科学史研究》第26卷第3期，1987年。

② 中国社会科学院考古研究所二里头工作队：《河南偃师市二里头遗址中心区的考古新发现》，《考古》2005年第7期。

③ 冯时：《中国天文考古学》第三章第三节，社会科学文献出版社2001年版。

以鸟负龙升天为题材的商代玉饰,① 造型即呈鸟踏云朵而背负一龙（图4—8），其所表现的龙御鸟而升天的文化内涵极为明显。类似的题材于陕西韩城梁带村芮国墓地西周晚期的502号墓所出商代玉件上也可以看到，作品一面雕为鸟象，另一面雕为龙象（图4—9），② 同样表现了鸟负龙升天的主题。这种观念有时又会通过将龙装饰于飞鸟羽翼的手法得以表现，商代的青铜器上已普遍见有类似的题材，如殷墟妇好墓出土之鸮尊,③ 不仅鸟首负龙，而且又于鸟翼饰龙。毫无疑问，龙与鸟的结合无论如何处理，其所传达的本质内涵都是旨在表现龙星的升天。

图4—8　殷代鸟负龙玉件

中国古人习惯于将空间、时间与阴阳建立起联系，大凡表示空间的天地、东西以及由空间所决定的时间，都可以作为用以表述阴阳的载体。譬如在天为阳，在地为阴；在东为阳，在西为阴；由东所决定的春分为阳，由西所决定的秋分为阴。而龙星回天运行，或东或西，或升或降，时现时伏，自然也就具有了阴阳的意义。先民以为，龙星升天时在天，潜伏时在渊，且升龙在东，降龙在西，而天地、东西所具有的阴阳属性也便自然地赋予了龙星，从而使东方的升天之龙具有了阳龙的性质，而西方的降伏之龙及入地潜渊之龙又具有了阴龙的性质。《说文·龙部》："龙，鳞虫之长。能幽能明，能细能巨，能短能长，春分而登天，秋分而潜渊。"这里，龙的巨细长短变化只是描述龙星六宿部分或全部出现的天象而已，其幽明及登天潜渊的不同，则在说明龙星的或见或伏。显然，由于龙星行天的

---

① 中国社会科学院考古研究所：《殷虚妇好墓》，文物出版社1980年版。
② 陕西省考古研究院、上海博物馆：《金玉华年——陕西韩城出土周代芮国文物珍品》，上海书画出版社2012年版，第64—65页。
③ 中国社会科学院考古研究所：《殷虚妇好墓》，文物出版社1980年版。

图 4—9　商代鸟负龙玉件（陕西韩城梁带村芮国墓地 502 号墓出土）

位置与方向不同，直观地反映着其所具有的阴阳属性的差异。

对于龙所具有的阴阳两种不同的性质，三代先民是通过装饰于龙身的菱形和鳞形两种不同纹样巧妙地加以表现的（图 4—10）。升天之龙属阳，龙身装饰以菱形纹样；而降龙及潜龙属阴，龙身则装饰以鳞形纹样，区别显著。殷墟侯家庄 1400 号墓所出商代铜盂，[①] 即见以菱纹饰于龙背，而鳞纹饰于龙腹（图 4—11），以背、腹不同位置分别装饰不同的纹样表现天阳地阴的独特观念，而同时于器之外底装饰身布鳞纹的阴龙的做法，显然更在强调阴在下位的特征。这个对于阴阳的基本思考不仅影响着上古龙形图像的装饰形式，甚至决定了传统医学思想中对于任督二脉阴阳属性的认识。事实上自有夏以降，有关龙星阴阳的图像学证据十分丰富，相关问题我们在第二节再做讨论。史料显示，古人以升天之龙饰以菱纹，以降伏之龙饰以鳞纹，这种做法几乎遍及三代时期的龙形图像，其目的当然是以龙星的升降见伏表现阴阳。

龙星在天为阳，表现为星神；入地为阴，则表现为社神。汉字的

[①] 梁思永、高去寻：《侯家庄》第九本，1129、1400、1443 号大墓，历史语言研究所 1996 年版。

图 4—10　殷周器物上的龙纹
1. 殷代蟠龙纹铜盘（小屯 M18∶14）　2. 殷代龙纹石流形器（小屯 M331）
3. 殷代龙纹铜盘　4. 春秋蟠龙纹盘（上海博物馆藏）

"龙"不仅取象天文，而且商周金文的"龙"字竟也饰以菱纹（图4—12），从而显示出其在天为阳的特征。甲骨文"晶"、"星"同字，本作"❀"、"❀"、"❀"、"❀"，象群星并陈之形，"生"只是后加的声符，而并陈的群星形象则或呈菱形，或呈方形。事实上，如果从这一角度审视金文的"龙"字，那么可以明显看出，古人除对龙首做了必要的艺术加工之外，整个龙身其实都呈现为群星堆砌铺陈的朴素形象（图4—12，1），而日后显现于龙身的整齐划一的菱纹（图4—12，2），不过是对这类星纹规范化的结果而已（图4—8；图4—9；图4—10，1、2）。很明显，

图 4—11　铜盉（殷墟侯家庄 1400 号墓出土）

"龙"字装饰菱纹而表现为阳性，清楚地体现了龙源于星象的本质内涵。

古又以龙为鳞虫之长，鳞虫为水物，这一观念显然缘起于龙作为观象授时重要星象的事实。古人观象的目的是为农业生产提供准确的时间服务，而农作周期的开始实始于烧田，这使指导烧田时间的位处龙星中心的时间指示星——心宿二——具有了"火"或"大火"的名称。接下来的工作当然就是祈求雨水的降临，[①] 而这仍然需要继续通过对龙星的观

---

① 冯时：《殷代农季与殷历历年》，《中国农史》第 12 卷第 6 期，1993 年。

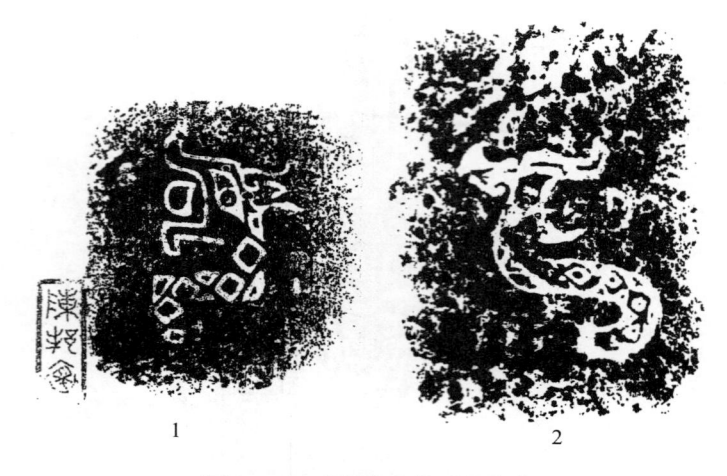

图 4—12　商周金文的"龙"字
1.《集成》1119　2.《集成》10486

测来了解。古人通过长期的观测认识到，当苍龙六宿在黄昏之后从东方的地平线一跃而出的时候，雨季也即将一同到来。显然，龙星于黄昏尽现便成了雨季来临的标准天象。《左传·桓公五年》："龙见而雩。"以龙星尽现而祈雨，即是这一传统的孑遗。显然，这个农作传统很自然地使古人将龙星与水建立起密切的联系，于是水物所具有的鳞的特征也就成为了指导雨水季候来临的龙的特征。春秋时期青铜盘内所装饰的龙有些不仅通体布饰鳞纹，而且还与鱼同时出现，二者纹饰完全相同（图4—13）。① 据此可以明显看出，装饰于龙身的鳞纹其实正取自于鱼鳞，这与龙素为鳞虫之长的传统认识吻合无间。毋庸置疑，古人以水属阴，所以饰以水物鳞纹的龙当然只能具有阴龙的性质。

　　正是基于这样的事实，所以在上古先民的认知体系中，菱形纹便成为阳性的标识，而鳞形纹则成为阴性的标识，并逐渐形成表述阴阳的固有符号系统。作为一种传统的装饰题材，这两种纹样普遍地施用于各种需要体现阴阳思想的艺术图像之中（图4—14）。②

---

　　① 保利艺术博物馆：《保利藏金（续）》，岭南美术出版社2001年版，第206—211页。
　　② Jone Alexander Pope, Rutherford John Gettens, James Cahill, Noel Barnard, *The Freer Chinese Bronzes*, Vol. 1, Catalogue, pp. 34 - 39, Washington, 1967；保利艺术博物馆：《保利藏金（续）》，岭南美术出版社2001年版，第86—89页。

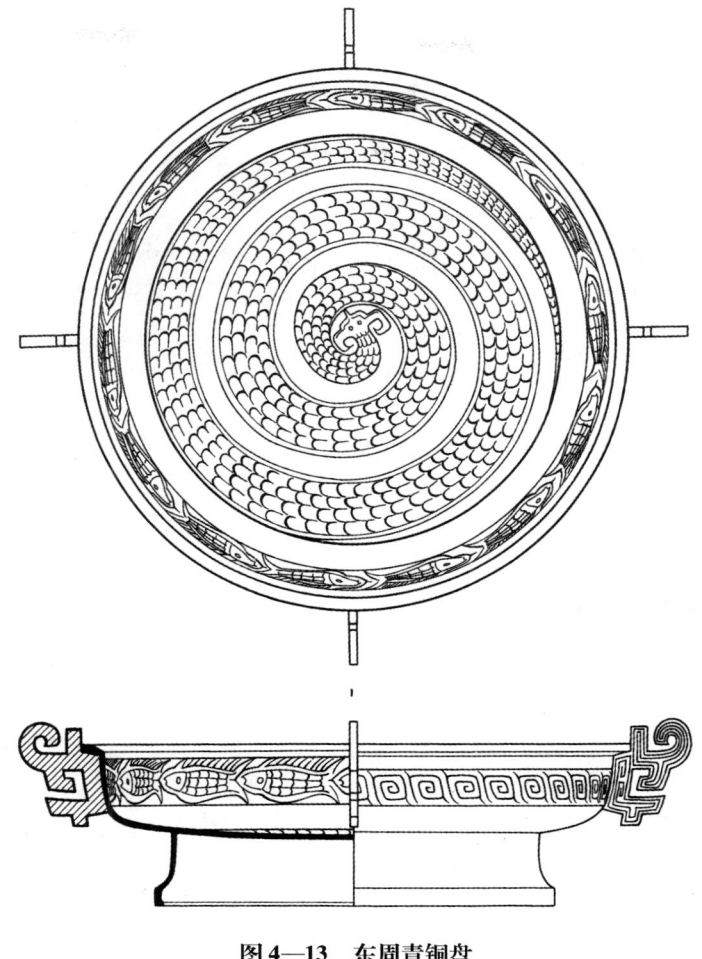

图 4—13　东周青铜盘

根据中国的上古文献可知，夏代的社神名曰句龙，意即蟠曲如句之龙。《左传·昭公二十九年》："共工氏有子曰句龙，为后土。……后土为社，自夏以上祀之。"先夏时代的社神图像已于山西襄汾陶寺遗址发现数件，[①] 其形皆呈句龙之状，且口中衔有社树符号，身饰鳞纹（图 3—10），与句龙作为社神而具属阴的性质至为吻合。社神之所以为句龙，同样来源于龙星回天运行而入地属阴的事实。

[①] 中国社会科学院考古研究所：《襄汾陶寺：1978—1985 年考古发掘》，文物出版社 2016 年版；冯时：《中国古代的天文与人文》第二章第四节，中国社会科学出版社 2009 年修订版。

图 4—14　殷代铜盘之蟠龙

1. 佛利尔美术馆藏　2. 保利艺术博物馆藏

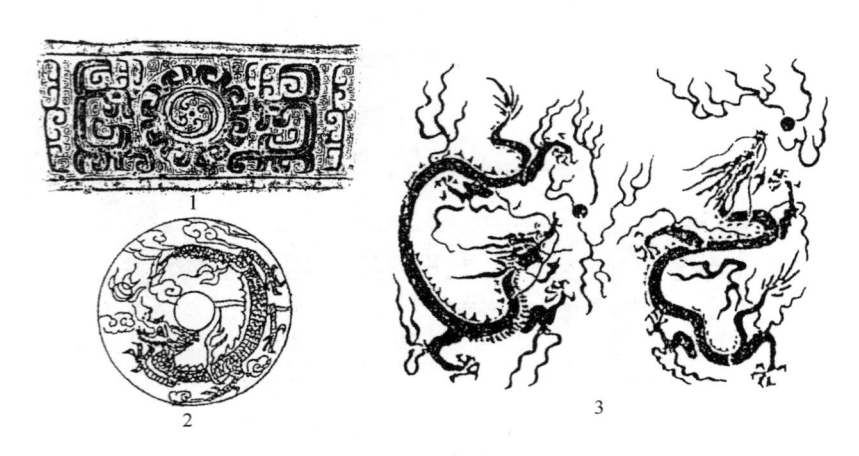

图 4—15　苍龙戏珠图像

1. 西周盠方彝（陕西郿县出土）　2. 汉代玉璧　3. 明代雕绘（故宫博物院）

  龙既具有阴阳二体，于是渐有二龙戏珠的想象。中国艺术品中的龙珠形象皆作火焰腾天（图 4—15），[①] 本即以龙心第二星之大火星为原型。即使与丹凤朝阳的太阳形象比较（图 2—49），[②] 这一点也看得格外清

---

① 庞朴：《火历钩沉——一个遗失已久的古历之发现》，《中国文化》创刊号，1989 年。
② 中国青铜器全集编辑委员会：《中国青铜器全集》第 11 卷，文物出版社 2006 年版。

楚。① 因此，所谓二龙戏珠的题材实际表现的正是统治者由龙星授时的朴素工作发展出的对龙星及大火星的自然崇拜。作物的生长需要有准确的时间服务作为保证，所以时间决定作物的生长体现了古人长期积累的经验知识，而阴阳和合以生万物观念的建立则使古人在哲学意义上完成了对万物生养原因的形上解释。显然，作为授时星象的龙具有阴阳的双重属性，这一事实其实只是先民对于万物生养原因的思辨结果，而二龙戏珠则是这种思辨的艺术表现。

三　从观象授时到自然崇拜

龙星何以备受古人关注，并最终作为王权的象征？这个事实其实直接来源于龙星诸宿所具有的观象授时的重要作用。天文学是为适应农业生产而诞生的古老学问，在中国天文学的初创时期，龙于黄昏时从东方升起的时候恰值春分前后，这在黄河流域正当农作播种的理想时节。这使古人理所当然地把昏见的龙星视为指导农业生产的标准星象。在远古社会，天文学是被统治者所垄断的神秘知识，他们通过正确的观象授时实现对氏族的统治，这意味着作为授时标准星象的龙星不仅被赋予了特殊的意义而加以崇拜和祭祀，而且源于星象的龙也就与其观测者建立起了固有的联系，从而具有了王权的象征意义，而龙也自然成为天子舆服的图像。《广雅·释诂一》："龙，君也。"《史记·秦始皇本纪》裴骃《集解》引应劭曰："龙，君之象。"即体现了这种由观象授时发展形成的观念与制度。因此，从中国古代天文学所具有的强烈政治倾向的特点分析，由于王权的基础来源于天文，作为王权象征的龙源于星象的本质便也愈益清晰。

尽管龙的原始形象来源于东宫六宿所呈现的自然形象，但其世俗形象却是对这一自然本象的艺术化结果，龙星由于具有指导农业生产的重要作用，因此必须被古人纳入自然神祇的祭祀系统，而祭祀的需要又总会要求人们把抽象的事物形象化和具体化，尤其是在文字产生之前的远古时代，这种要求就更显得迫切，于是先民开始根据身边熟悉的事物与天上的龙星进行比附，以建立自然神祇的崇拜偶像。这种比附囿于各地

---

① 庞朴：《火历钩沉——一个遗失已久的古历之发现》，《中国文化》创刊号，1989年。

300　文明以止

图4—16　红山文化玉龙
（内蒙古三星他拉发现）

物种的不同以及人们对物种理解的不同，自然会表现出巨大的地域差异。譬如在黄河或长江流域，人们习惯于将鳄鱼作为龙的世俗形象，无论西水坡的蚌龙还是石楼铜觥的造型和花纹（图版一，1；图版四，5），都明确显示了鳄鱼确曾作为龙的原始雏形的事实。① 然而在内蒙古草原地区，龙的世俗形象却被人们更为熟悉的马所取代，发现于内蒙古三星他拉的红山文化玉龙即呈马首的造型（图4—16）。② 而山西襄汾陶寺的句龙则又颇似蛇形（图3—10）。显然，古人赋予龙星自然本象的现实形象在演化为人们熟知的艺术形象之前，其实是千姿百态的。其后随着华夏一统政治局面的形成，不同地区龙的形象也逐渐融合，从而最终形成了中国独特的综合了不同动物形象的龙的造型。

有趣的是，尽管龙的现实形象取自于不同地域的人们所熟识的不同动物，但这些动物形象在演化为龙的艺术形象的过程中却无不经历了必要的改造，从而使其形象既保留了所象动物的原型特征，又与其动物原型相区别。西水坡蚌龙与虎共存的遗迹共有三处，虎俱作四足之形，显然是对自然界中真实虎形的写实，而龙却无不仅具二足（图1—2；图1—3；图1—4），与真实的鳄鱼明显有别，显然已是对鳄的现实形象进行了艺术提炼。而三星他拉玉龙虽取形于马，但也仅具马首，并以龙身蟠曲以象星回于天，而将马足全部省却。这些对于龙的形象的艺术处理都集中于对兽足的简化，其做法绝非偶然，应该反映了早期先民对于龙星形象的某种独特理解。或者正是由于龙的形象本于星象，而并非取自现实生活中存在的某种走兽飞禽，所以先民才需要通过特别简化兽足的方式，使龙得以与其他取形于真实动物形象的星象相区别。很明显，这种

---

① 杨钟健：《演化的实证与过程·龙》，科学出版社1957年版。
② 翁牛特旗文化馆：《内蒙古翁牛特旗三星他拉村发现玉龙》，《文物》1984年第6期。

做法不仅巧妙，而且其观念也颇为朴素。

四　"龙"字的音读与义涵

"龙"字的字形是对东宫七宿中自角至尾六宿所组成的形象的写实，所以"龙"的本义实际描写的就是天上的龙星。然而古人缘何将这一形象称之为"龙"，或者说"龙"字的读音又体现了什么涵义？这是我们必须回答的问题。事实上，"龙"字读音所传达的意义非常质朴，它反映了龙星作为最重要的授时主星的尊宠地位以及先民对于由东宫六宿所构成的巨大星象的直接描述。我们知道，君主对于龙星观测的垄断不仅意味着龙星所具有的在提供先民时间服务的重要作用与至尊地位，而且这种至尊地位更由龙星观测乃为统治者所独享的事实而凸显了出来。换句话说，君主地位的尊宠必然决定了其所垄断的星象地位的尊宠，因此从龙星所具有的授时意义和其观测为统治者所垄断的角度讲，"龙"字本应读为"宠"，其读音乃是通过尊宠之意体现出来的。《周易·师·象》："承天宠也。"陆德明《释文》："宠，王肃作龙，云宠也。"《诗·商颂·长发》："何天之龙。"郑玄《笺》："龙当作宠。宠，荣名之谓。"《说文·宀部》："宠，尊居也。"段玉裁《注》："引申为荣宠。"《国语·楚语上》："其宠大矣。"韦昭《注》："宠，荣也。"又《楚语下》："宠神其祖。"韦昭《注》："宠，尊也。"知"龙"、"宠"相通，其义为尊。而在龙星形象的构成方面，龙所具有的特点也至为鲜明。在四宫授时主星所建立的四象系统中，北、西、南三宫之象都只由一二个星宿组成，形象甚小，而东宫龙象则由六个星宿组成，相对于其他三宫之象，形象巨大，令人震撼。所以"龙"字的读音也应有言其星象形体巨大的意味。在这个意义上，"龙"又与"隆"字的音义相通。上古音"龙"在来纽东部，"隆"在来纽冬部，东冬二部或主不分，则"龙"、"隆"二字读音相同。朱骏声《说文通训定声》："龙，叚借又为隆。"《左传·成公二年》："围龙。"洪亮吉《诂》："《史记》鲁、晋世家并作隆。"是二字通用之证。《说文·生部》："隆，丰大也。"徐锴曰："隆，生而不已，益高大也。"《周易·序卦》："丰者，大也。"所以"龙"字之读为龙，正取其星象至尊至大之义。

龙的形象虽然于晚世有了更丰富的发展，但就究明其原始内涵而言，已经没有太大的意义。探古求原对于揭示龙的起源不可或缺，如此才能对龙所具有的文化内涵有比较透彻的理解。事实上，古代先民对龙的崇拜只是源于他们对东方星宿的崇拜，而这一崇拜的缘起则在于龙星对于远古先民的授时意义。

第二节 《周易》乾坤卦爻辞研究

《周易》卦爻辞的形成是易学研究的重要课题，有关问题，自古以来聚讼不决，难有确凿史料可供稽考。学者或以卦爻辞钩沉其内涵，[①] 或据出土文献复原其史实，[②] 借一斑以窥全豹，乃知其形成皆基于史实，非空论玄谈之作。而乾、坤两卦为《周易》之首，其定阴阳之旨尤显，为易学建构之关键，也是中国古典哲学核心思想的体现。后人传《易》，于经旨或得或失，故拙意不拘十翼之说，而拟通过对乾、坤两卦卦爻辞本义的分析，寻找卦爻辞的内在联系，以揭示其作意。事实上，乾、坤卦爻辞之形成关乎古代观象授时制度及由此决定的政治制度，实为古代社会制度之源。

一 龙星阴阳观的考古学研究

《周易·系辞上》："易与天地准，故能弥纶天地之道。仰以观于天文，俯以察于地理，是故知幽明之故。……是故法象莫大乎天地，变通莫大乎四时，悬象著明莫大乎日月。"又《系辞下》："古者包牺氏之王天下也，仰则观象于天，俯则观法于地，观鸟兽之文与地之宜，近取诸身，远取诸物，于是始作八卦，以通神明之德，以类万物之情。"是易象、易变之取皆法自然，而法象天文又是易学的重要内涵，这种观念当然来源于古老的观象授时传统。

观象授时由于直接服务于先民的生产与生活，因此在古代文明的发展过程中具有重要的意义。而龙作为观象授时的重要星象，本仅指二十八宿的东宫星宿，其由角、亢、氐、房、心、尾六宿组成的形象与西宫

[①] 顾颉刚：《周易卦爻辞中的故事》，《燕京学报》第六期，1929 年。
[②] 冯时：《中国天文考古学》第八章第三节，社会科学文献出版社 2001 年版。

以觜、参两宿以及南、北两宫中的若干星宿共同构成了传统天文学的四象体系，这些事实已经可以从公元前五千纪的中叶系统地梳理出来。① 显然，由于在早期文明中，观象授时乃是帝王垄断的特权，因此作为授时主星的龙也便具有了王权的象征意义，致使新石器时代以降的多种龙的造型其实都只是基于这一天学本质而逐渐演生的艺术形象。

古人对于阴阳的思辨，目的乃在于为万物生养这一生命现象寻找一种具有一般意义的哲学解释，而这一点与观象授时的目的恰好吻合。观象授时可以使人建立起时间与生命的联系，因此龙作为提供时间服务的重要星官，当然也就自然具有了阴阳的属性。准确地说，观象授时旨在为农作的生长提供准确的时间服务，这意味着古人应该很容易认识到时间作为万物生养基础的一般道理。而从哲学的角度讲，阴阳作为万物生养基础的观念一旦产生，时间与阴阳在同时决定生命生养这一点上便具有了相同的意义。显然，这使古代的时间体系成为表述阴阳观念最理想的形式，以致古人必须将表述时间的历法体系赋予阴阳的属性，诸如日月、干支以及作为传统历制的阴阳合历，② 这种做法与将授时之龙星赋予阴阳的属性如出一辙。

龙星如果成为表述阴阳思想的载体的话，那么阴阳的划分标准就非得适应着龙星所体现的时空体系不可。事实上，古人并不以为龙星从东方出升又自西方沉伏，其周天运动的天象规律不可以通过阴阳的不同属性来加以描述。准确地说，如果天地日月本身已经具有了阴阳的性质，那么由于传统阴阳观与时空观的结合，东方作为日出的方位，便可理所当然地被赋予阳位，而西方作为月出的方位，也就自然被视为阴位。古礼祭日于东，祀月于西，后天八卦方位更以震主东而兑主西，都是这一思想的系统表述。至于龙星回天运转，其位居东方阳位则呈现跃地行天的特点，而位于西方阴位又以入地西沉为特征，这意味着龙星本身实际已经具有了阴阳的分别。换句说话，龙的阴阳性质来源于星象与时空的结合，时空的阴阳观决定了作为星象的龙的阴阳属

---

① 冯时：《中国天文考古学》第六章第五节，社会科学文献出版社2001年版。
② 冯时：《天文考古学与上古宇宙观》，《中国史新论——科技与中国社会分册》，联经出版公司2010年版。

性。《周易·贲·彖》曰："刚柔交错，天文也。"此之谓也。目前的考古资料显示，这些观念不仅于夏商时代已经形成，而且十分完整。

　　《说文·龙部》谓龙为鳞虫之长，其能幽能明，能细能巨，能短能长，春分而登天，秋分而潜渊，这些变化显然来自对龙星的观测结果，事实上，龙所具有的这些特点正体现了龙星回天周行所表现的基本特征。古人以龙为鳞虫之长源于其指示雨季来临的时间，而其时的实际天象则呈龙星自天河而出，这一认识使人们创造出了所谓"河图"。① 至于幽明的分别实在于龙星的见伏，长短巨细的分别则在于龙星诸宿的尽现与半见，而春分登天、秋分潜渊的描述，更是对其行天与授时特点的形象表达。不仅如此，传统以春分主东方，故登天之龙属阳，而秋分主西方，则潜渊之龙属阴。潜渊也就是入地，故龙星登天入地的天象与方位、时间有机地联系为整体，其时空与阴阳的结合浑然为一。马王堆帛书《二三子问》："孔子曰：龙大矣，……高尚行乎星辰日月而不眺，能阳也；下纶穷深渊之渊而不沫，能阴也。"又云："龙寝矣而不阳。"即以龙星之升天潜渊显示其阴阳属性的变化。《论衡·订鬼》："龙，阳物也，故时变化。"《楚辞·七谏·谬谏》："龙举而景云往。"王逸《章句》："龙，介虫，阴物也。"《春秋元命苞》："龙之言萌也。阴中之阳，故言龙举而云兴。"显然，龙具有阴阳的双重性质，这种特点无疑只能通过龙星与方位及时间的联系得到表现。

　　三代时期的多种器物图像显示，先民对于龙之阴阳性质的表述是借助装饰于龙身的不同纹样巧妙地完成的。具体地说，见于东方象征升天的龙具有阳的属性，以身饰菱形纹样表示（图4—10，1、2；图4—14，1），② 而居于西方象征入地之龙则具阴的属性，以身饰鳞形纹样表示（图4—10，3、4；图4—14，2）。③ 这两种纹样有时又会分别装饰于龙身的腹背两面（图4—11），④ 从而体现了古人希望以一种背象天、腹象地的表

---

①　冯时：《中国天文考古学》第八章第一节，社会科学文献出版社2001年版。

②　John Alexander Pope, Rutherford John Gettens, James Cahill, Noel Barnard, *The Freer Chinese Bronzes*, Vol. 1, pp. 34–35, Washington, 1967.

③　林巳奈夫：《殷周青铜器综览》二，吉川弘文馆1986年版，第109页。

④　梁思永、高去寻：《侯家庄》第九本，1129、1400、1443号大墓，历史语言研究所1996年版。

现手法传达天阳地阴的独特理念。毋庸置疑，装饰于龙身的菱纹和鳞纹并非仅为说明龙身图案的不同，更重要的则是作为龙的阴阳属性的标注符号。

鳞纹具有阴的属性应是早期先民的普遍共识，这种纹样由于作为蛇、鳄、鱼等爬行和水生动物的主要装饰图案而广泛出现于商周青铜器纹样中，因而理应具有与这些动物所象征的阴的属性相同的性质。其实，古人以蛇类地穴生物象征大地而属阴，观念甚古。《诗·小雅·斯干》："乃寝乃兴，乃占我梦。吉梦维何，维熊维罴，维虺维蛇。大人占之，维熊维罴，男子之祥。维虺维蛇，女子之祥。"郑玄《笺》："熊罴之兽，虺蛇之虫，此四者，梦之吉祥也。……熊罴在山，阳之祥也，故为生男。虺蛇穴处，阴之祥也，故为生女。"《说文·它部》："它，虫也。从虫而长，象冤曲垂尾形。上古艸居患它，故相问无它乎。蛇，它或从虫。""它"即蛇之初文，为古之"地"字所从。《说文·土部》："地，元气初分，轻清易为天，重浊会为地。万物所陈列也，从土，也声。墬，籀文地，从阜土，象声。""地"从"也"声，为定纽歌部字。先秦古文字"地"作"墅"，或作"坨"，或作"隊"，或作"墬"，至秦系文字才改作从"也"，其从"阜"从"土"皆为"地"字的表意形符，"象"则为后起之表音声符。而本从之"它"为虫之象，实际就应是"地"字的表意初文，或于表意的同时兼而表音。古音"它"在透纽歌部，"象"在透纽元部，定透皆为舌头音，"象"、"地"歌元对转，"它"、"地"叠韵，读音相同。很明显，古人以鳞纹象征大地而表现阴的观念，正应来源于饰有鳞纹的蛇、鱼之类生物具有地的象征这一基本事实，而与鳞纹对应的菱纹自然也就具有了阳的属性（参见第四章第一节）。

三代遗物装饰菱纹的龙具有天龙或阳龙的性质应该很明确。山西石楼桃花庄出土商代龙形铜觥，[①] 其盖面图像即以龙与星宿相互配设（图4—7），所表现的苍龙形象的星象学本义相当清楚。[②] 盖面构图以二龙蟠交为主题，一升一降，龙身皆饰菱纹，而交龙之下则绘身饰鳞纹的三蛇纹象征大地。蛇身装饰的鳞纹也见于铜觥侧面图像中鳄鱼的身上（图版

[①] 谢青山、杨绍舜：《山西吕梁石楼镇又发现铜器》，《文物》1960年第7期。
[②] 冯时：《中国早期星象图研究》，《自然科学史研究》第9卷第2期，1990年。

四，5），因此身饰鳞纹的蛇具有大地的象征意义应很明确，这意味着铜觯盖面图像其实形象地以交龙表现了龙星的升降，而身饰菱纹的龙显然展现了天龙或阳龙的特征。这种天象甚至移用于三代诸侯之旗章，成为古代礼制的重要内容（参见第四章第三节）。《周礼·春官·司常》："诸侯建旗，交龙为旗。"郑玄《注》："诸侯画交龙，一象其升朝，一象其下复也。"又《巾车》："建大旗，以宾，同姓以封。"郑玄《注》："大旗，九旗之画交龙者。以宾，以会宾客。同姓以封，谓王子母弟率以功德出封。"显然，石楼铜觯绘交龙之象以应旗制，盖出此缘。值得注意的是，两龙一侧尚绘凤鸟一只，正有鸟负龙升降的寓意。

　　殷墟妇好墓出土鸟负龙玉件清晰地再现了这种观念（图4—8）。鸟踏祥云，背负苍龙，[①]明确表现了苍龙御鸟升天的文化寓意。古人以为，自然界中的生物唯有鸟可一飞冲天，所以天体的运行其实都需要有鸟的负载。《山海经》记有金乌负日的神话，可以得到考古资料的印证，[②]而龙星自东方跃地升天，同样需要由鸟来载负。这种对于苍龙御鸟升天的想象，除去古人对于鸟具有升天本领的朴素认知外，恐怕还蕴含着更丰富的内涵。《周易·乾·文言》："云从龙，风从虎。"《二三子问》言阴阳二龙升天潜渊，"上则风雨奉之"。《初学记》卷三十引《淮南子》云："夫蛟龙伏潜于川，而卵剖于陵，其雄鸣上风，其雌鸣下风。而化者，形精之至也。人不见龙之飞举而能高者，风雨奉之也。"不仅明言龙本具有雌雄二体，而且奉龙升天的使者正是风雨。相似的内容也见载《瑞应图》，《艺文类聚》卷九十八引云：龙"不众行，不群处，必待风雨而游乎青气之中，游乎天外之野，出入应命，以待上下。"龙乘风雨而行，其实正体现了鸟负龙行天的本质。古以龙星授时而致风雨，况鸟知天时，又被奉为时间之神以司风雨，故分至之神本即四鸟，而四气的直观感受正是分至四时来自四方的不同风气。商代甲骨文"风"字本作凤鸟之"凤"，卜辞及文献更以鸟为帝使而司风，或以鸟为历正，都是这一思想

　　[①] 中国社会科学院考古研究所：《殷虚妇好墓》，图八三，13，彩版三二，1，文物出版社1980年版，第159页。
　　[②] 邓淑苹：《中国新石器时代玉器上的神秘符号》，《故宫学术季刊》第十卷第三期，1993年。

的反映。因此，风雨奉龙星行天的文化表现也就是凤鸟负龙登天。显然，这种御鸟升天的龙具有天龙的特征是毫无疑问的，因此也就理所当然地具有着阳的属性。而此龙身饰菱纹，正可视为对阳龙特性的标示。事实上，《淮南子》所保留的雄龙居上而雌龙居下的内容不仅与古人对于阳属天而居上、阴属地而居下的认识相合，而且这种观念已经通过一种以龙背装饰菱纹、龙腹装饰鳞纹的特殊方式得到了表现（图4—11）。

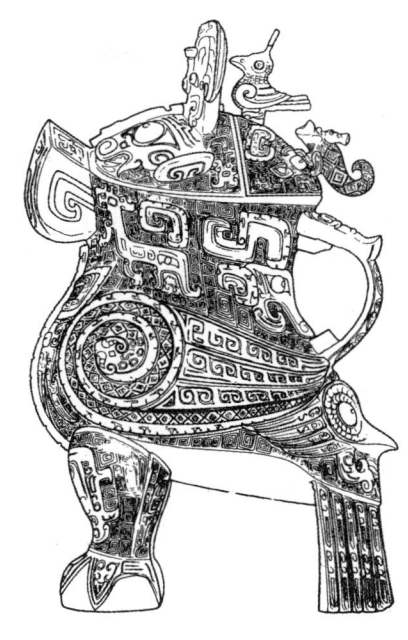

图4—17　殷代鸮尊（殷墟妇好墓出土）

与鸟负龙行天相同的装饰内容在妇好墓所出鸮尊上也有明确的反映（图4—17）。尊呈鸮形，而以身饰菱纹的龙饰于鸮首，又以同样装饰风格的龙饰于鸮翅，[①] 暗喻鸟振翅而飞负龙升天。显然，菱形纹样装饰于龙身，无疑具有表示阳龙性质的作用。值得注意的是，鸮乃昼伏夜出之禽，殷人以鸮之首翅装饰天龙，正与夜晚龙星出升的现象暗合。古人用心周密，于此足资领略。

龙作为四象之一，本质则源于星象。河南郑州小双桥出土商代青铜建筑构件饰有龙、虎（图4—2），[②] 即以四象作为装饰题材。这种以四象为主题的美术品不仅在河南濮阳西水坡仰韶时代蚌塑星象图和战国初年曾侯乙二十八宿漆箱星象图中已有直观的反映，而且其特别强调四象中龙、虎两象的设计理念与表现手法也一脉相承。[③] 显然，这种与虎并存的龙由于直接表现了星象本身，因此其具有天龙的性质毋庸置疑，而

[①] 中国社会科学院考古研究所：《殷虚妇好墓》，图三六，彩版七，文物出版社1980年版，第59页。

[②] 河南省文物研究所：《郑州小双桥遗址的调查与试掘》，《郑州商城考古新发现与研究》，中州古籍出版社1993年版。

[③] 冯时：《中国天文考古学》第六章第四节，社会科学文献出版社2001年版。

龙身装饰的菱形纹样当然可以看作标示其具有阳的性质的特殊符号。

作为四象的龙、虎星象之所以能在天上运行，古人仍然认为需要有鸟的负载。法国巴黎吉梅博物馆藏西周早期青铜杖首，① 雕有鸟负龙虎的造型（图4—4）。此龙身饰菱纹，同样表现出天龙阳性的特征。

其实，不仅装饰菱形纹样的天龙具有阳的属性这一事实可以获得足够丰富的考古资料的支持，有关身饰鳞纹的龙具有阴的属性的证据也同样充分。尽管星辰阴阳属性的转变基础源于星回于天的自然天象，但其所体现的龙星授时并决定万物生养的哲学思辨却相当深刻。天龙入地沉潜而化为地龙，其与天龙对应，自然有着阴的属性，而地龙属阴的性质使其本身具有了化育万物的权能，这一点恰好正是社神最显著的特征，因此天龙入地而化为社神成为一种顺理成章的表达形式。与晚期表现阴阳的方式不同的是，早期先民的阴阳观是与原始的宗教观和神明观相伴而生的，或者换句说话，神明观念在某种意义上只充当了阴阳思辨的解释模式。

传统文献皆以夏社为句龙，句龙社神的形象于陶寺文化的陶质礼器上已有清晰的展示（图3—10）。② 句龙口中衔木，为社树的象征，③ 而句龙蟠屈，身饰鳞纹，可明鳞形符号与社龙属阴具有相同的属性。句龙为潜渊之龙，因此，鳞纹作为阴龙的象征符号相当明确。

三代遗物中以身饰鳞纹的龙设计于鸟翅的题材也同样常见，这类与鸟配饰的阴龙有时也见于鸮禽，美人穆尔（William H. Moore）所藏商代铜尊即以鳞纹之阴龙饰于飞禽羽翼，以表现西方属阴的降龙（图4—18）。④ 但与妇好鸮尊的装饰手法不同，这类羽载阴龙的鸮并不同时表现鸮首负龙，这显然意味着二者喻意具有差异。古人以鸟知天时，日出兴鸣于林，日没归栖于巢。故《说文·西部》云："西，鸟在巢上也。象形。日在西

---

① 李学勤、艾兰：《欧洲所藏中国青铜器遗珠》，图版99，文物出版社1995年版，第343页。

② 中国社会科学院考古研究所：《襄汾陶寺：1978—1985年考古发掘》，文物出版社2016年版。

③ 冯时：《中国古代的天文与人文》第二章第四节，中国社会科学出版社2006年版。

④ 中国科学院考古研究所：《美帝国主义劫掠的我国殷周铜器集录》，A669·1，科学出版社1962年版。

图 4—18　殷代鸮尊　　　　　图 4—19　西周鸟携龙玉件

方而鸟西，故因以为东西之西。栖，西或从木妻。"商代武丁卜辞作为方位名词的一种"西"字如果与"巢"字比较，可明其正象鸟巢之形，而"西"为"栖"之本字，又用指西方，恰好取意于日西而下则鸟归巢而栖，设思巧妙。故殷人以阴性的鳞纹祀龙饰于鸟翼，或有白昼鸟兴而龙星伏没之暗喻，也未可知。如果说这些证据足可说明龙星见伏所象征的天地阴阳的不同的话，那么这样的标准也同样适合于论证龙星的升降所象征的东西阴阳的差异。殷人以为，鸟负龙升天当然在东，所以东方升天的阳龙身饰菱形纹样，这于商代妇好墓所出玉饰反映得相当清楚（图4—8）。诚然，鸟如果可以负龙升天，当然同样可以携龙而降，这种观念或许又与阴龙的性质相合。从这个意义上讲，将阴龙饰于鸟翼以象鸟携龙而降似乎应是这类艺术题材更需要表现的主题。事实上，陕西长安张家坡出土的西周鸟携龙玉件形象地再现了这种观念（图4—19）。玉件将龙置于鸟下，以象鸟携龙而降，[1] 与妇好墓所出鸟负龙踏云升天而龙在鸟

---

[1] 中国社会科学院考古研究所：《张家坡西周墓地》，图208，2、3，图版176，2、5，中国大百科全书出版社1999年版，第274页。

310　文明以止

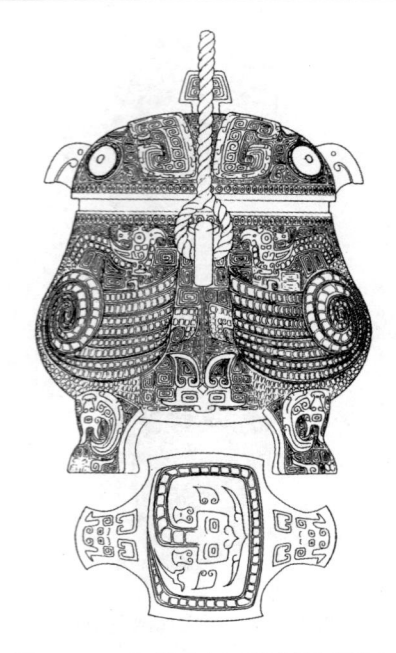

图4—20　殷代鸮卣及器底所饰阴龙

上的造型迥异，其所传达的降龙的思想十分清楚。类似的题材甚至多见于商代鸮卣的装饰纹样。

阴龙或社龙在器物上的装饰位置应该不会是随意为之。与天龙不同的是，阴龙或社龙与鸮的配合除饰于鸮翅之外，也见饰于鸮之腹下，从而与阳龙装饰于鸮首而呈以鸮负龙的造型形成鲜明的区别。无疑，不同属性的龙于鸮禽装饰位置的变化当然表达着不同的文化观念。

殷墟SM539所出鸮卣即于卣的外底装饰鳞纹的社龙阴龙（图4—20），① 相同的器物及装饰题材在传世铜器中也时有所见，美国华盛顿佛利尔美术馆藏商代鸮卣即将装饰鳞纹的阴龙隐于鸮禽之下（图4—21）。② 这种独特的设计显然意在表现鸟携龙而降的文化内涵。事实上，将阴龙饰于器之外底的装饰手法明显具有社龙入地的象征意义，社龙身饰鳞纹而位置居下，与殷人将龙腹装饰鳞纹（图4—11），并以鳞纹表现居于下位的社龙的现象至为吻合。

这类饰于器物外底的社龙还见于著名的虎食人卣。器凡两见，一件藏法国巴黎赛努奇博物馆（图4—3），③ 另一件藏日本东京泉屋博古馆。④ 器物造型作虎食人形，外底则皆饰有身饰鳞纹的阴龙。龙、虎作为传统天

---

① 中国社会科学院考古研究所：《殷虚青铜器》，图版六二，图五九，1、2，文物出版社1985年版。
② 中国科学院考古研究所：《美帝国主义劫掠的我国殷周铜器集录》，A574·3，科学出版社1962年版。
③ 李学勤、艾兰：《欧洲所藏中国青铜器遗珠》，图版40，文物出版社1995年版，第323—324页。
④ 泉屋博古館：《泉屋博古——中国古銅器編》，图版95，第204页插图59，便利堂2002年版。

图 4—21　殷代鸮卣及器底所饰阴龙

文学四象中的两象，分别表现了二十八宿东、西二宫的授时主星，其中龙象的授时主星为心宿三星，而位居心宿二的大火星尤其重要，古又名为辰或商星。而虎象的授时主星则为参宿三星。心宿与参宿分居黄道的东、西两端，此见彼伏，绝不同现于夜空，遂有参商别离的熟典。《左传·昭公元年》："昔高辛氏有二子，伯曰阏伯，季曰实沈，居于旷林，不相能也，日寻干戈，以相征讨。后帝不臧，迁阏伯于商丘，主辰，商人是因，故辰为商星。迁实沈于大夏，主参，唐人是因，以服事夏商。"这个传说所反映的天文学现象就是参见而辰伏，或辰见而参伏的真实天象，毫无疑问，这种做法只能缘起于古人利用参商两星观象授时的朴素史事，而考古学证据显示，这样的观象传统相当悠久。很明显，在实际天象中，当作为虎象主体的参宿于夜空出现的时候，作为龙象主体的心宿是潜伏不见的，这时的龙伏没于渊，显然应具有阴龙的属性。而两件虎食人卣皆于虎座之下饰有装饰鳞纹的阴龙，其以虎为主体造型，而将阴龙隐于座下，正好应合参见辰伏的真实天象。因此，这种装饰鳞纹的龙属于阴龙而具有社龙的性质也很清楚。

　　基于上述分析，三代先民以天龙装饰菱纹并赋予阳的属性，又以社龙装饰鳞纹而赋予阴的属性，这些事实应该可以得到澄清。准确地说，由于龙的本质来源于星象，因此三代遗物上所装饰的龙，其文化内涵也

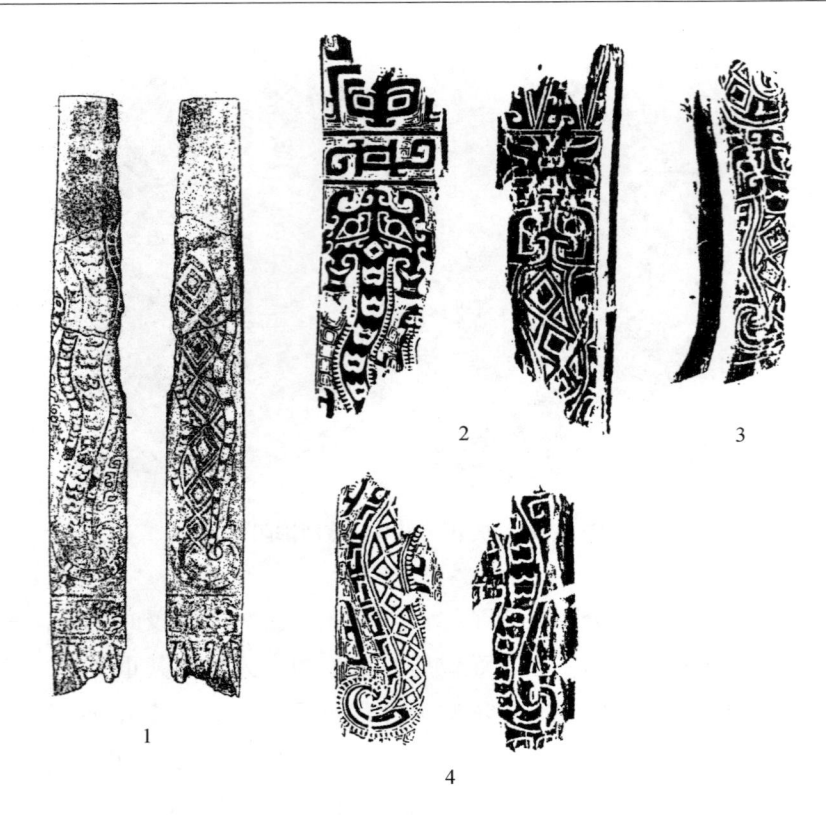

图 4—22　殷墟侯家庄 1001 号墓出土龙纹骨柶

只能通过天文学的分析才能得到诠释。事实上，除这些单一的饰有菱纹或鳞纹的龙之外，殷周遗物中还普遍流行菱纹与鳞纹合璧装饰的龙的造型，这些作品显然也是一种独特阴阳观的反映。

殷墟侯家庄 1001 号墓出土龙纹骨柶多枚，[①] 龙纹雕于骨柶的正背两面，并分别装饰菱纹和鳞纹，其中之完整者尚可见龙纹尾端下方饰有象征大地的蛇纹（图 4—22），构图与石楼铜觥的觥面图像相似（图 4—7），唯此仅具升龙，乃取大常升龙之章，其制可溯至二里头文化之常旜遗迹（详见第四章第三节），与诸侯以交龙为制不同。

这种以阴阳二龙合璧的装饰主题有时也反映在青铜器纹样及其造型的设计理念中。殷墟妇好墓出土的一件铜觥即于觥盖饰有身饰菱纹的巨

---

① 梁思永、高去寻：《侯家庄》第二本，1001 号大墓（上），历史语言研究所 1962 年版。

型阳龙，且阳龙之上又附以身饰鳞纹的小巧的阴龙，并作为盖钮（图4—23）。① 这种阴阳二龙相附的造型显然体现了古人试图通过苍龙星象所具有的阴阳二体的双重属性以表达阴阳不同观念的独特做法，甚至这样的设计理念后来更发展出阴阳合体的龙图造型，以至于使殷代具有阴阳属性的龙有时并不以通身装饰鳞纹或菱纹为特征，而在龙首与装饰鳞纹或菱纹的龙身连接的龙颈部位饰

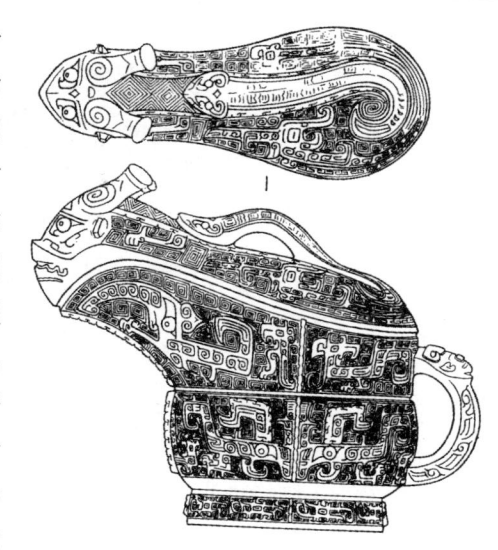

图4—23 殷代铜觥

有一个或数个菱纹或鳞纹符号（图4—8；图4—22，2、3；图4—24），通过这种简单的标注手法，以明源于星象的苍龙形象虽以阳的属性为其主要特征，但是随着龙星的行天变化与隐见伏现，它也同样具有着阴的属性。显然，这样一种在菱纹之首同时设有鳞纹或在鳞纹之首同时设有菱纹的特殊装饰无疑表现了龙所具有的阴阳双重属性的特点。《周易·系辞下》："乾，阳物也。坤，阴物也。阴阳合德，而刚柔有体，以体天地之撰，以通神明之德。"这些思想如果可以视为对古人以菱纹与鳞纹共同装饰于龙身这一做法的诠释，那么追溯易学核心思想的起源就不是一件困难的工作。《系辞上》："乾坤其易之缊邪！乾坤成列，而易立乎其中矣。乾坤毁则无以见易，易不可见，则乾坤或几乎息矣。""易之缊"，马王堆帛书本作"易之经"，"易之经"即易之根本，对阐释乾、坤于易学的核心价值更为准确。由此可见，乾、坤两卦作为易学的基础，关系尤重。而三代先民借龙星以表达阴阳观念的做法不仅使阴阳思辨找到了一种理想的形象表达形式，而且由于朴素的阴阳观其实乃是先民对于万物生养的哲学解释，同时观象授时的工作又是万物生养的决定因

---

① 中国社会科学院考古研究所：《殷虚青铜器》，图版二五，图一五，2，文物出版社1985年版。

图 4—24　殷代石磬

素，因此以决定时间的龙星作为阴阳的象征符号几乎成为一种最合情合理的文化选择。《系辞上》又云："乾知大始，坤作成物。……成象之谓乾，效法之谓坤。"古以升天之龙为阳，又以观天龙行移之象而建时，即所谓"成象"，而观象授时既是百务之首，也是祈求万物生养的开始，故乾成象而为大始。与此相对的潜渊之龙属阴，充为社神而载物，而万物之成皆顺应天时，故坤为效法而成物。《礼记·郊特牲》："社所以神地之道也。地载万物，天垂象，取材于地，取法于天。"这种对于天地阴阳关系的表述正是乾坤思想的体现，这意味着古人对于苍龙星象的观测事实上已为《周易》之乾、坤两卦卦爻辞的形成奠定了基础。

二　《乾》卦卦爻辞研究

《周易·乾》云：

元亨，利贞。
初九，潜龙，勿用。
九二，见龙在田，利见大人。
九三，君子终日乾乾，夕惕若厉，无咎。
九四，或跃在渊，无咎。
九五，飞龙在天，利见大人。
上九，亢龙，有悔。
用九，见群龙无首，吉。

《彖》："大明终始，六位时成，时乘六龙以御天。"乾卦所言适为六龙，龙的本质为何，闻一多先生早有精辟论析。《璞堂杂识·龙》云：

《乾卦》言龙者六（内九四"或跃在渊"虽未明言龙，而实指龙），皆谓东方苍龙之星，故《象传》曰"时乘六龙以御天"也。《史记·封禅书正义》引《汉旧仪》："龙星右角为天田。"九二"见龙在田"，田即天田也。《说文》："龙，……春分而登天，秋分而潜渊。"亦谓龙星。九五"飞龙在天"，春分之龙也，初九"潜龙勿用"，九四"或跃在渊"，秋分之龙也。《史记·天官书》："东宫苍龙房心，心为名堂，大星天王，前后星子属，不欲直，直则天王失计。"是龙欲曲不欲直，曲则吉，直则凶也。上九"亢龙有悔"，用九"见群龙无首，吉"，亢有直义，亢龙犹直龙也。群读为卷，群龙即卷龙。《诗·九罭传》："衮衣，卷龙也。"《说文》："衮，天子享先王，卷龙绣于下幅，一龙蟠阿上鄉。"卜辞龙字或尾交于首，屈身如环，殆所谓卷龙欤。卷龙其状如环无端，不辨首尾，故曰无首，言不见首耳。龙欲卷曲，不欲亢直，故亢龙则有悔，见群卷龙无首则吉也。《易》义与《天官书》相会。《乾卦》所言皆天象，所谓"仰则观象于天"者是矣。[①]

闻氏据古人仰观天文以立易象的传统，认为乾卦所讲之龙，其实质就是二十八宿东宫苍龙星宿，并通过确定"见龙在田"之田为天田星而建立龙与星象的联系，揭示了乾卦龙的本质特征。这一意见振聋发聩，唯于若干细节之解释，仍待结合古代天文学的研究加以完善。

　　中国古代天文学以东宫七宿构成苍龙星象，也就是作为四象之一的龙。但考察四象体系的形成和发展历史，我们发现，四象的形象其实都来源于二十八宿位于四宫的授时主星所构成的形象，而后才从这一本质的意义提升而兼指四宫。如西宫的虎象本是以觜、参两宿为主组成的形象，南宫的鸟象本是以张、翼两宿为主组成的形象，而北宫的玄武，早期则为鹿，乃是危宿所构成的形象，这些星宿由于作为四宫之中的授时主星，所以后人便逐渐以这些星宿所组成的形象指代各宫，从而最终形

[①] 又见闻一多《周易义证类纂》，《闻一多全集》册二，生活·读书·新知三联书店1982年版，第46—48页。

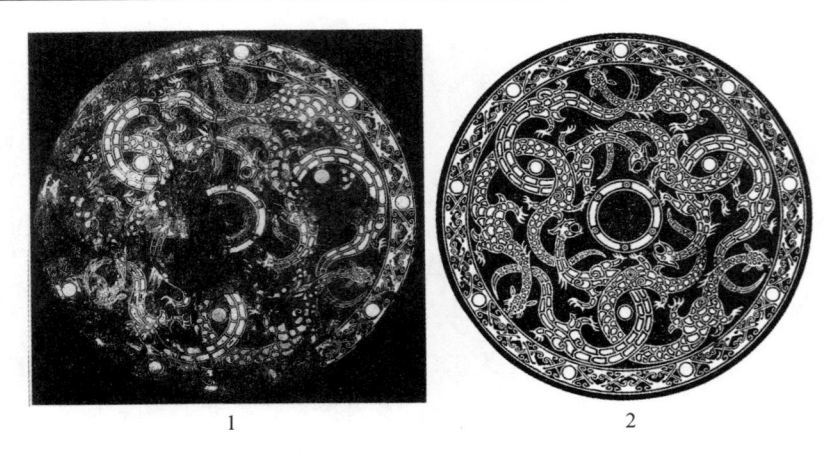

图 4—25　洛阳金村出土错金银阴阳六龙纹镜

1. 影本　2. 摹本

成了传统天文学中极具特点的四象。与此相同，四象之一的苍龙星宿原本也并不包括完整的东宫七宿，而只特指角、亢、氐、房、心、尾六宿，六宿的宿名不仅直接得自龙体，甚至古文字"龙"字的构形就取象于六宿所构成的形象，[①] 这意味着《象》所讲的"六龙"御天至少应该涉及两方面的意义，准确地说，"六龙"既可以指角、亢、氐、房、心、尾六宿，同时更重要的，"六龙"御天又应是指苍龙六宿回天运行的六个特殊位置，这六个在天上的特殊位置实际喻示着六个标准时间，也即《象》所言之"六位时成"。

六龙御天，由于其行天位置的变化，必然表现为龙星阴阳性质的不同。其中龙星行移所呈现的见龙在田、或跃在渊、飞龙在天三个位置属阳，而至潜龙、亢龙、群龙无首三个位置则属阴，所以六龙的阴阳变化必然以三阳龙与三阴龙为特征。这些思想在古代美术品中其实有着明确的反映。洛阳金村出土的战国金银错铜镜，其图案即写阴阳六龙交错盘绕，六龙之中，三龙身饰菱形纹属阳，三龙身饰鳞状纹属阴（图 4—25），或也可以表现为阴阳合体的六龙（图 4—26）。[②] 这种表现阴阳的纹饰显然

[①] 冯时：《中国早期星象图研究》，《自然科学史研究》第 9 卷第 2 期，1990 年。
[②] 梅原末治：《洛阳金村古墓聚英》（增订），图版第二五、六六，小林出版社 1943 年版；杨宗荣：《战国绘画资料》，图 30，中国古典艺术出版社 1957 年版。

图4—26　洛阳金村出土错金银铜鼎（鼎盖装饰阴阳合体六龙）

是对商周龙纹的继承（图4—10；图4—14），与我们分析的时人以菱纹见阳、鳞纹见阴的传统一致。这种六龙阴阳的设计将观象授时与阴阳相生的观念彼此结合，其思想实际正源出于乾卦之六龙。很明显，观察龙星于天穹不同位置的变化不仅是古代观象授时所要确定的工作，而且也体现着古人的阴阳思考。基于这样的认识，我们便可以对乾卦卦爻辞的确切涵义做出更符合古代授时传统的解释。

（一）潜龙

初九爻辞之"潜龙"，马王堆帛书本或作"寝龙"。《二三子问》："龙寝矣而不阳，时至矣而不出，可谓寝矣。"又马王堆帛书《易之义》："潜龙勿用者，匿也。"故"潜龙"之义应即潜渊伏藏之龙。龙星回天运转，当其主体行至太阳附近而与太阳同出同入的时候，龙星便潜伏不见，古人称这种天象叫"日躔"。《夏小正》："九月，内火，……辰系于日。"王聘珍《解诂》："八月，……辰则伏。辰也者，心也。伏也者，入而不见也。九月日躔心、尾，故大火入而不见也。"这是记大火星的伏没，乃殷末周初之天象。准此，则"潜龙"显指潜伏在渊（地平以下）没而不见的龙星。从房、心两宿作为苍龙星宿的授时主星考虑，这个天象恐指日躔房、心的时节。由于尾宿的赤纬很低，所以这时在黄昏日没之后，天空中将看不到苍龙星象。闻氏据《说文》"秋分而潜渊"以为潜龙的天象时在秋分，甚是，如此则为公元前二千年的天象。

苍龙星宿潜于地平之下而于黄昏后不见于夜空，从阴阳的角度讲显然具有阴的性质，故其时纪秋分，配位西方，体系完整。恒星日躔是一切观象活动的基点。《元史·历志一》："列宿著于天，为舍二十有八，为度三百六十五有奇，非日躔无以校其度，非列舍无以纪其度。"特别是在早期历法中，这个天象标志对于岁首的确定犹如日月合朔对于月首的确定一样重要，自然受到古人的格外关注。诚然，"潜龙"作为秋分的标准天象显然并不仅仅意味着观象工作的开始，更重要的是它其实就是早期历法的岁首标志。卜辞显示，殷历岁首即确定在秋分之后的第一月，[①] 因此这个天象标志所建立的时间起点决定了乾、坤两卦卦爻辞的基本内涵。在这样的标准建立之后，人们便可以进行龙星的昏见或朝觌的有效观测，而乾、坤两卦的内容正体现了这两种不同的观测结果。

（二）见龙在田

九二爻辞之"见龙在田"当承初九爻辞而言龙星自潜伏后冒地初出，于初昏始见东方之天象。闻氏以"田"即天田星，故"见龙在田"即谓苍龙之角宿与天田星并现。其实如果依旧注释"田"为地，说亦可通。郑玄《注》："地上即田。"王弼《注》："出潜离隐，故曰见龙。处于地上，故曰在田。"《周易·恒》："田无禽。"李鼎祚《集解》引虞翻曰："地上称田。"然而如果参考殷商卜辞所反映的殷人语言习惯，恒卦之"田"更应该指田猎。尽管如此，"见龙在田"之"田"解释为田地之田也比天田更为合适。甲骨文田地之"田"作"田"，而田猎之"田"作"田"，二字写法本有不同，而此辞强调龙与田的联系，显然意在表现田为农耕之地，而龙星观测对于指导农业生产所具有的特殊意义。故"见龙在田"意即角宿初现于地平之上，时于立春以后昏见东方，配位东北，

[①] 冯时：《殷历岁首研究》，《考古学报》1990 年第 1 期。

恰合阳位，也即公元前二千年之天象。民谚"二月二，龙抬头"，即以龙角昏见为候。

（三）或跃在渊

九四爻辞之"或跃在渊"乃承九二爻辞而言龙星自初昏始见后逐渐西行，至苍龙星宿整体于黄昏时跃地而出尽现东方的天象。[①]"渊"乃古人所谓地平以下的空间，而"跃"字于马王堆帛书本作"䱇"，从"鱼"为意符，正喻龙星尽现犹鱼跃渊而出。

龙星本含六宿，自角至尾，而三代遗物所饰之龙或蟠阿上向，其下装饰蛇纹图像以象大地（图4—7），即是对这一苍龙跃渊而升天象的写实。如果这个天象同样发生在公元前二千年，则时在春分。事实上，龙星跃渊而出尽现于地平与龙星登天的描述至为吻合，故《说文》以龙"春分而登天"，明其观念甚古。《左传·桓公五年》："启蛰而郊，龙见而雩。"杜预《集解》："龙见建巳之月，苍龙宿之体昏见东方。"汉行太初历前，启蛰先雨水为夏历正月中，雨水则为二月节。而龙星尽现于地平如迟至夏历四月，则为战国之天象。

（四）飞龙在天

九五爻辞之"飞龙在天"意承九四爻辞递述苍龙六宿行移位置的变化。此时苍龙星宿的整体已从尽现于地平之后逐渐西行，终至升于南天正中，所以"飞龙在天"即指苍龙星宿横镇于南中天的标准天象。[②]《易之义》："飞龙在天，□而上也。"亦此之谓。值得注意的是，古人以"飞龙"形容龙星行天的天文现象，这一思想显然来源于鸟负龙行天的朴素观念，前文举证的商周遗物中的相关题材对此已有充分的反映（图4—4；图4—8；图4—9；图4—17）。

《尚书·尧典》："日永星火，以正仲夏。"这是古人以观测大火星决定夏至的授时活动。大火星即二十八宿东宫苍龙七宿的心宿二（天蝎座α），古以火星的南中天以正夏至，实为公元前一千年的天象，因此以火星的南中天决定夏至，这个授时传统实较乾卦"飞龙在天"所建立的授

[①] 夏含夷：《〈周易〉乾卦六龙新解》，《文史》第二十四辑，中华书局1985年版；陈久金：《〈周易·乾卦〉六龙与季节的关系》，《自然科学史研究》第6卷第3期，1987年。

[②] 同上。

时标准更为晚近。准确地说，如果我们比照坤卦的授时星象而确立苍龙星宿中的房宿为授时标准星的话，那么公元前二千年房宿的昏中天则正在立夏时节。由于早期的苍龙星象仅包括自角至尾六宿，而箕宿甚至在西汉时期的星象图中仍然未能并入龙象，所以位于苍龙六宿中央的房宿的中天更能反映苍龙整体中亘南天的天象，这与"飞龙在天"的语意当然也最为切合。

（五）亢龙

上九爻辞之"亢龙"显然是对九五爻辞所述龙星昏中之后天象的表达，这时的基本天象应该表现为龙星过中而西流。"亢"本高、极之义，盛极而衰，故"亢"又有过意。《易之义》："亢龙有悔，言其过也。物之上盛而下绝者，不久大位，必有其咎。"李鼎祚《集解》引干宝曰："亢，过也。"所训甚恰。所以"亢龙"其实则谓中天之后西斜的龙星。《诗·豳风·七月》："七月流火。"毛《传》："火，大火也。流，下也。"王先谦《诗三家义集疏》："流火，火下也。火向西下，暑退将寒之候也。"此周之天象。《左传·哀公十二年》："今火犹西流。""火"即大火星，而火之西流即言龙体西斜流下之天象，其意与乾卦所讲之"亢龙"相牟。不同的是，乾卦"亢龙"所要表示的时间或许比这些晚期文献更具有授时意义，因为如果认为"亢龙"是指箕宿初度昏中而苍龙六体过中西流的天象，则时值公元前二千年，正是决定夏至的标准。

（六）见群龙无首

用九爻辞之"见群龙无首"也承上九爻辞所述龙星行天的不同位置。闻氏读"群龙"为卷龙，然据字直训，意也可通。"群龙"乃指《彖》所言之六龙，即苍龙星象所包括的角、亢、氐、房、心、尾六宿，先人以六宿称为六龙，自可视之为群龙。

"群龙无首"如果与前五爻辞所述之龙一样理解为龙星于天空不同位置的变化的话，那么这个天象就只能是指日躔龙首角、亢二宿的现象。从实际天象分析，当龙星过中西流以后，终于有一天龙首的星象会行移到太阳附近，与太阳俱出俱入，人们于黄昏以后只能在西方的地平线上看到龙体和龙尾诸宿，却不见龙首，这便是"见群龙无首"爻辞的由来。值公元前二千年，这是立秋时节的标准天象。

（七）九三爻辞释义

乾卦除九三爻辞之外的其他六爻辞皆言苍龙星宿于一年不同季节的行天变化，体现了古人在授时活动中对龙星的观测。苍龙六宿的周天变化所体现的季节特点，皆为公元前二千年黄昏之后所见的天象。而对这种观象制度的概括，则是乾卦九三爻辞所反映的内容。

九三爻辞"君子终日乾乾"之"君子"当然是对上古观象执行者的理想称谓。中国传统天文学的历史告诉我们，观象授时不仅是一项科学活动，更是一项政治活动，天文学在提供了古人时间服务的同时，也建立起独具特色的王权基础，这意味着在早期文明中，掌握天文的人其实就是获得统治资格的人，而"君子"正应是对统治者的通称。《周易·说卦》："乾为君。"又《系辞下》："盖取诸乾坤。"李鼎祚《集解》引虞翻曰："乾为明君。"又引荀爽解《象》云："乾者，君卦也。"所道益明。《国语·周语下》："遇乾之否。"韦昭《注》："乾，天子也。"乾卦九五爻辞乃数术家以为人君之象，遂以九五之尊以喻帝位。据此可明，乾本天子观象授时之卦，故其爻辞内容多取天象，而九三爻辞之"君子"自也天子所指，与经文言贵族而通称"大人"不同。

"终日乾乾"乃虔敬观象、朝夕匪懈之意。"终日"即整日，殷卜辞犹见"终日"、"终夕"之辞，"日"仅限白昼，与此"终日"含指昼夜不同。古之观象，昼视日影，夜察星象，故言"终日"。李鼎祚《集解》引干宝曰："反复天道，谋始反终，故曰'终日乾乾'。"观象授时的工作是对恒星回天运动现象的观测，并据以决定时间。干宝言"反复天道，谋始反终"，已切经旨。《象》："天行健，君子以自强不息。"李鼎祚《集解》引干宝曰："言君子通之于贤也。凡勉强以进德，不必须在位也。故尧舜一日万机，文王日昃不暇食，仲尼终夜不寝，颜子欲罢不能。自此以下，莫敢淫心舍力，故曰自强不息矣。"龙星周天运行循环不息，此乃天行健之谓；而统治者观星以授民时，朝夕匪懈，此则"乾乾"之谓。乾卦之名，马王堆帛书本作"键"，应读为"健"。《说卦》："乾，健也。"又《系辞下》："夫乾，天下之至健也。"知"乾"即训"健"。《广雅·释训》："乾乾，健也。"《汉书·王莽传上》："终日乾乾。"师古《注》："乾乾，自强之意。"《文选·韦弘嗣博弈论》："圣朝乾乾。"李周翰《注》："乾乾，勤心也。"《文选·张平子东京赋》："懋乾乾。"薛综

《注》:"乾乾,敬也。"是"乾乾"乃谓帝王观象授时所抱有的虔敬恭谨的态度。

"夕惕若厉"乃自警之辞,"夕"指夜晚。殷卜辞即以"夕"为全夜的通称,而夜晚也正是仰观星象的时间,故爻辞述观象而言"夕惕",意即观象者于夜晚观星需虔敬勤勉。陆德明《释文》:"郑玄云:惕,惧也。厉,危也。"其典为后人习用。《后汉书·明德马皇后纪》:"故日夜惕厉。"李贤《注》:"惕,惧也。厉,危也。"又《张衡列传》载《思玄赋》:"夕惕若厉以省愆兮。"李贤《注》:"惕,惧也。厉,病也。"《文选》卷十五李周翰《注》:"厉,危也。"故"夕惕若厉"即言夜晚虔敬于观象,恐有所失。众所周知,观象的失误会导致授时的混乱,从而直接危及先民的生产与生活,故"君子终日乾乾,夕惕若厉"显为君王观象授时之自警,其谓君王终日健健不息,尤以夜晚虔敬勤勉于观象授时,恐有所失而致危殆。此实也《象》"君子以自强不息"之谓。《二三子问》:"卦曰:君子终日键键,夕惕若厉,无咎。孔子曰:此言君子务时,时至而动,□□□□□屈力以成功,亦日中而不止,时年至而不淹。君子之务时,犹驰驱也,故曰'君子终日键键'。时尽而止之以置身,置身而静,故曰'夕惕若厉,无咎'。"也有以"务时"为授时之意。《易之义》:"君子终日键键,用也。夕惕若厉,无咎,息也。"以"君子终日键键"为行事之辞,行事健健则可置身而静,此即谓之"息"。观象授时乃王权之基,正确的观象活动是确保君位不失的前提,因此只有观象健健不息,才可能安身立命,得保王位无忧,这便是孔子说经之诵意所本。

如果乾卦诸爻辞皆以苍龙星象的行天变化为描述对象的话,那么很明显,九三爻辞阐述古代观象授时的宗旨,无疑体现了乾卦思想的核心内涵。值得注意的是,我们对于《周易》爻辞的研究发现,每卦诸爻辞所反映的内容,其核心思想都通过第三爻的爻辞而得以体现,换句说话,第三爻辞的内容总是对该卦诸爻辞所反映思想的集中阐释,这几乎成为《周易》爻辞体系的一种既定模式。如归妹卦以第三爻辞叙述帝乙归妹的结果,[1] 而乾卦又以第三爻辞综述上古的观象授时制度,这种将带有总结性质的爻辞统置于第三爻的做法当然不可能出于巧合,而应体现着古人

---

[1] 冯时:《中国天文考古学》第八章第三节,社会科学文献出版社 2001 年版。

对于易卦第三爻的独特认识，这种认识如果取决于第三爻作为经卦上爻的特殊性质的话，或许颇合易理。经卦上爻不仅作为经卦之终极，同时由于别卦乃由经卦演生而成，因此第三爻作为经卦终爻的传统在别卦中也自然可以得到体现。或者我们也可以这样认为，别卦以第三爻具有总结性质的特点，正保留了别卦源自经卦，而经卦上爻（第三爻）作为终极之爻的思想。古以初辞为易之始，上辞卒成其终，这种观念虽比述别卦，但其立说之本则在经卦。故《系辞下》云："六爻相杂，唯其时物也。其初难知，其上易知，本末也。初辞拟之，卒成之终。"对于经卦而言，卒成之终的上爻也就是由此演生的别卦的第三爻，故古以第三爻的爻辞具有总结诸爻辞内容的性质，正是经卦乃易卦之本的观念的具体体现。王弼《周易注》以三爻"处下体之极，居上体之下"，也是这一思想的反映。

（八）卦辞释义

乾卦卦辞之"元亨，利贞"实称祭、卜二事。《文言》："元者，善之长也。亨者，嘉之会也。利者，义之和也。贞者，事之干也。君子体仁足以长人，嘉会足以合礼，利物足以和义，贞固足以干事。君子行此四德者，故曰'乾，元亨利贞'。"据人之四德以释"元亨利贞"，显非作意。李鼎祚《集解》引《子夏传》："元，始也。亨，通也。利，和也。贞，正也。"也非卦辞本义。《彖》："大哉乾元，万物资始，乃统天。云行雨施，品物流行。大明终始，六位时成，时乘六龙以御天。乾道变化，各正性命。保合大和，乃利贞。首出庶物，万国咸宁。"以"大"为"元"之正诂。朱熹《周易本义》："元，大也。亨，通也。利，宜也。贞，正而固也。"已近经旨。高亨以"亨"即通"享"，故凡《周易》单言"亨"者，皆享祀之意。"元亨"当行大享之祭，"小亨"则行小享之祭。[①] 屈万里也以"亨"乃祭享之义，《文言》以"嘉会足以合礼"解之，也可为证。[②] 而李镜池《周易通义》谓"贞"即贞卜、卜问之意，"利贞"即利于贞问，亦即吉占，几逮初义。

[①] 高亨：《周易古经今注》，中华书局1984年版，第115—116、161页。
[②] 屈万里：《周易集释初稿》，《学易札记》，俱载《读易三种》，联经出版事业股份有限公司2003年版。

"享"于卜辞皆谓先公先王之祭事，其制与文献密合。《周礼·春官·大宗伯》："以肆献祼享先王，以馈食享先王，以祠春享先王，以禴夏享先王，以尝秋享先王，以烝冬享先王。"郑玄《注》："宗庙之祭，有此六享。"贾公彦《疏》："此六者皆言享者，对天言祀，地言祭，故宗庙言享。享，献也。谓献馈具于鬼神也。"然乾卦之"元亨"意虽大享，但不独祭祖之谓，实《大宗伯》所记吉礼十二，皆以歆神始，故"享"应为吉礼之通称。《大宗伯》："凡祀大神、享大鬼、祭大示，帅执事而卜日，宿。视涤濯，莅玉鬯，省牲镬，奉玉齍，诏大号，治其大礼，诏相王之大礼。"孙诒让《正义》："帅执事而卜日，谓大祭祀大宗伯莅卜，《太卜》注言：'大事，宗伯莅卜。'是也。"是"元亨"即言大享，意犹大事，乃天神地祇人鬼通祀之称。古训以"亨"为通，即承此义。

古大享必卜，或卜祀之可否，或但卜日，殷卜辞所记甚明。后儒或偏主一面，不合古制。故"利贞"即指为大享之祭所行之卜事。"贞"乃占卜命龟之辞，于殷周占卜制度反映极明，是乾卦之卦辞即言大祀与吉占二事。

乾卦爻辞明言观乎天文，自也敬天祭天之谓，此三才之首，况祭祀自天始，且需应天时而行，故以大祀利贞充为卦辞，与乾卦内容契合。《周易·大有》："大有，元亨。"《彖》："其德刚健而文明，应乎天而时行，是以元亨。"亦此之谓。李鼎祚《集解》："《说卦》'乾，健也'。言天之体，以健为用，运行不息，应化无穷，故圣人则之，欲使人法天之用，不法天之体，故名'乾'，不名天也。"天为法象之本，祭祀之基，通祀之首，故卦辞自言祭事卜事。

三 《坤》卦卦爻辞研究

《周易·坤》云：

坤，元亨，利牝马之贞。君子有攸往，先迷后得主，利，西南得朋，东北丧朋，安贞吉。

初六，履霜，坚冰至。

六二，直方，大不习，无不利。

六三，含章可贞，或从王事，无成有终。

六四，括囊，无咎无誉。

六五，黄裳，元吉。

上六，龙战于野，其血玄黄。

用六，利永贞。

《彖》："至哉坤元，万物资生，乃顺承天。坤厚载物，德合无疆。含弘光大，品物咸亨。牝马地类，行地无疆，柔顺利贞。君子攸行，先迷失道，后顺得常。西南得朋，乃与类行。东北丧朋，乃终有庆。安吉之吉，应地无疆。"《象》："地势坤，君子以厚德载物。"坤卦与乾卦相对，乾为阳而言天文星象，故比为天，而坤为阴言万物资生，顺天载物，遂比为地。古人以为，地之所载乃源于天赐，理由很简单，天文星象作为观象授时的标准意味着敬授天时乃是地载万物的决定因素。显然，乾、坤两卦虽言天地之别，但其核心思想却在阐明能够致养万物的天。准确地说，由于苍龙星象乃是指导农事的标准星象，所以龙星理所当然地成为古人关注的敬授天时的天与载育万物的地的共同主题，而传统以龙分阴阳的观念又正可以使这一星象成为描述阴阳的理想载体。因此，如果说乾卦以龙星授时的特点阐释天垂象的阳的观念的话，那么坤卦就是以强调授时龙星的阴的属性以阐释地载万物的思想。很明显，乾卦与坤卦虽然侧重于天与地的分别，但其核心主题却都取材于决定时间的龙星。

乾卦以观测龙星为内容，龙星在天，故属阳。而坤卦虽言地载万物，但同样取决于天象，故卦爻辞内容也当为龙星，只是强调了龙作为社神的阴的属性。作物的生产需要有准确的观象授时作为基础，而龙星既是决定时间的标准星象，当然可以同时成为以观象授时为描述对象的乾卦以及以载育万物的大地为描述对象的坤卦的内容。事实上，坤卦不仅直取龙星为其卦爻辞的基本内涵，而且反映了与乾卦不同的恒星观测方法，因此，乾卦与坤卦构成了古人对于龙星周年运行的完整的观测体系。

（一）牝马释义

坤卦卦辞云："元亨，利牝马之贞。"其中之"元亨"、"利贞"意同乾卦卦辞，而"牝马"则为坤卦之象，其立意之本实源于古人具有的阴龙观念。

李鼎祚《集解》引干宝曰："行天者莫若龙，行地者莫若马，故乾以龙骉，坤以马象也。坤阴类，故称'利牝马之贞'矣。"乾卦以龙为象，其本质即取象于天文星象，这一点已很清楚，而坤卦的马其实与乾卦的龙具有同样的来源。不同的是，乾卦乃述观象授时，所以爻辞关注的是苍龙六宿的整体变化，这与乾卦象天的本质恰也吻合。而坤卦乃言大地顺天载物，与农业的关系更为密切，因此坤卦关注的并不是苍龙六体，而应是龙体中对于指导农业生产更具授时意义的星宿，这实际强调了与天龙相对的社龙的特质。社为土神而致生养，这与坤卦象地的本质相合，而坤卦卦辞以"牝马"为象，"牝"者言地，因类而及。古以在天为牡为阳，在地为牝为阴。是社为阴龙，正可以牝马为喻。

马与龙的关系无疑是揭示坤卦本质的症结。《说卦》："乾为马。"已有指明龙也具有阴的属性的内涵，而这一意义其实正来源于古人对于二十八宿东宫苍龙之第四宿——房宿——为天驷的认识。龙星六体为龙，又以其中的房宿为马，这是传统以龙马并述以及《说卦》以乾为马的认识基础。而马只为房宿之象，并不泛指苍龙六体，这意味着坤卦以马为象显然应指二十八宿位于龙腹的房宿。《易之义》引孔子曰："《易》有名曰坤，雌道也，故曰牝马之贞，童兽也，坤之类也。""童兽"意即小兽，此以房为天驷而称童兽，正与大龙为阳相对，从而体现着其居小属阴的性质。

坤卦独以龙体之中的房宿为象，这种观念应该来源于古人以房宿作为授时主星的做法。房宿古称农祥，又称天驷，显然，作为天驷的房宿自古即是指导农业生产的授时星象，这与坤卦地载万物的易旨吻合无间。

《国语·周语中》："夫辰角见而雨毕，天根见而水涸，本见而草木节解，驷见而陨霜，火见而清风戒寒。"韦昭《注》："驷，天驷，房星也。陨，落也。谓建戌之中，霜始降也。"又《周语上》："夫民之大事在农，上帝之粢盛于是乎出，民之蕃庶于是乎生，事之供给于是乎在，和协辑睦于是乎兴，财用蕃殖于是乎始，敦庬纯固于是乎成，是故稷为大官。古者，太史顺时觇土，阳瘅愤盈，土气震发，农祥晨正，日月底于天庙，土乃脉发。"韦昭《注》："农祥，房星也。晨正，谓立春之日，晨中于午也。农事之候，故曰农祥也。"又《周语下》："月在天驷，……月之所在，辰马农祥也。……自鹑及驷七列也。"韦昭《注》："天驷，房星也。……辰马，谓房、心星也。心星，所在大辰之次为天驷。驷，马也，故曰辰马。言月在房，合于农祥。祥，犹象也。房星晨正，而农事起焉，故谓之农祥。……駟，天駟。房五度，岁月之所在。从张至房七列，合七宿，谓张、翼、轸、角、亢、氐、房也。"汪远孙曰："《尔雅》：'大辰，房、心、尾也。'《说文》：'晨，房星，为民田时者。晨，或省。''辰'下云：'辰，房星，天时也。''辰'下云：'辰者，农之时也。故房星为辰，田候也。'晨、晨、辰古通用。辰，时也。农时最重，故房星生名辰。房又为天马，故曰'辰马'。房、心为辰，故韦《注》连言心也。"《尔雅·释天》："天駟，房也。"郭璞《注》："龙为天马，故房四星谓之天駟。"似因果倒置。《史记·天官书》："房为府，曰天駟，其阴，右骖。"司马贞《索隐》："房为天府，曰天駟。《尔雅》：'天駟，房。'《诗记历枢》云：'房为天马，主车驾。'宋均云：'房既近心，为明堂，又别为天府及天駟也。'"张守节《正义》："房星，君之位，亦主左骖，亦主良马，故为駟。王者恒祠之，是马祖也。"《晋书·天文志》："房四星，亦曰天駟，为天马，主车驾。南星曰左骖，次左服，次右服，次右骖。亦曰天厩。"所言极明。是古以房宿为天駟，或简称駟，亦称天马，又简称马。房宿四星直列，犹駟马之象，故名。房为天駟，又为农祥，正为坤卦立义之本。

龙与马的关系十分密切。《说卦》以乾为马。《周礼·夏官·庾人》："马，八尺以上为龙，六尺以上为马。"《公羊传·隐公元年》："赗者盖以马。"何休《注》："天子马曰龙，高七尺以上。诸侯曰马，高六尺以上。"故古又有"龙马"之称。内蒙古三星他拉发现之红山文化玉龙，[①]身呈蟠龙阿曲之形，首则为马象（图4—16），反映了先民具有的以马为龙的独特观念。殷代之车已以马为驾，而王车或饰龙纹，且龙角饰有星纹（图4—27），[②] 正有以龙象挽车之马的寓意。《礼记·檀弓上》："天子之殡也，菆涂龙輴以椁，……天子之礼也。"郑玄《注》："天子殡以輴车，画辕为龙。"亦此之谓。事实上，由于房宿既象天马，又为苍龙六体之一，因此，不论三星他拉马首玉龙还是殷代车饰之龙，其所表现的马其实都

---

① 孙守道：《三星他拉红山文化玉龙考》，《文物》1984年第6期。
② 石璋如：《小屯》第一本，遗址的发现与发掘：丙编，殷虚墓葬之一，北组墓葬（下），历史语言研究所1970年版。

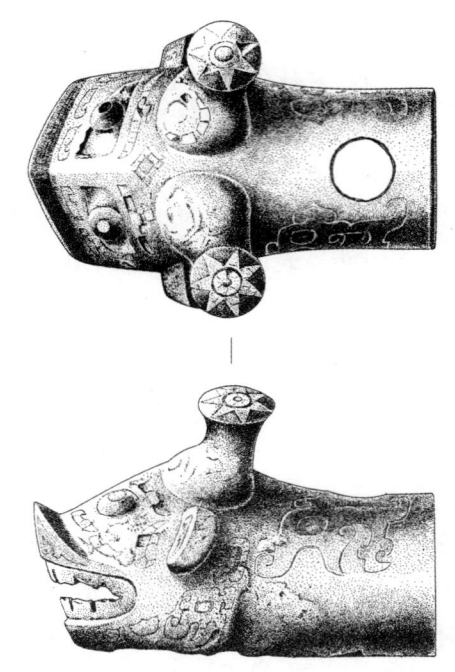

图4—27 殷代龙形车饰

在暗喻位于龙腹作为天驷的房宿。《论衡·龙虚》:"世俗画龙之象,马首蛇尾。"颇可证三星他拉玉龙之形象。《续汉书·舆服志》刘昭《注》引《孝经援神契》:"斗曲杓桡象成车,房为龙马,华盖覆钩。"又引宋均曰:"房龙既体苍龙,又象驾四马,故兼言之也。"上古天文观以北斗为帝车,而北斗之杓正与龙角拴系。《史记·天官书》:"杓携龙角。"这个天象正像龙马挽车而御天,[1] 显然,君王作为观象授时的垄断者,自有以王车比拟帝车的理想,故殷代王车装饰龙纹图像的做法无疑正是这种传统天文观的表现。由此可见,古以苍龙六宿为六龙,房宿作为六龙之一,又有天驷之喻。《古文苑》引刘歆《遂初赋》:"摠六龙于驷房兮。"即以房为天驷而纳属六龙。很明显,乾卦言龙,乃以苍龙六体所组成的龙星整体为观测对象,而坤卦仅言房宿天驷,本以龙星中的农祥之星为观测对象,体现了祈社以生万物的观念。这些思想不仅颇富想象,而且也相当古老。

房宿虽为天马之象,但其具有的"天驷"名称却很难追溯得比西周更早。"驷"之名义显然体现着四马挽车的舆乘制度,然而目前的考古资料显示,商代似乎还没有发现由四马挽车的遗存,[2] 但到西周早期,这种情况已经发生了根本的改变。[3] 然而即使"天驷"作为房宿的别称可能并不古老,但这并不影响房宿作为天马以及农祥之星的授时历史的古老,

---

[1] 又见闻一多《周易义证类纂》,《闻一多全集》册二,生活·读书·新知三联书店1982年版,第46—48页。

[2] 中国社会科学院考古研究所:《中国考古学·夏商卷》,中国社会科学出版社2003年版,第411—416页。

[3] 中国科学院考古研究所:《沣西发掘报告》,文物出版社1962年版,第141—143页。

而对二十八宿的起源研究恰恰可以为接下来的讨论奠定坚实的观测基础。①

(二) 初六爻辞释义

坤卦以房宿天马为象,故爻辞取义也为房星建时之候。不过与乾卦以"夕惕若厉"而观测昏星的方法不同,坤卦爻辞则反映了古人对于天马房星于全年中晨星变化的观测。

初六爻辞之"履霜,坚冰至"意即"履霜至坚冰",乃谓自降霜而至隆冬冰坚之时节。《象》:"履霜坚冰,阴始凝也。驯致其道,至坚冰也。"王弼《注》:"始于履霜,至于坚冰。"李鼎祚《集解》引干宝曰:"履霜则必至于坚冰,言有渐也。"皆以"坚冰至"为"至坚冰"之倒语,所言极是。

爻辞"履霜"实言霜降,古人观房星而知霜降,其制甚古。《周语中》:"驷见而陨霜。""见"乃朝觌之谓,韦昭以为即建戌之中霜始降也,为夏历九月之候。项名达云:"夏初霜降日在尾十二度,房星朝见四度,即天驷也,解所志合。若定王时,驷见当在立冬后三日,霜降节已过,岂得才称陨霜?"故霜降时节天驷朝见东方,正为公元前二千年之天象,此与乾卦所述龙星行天皆以公元前二千年之天象为背景密合。知爻辞之"履霜"实即《周语》所言驷见而陨霜,乃将寒之候。《礼记·月令》:"季秋之月,霜始降,则百工休。乃命有司曰:'寒气总至,民力不堪,其皆入室。'"为古礼之延续,唯其时日躔房宿,已不为朝觌之星。

爻辞于履霜之后更言"坚冰至",显为隆冬盛寒之候,知其并非仅言霜降一个时节,而述自霜降开始而至隆冬冰坚一段时间的用事礼俗。《礼记·月令》:孟冬之月,"水始冰,地始冻",尚未冰坚。仲冬之月,"冰益壮,地始坼",也未冰坚。而至季冬之月,"冰方盛,水泽腹坚",已至冰坚。郑玄《注》:"腹,厚也。此月日在北陆,冰坚厚之时也。"很明显,初六爻辞自履霜而至坚冰正反映了秋末至隆冬盛寒的气候现象,而在公元前二千年前,这个时节正是从天驷的朝见开始的,自驷见而陨霜以至坚冰盛寒,已明天驷之晨见实为其时先民所共知的暑退寒至的标准天象。

---

① 冯时:《中国天文考古学》第六章,社会科学文献出版社2001年版。

（三）六二爻辞释义

六二爻辞之"直方，大不习，无不利"自承初六爻辞所述天驷晨见，进而描写房宿行天位置的变化。"方"，当读为"房"，即指房星，曾侯乙二十八宿漆箱所书二十八宿名，房宿即写作"方"，是为明证。《诗·小雅·大田》："既方既皁。"郑玄《笺》："方，房也。"《书序》："乃遇汝鸠汝方。"《史记·殷本纪》作"遇女鸠女房"。皆"方"、"房"通用之证。"直"，正也。王弼《注》："居中得正。"又《文言》："直其正也。"《尚书·洪范》："无反无侧，王道正直。"皆以"直"训正。实爻辞"直"之作意当指房宿中天的位置而言，"直方"即言房宿正中，其自朝觌之后渐升天中，终至旦中天之天象。故初六爻辞言房宿朝觌，而此则继之言其中天。计算表明，房宿旦中天正是公元前二千年冬至的标准天象，故爻辞以"直方"记时则言冬至。

坤卦所言房宿旦中天的天象正可以对应乾卦九五爻辞之"飞龙在天"。"飞龙在天"是谓苍龙六体昏中天的天象，而其时中天的星宿也恰是房宿，显然，房宿的昏、旦中天由于作为当时指示暑、寒变化的标准天象，因而分别成为乾、坤两卦爻辞的主要内容。

"大不习，无不利"。"大"字或属上读，或以为衍文，《象》、《文言》皆不释。然安徽阜阳双古堆西汉汝阴侯墓出土《周易》及马王堆汉墓帛书《周易》经传皆有"大"字，不为衍文。学者或以为秦以前"大"字已衍，或《象》脱释"大"字。[①] 兹从后说。《文言》引经作"大不习"，似也不宜以衍文解之。"大"即表态副词，故《传》可不释。《史记·申屠嘉列传》："通，小臣，戏殿上，大不敬。"用法相同。

"不习"，占卜术语。殷卜辞恒见"习一卜"、"习二卜"、"习三卜"、"习四卜"、"习兹卜"、"习元卜"、"习龟卜"之辞，皆后卜因袭前卜之制。[②]《尚书·金縢》："乃卜三龟，一习吉。"伪孔《传》："习，因也。"伪《古文尚书·大禹谟》："禹曰：'枚卜功臣，惟吉之从。'帝曰：'禹，官占，惟先蔽志，昆命于元龟。朕志先定，询谋佥同，鬼神其依，龟筮协从，卜不习吉。'"伪孔《传》："习，因也。"孔颖达《正义》："《表

---

① 赵建伟：《出土简帛〈周易〉疏证》，万卷楼图书有限公司2000年版，第13页。
② 宋镇豪：《殷代"习卜"和有关占卜制度的研究》，《中国史研究》1987年第4期。

记》云：'卜筮不相袭。'郑云：'袭，因也。'然则习与袭同，重衣谓之袭，习是后因前，故为因也。"知"习卜"即因同事而重复占卜。盖古代占卜以习卜为制，不习卜也可得吉，这种情况恐怕需要有一些前提条件。如《大禹谟》所谓"龟筮协从"，故不习卜亦吉。《左传·襄公十三年》："先王卜征五年，而岁习其祥，祥习则行。不习，则增修德而改卜。"杜预《集解》："五年王卜，皆同吉，乃巡守。不习，谓卜不吉。"与此习卜不同。而坤卦此爻之"无不利"意即为吉，故"大不习，无不利"即言不需习卜而得吉，遣词适同《大禹谟》之"卜不习吉"。爻辞不习而吉的条件当然在于"直方"的天象，故爻辞以为，当冬至房宿旦中天的时候，此时之占事根本无须习卜，也同样无有不利。

（四）六四爻辞释义

六四爻辞之"括囊，无咎无誉"乃承六二爻辞房宿旦中的天象而言用事忌宜。《文言》："天地变化，草木蕃。天地闭，贤人隐。《易》曰：'括囊，无咎无誉。'盖言谨也。"李鼎祚《集解》引虞翻《注》："括，结也。坤为囊。"孔颖达《正义》："括，结也。囊，所以贮物。……天地变化，谓二气交通生养万物，故草木蕃滋。天地闭，贤人隐者，谓二气不相交通，天地否闭，贤人潜隐。天地通则草木蕃，明天地闭草木不蕃。天地闭贤人隐，明天地通则贤人出，互而相通。此乃括囊无咎。"爻辞义理的核心在于闭藏，这实际反映了古人对于地气闭塞时节用事特点的认识。而在公元前二千年，这个用事时节的天象标志正是房宿的旦中天。

《礼记·月令》：孟冬之月，"命有司曰：'天气上腾，地气下降，天地不通，闭塞而成冬。'命百官谨盖藏。命司徒循行积聚，无有不敛。坏城郭，戒门闾，修键闭，慎管钥，固封疆，备边竟，完要塞，谨关梁，塞徯径。"仲冬之月，"命有司曰：'土事毋作，慎毋发盖，毋发室屋及起大众，以固而闭。地气沮泄，是谓发天地之房，诸蛰则死，民必疾疫，又随以丧，命之曰畅月。'是月也，命奄尹申宫令，审门闾，谨房室，必重闭，省妇事，毋得淫。虽有贵戚近习，毋有不禁。……涂阙廷门闾，筑囹圄，此所以助天地之闭藏也"。郑玄《注》："大阴用事，尤重闭藏。"孔颖达《正义》："慎无发盖，则孟冬云'谨盖藏'是也。非谓仲孟一月之事。"孙希旦《集解》："命有司以此者，欲使之顺天地而行闭藏之令。闭塞成冬，乃言天地之气。"古以天地之气交通为泰，故万物蕃生；而天地之气闭塞为否，故顺天应时，闭藏万物，其观念起源甚古，[①]成习也远。故《月令》言于仲冬之月，"农有不收藏积聚者，马牛畜兽有放佚者，取之不诘"。郑玄《注》："此收敛尤急之时，人有取者不禁，所以警惧其主也。"很明显，仲冬乃藏物之候。这种成冬闭藏的用事特点其实正是爻辞"括囊"的本义。

旧注以坤为囊，则"括囊"之义即束结囊口。囊为贮物之器，故"括囊"意即藏物于囊。而坤卦以房宿的行天变化为其爻辞内容，准此，则"囊"正反映了"房"作为宿名所具有的藏物特点。《月令》："地气沮泄，是谓发天地之房。"孙希旦《集解》："房所以藏物者，是时阳气潜藏地下，若房舍然。若发盖藏，起大众，则地下之阳发泄于上，是发天地之房也。"所说甚是。房宿居于龙腹的位置，其所以取"房"为宿名，正暗示了其具有指导先民闭敛盖藏的时间指示星的特殊作用，而其宿名的形成时间可能正在公元前二千年以房宿的旦中天指示冬至时节的时候。显然，房为藏物之所，故古人以"囊"喻之。

房为藏物之府，这些思想在传统的星占体系中也有清晰的反映。《史记·天官书》："房为府。"司马贞《索隐》："房为天府。"房宿位居龙腹，腹为身府，故又引申为天府，以主闭藏。《晋书·天文志上》："房四星，为明堂，天子布政之宫也。又主开闭，为畜藏之所由也。"坤卦以"囊"喻房，以"括囊"以喻闭府库之象。金文屡见"囊贝"之称，以贝盛于囊以象藏贝于府，可比"宝"字本作房中藏贝玉之形。是古以房宿为天府，又主开闭，故"括囊"成喻正见其闭藏之义。《说卦》："坤以藏之。"深得经旨，其本诸房宿指示之冬季闭藏之俗。

房主盖藏的涵义通过其附座二星官体现的也同样明确。《史记·天官书》："房旁有两星曰衿，北一星曰辖。"司马贞《索隐》："房有两星曰衿。《元命包》云：'钩衿两星，以闲防，神府阖舒，为主钩距，以备非常也。'"张守节《正义》："《星经》云：'键闭一星，在房东北，掌管钥也。'占：不居其所，则津梁不通，宫门不禁。"《晋书·天文志上》："键闭一星在房东北，近钩铃，主关钥。……（房）北二小星曰钩铃，房

[①] 冯时：《天地交泰观的考古学研究》，《出土文献研究方法论文集初集》，台湾大学出版中心 2005 年版。

之铃键，天之管钥，主闭键天心也。"知房宿旁有二星，名曰钩铃，又称衿，为房之铃键，即天之管钥，主闭键事。其北又有一星名键闭，亦主管钥。二星官皆为房之锁钥门闩。《礼记·月令》：孟冬之月，"修键闭，慎管钥"。郑玄《注》："键，牡。闭，牝也。管钥，搏键器也。"孔颖达《正义》："凡鑡器入者谓之牡，受者谓之牝。然管钥与键闭别文，则非键闭之物，故云搏键器。以铁为之，似乐器之管钥，搢于鑡内，以搏取其键也。何胤云：键是门扇之后树两木，穿上端为孔。闭者，谓将扃关门以内孔中。"此皆言孟冬闭藏之事。很明显，作为房宿附座的钩铃、键闭二星官，其星名取义正源于《月令》所述闭藏之事。由于房屋乃是先民最早建造的闭藏处所，而门户又是房屋得以封闭的关键所在，因此，古人正是以钩铃、键闭二星官主掌房之管钥键闭的星占内涵表达房主盖藏的象征意义，而爻辞之"括囊"则以闭束囊袋之隐语的形式阐释房主闭藏的本义。故此承九二爻辞"直方"谓房宿之旦中天而言民谨盖藏，则"括囊"显即盖藏之谓。是公元前二千年前，房宿之旦中天适值冬至，时民知盖藏。古冬藏之俗悠久，于此可得佳证，至殷卜辞犹可助证其事。①

　　冬季的主要特点就是天地的闭塞，其时天气上升，地气下降，天地之气不通，上下闭塞而成冬，故古人顺天时而行闭藏之事。凡储资物，培城郭，戒门闾，固疆境，完要塞，谨关梁，堵小路，涂阙门，筑囹圄，目的只有一个，那便是助成天地的封闭收藏。其中一项很重要的工作就是《月令》所言"审门闾，谨房室，必重闭"，以掩藏物资的房室的关闭严密以应天地闭藏的自然现象，藉以牢固地封闭地气。而地气一旦泄露，则如掀开天地的房屋，各种冬眠的虫兽将会冻死，民众也必染瘟疫而亡，这便是《月令》所谓之"畅月"。这种对于气候变化的顺应与背逆的经验当然来自先民长期的生活积累，从而逐渐形成冬谨盖藏的独特制度。《象》："括囊无咎，慎不害也。"对读《月令》可明，《象》之"慎"于《文言》称"谨"，实即谨行盖藏之谓，而于冬谨行盖藏便可无咎无誉。诚然，闭藏的标志天象乃是房宿旦中天所指示的冬至时节，这便是六四爻辞之本旨。

---

① 冯时：《殷代农季与殷历历年》，《中国农史》第 12 卷第 1 期，1993 年。

(五) 六五、上六爻辞释义

六五爻辞之"黄裳,元吉"实言祀社之事,辞承房宿旦中天所称闭藏之制,进而递述冬至日后,房宿晨伏以定春分,而祀社则即春分之礼。《象》:"黄裳元吉,文在中也。"《文言》:"君子黄中通理,正位居体,美在其中,而畅于四支,发于事业,美之至也。"皆以"中"为旨要,且由"中"而"发",尚存古义。

古礼以五色配伍五方,其制之起源可溯至公元前四千纪之新石器时代(详见第六章第三节)。① 五色以中央配黄,五行以中央配土,社为土神,故位在中央。古以四方神与中央社神共为帝五臣,殷代犹然,后更发展为五方帝。而社神直隶天帝之下,位居四方之中,这个传统自新石器时代直至汉代得到了完整的承传,不仅河姆渡文化见有社神与天神太一共绘的图像,而且马王堆汉墓出土的西汉帛画也以太一与社同位,况社神以黄龙居中而位于太一之下,更是这一思想的形象反映。② 因此,黄色所具有的文化含义不仅在于象征方位观念的中央,更在于表现作为天帝五臣中位居中央的社神。传统以五行五色配匹四时,其中木配春色青,火配夏色赤,金配秋色白,水配冬色黑,而土值季夏之末则色黄,体系严整。《礼记·月令》于季夏末云:"中央土,其日戊己,其帝黄帝,其神后土,其虫倮,其音宫,律中黄钟之宫。其数五,其味甘,其臭香,其祀中霤,祭先心。天子居大庙大室,乘大路,驾黄骝,载黄旗,衣黄衣,服黄玉。"此皆土属而与四时之中央相配。孙希旦《集解》:"中央谓四时之中间也。土虽寄王于四季之末,然五行播于四时,春为木,夏为火,秋为金,冬为水,而火生土,土生金。土之次在火、金之间,故其气偏王于季夏之末,居四时之中央。车马衣服皆黄者,顺土色也。"显然,爻辞之"黄裳"实顺土色而衣黄衣之谓,目的则在阐明祀社之礼。"裳"本指下裙,古以在上曰衣,在下曰裳。故爻辞"黄裳"不称"黄衣",也有社主下土而居位天帝之下的暗喻,恰为后土社神的象征。

古制以四时之中央,于天神为黄帝,于地祇为后土,又祭五祀之中

---

① 冯时:《天文考古学与上古宇宙观》,《中国史新论——科技与中国社会分册》,联经出版公司 2010 年版。

② 冯时:《中国古代的天文与人文》第二章第二节,中国社会科学出版社 2006 年版。

雷。《礼记·郊特牲》："家主中霤而国主社，示本也。"郑玄《注》："中霤亦土神也。"孔颖达《正义》："卿大夫之家主祭土神在于中霤，天子、诸侯之国主祭土神于社。"又郑玄《月令注》："此（黄帝、后土）黄精之君，土官之神。中霤，犹中室也。土主中央而神在室，古者复穴，是以名室为霤。"明季夏有祀中霤之礼。① 孙希旦《礼记集解》："季夏祀中霤者，以其居室之中而配乎土也。"此乃五祀小祭，显别于祀社之礼。《礼记·月令》：仲春之月，"择元日，命民社"。郑玄《注》："社，后土也，使民祀焉，神其农业也。祀社日用甲。"孔颖达《正义》："后土，五官之后土，即社神也。《郊特牲》云祀社，'日用甲，用日之始也'。《召诰》：'戊午，乃社于新邑。'用戊。周公告营洛邑始成，非常祭也。"说似可商。祀社用甲虽为用日之始，也应甲配东方而仲春祀社之礼，《召诰》祀社用戊，则亦合戊配中央之制，两者皆通。古以句龙为社神，其遗迹已得揭示。② 孙希旦《集解》："社祭五土之总神，句龙为后土之官，能平九土，以之配食焉。曰'命民社'者，社自天子诸侯以逮于大夫以下成群立社，皆得祭之。但言'祭社'，嫌若唯国家得祭；曰'命民社'，则天子诸侯祭之可知矣。"所论甚是。是春分之时，天地交泰，阴阳和合，故祭社祈生。古礼又于春分祈祠高禖，也是祭社的不同形式。

古制以右社稷，左宗庙，知大社在国中，与四郊相对。《周礼·春官·小宗伯》："兆五帝于四郊。"郑玄《注》："兆，为坛之茔域。五帝，苍曰灵威仰，太昊食焉。赤曰赤熛怒，炎帝食焉。黄曰含枢纽，黄帝食焉。白曰白招拒，少昊食焉。黑曰汁光纪，颛顼食焉。黄帝亦于南郊。"知祭五方帝皆于四郊。孙诒让《正义》："此兆五帝于四郊，谓于王城外近郊五十里之内，设兆位也。郑以四时各于当方之郊，土寄王四时，无当方之郊，故特释之，谓亦在南郊。凡迎气祭五帝，依《月令》四帝皆在四立之日，惟黄帝无文。《六艺流别》引《尚书大传》则云：'土王之日，迎中气于中室。'以意推之，或当在季夏之下辛与？"是祭中央黄帝而于南郊，时在季夏。《魏书·刘芳传》言芳上疏论置五郊去城里数而引

---

① 中霤之意，顾颉刚先生考之甚详，说见《史林杂识初编》，中华书局1977年版。
② 冯时：《中国古代的天文与人文》第二章第四节，中国社会科学出版社2006年版。

贾逵云："中兆，黄帝之位，并南郊之季。"又引郑玄别注云："中郊，西南未地，去都城五里。"是季夏迎气于西南郊而祀黄帝，此虽恰合坤主西南之理，但迎气在郊却与土主中央的礼俗不合，实无关祭社之礼。《尚书大传》谓迎中气于中室，合祀中霤之制，但与祀社之事仍有区别。故爻辞"黄裳"虽言祀社之礼，但时间却在仲春，而不在季夏。显然，坤卦以祀社之内容赋予第五爻的爻辞，其意义正在以黄色主土及"五"配中央的传统象征社神，因此，黄色与五数作为社神之位不仅是对祭祀对象——社神——的暗喻，也是对祭祀时间的暗喻。

古以五行与四时相配，其中金、木、水、火配以四方四时，土则配为中央而厕于季夏之末，因为在脱离了空间体系的时间系统中，季夏之末恰好位居四时的中点，这甚至造就了在兆祭五帝的系统中，中央黄帝与南方赤帝皆受祭于南郊而享有相同的致祭位置的传统。然而问题的关键是，传统的祭社时间既然顺天应时而在仲春仲秋，并不在季夏，那么在月令系统中，中央土为何不可以与祭事相适应而植于仲春或仲秋之末？我们以为，这种区别其实反映了上古祭祀传统与时空传统两个不同体系的差异。

尽管祭社体系与时空体系体现着不同的观念，但二者却并非没有联系，这种联系通过数术与时空的传统思想巧妙地表现了出来。就社祭制度而言，由于春分和秋分都是昼夜平分、阴阳和合的时节，所以对社神的祭祀不可能寄望仅有仲春一次，仲秋祀社也同样必要。事实上，仲春与仲秋两祭社神的制度不仅古老，在传统祀礼中表现的也十分清楚。《白虎通义·社稷》论岁再祭社云："岁再祭之何？春求秋报之义也。故《月令》仲春之月，'择元日，命民社'。仲秋之月，'择元日，命民社'。《援神契》曰：'仲春祈谷，仲秋获禾，报社祭稷。'"卢《注》："今《月令》无'仲秋之月，择元日，命民社'之文，而《御览》五百三十二引《礼记·月令》仲春、仲秋皆有之，并注云：'赛秋成也。元日，秋分前后戊日。'此处无之。"陈立《疏证》："庄二十三年《公羊传注》：'社者，土地之主。祭者，报德也。生万物，居人民，德至厚，功至大，故感春秋而祭之。'后汉建武二年立大社稷，以二月、八月及腊一岁三祠。后魏天兴二年立大社稷，以二月、八月祭日用戊。北齐立大社，每仲春、仲秋以太牢祭。隋开皇初立社稷，仲春、仲秋以太牢祭。唐亦以仲春秋戊日祭。是历代皆一岁再祭也。《诗·周颂序》：'《载芟》，春藉田而祈社稷也。'又：'《良耜》，秋报社稷也。'亦再祭之明证。"《礼记·明堂位》："是故夏礿、秋尝、冬烝，春社、秋省而遂大蜡，天子之祭也。"孙希旦《集解》："省当作'社'。春社，祈也。秋社，报也。"《诗·小雅·甫田》："以社以方。"毛《传》："社，后土也。方，迎四方气于郊也。"郑玄《笺》："秋祭社与四方，以报其功也。"《淮南子·天文》："凉风至则报地德，祀四郊。"高诱《注》："立秋节，农乃登谷尝祭，故报地德，祀四方神也。"马宗霍云："《白虎通》作'报土功，祀四向'。《通卦验》与《白虎通》同。"据此可明，传统祭社乃一岁再行，春社行于仲春，重在祈生，此"社"祭之旨；秋社行于仲秋，重在报成，此或"稷"祭之本。

仲春与仲秋既然皆为祭社之时，其与社主中央土的关系便很耐人寻味。在传统的时空体系中，数术与四时的配合始终是与五方的观念联系在一起的。据《月令》可知，春配"八"，秋配"九"，夏配"七"，冬配"六"，而厕于季夏之末的中央土则配"五"。五与六、七、八、九不同，五为生数，六、七、八、九为成数，显然，中央五取生数为配，四方四时取成数为配，对于一个完整的时空体系而言是极不谐调的。其实，以五所代表的生数及以六、七、八、九所表现的成数与四方四时是共同配伍的，其中一与六、二与七、三与八、四与九、五与十分别相并而配伍五方。孔颖达《礼记正义》引郑玄云："天一生水于北，地二生火于南，天三生木于东，地四生金于西，天五生土于中。阳无耦，阴无配，未得相成。地六成水于北与天一并，天七成火于南与地二并，地八成木于东与天三并，天九成金于西与地四并，地十成土于中与天五并也。"即为明证。阴阳数字相并，故得相成。这些思想如果描述与四方相配的四时，那么很明显，四时的配数原本并非只有六、七、八、九这样单纯的成数，而应呈三八东春主木、四九西秋主金、二七南夏主火、一六北冬主水、五十中央主土的形式。《太玄·太玄数》："三八为木，为东方。四九为金，为西方。二七为火，为南方。一六为水，为北方。五五为土，为中央，为四维。"即是这一体系的明确反映。郑玄在谈到生成数与四时五行的配伍时，也同样是基于这样的思想。《月令注》："木生数三，成数八，但言八者，举其成数。火生数二，成数七，但言七者，亦举其成数。

土生数五,成数十,但言五者,土以生为本。金生数四,成数九,但言九者,亦举其成数。水生数一,成数六,但言六者,亦举其成数。"知生成数皆配四方四时,《月令》于四方但取成数,生数自在其中,而土独取生数,不仅体现了五居中央的意味,而且也明显留有居于中央的土以生为本,故生数五作为四时五行的生成基础的朴素观念。

从古代时空观的发展进程分析,生数五作为原始的进制单位乃是构成六至十的成数的基础,而由生成数体系所构成的四方五位图(即宋儒所谓的"河图")又是八方九宫图(即宋儒所谓的"洛书")的基础,这一点我们已有充分讨论。[①] 这意味着由生成数所构成的四方五位图与以阴阳数所构成的八方九宫图除表现了不同的数术思想外,二者所试图建立的方位与时间的时空联系实际则遵循着共同的原则。准确地说,在四方五位图中,一六居下为北,三八居左为东,四九居右为西,二七居上为南,五十居中为土,这个体系如果与八卦配伍九宫的方位对照,二者所体现的思想则完全相同。显然,由于数字与方位所构成的这种明显的递进形式,因此,以生数组成的五位图事实上是一切时空概念表述的基本图形。在这个图形中,三配东而主春分,四配西而主秋分,二配南而主夏至,一配北而主冬至,五则配为中央。这种简单的配数关系不仅表现了先民朴素的数术思想,而且更准确地反映了数术与时空关系的本质特征。

正像月令系统以生数五与成数六、七、八、九共配四时五方所造成的失于和谐一样,在九宫体系中,配数五且象征中央的"吏"与表示四方的北君、东相、西将、南百姓共配五方也显示出同样的失协和矛盾。如果说君上、左相、右将、下百姓的格局反映了现实社会特有的君臣之位的话,那么"吏"为治民之官居于中央,不仅与作为臣僚的相、将重复,而且也与君位相冲突。很明显,"吏"与君、相、将、百姓分别出于不同系统的事实应该很清楚。

必须强调的是,君、相、吏、将、百姓与九宫的配合,其所传达的方位与时间的含义恐怕比其配数的意义更重要。因为九宫图如果认为是五位图的发展结果的话,那么将此君民之属配于五位图,尽管君、相、

---

① 冯时:《中国天文考古学》第八章第二节,社会科学文献出版社2001年版。

吏的配数与九宫图一样，但将与百姓的配数显然是发生变化的。《灵枢·九宫八风》："太一在冬至之日有变，占在君；太一在春分之日有变，占在相；太一在中宫之日有变，占在吏；太一在秋分之日有变，占在将；太一在夏至之日有变，占在百姓。"皆以五占应四时五行的方位而不在于配数，可为明证。换句话说，由于九宫的四方配数与五位不同，因此，如果五占系统反映的是四时变化的特点，那么很明显，其配数的基础便应与月令相同而为五位生成体系，而生数五位图则反映了其配数思想的核心。值得注意的是，"吏"在九宫图中配为中央五，而在作为九宫的基础方位的生数五位图中也同样配为中央五。所不同的是，在九宫所表现的空间结构中，五位于二绳与四维交午的中心。如果以数术的观点看，其可居于一九、四六、三七、二八的中间，然而在生数五位图所反映的空间结构中，这种关系便简单得多，"吏"所居的中央五的位置便只可能位于一二的中间或三四的中间，也即一二与三四所组成的二绳的交午之处。澄清这些事实对我们理解祀社系统与时空系统的关系十分重要。

阜阳双古堆西汉太一九宫式盘的天盘即保留了九宫与五占配合的图像，乃是对《灵枢》相关内容的平面图解（图2—23，1）。或有学者指出，九宫中"吏"字书刻于三、四之间的现象并不是没有意义的，它表明"吏"作为中宫的象征是通过其位于三、四之间的特定位置而明确表示的。[①] 这无疑是一个非常重要的意见。然而中宫五为何要布列于三、四之间，解释这一问题则与前面的讨论密切相关。正如我们已经指出的那样，生数五位图乃是一切方位图形的基础，这类图形其实只是借助空间体系而完成时空关系的描述的基本图形，因此，虽然从时间的角度讲，二分点与二至点分别表现为并不连续的两个时点，但是从空间的角度看，这种隔阂却恰恰可以通过时间与数术的配伍而巧妙地得到弥合。具体地说，在生数五位图中，东配三主春分，西配四主秋分，是为卯酉；北配一主冬至，南配二主夏至，是为子午。子午、卯酉二绳的交午之点即为中央五。显然，"吏"配五既处于一二之间，也处于三四之间，然而在九宫式盘上，一与二的位置并不相连，不便表现五居南北之中的观念，而三四恰好相邻，正是表现中央五位居东（三）、西（四）之中的理想位

[①] 孙基然：《西汉汝阴侯墓所出太一九宫式盘相关问题的研究》，《考古》2009年第6期。

置，所以古人以象征中宫的"吏"书于三、四之间，正是五位图所呈现的五居中央的空间思想的准确表现。

空间观念的发展乃由四方五位而至八方九宫，因此，九宫图中五占的固有关系其实只是古人随着四方五位向八方九宫的发展而将原本五位与五占的固定配伍移用于九宫的结果，显然，九宫图中的中央"吏"位于三、四之间的特有布局无疑只是五位图中"五"居于三、四之间的既有空间思想的反映。

"吏"何以能够具有象征中宫五的条件，其实应源于君臣百姓所代表的人间社会不同的宗教传统。阜阳太一九宫式盘天盘的中央书有"吏招摇也"四字，即是对中宫吏出于神祇的明确说明。古以招摇为北斗，乃天帝之象征，因此从古人以社配天帝太一而居中央的传统考虑，"吏"的本质其实就是社神后土。

郑玄《月令注》："后土亦颛顼氏之子，曰犁，兼为土官。"孙希旦《集解》："后土，在地土行之神。共工氏之子句龙为土正，其官亦曰后土，祭五土之神则以配食焉。后，君也。土为四行之君，故曰后土。郑以后土为犁，盖据《国语》'火正犁司地'之说。孔氏云：'句龙为社神，不得又为五祀，故云犁。'不知五祀之后土即社也。《左传》蔡墨云：'句龙为后土。'又云：'后土为社正。'以明社稷之社即五官土正之后土，非社之外又列土正之祀也。"所说甚是。土为四行之君，故殷人称天帝之五臣，以中央之社神名曰"帝工"，帝下四方之神名曰"帝使"，"工"即工正之谓，正可明社神称"吏"之渊源。"吏"为百官治民之称，其书于式盘中央，比配天帝北斗，正出于社神后土作为天帝之臣吏的观念，与社配太一之传统密合。社神名"犁"，上古音"吏"为来纽之部字，"犁"为来纽脂部字，声为双声，之脂二部的关系也十分密切，或主不分，故二字同音可通。因此，后世以中宫称"吏"不仅反映了社神后土作为帝臣的传统，也保存了其循音假借的痕迹。

"吏"本为社神而配伍中央，但据兆黄帝于南郊而从赤帝之位的传统，中央"吏"却并不配伍南位九，知其布列特征只反映五位的空间观念。事实上，太一九宫式盘将中宫"吏"布于三、四之间的做法除继承了生数五位图的数术思想外，恐怕还在于暗示中央土与作为三、四配数的春秋二分的关系。换句话说，或许正是因为二分日乃是传统的祀社时节，所以中央土更需要建立其与东、西二方的联系，而象征社神的中宫"吏"居于东三与西四之间，显然最适合表现这种祭祀时间与致祭神祇的联系。

五方与四时的配合建构了古老的时间系统，在这个体系中，以生数三象征的春分和以生数四象征的秋分乃是顺天应时的祀社时节，而社神后土的位置则居三、四之间的中央，因此，社作为受祭神祇的思想不仅可以通过象征祭社时间的春秋二分的固定配数得到表现，而且五居于三、四之间的布局也正可反映时空系统与社祀礼俗的联系。这意味着六五爻辞的"黄裳"如果关系社祀之礼的话，那么至少应该具有表达祭祀时间与祭祀对象的双重涵义。很明显，传统以黄为土色而配伍中央，这恰好与社为土神而位居中央的特点相合，表述的当为祭祀的对象——社神。而黄裳作为顺应土色之服，当然也就应该为祀社之祭服，表述的应为祭事和祭时。古之祭社于一年两行，假如与上六爻辞对比研究，则可知此辞所述之祭事当在春分。此爻承六二、六四爻辞言房宿旦中天后的盖藏之制而述数月以往的春分祀社之礼，其祭祀时间显然也是通过对房宿的观测确定的。计算表明，公元前二千年，当春分旦明之前，房宿恰位于西方的地平线上，不久便伏没不见，这个房宿于春分晨伏的标准天象与古于春分祀社之礼密合无间，自然可以被视为春分祀社之候。因此六五爻辞之"黄裳"实言观测房宿之晨伏而行祀社之礼，此时之房宿已由冬至之旦中天西行至地平附近，时节则已自冬至而及春分。

上六爻辞之"龙战于野，其血玄黄"与六五爻辞相对，当言秋分祀社之礼。公元前二千年，秋分日躔房宿，故于秋分日出之前，可于东方地平线上看到角、亢星宿组成之龙首，苍龙星象呈半在天上、半在地下的景象，这是其时秋分的标准天象，而爻辞"龙战于野，其血玄黄"正是对这一特有天象的描述。

上六爻辞所阐释的祀社时间已由六五爻辞的春分而至秋分，其时房宿经过半年的时间行移到了太阳附近，而与太阳拴系在一起，因而房宿伏没不见，人们在旦明之前只能在东方的天空中看到龙首，其时苍龙星象冒地而出，半身在天，半身入地。半身在天属阳，半身入地属阴，正像天地阴阳二龙交于郊野。爻辞之"野"当指郊野，遣词别于乾卦"见龙在田"之"田"，或属变文，旨在以田为农业耕作之地而喻其在阳主生，与"野"义适相反。而"玄黄"又为天地之色，恰与龙星呈半天半地的天象相应。半龙在天者为天龙，其血玄；半龙入地者为社龙，其血黄。故玄黄之谓实以天地之色而喻龙星在天入地的天象特点。

《文言》："阴疑于阳必战，为其嫌于阳也，故称'龙'焉。夫'玄黄'者，天地之杂也。天玄而地黄。"王引之《经义述闻》："《说文》：'嫌，疑也。'嫌于阳即上文之疑于阳也。疑之言拟也。阴盛上拟于阳，故曰嫌于阳。"得其经旨。两物相称谓拟，故阴拟于阳而称龙，实际则言龙之属阴的部分正可拟比其属阳的部分，也即阴阳相均。衡诸天象，其时所见之苍龙星象半在地下，半在天上，位居地下的部分龙体属阴，正与位居天上属阳的部分相等。房为苍龙之第四宿，正居其中，是其时日躔房宿，龙则阴阳各半，这个天象与阴拟于阳的思想极为吻合。

此秋分祀社而言"战"言"血"，正应秋风肃杀之候。古礼以春社祈生，故又行高禖之祀。而秋社则收获报功，故主杀。《尚书·甘誓》："用命，赏于祖；弗用命，戮于社。"是戮社自见秋社主杀之义。传统又以秋分配西而主阴，属金，也主杀之谓，故爻辞于秋分祀社而言"其血玄黄"，以别于春社。《周礼·春官·大宗伯》："以血祭祭社稷。"也为此俗之孑遗。《文言》："犹未离其类也，故称'血'焉。"朱熹《集传》："血，阴属。"与秋社属阴吻合。《淮南子·天文》："八月、二月，阴阳气均，日夜平分，故曰刑德合门。德南则生，刑南则杀。故曰二月会而万物生，八月会而草木死。"这些思想显然又为后世刑德观念之渊薮。

准此则知六五、上六两爻辞皆言祀社之礼，"黄裳"，春分祀社也；"龙战于野，其血玄黄"，秋分报社也。二祀皆以房宿行天之标准天象而建时指导。

（六）用六爻辞释义

用六爻辞之"利永贞"乃占卜术语。"贞"言命龟事，卜辞习见，故"利永贞"意即利于长久之卜事。然若仅以爻辞理解为卜事不绝而通神之术兴旺，则远未揭示爻辞之底蕴。

爻辞缘何于观象授时之后独言卜事不绝，当与苍龙星宿终周一匝的天象有关。我们知道，恒星的回天运行，自日躔到朝觌，再重新回到日躔，则完成了终天一周的行程，但这个行期由于晨昏两法观测时间的差异，其所指示的时节则各不相同，因此恒星的周天运行实际由于观测方法的不同而表现为昏星与晨星两个周期,这两个周期实际也就是乾、坤两卦爻辞所表述的内容。乾卦自日躔龙星的中心房宿而表现为潜龙,至龙角昏见东方而表现为见龙在田,又至龙星整体于黄昏尽见东方而表现为或跃在渊,再至房宿的昏中而表现为飞龙在天,更至房宿过中西流而表现为亢龙,终至日躔角宿而在黄昏日没后于西方唯见苍龙入地却不见龙首,从而表现为群龙无首,描述了昏时苍龙星宿从东到西的行移周期。苍龙星象的这种于黄昏之后的变化特点,其实正是观测者需要"夕惕若厉"所关注的天象。

坤卦反映的天象特征与乾卦则大为不同。首先,乾卦关注的对象乃是授时龙星的整体,并重在强调因龙星的变化而体现的观象授时与其制度,而坤卦则只关注苍龙六体中更具有授时意义的授时主星——房宿,并强调由房宿所指导的顺应天时的礼俗制度。这与乾为健而言星象运行的所谓"天行健",坤为顺而言承天应时之易理密合无间。其次,就观测方法而言,乾卦描述的是黄昏之后龙星的运行特点,而坤卦所言则为日出之前作为龙体之一的房宿的运行特点。两卦一言昏星,一言晨星。因此,坤卦继乾卦潜龙的天象更言龙星的行天,自房宿的晨见始知霜降将寒,并至隆冬冰坚,又至房宿旦中天所表现的直方而言盖藏之礼,再至房宿的晨伏而言祀社之礼,终至日躔房宿而言报成之礼。龙星以房宿为准,自日躔又回到日躔,终成周天一匝。所以乾、坤两卦描述的龙星正反映了其周天运行的完整周期。

其实,乾、坤两卦所描述的龙星回天一周的运行特点与其说反映了恒星运行周期的结束,倒不如说是新的运行周期的开始。显然,恒星回天的这种永无停息的运行特点正可以表现与天沟通的卜事的绵续不绝,而占卜通神的工作不仅是观象制度的重要组成部分,而且与观象的工作同样重要。《续汉书·律历志上》言古代候气之术,"效则和,否则占",足见占卜作为观象的补救之术。这当然正是坤卦用六爻辞承述前爻所言观象而补述龟卜的原因。《象》:"用六永贞,以大终也。""大终"可谓苍龙星象终行周天的天象。龙星终而复始,周行不止,则观象工作以及与其配合的卜筮活动也就不会停息,从这个意义上说,"利永贞"的爻辞恰如其分。诚然,如果将"永贞"作为天行不息的暗喻,显然更符合坤卦诸爻辞的内在逻辑。因此,"永贞"虽言卜事,其实则以卜事以及与此相关的观象活动的绵续不息喻指恒星大终而返的自然现象。李道平《篹疏》："乾'无首'者，循之不见其端，坤'大终'者，推之不见其委。循环迭运之道，于乾坤二用见之矣。"说虽隐晦，然几近经旨。

恒星回天运行，循环不息，无有终止，故"大终"之意不独言天，更应及于顺天应时之礼俗。坤言用事，别于乾言观象，用事乃以观象为指导，观象则为用事服务，观象不失，则用事不息，财用不匮。古人用事必卜，故以坤主用事之易理观之，"贞"应包及观象与用事两卜事。为政以观象为要，但结果却要落实于由观象决定的用事之礼，故事以观象始，以用事告成终，是为"大终"。而从占卜的角度讲，"大终"则谓"永贞"。是"利永贞"或为对观象所决定的用事礼俗绵久不绝之隐语。其承岁终报功而言大终，显即诸事毕成之意。

乾、坤两卦以龙及位于龙腹的房宿天驷的见伏作为周天大终的标准天象，这种做法毫无疑问应该反映着一种古老历法的周期。我们论定，卜辞反映的殷商历法乃以秋分之后的第一月作为岁首，其时正是霜降时节，[①] 这与坤卦以"履霜"启卦的内涵完全吻合。事实上，公元前二千年房宿恰好日躔秋分，这意味着确定秋分或许同样是夏代历法决定岁首的基本标准。

（七）六三爻辞释义

六三爻辞的性质与乾卦的九三爻辞相同，都是对两卦爻辞内容的总论和概括。乾卦九三爻辞总述观象授时制度，观象重在天文，行者为君，故乾具有为天为君之易象。与此相对，坤卦之六三爻辞则阐释因观象授时制度所导致的地载万物的用事结果，万物之生养重在农作，行者为臣，因此，坤便具有为地为臣之易象。显然，乾卦以观象制度以明"万物资始"，而坤卦又以承天载物以明"万物资生"，体现了乾主坤顺的易理。

六三爻辞之"含章"盖即农作丰稔、万物咸成之隐语。"含"本西方风名，见于殷卜辞，又以西方风名而指秋分，[②] 自有秋分物成之寓意，于此则引申而谓大地涵养万物。"章"者，明也。坤卦《象》："至哉坤元，万物资生，乃顺承天。坤厚载物，德合无疆。含弘广大，品物咸亨。"又

[①] 冯时：《殷历岁首研究》，《考古学报》1990年第1期。
[②] 冯时：《殷卜辞四方风研究》，《考古学报》1994年第2期。

姤卦《彖》:"天地相遇,品物咸章也。"王弼《注》:"正乃功成也。"孔颖达《正义》:"天地若各亢所处,不相交遇,则万品庶物无由彰显。必须二气相遇乃得化生,故曰天地相遇,品物咸章。"可明"章"即品物咸章之谓。据此,则"含章"已由本指岁熟年丰而具有了万物咸成的思辨意义,从而正应《彖》"含弘光大,品物咸亨"的卦义。孔颖达《正义》:"包含以厚,光著盛大,故品类之物皆得亨通。"即以"亨"训通而为地载万物,乾卦《文言》:"亨者,嘉之会也。"孔颖达《正义》:"亨是通畅万物。"故"品物咸亨"亦即"品物咸章",皆言地顺天载物而万物通显。又坤卦《文言》:"含万物而化光。坤道其顺乎,承天而时行。"此"含万物而化光"也即"含弘光大,品物咸亨"之意。孔颖达《正义》:"含万物而化光者,自明《彖辞》含弘光大,言涵养万物而德化光大也。"是爻辞"含章"当以岁熟而通指万物咸成,也即含弘万物、品物咸章之意。其厕于用六爻辞秋分成功报社,应是借万物咸成所行报飨之礼以明地载万物的朴素哲理。

"含章"一辞又见于《周易·姤》,其九五爻辞云:"以杞包瓜,含章,有陨自天。"马王堆帛书本作"以忌枹瓜,含章,或塤自天"。上海博物馆藏战国楚竹书本作"以芑橐苽,欽章,有憂自天"。学者或以"包瓜"为北斗别名,"杞"读为"系",[①] 如此则言北斗建时。但我们认为,"杞"盖"记"之借字,帛书"杞"作"忌",正为"记"字或体,古文字"心"、"言"形旁意近通用,郭店楚竹书《太一生水》:"以记为万物经。""记"本作"忌"。故"杞"、"芑"皆当读为"记"。《左传·桓公二年》引《春秋经》:"杞侯来朝。"《公羊》、《穀梁》"杞"作"纪"。《诗·秦风·终南》:"有纪有堂。"三家"纪"作"杞"。是二字通用之证。"纪"、"记"互作,皆有表识之意。"包瓜"实即匏瓜,本为星名,"枹瓜"、"橐苽"皆应读为"匏瓜","橐"乃匋省声,桂馥《说文解字义证》谓从"缶"声,字或作"橐",从"包"声。《说文·缶部》:"匋,从缶,包省声。案《史篇》读与缶同。"明"包"、"缶"互作。《史记·天官书》:"匏瓜,有青黑星守之,鱼盐贵。"司马贞《索隐》引《荆州

---

① 闻一多:《周易义证类纂》,《闻一多全集》册二,生活·读书·新知三联书店1982年版,第6页。

占》:"匏瓜,一名天鸡,在河鼓东。匏瓜明,岁则大熟也。"张守节《正义》:"匏瓜五星,在离珠北,天子果园。占:明大光润,岁熟。"《楚辞·九怀·思忠》:"援爮瓜兮接糧。"王逸《章句》:"唻食神果,志猒饱也。爮,一作匏。糧,一作粮。"洪兴祖《补注》:"《大象赋》:'爮瓜荐果于震闱。'《注》云:'五星在离珠北,天子之果园。占大光润则岁丰,不尔则瓜果之实不登。'"古以匏瓜星之大明为岁熟年丰之兆,故爻辞以匏瓜星之大明可识以喻年丰。准此可明,"含章,有陨自天"本即承匏瓜星占而述秋分岁熟之辞,此正"含章"之本义。《易之义》:"姤之卦,足而有馀。"颇存本义。

"含",楚竹书作"歛",盖"玲"之或体。"陨",或作"塤"作"憂",皆当"陨"之借字,降赐之谓。《春秋繁露·祭义》:"五谷,食物之性也,天之所以为人赐也。"此即"有陨自天"之意。"含章"本以秋分岁熟为义,这一事实恰可推而表述大地涵养、万物咸成的普遍认知,从而成为地载万物思想的思辨基础。传统以为,天时乃是万物生养的决定因素,地之所以载育万物,关键取决于正确的观象授时。《文言》所谓含万物而光大,承天而时行,讲的就是这个道理。《郊特牲》之"地载万物,天垂象。取财于地,取法于天",所言此理也明。很明显,天象作为授时的条件,乃是大地载育万物的取法对象,故地之所载,其本质皆源于天之所赐,没有正确的观象授时作为指导,便不可能有地载万物的结果,因此岁熟年丰与其说表现为大地的呈现,倒不如说是上天降陨的福禄更确切,这种天施地生的传统观念便是爻辞"含章,有陨自天"的本义。《象》:"九五含章,中正也。有陨自天,志不舍命也。""九五含章"虽以爻位而言之中正,却正应《象》所谓"刚遇中正,天下大行也。《姤》之时义大矣哉"。李道平《纂疏》:"天地相遇而后化育成,万物亦相遇而后生长遂。庄二年《穀梁传》曰:'独阴不生,独阳不生',故'《姤》之时义大矣哉'。"知"中正"实乃阴阳和合之谓。《象》又解卦辞云:"天下有风,姤,后以施命诰四方。"孔颖达《正义》:"风行草偃,天之威令,故人君法此以施教命诰于四方也。"其本质亦即观象授时。风为四时之候,其制于殷卜辞所见甚明。人君据风而施命,犹言顺时而施政,观象而告朔。此施命建时而健健不懈,则即《象》所谓"志不舍命"。故此《象》释经,仍不失观象授时之旨。

坤、姤两卦之"含章"虽皆具岁熟本义,但坤卦爻辞续言"可贞",则知其关乎祭事,从而更应彰显万物咸成的引申意义,似言烝尝报成之礼。《易之义》:"含章可贞,言美情也。……《易》曰:含章可贞,吉。言美情之谓也。"此"美情"亦即丰收报神之义。《象》:"含章可贞,以时发也。"孔颖达《正义》:"待时而发,是以时发也。"李道平《纂疏》:"凡《象》辞言'发'者,皆谓发得正也。《说卦》曰:'发挥于刚柔而生爻。'虞训'发'为'动'。"是"以时发"也即《文言》所谓"坤道其顺乎,承天而时行"。孔颖达《正义》以"承天而时行"意即相时而动,正与因时而发相契。故《象》所释似更在强调地载万物的原因。事实上,待时而发或相时而动无疑都反映了农作物适时而生的特点,待时即谓等待农时,而农时的决定则又有赖于正确的观象授时,因此万物咸通而岁熟报成其实只是"承天而时行"的结果,这从慎始敬终的层面阐释了"含章可贞"的哲学内涵。《系辞上》:"乾知大始,坤作成物。"即以乾、坤而言始终。《大戴礼记·保傅》:"《易》曰:'正其本,万物理。失之毫厘,差之千里。'故君子慎始也。《春秋》之元,《诗》之《关雎》,《礼》之冠昏,易之乾巛,皆慎始敬终云尔。"俱道此理。是坤卦于爻辞之终言"含章可贞",正明此慎始敬终之义。

古以天下备收告祭神灵乃为于丰收之后举行的大飨之礼。《礼记·月令》:季秋之月,"乃命冢宰,农事备收,举五谷之要。藏帝藉之收于神仓,祗敬必饬。……是月也,大飨帝,尝。牺牲告备于天子"。孟冬之月,"大饮烝"。郑玄《注》:"备犹尽也。重粢盛之委也。藏祭祀之谷为神仓。言大飨者,遍祭五帝也。《典礼》曰:'大飨不问卜。'谓此也。尝者,谓尝群神也。天子亲尝帝,使有司祭于群神,礼毕而告焉。"孔颖达《正义》:"四月'大雩','以祈谷实',雩上帝之后,云'雩祀百辟卿士',是雩帝之外别雩群神。九月'大飨',以报功,明飨帝之外亦飨群神。"孙希旦《集解》:"大飨帝,祀上帝于明堂也。尝者,宗庙之秋祭也。烝,冬祭宗庙也。曰'大'者,冬物可进者多也。"《诗·小雅·天保》:"禴祠烝尝,于公先王。君曰卜尔,万寿无疆。"毛《传》:"秋曰尝,冬曰烝。"是秋尝冬烝皆为宗庙之祭。《春秋繁露·祭义》:"先成故曰尝,尝言甘也。毕熟故曰蒸,蒸言众也。"尝烝二礼分别,实为后世制度。殷商时代唯存春秋两季,尚不具四季,其春季略长,也就是殷人的农作期,而秋季适值后世之冬春,没有作物生长,所以作物于全年只收获一季,① 这意味着尝新之礼在当时也就是烝礼,烝尝二祭是合并举行的,而祭礼的举行则在丰收之后的年终和次年年初,这个时间不仅是一个农业周期结束的终点,同时也是新的历年的开始。殷卜辞屡见烝尝之祭,皆行于殷历十二月或一月,这种制度是与殷历岁首位于秋分之后第一月的历法制度互为表里的。而《月令》所载后世礼制以大飨及烝皆于秋分之后的季秋和孟冬举行,既是对这种古老礼制的继承,也是一种因时而异的发展。很明显,爻辞"含章可贞"所言万物咸成的内涵与烝飨所体现的以众物报神的传统思想极为吻合。

《礼记·曲礼下》:"大飨不问卜,不饶富。"郑玄《注》:"祭五帝于明堂,莫适卜也。富之言备也,备而已,勿多于礼也。"朱彬《训纂》引王引之云:"饶,当读为侥。富,当读为福。侥之言要也,求也。《吕氏春秋·顺民篇》高《注》曰:'徼,求也。'侥福者,徼福也。僖四年《左传》:'君惠徼福于敝邑之社稷。'文十二年《传》:'寡君愿徼福于周公鲁公以事君。'杜《注》曰:'徼,要也。'是也。不饶福者,谓祝辞但求神飨,不求降之以福也。"其说甚是。飨帝旨在报飨,不在祈福,此祭天神。而烝则宗庙之祭,在报飨祖先。《天保》"君曰卜尔",韩说曰:"卜,报也。"毛《传》:"卜,予也。"马瑞辰《毛诗传笺通释》:"'卜尔'犹云'报尔'。"知烝亦报飨之谓。朱彬《训纂》引吕与叔曰:"冬至祀天,夏至祀地,日月素定,故不问卜。若他则问卜,如郊用辛,及《大宰》'祀五帝','帅执事而卜日',是也。"上古大飨与烝俱不在冬至,日月无定,故需卜之。殷卜辞言烝祭皆卜之,其制盖古,此即爻辞"可贞"之义。

坤卦不同于乾卦所言君王之观象授时,而述观象授时指导下的群臣用事,即使如飨帝之礼,也重在强调臣从王助祭而告备天子之责。故爻辞继"含章可贞"而言"或从王事,无成有终",正明臣受王命而行助祭之事,这甚至决定了坤卦为臣的本质特征,从而与乾卦为君的易象形成了鲜明区别。

爻辞"从王事"意同殷卜辞习见之"进王事"及"鄉王事"。卜

---

① 冯时:《殷代农季与殷历历年》,《中国农史》第 12 卷第 1 期,1993 年。

辞云：

> 乙卯卜，先贞：令多子族比犬侯扑周，囟（进）王事？五月。
> 《续》5.2.2
>
> 弜执，呼归，克鄉王事？　　《甲》427

《说文·辵部》："进，登也。"故"进王事"意为臣进君位而行王事，也即臣代王行事，[①] 后世习称摄位。"鄉王事"之"鄉"读为"相"。《礼记·祭义》："飨者，鄉也。"郑玄《注》："飨或为相。"是其明证。"相王事"也即辅王而行事。卜辞所记进王事与相王事者皆为殷臣，也与制度吻合。而大飨之礼虽天子亲尝帝，但命有司祭于群神，正合臣从王命而代王行事之制，这便是卜辞所称之"进王事"。诚然，进王事与相王事意虽有别，但概而称之皆可视为从王事，"从"有顺从、听从之意，故"从王事"即臣从王命而行事，此不仅与三代制度吻合，而且这种以臣从王命以明"顺"的思想完全符合以坤为顺的易理。

古人以为，君王得位在于其受命而有成，这种权力特点当然来源于得位者对于观象授时的掌握，而臣行事辅王，无关有成，却贵在有终。《象》："或从王事，知光大也。"《文言》："阴虽有美，含之以从王事，弗敢成也。地道也，妻道也，臣道也。地道无成而代有终也。"训释皆极允洽。"无成"之"成"即言成功，乃得位为君之意。《毛诗序》："颂者，美盛德之形容，以其成功，告于神明者也。"战国楚竹书《孔子诗论》："有成功者何如？曰《颂》是也。"《颂》为宗庙祭乐。蔡邕《独断》卷上："宗庙所歌诗之别名……三十一章，皆天子之礼乐也。"儒家以人进德修业，终获天命而得君位为其最高政治理想，如此则可生时君天下而王，死后入宗庙以享天子之祭，故以《诗》为教，自《邦风》之无德而修至《颂》之中庸平德，达到成功的理想境界。[②]《诗·周颂·昊天有成命》："昊天有成命，二后受之。"郑玄《笺》："'有成命'者，言周自后稷之生而已有王命也。"即以"成命"为王命，故受命为君而跻天

---

① 晁福林：《试论殷代的王权与神权》，《社会科学战线》1984年第4期。
② 冯时：《战国楚竹书〈子羔·孔子诗论〉研究》，《考古学报》2004年第4期。

子之位者为"成",此成功显名之谓,乃为君之道。而臣非受天命者,故无关有成,此即爻辞"无成"之意。但为臣者虽非得位为君,却贵在善于职守而辅王有终,如此则可通过从事行事的方式而显名,实现其光耀祖先的理想,此为臣之道,也即爻辞"有终"之意。《象》之"知光大也"正明其旨。西周金文习见为臣者辅君行事而受赐,铸器以光耀祖先之作,正是这一思想的反映。《文言》"阴虽有美,弗敢成也"则谓臣虽有美德,但不敢僭君得位,故恪守为臣之道。"阴"对君为阳而言,自为臣,"美"即德能之谓,"成"则指君位而言。又云"地道也,妻道也,臣道也。地道无成而代有终也","地道"对天道言,"妻道"对夫道言,"臣道"对君道言,皆居辅助顺从的地位,故以无成而有终为美德。是爻辞"成"指受命为王,"终"指臣之善守,此言臣从王命行事,与乾卦言君之观象相对,乃辅王之谓。观象为天子之事,故君以观象布命,此有成也;而臣从王命行事,此无成有终也。《易之义》:"或从王事,无成有终,学而能发也。"即以臣竭力侍君为意。王弼《注》:"有事则从,不敢为首,故曰或从王事也。不为事主,顺命而终,故曰无成有终也。"阐释也十分准确。知六三爻辞所言农事备收而飨神,其中之含章有年乃地载万物之喻,与天为对而言地,而飨礼则重在臣从王命之事,已由乾卦之王权转述臣事。

古人观象以授时,首要目的就是为农业生产提供准确的时间服务,这意味着作物丰歉的关键条件即在于观象授时的正确程度,于是,观象制历与作物丰歉形成了不可分割的因果纽带。乾卦之九三爻辞总述观象授时之制度,其实质便是阐释地载万物的基础;而坤卦之六三爻辞以丰收有年的方式暗喻地载万物的思想,也正是阐释观象授时的用事结果。因此,两爻辞既是对乾、坤两卦卦爻辞的总结,同时也反映了古代观象制度所涉及的因果两方面内容。

四　乾坤名义

乾卦卦名,马王堆帛书本作"键",乾卦九三爻辞"君子终日乾乾"之"乾乾"也作"键键","键"当读为"健"。《象》:"天行健,君子以自强不息。"《说卦》:"乾,健也。"故卦名"健"即指天行不息而言。李鼎祚《集解》引何妥曰:"所以乾卦独变名为'健'者,宋衷曰:'昼夜不懈，以'健'详其名。馀卦各当名，不假于详矣。"是知乾卦本即名"健"，其于帛书存之。

乾卦取象天文，乃为古人"仰则观象于天"的产物，而卦爻辞又以对苍龙星象行天变化的描述以阐明观象授时之制度，故卦名取"健"而喻天行不息，其形式与内涵极为吻合。《易纬逸象》以乾为"旋"，也具行天不息之意。所不同的是，古人以"旋"描述天，只突显了其运行不止的自然本质，而"健"作为卦名，在暗示这种自然本质的同时，更强调了其强勇不息的人文精神，这于君王观象不懈的政治制度显然有着更准确的表达。

《说卦》："乾为天，为圜，为君，为父。"乾卦既象天文，故易象以乾为天，天体为圜，故乾又为圜。天文乃君王所掌，故乾为君，又拟比百姓之父。显然，这些观念都只能是自君王观象授时的古老制度中发展出来。

《说卦》又云："战乎乾。乾，西北之卦也，言阴阳相薄也。"乾在后天八卦方位中配置西北，这种思想同样来源于古人对于天倾西北的认识。①《淮南子·天文》："昔者共工与颛顼争为帝，怒而触不周之山，天柱折，地维绝。天倾西北，故日月星辰移焉。地不满东南，故水潦尘埃归焉。"《论衡·谈天》言此事也谓"天不足西北"。天倾西北的神话虽然被古人视为星辰行移的主要原因，但却是以真实的天象作为立说基础的。根据岁差的计算表明，公元前三千年前，真天极的位置恰好位于紫微垣宫门的左枢（天龙座 ι）和右枢（天龙座 α）两星之间，这意味着当时的赤道圈确实向着西北倾斜。古人对于天体现象的这种古老认识显然对乾象天文而主西北的易理的形成产生了重要影响。

乾卦之名由"健"而"乾"，既有同音相假的原因，更有卦义的联系。《说文·乙部》："乾，上出也。从乙。乙，物之达也。倝声。乾，籀文乾。"朱骏声《说文通训定声》："达于上者谓之乾。"此"上出"及"达于上"之义训如果是指龙星自地平升起的天象而言，则正与乾卦爻辞所述龙星自渊而出的行天现象相合。许慎以"乾"字所从之"乙"为意

---

① 闻一多：《周易义证类纂》，《闻一多全集》册二，生活·读书·新知三联书店1982年版，第46—48页；冯时：《中国天文考古学》第二章第一节，社会科学文献出版社2001年版。

符。《说文·乙部》："乙，象春艸木冤曲而出，会气尚彊，其出乙乙也。与丨同意。"如此以草木自地而出实乃坤为地而载育万物的特点，故不得以此义用名乾卦。闻一多又以乾卦之名本作"斡"，指北斗绕极而行，并据"乾"之籀文作"𩁉"，而以其所从之"倝"为"星"字，正应乾为星象之意。① 此说可商。古文字"倝"本作"𣃚"，且"㫃"、"倝"互作，皆旗之象形文，唯繁简有别。陈梦家以"倝"乃"㫃"之繁体，② 实为或体。"㫃"本作"𣃚"，俱写旗杆、杆首、旗旜及简化的縿斿，简作"𣃚"。而"倝"字古形则将侧视的"𣃚"形依杆而设的竖幅画旜改以"凵"的形式作正面的表现而已，实"史"字作"𣃚"，也象以手执旗。据此可知，"倝"本从"凵"，乃旗中专设画章之旗旜，并非"日"字。《说文·倝部》："倝，日始出光倝倝也。从旦，㫃声。𣃚，阙且，从三日在㫃中。"所训形义虽误，但以"倝"从"㫃"声，仍存"倝"、"㫃"同字的痕迹。石鼓文"倝"作"𣃚"（翰字所从），字从"凵"，古形犹显。至战国古文作"𣃚"、"𣃚"，其形渐讹。而秦篆作"𩁉"，已失本形。故"倝"字实写旗形，而籀文或从"倝"，也是"凵"形的重叠讹变。王筠以为"籀文多重叠"，正可说明"𩁉"为籀文的特点。

"倝"本象旗形，故杆中之"凵"实即承章之旜，而王之大常以龙及日月为章。《周礼·春官·司常》："王建大常。"《礼记·郊特牲》："龙章而设日月。"孙希旦《集解》："犹大常有龙章、日、月。"《尔雅·释天》："素陞龙于縿。"郭璞《注》："画白龙于縿，令上向。"知古大常之龙章绘升龙，即头上向的升天之龙，也即乾卦"或跃在渊"之谓，实物已有考古发现可资印证（详见第四章第三节）。故"倝"字本取大常为象，旜设升龙画章，正象苍龙跃地升天。然字又从"乙"，本当作"乙"。《说文·乙部》："乙，燕燕，玄鸟也。齐鲁谓之乙，取其名自谑。象形也。鳦，乙或从鸟。"学者以为"乙"、"乙"古本一字，象雏燕探首，后乃分化，③ 甚是。甲骨文"离"本从"隹"（《屯南》663 反），或省作"乙"（《合集》

---

① 闻一多：《周易义证类纂》，《闻一多全集》册二，生活·读书·新知三联书店 1982 年版，第 46—48 页。
② 陈梦家：《中国文字学》，中华书局 2007 年版，第 188 页。
③ 郑张尚芳：《上古音系》，上海教育出版社 2003 年版，第 523 页。

33374），是为明证。《说文·乙部》训"孔"为通，并云："乙，请子之候鸟也。乙至而得子，嘉美之也。"《诗·商颂·玄鸟》："天命玄鸟，降而生商。"毛《传》："玄鸟，鳦也。春分，玄鸟降汤之先祖。有娀氏女简狄，配高辛氏帝，帝率与之祈于高禖而生契，故本其为天所命，以玄鸟至而生焉。"郑玄《笺》："天使鳦下而生商者，谓鳦遗卵，娀氏之女简狄吞之而生契。"事又见《史记·殷本纪》，故后王以为禖官。《礼记·月令》：仲春之月，"玄鸟至，至之日，以大牢祠于高禖，天子亲往。"郑玄《注》："玄鸟，燕也。燕以施生时来，巢人堂宇而孚乳，嫁娶之象也。媒氏之官以为候。"古以玄鸟于春分来，秋分去，乃开生之候鸟，盖为人所以祈子孙之祀。而玄鸟感阳方至，其来主为乳蕃，自有阴阳之性，这一意义又与乾为阳卦相合。而传统观念以鸟为负龙升天的灵物，故"乾"本从"倝"从"乙"，正以大常之章以示升龙，并会玄鸟感阳而生，且负龙升天之意，如此则有"乾"上出之训。实"乙"、"丨"同意，正言引而上行。至《说文》训"倝"为"日始出光倝倝"，则本"朝"字之意。甲骨文以"朝"为旦明时称，① 古"朝"、"倝"同音，后"朝"废而义存，转以释"倝"。

坤卦卦名，马王堆帛书本作"川"，当为本字，文献或作"巛"。陆德明《释文》：坤，"本又作巛，巛，今字也。"《大戴礼记·保傅》："《易》之乾巛。"汉《石门颂》、《乙瑛碑》并作"川"。《释文》以"巛"乃今字，不可从。《隶释》卷一《孟郁修尧庙碑》："乾川见征。"洪适云："乾川与颖川字相类，虽《家语》有乾川，犹天渊也。然隶书未尝有坤字，此乃乾坤尔。"因此，"川"盖为坤卦之本名。

"川"为河川之本字，其名坤卦，当读为"顺"。《说文系传·页部》："顺，从页，川声。"段玉裁《注》："训驯字皆曰川声也。"古以川水之称名坤，正取水具有顺势而流的特点，这个意义恰可与坤卦所具顺的易理相应。

《说卦》："乾，健也。坤，顺也。"《释名·释地》："坤，顺也，上顺乾也。""健"本星象健行不息之谓，此授时之源，故"顺"即承天顺时之义，引申则有效法之意，故《系辞上》："效法之谓坤。"这种理念广及社会伦理，则又以臣顺于君，母顺于父，妻顺于夫，所以坤便具有地

---

① 冯时：《殷代纪时制度研究》，《考古学集刊》第16集，科学出版社2006年版。

道、臣道、母道、妻道的内涵，而古人对于这些思想的概括表述，则借"川"字所体现的水具有顺势而流的特性准确地传达了出来。

《象》："地势坤，君子以厚德载物。""川"既读为"顺"，故"地势坤"即言地势顺。古人以为天倾西北，地不满东南，这种地理形势所表现的自然现象便是川水的东流。《淮南子·天文》以为"地不满东南，故水潦尘埃归焉"，正以水的东去表现西高东低的地理特点。而水顺地势而流，对于说明水性的顺遂已是再清楚不过的事实，显然，这一特性当然可以藉以阐释坤顺的易理。而从易象的角度讲，《易传》以龙星健行为乾卦之象，正所谓"仰则观象于天"；又以川水顺势为坤卦之象，此则恰应"俯则观法于地"。坤以水象，也与《文言》"坤至柔"的思想符合。

传统阴阳观作为古人为万物生长的自然现象建立的哲学基础，这一思想如果纳入易学体系，则是通过乾坤两卦集中体现的。马王堆帛书《系辞》："键川（乾坤）其易之经与！键川（乾坤）成列，易立乎其中。键川（乾坤）毁则无以见易矣。"又《易之义》："易之义唯阴与阳。……键川（乾坤）也者，易之门户也。"皆明此理。然而长期的生产实践经验告诉人们，万物的生养假如不能适合天时，则将一无所获。换句话说，没有正确的观象授时作为开始，便不会有品物咸章、万物皆成的结果。这既体现了古人恪守的慎始敬终的思想，当然也是乾、坤两卦所蕴含的基本哲理。事实上，观象授时作为万物生养的前提条件，这种思想通过易卦的卦序反映得相当清楚。

《周易·序卦》："有天地，然后万物生焉。盈天地之间者唯万物，故受之以屯。屯者，盈也。屯者，物之始生也。物生必蒙，故受之以蒙。蒙者，蒙也。物之穉也。"有天地然后万物生，这种思想当然就是乾、坤两卦的易学本质。《周易》以乾卦为首，坤卦为次，乾为观天之象，故象天；坤述地载万物，故象地。乾之观象乃君王所为，故为君；坤之辅君皆臣僚之行，故为臣。乾之观象为用事之始，坤之载物乃承天时而行，故乾为尊而坤为卑，乾为健而地为顺，乾居首而坤居次。坤既言地载万物，故次坤者必为屯，更次为蒙，皆对乾、坤卦义作进一步的阐释。"屯"，甲骨文作"↓"，[1] 乃种子抽芽之象，后假为春季名，表示万物生长

---

[1] 于省吾：《甲骨文字释林》，中华书局1979年版，第1—2页。

的时节。所以《序卦》以"屯"为万物始生，重在强调其始生之状态，颇合"屯"字本义。而蒙次于屯，已经不指"屯"所表示的种子初发幼芽但尚未破土的状态，而已具有破土萌生之义，从而描述了植物自出芽之后的成长，故《序卦》释蒙为"物之稚"。显然，以观象制度论，这种由乾之观象而决定的万物生长的思想不仅逻辑清楚，而且已由人们对自然现象的观察上升至具有一般意义的哲学思辨。而以阴阳观念论，古以阴阳合则万物生，故乾阳坤阴，次之者必为屯为蒙，这个作物的生长过程正是古人基于生产实践而对阴阳相生的哲学思想的经验表述。《系辞》所谓"乾坤成列，易立乎其中"，即道此理。

五　易卦第三爻的意义

上古社会，由于传统农业经济的需要，观象授时几乎成为一切工作中最重要的一种，这不仅意味着人们对于星象有着不懈的观测和研究，而且更重要的是，这样的工作已足以形成以时间作为万物生养的决定因素的独特观念。事实上，这种观念不仅根深蒂固，同时还影响着中国古典哲学的思辨形式。

传统二十八宿体系中作为授时主星的苍龙星象显然是决定农业生产的重要星象，因此，龙既可以在现实的意义上成为决定生养的时间的象征，当然更可以在哲学的意义上成为决定生养的阴阳的象征。至少在殷商时代，先民已经具有了以龙星登天和潜渊的不同天象象征阴阳的朴素观念，他们普遍以菱形符号装饰登天之龙而表示阳，又以鳞形符号装饰潜渊之龙而表示阴。不仅如此，在龙星登天入地的阴阳转换中，鸟又以其能上天入地的特殊本领充当了负龙升降的灵物。这些观念以一种近乎写实的手法在当时的遗物中得到了充分展现。

龙星所具有的这种能够象征时间和阴阳的独特性质构成了乾、坤卦爻辞的核心内容。乾卦以君王对观象授时的垄断，借苍龙六宿的行天变化，阐释了古老的观象制度。这种苍龙六体的行天变化自黄昏之后的潜渊以定秋分，而至见龙在田以定立春，次至或跃在渊以定春分，又至飞龙在天以定立夏，再至亢龙以定夏至，终至群龙无首以定立秋，然后回归秋分潜龙，记录了公元前二千年自秋分始而至秋分终的标准天象与标准时间。显然，龙星行天的这六个位置所确定的六个标准时间实际也就是《彖》辞所言的"大明终始,六位时成"。而乾卦本名"健",正言天行健健,星回于天而永不停息。与此相对,坤卦则据人臣行事的特点,借苍龙六体中的授时主星——天驷房宿——的行天变化,阐释在观象授时指导下的传统礼俗制度。天驷之星的行天变化则自晨明之前的朝见而陨霜,以至旦中而冬藏,再至晨伏而祈社,终至日躔房宿而报成,同样记录了公元前二千年自秋分始而至秋分终的标准天象。而坤卦本名"川",以水性之顺以喻顺天应事,用以阐明坤卦承天时而用事行礼的道理。这些观法天地的内容不仅充分反映了乾、坤卦爻辞的创作本义,而且揭示了乾以龙騄、坤以马象的作意本质。

龙星行天入地的回天变化不仅可以用来表述阴阳,当然更可以象征天地,因此龙在天为天为阳,龙入地为地为阴。而古以房宿天驷为童兽,相对于苍龙六体而小,这显然又与天大地小的古老宇宙观相吻合。《彖》以乾言"大"而坤言"至",也是这种思想的体现。观象在于深察星移斗转而建时,重在天行;而用事则在于应时而动,故贵在顺天。传统又以观象者乃君之所行,从事者则臣之所为。而君掌观象需"终日乾乾"而慎始,才能有地载万物"含章"之终成。当然这同样可以说明君观象慎始而臣用事"无成有终"的道理。因此,观象授时的古老制度不仅作为古代政治制度之源,而且成为与其相关的诸如天地、大小、君臣、尊卑、健顺、始终等一切思想的基础。

值得特别注意的是,《周易》诸卦第三爻应该具有终爻的意义,该爻如果与其他爻辞对比研究,显然有着统述诸爻的总结性质,甚至从某种意义上讲,它比卦辞更能反映易卦的本质内容。以往我们对归妹卦的研究也充分证明了这一点。[①] 这个事实的揭示决定了《周易》爻辞的释读不能以爻位为准,而应遵循初、二、四、五、上、用、三的次序。这种现象无疑体现了第三爻乃为经卦之终爻,而别卦乃由经卦相重而生,故八经卦本为易卦基础的古老思想,这意味着易学思想的形成历史是相当悠久的。很明显,古人将别卦的第三爻定为终爻,真实地体现了易卦由经卦发展为别卦的历史,保留了经卦作为易卦之本的辙迹。

---

① 冯时:《中国天文考古学》第八章第三节,社会科学文献出版社2001年版;中国社会科学出版社2017年版。

最后必须强调的是,《周易》卦爻辞的形成年代,自古以来聚讼不决。我们的研究只是从卦爻辞本身讨论了乾、坤卦爻辞形成的文化背景,但却不能就此认为公元前二千年就是两卦卦爻辞的形成年代。正如很多古代典籍的述作时间虽晚,但仍可保留古老的思想和制度一样,如《尧典》之四仲中星的观测年代其实并不反映《尧典》的成书年代,乾、坤卦爻辞所揭示的内容也只是作为后人建立完整的易学体系所利用的古老素材而已。尽管如此,早期先民所创造的这种以观象授时为基础的通过格物而致知的认知传统无疑对后世的易学思想产生了深刻影响。显然,卦爻辞的形成时间虽然可能晚近,但它所传承的古老观念及文化传统则相当悠久,事实上,乾、坤两卦的内容正反映了古人对于由苍龙六宿的观测而建立的授时制度,以及由苍龙六宿之一的房宿指导用事礼俗的古老传统的继承。因此,从阴阳思辨哲学起源的观点看,公元前二千年无论如何都有理由视为以阴阳为基础的易学体系基本定型的关键时期。

第三节　二里头文化常礴与上古舆服研究

河南偃师二里头遗址中心区的考古发掘工作于 2002 年春又有重要收获,在属于二里头文化第二期的 3 号基址院内发现六座墓葬,墓葬均呈南北向,东西排列,间距基本一致,墓内多铺有朱砂,或残留棺痕,随葬品丰富,其中编号 O2VM3 的墓葬几位于 3 号基址的中轴线上,颇显重要。[①]

该墓系长方形竖穴土坑墓,方向 356 度,墓口长 2.24 米,北宽 1.1 米,墓底长 2.2 米,北宽 1.06 米,中部最宽达 1.28 米,残深 0.5—0.6 米。墓主为壮年男性,侧身直肢葬,头北面东。墓底散见零星朱砂。随葬品包括铜器、玉器、绿松石器、白陶器、漆器、陶器和海贝等。尤为珍异的是,墓主人身上自右上斜至左下摆放了一件主体由绿松石镶嵌的

[①] 许宏、陈国梁、赵海涛:《二里头遗址聚落形态的初步考察》,《考古》2004 年第 11 期;中国社会科学院考古研究所二里头工作队:《河南偃师市二里头遗址中心区的考古新发现》,《考古》2005 年第 7 期。

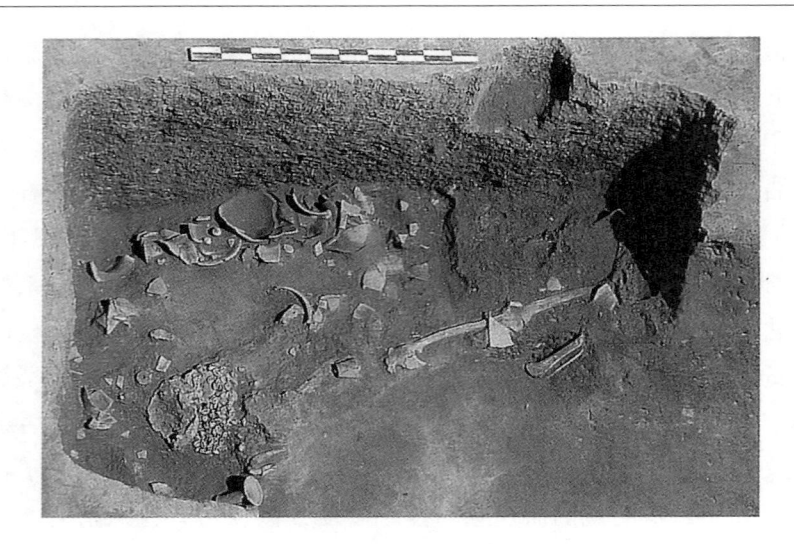

图4—28 二里头文化二期3号墓

图4—29 二里头文化常磠遗存

遗物（图4—28），遗物的主要部分为镶嵌的绿松石龙，龙呈头上尾下，作升腾状，龙首正姿微隆，身体猗动阿曲，尾部上卷，身饰十二枚菱形图案。龙尾之下3.6厘米处尚有绿松石镶嵌的条形物，与龙体垂直而置。遗物通高至少70.2厘米。龙身中部缀一铜铃，铃表粘附一层红色漆皮，并残留纺织品印痕。龙体及其附近也遗有多处红色漆痕，绿松石龙与其下方的条形物也以红色漆痕相连，故知二者原应共同镶嵌于髹有红漆的条状有机物上，说明绿松石龙与其下方的条形物本当为一完整之物（图4—29；图版六，3）。此物关乎上古旗章，是重建三代舆服制度的珍贵资料。

一　升龙考

这件前所未见的绿松石镶嵌遗物极具特色，其实在二里头文化及同时期的其他文化中，具有标志性意义的所谓绿松石镶嵌"铜牌饰"多与此相似，尽管如此，二者所具之兽面形像却并不完全相同，因而不宜强为比较。

绿松石龙的造型特点，发掘简报已有具体描述。此龙面生梭目，圆鼻，无角，身饰菱形纹。学者或将这些主要特征与新砦遗址出土陶器盖所绘之龙形图像比观（图4—30，1），[①] 是正确的。不啻如此，新砦龙图所表现的圆鼻且两腮垂须下卷的特征在商代龙图的形貌中也体现得十分清楚（图4—30，2、3），而二里头遗址出土的一种所谓绿松石"铜牌饰"事实上也具有同样的特点（图4—31，1）。因此，虽然就目前所见之资料分析，"铜牌饰"之兽面明显呈现出三种不同的形象（图4—31），[②] 但其中之一种兽面应为龙属似可认定。很明显，龙以圆鼻为特征，曲须或内卷，或外翻，自新砦以降以至于殷周，一脉相承（图4—30；图4—31，1）。学者或以"铜牌饰"中之梭目兽面定为龙属（图4—31，6），但这类兽面却绝无作圆鼻的形象，从而与早期龙图形成了鲜明的区别。显然，绿松石龙与"铜牌饰"所嵌之梭目兽面形象应分别属于不同

[①] 中国社会科学院考古研究所二里头工作队：《河南偃师市二里头遗址中心区的考古新发现》，《考古》2005年第7期。

[②] "铜牌饰"的部分资料参考王青《镶嵌铜牌饰的初步研究》，《文物》2004年第5期。

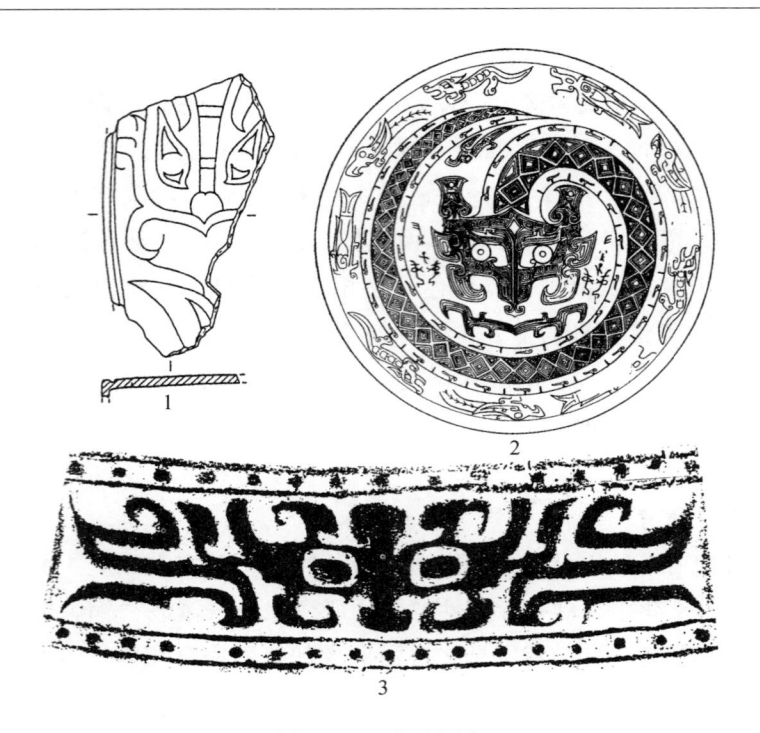

图 4—30　龙纹图案

1. 龙纹陶器盖（新砦遗址出土）　2. 妇好盘（殷墟小屯 M5：777）

3. 斝（黄陂盘龙城出土）

的灵兽。

绿松石龙体饰菱纹，这体现了商周时代龙身背纹装饰的共同特征。时人习以菱纹饰于龙背，以鳞纹饰于龙腹，以背、腹之分象征天地之别，并暗喻阴阳，如此则菱纹主阳为天，鳞纹属阴为地，其观念自成系统。而独体的龙则或取背纹而饰以菱纹，或取腹纹而饰以鳞纹，逐渐演化为雄雌二体的形象，并分别具有了天龙与社龙的象征意义。殷墟侯家庄1400 号墓出土铜盂附耳所饰之龙即以菱纹饰背而鳞纹饰腹（图 4—11），[①]可为明证。这种做法显然体现了殷人具有的传统天地观与阴阳观。[②]

[①] 梁思永、高去寻：《侯家庄》第九本，1129、1400、1443 号大墓，历史语言研究所 1996 年版。

[②] 冯时：《天文考古学与上古宇宙观》，《中国史新论——科技与中国社会分册》，联经出版公司 2010 年版。

第四章　见龙在田　天下文明　361

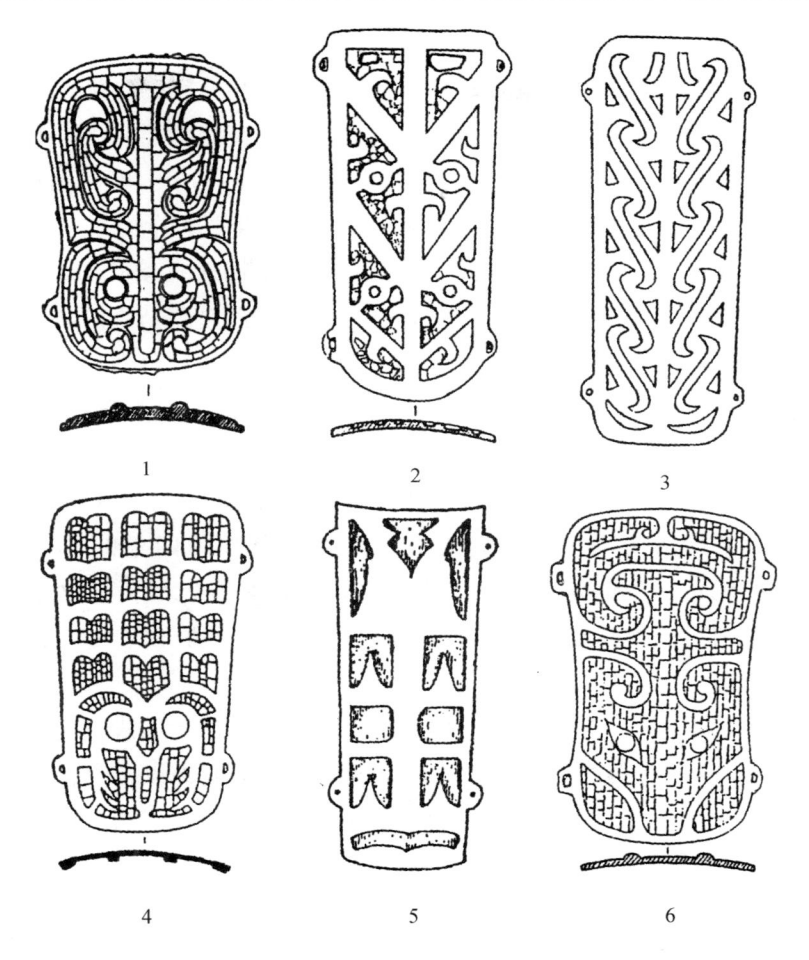

图4—31　绿松石镶嵌旗章

1—3. 龙章（二里头 M4：5、广汉三星堆真武 87GSZJ：36、16）

4、5. 鸟章（二里头 M57：4、广汉三星堆高骈出土）　6. 熊章（二里头 M11：7）

龙以菱纹饰身以象天龙，这个事实至少可以获得同时期物证的有力支持。河南郑州小双桥所出商代青铜建筑构件的侧面图像绘有龙、虎（图4—2），[①] 即是中国传统天文学之四象体系中东、西两宫的象征。四象之中特别强调龙、虎的做法当然出于位于黄道带与赤道带东、西两宫

---

① 河南省文物研究所：《郑州小双桥遗址的调查与试掘》，《郑州商城考古新发现与研究》，中州古籍出版社1993年版。

星官对于远古先民观象授时的重要作用，这个传统甚至可以自战国时期直到公元前五千纪中叶的新石器时代系统地追溯出来，因为无论晚期的曾侯乙墓二十八宿漆箱盖面星图，抑或早期的河南濮阳西水坡蚌塑星象图，都忠实地体现了这种思想。① 尽管属于两周之际的上村岭虢国墓出土的四象铜镜已经完整地设计了四象的形象，② 但四象中作为东宫象征的龙和西宫象征的虎还是不同于南、北两宫得到了特别的夸张。诚然，虢国四象铜镜的出现虽然可以证明较之更晚的曾侯乙星图乃是四象体系形成之后的产物，但这并不意味着古人不可以在相关的星象作品中，通过对四象中具有传统授时意义的东、西两象的特别强调传达一种更古老的天文思想。很明显，小双桥青铜建筑构件图像中的龙、虎两象正应体现着这样的含义。事实上，这些证据不仅毫无争议地印证了小双桥青铜构件图像中与虎为配的灵兽只能是龙，而且这尊作为四象的龙面生圆鼻，正姿无角，身饰菱纹，龙体猗旎而卷尾，竟与二里头文化绿松石龙的形象别无二致！显然，同样造型的龙具有着天龙的文化内涵是相当清楚的。

具有相同造型特点的龙在殷墟侯家庄1001号墓出土的骨柶上也有明确的表现。这些骨柶的正背两面皆雕饰龙纹，但一龙饰以菱纹，一龙则饰以麟纹（图4—22，1、2、4），显然意在以雌雄二体的龙表现阴阳的不同观念。二龙中以饰麟纹者首生双角，而饰菱纹者则方首无角（图4—22，2、3），其形象不仅与二里头文化绿松石龙如出一手，而且与小双桥青铜构件图像中作为四象的龙的形象也完全相同。很明显，通过龙的造型的对比分析已不难看出，殷代这些龙的形象其实正是二里头文化绿松石龙直接发展的结果。

二里头文化绿松石龙似未生角，这种造型在三代龙的形象中时有所见。殷墟侯家庄1004号墓所出铜盔耳部图像之中心绘有盘龙，造型或正或侧，龙角或生或无（图4—32），③ 唯龙身或饰菱纹，或饰鳞纹，有所

---

① 冯时：《河南濮阳西水坡45号墓的天文学研究》，《文物》1990年第3期；《中国天文考古学》第六章第四节，社会科学文献出版社2001年版。

② 冯时：《中国早期星象图研究》，《自然科学史研究》第9卷第2期，1990年；《中国天文考古学》，社会科学文献出版社2001年版，第314页。

③ 梁思永、高去寻：《侯家庄》第五本，1004号大墓，历史语言研究所1970年版。

第四章 见龙在田 天下文明 363

图 4—32 殷墟侯家庄 1004 号墓出土铜盔圆葵中心的龙纹

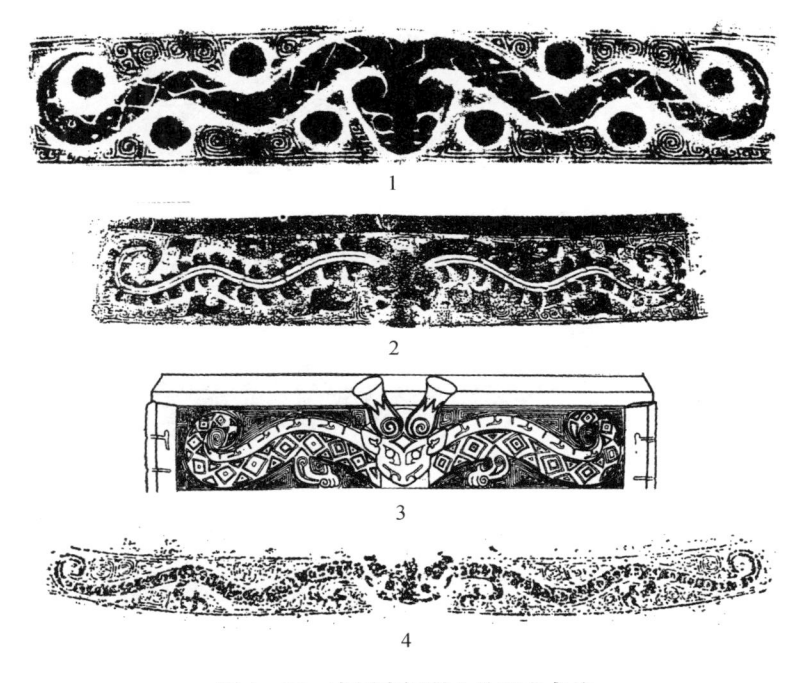

图 4—33 商周青铜器上的双身龙纹
1. 商代方鼎（陕西高家堡 M4∶4） 2. 西周圉方鼎（北京房山琉璃河 M253 出土）
3. 商代司䖞母方壶（殷墟小屯 M5∶807） 4. 商代天黾簋（《武英殿》71）

不同。二里头文化陶器图像中也曾见以菱纹饰身的龙,[①] 有的则作一首二身之状，龙呈圆鼻无角之形，而这种双身造型的龙其实在商周时代的青

---

① 中国社会科学院考古研究所：《二里头陶器集粹》，图一七〇、一七一，中国大百科全书出版社 1995 年版。

图 4—34　商周遗物上的有角菱纹龙图

1. 铜戈（殷墟小屯 M5∶740）　2. 铜卣提梁（陕西高家堡 M1∶8）　3. 白陶罍盖面（殷墟小屯 M331）　4. 玉龙（殷墟小屯 M5∶422）　5. 青铜爬龙（陕西扶风巨良海家出土）　6. 石龙（殷墟侯家庄 M1001）　7. 玉刀（殷墟小屯 M5∶501）　8. 骨柶（殷墟侯家庄）

铜器上也经常出现（图 4—33），文身或菱或鳞，龙角或有或无，显示了自二里头至殷商时代一脉相承的发展脉络。这些证据表明，在时人的设计理念中，对于判认龙的性质而言，龙姿之正侧、龙角之存无在某种意义上或许并不具有本质的区别。事实上，头生双角的形象并不为身饰鳞纹的雌龙所独有，在殷周各类遗物的图像中，雄龙身饰菱纹而头生双角的形象几乎与身饰菱纹而头上无角的情况一样常见（图 4—24；图 4—34；图 4—35）。殷墟妇好墓出土铜觥盖上以身饰菱纹的雄龙与体饰鳞纹的雌龙并存，雄龙有角而雌龙反无（图 4—23），可见龙角的生具

第四章　见龙在田　天下文明　365

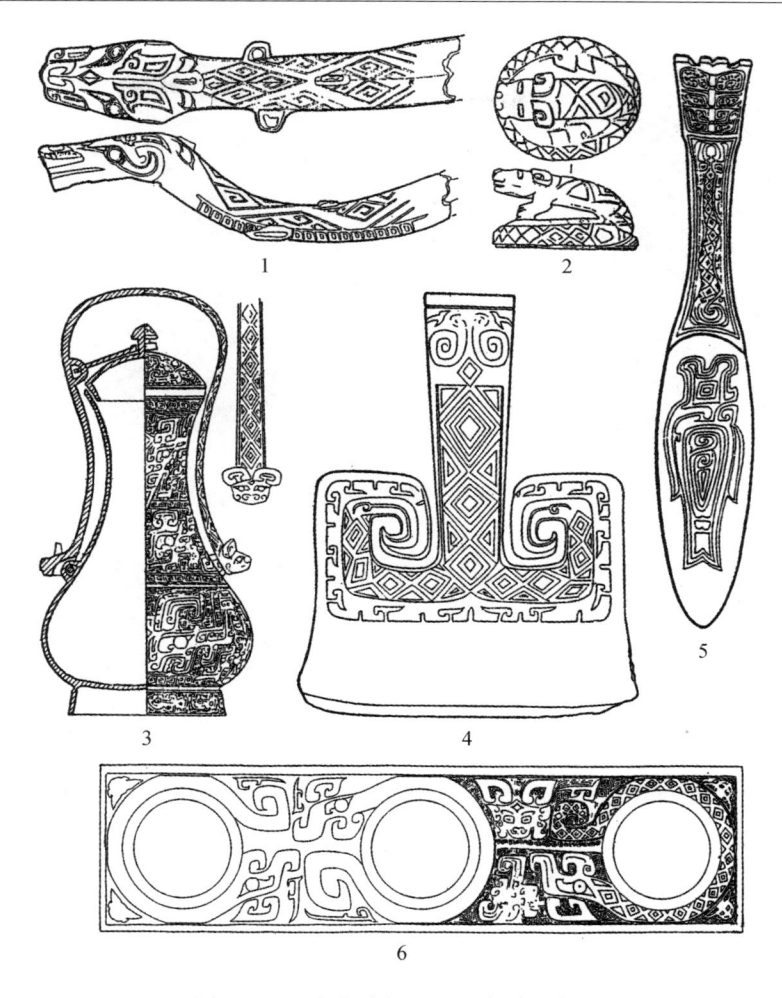

图 4—35　商代遗物上的无角菱纹龙图

1. 铜饰件（广汉三星堆 2 号祭祀坑出土）　2. 石钮盖（殷墟小屯 M5：49）
3. 提梁卣（殷墟小屯 M238）　4. 铜铲（殷墟小屯 M5：1153）　5. 铜勺
　（新干大洋出版社）　6. 三联甗座（殷墟小屯 M5：790，俯视）

于雌雄二体可相互转变。甚至有些龙的面部形象虽已做了拟人处理（图 4—36），[①] 但龙角和菱纹龙身的造型仍然保留着龙的基本特征。如

[①] Jone Alexander Pope, Rutherford John Gettens, James Cahill, Noel Barnard, *The Freer Chinese Bronzes*, Vol. Ⅰ, Catalogue, pp. 222–227, Washington, 1967.

366　文明以止

图 4—36　商代铜盉（佛利尔美术馆藏）

果说殷代遗物中这些形象的龙尚不足以证明其为龙的属性的话，那么商代金文资料所提供的证据则应更为明确。《集成》1119 与 10486 二器铭文之"龙"字即具头生双角、体饰菱纹的形象（图 4—12），与二里头文化绿松石龙身饰菱纹的风格一致。很明显，由于角的有无并不会使龙的属性发生改变。因此可以认为，二里头文化绿松石龙与殷商金文"龙"字所反映的形象当属同一种灵兽，这为将绿松石龙的形象认定为龙提供了确凿的证据。

　　二里头文化绿松石龙并非独立存在的孤立遗存，而是与其下方的条形物组成了一个完整的形象，这一点应该没有疑议。对于解释这样一个特殊的图像的确切含义，可供讨论和比较的资料当首推山西石楼桃花庄出土的商代龙形铜觥的盖面图像（图 4—7）。[1] 此觥之盖面图像自觥首延伸，绘交龙两条，其中主龙以龙首为觥首，面生圆鼻，正姿双角，并具主辅二体，主体饰菱纹，辅体饰鳞纹，全身布列火形星纹八枚，而于龙心部位横列的三星突显，象征苍龙星宿的授时主星——心宿三星，且中间一星最大，制成錾钮，象征大火星（心宿二）。盖面图像所具有的天文学意义是明显的。[2] 而另一龙与此形态相同，唯方向相反，盘交侧姿。两

---

[1]　谢青山、杨绍舜：《山西吕梁石楼镇又发现铜器》，《文物》1960 年第 7 期。
[2]　冯时：《中国早期星象图研究》，《自然科学史研究》第 9 卷第 2 期，1990 年；《中国天文考古学》第六章第五节，社会科学文献出版社 2001 年版。

龙一侧绘凤鸟图像。值得注意的是，此图于交龙下部绘横列的三虫（蛇）纹，其画面的整体构图与二里头文化绿松石镶嵌遗物十分相似。

龙在中国传统文化中虽然具有广泛的象征意义，但其本质来源于星象则是最基本的事实。作为古老的四象之一，龙的形象不仅直接取材于二十八宿东宫星宿所呈现的形象，① 而且由于古代帝王对于观象授时工作的垄断，龙也具有了王权的象征意义和沟通天人的独特的神性。② 这些事实在上古社会其实只是人们的常识而已，因为几乎所有关于龙的遗存或原始文献，都对这一点有着充分的说明，不过后人似乎逐渐淡忘了这个传统。其实从西水坡、小双桥直至曾侯乙时代，龙作为传统天文学体系的四象而出现，其星象学本义已相当清楚。铜觥之主龙体饰星纹，更形象地印证了这个事实。然而从古人以阴阳观念描述自然的悠久传统考虑，作为东宫象征的龙，由于其回天运行特点的不同，古人便赋予了它不同的含义。当龙自东方跃地而出在天空中运行升腾的时候自呈现为星神，而至西方入地潜伏则又呈现为社神，这种独特的神祇观不仅通过特别装饰于龙体的菱纹和鳞纹两种不同的花纹图案加以体现，而且由于古人一贯恪守的东阳西阴的方位阴阳思想的影响，龙所具有的星神与社神的特征也就恰恰反映着阴阳的特征。陶寺文化龙盘所绘之句龙社神图以鳞纹为体（图3—10），与以菱纹为体的天龙形成了鲜明的区别，即是星神转变的结果。③ 龙星回天运动则有升有降，升龙在东，降龙在西，而石楼铜觥面纹图像之交龙方向正好相反，一象升龙，一象降龙，正是这一思想的准确表现。

龙之升降运行，古人皆以为由鸟所负载，如日之运行由鸟之负载一样，故石楼觥面图像于龙侧又绘飞鸟。相同的内容于殷墟妇好墓出土之玉饰也有反映。此饰雕鸟踏祥云，背负一龙，龙首生角，身以菱纹遍饰，正作负龙升腾之形（图4—8）。④ 事实上，商周遗物并不少见这类鸟负龙

---

① 冯时：《中国天文考古学》第六章第五节，社会科学文献出版社2001年版。
② 冯时：《中国早期星象图研究》，《自然科学史研究》第9卷第2期，1990年；《中国天文考古学》第六章第五节，社会科学文献出版社2001年版。
③ 冯时：《夏社考》，《21世纪中国考古学与世界考古学》，中国社会科学出版社2002年版。
④ 中国社会科学院考古研究所：《殷墟妇好墓》，科学出版社1980年版，第159页。

虎的主题（图4—4；图4—9；图4—19），① 有时甚至直接将龙雕饰于鸟翼（图4—17），其装饰手法不仅于殷周青铜器上运用得十分娴熟（图4—18），② 而且显然都是以鸟负龙升天思想的形象表现。这意味着石楼觥面图像交龙之下的虫纹其实正是大地的象征。

古人以虫象地，观念甚古。《诗·小雅·斯干》："维熊维罴，男子之祥。维虺维蛇，女子之祥。"郑玄《笺》："熊罴在山，阳之祥也，故为生男。虺蛇穴处，阴之祥也，故为生女。"古以天属阳，地属阴，时人以虺蛇属阴而象地，观念正合。由是观之，则石楼觥面图像表现的当为龙星于地平之上或升或降的景象，这些思想于《周易·乾》中尚有完整的存留（详见第四章第二节）。爻辞中的龙即为天上之龙星，③ 其中"或跃在渊"不同于"见龙在田"但言角宿的昏见，而是对苍龙星宿跃地而出天象的描述，④ 相对而言，"见群龙无首"则呈现了苍龙星宿西斜将入的天象。⑤ 显然，这两个特殊天象正是觥面图像所反映的内容。《说文·龙部》解龙能幽能明，能细能巨，能短能长，春分而登天，秋分而潜渊，这个天象所表现的龙星回天运行的特点已足够清楚。很明显，商代龙形铜觥所绘之交龙图像乃作一龙升腾，一龙下复，其以星象为本质，以交龙为表现形式，寓意明确。

如果说石楼铜觥图像以交龙的形式表现苍龙星宿回天运行的不同天象的话，那么二里头绿松石龙唯写升龙，显然旨在强调苍龙星象跃地而升的特点，这一点应该没有问题。事实上，与二里头绿松石镶嵌遗物相同的图像在殷墟侯家庄1001号墓所出的骨柶上也有发现（图4—22，1）。图像中的龙于骨柶的正、背两面呈现菱纹与鳞纹二体，分别雌雄，强调龙之本身具备阴阳二体的双重性质，而龙下的大地则以虫纹象征，表现形式与二里头绿松石镶嵌遗物及石楼觥面图像如出一辙。显然，升龙之

---

① 李学勤、艾兰：《欧洲所藏中国青铜器遗珠》，图99，文物出版社1995年版。
② 另可参见泉屋博古館：《泉屋博古——中国古銅器編》，图版86，便利堂2002年版。
③ 闻一多：《璞堂杂识·龙》，《闻一多全集》册二，生活·读书·新知三联书店1982年版。
④ 陈久金：《〈周易·乾卦〉六龙与季节的关系》，《自然科学史研究》第6卷第3期，1987年。
⑤ 闻一多：《璞堂杂识·龙》，《闻一多全集》册二，生活·读书·新知三联书店1982年版；冯时：《中国早期星象图研究》，《自然科学史研究》第9卷第2期，1990年。

形象来源于东宫星宿跃地而出的天象，其实即指《说文》所谓尽现于地平之上的登天之龙，传统文献则习称为"升龙"或"登龙"，它既是古代帝王观象授时的标准天象，也是天子舆服的特有图像。因此，二里头绿松石镶嵌遗物于升龙之下特别设计了条形物以表现地平，不仅描写了苍龙星象跃地而出的独特天象，更重要的是体现了三代礼制的固有内涵。

二　大常考

古人为描写龙星的升降而产生的升龙、交龙图像其实正是三代旗章的基本内容。《周礼·春官·司常》："王建大常，诸侯建旂。"郑玄《注》："自王以下治民者，旗画成物之象。王画日月，象天明也。诸侯画交龙，一象其升朝，一象其下复也。"交龙的形象为二龙蟠结，一升一下，足见其特点为一龙上向，一龙下复，与石楼铜觥图像完全吻合。《左传·桓公二年》："三辰旂旗，昭其明也。"服虔《注》："三辰，日月星也。谓之辰者，辰，时也。日以照昼，月以照夜，星则运行于天。民得取其时节，故谓之辰也。"杜预《集解》："三辰，日月星也。画于旂旗，象天之明。"所言古旗绘星象甚晰。而《司常》又云："交龙为旂。"显然交龙之本义亦为星象，此正可解石楼铜觥面纹交龙之含义。《周礼·春官·巾车》："建大旂，以宾，同姓以封。"郑玄《注》："大旂，九旗之画交龙者。以宾，以会宾客。同姓以封，谓王子母弟率以功德出封。"石楼铜觥绘交龙之象以应旂制，大概即出于这个原因。

古九旗之制，诸侯所建之旂绘以交龙，天子所建之大常则绘三辰星象，章物灿然。《司常》："司常掌九旗之物名，各有属，以待国事。日月为常，交龙为旂。通帛为旜，杂帛为物。熊虎为旗，鸟隼为旟，龟蛇为旐，全羽为旞，析羽为旌。"郑玄《注》："物名者，所画异物则异名也。属，谓徽识也。"又《巾车》："巾车掌公车之政令，辨其用与其旗物，而等叙，以治其出入。王之五路，玉路建大常，十有二斿，以祀。金路建大旂，以宾，同姓以封。象路建大赤，以朝，异姓以封。革路建大白，以即戎，以封四卫。木路建大麾，以田，以封蕃国。"郑玄《注》："大常，九旗之画日月者。正幅为縿，斿则属焉。大旂，九旗之画交龙者。大赤，九旗之通帛。大白，殷之旗，犹周大赤，盖象正色也。大麾不在九旗中，以正色言之则黑，夏后氏所建。"金榜《礼笺》："大旂为交龙，大赤为鸟隼，大白为熊虎，大麾为龟蛇，周赤，殷白，夏黑，然则有虞氏之旂以青欤？大常纁帛，象中黄之色也。"则以黄常、青旂、赤旟、白旗、黑旐分属五方，各应方色。《礼记·明堂位》："有虞氏之旂，夏后氏之绥，殷之大白，周之大赤。"郑玄《注》："四者，旌旗之属也。绥，当为緌。读如冠蕤之蕤。有虞氏当言緌，夏后氏当言旂，此盖错误也。緌，谓注旄牛尾于杠首，所谓大麾。"是以方色又与不同族群崇尚之色有关。然五旗画章皆取象天官，故后世旗制或以画章应方色。《周礼·考工记·辀人》："龙旂九斿，以象大火也。鸟旟七斿，以象鹑火也。熊旗六斿，以象伐也。龟蛇四斿，以象营室也。"郑玄《注》："交龙为旂，诸侯之所建也。大火，苍龙宿之心，其属有尾，尾九星。鸟隼为旟，州里之所建。鹑火，朱鸟宿之柳，其属有星，星七星。熊虎为旗，帅都之所建。伐属白虎宿，与参连体而六星。龟蛇为旐，县鄙之所建。营室，玄武宿，与东壁连体而四星。"知五旗之画章皆上法天官，下应方色，绘四象所应各宫星象。《礼记·曲礼上》："行前朱雀而后玄武，左青龙而右白虎，招摇在上，急缮其怒。"郑玄《注》："以此四兽为军陈，象天也。又画招摇星于旌旗上，以起居坚劲军之威怒，象天帝也。招摇星在北斗杓端，主指者。"《初学记·武部》引《河图》："风后曰：予告汝帝之五旗：东方法青龙曰旂，南方法赤鸟曰旟，西方法白虎曰旗，北方法玄武曰旐，中央法黄龙曰常。"皆其证。金鹗《求古录礼说》卷五《招摇在上解》："《司常》'交龙为旂'即左青龙也，'熊虎为旗'即右白虎也，'鸟隼为旟'即前朱鸟也，'龟蛇为旐'即后玄武也，然则'日月为常'即此招摇在上矣。"孔颖达《礼记正义》引崔灵恩则谓四旗皆绘北斗，恐未必。孙诒让《周礼正义》及《九旗古谊述》以为九旗之内，正旗实止有五，即常、旂、旗、旟、旐，分象五方之星及方色。这些说法体系严整，而石楼铜觥面饰交龙图像，乃以旂之章物移用于礼器，其表现内容与旗章取象于星象的传统做法正合。至于章物与方色的配合，则尚缺少考古实物的印证。

五旗之中以大常为王所建。伪《古文尚书·君牙》："厥有成绩，纪于太常。"其制盖古。《司常》以为"王建大常"，郑玄《注》："王画日月，象天明也。"贾公彦《疏》："此直言日月不言星者，此举日月，其实兼有星也。"《穆天子传》卷六谓葬盛姬云："日月之旗，七星之文。"郭璞《注》："言旗上画日月及北斗星也。《周礼》曰：'日月为常。'旗亦通名。"此记画北斗于大常，即《曲礼》绘招摇之事。《尚书·益稷》及《左传·桓公二年》孔颖达《正义》并引《穆天子传》证大常画日月北斗，江永《乡党图考》卷五《冕服考》又据郑玄《司服》注"至周而以日月星辰画于旌旗，所谓'三辰旂旗，昭其明也'"之文，明郑玄也以大常绘有星辰。《仪礼·觐礼》："天子乘龙，载大旆，象日月，升龙降龙。"郑玄《注》："大旆，大常也。王建大常，縿首画日月，其下及斿交画升龙降龙。"故孙诒让《周礼正义》以为大常所画，三辰之外又有交龙。然《礼记·郊特牲》云："祭之日，王被衮以象天。……旂十有二旒，龙章而设日月，以象天也。"孙希旦《集解》："犹大常有龙章、日、月，而或亦但谓之旂也。……旂十有二旒，龙章而设日月，《巾车》所谓'大常'也。"《司马法·天子之义》："章，周以龙，尚文也。"虽谓大常画龙章，但皆不以为交龙。《巾车》郑玄《注》以大常即九旗之画日月者。《仪礼·觐礼》："乘墨车，载龙旂。"郑玄《注》："交龙为旂，诸侯之所建。"则以诸侯所建乃交龙之旂，别于王之大常。郑玄以交龙一象升朝，一象下复，是大常不具交龙，唯画升龙可明。《尔雅·释天》："素锦绸杠，纁帛縿，素陞龙于縿，練旒九，饰以组，维以缕。"郭璞《注》："画白龙于縿，令上向。""陞"，《礼记·明堂位》郑玄《注》引作"升"。《仪礼·觐礼》："侯氏裨冕，释币于祢。"贾公彦《疏》："《白虎通》引《礼记》曰：'天子乘龙，载大旗，象日月升龙。'《传》曰：'天子升龙，诸侯降龙。'"而《司常》"交龙为旂"，郑意以为分象升朝下复，故郝懿行《尔雅义疏》以为升龙者画一龙，降龙者画二龙，甚确。明"升龙"实言头上向升天之龙，也即乾卦"或跃在渊"之谓。

《说文·衣部》："衮，天子享先王，卷龙绣于下常，幅一龙，蟠阿上乡。"段玉裁《注》："乡，今向字。蟠阿，曲皃也。上乡，所谓升龙也。郑注《觐礼》云：上公衮无陞龙。然则惟天子衮有升龙也。龙曲体而卬首，故曰蟠阿上乡。"故据天子衮服观之，也可明古旌旗之制于王之大常设画升龙之章，且其形蟠阿上向，与二里头文化绿松石龙的造型完全相同。

天子大常十有二斿，龙章而设日月，此龙显即升龙。《释天》不言日月，又云"練旒九"，乃合诸侯之制。金鹗以为，盖周秦之儒，往往以诸侯礼制上说天子，故《乐记》亦云"龙旂九斿，天子之旌"。是周秦间多以龙旂九斿为天子之制，则其本为大常而误减斿数。时礼崩乐坏，天子位卑比于诸侯。

据此可明，周代旗制以天子之大常画日月及升龙，诸侯之旂则画交龙而无日月。《释名·释兵》："九旗之名，日月为常，画日月于其端。天子所建，言常明也。交龙为旂，旂，倚也，画作两龙相依倚。诸侯所建也。"以此衡量三代旗制，石楼龙形铜觥之盖面图像正为诸侯大旂之属，其表现交龙升降的基本内涵明确无误。事实上，如果在这样的图像中隐去降龙而唯存升龙，那么它不仅与二里头文化绿松石镶嵌遗物的图像一致，而且完全符合天子之旗特绘升龙的古制。很明显，这件二里头文化绿松石镶嵌遗物应该就是古代大常之遗迹，甚至三代遗物上留存的升龙之象也都可以考虑为取材于大常（图4—22）。绿松石拼嵌的升龙为东宫星宿的象征，其下之条形物则象征大地，表现了东宫苍龙出地而升的景象，这也正是古代帝王观象授时的基本天象。三代之大常图像似以升龙与太阳并绘。殷墟侯家庄1001号墓出土骨柶即于身饰菱纹的龙首上方绘有太阳的形象（图4—22，2），可为明证。此正与郑玄以大常于縿首画日月的说法相合。以此例彼，则二里头文化大常图像似也应如此，唯太阳的图像或许为绣绘而非镶嵌，故因朽烂已不复存留。简报指出，位于绿松石龙身的铜铃尚留纺织品印痕，或为縿斿之迹。

三 旗铃考

二里头文化绿松石镶嵌遗物于龙身附铃，当为常旂之物。《说文·㫃部》："旍，旗有众铃，以令众也。"知旗本系铃，旨在令众，故器名曰"铃"。"铃"本作"令"，即明其用而显令众之意。《颂斋吉金图录》图二五著录之王成周铃，器自名"令"，字不从"金"，颇存本义。器又为周王所用，显具令众之功。史载禹名"文命"，"命"，卜辞及金文本皆作"令"，故"文命"即以文德命众之意。禹修文德，又可得西周燹公盨铭文之印证。[①] 故铃本非乐器，其作用则在于令众。《尔雅·释天》："有铃

---

① 冯时：《燹公盨铭文考释》，《考古》2003年第5期。

曰旂。"《诗·周颂·载见》："龙旂阳阳，和铃央央。"毛《传》："铃在旂上。"《公羊传·宣公十二年》徐彦《疏》引孙炎曰："铃在旂上，旂者画龙。"是图绘升龙及交龙之常旂皆附有铃。

有关二里头文化青铜铃的发现，目前见诸报导的共有七件。[①] 七件铜铃表面均遗有纺织品痕迹，或粗似麻布，或精如丝帛，知其入葬时皆以织品包裹，其中某些织品或许正为旗物，因此不能排除这些铜铃确有一些属于旗铃的可能。

旗本招众，故配铃以令之，古制如此。《左传·桓公二年》："锡鸾和铃。"杜预《集解》："铃在旂，动皆有鸣声。"孔颖达《正义》引李巡云："以铃置旗端。"郭璞《尔雅注》："悬铃于竿头，画交龙于旐。""竿"即旗杠，文献或作"干"。《诗·鄘风·干旄》首章言"孑孑干旄"，二章言"孑孑干旟"，卒章言"孑孑干旌"，今文"干"并作"竿"。知常旂之铃悬于旗上，唯或以为置于干首，或以为置诸旗端。西周毛公鼎铭云："朱旂、二铃。"番生簋铭云："朱旂、旜金、芇、二铃。"知龙旂本配二铃。洛阳北窑西周墓 M453 出土铜干首自书"南"字，或为鸟隼之旗旐，本悬二铃。[②] 学者或以"二铃"乃计旗之数，谓"朱旂二铃"犹朱旂二柄。[③] 然据实物所见，古以二铃配一旗，非以一铃与一旗为对，故以铃计旗似显无理。况以毛公鼎与番生簋铭文对读，"二铃"与"朱旂"、"旜金"、"芇"四事并举，自为赏赐之旗物，故连类而及。"朱旂"谓为縿斿，"旜金"则即画旜，"芇"之所指，学者间持异论。或连上文"金"字而释"金芇"，读为"锦枋"，[④] 然字实作"𦬒"，且西周吴方彝铭言旗物而有"叔金"之称，故此"金"字当属上读而以"旜金"为句，读为"旜锦"，指为画章之所，说详下文。而"芇"字从"舛""尤"声，似指干首，即旗顶系铃载旂之处。

[①] 中国社会科学院考古研究所：《中国考古学·夏商卷》，中国社会科学出版社 2003 年版，第 120 页。

[②] 蔡运章：《铜干首考》，《考古》1987 年第 8 期。

[③] 郭沫若：《两周金文辞大系图录考释》第七册，科学出版社 1957 年版，第 134 页；黄然伟：《殷周青铜器赏赐铭文研究》，《殷周史料论集》，三联书店（香港）有限公司 1995 年版，第 174、197 页。

[④] 郭沫若：《两周金文辞大系图录考释》第七册，科学出版社 1957 年版，第 133—134 页。

《说文·㫃部》:"㫃,旌旗之游㫃蹇之皃。从中,曲而垂下,㫃相出入也。"段玉裁《注》:"从中谓干首。"盖干首古似以"冘"名之。"冘"之古音又读与"由"同。《周易·谦》:"由豫大有得。"汉帛书本"由"作"冘"。《后汉书·马援传》:"计冘豫未决。"《广韵·尤韵》:"冘,冘豫,不定。"凡此"冘豫"之辞,文献多作"由豫"、"淫豫"或"猶豫",是"冘"、"由"同音。《战国策·西周策》:"昔智伯欲代厹由。"高诱《注》:"厹由,狄国,或作仇首也。"殷金文"顽首","首"或也作"酉"。① 此皆"冘"、"首"相通之证。则"芁"既言首,实指干首,盖即"枕"之或体。古文字从"木"从"丬"无别,意近通用。《说文·木部》:"枕,卧所荐首者。"实荐首之字本当作"冘"。"冘",篆作"卞",正象人卧而以枕荐首之形,故"冘"即安枕之本字。《说文·冖部》解以"冘冘,行皃",大失本义。后"冘"字增木为意符作"枕",正以木为荐首之物。《周易·坎》:"险且枕。"郑玄《注》:"木在首曰枕。"古枕以木为,刘向有《芳松枕赋》,崔瑗有《柏枕铭》,苏彦有《楠榴枕铭》,皆颂木枕之作。枕本荐首,俗呼"枕头",故后世"干首"之称,与"枕"意正相因。

古以干首或名"鸿脰"。《仪礼·乡射礼·记》:"旌各以其物。无物,则以白羽与朱羽糅杠,长三仞,以鸿脰,韬上二寻。"郑玄《注》:"鸿脰,鸿鸟之长脰者也。"孙诒让云:"盖杠首曲而旁出以悬弧縿者。"② 是干首名"鸿脰",皆由"枕"名转注而得。商代妇嫙簋铭之"嫙"字所从之"㫃",其干首部分或作鸟首之形(图4—37,9),疑即鸿脰,简化形式则唯存曲首(图4—37,3)。其初为干首之别制,未必用于悬弧。故干首本名"枕",于理甚合。考古出土之西周干首或以铜制,知其本与旗杠非属一体,故独赐之。彝铭言赐旗物或仅旗、铃两种,或多至旗、旜、枕、铃,丰简不定,此犹车马命服之赐,或整或零。是古旗配铃,不独龙旂,五旗皆然。而二里头文化大常之迹以铃配于升龙旁侧,恰合此制。

---

① 冯时:《殷代史氏考》,《黄盛璋先生八秩华诞纪念文集》,中国教育文化出版社2005年版;《前掌大墓地出土铜器铭文汇释》,《滕州前掌大墓地》,文物出版社2005年版。

② 孙诒让:《九旗古谊述》,齐鲁书社1988年版。

图 4—37 金文从"狄"之字

1、2. 旅父乙卣（《集成》5061.1、2）　3、4. 斿觚（《集成》6532、6533）
5、9. 妇嬂觯、簋（《遗珠》33、14）　6、7. 亚若癸觚、方觚（《集成》
7308、7309）　8. 羌向觚（《集成》7306）

四　旗旜考

上古旗制甚繁，因时代旷远，实物无存，况文献简忽，难以钩沉。如五旗既别，又有旜、物之分，而旜、物之异，迄汉已无定说。《司常》："通帛为旜，杂帛为物。"郑玄《注》："通帛谓大赤，从周正色，无饰。杂帛者，以帛素饰其侧。白，殷之正色。凡九旗之帛皆用绛。"以九旗为通制，旜、物则其二也。然若旜、物无画，必不能起到辨殊徽号之作用，是郑意实有未尽。孙诒让《九旗古谊述》承金榜说谓："周之旗物名九而正唯五，五旗之外更无它旗。所谓旜物者，犹今国徽之有正有镶，实为诸旗之通制。……凡五正旗，各有旜有物。通帛者，谓以同色之帛为縿斿，縿与斿上下通一色也。杂帛者，谓縿与斿异色，上下各相间杂。旜纯则尊，物杂则卑。叙爵则尊者建旜，卑者建物。表事则大者建旜，小者建物。故《乡射记》说国君射获旌于竟，则龙旜即大旂之为旜制者。自郑误以旜为不画者，则龙旜之文不可通矣。"以五旗各应方色，而旜、物乃纯驳之异，皆有画章，其说当是。然谓郑玄以旜旗无饰，似失郑意。

《仪礼·乡射礼·记》："于竟，则虎中龙旜。"郑玄《注》："画龙于旜，尚文章也。"知旜本设龙章。但以此比观郑前通帛无饰之说，似乎彼此矛盾。寻绎郑意，似但就旜物通帛杂帛为说，并未涉论画章。而上古旗制于画章之处理方法恐关乎旌旗形制，故与后世有所不同，如此，则旜、物本应限指备设画章之物，因其与縿斿之色或同或异，故有旜、物之名。其后旌旗更制，古礼寖失，致郑注《司常》仅据縿斿言之而已。求古溯源，旜、物与縿、斿实同属旗物，唯各有不同。后世渐以龙旜别为一旗，[①] 误甚。

　　清儒或以五旗皆有旜、物，然常、旐之物，文献未闻。况据《司常》叙五旗之次，旜、物之前唯有日月之常及交龙之旂，而熊虎之旗、鸟隼之旟及龟蛇之旐，则厕于旜、物之后，已对五旗所涉旜、物有所分别。盖古之五旗以常、旐但有旜而无物，至旂、旟、旗三旗则旜、物并存。

　　旜、物虽有纯帛杂帛之分，但从上古旗制的发展角度分析，此旜、物本义当非关纯杂之别，而应与画章之绘设方法所决定的旌旗形制有关。《司常》以"通帛为旜"，郑玄仅言縿斿同色，解释并不全面。"旜"，字或作"旃"。《尔雅·释天》："因章曰旃。"郭璞《注》："以帛练为旒，因其文章，不复画之。"《左传·僖公二十八年》："亡大旆之左旃。"孔颖达《正义》引孙炎云："因其缯色，以为旗章，不画之。"《释名·释兵》："旃，通以赤色为之，无文采。"皆宗郑意而曲解之，不合古制。《说文·口部》："因，就也。"《逸周书·文酌》："因亲就年。"朱右曾《校释》："因，依。"《诗·大雅·皇矣》："因心则友。"毛《传》："因，亲也。"《左传·闵公元年》："亲有礼，因重固。"杜预《集解》："能重能固则当就成之。"《礼记·礼器》："为高必因丘陵，为下必因川泽。"故《释天》"因章"之"因"实乃依附受承之辞，"章"谓画章，"因章"意为依受画章，也即郑玄所谓"画龙于旜"。知旗中受承画章者本称"旜"，旜则为设章以明徽号之所，其别于縿斿通色之帛而独存。是早期旌旗似于縿斿之外别设承章之物，因"物"本画章之称，故承章之物亦可称"物"，遂专指旗中承受画章的旗物。而"旜"即"物"属，又为

[①] 聂崇义：《三礼图》卷九，清康熙丙辰（1676年）刻本。

"物"之尊者,皆指旌旗中因章受画的部分。《司常》:"掌九旗之物名,各有属,以待国事。……及国之大阅,赞司马颁旗物。"郑玄《注》:"物名者,所画异物则异名也。属,谓徽识也。……仲冬教大阅,司马主其礼,自王以下治民者,旗画成物之象。"知"物"实即旗上所设之徽志,用以名身份爵级。《仪礼·乡射礼·记》:"旌各以其物。无物,则以白羽与朱羽糅杠。"吴廷华《章句》:"物,所谓九旗之物,如孤卿建旜,大夫士建物之属。"胡培翚《正义》:"盖交龙熊虎九者及下龙旜之类。"所论甚确。《仪礼·士丧礼》:"为铭,各以其物。"意亦同此。①《国语·吴语》:"审物则可以战乎。"韦昭《注》:"物,旌旗,物色徽帜之属。"旗之徽识以日月及四象以成物象,遂名之曰"物",故"物"乃旌旗画章之通称。而古"旜"、"物"并举,明"旜"本也画章之谓。实上古旗制之画章于缥斿之外独设,因画章称"物",故承受画章之旗物亦称"物"。物色与旗之缥斿或同或异,其通缥斿之色者位尊,物则名"旜",此即《司常》所谓"通帛"者。旜制之外,物与缥斿之色各相殊异者位卑,也即《司常》所谓"杂帛"也,则仍守"物"名而已。据此可知,"旜"、"物"应为旗中专设画章之旗物。

据金文史料可知,至西周时代,旗制尚以画章独存而别于缥斿,缥斿无饰文章,画章则似以织绣之法设于锦质之旜物。番生簋铭云:

朱旂、旜金(锦)、芾、二铃。

毛公鼎铭云:

朱旂、二铃。

吴方彝铭云:

王呼史戌册命吴司旂㠯(曁)叔(淑)金(锦)。

---

① 马雍:《论长沙马王堆一号汉墓出土帛画的名称和作用》,《考古》1973年第2期。

学者或连读毛公鼎铭为"朱旂二铃",①然以番生簋铭证之,知"朱旂"与"二铃"当分属二物。学者又读番生簋铭云"朱旂旜",谓即朱旂之縿斿同色者,②然以吴方彝铭证之,则知当读为"朱旂、旜锦","朱旂"与"旜锦"也分属二物。况依郑玄所说,"旜"既通赤之色,则复以"朱旂"为说,语意重复。吴方彝铭之"旃"与"淑锦"并举,其例与番生簋铭"朱旂"与"旜锦"并举相同。"旃",阮元以为盖古"旆"字,乃从"㫃"从"帛"省,③说不可从。孙诒让则谓当即殷大白之旗。《周礼·春官·巾车》:"建大白以即戎。"郑玄《注》:"大白,殷之旗,犹周大赤,盖象正色也。"金榜《礼笺》谓大白即《司常》九旗之"熊虎为旗"。《逸周书·克殷》:"武王乃手太白以麾诸侯。"孔晁《注》:"太白,旗名。"其旗色白,故字作"旃",以六书求之,当为从"㫃"从"白","白"亦声。④所论甚是。故此"旃"为大白之旗,类当番生簋铭之"朱旂"。准此,则与"旃"并举之"叔金"也为旗物甚明。

"叔金",阮元读为"淑金",谓即善金。⑤然以番生簋铭例之,"金"当读为"锦"。郭沫若读"叔金"为"素锦",⑥但锦为织文之物,其花五色绚烂,非为素白无文者。《诗·小雅·巷伯》:"成是贝锦。"郑玄《笺》:"犹女工之集采色以成锦文。"所言甚明,故郭说实也难通。盖"叔金"应读为"淑锦",意即美善之锦,其与"旜锦"之称乃存广义狭义之别。

《释名·释采帛》:"锦,金也。作之用功重,其价如金,故其制字从帛与金也。"王先谦《释名疏证补》:"叶德炯曰:汉时锦名最多,有斜文锦、蒲桃锦,见《西京杂记》;有虎文锦,见《汉官仪》;有走龙锦、翻鸿锦、云凤锦,均甘泉宫招仙灵阁物,见郭子元《洞冥记》;有鸳鸯万金锦、蛟文万金锦,均成帝赐后宫物,见《博物要览》;有绿地五色锦,见吴淑《事类赋》引《西京杂记》;有云锦、紫锦,见《汉武内传》。至三

---

① 郭沫若:《两周金文辞大系图录考释》第七册,科学出版社1957年版,第135页。
② 同上书,第133页。
③ 阮元:《积古斋钟鼎彝器款识》卷五,清嘉庆九年(1804年)自刻本。
④ 孙诒让:《古籀拾遗》卷中,中华书局1989年版。
⑤ 阮元:《积古斋钟鼎彝器款识》卷五,清嘉庆九年(1804年)自刻本。
⑥ 郭沫若:《两周金文辞大系图录考释》第七册,科学出版社1957年版,第75页。

国名目尤繁，如《御览》布帛部二载《魏志》绛地交龙锦、绀地句文锦、暴文杂锦，又载魏武诏如意虎头连璧锦、金薄蜀薄等，大都随织文命名。"锦以彩丝织组各种图案，是锦皆为彩锦。《说文·帛部》："锦，襄邑织文也。"桂馥《义证》："《急就篇》：'锦绣缦紵离云爵。'颜《注》：'锦，织綵为文也。'《诗·硕人》：'衣锦褧衣。'《传》云：'锦，文衣也。'《巷伯》：'萋兮斐兮，成是贝锦。'《传》云：'萋、斐，文章相错也。贝锦，锦文也。'"《尚书·禹贡》："厥篚织文。""厥篚织贝。"伪孔《传》："织文，锦绮之属。"孔颖达《正义》："绮是织缯之有文者，是绫锦之别名，故云锦绮之属，皆是织而有文者也。……郑玄云：贝，锦名。《诗》云：'萋兮斐兮，成是贝锦。'凡为织者，先染其丝，乃织之，则文成矣。"《诗·秦风·终南》："锦衣狐裘。"毛《传》："锦衣，采色也。"《文选·张平子四愁诗》："美人赠我锦绣段。"李善《注》："锦绣，有五采成文章。"锦以五采织绣文章，意与"金"恰相应。《说文·金部》："金，五色金也。"段玉裁《注》："凡有五色，皆谓之金也。"金备五色，与织采兼杂五色为锦意正暗合，故周人以"金"名锦。《释名》以"金"训"锦"虽出声训，又以"锦"为会意，俱存古义。

　　锦以织组而成物象，其用于旗物，则为旗之画章徽号所在。周代旗制以锦为设章之物，其中通帛者称"旜"，或连其质地而曰"旜锦"；杂色不纯者称"物"，或以旜兼物而泛言之曰"淑锦"。"旜"、"物"细言虽别，通言则同为章物，无有区分。《诗·小雅·六月》："织文鸟章，白旆央央。"此鸟旗之谓。毛《传》："鸟章，错革鸟为章也。白旆，继旐者也。央央，鲜明貌。"郑玄《笺》："织，徽织也。鸟章，鸟隼之文章。"《司常》贾公彦《疏》两引《诗》皆作"识文鸟章"，实"织"为本字，"识"为假借字。古旗以锦设徽识画章，其法为织绣而成，故诗云"织文鸟章"。鸟章织就，而所织者正为徽识，故有郑"织"为徽识之说。陈奂《诗毛氏传疏》："章，正幅。《诗》之'绥章'，《尔雅》之'因章'，《礼记》之'龙章'，皆正幅也。正幅为縿。《传》云'错革鸟为章'，则画革鸟于縿上，《传》有明文矣。"说虽可通，但以后世旗制比附上古制度，而不知古旗之縿与因章之旜锦实本有别。鸟旗以鸟为徽识，则"鸟章"犹"龙章"，本皆织绣于锦，遂成旜、物。《诗·大雅·韩奕》："王锡韩侯，淑旂绥章。"毛《传》："淑，善也。交龙为旂。绥，大绥也。"

郑玄《笺》："善旂，旂之善色者也。绥，所引以登车，有采章也。"殊误。王肃云："章，所以为表章。"也未逮本义。此以"淑旂"与"绥章"对文，知为二旗物。王先谦《诗三家义集疏》："'淑旂'，旂也。'绥章'，旓也。《出车》、《采芑》并言'旂旓央央'，《传》：'央央，鲜明儿。'即《笺》所谓'善色'矣。《公羊·宣十二年传》注：'加文章曰旂。'《释文》：'绥，本又作緌。'《礼·明堂位》'夏后氏之绥'，郑注：'绥，当为緌，读如冠蕤之蕤。'是'緌'为正字矣。今字通作'緌'，'緌章'连文，与《六月》'帛茷'连文同义。'茷'与'旓'同，章、帛皆谓'縿'也。以旓继帛曰'帛旓'，以绥系于縿末，如为文章，是曰'绥章'。"也以后世旗制曲为解说。古制设交龙于旜锦以为画章，故"绥章"实指旜锦或淑锦，乃旗之织绣徽识章物的部分。王引之《经义述闻》卷七："緌者，文貌。《荀子·儒效篇》：'绥绥兮有其文章也。'杨《注》曰：'緌，或为葳蕤之蕤，字又作委。'《仲尼篇》：'委然成文，以示之天下。'是也。所画于旂交龙日月之章，緌然有文，故曰'绥章'。'绥章'与'淑旂'，文正相对也。"所说近是。故此"淑旂绥章"即言旂、旜二物，"淑旂"乃述旂之美丽鲜明，此指縿斿之属，而"绥章"则谓旜锦上织锈的徽识緌然夺目。此周王赐韩侯之"淑旂"与"绥章"例同番生簋铭言天子之赐番生"朱旂"与"旜锦"，又同吴方彝铭所言"旆"与"淑锦"，皆明"朱旂"与"旆"实为朱旗、白旗而无画者，也即縿斿，而与之相对的"旜锦"、"淑锦"则别于縿斿，为织绣文采物象之善锦，乃旌旗承因徽识画章的旗物，故为正幅。其或以质地言曰"锦"，或以物象言曰"章"，性质则皆属旜物。是上古之旗皆备旜、物，为画章之所，至周之旜、物虽以文锦为之，但仍别于縿斿而独设，此盖旗之古制。

上古旌旗形制虽难以详考，然据殷周甲骨文、金文"㫃"字字形的分析，尚可略明一二。"㫃"取旗形，或写实逼真，或点画省简，形象完整者可见旗干、干首、旗旜和縿斿（图4—37；图4—38）。干首的形式多变，或简或繁，或曲或歧，曲首者又有单曲与双曲之别（图4—37），显然应该反映着不同的旗制。干首之下的旗縿与旗旜或饰崇牙。《礼记·檀弓上》："设崇，殷也。"郑玄《注》："崇，崇牙。旌旗饰也。"《礼记·明堂位》："有虞氏之绥，夏后氏之绸練，殷之崇牙，周之璧翣。"郑玄

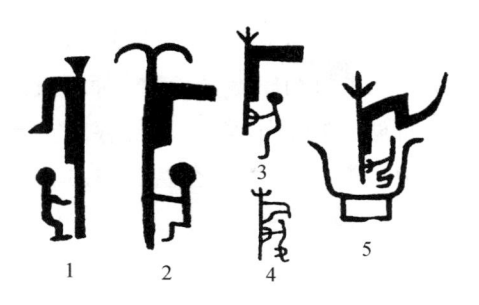

图 4—38　金文从"㫃"之字

1. 竹斿卣（《集成》4852）　2. 斿觚（《集成》5448）　3. 斿父癸壶（《夏商周》150）　4. 长日戍鼎（《集成》2348）　5. 卣（《集成》5265）

《注》："殷又刻缯为崇牙，以饰其侧，亦饰弥多也。汤以武受命，恒以牙为饰也。"孔颖达《正义》："殷之崇牙者，谓刻缯为崇牙之形，饰旌旗之侧。"孙希旦《集解》则谓崇牙刻于旗杠之首以注旄，误甚。今据殷商祖乙卣铭文可知（图4—39），旗除干与干首以外的主体部分，于横置之縿与竖置之旜皆饰崇牙，而继縿之斿则无饰。又有某些"㫃"字似仅存横幅之縿与依干之旜，反不绘继縿之斿（图4—38，2—4）。据此可明，商周旗制凡依干之竖幅实即旗旜，而旜上横出者则为旗縿，继縿垂曳者

图 4—39　祖乙卣铭文拓本
（《集成》4890）

则为旗斿。如果比较旅父乙卣两组相同的铭文，这一点也可以看得相当清楚。其中一"旅"字所从之"㫃"，旜与縿、斿连体而绘（图4—37，1），而另一"旅"字所从之"㫃"，旜则与縿、斿分绘（图4—37，2）。足明旗旜乃依干而设。这种独立存在的旗旜在两件斿觚铭文上也反映得很明确（图4—37，3、4）。其实，文字中象形的旗旜常由完整的形象而简省变化，如亚若癸觚铭及亚若癸方觚铭两种"㫃"字的形体，其一形象写实，旜与縿、斿连为一体（图4—37，6）；另一则已有所简化，独立而绘的旗旜与縿、斿相互分离，且旗縿的形象已被省略，唯以继縿之斿兼示縿斿，从而使旗旜突显（图4—37，7）。如果以绕向觚铭文中的相关

之字与此对较,更可明其省略演变之迹。瓿铭"放"字于旗斿之下依干斜饰二曲笔,上笔显然意在勾勒旗縿之轮廓,而下笔则在勾勒旗旜之轮廓(图4—37,8),而旜、縿的形象已不复存在。至于甲骨文、金文"放"字的一般写法皆作"卜"形,简化尤甚。在这个字形中,旗旜的形象已全无踪影,只以一短画指示旗旜所在的位置而已。准此可明,"放"字凡省简之形多于縿斿之下的干侧斜饰一笔,位置与张縿之弧不同,喻意其实正在指示作为旌旗主体的旗旜之所在。

金文又有"㫃"字,乃"放"字或体,[①] 其字形特点对于了解旌旗的古老形制也很有帮助。"㫃"本作"🚩"(图4—40,1,原误作"旅"),为旗之象形。西周金文"旂"作"🚩",或作"🚩"(图4—40,2)。[②] "㫃"、"放"互作,其取象相同,本为一字可知。[③] 而"放"字的繁形俱写旗干、干首、旜及縿斿(图4—39),其中旗旜的形象呈矩形依干独设(图4—37),而"放"字于旗干中部的"凵"符则显然是对"放"字字形中依干而设的旗旜的正面表现,据此也可明上古旌旗之形制。此外,古文字"史"本作"🚩",省作"🚩",金文或作"🚩"(图4—40,3),即写手执旌旗之形,[④] 其中之"🚩"也即"㫃"字,用意则在突显旗中承章之旜。盖古制以史奉王旗而行事[⑤],故据其象以制"史"字,又用为"事",而史所奉之旗作"🚩",或即大常之象。

《说文》训"放"字曲而垂下之物乃旌旗之斿,但"放"字既写旗形,却唯存旗干旗斿,反不见旗之正幅旜縿,令人费解。今据金文可知,"放"字曲而垂下之物实即连为一体的縿斿的简化形式,而在早期文字中,旗旜则别于縿斿而独绘,或以指事符号简而标识。故知古旗实旜、縿、斿三者兼备,旜乃依干而设,縿于旜上横置,斿与縿则连为一体,

---

① 陈梦家谓"㫃"乃"放"之繁体。见氏著:《中国文字学》,中华书局2006年版,第188页。

② 朱凤瀚:《柞伯鼎与周公南征》,《文物》2006年第5期。

③ 《说文》以"㫃"训日出,乃承"旰"字之义。参见冯时《殷代纪时制度研究》,《考古学集刊》第16集,科学出版社2006年版;《百年来甲骨文天文历法研究》,中国社会科学出版社2011年版。

④ 冯时:《殷代史氏考》,《黄盛璋先生八秩华诞纪念文集》,中国教育文化出版社2005年版;《前掌大墓地出土铜器铭文汇释》,《滕州前掌大墓地》,文物出版社2005年版。

⑤ 参见《史记·封禅书》。

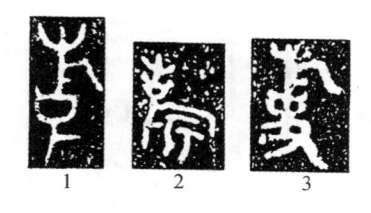

图4—40　金文"㫃"及从"㫃"之字
1. 㫃鼎（《集成》2347）　2. 柞伯鼎（《新收》76）
3. 作册令方彝（《集成》9901）

图4—41　战国铜壶图像（故宫博物院藏）

继縿而出。今见战国之旗有建旐于战车者（图4—41），① 旌旗形制于窄长之旒接续细长之斾，而旜已不存，已开后世旗制之先河。《尔雅·释天》："缁广充幅，长寻曰旒，继旐曰斾。"此虽旒斾，乃杂帛为物之别制，② 然其形制则有助于理解"㫃"字曲垂之笔的由来。郭璞《尔雅注》："画交龙于縿。"意即画龙于縿章，也明古旗以縿斿一体。很明显，古旗以旗旜依干而设，作矩形竖向，旜上之干则系以织质縿斿，干首悬铃。此后随着旗制的变化，旗旜消失，縿幅渐广，以承画章。《释天》"因章曰旜"之说，其制合于金文。

《说文·㫃部》："旃，旗曲柄也，所以旃表士众。从㫃，丹声。《周礼》曰：'通帛为旃。'旜，或从亶。"此曲柄之旃，经典无文。《汉书·田蚡传》："列曲旃。"师古《注》引苏林云："礼，大夫立曲旃。曲旃，

---

① 原田淑人、驹井和爱：《支那古器图考——舟车马具篇》，图版七，东方文化学院东京研究所刊，1937年。
② 孙诒让：《九旗古谊述》，齐鲁书社1988年版。

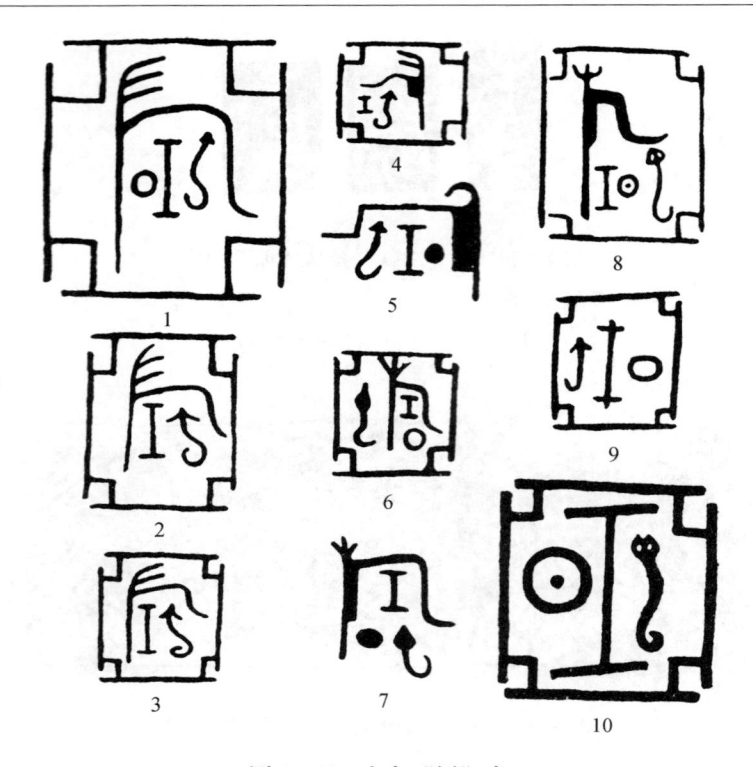

图4—42　金文"㫃"字

1. 尊（《集成》5926）　2、3. 剌卣（《集成》5338）　4. 父丁角（《集成》8893）　5. 亚妣涉觚（《集成》7288）　6. 亚㫃尊（《集成》5687）　7. 亚㫃父己鼎（《集成》1871）　8. 亚㫃父丁鼎（《集成》1846）　9. 父乙觯（《三代》14.41.12）　10. 左钲（《集成》403）

柄上曲也。"是曲旃似为干首屈曲之旗，正合金文所见鸿胪之制（图4—37，3、9；图4—42，1—5）。孙诒让《九旗古谊述》："窃疑曲旃即《乡射礼》之鸿胪。"甚是。然以之为诸旗通制，则恐非古法。殷周金文之"㫃"有直首曲首之分（图4—37，3、4、5、9；图4—42），两形虽于偏旁互用无别，但所体现之旗制确有不同，故许说实有所本。马宗霍《说文解字引经考》："苏林所称礼，不必周礼，或秦汉以来有此制。"今知旜本画章之所，与干首无涉，后世制度渐变，盖以曲柄之旗独云旜也。

旜设画章，为旌旗之主体部分，后旗旜消失，旜物移画于縿，故旜则转指旗身。《左传·定公四年》："分康叔以大路，少帛、綪茷旃旌。"贾逵云："少帛，杂帛也。綪茷，大赤也。"郑众云："茷，斾名也。"《说文·糸部》："綪，赤缯也。"是"綪茷"、"少帛"当分言旃物。杜预《集解》承贾说以"少帛"为物，"綪茷"为旃，取染草名也。孔颖达《正义》："大赤是通帛，知少帛是杂帛也。《释草》云：'茹藘、茅蒐。'郭璞曰：'今之蒨也，可以染绛。'则綪是染赤之草。茷即斾也。《尔雅》：'继旐曰斾。'旐是旂身，斾是旂尾。尾犹用赤，则通身皆赤。知綪茷是大赤，大赤即今之大红。旗取染赤之草为名也，盖王以通帛、杂帛并赐卫也。然则大赤即是旃也，于綪茷之下更言旃者，茷言旂尾，旃言旂身。"即以"旃"指承依画章之旗身，犹存旃制古义。竹添光鸿《会笺》："旃旌者，少帛、綪茷之旃旌也。少帛以物言，綪茷以色言，少帛之旌，綪茷之旃也。旃、旜同字，旗身也。"亦主此说。由此可明，旃指旗身，全因其本为画章之所。

殷金文有氏名作大常之形（图4—42），字从"认"从"虫"（图4—42，2—4），或也从"日"（图4—42，1、5—10），以象于旗旃绘升龙与日，字或从"工"，乃"甄"之省形，兼为声符，故字当为"甄"省声。此字旧或释"旈"，谓从"认"从"虹"，[①]然"工"非"工"字，实为矩尺之象形，故释"旈"字无据。盖字当释"旃"，或省"认"符（图4—42，9、10），实即"甄"之本字，今则作"展"。

《说文·甄部》："甄，极巧视之也。从四工。"段玉裁《注》："工为巧，故四工为极巧。极巧视之，谓如离娄之明，公输子之巧。既竭目力也。凡展布字当用此，展行而甄废矣。"说甚迂曲。《玉篇·甄部》："甄，今作展。""展"本视义，而《说文·认部》释旃为曲柄之旗，所以旃表士众。段玉裁《注》："旃当为展，以叠韵为训。《聘礼》曰：'使者载旃。'《注》云：'载之者，所以表识其事也。''及竟，张旃誓。'《注》云：'张旃，明事在此国也。'此与仲秋治兵载旃皆表士众之义。"朱骏声《说文通训定声》："从丹亦义，兼声。许云旃表士众者，盖以声训。此旃字当作展，谓展动之，为士庶之幖识也。"说皆精辟。据文献可知，王之大常绘日月及升龙，而"旃"字从"认"从"虫"，或从"日"，正像旗

[①] 唐兰：《古文字学导论》下编，齐鲁书社1981年版，第39页。

上绘有日及升龙。字从"뀨"会意兼声,以明旗之张展则日与升龙诸章物皆可视见之意,设思巧妙。古制于旗绘日月四象之画章徽识,若旗縿敛覆,则徽识不可得见,唯以展旗方可使画章尽现,令人视之以明其标志。《仪礼·聘礼》:"敛旜。……及竟,张旜誓。"郑玄《注》:"敛,藏也。张旜,使人维之。"贾公彦《疏》:"以其行道敛旜,及境张旜,明所聘之事在此国,故张旜以表其事也。云'张旜,使人维之'者,案《礼纬稽命徵》云:大夫杠五刃,齐于较,较崇八尺,人又长八尺,人维得手及者,盖以物接之乃得维持之。"《周礼·夏官·节服氏》:"节服氏掌祭祀朝觐,衮冕六人,维王之大常。诸侯则四人。"郑玄《注》:"维,维之以缕。王旌十二旒,两两以缕缀连,旁三人持之。《礼》:天子旌曳地。郑司农云:维持之。"贾公彦《疏》:"经云六人维之,明一畔有三人,三人维六旒,故知两两以缕缀连,旁三人持之。……若不遣维持之,则旒曳地故也。"《尔雅·释天》:"维以缕。"郭璞《注》:"用朱缕维连持之,不欲令曳地。"郝懿行《义疏》以为维持以素缕。所述甚明。故"旜"字之义正以旗上画章尽现而喻旗之张展。"뀨"本从"廾",知本义正为展旗。古展旗维之以缕,或以缕系于矩而人持之,故字从"工"。后积矩孳乳作"뀨",乃众人展旗之象,正会展旗之意。是金文"展"字本为从"廾"从"日"从"虫"从"뀨"省,"뀨"亦声,象以矩展旗而龙章尽现。《说文》以"뀨"训极巧视之,也正出此缘。旗展则可视之,遂得辨徽识。故以字考之,尽管早期常旗是否绘月尚不能定,但日与升龙同设的事实不仅相当清楚,而且画章也应同设于旜。

"旜"意本诸旜表士众,也即展示之展,明旗以展示画章而得辨殊徽识,自因"旜"乃设章之物。许慎以"旜"为曲柄之旜,其说与金文"旃"字多作曲首之形颇合(图4—42,1—5),盖有所本。是"旃"字所示也即大常之形。

旜、物之分,除旗色通杂之外,尚于画章有所不同。"物"名源于徽识画章所成之各种物象,而旜为物之尊者,常旜又为尊者之至,故"旜"字取形之本或即常旜之龙章。西周金文有"旜"字,本作"旜"(图4—43),从"廾"从"蟺",① "蟺"亦声。"蟺"乃从"虫","亶"省声。

---

① 郭沫若:《两周金文辞大系图录考释》第七册,科学出版社1957年版,第133页。

《说文·虫部》:"蟺,夗蟺也。"段玉裁《注》:"夗,转卧也。引申为凡宛曲之称。夗蟺叠韵,盖谓凡虫之冤曲之状。"故"旜"字所从之"虫"实即升龙之象,与"旂"字所从之"㫃"表意相同,当同写常旜之龙章,故字从"蟺"会意兼声,以喻升龙倚动夗蟺之姿,此恰合二里头文化常旜及金文

图4—43 金文"旜"字
1. 利簋(《集成》4131)
2. 番生簋(《集成》4326)

"旂"字所绘升龙所表现的形象。要之,"旜"字虽写升龙而取常旜之象,然其意则以尊摄卑,即以大常之章兼该旂、旗、旟、旐之旜物。

郑玄以通帛大赤为旜,乃就縿斿言之,而金文"朱旂"与"旜锦"对称,是知朱旂无饰,旜锦则为画章之物,也明旜本画旜。金文"旜"字即取龙章之形,益为之证。旜为画章,故可展表士众,足资辨徽识,殊名号,则所附之縿斿自不必复为章物。盖古旗之制本大别为旜、物,皆备画章,其中旜与縿斿通色者尊,物与縿斿杂色者卑。《释名·释兵》:"通帛为旃,旃,战也,战战恭己而已。"也明旜者之尊。后世旗制趋简,画旜变制,遂礼家唯知通帛为旜、杂帛为物,渐失旜、物本义。

旜载画章,乃旗之徽识,作用在于辨尊卑,明身份,故旜与画章互文而行。《礼记·郊特牲》:"旂十有二旒,龙章而设日月,以象天也。"此常旜之谓。郑玄《注》:"设日月,画于旂上。"不训"龙章"而谓日月画于旂上,似以龙章为旜而日月绘于縿旗,犹有可通。孔颖达《正义》:"画龙为章而设日月,以象天也者。"即以龙为画章而与日月并设。《礼记·明堂位》:"是以鲁君孟春乘大路,载弧韣,旂十有二旒,日月之章,祀帝于郊。"此"日月之章"即《司常》之"日月为常"及《郊特牲》"龙章而设日月",亦常旜也。《史记·鲁周公世家》:周公卒后,"成王乃命鲁得郊祭文王。鲁有天子礼乐者,以褒周公之德也。"裴骃《集解》引《礼记》曰:"鲁君祀帝于郊,配以后稷,天子之礼。"故知鲁君可享天子仪仗。《司马法·天子之义》:"旂章,周以龙,尚文也。""龙章"为画章,本设于旜,常旜设升龙,而旂旜则绘交龙。

《司常》言九旗之物名"各有属",郑玄《注》:"属,谓徽识也。"《仪礼·聘礼》:"使者载旜。"郑玄《注》:"载之者,所以表识其事也。"

旗以画章辨名号，故"章"有章明、徽识之意。《礼记·月令》："以为旗章。"郑玄《注》："旗章，旌旗及章识也。"《文选·曹植责躬赋》："旗章有叙。"李善《注》引《礼记》郑玄《注》："章，帜也。"是旗以画章为徽识。《诗·商颂·长发》："为下国缀旒。"毛《传》："缀，表。旒，章也。"已是晚起制度。甲骨文、金文"㫃"字明示旗旒继縿而出，后世旌旗以画章自旗䰜移至旗縿，故"旒"亦训章，以明标识。又《国语·晋语一》："变非声章。"韦昭《注》："章，旌旗也。"即以章本旗之徽识，故推之曰旌旗。王引之《经义述闻》卷二十三："谓旌旗之采章也。凡物之表皆谓之章，亦谓之旗。"旗绘成物为章，故成采章，用以定旗之徽识，故更广言为旗。凡此"章"意皆本诸画章，初设于䰜，后䰜失而移设于縿斿。故章为徽章，自于䰜为画䰜之义引申变化。

旗䰜既明，则《司常》所谓"通帛为䰜"当但述縿斿之色而无涉画䰜，而《释天》之"因章"则独解画䰜却不关縿斿，说虽各有侧重，皆颇存古义。是旗䰜因画章而独设，实为专绘画章之物，别于縿斿。古旗年代深远，故䰜制寖失本义，久不为人所知。实上古旗制，于縿斿之外独设画䰜，以图画四象及升龙，明其徽识，此设章物之所即为䰜。二里头文化常旗遗迹唯存绿松石镶嵌之升龙图像，然此像绝无可能嵌于縿帛，审之必设于木质之䰜，以成画章，故其本属大常之䰜明矣。

五　䰜色考

郑玄训䰜为通帛大赤，甚是，然以大赤之色仅限周制，恐非。依孙诒让说，古旗有纯驳之分。《周礼正义》云："其䰜物二者，则为縿斿纯驳之异。凡䰜，縿斿同色为纯；物，縿斿异色为驳。常旐为天子诸侯所建，疑唯有䰜而无物。自旗以下，则贵贱通建，故䰜物兼有。"而于《九旗古谊述》又云："凡五正旗，各有䰜有物。"然常、旐之物，史无明载。实依古制，旗䰜独设，故䰜与縿、斿同色者为䰜，而常䰜则当通为朱色。西周麦方尊铭云："雩若翌日，在辟雍，王乘于舟，为大礼。……侯乘于赤旂舟从。"大礼行于辟雍，邢侯从王射而乘赤旂之舟，是赤旂似为鸟旗之属。五旗随章异物，各应方色。此云赤旂，当鸟旗之䰜。《周礼·夏官·大司马》言中秋教治兵，"百官载旟"，郑玄《注》："百官，卿大夫也。载旟者，以其属卫王也。"《司常》云"孤卿建䰜"，明孤卿所建为旗之幡。麦方彝铭云麦"用赞邢侯出入","出入"意即出纳邢侯之命。麦方盉铭云麦"用从邢侯征事,用奔走朝夕赞御事",此"征事"似言贡事,也即邢侯入典王事之职,知邢侯当在孤卿之列,其建旗幡,与制正合。

两周金文除赤旂之外,又见朱旂。朱赤之色异,以别尊卑。《说文·赤部》:"赤,南方色也。"又《糸部》:"絑,纯赤也。""纁,浅绛也。""绛,大赤也。"段玉裁《注》:"纯同醇,厚也。"是自浅绛之纁而大赤之绛,至纯赤之朱,其色由浅渐深。"絑",本作"朱"。《周易·困》:"困于赤绂。"郑玄《注》:"朱深于赤。《诗·豳风·七月》:"我朱孔阳。"毛《传》:"朱,深纁也。"《仪礼·士冠礼》:"服纁裳。"郑玄《注》:"纁裳,浅绛裳。凡染绛,一入谓之縓,再入谓之赪,三入谓之纁,朱则四入与。"是朱与绛为一色,赤与纁为一色。朱绛红最深且纯,赤纁则较浅而不甚纯。故色深为朱,色浅为赤,深尊而浅卑。

《说文·市部》:"市,韠也。上古衣蔽前而已,市以象之。天子朱市,诸侯赤市,卿大夫葱衡。"《诗·小雅·斯干》:"朱芾斯皇。"郑玄《笺》:"芾者,天子纯朱,诸侯黄朱。"《鲁诗》"芾"作"绋"。《白虎通义·绋冕》:"天子朱绋,诸侯赤绋。"陈乔枞《三家诗遗说考》:"《易乾凿度》:'天子、三公、九卿朱绂,诸侯赤绂。朱绂者,赐大夫之服也。'郑《注》:'朱、赤虽同,而有深浅之别。'说与此合。然则诸侯惟得用赤绋,入为王臣,始加赐朱绋。天子、三公、九卿,皆服朱绋葱衡。方叔为宣王卿士,故《诗》言'朱绋斯皇,有瑲葱衡'也。"其说甚是。王先谦《诗三家义集疏》:"诸侯入为天子三公九卿,亦得赐朱芾,惟是黄赤,与天子纯朱有别故也。"西周金文屡见天子降赐朱芾,正同此制。而诸侯卿士受赐朱旂,亦合于制度。

朱旂为赏赐之物,犹九锡之赐。郑玄《司常注》谓"九旗之帛皆用绛",与朱旂正合,盖言其制。毛公鼎铭云"朱旂、二铃,"有旗而无幡。番生簋铭云"朱旂、幡锦","旂"、"幡"并述,"旂"为织质幓斿,"幡锦"为画幡,知有旗有幡。"朱旂"显即朱绛之旗,色深于赤。而"幡锦"与"朱旂"同举,似"朱"也兼涉幡色,可明画幡当为朱绛之色。二里头文化之大常遗迹留有朱漆残痕,益可证其为大常之幡。

六　旗旐变制考

西周旗制之旐以锦为之，但二里头文化常旐所设之升龙并非织绘于锦，而是以绿松石镶嵌而成，或为古制，其法于文献尚有迹可寻。

《尔雅·释天》："错革鸟曰旟。"郭璞《注》："此谓剥鸟皮毛置之竿头，即《礼记》云'载鸿及鸣鸢'。"《公羊传·宣公十二年》徐彦《疏》引李巡云："以革为之，置于旐端。"乃郭意所本。《诗·小雅·六月》："织文鸟章。"毛《传》："鸟章，错革鸟为章也。"则承《释天》说。郑玄《笺》以"鸟章"即旗下鸟隼之画章，孔颖达《正义》引《郑志》答张逸云："画急疾之鸟隼是也。"又引孙炎曰："错，置也。革，急也。画急疾之鸟于縿也。"读"革"为"亟"，本之于郑，未逮本义。《说文·㫃部》："旟，错革画鸟其上。"段玉裁《注》："鸟上各本有'画'字，妄人所增。考《韵会》所据小徐本无此字，今删。"是。郑玄解九旗皆画章物，文献于旗也皆言"画"，然《释天》唯旟言"错"，遂后人妄增"画"字，又以"错革"为辞，皆误。《隋书·礼仪志五》释《释天》"错革鸟"而引旧注云："刻为革鸟。"《太平御览》卷三四〇引《尔雅》旧注也云："刻为革鸟，置竿首也。"以"错"训刻，最近本义。"革鸟"则为张翼之鸟。《诗·小雅·斯干》："如鸟斯革。"毛《传》："革，翼也。"郑玄《笺》："如鸟夏暑希革张其翼时。"马瑞辰《毛诗传笺通释》："革，《韩诗》作䩯，云'翅也'。《说文》：'䩯，羽也。'《广雅》：'䩯、䩹，翼也。'䩹、䩹并与翅通。《毛诗》作革，即䩯字之省借，故《传》训为翼。"是为证。[①] 故"错革鸟"意即以革鸟为画章而刻错之。

"错"为画章之制作方法，显非绘画，而犹嵌错。镶嵌即先于器表刻出图像之凹槽，再将嵌物措置其间后磨平，其工艺恰合"错"意。《说文·金部》："错，金涂也。"段玉裁《注》："谓以金措其上也。或借为措字，措者，置也。或借为磨厝字，厝者，厉石也。或借为这适字，东西

[①] 日本出光美术馆藏西周时代铜器（《中国古代の美术》，封面，出光美术馆，1978年），首铸双鸟，学者或论当属铜翣，可从。参见林巳奈夫《中国先秦时代の旗》，《史林》第49卷第2号，1966年；王龙正、倪爱武、张方涛：《周代丧葬礼器铜翣考》，《考古》2006年第9期。

曰迡，邪行曰遣。"诸意并与镶嵌合。《楚辞·大招》："瓊轂错衡。"王逸《章句》："金银为错。"《国语·晋语八》："文错其服。"韦昭《注》："错，错镂。"《周易·系辞上》："苟错诸地而可矣。"李鼎祚《集解》引虞翻曰："错，置也。"《诗·小雅·鹤鸣》："可以为错。"毛《传》："错，石也，可以琢玉。"故"错"即错磨、嵌措之意，谓以金石之料填磨拼嵌。古旗如无木质旗旜而仅存帛质旐斿，则画章唯称"画缋"，断无言"错"之理。今既言"错"，必知画章当错诸旗旜。故早期旗旜所设之章物，日月之外的四象恐皆采用错嵌之形式。其后制度变化，错嵌画章之法也随着旗旜质地的变化而改变了工艺，由原本错于木质之旜转为织绣于旜锦。待旗旜消失，画章则径织绘于旐。故《尔雅》于旃旗错革鸟之记载，正为上古旗制之孑遗。而二里头文化常旜遗迹的发现，恰与这一制度吻合无间。

古人建旗以招众，其制甚古。甲骨文"族"字从"𭁟"，故族之古老也就意味着以旗招众制度的古老，其于新石器时代显然早已形成。自新石器时代以迄殷商曾经发现大量纺轮与少量织物遗存，证明当时已有一定水平的纺织手工业，这当然足以为旌旗以丝麻为物织组旐斿提供技术的保证。然而旌旗的关键在于徽识的设置，如果画章不能以一种较一般织物更复杂的织法或绣法织绣于旗旐的话，那么仅于旗物画绘设色，受之风雨则必不能久存，而致漫漶泯灭。尽管殷墟墓葬曾经发现裹尸的彩绘布幔遗迹，布幔似绘一蝉，以红色为底，墨线勾勒图案轮廓，复以白色或黄色填充，惜腐朽不清，[①] 但这些绘有复杂物象的织品却并不适用于旌旗。显然，以文锦织组画章而为旗旜的做法只能是一种晚起的制度。因此在文明发展的早期阶段，由于纺织手工业尚不发达，而斲木为旜并以彩石错设画章之法更为简单易行，因而成为先民首先创制的古老制度。陆德明《经典释文》引《世本》："黄帝作旃。"可见其起源之早。盖古旗之制，初本仅以木为旜而设徽识招众，后增附无画之旐斿，与旜通色以为旗，故旗设承章之旜。其后随着织锦技术的发展，木旜渐由文锦取代，而后更以画旜与旗旐合流，旗旐成为承因画章的旗物，独立存在的

[①] 中国社会科学院考古研究所安阳工作队：《1969—1977年殷墟西区墓葬发掘报告》，《考古学报》1979年第1期，第41页。

画䍐则最终消失。换句话说，其实正是由于古代工艺水平的局限，徽识不便织绘于帛质旗縿，木质旗䍐才得以出现。而一旦工艺进步，旗章可以通过织绘的手段完成，独立的木䍐便没有了其存在的必要。事实上，目前的考古学与文献学证据虽然显示商代已经出现织组几何形花纹的文绮，但尚不能证明当时已有织绣复杂图案的文锦，① 而西周以后，这两方面的证据都已非常明确。② 这意味着西周时期的䍐锦实际正反映了木质旗䍐消亡之前的过渡形态，而二里头文化常䍐遗迹并未发现金属框架的承托，说明龙章可能直接镶嵌于木质之䍐，应该已近木质旗䍐发展的尾声。很明显，古代工艺的发展事实上是决定旌旗形制变化的根本原因。

如果先民有能力织出足够厚实的织品，那么早期旗制的画䍐在以画章直接织绣于䍐锦之前，似乎还经历了将画章单独制作后固定于这种以挺扩的织物作为旗䍐的阶段。当然这些画章的形制都应相对较小，以便使旗䍐能够承受。或者由于常䍐所设之龙章与其他诸旗所具之画章巨细不同，以木为䍐和以织物为䍐在旗物产生的早期阶段或许是并行发展的。

二里头文化常䍐遗迹所存留的画章乃为升龙之象，全长 70.2 厘米，而木䍐之长度显然应较此画章更长，故画䍐形体硕大。而二里头文化墓葬中曾经出土的三件类似的绿松石镶嵌遗物则相对较小，制作的方法也与常䍐略有不同，均以金属框架承托镶嵌物，故学者多称为"铜牌饰"。我们以为，这种"铜牌饰"可能亦属旗䍐之画章。

龙章　编号 M4：5，长 14.2 厘米，宽 9.8 厘米。缘设四钮，背面附有麻布纹（图 4—31，1）。置于死者胸部。旁出铜铃一件，高 8.5 厘米，附有麻布。③

熊章　编号 M11：7，长 16.5 厘米，宽 8—11 厘米。缘设四钮（图 4—31，6）。置于死者胸部。旁出铜铃一件，高 7.7 厘米，附纺织品残片。④

---

① 夏鼐：《我国古代蚕、桑、丝、绸的历史》，《考古学与科技史》，科学出版社 1979 年版；中国社会科学院考古研究所：《殷墟的发现与研究》，科学出版社 1994 年版，第 414 页。
② 中国社会科学院考古研究所：《中国考古学·两周卷》第十章第四节，中国社会科学出版社 2004 年版。
③ 中国社会科学院考古研究所二里头工作队，《1981 年河南偃师二里头墓葬发掘简报》，《考古》1984 年第 1 期。
④ 中国社会科学院考古研究所二里头工作队：《1984 年秋河南偃师二里头遗址发现的几座墓葬》，《考古》1986 年第 4 期。

鸟章　编号 M57：4，长 15.9 厘米，宽 7.5—8.9 厘米。缘设四钮（图 4—31，4）。置于死者胸部。旁出铜铃一件，高 8.45 厘米，附至少两种纺织品。[1]

另有四川广汉三星堆出土及传世之绿松石镶嵌画章多枚，长度约在 12.3—17.2 厘米之间，唯赛克勒博物馆所藏一件长 26.6 厘米，形制特别。[2] 这些画章的形象实皆不出龙、熊、鸟三类，且均具四钮，学者或推测当系挂于死者胸前之用，但如此佩戴，唯需一至二钮即可，四钮的设计则颇显多馀，所以我们认为，画章独立制作并配设四钮，应是出于将画章固定于旗旜的需要。

二里头遗址出土之画章皆配铜铃，应属旗物，同时诸种嵌错画章及铜铃或留有纺织品遗痕及残片，多者则至两种以上，表明此类旗物之旜物似已以织品为之。唯此时之纺织手工业尚未发展出先进的织锦工艺，故旗旜纵使以织品为之，也无力织文成章而设画，于是古人另以绿松石嵌错画章，并将其固定于旗旜，以作为旗帜徽识。这种将画章系固于织品的旗物应即西周旗制所谓"旜锦"的前身。与此同时，王之龙旜则独以木为之，制度不同，爵秩也最尊。

此类画章以常旜之升龙形制最大，从而与其他相对小巧的画章形成了鲜明的区别，应当分别体现着礼制的高下差异与使用者身份的不同。同时就画章雕饰的形象而论，龙章以强调中脊而形成左右对称的构图，且圆鼻曲须（图 4—31，1），表现出与早期龙形造型相同的特征。因为不仅新砦遗址所出陶器盖上之龙纹即呈圆鼻，两腮垂须下卷（图 4—30，1），而且商代青铜器装饰纹样中具有同一特点的龙纹也十分普遍（图 4—30，2、3），至于龙纹强调中脊，更是商周龙形图案流行的造型（图 4—10，3、4；图 4—33，2；图 4—44），显然，这些特征与二里头文化之龙章甚为吻合。唯此龙章下复，方向不同于常旜之升龙，盖属旂旜之龙章。似二里头文化时代，旂章或为降龙，而不具交龙。《白虎通义·车旂》："《礼记》曰：'天子乘龙，载大旂，象日月升龙。'《传》

---

[1] 中国社会科学院考古研究所二里头工作队：《1987 年偃师二里头遗址墓葬发掘简报》，《考古》1992 年第 4 期。

[2] 王青：《镶嵌铜牌饰的初步研究》，《文物》2004 年第 5 期。

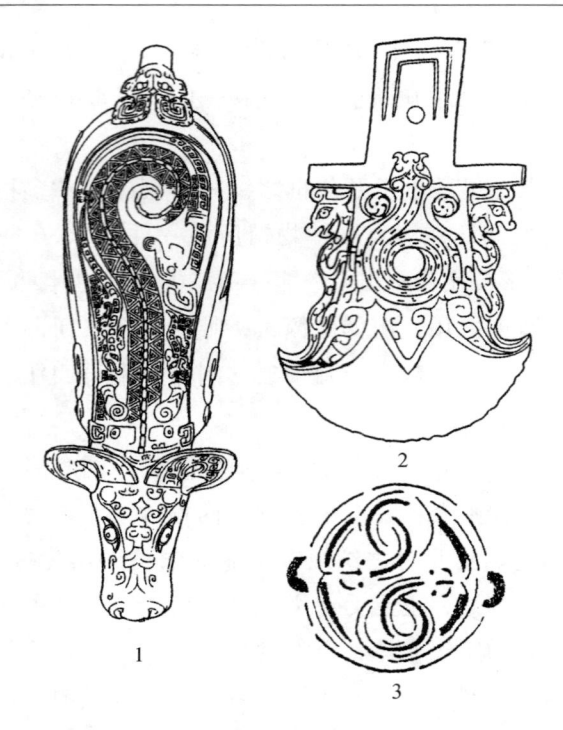

图 4—44　殷周铜器上龙身中脊凸显的龙纹
1. 殷代司母辛兽形觥盖（殷墟小屯 M5：803）
2. 西周铜钺（长安张家坡 M199：10）　3. 春秋铜罐盖（上村岭虢国墓地 M1705：68）

曰：'天子升龙，诸侯降龙。'"陈立《疏证》："三公衮冕则止有降龙，无升龙，所以明下不得僭上也。"恰可互为印证。是其时诸侯唯用降龙。鸟章则呈长喙而身饰羽毛（图4—31，4），长喙及羽毛的造型与商周遗物中禽鸟的表现方式如出一辙（图4—45；图4—46；图4—47），显为旗旝之鸟章。而熊章的形象则以熊的凸吻为特征，神态逼真，故为旗旝之熊章。很明显，这些旗章除常旝之外皆形制玲珑，其固定于麻类或其他织物上是没有问题的。这说明在先民有能力织锦旗章以前，旌旗的徽识画章都是单独制作的。

　　旗旝以木为之或属上古通制，后渐为王者大常之专制。二里头文化常旝之龙章周围及铜铃之上皆残留红色漆痕，可知旗旝或为木质而髹以朱漆，非为织物，故升龙之章本当镶嵌于木质旗旝。尽管我们尚不清楚木旝与旗杆如何装配，或杆旝一体，但旗旝之幅面却可以大致明了。

第四章　见龙在田　天下文明　395

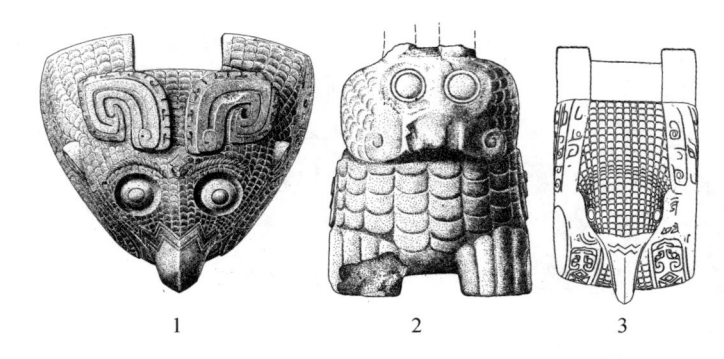

1　　　　　2　　　　　3

图 4—45　殷代兽鸟石雕
1. 石枭（殷墟侯家庄 M1001）　2. 小伏鸮（殷墟侯家庄 M1001）
3. 石鸱鸺（殷墟小屯 M5：921）

图 4—46　西周霸姬盉（山西翼城大河口霸仲墓出土）

郑玄以为九旗之帛皆用绛，然清儒归为五旗，各应方色。二里头文化之常旜以升龙为画章，其他各旗则以降龙、熊、鸟为画章，皆由绿松石镶嵌而成，其色青绿，并无颜色的分别。盖早期旗章似以青素之色为之。《释天》所言"纁帛縿，素陞龙于縿"，郭璞《注》："纁帛，绛也。画白龙于縿，令上向。"纁色浅绛，而龙章素色，似合于上古旗制。《隋书·礼仪志五》："凡旗，太常画三辰，日、月、五星。旂画青龙_{皇帝升龙,诸侯交龙}，旟画朱雀，旌画黄麟，旗画白兽，旐画玄武，皆加云。"① 后世画章虽应方色，但旜旗之画章唯升龙、交龙之别，而颜色无差，也颇存古义。故以升龙为青龙正属常旜之章，此与二里头文化之常旜密合。

图4—47　东周子之弄鸟尊
（佛利尔美术馆藏）

七　常旜移用铭旌考

古以旗旜辨殊徽号，故司常掌旗物之用，以待国事，及葬亦如之。是旗物之用统及生死，其行于葬仪，则发展出后世的铭旌制度。

《礼记·檀弓上》："孔子之丧，公西赤为志焉。饰棺墙，置翣，设披，周也；设崇，殷也；绸练设旐，夏也。"郑玄《注》："墙，柳衣。翣，以布衣木，如楅与？披，柩行夹引棺者。崇，崇牙，旌旗饰也。绸练，以练绸旐之杠。此旐，葬乘车所建也。旐之旒，缁布广充幅，长寻，曰旐。《尔雅》说旌旗曰：'素锦绸杠。'"郑以此"旐"乃乘车之旐，如此则与经文所言饰棺之事无涉。孔颖达《正义》云："凡送葬之旌，经文不具。"故学者以为实铭旌之属。② "旐"于此则为铭旌之称，据文献所

---

① 《通典》卷六十六《礼》二十六："汉制，龙旂九斿，七仞，以象大火。后周太常画三辰，旂画青龙，天子升龙，诸侯交龙。"

② 马雍：《论长沙马王堆一号汉墓出土帛画的名称和作用》，《考古》1973年第2期。

述，其制之起或源于夏俗。

据《檀弓》可明，古之铭旌或名"旐"，知与旌旗关系密切。《续汉书·礼仪志下》："书旐曰'天子之柩'。"《通典》卷七九引宋崔元凯《丧仪》："铭旌，今之旐也。""旐"又名"丹旐"。北周王褒《送观宁侯葬诗》："丹旐书空位，素帐设虚樽。"《仪礼·士丧礼》即以铭旌之末为赤色，与考古所见之铭旌颜色颇合，而后世习俗又皆以绛缯为铭旌。显然，铭旌名"旐"或"丹旐"皆因袭旗制，其色赤绛，[①] 不仅保留了铭旌源于旌旗的特点，更可见常旜通赤之传统，这意味着古代铭旌制度当直接导源于旗章。

《司常》："大丧，共铭旌。"郑玄《注》："铭旌，王则大常也。《士丧礼》曰：'为铭，各以其物。'"此铭旌为司常所掌，知其实仍为旗属。《仪礼·士丧礼》："为铭，各以其物。亡，则以缁，长半幅；赪末，长终幅，广三寸。书铭于末，曰：'某氏某之柩。'竹杠，长三尺。置于宇西，阶上。"郑玄《注》："铭，明旌也。杂帛为物，大夫之所建也。以死者为不可别，故以其旗识识之，爱之斯录之矣。亡，无也。无旌，不命之士也。半幅，一尺。终幅，二尺。在棺为柩。今文'铭'皆为'名'。'末'为旆也。"古以铭旌覆棺，故又称"柩"。其上内容，仍袭用死者生前所用旌旗之徽识，以昭明身份。而不命之士无旗物，遂书铭于末，故铭旌亦称"铭"或"名"。《檀弓下》："铭，明旌也。以死者为不可别已，故以其旗识之。爱之斯录之矣，敬之斯尽其道焉耳。"郑玄《注》："明旌，神明之旌。不可别，形貌不见。"朱彬《训纂》引卢《注》："形掩藏不可别，故旌其别也。"知铭旌为旗，用以覆尸覆棺，旌明亡者身份，作用正本诸生时所建之旗。

后世铭旌之制虽袭旌旗，但生时之旗并不入葬，故铭旌乃仿生时之旗而别造之，唯形制简质而已。《檀弓下》孔颖达《正义》："《司常》云：'王建大常，诸侯建旂，孤卿建旜，大夫士建物。'则铭旌亦然，但以尺寸易之。"《周礼·春官·小祝》："大丧赞渳，设熬置铭。"贾公彦《疏》："谓为铭旌，用生时旌旗，但沾而小。案《士丧礼》注，王则大常，诸侯则建旂，孤卿建旜，大夫士建物。"又《士丧礼》贾公彦

[①] 马雍：《论长沙马王堆一号汉墓出土帛画的名称和作用》，《考古》1973年第2期。

《疏》:"始死则作铭,讫,置于重,今殡讫,取置于肂上。铭所以表柩故也。""此始造铭,讫且置于宇下西阶上,待以重讫,以此铭置于重。"知铭旌入圹覆棺,虽用生时旌旗,但非直受之,而是仿生时旌旗,于亡者死后别制之,但较生时之旗简沽,尺寸也异。《士丧礼》"为铭,各以其物"云云,亦造铭之谓。

然以后世之铭旌制度比较二里头文化常旜遗迹则显有不同。其一,二里头文化常旜遗迹配铃,知为常旗之实物,而后世别作之明旌虽袭旗物而仿之,但并不实系旗铃,故明此常旜遗迹乃旌旗实物,而非死后别作者。其二,后世铭旌较生时之旗粗沽而小,而此常旜遗迹精致绝伦。如为别作之铭旌,似过于盛美。事实上,常旜乃天子之旌,然3号墓的墓葬形制与随葬品规模都难以显示其有天子气象,故此常旜绝非依墓主生前所用之旗而别造之铭旌,似为天子特赐之命服,这也说明此常旜实据大常而简沽之,属旌旗实物。不仅如此,二里头文化其他绿松石镶嵌的旗物皆配有铃,也为旌旗原物,其用以覆尸覆棺,当同属以生时旌旗用为铭旌者,而非为死者特制之铭。盖铭旌之制早晚或有变化,上古之时,铭旌似皆袭用生时之旗,唯将旗制简省而已,无须特制。故郑玄以为王则大常,大夫则物,并以大常及物直用为铭旌,甚合古制。迄至后世,生时之旗渐不可移用为铭旌,故需仿生时之旗别造而简沽之。孔颖达以为铭旌同于生时旌旗,唯尺寸不同;贾公彦也以铭旌用生时之旗,但沽而小,都是对上古以生时旌旗简沽之而移用为铭旌之制的继承。是知上古之旗用兼涉生死,生时以其辨徽号,殊身份,死后则移为葬仪,但仍袭旗识之功。

铭旌的作用在于入圹覆棺覆尸。《士丧礼》:"卒塗,祝取铭置于肂。"郑玄《注》:"为铭设柎,树之肂东。"贾公彦《疏》:"卒塗,始置于肂。云肂东者,以不使当肂,于东可知。"二里头文化之常旜仅存一铃,而无干枕,显较生时之大常简质,此制度密合。且其覆于墓主身上,首起西北而斜至于东南,犹后世以旌幡覆棺,此位置密合。很明显,此常旜遗迹实以生时之大常用为葬时之旌。

西周金文言册命事,常以先人旗物充为命服转赐后人,以作为世官袭爵的凭据。大盂鼎铭:"锡乃祖南公旂,用狩。"善鼎铭:"锡汝乃祖旂,用事。"盖古时之旗,每人拥有不止一面,除用以敛葬者外,仍有可用为命服者。

古制以送葬有乘车之旐、𫐓车之旐和铭旐，大夫以上备三旐，士无𫐓车之旐。《檀弓上》孔颖达《正义》云："凡送葬之旐，经文不具。案《既夕》、《士礼》而有二旐。一是铭旐，是初死书名于上，则《士丧礼》为铭各以其物，书名于末曰某氏某之柩。置于西阶上，葬则在柩车之前，至圹，与茵同入于圹也。二是乘车之旐，则《既夕礼》乘车载旜，亦在柩之前，至圹，柩既入圹，乃敛乘车所载之旐载于柩车而还。故郑注《既夕礼》云：'柩车至圹，祝脱载除饰，乃敛乘车、道车、槀车之服载之而还，不空以归。送形而往，迎精而反。'此是士之二旐也，其大夫、诸侯则无文。其天子亦有铭旐，与士礼同，故《司常》云：'大丧，共铭旐。'郑注云：'王则大常也。《士丧礼》曰：'为铭，各以其物。'初死亦置于西阶，将葬移置于茵，从遣车之后亦入于圹也。是其一旐也。《司常》又云：'建𫐓车之旐。'𫐓谓兴作之，则明器之车也，其旐则明器之旐，止则陈建于遣车之上，行则执之，以从遣车至圹，从明器而纳之圹中。此二旐也。案士礼既有乘车载旜，摄孤卿之旜，则天子亦当有乘车载大常，谓以金路载之至圹，载之而还，但礼文不具耳。此其三旐也。然则天子三旐也，士以礼无遣车，故无𫐓车之旐，但二旐耳。诸侯及大夫无文。熊氏以为大夫以上有遣车，即有𫐓旐，并有三旐也。"又《巾车》贾公彦《疏》云："将葬之旐，士有二旐，大夫已上皆有三旐。知者以《既夕礼》是士礼，而有乘车所建旆，是摄盛，故用孤卿所建通帛之旆也；又有铭旐，以其士无遣车，故无𫐓旐也。大夫以上有乘车，所建旐，卿已上尊矣，无摄盛，以寻常所建旐。王则大常，孤卿建旆，大夫亦应摄盛用旆，是一也。又有𫐓旐，又有铭旐也。"上古铭旐初本直袭生时之旐，并不别造，故此三旐之制当为晚起。

𫐓车为明器之车，唯见《周礼》，《仪礼》、《礼记》不载。《巾车》："大丧，饰遣车，遂𫐓之，行之。及葬，执盖从车，持铭。"郑玄《注》："𫐓，兴也。谓陈驾之。行之，使人以次举之以如墓也。"贾公彦《疏》："大丧，谓王丧。遣车，谓将葬遣送之车，入圹者也。言饰者，还以金象革饰之，如生存之车，但麤小为之耳。"知其车麤制而小，使人举之如墓。孙诒让《正义》："据《既夕礼》'旬人抗重出自道'，注云：'抗，举也.'又行明器不言车马,明皆人举行之可知。《檀弓》疏云:'遣车之形甚小。《巾车》:"大丧饰遣车",郑云:"使人以次举之以如墓也。"又《杂记》"遣车视牢具,置于四隅",郑云:"四隅,椁中之四隅。"以此而推,故知小也。'案据孔说,是遣车较常车特小,故一人可抗举之以行。"故孔颖达以为厩车乃明器之车,则厩车之旌亦当明器之旌。厩车入圹,厩旌随厩车入葬并建于厩车,无关棺椁。《司常》:"建厩车之旌,及葬亦如之。"郑玄《注》:"葬云建之,则行厩车解说之。"贾公彦《疏》:"此谓在庙陈时建之,谓以厩旌建于遣车之上。及葬亦如之,此谓入圹亦建之。"《周礼·春官·冢人》:"及葬,言鸾车象人。"郑玄《注》:"鸾车,巾车所饰遣车也。亦设鸾旗。"所论甚明。但此3号墓内并无厩车随葬,自然不会有厩车之旌,由此可知,二里头文化之常旜遗迹固非厩旌。而乘车之旌本不入圹,是墓中亦无乘车之旌。如此,则此常旜遗迹当属以大常实物移用为铭旌,非为死者特制之铭。

八 铭旌变制考

后世铭旌之制乃由早期之旌旗演变而成,旌幡所绘内容自也承袭旌旗。《司常》以日月为常,乃天子所建,其制至汉魏而未改,唯已不限于天子之旌。《续汉书·礼仪志下》:"大驾,太仆御。方相氏黄金四目,蒙熊皮,玄衣朱裳,执戈扬楯,立乘四马先驱。旒之制,长三仞,十有二游,曳地,画日、月、升龙,书旐曰'天子之柩'。"以汉皇帝出殡,有画幡为先导,不仅所绘内容合于大常,且直名为"旐",与上古旗制全同。又《通典》卷七九引挚虞论天子丧制而云:"按汉魏故事,……铭旌建大常,画日、月、星辰。"然考古所见西汉铭旌虽非天子之旌,却也具三辰[1],足见大常对后世铭旌制度的影响。

大常及旌幡所绘之升龙于《史记·封禅书》又作"登龙",其形象当然就是冒地而出的升天之龙。《士丧礼》:"祝取铭置于重。"贾公彦《疏》:"必且置于重者,重与主皆是录神之物故也。"重为神明寄托之木,铭是神明寄托之旌,两物皆与神明有关,足见铭旌的作用并非只在昭明身份,

---

[1] 甘肃省博物馆、中国科学院考古研究所:《武威汉简》,图版贰叁,科学出版社1964年版,第148—149页。

而也应具通神之意。上古旗帜涉用生死，生者以为仪仗，死者属为旌幡，故大常之龙章本有双重含义，其对生者之仪仗而言，升龙的象征意义便在于表现君王享有的观象授时的特权，而用于死者，除昭明身份的作用之外，恐怕还具有一定的宗教意义。

  我们知道，龙的形象来源于二十八宿东宫星宿的形象，而东宫星宿正是古代帝王观象授时的重要星象，这个工作事实上体现着政教合一的帝王所独享的神秘权力。《论语·尧曰》言尧舜禅让而相语曰："天之历数在尔躬。"所道益明，有关问题我们已有反复讨论。① 同时对于死者之旌幡而言，升龙的意义又在于其作为引魂升天的灵蹻。龙的形象本诸星象，其回天运转的现象即表现为登天入地的过程，于是古人将龙视为驾御灵魂升入天界的灵物。这个观念起源甚早，且源远流长。河南濮阳西水坡发现的属于公元前五千纪中叶的仰韶时代宗教祭祀遗迹，其第二组蚌塑图像即以龙、虎、鹿、鸟四象作为驾御墓主灵魂升天的神兽，② 而四象的形象则皆本诸星象。③ 不仅如此，安阳西北冈发现的商代大墓M1500具有四条墓道，在最长的南墓道内摆放有石龙、石牛和石虎，作用也是为引导墓主的灵魂升天（图1—15）。④ 很明显，这个以龙作为引导灵魂升天的灵蹻的传统对于先秦两汉旌幡的内容具有着重要影响，以至于在早期社会中，大常之龙章除具昭明死者身份的作用之外，对于严整的葬仪而言，充当灵蹻而导引墓主灵魂升天的宗教作用或许更具有实质性的意义。《檀弓下》谓"铭旌"或曰"明旌"，郑玄以为意即神明之旌，正显示了铭旌的作用不独昭示身份，而更应具有沟通神明的宗教意义。

  中国古代天文学与王权政治的密切联系造就了一种根深蒂固的观念，这就是君权神授与君权天授的朴素认知，这种认知的形成源自上古社会少数人对于天文占验垄断的基本事实。观象授时虽然从表面上看只

---

① 冯时：《中国古代的天文与人文》，中国社会科学出版社2006年版。
② 张光直：《濮阳三蹻与中国古代美术上的人兽母题》，《文物》1988年11期。
③ 冯时：《中国天文考古学》第六章第五节，社会科学文献出版社2001年版。
④ 梁思永、高去寻：《侯家庄》第七本，1500号大墓，历史语言研究所1974年版，第40—42页；刘一曼：《略论甲骨文与殷墟文物中的龙》，《21世纪中国考古学与世界考古学》，中国社会科学出版社2002年版，第275—276页。

是一种天文活动，其实不然，它从一开始便具有强烈的政治意义。很明显，在生产力水平相当低下的远古社会，如果有人了解了他人所不能了解的天象规律，并把星象的位移与时间建立起联系，从而准确地用以指导先民的生产与生活，这本身就已体现出极大的智慧，当然，这种知识只能为极少数人所掌握，而人一旦掌握了这些知识，他便可以通过对观象授时的垄断实现其对整个氏族的统治，这便是王权的雏形。显然，由于古代政治权力的基础来源于古人对于天象规律的掌握程度，来源于正确的观象授时的活动，因此，天文学作为最早的政治统治术于是便成为君王得以实现其政治权力的工具，并由此最终发展出君权天授的传统政治观。这意味着王权的获得如果需要通过对天象的掌握来实现的话，那么，授予王权的天也便理所当然地成为君王灵魂的归宿，这种朴素的政治观其实直接导致了古人以祖配天的古老宗教观的形成。①

这样的基本史实显示，在以祖配天的朴素宗教思想形成的初期，有资格配享天帝的人物应该只有少数君王。对于这些君王而言，大常涉用生死，无论其作用在于昭明身份抑或以龙引导亡灵升天，制度均密合无间。诚然，当时有资格配天的人物或许还有名巫，而其他人物由于没有升天的资格，所以他们的旗物用于葬仪当然也就只有辨明身份的作用。

夏商时代如果不是还留有这种原始宗教思想的孑遗，至少也已发展到这种原始信仰的尾声。在殷商晚期，死后有资格享有配天特权的人物恐怕还只有君王和少数名巫，王即是群巫的领袖，也是天文占验的垄断者，其生前的职司使其死后伴于天帝成为无可争议的事实。因此，殷王以龙章设于大常，于生昭示其观象的特权，于死则作为引魂之灵蹻，发挥着兼涉生死的双重作用。春秋叔夷钟铭云：

　　　　虩虩成唐（汤），有严在帝所。

殷王成汤在天帝之所，显然死后已升入天国而伴于天帝。西周史墙盘

---

①　冯时：《中国古代的天文与人文》第二章，中国社会科学出版社2006年版。

铭云：

> 青幽高祖，在微灵处。

史墙乃殷遗，其先出自殷王帝乙。"微灵"实即天上微国之分星，所以铭文称高祖帝乙死后升天，住在天上属于微国分星的地方。而西周晚期的瘭钟铭云："俶皇祖考高对尔烈，严在上。"则继续延续着这种荣宠。殷卜辞云：

> 贞：咸宾于帝？
> 贞：咸不宾于帝？
> 贞：大甲宾于咸？
> 贞：大甲不宾于咸？
> 贞：大［甲］宾于帝？
> 贞：大甲不宾于帝？
> 甲辰卜，㱿贞：下乙宾于［咸］？
> 贞：下乙不宾于咸？
> 贞：下乙宾于帝？
> 贞：下乙不宾于帝？　　《合集》1402 正

"帝"是天帝，"大甲"、"下乙"都是殷先王，"咸"是名巫巫咸。"宾于帝"即言伴于天帝。至于《庄子·大宗伯》所载殷臣傅说死后乘东维比于列星的内容，与卜辞所见之实际情况不符，应该反映着更晚近的思想。据此可明，殷代配天者仍然只有殷王及名巫。

　　灵魂升天的思想随着时代的发展而有所改变，这种改变从表面上看便体现在有权力升入天国配享上帝的祖先的资格的降低，这或许反映了人们对获得天命的方式或途径有了新的认识。周代的祖先配天观念显然与商代有所不同，尽管周王理所当然地成为配享天帝的主角，但是由于周人德行思想的推行，获取天命已经成为一种可以通过修养道德而实现的政治理想，因而死者亡灵的升天已不再是帝王享有的特权，这意味着从殷商以至西周，有资格升入天廷的祖先的范围扩大了，所有道德高尚且信顺天命的人，都可能于死后升入天国。西周金文云：

> 天亡簋：文王德在上。
> 趩钟：先王其严，在帝左右。
> 默簋：其格前文人，其濒在帝廷，陟降。
> 默钟：先王其严在上。

可明周王死后灵魂是要升入帝廷的。但至西周晚期，这种情况可能已经发生了改变。两周金文云：

> 井人妄钟：覞淑文祖皇考，克慎厥德，……前文人其严在上。
> 叔向父簋：余小子嗣朕皇考肇帅型先文祖共明德，秉威仪，……作朕皇祖幽大叔障簋。其严在上，降余多福繁釐。
> 晋侯稣钟：前文人其严在上，翼在下。
> 秦公簋：丕显朕皇祖受天命，鼏宅禹迹，十又二公在帝之坏，严龚夤天命，保业厥秦。

井人妄乃伯和父之子，而伯和父其人，学者或以为即共伯和，① 其于厉王奔彘后代王行政，地位显赫，故死后配天。叔向父名禹，又有禹鼎，彼铭言禹继其祖考政于邢邦，当为邢侯。晋侯稣称侯，已甚明确。秦为诸侯，又追称其皇祖受天命，自比周王。其先人也都于死后宾升于天。

> 士父钟：用喜侃皇考，其严在上。
> 虢叔旅钟：丕显皇考惠叔穆穆，秉元明德，……皇考严在上，翼在下。
> 番生簋：丕显皇祖考穆穆，克慎厥德，严在上，广启厥孙子于下。

此皆周室臣僚之器，其先人并因慎修明德而终配天帝。很明显，由于德

---

① 郭沫若：《两周金文辞大系图录考释》第七册，科学出版社1957年版，第114、149页。

教的施行，至少到西周晚期，灵魂配天的特权已不再为君王所独享，凡厚德之人都可能实现终配天帝的愿望，这已成为当时人们具有的普遍观念。在这样的背景之下，龙这种驾御灵魂升天的神兽于是开始广泛地用于专为敛葬而制作的明旐，以便独显其作为驾御亡者灵魂升天的灵蹻的功能，而已不具有像早期大常那样兼而昭示墓主身份的作用。这意味着到这时为止，生者之旌旗与死者之明旐渐趋分离。

如果说后世之明旐独立地发展了升龙作为引导墓主灵魂升天的灵蹻的意义的话，那么很明显，旐旗原本具有的明辨身份的作用就只能通过其他的形式得到表现。换句话说，龙一旦只具有灵蹻的象征意义而广泛地用于明旐，其昭明君王身份的作用就必然丧失。理由很简单，晚期的明旐虽然主要以龙作为引导灵魂升天的神兽，但其适用的范围却已不限于君王，这意味着对于墓主人身份的显示只能通过其他的方式来实现。在这方面，明旐的内容应该经历了一个从以图画描绘到文字表述的演变过程。准确地说，早期专为葬仪制作的明旐在表现墓主的身份方面似乎普遍采用了再现墓主生前的衣冠服饰或生活场景的直观手法，或者通过明旐形制及其大小的变化以达到区别墓主身份的目的；而到晚期，绘画逐渐为文字所取代，从而形成了真正意义上的铭旐。

殷墟花园庄东地 M54 木棺之上雕刻图像并髹黑红色漆，图像主体为龙纹，且一饰菱纹，一饰鳞纹，头向相反（图4—48），[①] 与交龙之旐章吻合。墓中出土铜器自铭"亚长"，"亚"为小宗之称，[②] 长为氏，故"亚长"实即长氏之小宗宗子。河南鹿邑太清宫所见商周长国墓地，[③] 则为其时外服长国嫡宗之迹。是"亚长"地在大邑商之内，为长氏留置内服之小宗，制度与周初分封相若。其袭宗氏爵官位比诸侯，正合交龙之制。此但以旐章移镌于葬具以昭明身份，犹相同之纹饰镌刻于石楼桃花庄龙形铜觥盖面，并无引魂之作用。

湖南长沙子弹库战国楚墓出土的帛画应该属于专为葬仪制作的早期

[①] 中国社会科学院考古研究所：《安阳殷墟花园庄东地商代墓葬》，科学出版社2007年版，第73—75页。

[②] 冯时：《古文字与古史新论》，台湾书房出版有限公司2007年版，第258—262页。

[③] 河南省文物考古研究所、周口市文化局：《鹿邑太清宫长子口墓》，中州古籍出版社2000年版。

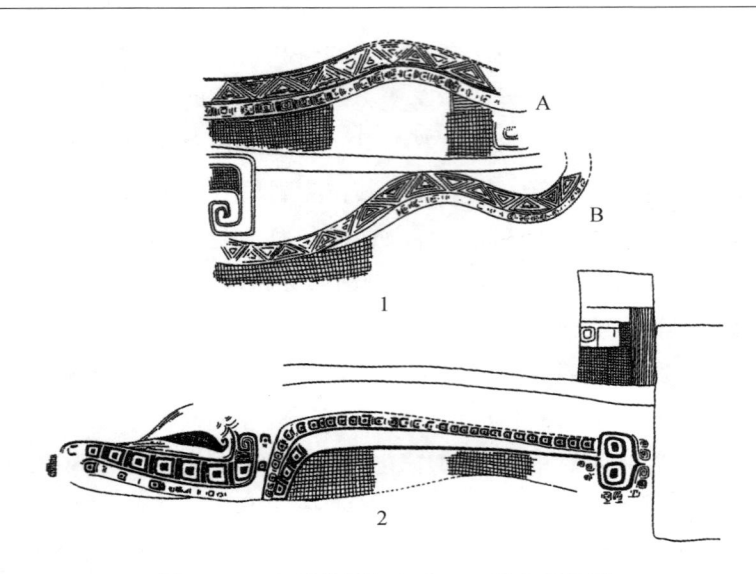

图 4—48　殷墟花园庄东地 M54 棺上的龙图

明旌（图版八，3）。帛画平置于椁盖板下的隔板之上，其上缘裹有一根纤细的竹条，竹条中部系有悬挂用的棕色丝绳，① 具有旌幡的基本形制。旌幡高 37.5 厘米，宽 28 厘米。画面中心绘面右而立的成年男子侧像，束发高冠，长衣曳地，腰侧佩剑，头顶上有华盖，足踏龙蹻，其下以云朵承托，以显升腾之势，龙前下侧绘鲤鱼以寓指天河，男子双手执辔御龙，于天河中破浪前行。华盖下的流苏、人像领下的系带向后飘动，表现出疾行的速度和升天过程的强烈动感。龙尾绘一苍鹭，昂首独立，有助龙升腾的意味。明旌内容形象地展现了墓主的身份及其御龙升天的场景。②

西汉时期的明旌目前已发现三幅，其中两幅分别出土于湖南长沙马

---

　①　湖南省博物馆：《新发现的长沙战国楚墓帛画》，《文物》1973 年第 7 期；《长沙子弹库战国木椁墓》，《文物》1974 年第 2 期。
　②　湖南长沙陈家大山楚墓也出有一幅帛画，原置于竹笥（见郭沫若《关于晚周帛画的考察及补充说明》，《考古论集》，科学出版社 1992 年版），内容也与升仙有关。学者或认为即古"疏头"之类，详见孙作云《长沙战国时代楚墓出土帛画考》，《人文杂志》1960 年第 4 期。此外，湖北江陵马山一号楚墓也曾出土过一件战国帛画，覆于棺盖（见《江陵马山一号楚墓》文物出版社 1985 年版）。当也属旌幡。惜残损过甚，图像不清，故不便讨论。

王堆一号墓和三号墓，① 另一件则出自山东临沂金雀山九号墓。② 马王堆汉墓出土的两幅明旌，据同墓所见遣册的记载，知其本名"非衣"，或即旌幡的古称。上古音"非"在帮纽，"幡"在滂纽，同发重唇音，读音相近。三幅明旌皆由绢帛制成，但形制不一，其中马王堆汉墓出土的两幅呈"T"形，上宽下窄；而金雀山汉墓出土的一幅则呈长条形，上下等宽。三幅明旌于葬时均覆盖在棺上，其中见于马王堆一号汉墓的明旌全长205厘米，上宽92厘米，下宽47.7厘米，明旌四角设飘带，上缘横裹一竹条，其上系以丝带，可供悬挂（图1—13；图版二，2），与战国明旌制法相同。马王堆三号汉墓所见明旌长233厘米，上宽141厘米，下宽50厘米，形制与一号墓所出大体相同（图4—49，1；图版二，3）。金雀山九号汉墓所出明旌全长200厘米，宽42厘米（图4—49，2），略小于前者，三件明旌的时代皆属西汉前期。

三件西汉明旌所绘的内容基本相同。画面自上而下厘为三层，分别表示天廷、人间和墓主的升天过程，其中天廷的场面描绘了神话中的神仙世界，人间的场景则再现了墓主人生前的生活起居，而对墓主升天过程的描写则皆以两条升龙为主体，表现墓主御龙成仙的宗教场景，③ 这个传统甚至可以完整地追溯至公元前五千纪中叶的仰韶时代。④ 很明显，在这类明旌中，墓主人的身份已经通过对其冠服仪仗、起居生活的描绘得到了表现，而驾御墓主人升天的龙这时只是御魂灵蹻的象征，已不具有昭明身份的作用。

值得特别注意的是，马王堆汉墓出土的两幅明旌皆于象征天门内的天廷世界绘有一铃，铃由二方相氏引绳相牵，使之发声。⑤ 古代旗制佩铃，此于明旌绘铃，明显留有旌旗系铃的特征，显示出明旌源自旌旗的发展辙迹。

---

① 湖南省博物馆等：《长沙马王堆一号汉墓》，文物出版社1972年版；湖南省博物馆、中国科学院考古研究所：《长沙马王堆二、三号汉墓发掘简报》，《文物》1974年第7期；中国科学院考古研究所、湖南省博物馆写作小组：《马王堆二、三号汉墓发掘的主要收获》，《考古》1975年第1期。
② 临沂金雀山汉墓发掘组：《山东临沂金雀山九号墓发掘简报》，《文物》1977年第11期。
③ 孙作云：《长沙马王堆一号汉墓出土画幡考释》，《考古》1973年第1期。
④ 冯时：《中国天文考古学》，社会科学文献出版社2001年版，第299—301页。
⑤ 孙作云：《长沙马王堆一号汉墓出土的画幡》，《光明日报》1973年8月6日。

图 4—49　汉代旌幡

1. 马王堆三号墓出土明旌　2. 金雀山九号墓出土明旌　3. 磨嘴子 23 号墓出土铭旌

战国至西汉时期专为葬仪制作的明旌皆以画幡为主，这既是对早期旌旗制度的丰富，又启后世铭旌制度之先河，特点极其鲜明。

上古制度虽于死后袭用生时旌旗以为明旌，但唯以旗旜为徽识以明之，并不书记。郑玄《周礼注》："铭，今书或作名。郑司农云：'铭，书死者名于旌。'"皆为晚起之制。上古旗帜统及生死，其识仅在画章，故无须复缀名姓云云。郑玄径以王为大常，大夫为物，也知旗物但画而无关铭记，故宜属"明旌"。后旗制渐变，葬制更新，生死仪具分别，明旌别制而殊于生时所用之旗，遂专为帛质幡画，内容也开始绘入墓主之形象，其用别身份的作用则更多地通过对墓主衣冠仪仗及生活场景的描绘得到表现，仍不书文字。这是明旌别于旗旜的初期转变。战国晚期，旌幡开始书写死者的姓名以备招魂。《礼记·丧服小记》："复与书铭，自天子达于士，其辞一也。男子称名，妇人书姓与伯仲。如不知姓，则书氏。"而至西汉晚期，旌幡逐渐以墓主人的姓名和籍贯等文字替代早期出现的有关灵魂升天的绘画内容，铭旌的形制才得以确定。

甘肃武威磨咀子西汉墓出土多幅铭旌，见于第 4、22、23 和 54 号墓，① 可供讨论铭旌制度的最终定型。这批汉墓的时代约属西汉晚期，铭旌覆于棺盖，长自 150—220 厘米不等，宽在 37—45 厘米之间，皆墨书文字于丝麻织品之上。其中第 23 号墓所出铭旌篆书两行，墨书于淡黄色麻布上。麻布四周镶有稀疏赭色形似薄纱的织品，左右约 10 厘米宽，上宽倍之。铭旌上端用一树枝为轴。两行铭文的上方则各绘一图，左图内绘朱地黑乌，知为太阳，右图内则以墨绘蟠龙而身涂朱色（图 4—49，3），似以龙蹯与月亮合璧设计，唯求简明而已。1972 年发现的 54 号墓出土铭旌与此相似，绢质，上有单行墨书篆文，铭文上端绘日月图像，日中画三足乌和九尾狐，月中绘蟾蜍和玉兔。② 这两幅铭旌以幡画与文字并见，尚存早期旌幡之制，显示了明旌向铭旌的过渡类型。而其他两幅柩铭则独存文字，全无幡画，已经发展出铭旌的真正形式。

至此可明，铭旌制度自上古的旗膻兼涉生死至后世专为墓主升天的需要而制作明旌，再到取消幡画而独存文字以昭明身份的铭旌，其间经历了漫长的发展过程，终至西汉晚期基本定型。而夏商时期尚属以旌旗兼用生死的阶段，故二里头文化之常膻遗迹配铭而存，实属以生时之大常移用为明旌，作用即在于昭明死者身份并引魂升天，或者其引魂升天的意义比昭示身份更显重要。

九　墓主身份考

《司常》郑玄《注》："铭旌，王则大常也。"孙诒让《正义》："王之旗帜以大常为最尊，故用为铭旌。王当用大常。"是大常用为明旌，其拥有者之身份当为王属。然此 3 号墓的形制规模属二里头文化的乙类中型墓葬，不具天子气象，故墓主身份显非君王。

---

①　甘肃省博物馆、中国科学院考古研究所：《武威汉简》，文物出版社 1964 年版；安志敏：《长沙新发现的西汉帛画试探》，《考古》1973 年第 1 期。

②　安志敏：《长沙新发现的西汉帛画试探》，《考古》1973 年第 1 期。

依北朝末年熊安生说，大夫至天子送葬皆备三旌，其中廞车之旌与铭旌入圹。此墓虽未见廞旌，但中型墓的规模尚不致不及大夫之尊，故三旌之制或为晚起。如果以为廞旌唯天子所建，则也可证明此墓主人固非君王。

3号墓主之葬仪颇具特点，其颈项佩戴以海贝穿孔而制作的串饰，数逾90枚，依次相连，局部呈现花瓣状（图4—28）。[①] 事实上，墓主人的这个仪容特征恰可与殷代金文"佣"字所表现的形象相印证。金文"佣"本作一人颈佩贝串之形（图4—50），人或正姿（图4—50，1—4），或侧姿（图4—50，5），并无差别，[②] 学者或以字象子荷贝两贯之形，[③] 不确。实字形乃作贝串系挂于颈项甚明，而非荷贝于肩。很明显，金文"佣"字的字形与3号墓主所呈现的形象完全一致，其字形结构无异于对3号墓主侧姿而颈佩贝饰形象的真实写照。

"佣"，徐同柏释"婴"，谓"子字作连贝饰颈形，盖古婴儿之象"。[④] 然古人造字，以大人能独立站立以区别于婴儿尚在襁褓，如甲骨文、金文"子"作"𐊰"，即象婴儿之形。而此字从"大"，[⑤] 远非婴儿可拟，故释"婴"不妥。马叙伦释此为"佣"字，[⑥] 可从。郭沫若更申论云："殷彝文中有以珏朋为颈饰之图形文字，……按此即象人着颈饰之形，当为佣之初字。佣乃古国名，周金有佣伯虎簋、佣仲簋，当即其后。前人不悟朋为颈饰之意，迺臆造'子荷贝二贯'，或'孙荷贝一朋'之奇说。"[⑦] 所言极是。字从连贝，正会串贝为饰之意，《说文·贝部》有"䙷"字，云："䙷，颈饰也。从二贝。"段玉裁《注》："骈贝为饰也。"即以连贝以象颈饰。徐锴曰："蛮夷连贝为缨络是也。婴字从此。"《说文·女部》："婴，颈饰也。从女䙷。䙷，贝连也。"朱骏声《说文通训定声》：

[①] 中国社会科学院考古研究所二里头工作队：《河南偃师市二里头遗址中心区的考古新发现》，图版伍，3，《考古》2005年第7期，第18页。
[②] 于省吾：《释从天从大从人的一些古文字》，《古文字学论集初集》，香港中文大学中国文化研究所1983年版。
[③] 阮元：《积古斋钟鼎彝器款识》卷一，清嘉庆九年（1804年）自刻本，第8页。
[④] 徐同柏：《从古堂款识学》卷一，清光绪三十二年（1906年）蒙学报馆影石校本。
[⑤] 方濬益：《缀遗斋彝器款识考释》卷五，商务印书馆1935年版。
[⑥] 马叙伦：《读金器刻词》，中华书局1962年版，第6—7页。
[⑦] 郭沫若：《释朋》，《甲骨文字研究》，科学出版社1961年版。

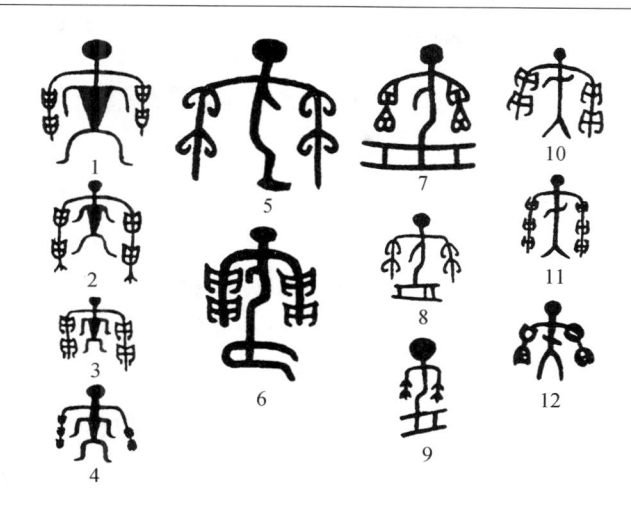

图 4—50　金文 "倗" 字

1. 倗父丁盉（《集成》9350）　2. 倗父乙盘（《集成》10039）　3. 倗父辛爵（《集成》8633）　4、8. 倗鼎（《集成》1007、1459）　5. 亚倗壶（《集成》9768）　6. 倗觯（《集成》6189）　7. 倗觚（《集成》7039）　9. 倗爵（《集成》7385）　10. 倗父乙簋（《集成》3151）　11. 倗祖癸爵（《集成》8361）　12. 倗父己卣（《集成》4956）

賏，"实即婴之古文"。甚确。盖古或有连贝饰女之俗，故"賏"孳乳从"女"而会意。《玉篇·女部》引《苍颉篇》云："男曰儿，女曰婴。"故"婴"字似以女婴饰贝于颈为意。"賏"为颈饰，于后世已不限指贝饰。《荀子·富国》："是犹使处女婴宝珠。"杨倞《注》："婴，系于颈也。"是其证。据此则知，骈贝相连正为颈饰之象，故金文"倗"本作大人颈佩贝饰之形。

殷金文以"倗"为氏名，当即文献所载之鄁。《周礼·秋官·士师》："掌士之八成，七曰为邦朋。"郑玄《注》："故书朋作倗。"孙诒让《正义》："倗，即倗之俗。"《管子·幼官》："练之以散群倗暑。"段玉裁《说文解字注》："倗，即倗字也。"知"倗"、"倗"同字。《说文·人部》："倗，读若陪位。"又《邑部》："鄁，读若陪。"是"倗"、"鄁"通用无别。《姓觿·灰》："倗，音同上（裴），一作鄁。《汉书》有南山盗倗宗。"更明"倗"、"鄁"实本同姓。

《穆天子传》卷一："辛丑，天子西征，至于鄁人。河宗之子孙鄁柏絷且逆天子于智之□，先豹皮十，良马二六。天子使井利受之。癸酉，天子舍于漆泽，乃西钓于河，以观□智之□。甲辰，天子猎于渗泽，于是得白狐玄貉焉，以祭于河宗。丙午，天子饮于河水之阿，天子属六师之人于郫邦之南，渗泽之上。戊寅，天子西征，鹜行至于阳纡之山，河伯无夷之都都居，是惟河宗氏。河宗伯夭逆天子燕然之山，劳用束帛加璧，先白□，天子使祭父受之。癸丑，天子大朝于燕□之山，河水之阿。……天子授河宗璧，河宗伯夭受璧西向，沉璧于河。"郭璞《注》："郫，国名。柏絷，伯，爵；絷，名。古伯字多以木。无夷，冯夷也。《山海经》云'冰夷'。河宗氏，河，四渎之宗，主河者因以为氏。"据文献推勘，可知古郫国之地当在晋南。近年山西绛县横水发现西周倗国墓地，① 实应当此郫（倗）国。②《元和姓纂》卷三："郫，出伯絷，国在虞、芮间。"所去不远，可互为印证。横水墓地出土铜器多铭"倗伯"，与《穆天子传》所记"郫伯"也甚吻合。

《穆天子传》以郫国之君柏絷乃河宗之子孙，而河宗为氏，袭职祭河，这一记载极为重要。殷卜辞即见"河宗"，③"宗"字用于宗庙之称，故"河宗"本即河伯之宗或河伯之主。《尚书·顾命》："延入翼室恤宅宗。"江声《尚书集注音疏》："宗，犹主也。"《周礼·春官·肆师》："用牲于社宗。"郑玄《注》："宗，迁主也。"皆用其义。是"河宗"当也宗庙宗主之谓。然"宗"既指宗庙，也可申称宗庙主祭之官。《周礼·春官·序官》："乃立春官宗伯。"郑玄《注》引郑司农云："宗作主礼之官。"孙诒让《正义》："宗即礼官之通称。"《国语·楚语下》："虞其宗祝。"韦昭《注》："宗，主祭祀。"《荀子·正论》："出门而宗祀有事。"杨倞《注》："宗者，主祭祀之官。"又《周礼·春官·序官》贾公彦《疏》："宗是宗人，主鬼神也。"皆明"宗"可为主祀鬼神之事的官称，

---

① 山西省考古研究所、运城市文物工作站、绛县文化局：《山西绛县横水西周墓地》，《考古》2006年第7期；《山西绛县横水西周墓发掘报告》，吉琨璋、宋建忠、田建文：《山西横水西周墓地研究三题》，俱见《文物》2006年第8期；宋建中等：《山西绛县横北墓地二期考古发现新收获》，《中国文物报》2007年9月14日第5版。

② 冯时：《倗国考》，《纪念徐中舒先生诞辰110周年国际学术研讨会论文集》，四川出版集团巴蜀书社，2010年。

③ 《合集》13532、《屯南》1276。

故《穆天子传》"河宗之子孙"与"是惟河宗氏"的"河宗"当具此意。这无疑意味着佣氏作为河宗之后，自为奉祀河神之巫主，实即河巫。而金文"佣"字或从"舟"，象人饰贝乘舟（图4—50，6—9），也反映了佣氏与祈祷水神的关系。且"佣"字又有作人系贝舞蹈之状（图4—50，10—12），正巫舞祷神之象。因此我们以为，3号墓的墓主身份应为佣氏宗子，其为河巫，专以祭祀河神为职，祈河伯以息水患，并世为河宗，遂以官为氏。而佣氏氏名作人颈饰贝之形，或足履舟，正是对其主宗河精的职司官守特点的明确暗示。

河巫以海贝饰颈为标志，显示了海贝具有助施巫术的基本道具的功用。夏商时代已普遍形成以海贝作为一般等价物的货币的观念，以致贝成为人们生活中的宝物而备受青睐。《说文·贝部》："贝，海介虫也。居陆名猋，在水名蜬。象形。古者货贝而宝龟，周而有泉，至秦废贝行钱。"《盐铁论·错币》："故教与俗改，币与世易，夏后以玄贝，周以紫石。后世或金钱刀布。"以为夏行贝币，与考古所见合。甲骨文、金文"宝"俱作室中贮贝玉之形，则贝为宝物甚明。《尚书·盘庚》："兹予有乱政同位，具乃贝玉。"伪孔《传》："乱，治也。此我有治政之臣同位于父祖，不念尽忠，但念贝玉而已，言其贪。"即以逐贝乃求利之为。甲骨文、金文恒见锡贝赏贝之事，也知其为至宝。盖贝玉难得，故人以为宝。[①] 然河巫祷息水患，古有为河伯娶妇之术。褚少孙补《史记·滑稽列传》："魏文侯时，西门豹为邺令。豹往到邺，会长老，问之民所疾苦。长老曰：'苦为河伯娶妇，以故贫。'豹问其故，对曰：'邺三老、廷掾常岁赋敛百姓，收取其钱得数百万，用其二三十万为河伯娶妇。……民人俗语曰"即不为河伯娶妇，水来漂没，溺其人民"云。'"王叔岷《斠证》："'用其二三十万'，旧本《治要》引此无其字，《春秋后语》同。"《太平御览》卷六八二、八八二引《风俗通》云："江水有神，岁取童女二人以为妇，不然为水灾。主者自出钱百万以行娉。"皆记河巫为河伯娶妇必行重币以安其心，不使之为水作患。《楚辞·九歌·河伯》即写巫迎

[①] 《管子·国畜》："玉起于禺氏，金起于汝、汉，珠起于赤野，距周七千八百里。先王为其途之远，玉之难，故託用于其重。"

河伯之事,① 文云:"鱼鳞屋兮龙堂,紫贝阙兮朱宫。"王逸《章句》:"言河伯所居,以鱼鳞盖屋,堂画蛟龙之文,紫贝作阙,朱丹其宫,形容异制,甚鲜好之。"《河伯》又云:"子交手兮东行,送美人兮南浦。波滔滔兮来迎,鱼隣隣兮媵予。"其娶妇之辞极明。② 是祭河而行巨钱,乐河神以止息水患,其俗甚古。证之卜辞,知殷已有之。③ 而后世以钱厌胜之俗或起于此。④

金文"佣"字除作系贝于颈之外,尚有以足踏舟之形,也当写佣氏祷河之象。《楚辞·九歌·湘君》:"美要眇兮宜修,沛吾乘兮桂舟。令沅湘兮无波,使江水兮安流!"王逸《章句》:"五臣云:我复乘桂舟以迎神。舟用桂者,取香洁之异。言己乘船,常恐危殆。愿湘君令沅、湘无波涌,使江水顺径徐流。则得安也。"洪兴祖《补注》:"桂舟,迎神之舟。"《九歌》之《湘君》、《湘夫人》并湘水之神,洪兴祖《补注》所言极详。故此辞实写河巫乘舟迎神,祈水之安流。

水灾溺人乃亘古固患。《尚书·尧典》言洪水"象恭滔天"、"浩浩滔天",《淮南子·本经》则谓"共工振滔洪水,以薄空桑",乃以古洪水之灾即共工振滔所致。《越绝书·越绝计倪内经》:"波涛拔而起,船失不能救,未知命之所维。"足明大波汹涌对于以舟济涉的威胁。《左传·僖公四年》:"昭王南征而不复","昭王之不复,君其问诸水滨!"《史记·周本纪》作"卒于江上"。其覆没原因,旧以船人以胶船涉王,故遇水而解,王与祭公尽没于汉,恐不足据,盖也骇浪覆舟所致。⑤《论衡·书虚》:"传书言:吴王夫差杀伍子胥,煮之于镬,乃以鸱夷橐投之于江。子胥恚恨,驱水为涛,以溺杀人。今时会稽丹徒大江、钱塘浙江皆立子胥之庙。盖欲慰其恨心,止其猛涛也。"而《吴越春秋·夫差内传》则记子胥死后"随流扬波,依潮来往,荡激崩岸"。《初学记》卷六引《博物

---

① 刘永济:《屈赋音注详解》,上海古籍出版社1983年版,第99页。
② 藤野岩友:《巫系文学论》,韩基国编译,重庆出版社2005年版,第114页。
③ 饶宗颐:《说河宗》,《胡厚宣先生纪念文集》,科学出版社1998年版。
④ 洪遵《泉志》卷十五载厌胜钱即有天下太平钱二品,大小不等,而文皆铭"天下太平",而大者背面地作水波纹,兼饰四人持兵之象或一人持梃旁有跃龙之象。又卷十三也有水波纹钱,而文"太平百钱",背作水波纹,似也厌胜之用。见清同治十三年(1874年)隶释斋校刊本。
⑤ 唐兰:《西周青铜器铭文分代史征》,中华书局1986年版,第199页。

志》则以"其神为祷",《文选·左太冲吴都赋》刘逵《注》:"江海之间莫不尊畏子胥,将济者皆敬祠其灵,以为性命。舟揖之师,独能狎玩之也。"皆以止涛无波作为弭灾之祈的目的。河伯为神,乃以水害为患,故需止之。《山海经·海内北经》:"阳汙之山,河出其中。"此阳汙之山即《穆天子传》所记河伯之都。《淮南子·修务》:"禹之治水,以身解于阳盱之河。"《三国志·蜀书·郤正传》:"阳盱请而洪灾息。"是水灾由河伯造成,河伯处阳盱,故欲平治洪水,必于阳盱救之。《九歌·河伯》:"与女遊兮九河,衝风起兮横波。"即言河伯所过,大波涌起。《文选·张平子思玄赋》:"号冯夷俾清津兮,櫂龙舟以济予。"即以河伯止波方可安济为祈。故金文反映之河巫乘船舟济以祷神,其寓意正在于安流避害。由此可见,河伯为患自是佣氏饰贝踏舟所厌胜的对象。

古河巫之至崇者当为夏禹。《尚书·皋陶谟》:"禹曰:'洪水滔天,浩浩怀山襄陵,下民昏垫。……予决九川,距四海,濬畎浍,距川。"即言天下之民昏瞀垫溺,皆因水灾,而禹以治水显功,勤劳天下。《庄子·天下》:"禹亲自操橐耜而九杂天下之川,腓无胈,胫无毛,沐甚雨,栉疾风,置万国。"《吕氏春秋·行论》谓禹:"以通水潦,颜色黎黑,步不相过。"《荀子·非相》则云:"禹跳汤偏。"杨倞《注》引《尸子》云:"禹之劳,十年不窥其家,手不爪,胫不生毛,偏枯之病,步不相过,名曰禹步。"是禹躬自辛苦以导川原,使民不溺死,[①] 毁悴而致疾,即所谓"禹步"也,而后世巫师作法则多仿效之。《法言·重黎》:"昔者姒氏治水土,而巫步多禹。"李轨《注》:"姒氏,禹也。治水土,涉山川,病足,故行跛也,……而俗巫多效禹步。"知在早期社会中,水患溺人乃为痼疾,故祷河弭灾之巫地位甚高。而禹平水土以止水患,自具河巫身份,为后巫所仿。今知佣氏为河巫,身份或可比拟。

佣氏作为河宗巫主显然与河伯的关系十分密切。《庄子·大宗师》:"冯夷得之,以遊大川。"成玄英《疏》:"姓冯,名夷。"陆德明《释文》引司马彪云:"《清泠传》曰:'冯夷,华阴潼乡堤首人也。服八石,得水

[①] 《吕氏春秋·爱类》:"昔上古龙门未开,吕梁未发,河出孟门,大溢逆流,无有丘陵沃衍、平原高阜,尽皆灭之,名曰鸿水。禹于是疏河决江,为彭蠡之障,乾东土,所活者千八百国,此禹之功也。"高诱《注》:"乾,燥也。言使民得居燥土不弱死,故曰活之也。"

仙,是为河伯。'一云以八月庚子浴于河而溺死,一云渡河溺死。"洪兴祖《楚辞补注》引《抱朴子·释鬼篇》曰:"冯夷以八月上庚日渡河溺死,天帝署为河伯。"《淮南子·原道》或作"冯迟"。是河伯以"冯"为氏。刘师培云:"郱、冯古通,郱伯之郱,即冯夷之冯。盖郱柏以先祖之名为国名也。《汉书·侯表》'郱成制侯周緤',《楚汉春秋》作'封为憑城侯',此郱与冯通之确证,故知郱国之郱、冯夷之冯,古实一字。冯夷乃郱国河宗国之祖,即以河宗为氏,致后世有水神之说。"① 其说近是。顾实《穆天子传西征讲疏》云:"冯憑古今字,古冯夷亦作憑夷。"又音转为"冰夷"。《山海经·海内北经》:"从极之渊,深三百仞,惟冰夷恒都焉。"郭璞《注》:"冰夷,冯夷也。"今知"郱"本作"偑"。《史记·田敬仲完世家》:"魏王谓韩冯、张仪曰。"汉帛书本"冯"作"偑"。也"偑"(郱)、"冯"互通之证。故河伯之名冯夷,自当出自偑氏。

　　传统以冯夷溺死而为河伯,学者或疑其怪诞。② 然溺死而为水神则是很多水神的共同特征。③ 如果说舜帝二妃死于江湘之间而为湘君尚属传说的话,④ 那么伍子胥溺死而为潮神,屈原投江而为江神,⑤ 却是事实。但冯夷本以偑为氏,字以祈河为特征,似以职司为解更显合理。事实上,水神河伯之祀当源于先民之自然崇拜,古人惧水患,故以河伯为水神,水神都居深渊,无形可识,固无姓氏。而偑氏以祀河为职,世为河巫,故后人渐以河巫之氏转赋河伯,遂有河伯冯姓之说。《穆天子传》以河宗氏源出河伯,实即偑氏,这一记载尽管揭示了河巫与河伯二者的关系,但其姓氏的发展则适好相反。顾实《穆天子传西证讲疏》:"无夷,盖为**郱柏紫及河宗柏夭之祖先也**。"盖河伯乃河巫偑氏所祀之神,后被奉为宗族之祖。

　　《水经·洛水注》引古本《竹书纪年》:"洛伯用与河伯冯夷斗。"郭璞《山海经注》解河伯冰夷而云"《竹书》作冯夷",即以此"河伯冯夷"为河宗。朱右曾《汲冢纪年存真》列此于夏后芬即位之后,知为夏

---

① 刘师培:《穆天子传补释》,《国粹学报》第五十期,清宣统元年正月(1909年)。
② 顾炎武:《日知录》卷二十五。
③ 李道和:《岁时民俗与古小说研究》,天津古籍出版社2004年版,第157—158页。
④ 见刘向《列女传》。
⑤ 冯应京:《月令广记》卷一:"潮神即伍子胥,江神即楚大夫屈原。"

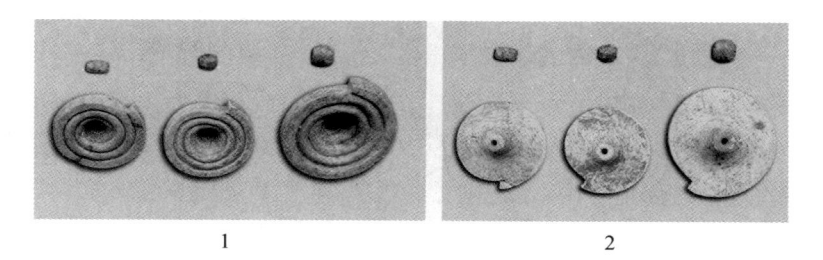

图4—51　二里头3号墓主头顶放置的斗笠状白陶器（02VM3∶1—3）

事。雷学淇《竹书纪年义证》以"洛伯用"与"河伯冯夷"系二君名，不取《洛水注》以为河洛二神，殊误。《楚辞·天河》："胡射夫河伯，而妻彼雒嫔？"王逸《章句》："雒嫔，水神，谓宓妃也。传曰：河伯化为白龙，遊于水旁，羿见射之，眇其左目。……羿又梦与雒水神宓妃交接也。"洪兴祖《补注》："此言射河伯、妻雒嫔者，何人乎？"疑河洛二伯事似与此神话有关，或即其演变矣。殷卜辞恒见祀河之事，其礼至隆，起源必古。而此3号墓主以祀河为职，时代吻合。

　　3号墓主为佣氏族长，以祀河为职，世为河巫，并以颈项饰贝作为河巫职官的标志，伴王为臣。《淮南子·原道》："昔者冯夷、大丙之御也。"高诱《注》："皆古之得道能御阴阳者也。"故祀河之官必为巫史。此墓于墓主头顶部出土三件呈"品"字形摆放的白陶质螺旋状物，螺旋的项部饰绿松石（图4—51），[①] 似为巫冠之饰，三个螺旋状物应为巫冠三出尖顶的装饰，故知此巫冠似呈"山"字三凸之形。

　　必须强调的是，3号墓主头部所见的螺旋体其实正是先民理解的天极璇玑的形象，有关问题我们已有系统的论述。[②] 事实上，新石器时代几乎所有有关天盖的图像不仅无例外地表现有锥状璇玑的造型，而且这种对于天极的认知至少影响到秦汉时期。商代先民时而以人首蟠髻象征璇玑装饰于铜钺（图4—52，1），[③] 从而通过一种罕有发型所表达的人与天帝

[①] 许宏、陈国梁、赵海涛：《二里头遗址聚落形态的初步考察》，《考古》2004年第11期，第28页，图版捌，1、2。
[②] 冯时：《中国天文考古学》第三章第二节，社会科学文献出版社2001年版。
[③] 李学勤、艾兰：《欧洲所藏中国青铜器遗珠》，图版65，文物出版社1995年版，第331—332页。

图 4—52　商周青铜器象征璇玑的发式和冠饰
1. 有銎钺上的人头像（《遗珠》65）　2. 人饰件（宝鸡茹家庄 M2 出土）
3、4. 兽面具（广汉三星堆 2 号祭祀坑出土）

的联系的方法，赋予作为王权仪仗的铜钺以及享用这种仪仗的人王以神圣的权力。这种文化理解当然来源于位于天盖中央的璇玑乃为天帝居所的古老观念，以至于使这种锥状璇玑的形象成为三代时期各种巫冠普遍存在的装饰素材（图 4—52，2—4），甚至两汉时期颇为流行的指示方位的所谓"柿蒂纹"图案，也是天盖图像变形夸张的结果。很明显，上述材料当有助于判断墓主头部的三枚陶质螺旋状物或许当为象征天盖璇玑的"山"形巫冠的饰件。殷代甲骨文有奇字作"🗿"，[①] 像人戴傩面，[②] 巫冠也作天极之形，可为比观。

此类巫冠于马王堆汉墓帛画中也有所描写（图 4—53；图版七，

[①]　见《合集》6063 正。
[②]　饶宗颐：《四川纵目人传说与殷代西南地名——揭开卜辞奇字🗿之谜》，《传统文化与现代化》1994 年第 2 期。

图4—53 马王堆西汉墓出土帛画

1)。① 帛画主要绘有太一及五神，分上下两层，表现帝廷中的天帝和五臣，其中上层一人为太一神。而帝臣之一的社神与此重叠，以太一之下的黄龙象之；下层的四人为四方神。这样的帝廷组织及其所体现的宗教思想我们已有讨论。② 值得注意的是，作为四巫的四方神，其中两位戴"山"形巫冠。四方神乃天帝之臣，与社神共成五臣，于甲骨文称为"帝五臣"或"帝五介臣"。而3号墓主以祀河之巫充为王臣，似亦戴"山"形冠，恰可助证其所具巫职之身份。

此墓之主人既为河巫，那么常旜之龙章作为明旌究竟与墓主具有怎

---

① 周世荣：《马王堆汉墓的"神祇图"帛画》，《考古》1990年第10期。
② 冯时：《中国古代的天文与人文》第二章第二节，中国社会科学出版社2006年版。

样的关系则是必须解决的问题。龙为水物,似乎从表面上看正与河巫祀河的事实相应,如此,则龙髽当然可以视为河巫的旗物。然而我们并不以为这种以龙髽与河巫的联系不是出于某种巧合,因为如果据此认为龙髽乃是河巫的生前旌旗或死后别制之明旌的话,则不仅于古代旗制无征,更重要的是与上古巫觋所反映的基本史实不相符合。

早期史料显示,巫史构成了上古社会特有的知识集团,因而拥有与神灵沟通的神秘权力。而王作为群巫之长,具有着政教合一的领袖的特殊身份,这个事实至少在商代的甲骨文中依然反映得相当清楚。巫的作用主要在于传达神人的意旨,而王既为巫主,又为人主,因而作为王臣的巫,其交通神人的祷祈活动其实也就体现为上达王意与降传神旨的过程,这意味着王巫的祷祈只能是代表人王意旨的行为。如殷人占卜,其最终审断皆决于王意,而贞人命龟不过传达王意而已。显然,巫的这种为王祷祈的特点决定了其祭祷活动需要奉以君王的仪仗。《史记·封禅书》记汉武帝元鼎五年(公元前112年),"其秋,为伐南越,告祷太一。以牡荆画幡日月北斗登龙,以象太一三星,为太一锋,命曰'灵旗'。为兵祷,则太史奉以指所伐国。"事又见《汉书·郊祀志上》,师古《注》:"以牡荆为幡竿,而画幡为日月龙及星。"可明此灵旗画日月北斗登龙,皆大常之象,而由太史奉之为兵祷,可为明证。以此例彼,则河巫"为水祷"而奉以大常,颇合古制。故古巫祷所建,或皆王旗之大常。

河巫以常髽覆尸,盖其生前以祷河为职,奉以王仪大常,故死后享王之特赐。二里头文化之常髽虽为天子之物,但仅具一铃,且不见干首,知非完整之常旗,而縿斿或许本应皆备,惜已烂朽,故唯见常髽而已。其以天子赏赐之物用为明旌,但沽简尤甚。这种将王特赐之物简易其制而用为明旌的做法当然与据自己之旌旗沽略而小以充明旌不同,应该具有礼仪摄盛的意义。

王特赐之事,史不乏见。荣仲方鼎铭乃言王赐诸侯宫室之事,[①] 而西周金文或记天子所赐命服有"朱芾"者,自属以天子之物加赐诸侯。《诗·小雅·采芑》:"服以命服,朱芾斯皇。"毛《传》:"朱芾,黄朱芾也。"增字解经,说尤牵强。郑玄《笺》:"命服者,命为将,受王命

---

① 冯时:《坂方鼎、荣仲方鼎及相关问题》,《考古》2006年第8期。

之服也。天子之服，韦弁服，朱衣裳也。"陈乔枞《三家诗遗说考》："诸侯惟得用赤绋，入为王臣，始加赐朱绋。"《易纬乾凿度》以"朱芾"即赐大夫之服，皆是。故"朱芾"本天子所用，其降赐卿士，命服之以行王事。

《诗·小雅·采菽》也王赐诸侯命服之诗，其云："君子来朝，何锡予之？虽无予之，路车乘马。又何与之？玄衮及黼。"郑玄《笺》："玄衮，玄衣而画以卷龙也。王之赐，惟用有文章者。"此"玄衮"即西周金文习见之"玄衮"及"玄衮衣"，或也天子之用，受赐者则皆冢司徒、作册、宰及诸侯之流。

《左传·僖公二十八年》记周襄王策命晋文公之典礼云："王命尹氏及王子虎、内史叔兴父策命晋侯为侯伯，赐之大辂之服。"贾逵云："大辂，金辂。"杜预《集解》承其说。《尚书·顾命》："大辂在宾阶面。"郑玄《注》："大辂，玉辂。"本天子之车。刘文淇《春秋左传旧注疏证》："大辂，本天子车之总名，玉辂亦在其例。故贾析言金路也。"是。知大辂当为天子舆乘。此"大辂之服"，孔颖达《正义》据《周礼·春官·司服》谓所赐为鷩冕。《司服》云："公之服，自衮冕而下，如王之服。侯伯之服，自鷩冕而下，如公之服。子男之服，自毳冕而下，如侯伯之服。"故以常制言，晋侯宜赐鷩冕。然大辂既非诸侯之车，则冕服亦当从之而异。《仪礼·觐礼》："天子赐侯氏以车服。"郑玄《注》："赐车者，同姓以金路，异姓以象路，服则衮也、鷩也、毳也。"郑约《巾车》及《司服》言之，以侯氏中有同姓、异姓及公侯伯子男之异，故此"大辂之服"当金路衮冕，①乃加赐也。《礼记·杂记上》："復，诸侯以褒衣、冕服、爵弁服。"郑玄《注》："褒衣，亦始命为诸侯，及朝觐见加赐之衣也。褒，犹进也。"《礼记·王制》："制，三公一命卷，若有加，则赐也，不过九命；次国之君不过七命，小国之君不过五命。"郑玄《注》："卷，俗读也，其通则曰衮。三公八命矣，复加一命，则服龙衮，与王者之后同。多于此则赐，非命服也。"孔颖达《正义》："若有加，谓九命，卷龙之外，依制不合有其服，若有加益者，则是君之特赐，非礼法之常。《杂记》谓之'褒衣'也。"孙希旦《集解》："若有加则赐者，谓衮冕之

---

① 沈钦韩：《左传补注》，皇清经解本。

外，更加馀服，则出于王之特赐，而非常制也。《虞书》曰：'予欲观古人之象，日、月、星辰、山、龙、华虫作绘，藻、火、粉米、宗彝、黼，黼絺绣，以五采彰施于五色，作服。'此王之服十二章也。公之服自衮冕以下，今于衮冕之外更有加赐，则其为兼画星辰者与？加赐于命服之外，所谓褒衣者也。"皆特赐之明证。

《周礼·春官·小宗伯》："掌衣服、车旗、宫室之赏赐。"郑玄《注》："王以赏赐有功者。"《礼记·乐记》："所谓大辂者，天子之车也。龙旂九旒，天子之旌也。青黑缘者，天子之宝龟也。从之以牛羊之群，则所以赠诸侯也。"可明天子所赐所赠不唯车马服饰，旌旗亦在其列。西周金文言赐旗物而用事者如"䜌旂五日"（王臣簋、弭伯簋）、"旂五日"（辅师嫠簋）、"旂四日"（殺簋），皆似天子仪仗。其或建于玉辂、戎辂，也属特赐。"五日"、"四日"自即《司常》所谓"日月为常"之画章，设于縿斿。河南汲县山彪镇出土战国水陆攻战图鉴，其中层水战设两船相对，左侧一船船头立大旗，上有五圆（图4—54，1）；① 四川成都百花潭出土战国镶嵌宴乐水陆攻战图壶，构图略同于鉴，旗上则绘四圆。② 学者认为此五圆、四圆当为五日、四日，实即铭文所言赐旗五日、四日也。③ 保利艺术博物馆藏战国嵌错铜壶一对也绘有相似的题材，其中立于船头之旗上绘八圆（图4—54，2），④ 或为日月之形。这些旗帜作为天子仪仗，都可以通过特赐而为臣下所用。是诸侯享有天子特赐之大常，于史有征。故以制度观之，二里头文化之常幢应属天子加赐河巫之物，其用为明旌，显不为僭。此犹汉代梓宫、便房、黄肠题凑、珠襦玉匣者本皆天子之服，⑤ 而为臣者仍可通过皇帝的特赐而享有之。⑥ 盖河巫生前奉大常以祀河，故受王特赐之常幢。然河巫虽享王之特赐以为明旌，但显然并不以其昭示身份，其以龙幢覆身，理应具有以登龙引领墓主灵魂升

---

① 郭宝钧：《山彪镇与琉璃阁》，科学出版社1959年版。
② 四川省博物馆：《成都百花潭中学十号墓发掘记》，《文物》1976年第3期。
③ 张政烺：《王臣簋释文》，《古文字研究论文集》，四川大学学报丛刊第十辑，1982年。
④ 保利艺术博物馆：《保利藏金·续》，岭南美术出版社2001年版。
⑤ 《续汉书·礼仪志下》记大丧云："金缕玉柙如故事。……治黄肠题凑便房如礼。"
⑥ 杨树达：《汉代婚丧礼俗考》，商务印书馆1933年版；卢兆荫：《试论两汉的玉衣》，《考古》1981年第1期。

图4—54 战国水陆攻战图
1. 山彪镇出土铜鉴（M1∶56） 2. 保利艺术博物馆藏铜壶

天的宗教意义。

观象授时对于上古舆服制度的形成具有至关重要的影响，根据古器物图像、金文资料及古代文献的对比分析，二里头文化绿松石镶嵌龙形遗物当属大常之龙旜得以确认。古代旌旗徽识皆法天官，而龙章源于星象，其本质即在描绘二十八宿东宫星宿跃地而出的升天景象，故此阿曲上向之龙设于大常，正表现了跃地升天的龙星，也即文献所称之"升龙"或"登龙"。龙旜通赤，佩铃，于制颇合。

古"族"字从"㫃"，知其必以旗为标志，故明旌旗制度起源甚早。然因上古时代纺织及绣绘技术的局限，从而使早期旗帜以旜为承设画章之物成为通制，其于縿斿之外独存，致旌旗形制与后世大别。《司常》谓"通帛为旜"，《释天》以"因章曰旜"，皆明其制。然年深日久，其义寖失。故书虽敷阐旧诂，但无所匡益。而文献旜物错文互见，西周金文又称"旜锦"、"淑锦"，知其时或以文锦为旜。然早期旗旜以木为之，画章则施镶嵌之法，或称"错刻"，于文献尚有迹可寻。

上古旌旗别身份，殊徽号，于生死皆然。死者或移用生时之旗以为明旌，兼为葬仪。后世明旌则于死后特制，渐有变化。而此常旜覆尸，正是早期旌旗制度的反映。

  大常之龙旜乃天子之物，然墓主身份则为佣氏族长，于王朝充为祀祷河神之巫，其用常旜为明旌，当享王之特赐，但沽而小，作用非在昭明身份，而在于明旌本身所具有的引领亡灵升天的宗教意义。

第 五 章

以祖配天　其严在上

第一节　中国上古宗教的本质

一　帝与嫡

中国的上古宗教起源于人王与作为其祖先神的上帝之间的联系的思考。由观象授时所导致的天命观使自然之天开始被赋予了人格的意义，从而产生出了主宰万物的至上神祇——上帝。诚然，帝作为主宰万物的至上神，这一观念本是从帝本为祖先神的观念中发展出来的。人们追寻其始祖所自出的敬祖心理首先使他们创造出了作为祖先神的帝，在这一意义上，"帝"字的本义必用为嫡，所以帝的观念明显是在强调观象者人王与至上神之间的最直接与亲密的联系，这种联系借助血缘的形式加以表现当然最为理想，而在中国传统的宗法制度中，最亲密的血缘关系当然就是嫡。①

中国先民所具有的这种将人王与上帝通过最亲密的血缘纽带加以捆绑的观念与西方的原始宗教观绝多相似，事实上，西文今日译为"宗教"一词的"religion"，其本义也是在反复确认一种人神之间的捆绑关系和密切的联系，②日人借助佛教的概念将其译为"宗教"而强化其教义，反而失去了 religion 一词的原义，因此并不准确。很明显，上古的宗教观其实仅重在确认人神之间的某种特殊关系，而并不注重上帝的说教，况且在中国先民的传统认知中，上帝除去命令人王而授予其天命之外，并没有

---

① 参见冯时《中国古代的天文与人文》第二章，中国社会科学出版社 2009 年修订版。
② 曾传辉：《宗教概念之迻译与格义》，《世界宗教研究》2015 年第 5 期。

什么说教，真正的教化其实是由接受天命的人王代天完成的。

殷商甲骨文和金文所记上帝的作为只有其降福降祸或喜怒若否，还很少见到帝或天颁降命令，而在西周金文和文献中，天帝发布命令的思想则已极为普遍。

  天命禹敷土。   燹公盨
  帝谓文王，予怀明德。不大声以色，不长夏以革，不识不知，顺帝之则。 《诗·大雅·皇矣》
  有命自天，命此文王。   《诗·大雅·大明》

很明显，人王受命的目的是要实践天帝所命，人神之间的亲密关系不仅要通过这种命令传递的方式来建构，同时也要通过这种方式来实现，而建立并维系这种特殊直系关系的基础就是诚信。①

二　眼目通神与三星堆觋像

古人为人神相通的需要而创造了文字，文字于是便成为沟通人神而使其完成交流的媒介。显然，在这种交流中，用以识字的眼目自然也就具有了通神的意义。

人神得以相通，这在原始宗教观念中便是求得了吉祥，这一意义有时正是通过眼目表达的。古彝文"吉"字即作眼目的象形，汉字用于占筮通神的"祘"字也从二"示"构形，而依清儒段玉裁《说文解字注》的解释，"示"的意义也正同"视"，仍在强调眼目识字而完成通神的作用。② 而作为通神的巫觋，"巫"字虽然强调的是分至四神所居四极之地，可见其本出自然神祇之本义，但"觋"字则从"巫"从"见"构形，更重说明人巫本为通过其眼目识字而实现通神的人物，因此，以眼目识字便成为巫觋通神的特殊本领。《说文·巫部》："觋，能齊肅事神明者。在

---

① 冯时：《中国古代的天文与人文》第四章第二节，中国社会科学出版社2006年版。
② 冯时：《中国古文字学概论》第一章，中国社会科学出版社2016年版。《诗·小雅·鹿鸣》："视民不恌。"三家诗"视"作"示"。郑玄《笺》："视，古'示'字也。""视"从"示"声，明古以"示"为"视"。

图 5—1　三星堆觋像

图 5—2　三星堆觋像

男曰觋，在女曰巫。从巫从见。"徐锴曰："能见神也。"段玉裁《注》："女非不可曰觋也。"事实上，眼目对于通神的意义之所以重要，关键就在于其能通晓用于沟通人神的文字，文字既得识别，神明自可睹见，这体现了上古宗教的独有特点。

明确强调眼目通神意义的上古觋像在三星堆遗址中多有发现。这些形象分严肃的苦脸与喜悦的笑脸两类，凡苦脸者皆嘴角下垂，首颌俯收，目中无睛（图5—1）；而笑脸者则皆嘴角上扬，首颔仰起，目具长睛（图5—2）。① 二者形成了鲜明的对比。很明显，这类巨目而笑、仰望上天的铜像所塑造的人物无疑就是完成通神的觋像。

第二节　红山文化巫祝研究

内蒙古敖汉旗兴隆沟红山文化遗址新近出土红陶人像，其形体完整，姿态生动，不同于以往发现的同时期的静默偶像，而呈现出动态的灵动形象，无论对艺术史抑或早期文明史的研究，都具有十分重要的意义。

红陶人像高55厘米，头上盘发，额顶似着横置的发饰，面容哀肃，口部圆张作呼叫状，踞坐，躯干微前倾，双乳微凸，双手交于前，右手握住左腕（图5—3；图版六，2）。② 其整体造型特征鲜明，对了解人像的性别与身份具有直接的帮助。

一　红陶人像的性别

敖汉红陶人像的性别当为女性。或许有学者认为，人像的乳房未被特别强调，尤其与红山文化已经发现的女像相比，其女性特征似乎并不明显，这的确是一个需要说明的问题。事实上，对于女性性别标准的确定，古人的观念与今日不同，他们并不以强调乳房的丰满作为女性唯一的性别特征，因为乳房是男女两性共有的器官，而且何谓丰满，其程度也不易判定。所以古人仅对怀孕之中或生育之后的女性适当夸张地表现其乳房，而具有这一特征的女性其实只代

图5—3　敖汉红陶人像

---

① 四川省文物管理委员会、四川省文物考古研究所、四川省广汉县文化局：《广汉三星堆遗址一号祭祀坑发掘简报》，《文物》1987年第10期；四川省文物管理委员会、四川省文物考古研究所、广汉市文化局、文管所：《广汉三星堆遗址二号祭祀坑发掘简报》，《文物》1989年第5期。
② 中国社会科学院考古研究所、内蒙古敖汉旗博物馆：《敖汉兴隆沟发现红山文化罕见整身陶人》，中华文明探源工程（三）红山文化考古新成果，2012年7月15日。

表着女性成长过程中某一阶段的形象，这便是中国传统"母"的概念的缘起。甲骨文、金文的"母"字作"𣫚"形（图5—4，5—8），以两点标示女性的乳房，即充分反映了这一事实。《说文·女部》："母，牧也。从女，象怀子形。一曰象乳子也。"虽然许慎的解释并不完全可取，但很明显，"母"字表现了女性的乳房却非常清楚，这其实正体现了女性孕育阶段乳房渐丰的生理变化。因此，红山文化以往发现的孕育女像，如果准确地判定其性质，应该都属于母性的形象（图5—5），而并不宜泛指为女像，而牛河梁发现的乳房残件，[①] 其所表现的女像性质也应属于母之形象。很明显，乳房的丰满只是母性的特征，却并不是区别男性的女性特征。

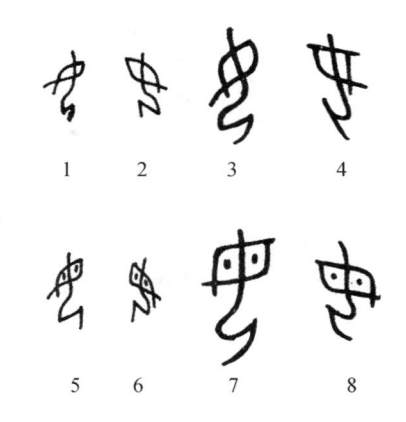

图5—4　甲骨文、金文"女"、"母"字
1—4. 女（《甲》2356、《后上》6.7、女帚卣、者女甗）　5—8. 母（《燕》579、《簠帝》236、母辛卣、爨母辛簋）（3、4、7、8.《三代》12.57、5.8、13.16、11.12）

由于女子的乳房只有在青春期后甚至孕期才发育成熟，从而形成与男性的不同，所以古人称"女"多仅相对于"子"、"士"而言。"子"字于甲骨文、金文作"𢀖"，象婴儿之形，其虽可通指男女，但在特别强调性别的时候，则本指男子。《说文·乙部》："孔，通也。嘉美之也。从乙子。乙，请子之候鸟也。乙至而得子，嘉美之也。故古人名嘉字子孔。"古人请子皆求生男，故以生男为嘉。《月令》以春分之时玄鸟至，遂以大牢祈子于高禖，即此请子之礼。商祖契为其母简狄吞玄鸟卵而生，知其观念甚古。商代甲骨文记：

> 甲申卜，殼贞：妇好娩，嘉？王占曰："其唯丁娩，嘉。其唯庚娩，引吉。"三旬又一日甲寅娩，不嘉，唯女。

[①] 辽宁省文物考古研究所：《辽宁牛河梁红山文化"女神庙"与积石冢群发掘简报》，《文物》1986年第8期，第5页，图版壹，5。

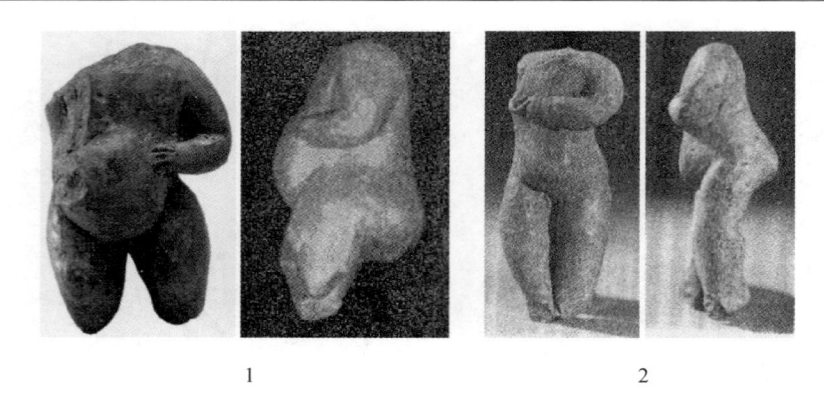

图 5—5　辽宁喀左东山嘴遗址出土红山文化孕妇陶像
1. TD9②:7　2. TD8②:5

  甲申卜，殻贞：妇好娩，不其嘉？三旬又一日甲寅娩，允不嘉，唯女。　《合集》14002

  可明商人以生男有子为嘉，生女为不嘉，正合《说文》所反映的传统观念。而"士"与"女"相对，则为未娶之男。《诗·召南·野有死麕》："有女怀春，吉士诱之。"《荀子·非相》："处女莫不愿得以为士。"王先谦《集解》引郝懿行曰："女、士对言，古以士、女为未嫁娶之称。"故"女"与"子"、"士"相对，一般仅指未成年的婚前女性，也即处女。《说文·女部》："女，妇人也。象形。王育说。"朱骏声《说文通训定声》："对文则处子曰女，适人曰妇。"《诗·周南·关雎》："窈窕淑女。"朱熹《集传》："女者，未嫁之称。"《诗·郑风·出其东门》："有女如云。"陈奂《诗毛氏传疏》："女，未嫁者之称。"《诗·魏风·葛屦》："掺掺女手。"陈奂《诗毛氏传疏》："女者，未成妇之称。"《庄子·逍遥游》："犹时女也。"郭庆藩《集释》："女，即处女也。"《大戴礼记·主言》："女憧。"王聘珍《解诂》："女，谓未嫁者。"很明显，这一时期的女性乳房尚未完全发育，故古人并不会以特别夸张表现乳房的丰满来塑造女性的形象。

  古人称女子于未嫁时曰"女"，适人曰"妇"，有子曰"母"，概念严格。而其艺术表现手法，如果不是刻意塑造孕妇，则乳房的部分虽有表现，但往往不会作特别的夸张。这种做法或许更客观地反映了蒙古人种的生理特征。从人种学方面考虑，蒙古人种与欧罗巴人种相比，其女性一般不具有丰满的乳房特征，这一点通过对发现于东、西两地的上古孕妇雕像的比较即可看得相当清楚。目前发现的红山文化陶塑女像，明确表现孕妇形象的东山嘴等遗址出土的数件，其共同特征是腹部圆鼓，但乳房却并没有做过分的表现。如辽宁喀左东山嘴遗址所出孕妇塑像，

图5—6 南宝力皋吐遗址出土人像陶罐

其腹部隆圆，而胸部则仅微显而已（图5—5）；[1] 内蒙古通辽扎鲁特旗南宝力皋吐遗址所出新石器时代晚期人形陶壶展现了鲜明的孕妇形象，腹部借壶腹而呈隆凸，胸部却仅微塑双乳（图5—6）。[2] 这些作品所表现的孕妇形象与欧洲旧石器时代及西亚新石器时代女性雕像及孕妇雕像所显示的女性特征明显不同（图5—7），[3] 两像对乳房的不同处理无疑体现了东、西方人种的生理差异。很明显，敖汉红陶人像虽不具丰乳特征，但乳房微凸，已与一般的男像不同，符合女性的传统表现形式。不啻如此，陶像右眼眶上方残留墨描眉梢，细长弯曲，这种眉型显然只能属于女性而非男性，也可证明陶人的性别为女性。

除红陶人像所显示的生理特征属于女性之外，更重要的则是其造型姿态所表现的性别特点。准确地说，陶人整体造型所呈现的姿态与甲骨文、金文的"女"字字形别无二致（图5—4，1—4），从而在形态上证明了陶人的性别本为女性。

自新石器时代迄至两周的人物跽坐雕像目前已有不少发现，如殷墟

---

[1] 郭大顺、张克举：《辽宁省喀左县东山嘴红山文化建筑群址发掘简报》，《文物》1984年第11期，图版贰，1—3。

[2] 内蒙古自治区文物考古研究所、扎鲁特旗人民政府：《科尔沁文明——南宝力皋吐墓地》，文物出版社2010年版，第78页。

[3] Timothy Champion, Clive Gamble, Stephen Shennan and Alasdair whittle, *Prehistoric Europe*, p. 85, Fig. 3.19, Academic Press, 1984.

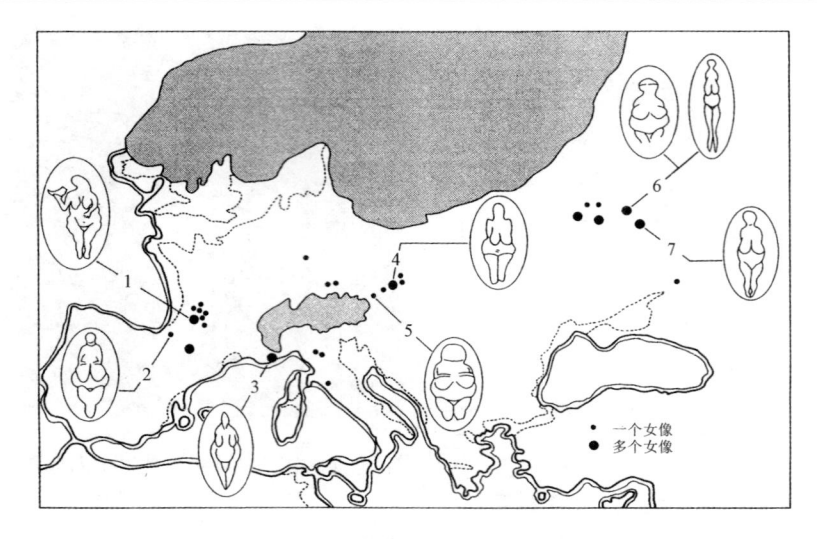

图 5—7　欧洲旧石器时代女像分布图

1. 劳瑟尔（Laussel）　2. 雷布克（Lespugue）　3. 格里马尔迪（Grimaldi）
4. 下韦斯托尼采（Dolní Věstonice）　5. 维伦多夫（Willendorf）　6. 加加里诺（Gagarino）　7. 柯斯田基（Kostienki）

妇好墓所出数件商代玉石人像（M5：371、372、537、376、377）（图5—8，1、3、5—7），① 殷墟侯家庄 M1004、M1217 出土着衣石人像（图5—8，2），② 山西翼城大河口西周霸伯墓地出土青铜人像（图5—8，9），③ 陕西扶风齐家村窖藏㝬盘铜人盘足（图5—8，4），④ 四川广汉三星堆一号坑出土青铜人像（图5—8，8）。⑤ 这些人像皆双手抚膝，胸部平坦，有的甚至表现出男根（图5—8，4），显为成年男性的雕像，因此从跽坐姿态分析，双手抚膝当为男性的特征，犹甲骨文、金文"𠃌"所呈现的"𠃌"字之形，这与女性姿态呈双手相交而握的形态完全不同。湖北天门邓家湾龙

---

① 中国社会科学院考古研究所：《殷虚妇好墓》，文物出版社 1984 年版，第 152、153 页。
② 梁思永、高去寻：《侯家庄》第五本，1004 号大墓，历史语言研究所 1970 年版，第 41 页。
③ 谢尧亭：《"格"与"霸"及晋侯铜人》，《两周封国论衡》，上海古籍出版社 2014 年版。
④ 曹玮主编：《周原出土青铜器》第二卷，四川出版集团巴蜀书社 2005 年版，第 263—265 页。
⑤ 四川省文物管理委员会、四川省文物考古研究所、四川省广汉县文化局：《广汉三星堆遗址一号祭祀坑发掘简报》，图八，图版贰，3，《文物》1987 年第 10 期。

第五章　以祖配天　其严在上　433

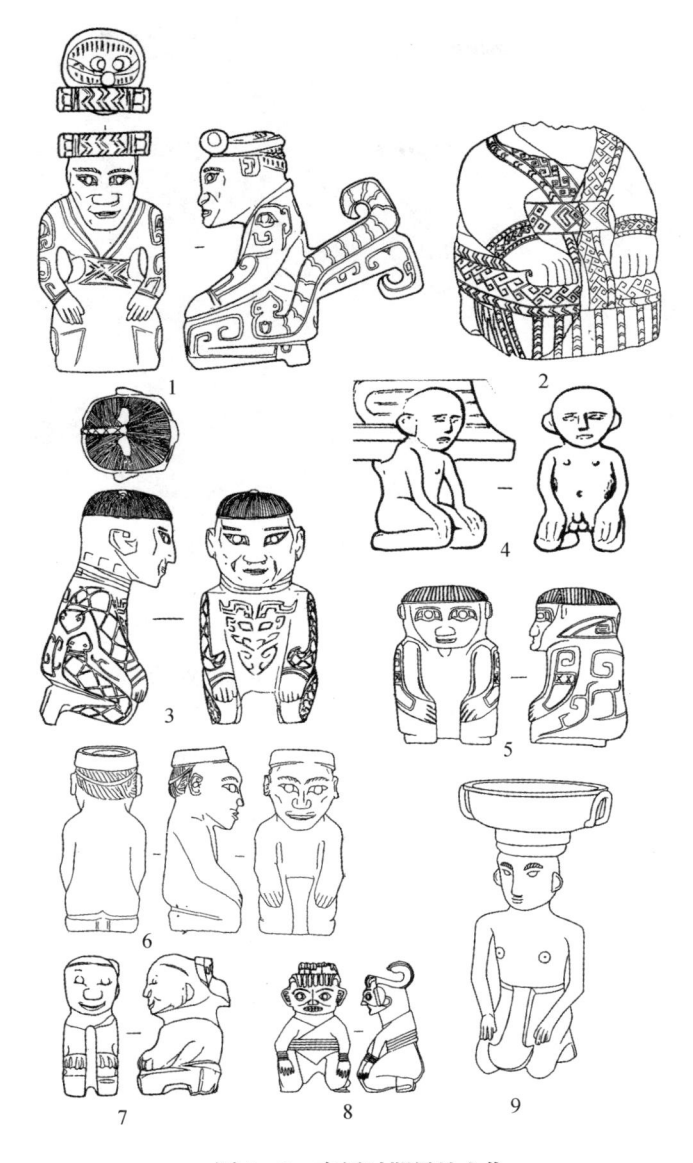

图 5—8　商周时期男性人像

1. 玉人（M5：371）　2. 着衣石人（M1004、1217）　3. 玉人（M5：372）　4. 铜人（它盘）　5. 玉人（M5：537）　6. 石人（M5：376）　7. 孔雀石人（M5：377）　8. 铜人（K1：293）　9. 铜人（1—3、5—7. 殷墟出土，4. 陕西扶风齐家村窖藏，8. 四川广汉三星堆一号坑出土，9. 山西翼城大河口霸国墓地出土）

图 5—9　湖北天门邓家湾遗址出土陶人像

山时代遗址曾经出土两种陶塑人像，高 8.7—9.7 厘米。一像箕坐，耳、鼻突出，胸部平坦，双手下垂，手握一横置腹前的棍状物（图 5—9，左）。另一像跽坐，乳房微凸，双手交于腹前（图 5—9，右）。很明显，箕坐者当为男性，而跽坐交手者显为女性。邓家湾龙山文化女像的姿态与敖汉红山文化陶像的造型特征极为相似，由此也可证明，敖汉人像的性别应为女性，其性别判断的重要依据就是女子跽坐必交握双手于前的传统姿态。

　　古人认定女性的性别特征并不在于乳房是否丰满，而重在其右手交握左手的特有姿态。红山文化发现的陶塑人像也不乏交手的造型。喀左东山嘴遗址出土的陶塑女性人物坐像残件，其右手握住左腕（图 5—10，1），[①] 与敖汉红陶人像的交手形式完全相同。不仅如此，这种交手的姿态甚至也见于站立的女性形象。牛河梁第五地点出土小型女性陶立像，双手交握于腹前，胸部微凸（图 5—10，2），[②] 在生理和姿态两方面都显示了其明确的女性特征，相似的女像甚至在西亚的早期美术品中也有发现

[①] 郭大顺、张克举：《辽宁省喀左县东山嘴红山文化建筑群址发掘简报》，《文物》1984 年第 11 期，图版贰，4。

[②] 朝阳市文化局、辽宁省文物考古研究所：《牛河梁遗址》，学苑出版社 2004 年版，第 56、64、65 页。

图 5—10　红山文化陶女像

1. 东山嘴遗址出土（TD10②∶9）　2. 牛河梁遗址出土

（图5—11）。① 而迄今所见的红山文化多件孕妇陶像显示，其双手的位置无不以弯曲于腹前为特征，只是由于孕妇腹部隆圆，双手难以交握而已，尽管如此，其欲交的趋势仍很明显，这与古文字"母"作双手交握的造型至为吻合（图5—4，5—8）。

女性的这一特有姿态并未随着时代或地域的不同而有所改变。浙江绍兴坡塘306号战国早期墓出土青铜房屋模型，其间两位女性跪姿而双手交置于腹前，右手交握左手，束发于顶，胸部明显塑出乳头，与其他跪像形成明显的区别（图5—12，1），② 其姿态与敖汉红陶人

---

① U. Bahadir Alkim, *The Ancient Civilization of Anatoliai*, Fig. 12、72, The Cresset Press, 1969. C. C. Lamberg-Karlovsky and Jeremy A. Sabloff, *Ancient Civilizations：The Near East and Mesoamerica*, Fig. 2.33, Waveland Press, Inc., 1995.

② 浙江省文物管理委员会、浙江省文物考古所、绍兴地区文化局、绍兴市文管会：《绍兴306号战国墓发掘简报》，《文物》1984年第1期，第16页，图一六、三八，图版壹，1、2。

图 5—11　雕塑女像

1、2. 安纳托利亚西南地区出土的青铜时代陶像　3. Kizil Irmak Bend 的 Alaca Hüyük 遗址出土的青铜时代雕像　4. 巴格达北底格里斯河东岸的 Tell-es Sawaan 遗址出土（约公元前 5400 年）

像别无二致。河南淅川下寺 8 号春秋晚期墓出土玉人立像，双手交握于腹前，胸部雕双乳（图 5—12，2），[①] 亦为女像。陕西韩城梁带村芮国墓地春秋墓 M26 出土玉人女立像双手交握（图 5—12，3），[②] 展现了传统的女性姿态。而同时代的男性跽坐姿态则仍呈双手抚膝（图 5—13），[③] 与早期传统一脉相承。因此可以相信，双手交握于腹前且以右手握住左腕其实正是女性特有的传统姿态。甲骨文、金文"女"字作"𡚸"（图 5—4，1—4），象跽坐而双手相交于腹前，这一象形文显然是对女性特有姿态的客观写实，其形象与敖汉陶人所呈现的形象完全相同。

目前所见的早期立像或跽坐人像，凡男像似皆双手抚于双膝，从而显示出双手交握之姿所具有的特殊的性别意义。殷墟妇好墓所出阴阳合体玉巫像（M5：373）对于探讨女性交手之姿的原因或有帮助。此像一

[①] 河南省文物考古研究所：《淅川下寺春秋楚墓》，彩版 1，文物出版社 1991 年版。
[②] 陕西省考古研究院、上海博物馆：《金玉华年——陕西韩城出土周代芮国文物珍品》，上海书画出版社 2012 年版，第 244—245 页。
[③] 中国青铜器全集编辑委员会：《中国青铜器全集》第 11 卷，文物出版社 2006 年版，第 75、76 页。

第五章　以祖配天　其严在上　437

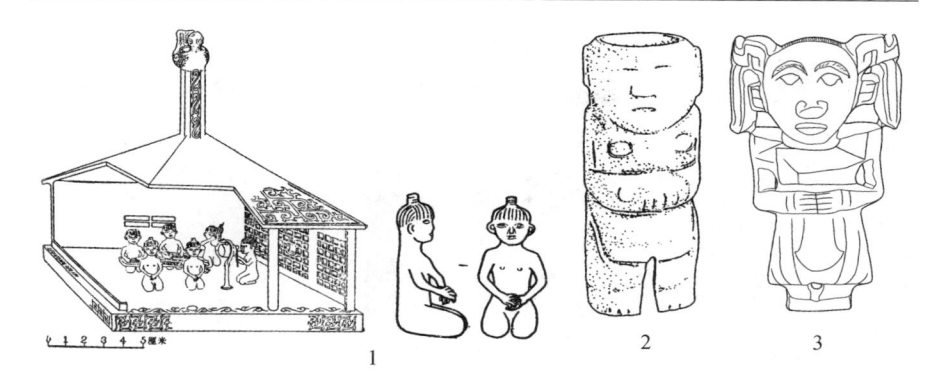

图 5—12　东周女像
1. 绍兴 M306 出土铜屋及内座女像正侧图
2. 淅川下寺楚墓 M8 出土玉人立像　3. 韩城芮国墓地 M26 出土玉人立像

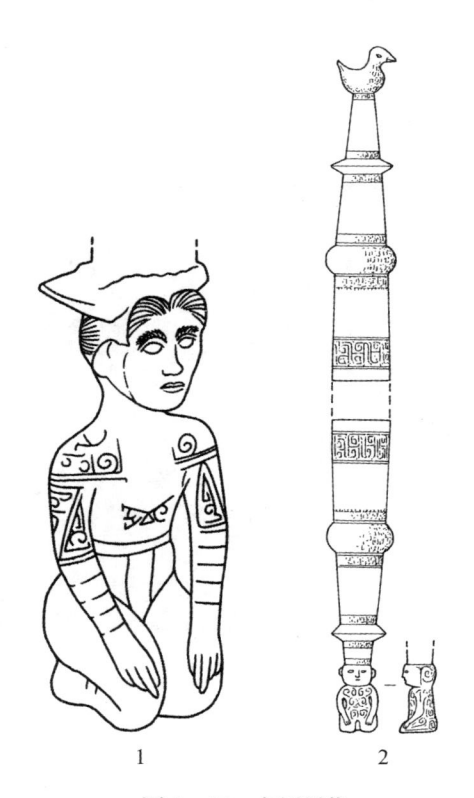

图 5—13　东周男像
1. 绍兴湮渚中庄出土　2. 丹徒大港北山顶出土

图 5—14 殷墟妇好墓出土双性玉巫像　　图 5—15 以色列女人像

图 5—16 欧洲美术品

1、2. 古希腊普拉克西特莱斯创作的《奈达斯的阿芙洛底特》（罗马复制品，雅典雕刻家普拉克西特莱斯约生于公元前 385 年）　3. 马萨乔《失乐园》（约 1425 年作，右为夏娃）

4. 十五世纪意大利艺术家波提切利创作的《维纳斯的诞生》（约 1485 年作，局部）

面为男性，另一面为女性。男像呈双手垂于胯间，致男根暴露；而女像的双手则呈欲交而未交的姿势置于下腹之前，致使女阴尽显（图5—14；图版九，1）。① 男、女二像的手部姿态迥异，可知女性的传统手姿以交握于前为常态，其目的或许即在于遮羞。类似的人像于西亚古代遗存中也有所见（图5—15），可以看出，古亚洲大陆先民对于女性的姿态其实具有着共同的理解。而地中海以西古文明中的女性雕像则完全不见这种姿态，其遮羞的形式呈一手遮护阴部（图5—16，1、2），或一手遮护乳房，另一手遮护阴部（图5—16，3、4），显示出欧洲地区虽因人种的差异导致了对人体遮羞部位认识的不同，但乳房仍不是必须被遮掩的部位。今日所见的很多民族，其女性并不以裸露上身为羞，而仅遮护下体，反映了与古代先民对于人体遮羞相同的观念。中国古代先民以男女皆着蔽膝（图5—8，9；图5—12，3），也是这种遮羞观念的反映。② 事实上，双手护于下体的遮羞姿态显然起源于摆脱蒙昧而初识文明的原始人类，并作为一种固有的传统代代传承。《说文》引王育说以"女"字的造字属于六书中的象形，段玉裁《注》谓"盖象其揜敛自守之状"，深得本义。而目前偶见的双手不交的女像，则呈双腿分开而阴部尽现之形（图5—17），③ 其造型尽管可能别具意义，但双手交握意在遮护阴部的意图却是明显的，这意味着这种因双手不交而致女阴显露的女像正是对传统女像呈双手交握姿态必为掩敛遮羞的有力佐证。因此从敖汉陶人整体造型与早期文字"女"字字形特征的对比分析，陶人为女像应该

图5—17　商周跪坐裸女形提梁卣

---

① 中国社会科学院考古研究所：《殷虚妇好墓》，文物出版社1984年版，第154页。
② 《说文·市部》："市，韠也。上古衣蔽前而已，市以象之。"
③ 西安市文物保护考古所：《西安市文物精粹·青铜器》，世界图书出版公司2005年版。

很清楚。以往对于"女"字何以特别强调这种交手而坐的姿态及其文化内涵一直不能明了，而敖汉陶塑女像的发现则对澄清这一问题大有帮助。

二 红陶人像与女祝

敖汉红陶人像作张口呼叫状，这一特点应该反映了此类人物的职事特征。如果这一判断不误，那么人像的身份便应与古代的巫祝有关。

《周礼·春官·大祝》云：

> 大祝掌六祝之辞，以事鬼神示，祈福祥，求永贞。一曰顺祝，二曰年祝，三曰吉祝，四曰化祝，五曰瑞祝，六曰筴祝。掌六祈，以同鬼神示，一曰类，二曰造，三曰禬，四曰禜，五曰攻，六曰说。

郑玄《注》："祈，嚻也，谓为有灾变，号呼告神以求福。天神、人鬼、地祇不和，则六疠作见，故以祈礼同之。"孙诒让《正义》："《说文·示部》云：'祈，求福也。'《口部》云：'嚻，声嚻嚻也。'《汉书·息夫躬传》颜注云：'嚻，古叫字。'《尔雅·释言》云'祈，叫也。'《一切经音义》引孙炎注云：'祈，为民求福，叫告之辞也。'郭注云：'祈，祭者叫呼而请事。'案：郑即用雅训而字小异。《释文》云'嚻音叫'是也。……郑为此训者，以经云六祈，祈者以号呼告求为义，故云有灾变。"知祝掌祈礼，即以呼叫为法。甲骨文"祝"本作"𥛱"，即作人张口呼叫之形，明证古祝以号叫为事。

祝有男女之别，甲骨文"祝"作"𥛱"者，男祝也。甲骨文又有字作"𥛱"，应即女祝之专字。古文字"人"、"女"二符意近通用，互作不别，故"𥛱"实际也是"祝"字，其与男祝之"𥛱"字，区别仅在"口"下从女，从而指明此祝的性别实为女性。卜辞云：

> 甲申，王至于……三戍兄（祝）、四戍□？
>
> 《合集》20582（图5—18，1）
>
> 丁亥卜，㱿贞：巫𥛱（祝）□□？
>
> 《合集》5650（图5—18，2）

对读两辞可知，"三戊"、"四戊"实即三巫、四巫，殷人以"戊"为巫官之名，如巫咸于卜辞本作"咸戊"，则"戊"也为男巫之官，而"巫"则为女巫之官。"祝"为动词，"三戊祝"、"巫祝"意当以巫为祝法。《韩非子·说林下》："巫咸虽善祝，不能自拔也。"故知巫也行祝叫呼号之法，而"𥛜"为"祝"字甚明。以此与敖汉陶塑女像对观，女祝字所呈现的跽坐交手、张口呼叫的姿态与陶塑女像完全相同。由此可知，敖汉女像的身份应该就是巫祝。

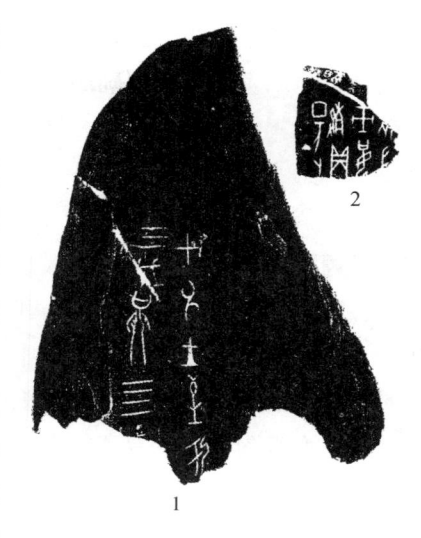

图 5—18　殷墟甲骨文
1.《合集》20582　2.《合集》5650

《周礼·天官·女祝》云：

> 女祝掌王后之内祭祀，凡内祷祠之事。掌以时招、梗、襘、禳之事，以除疾殃。

郑玄《注》："内祭祀，六宫之中灶、门、户。祷，疾病求瘳也。祠，报福。郑大夫读梗为亢，谓招善而亢恶去之。杜子春读梗为更。玄谓梗，御未至也。除灾害曰襘，襘犹刮去也。却变异曰禳，禳，攘也。"又《周礼·春官·女巫》云：

> 女巫掌岁时祓除、衅浴。旱暵，则舞雩。若王后吊，则与祝前。凡邦之大灾，歌哭而请。

敖汉女像裸露上身，或与衅浴有关。又张口呼叫，事涉祝祈。郑玄《注》："衅浴，谓以香薰草药沐浴。有歌者，有哭者，冀以悲哀感神灵也。"孙诒让《正义》："请，谓请于天地山川社稷也。《广雅·释诂》云：'请，求也。'"歌、哭并文，此歌亦哀歌。比观敖汉女祝之像，其张口号叫，面容肃哀，正合此歌哭寄哀之礼。故陶像以裸身以喻其掌衅浴，以张口以明其掌祝叫，身份为巫祝甚明。后世巫、祝渐别为二职，但在早期社会，二者尚未有明确的区分。

敖汉巫祝女像张口作声，据其口型似可推知其语音。陶人口形圆张，所发声音必为开口字的低元音。《周礼》载女巫舞雩求雨而作歌哭之请，贾公彦《周礼疏》引董仲舒云："雩，求雨之术，呼嗟之歌。"《春秋繁露·止雨》："祝曰：'嗟！'"《左传·桓公五年》："龙见而雩。"孔颖达《正义》引郑玄《礼注》："雩之言吁也。言于嗟哭泣以求雨也。""吁（呼）嗟"为哀叹之辞，上古音"吁（呼）"在鱼部，"嗟"在歌部，而鱼部拟音[a]，歌部拟音[ai]，其发音口型正与陶人开口渐收的趋势相同。

敖汉女祝陶像应为受祭之神主，其出土于房址之中，故此房似为奉祀女祝神主之祠。名巫受祭，商代卜辞所记亦详。卜辞云：

丁未卜，扶：侑咸戊、学戊不？　　《甲缀》236
贞：侑于尽戊？　　《合集》3515

"咸戊"即商代巫咸，"学戊"、"尽戊"也古之名巫，其皆享受祭祀。卜辞又云：

戊午卜，㱿贞：勿呼御羌于九巫，弗其……　　《戬》25.11

《山海经·大荒西经》载有十巫，即巫咸、巫即、巫盼、巫彭、巫姑、巫真、巫礼、巫抵、巫谢、巫罗十巫，卜辞"九巫"或当其中之九位。《周礼·春官·筮人》："九筮之名，一曰巫更，二曰巫咸，三曰巫式，四曰巫目，五曰巫易，六曰巫比，七曰巫祠，八曰巫参，九曰巫环，以辨吉凶。"郑玄以"巫"读"筮"，孙诒让《正义》引刘敞、陈祥道、薛季宣并读九巫如字，谓巫更等为古精筮者九人，巫咸即《世本》作筮之巫咸，巫易当为巫阳之讹。此九巫较《大荒西经》夺去一巫，实合卜辞九巫，皆即殷及殷以前名巫。《楚辞·招魂》："帝告巫阳。"巫阳为帝使，即属九巫之一。《史记·封禅书》："荆巫，祠堂下、巫先、司命、施糜之属，……皆以岁时祀宫中。"司马贞《索隐》以巫先即"古巫之先有灵者，盖巫咸之类"，知古巫于宫中皆享有神祠祭所。而敖汉巫祝陶像是否即为卜辞九巫或《大荒西经》十巫之一，这种可能性似不宜排除。

综上所述，敖汉陶人塑像当可认定为红山文化的女祝形象，陶像造型特征呈现为女祝作法的姿态，其综合巫祝生前作法的特点，故呈呼叫裸身之形。这使我们有理由相信，甲骨文、金文的"女"字之所以作跽坐交手之姿，其实即显示了女性固有的传统姿态。当然，就红山文化及早期文明史的研究而言，敖汉女祝陶像性质的考证以及若干制度细节的揭示，其意义远不止于文字起源的探索，相关制度虽见于晚出之《周礼》，但其记载与敖汉女祝陶像的相互印证，则可将有确证可考的巫祝制度与形上观念的起源与形成上溯到公元前四千纪的红山文化时代，足见陶像学术价值的珍贵。

第三节　安徽蚌埠双墩春秋锺离君柏墓研究

考古学是利用古人留弃的遗迹遗物重建古代社会历史的学科，由于相关的实物资料多属先民的物质遗存，因此作为古史研究的直接史料，考古学研究对于古代物质文化的探讨无疑提供了得天独厚的条件。然而就建构一部真实的古代历史而言，仅满足于人类物质文化历史的建设显然极不完整。理由很简单，人类社会的历史不仅包括物质文化的历史，而且也包括精神文化的历史。这意味着真正意义的考古学研究既要揭示古人的物质文化历史，同时也要通过这些物质遗存研究先民精神文化的历史。换句话说，我们不仅要关注古人是如何生活的，更要关注他们是如何思想的，这些思想可以概括为一种独具特色的传统宇宙观，涵盖了古代时空观、政治观、宗教观、祭祀观、礼仪制度、哲学观以及科学观。由于这些基本观念构筑了中国传统文化的核心内涵，因此，对于上古宇宙观的探索其实有着比一般物质文化的研究更为重要的意义，这当然是考古学研究不可或缺的工作。

利用考古资料重建上古宇宙观尽管十分困难，但是只要以坚实的文献资料作为基础，这个工作就不是不可能完成的。事实上，上古宇宙观的考古学研究几乎是解决上古形上思想问题的唯一途径，古人留弃的实物资料提供了大量丰富的形象物证，可以弥补文献史料之不足，而且其

图 5—19　锺离君柏墓封土

明确的时代性与地域性更为传世文献所不及。当然，文献史料的意义同样不容低估，考古遗存内涵的揭示如果没有相关文献的佐证则势必流于玄想，以致降低了实物史料的应有价值。因此，将考古资料与文献史料彼此结合且相互印证，并在相应的制度背景与思想背景下分析研释，则是探讨上古宇宙观的有效方法。

锺离国是鲁昭公二十四年（公元前 518 年）灭于吴国的嬴姓小国。[①] 安徽蚌埠双墩春秋锺离墓的发现（图 5—19），[②] 为锺离国历史及上古宇

[①]　《左传·昭公二十四年》："吴人踵楚，而边人不备，遂灭巢及锺离而去。"《史记·秦本纪》："秦之先为嬴姓，其后分封，以国为姓，有徐氏、郯氏、莒氏、终黎氏。"《史记·伍子胥列传》司马贞《索隐》引《世本》："锺离，与秦同祖，嬴姓也。"又《通志·氏族略三》以锺离为姬姓，更有以为子姓。详参陈槃：《春秋大事表列国爵姓及存灭表譔异》（三订本），历史语言研究所 1997 年版。然而，锺离君柏墓出土兵器见有"锺离君柏护徐人"之铭文，徐为嬴姓之国，见《世本》及上引《秦本纪》，《路史·国名纪乙》引《世本》："锺离，徐之别封。"又见《新定九域志》古迹卷五濠州条，《太平寰宇记》卷一百二十八引作"徐之别号"。是锺离为徐之别封而护之，明证锺离乃嬴姓之国。见冯时：《〈锺离君柏墓〉读后》，《中国文物报》2014 年 3 月 14 日；《春秋锺离国考古的意义》，《蚌埠文博》第二辑，文物出版社，2018 年 1 月。

[②]　此墓之发掘自 2006 年 12 月持续至 2008 年 8 月，发掘资料见安徽省文物考古研究所、蚌埠市博物馆：《安徽蚌埠市双墩一号春秋墓葬》，《考古》2009 年第 7 期。后文所引资料凡出此文者，恕不复注。资料又见安徽省文物考古研究所、蚌埠市博物馆《锺离君柏墓》，文物出版社 2013 年版。

宙观的研究提供了极为重要的资料。该墓（编号双墩一号春秋墓）出土铜鼎5件，铜簠4件，①铜罍2件，铜豆2件，铜甗1件，铜盉1件，铜盒1件，铜勺2件，以及铜盘、匜各1件，并有铜钮钟9件，石磬12件，另见车马器、兵器、陶器、玉器、金箔饰件和贝饰。其中铜簠（M1：376）铭云：

> 佳（唯）正月初吉丁亥，童（锺）丽（离）君柏羃（择）其吉金，乍（作）其飤匡（簠）。

又钮钟（M1：1）铭云：

> 佳（唯）王正月初吉丁亥，童（锺）丽（离）君柏乍（作）其行钟，童（锺）丽（离）之金。

又铜戟（M1：47）铭云：

> 童（锺）丽（离）公柏之用戟。

故据铭文可知，此墓主人为锺离国君，名柏。②《周礼·春官·典命》："子男五命，其国家宫室车旗衣服礼仪皆以五为节。王之三公八命，其卿六命，其大夫四命，及其出封，皆加一等。"《礼记·王制》："小国之君不过五命。"锺离君柏墓出土五鼎四簠，合于此制。又同墓所见钮钟9件、编磬12件，与山东莒南大店镇春秋2号墓所出相同。彼墓钟铭所记作器者为"莒叔之仲子平"，亦即其后尊为莒国国君的兹平

---

① 此类方器，宋人定名曰"簠"，学者正名曰"瑚"或"𣪘"，是。参见唐兰《略论西周微史家族窖藏铜器群的重要意义——陕西扶风新出墙盘铭文解释》，《文物》1978年第3期；高明《𣪘、簠考辨》，《文物》1982年第6期。

② 安徽省文物考古研究所、蚌埠市博物馆：《安徽蚌埠市双墩一号春秋墓葬》，《考古》2009年第7期。

图 5—20　锺离君柏墓五色封土及圆璧遗迹剖面

公,[①] 其与锺离君柏为小国之君身份相当。《周礼·春官·小胥》言古代乐悬之制云:"王宫悬,诸侯轩悬,卿大夫判悬,士特悬。"锺离君柏墓出土编钟编磬各一套,适合"判悬"之制。然钟、磬实属"金石之乐",据学者研究,享有此礼之春秋墓葬,中原之虢、郑、三晋及周仅约百分之一,楚墓则仅千分之二,[②] 这种现象也与墓主身为国君的事实相合。

　　锺离君柏墓之价值除补足有关锺离古国的史料之外,更在于其墓葬所呈现的繁复特异的形制。该墓圆形,自封土以至墓室共呈六种不同的结构现象,各具内涵。墓上封土及墓内填土皆由青、白、赤、黑、黄五色土混合封筑堆填,未经夯打(图 5—20),封土下则为圆形墓口;墓口顶端为以白色细石英砂砌筑之圆璧形遗迹(图 5—21);圆璧遗迹之下为以五色填土构成的自中央圆区向外辐射的宽窄不等的放射土带(图 5—22;图 5—23);此层之下则为沿墓坑周边连续堆筑的半圆形土

---

　　① 山东省博物馆、临沂地区文物组、莒南县文化馆:《莒南大店春秋时期莒国殉人墓》,《考古学报》1978 年第 3 期。
　　② 王世民:《春秋战国葬制中乐器和礼器的组合情况》,载湖北省博物馆等编《曾侯乙编钟研究》,湖北人民出版社 1992 年版;又见氏著《商周铜器与考古学史论集》,艺文印书馆 2008 年版。

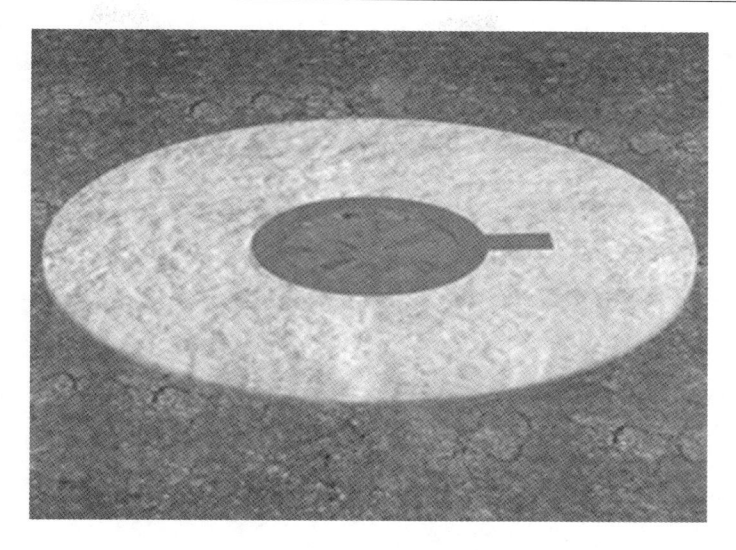

图 5—21　锤离君柏墓圆壁遗迹复原

图 5—22　锤离君柏墓放射遗迹

丘遗迹（图 5—24；图 5—25；图 5—26；图版二，1）；再下为以三至四层圆锥形"土偶"建筑的圆形遗迹（图 5—27；图 5—28）；最下则为"亚"形墓室（图 5—29）。这些遗迹完整而系统地体现了上古先民所具有的独特宇宙观，传达了对基于天文学而产生的传统时空观、政治

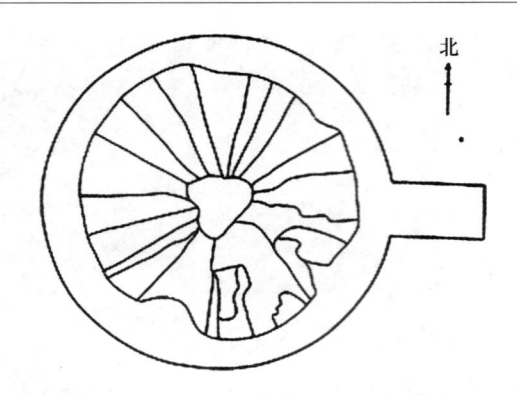

图 5—23　锺离君柏墓放射遗迹示意图

图 5—24　锺离君柏墓圆形墓坑及形坛遗迹鸟瞰

观、宗教观、祭祀观、礼仪制度及哲学观的综合思考。现在我们通过考古学与文献学的综合阐释，揭示锺离君柏墓诸遗迹的具体内涵及其所反映的朴素思想。

中国古代的墓葬制度始终恪守着一种传统，这就是通过墓穴的形制再现墓主生前所在的现实世界，从而以一种独特的宇宙观体现"事死如事生，事亡如事存"的精神追求。现实世界的基本存在就是天地，这种宇宙模式当然成为古代墓葬所要表现的基本内容。河南濮阳西水坡发现的

图5—25　锺离君柏墓形埒遗迹

图5—26　锺离君柏墓形埒遗迹分层细部

图5—27　锺离君柏墓八极遗迹

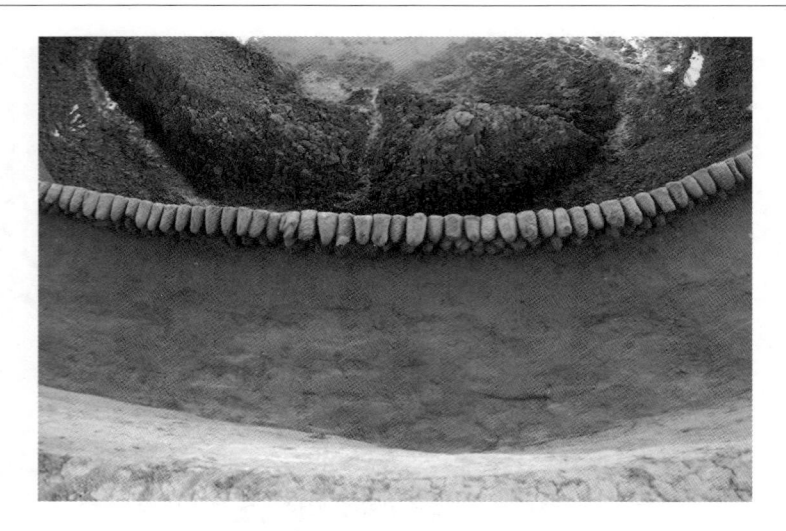

图 5—28　锤离君柏墓八极遗迹细部

图 5—29　锤离君柏墓"亚"形墓室（西—东）

属于公元前五千纪中叶的仰韶时代墓葬，① 其墓穴的设计呈现南圆北方（图 1—2），从而以传统的南天北地的观念表现盖天家所认识的天圆地方

---

①　濮阳市文物管理委员会、濮阳市博物馆、濮阳市文物工作队：《河南濮阳西水坡遗址发掘简报》，《文物》1988 年第 3 期。

的宇宙模式。① 这种对于古代宇宙观的平面表现，其意义显然旨在描述一种灵魂升天的宗教仪式。② 然而在更多的墓葬当中，天地的形状却往往通过完整的立体模式而加以表现，如殷墟侯家庄1001号商代王陵，不仅墓室与椁室均呈"亚"形，同时椁室的地板也铺成"亚"形（图2—18，1），③ 以象大地，而与"亚"形大地相对的墓顶当然就是天宇；不啻如此，墓坑底部殉葬的九位殉人皆手持兵器（图2—18，2），其中正中的殉人执大型石戈，其馀八人则皆执铜戈，象征墓主的护卫侍从。④ 这种以武士戒卫而使墓主躯魄安葬于大地的观念在战国初年的曾侯乙墓中得到了再现，墓主漆棺即绘出居室的门户，其间则绘有持戟守护的卫士（图1—12），⑤ 喻意显然也在以棺木所在的墓室象征大地。《史记·秦始皇本纪》载秦始皇陵"上具天文"，"下具地理"，而西汉以降的砖室墓普遍将墓顶筑为穹窿形状，墓室筑为方形，并于方形的墓室或筑门户，甚至汉画像石墓时见于石筑门户上刻有题记，径称墓室为"万世宅兆"，⑥ 而与大地相对的穹窿墓顶或更绘制星图，从而以立体的墓葬形式表现天圆地方的宇宙观念。这种通过墓葬形制完成的宇宙模式从平面到立体的转变，无疑反映着古人对于天地宇宙的共同理解，⑦ 而钟离君柏墓特殊形制所具有的含义当然也应遵循这样的思路加以研求。

一　五色土遗迹与月令思想

钟离君柏墓墓上封土及墓中填土乃由青、赤、白、黑、黄五色土混合封筑填充（图5—20）。据发掘者介绍：

---

①　冯时：《河南濮阳西水坡45号墓的天文学研究》，《文物》1990年第3期；《中国天文考古学》第六章第四节，社会科学文献出版社2001年版。
②　冯时：《中国古代的天文与人文》第二章第二节之二，中国社会科学出版社2006年版。
③　梁思永、高去寻：《侯家庄》第二本1001号大墓，上册，历史语言研究所1962年版。
④　同上书，第28—31页。
⑤　湖北省博物馆：《曾侯乙墓》，文物出版社2001年版。
⑥　吕梁地区文物局：《山西吕梁地区征集的汉画像石》，《文物》2008年第7期，第84、87页。或于石柱见题"万岁之宅兆"，参见王双斌《山西离石马茂庄建宁四年汉画像石墓》，《文物》2009年第1期。
⑦　冯时：《河南濮阳西水坡45号墓的天文学研究》，《文物》1990年第3期；《中国天文考古学》第六章第四节，社会科学文献出版社2001年版。

该墓的封土堆较大，呈馒头形，底径60、高9米，是目前在淮水流域所发现的时代最早的墓葬封土之一。封土中没有发现人工夯筑的迹象，其构建方式应为堆筑。值得注意的是，该墓的封土以及墓坑内填土与众不同，均为黄、灰（青）、黑、红、白等五色的颗粒状混合土。这五种颜色的土并非全部产自当地，如黑色土和白色土在当地就没有见到，可能需要从异地取运。

墓中独取五色土封填显然具有特殊的文化含义，其为完整地探索古代墓葬制度所体现的宇宙观问题提供了重要线索。

对五色封土填土含义的解释存在两种思考的可能。首先，中国传统的方色理论表现为以五色配伍五方，具体做法即为东方配以青色、南方配以赤色、西方配以白色、北方配以黑色和中央配以黄色。这个方色理论的构建基础其实很简单，这就是中国大陆以中原黄土为中心所呈现的五方不同土色的自然地理事实，而人们一旦将这些源于自然地理的知识施用于礼制，便是天子大社的配土规制。《礼记·祭法》："王为群姓立社为大社。"孔颖达《正义》："大社在库门内之右，故《小宗伯》云'右社稷'。"《尚书·禹贡》："厥贡惟土五色。"伪孔《传》："王者封五色土为社。建诸侯，则各割其方色土与之，使立社，燾以黄土，苴以白茅。茅取其洁，黄取王者覆四方。"大社之布土乃以五色土各依方位而设，呈现东方青土、南方赤土、西方白土、北方黑土、中央黄土的独特布局，以示天子享有天下之土，也即《诗·小雅·北山》所谓"溥天之下，莫非王土"之象征。而王于大社祈请，自也为天下苍生祈福。明代大社今犹存于北京紫禁城右之社稷坛，坛上即呈五色土依方而布的形制，系皇帝为天下百姓祈福之所。而商代甲骨文已有"右社"之文（《丙编》86），[①] 可明大社之制渊源甚久。然大社之礼乃天子独享，不容移用于诸侯卿大夫社，故锺离君柏墓之封土填土以五色土杂封，不依方色布位，于形式上既不僭天子之礼，其喻意当然也不同于大社之礼旨。

五色土杂封之礼犹见于古封禅礼俗。《史记·封禅书》记汉武帝于元鼎中封禅泰山，"五色土益杂封"，是如祭天地之礼。古之封禅以五色土

---

① 冯时：《中国古代的天文与人文》，中国社会科学出版社2006年版，第165页。

"益杂封",即将五种颜色的土混杂但不依方而设,堆益而不施夯筑,这个特点与锺离君柏墓的封土形式完全一致,应该体现了墓葬封土的设计思想。

古人封禅,目的即在致太平而告成功。出土新莽封天玉牒文云:"万岁壹纪。……封壇泰山,新室昌〔炽〕。"① 其祈求国祚长久之愿了然可明。然而告太平何以独取五色土杂封为礼?这种做法应该来源于古老的顺时施政的传统政令观,反映了古代天文学对于传统政治观的深刻影响。换句话说,封禅礼天旨在祈福祚长久,而这一愿望的实现只能仰赖于用事的顺天应时,这意味着五色土杂封实际是通过一种特别的封筑方式以表现传统天文观与政治观的结合,其于锺离君柏墓以封土的形式呈现,内涵显然也应与封禅礼的思想意蕴相同。因此,锺离君柏墓五色土杂封的做法虽与大社礼无关,又无涉封禅事,但其体现的由封禅礼所传达的祈福告成的传统时空观与政治观却十分清楚。

中国传统的时空关系表现为空间决定时间,② 人们要测得精确的时间,就必须首先测得精确的空间,这意味着作为空间的表述符号既可以表述方位,当然也可以用来表述时间。如表示空间的东、西、南、北四方不仅具有方位的意义,同时也含有由四方决定的二分二至的时间意义。中国传统时空观的这一特点使得作为时间基础的空间思想可以完成与时空关系有关的一切观念的配伍。准确地说,在传统的空间体系中,由子午、卯酉二绳交午所构成的五方由于适应着原始进位制的需要,当然表现着最基本的空间方位,而五方既可以与十日、五帝、五佐、五行、五虫、五音、五数、五味、五臭、五祀、五俎相互配合,当然更可以与体现空间本旨的方色相配。事实上,这些内容与其说更多地体现着空间的内涵,倒不如说更强烈地反映着以四时为本质的时间内涵。很明显,如果追溯五方的朴素表现形式,五色由于缘起于古人的自然地理知识,因而对于完整地表达方位思想,颜色便具有着较其他任何形式都更为质朴和直

---

① 中国社会科学院考古研究所、日本奈良国立文化财研究所中日联合考古队:《汉长安城桂宫四号建筑遗址发掘简报》,《考古》2002年第1期;冯时:《新莽封禅玉牒研究》,《考古学报》2006年第1期;《中国古代的天文与人文》第三章,中国社会科学出版社2009年修订版。《史记·太史公自序》:"今天子接千岁之统,封泰山。"

② 冯时:《中国古代的天文与人文》第一章,中国社会科学出版社2006年版。

观的特点与优势。况且基于空间决定时间的独特传统，空间观念的本质其实并不仅仅在于表现方位，更在于表现时间，这使五色理所当然地成为传统时空思想的象征符号，这种做法甚至可以从公元前四千纪中叶的红山文化时代系统地追溯出来（参见第六章第二节）。因此，青、赤、白、黑不同颜色的喻义实际并非仅在标识四方，更在于暗喻由四方决定的二分二至四气以及春夏秋冬四时，而中黄的存在不仅使空间思想得到了完善，而且也意味着由这种完整而精确的空间所决定的时间同样完善。所以，五方色虽为空间之象征，但其所传达的文化内涵却远不止空间，更有由空间观念所决定的时间，这便是锺离墓五色封土填土含义的思想基础。

锺离君柏墓五色封土填土虽然具有时空的象征意义，但简单地表现时空却显然不是墓葬设计者所要传达的思想。如果我们以中国传统的政治制度为背景思考这一问题，那么很明显，这种以五色土象征时空的表现手法无疑意在强调一种独具特色的传统政令观。古人朴素的生产与生活实践使他们很容易认识到顺时应事的必要，并逐渐以这样的标准规范自己的行为，从而使传统的政令观发展为体现基于时空观的月令制度。这种月令思想不仅古老，而且由于中国传统天文学的官营特点，因此长期被统治者奉为治国的方略，对中国传统文化产生了深刻影响。

《礼记·月令》对于月令思想的记述相当完整。在月令体系中，四时不仅与五方相配属，体现了时间乃由空间决定的古老观念，而且五方除分配十日、五帝、五佐、五行、五虫、五音、五数、五味、五臭、五祀、五俎之外，更配以五色。内容择述如下：

   春三月 天子居青阳，乘鸾路，驾仓龙，载青旂，衣青衣，
          服仓玉。
   夏三月 天子居明堂，乘朱路，驾赤騮，载赤旂，衣朱衣，
          服赤玉。
   中 央 天子居大庙大室，乘大路，驾黄騮，载黄旂，衣黄
          衣，服黄玉。
   秋三月 天子居总章，乘戎路，驾白骆，载白旂，衣白衣，
          服白玉。
   冬三月 天子居玄堂，乘玄路，驾铁骊，载玄旂，衣黑衣，

服玄玉。

这些内容以天子之居、乘、驾、旗、服、玉皆应方色的做法以见顺合四时的施政原则。由于空间乃是时间的形成基础,故本诸空间的五色既象五方,更象四时。或者换句话说,时间的观念不仅可以通过方位来表达,而且也可以通过与方位拴系的颜色来表达。显然,锺离君柏墓五色土遗迹的基本内涵即是借五色以表现五方四时,从而传达月令岁时宜忌的古老制度。

《月令》以五方五色配伍四时,东方青色主春,南方赤色主夏,西方白色主秋,北方黑色主冬,而中央黄色配于季夏之末,且四时各月又分配十二律,详列每月宜忌,上及祭祀灾变,下至衣食住行,于社会生活的各个方面皆有严格之规定,宗旨则在体现用事施政顺应天时的政治思想。因此,月令思想的核心其实即在于顺时而立政,而《月令》除于时空数术主配四时以显示天人和谐之外,更列背时行事以致阴阳失调之祸害。兹但举春三月之文以明之:

> 孟春行夏令,则风雨不时,草木蚤落,国时有恐;行秋令,则其民大疫,猋风暴雨总至,藜莠蓬蒿并兴;行冬令,则水潦为败,雪霜大挚,首种不入。
>
> 仲春行秋令,则其国大水,寒气总至,寇戎来征;行冬令,则阳气不胜,麦乃不熟,民多相掠;行夏令,则国乃大旱,暖气早来,虫螟为害。
>
> 季春行冬令,则寒气时发,草木皆肃,国有大恐;行夏令,则民多疾疫,时雨不降,山林不收;行秋令,则天多沈阴,淫雨蚤降,兵革并起。

这些思想于《淮南子·时则》中则有完整的传承。《淮南子·要略》云:

> 《时则》者,所以上因天时,下尽地力,据度行当,合诸人则,形十二节,以为法式,终而复始,转于无极,因循仿依,以知祸福,操舍开塞,各有龙忌,发号施令,以时教期,使君人者知所以从事。

又蔡邕《明堂月令论》云：

> 《月令》篇名因天时制人事，天子发号施令，祀神受职，每月异礼，故谓之《月令》，所以顺阴阳，奉四时，效气物，行王政也。成法俱备，各从时月藏之明堂，所以示承祖考神明，明不敢泄渎之义，故以明堂冠月令，以名其篇。

古人以为，顺时而施政用事则阴阳合，风雨调，国泰民安，否则将阴阳失调，风雨不时，国乱民贫。很明显，顺天时而施政令实际是古人追求的合于天地之道的神圣抉择，是关乎国家治乱的根本制度，① 这便是《月令》所要传达的核心思想。锺离君柏墓以五色土混合封筑填充，借方位与时间的匹合以体现顺时施政的政治思想，这种特异的筑作形式显然具有为君者顺天时以用事的象征意义，况且这一做法也与墓主人尊为锺离国君的独特身份至为吻合。

《礼记》之成书虽在西汉，但其中各篇之撰作年代却多在先秦。《汉书·艺文志》载时见先秦古文《记》达五种二百馀篇，是为小戴《记》所择取。此五种古文《记》有：

> 《记》百三十一篇 七十子后学者所记也。
> 《明堂阴阳》三十三篇 古明堂之遗事。
> 《王史氏》二十一篇 七十子后学者（师古曰："刘向《别录》云六国时人也。"）
> 《乐记》二十三篇
> 《孔子三朝》七篇

诸《记》皆先秦古文旧籍，至汉代尚存。今湖北荆门郭店楚墓所出及上海博物馆所藏战国楚竹书，其中之儒家文献多属此类，② 乃二戴《记》编纂之原始材料。唐陆德明《经典释文序录》引晋陈邵《周礼论序》始谓

---

① 陈美东：《中国古代天文学思想》第六章第四节，中国科学技术出版社 2007 年版。
② 彭林：《郭店楚简与〈礼记〉的年代》，《中国哲学》第二十一辑，辽宁教育出版社 2000 年版。

第五章　以祖配天　其严在上　457

大戴删古《记》为八十五篇，小戴更删大戴为四十九篇，然班固、范晔皆无此言。《隋书·经籍志》袭陈氏之说，更以小戴删大戴之书为四十六篇，而《月令》、《明堂位》、《乐记》三篇为马融所足，其谬益甚。据郑玄《目录》，《月令》、《明堂位》、《乐记》三篇皆《别录》所有，不容马融所增；又孔颖达《礼记正义》引刘向《别录》云："《礼记》四十九篇，《乐记》第十九。"知原本即无四十六篇之数；况《后汉书·桥玄传》云："七世祖仁，著《礼记章句》四十九篇。"仁乃西汉成帝时人，时已称四十九篇。故《隋志》之说无可信从，戴震、钱大昕、臧镛堂、陈寿祺、黄以周、梁启超等皆辨之甚详，[①] 是明《月令》之作亦当先秦古文。

　　《月令》之著作年代，迄无定说。郑玄《目录》云："名曰《月令》者，以其记十二月政之所行也，本《吕氏春秋》十二月纪之首章也。以《礼》家好事抄合之。后人因题之名曰《礼记》，言周公所作。其中官名时事，多不合周法。此于《别录》属《明堂阴阳记》。"孔颖达《礼记正义》云：

　　　　此卷所出，解者不同，今且申郑旨释之。按吕不韦集诸儒士著为十二月纪，合十徐万言，名为《吕氏春秋》，篇首皆有月令，与此文同，是一证也。又周无太尉，唯秦官有大尉，而此《月令》云"乃命大尉"，此是官名不合周法，二证也。又秦以十月建亥为岁首，而《月令》云"为来岁授朔日"，即是九月为岁终，十月为授朔，此是时不合周法，三证也。又周有六冕郊天，迎气则用大裘，乘玉辂，建大常日月之章，而《月令》服饰车旗并依时色，此是事不合周法，四证也。然按秦始皇十二年吕不韦死，[二] 十六年并天下，然后以十月为岁首，岁首用十月时，不韦已死十五年，而不韦不得以十月为正。又云《周书》先有《月令》，何得云不韦所造？又秦并天下立郡，何得云"诸侯"？又秦以好兵杀害，毒被天下，何能希德施惠，春不兴兵？既如此不同，郑必谓不韦作者，以《吕氏春秋》十二月纪正与此同，不过三五字别。且不韦集诸儒所作为一代大典，亦采

---

① 参见吴承仕《经典释文序录疏证》，中华书局1984年版。

择善言之事，遵立旧章，但秦自不能依行。

其驳郑极是。孙希旦《礼记集解》云：

> 陈氏祥道曰：天人之道虽殊，而象类之理则一。圣人将有行，将有为，仰观日月、星辰、霜露之变，俯察虫鱼、草木、鸟兽之化，不先时而起，不后时而缩，以之授民时而无不顺，因物性而无不适。此《尧典》若昊天以授民事，《周官》"正岁年以序事"之意。愚谓是篇虽祖述先王之遗，其中多杂秦制，又博采战国杂家之说，不可尽以三代之制通之。然其上察天时，下授民事，有唐、虞钦若之遗意。马融辈以为周公所作者固非，而柳子厚以为瞽史之语者亦过也。

所论近是。《月令》本属《明堂阴阳记》文，是为先秦古文，虽有秦人笔墨，但其思想体系之形成则远在战国以前。《尧典》开篇即言观象授时之制，《周易》乾坤卦爻辞也言观象制度与顺时施政（详见第四章第二节），皆可明月令思想起源之远。而《月令》各月皆记日躔与昏旦中星，据历术推算，其乃东周之天象。[①] 如以西汉早期式盘所记日躔与《月令》比较，则《月令》日躔体系的形式时间远在东周是显而易见的。[②] 近出春秋晚期伯夫人嬭鼎铭云"孟春在奎之际"，与《月令》仲春之月"日在奎"之天象表述全同，知楚历之孟春实当夏历之仲春，[③] 可证《月令》天象之时代。《国语·楚语上》："教之令，使访物官。"韦昭《注》："令，谓先王之官法、时令也。"《国语·周语中》引《夏令》云："九月除道，十月成梁。"即此之类。而《月令》显亦时令之属，益明《月令》主体内容之形成当不晚于春秋。事实上，中国悠久的观象授时的历史早已为基于授时活动的政令观的建立奠定了基础，并造就了古代哲王法垂象以施

[①] 能田忠亮以为其与公元前 620±100 年的实际天象符合。见氏著《礼记月令天文考》，东京，1938 年。

[②] 冯时：《中国古代物质文化史·天文历法》，开明出版社 2013 年版，第 216—217 页。

[③] 冯时：《伯夫人嬭鼎及相关问题》，《中原文物》2009 年第 6 期。

化，顺其度以修德，去危就安，转祸为福的政治传统。

月令思想发展至东周时代，早已从一种根深蒂固的用事习惯转变为具有制度意义的政令传统，其思想之进益有序而清晰。古人追求的合于天地之道的行事规则显然缘起于他们长期的生产实践。数罟不入洿池，鱼鳖则不可胜食；斧斤以时入山林，材木便不可胜用；而春蒐、夏苗、秋狝、冬狩各有规矩，猎狩则无有绝期。这种顺时用事的做法在商代的甲骨文中即已见记载，[①] 甚至在当时，其行事准则已经作为一种制度被固定了下来。显然这为东周时期月令制度的进一步完善建立了坚实的基础。

东周文献有关月令思想及其政令制度的记载相当丰富。《左传·成公十八年》："时用民，欲无犯时。"《左传·昭公七年》："政不可不慎也，务三而已，一曰择人，二曰因民，三曰从时。"《左传·昭公二十五年》："为政事，庸力行务，以从四时。"而于《管子》一书，相关制度之记载更是俯拾皆是。《管子·五行》："人与天调，然后天地之美生。"致《管子·幼官》、《四时》、《轻重己》等篇，则于月令思想之汇聚最为集中。《幼官》与《幼官图》以五色配伍五方四时为政令之基，颇存上古之政令制度。而《四时》对于月令思想之阐释不仅系统，也为《礼记》之相关篇章所不及。兹略举其文以明之：

管子曰：令有时，无时则必视顺天之所以来。……唯圣人知四时。不知四时，乃失国之基。不知五谷之故，国家乃路。故天曰信明，地曰信圣，四时曰正。……信明圣者，皆受天赏，使不能为惛。惛而忘也者，皆受天祸。……是故阴阳者，天地之大理也。四时者，阴阳之大径也。刑德者，四时之合也。刑德合于时则生福，诡则生祸。
……

北方曰月，其时曰冬，其气曰寒。寒生水与血，其德淳越，温怒周密。其事号令，修禁徙，民令静止，地乃不泄，断刑致罚，无赦有罪，以符阴气。大寒乃至，甲兵乃强，五谷乃熟，国家乃昌，

[①] 冯时：《殷礼札存》，《中国文字博物馆》2010年第2期，《中国古文字学概论》第六章，中国社会科学出版社2016年版。

四方乃备，此谓月德。月掌罚，罚为寒。冬行春政则泄，行夏政则雷，行秋政则旱。是故春凋、秋荣、冬雷、夏有霜雪，此皆气之贼也。刑德易节失次，则贼气遫至，贼气遫至，则国多菑殃。是故圣王务时而寄政焉，作教而寄武焉，作祀而寄德焉。此三者，圣王所以合于天地之行也。

《通典》以为《月令》出于《管子》，此说虽未必确实，但《管子》对于月令思想的集中阐释却显示出对渊源有自的顺时施政的传统政令观的总结。《礼记·中庸》："上律天时，下袭水土。"《荀子·王霸》："则上不失天时，下不失地利，中得人和，而百事不废，是谓之政令行，风俗美。"《史记·太史公自序》："夫阴阳、四时、八位、十二度、二十四节各有教令，顺之者昌，逆之者不死则亡。未必然也，故曰'使人拘而多畏'。夫春生夏长，秋收冬藏，此天道之大经也，弗顺则无以为天下纲纪，故曰'四时之大顺，不可失也'。"显然，至东周时期依旧广为流行的顺时施政的观念，无疑为锺离君柏墓以五色土杂封象征为政者顺天应时的做法建构了坚实的思想背景。

二　圆璧遗迹与盖天观念

锺离君柏墓五色封土之下为以白色细石英砂砌筑的圆璧遗迹，嵌封于墓口顶部（图5—21；图5—25）。发掘者指出：

> 在封土堆底部发现一层白土垫层，构建于墓口外的生土之上，厚20—30厘米左右。此白土垫层的范围与封土堆底部大小基本一致，完整地清理出来后，从高空俯视，平面近似于玉璧形，即以白土垫层为肉，墓坑为好，非常壮观。……在挖建墓坑之前，先将选择好的基地整平，再在墓口外铺垫一层白土。

很明显，从中国传统墓葬形制具有以墓顶象征天宇的文化特点分析，圆璧遗迹的涵义显然应该具有天宇的象征意义。

中国古代的宇宙理论大致包括三种学说，即盖天说、浑天说和宣夜说。宣夜说属于一种无限宇宙的理论，难以借模型加以描述和表现，因而这一学说尽管更具有科学的意义，但充其量也仅可能停留在思辨的层面，以致其传承无法持久。①浑天说实即独特的天球理论，与古代墓葬所呈现的宇宙模式不合。而盖天说的理论核心则为天圆地方，其说起源甚早，且影响深远，成为古代墓葬再现天地宇宙所普遍采用的形式。由此观之，此墓的圆璧遗迹显然体现了盖天观的宇宙思想。

盖天说的宇宙图式称为"盖图"，盖图的核心部分则为表现一年十二个中气太阳周日视运动轨迹的"七衡六间图"，见载于《周髀算经》。"七衡六间图"为由七个同心圆组成的图形（图1—9），其中内衡象征夏至日道，第四衡象征春秋分日道，外衡象征冬至日道。这三个同心圆由于是古代纪时制度的基础，因而构成了"七衡六间图"的主体。从这个意义上说，"七衡六间图"的基本图形其实就是表现二分二至日行轨迹的所谓"三衡图"（图1—8）。这个图形所表现的三环，在中国古人的传统观念中被称为"三天"。长沙子弹库战国楚帛书言及分至四神"奠三天"、"奠四极"，意即分至四神测定二分二至。②因此从盖天家的角度讲，二分二至的日行轨迹其实就是以三个同心圆所呈现的"三天"。相关的考古遗存在属于公元前五千纪中叶的西水坡宗教祭祀遗迹以及公元前四千纪中叶的红山文化圜丘遗迹中均有存留。③

《周礼·春官·大宗伯》："以苍璧礼天。"郑玄《注》："此礼天以冬至，谓天皇大帝，在北极者也。……礼神者必象其类。璧圜，象天。"贾公彦《疏》："明此苍璧礼天者，是冬至祭圜丘者也。"《周礼·春官·典瑞》："四圭有邸以祀天、旅上帝。"郑玄《注》引郑司农云："于中央为璧，圭著其四面，一玉俱成。"也以圆璧象天。很明显，根据古人的一贯做法，玉璧作为礼天之器，其器形必取自天之形状，而盖天家所认知的天即以三环为形，这不仅决定了祭天圜丘的设计形式，当然也成为玉璧形制取形的直接来源。安徽含山凌家滩新石器时代遗址出土属于公元

---

① 刘昭《续汉书·天文志注》引蔡邕《表志》云："宣夜之学绝无师法。"《晋书·天文志》云："宣夜之书亡，惟汉秘书郎郗萌记先师相传。"
② 冯时：《中国天文考古学》第一章第一节，社会科学文献出版社2001年版。
③ 冯时：《中国天文考古学》第六章第四节、第七章第二节，社会科学文献出版社2001年版。

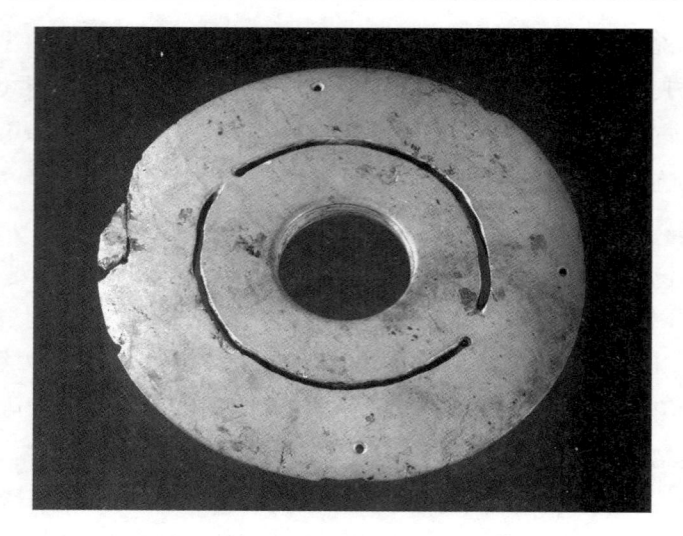

图5—30 安徽含山凌家滩新石器时代遗址出土
三环玉璧（87T1207②：22）

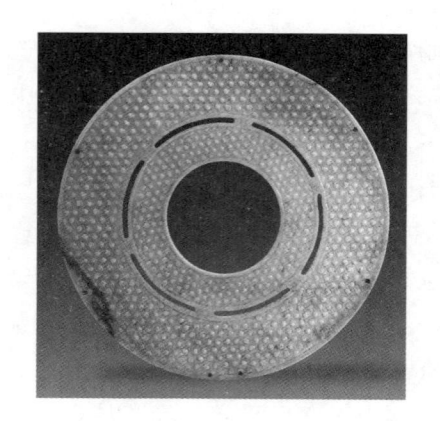

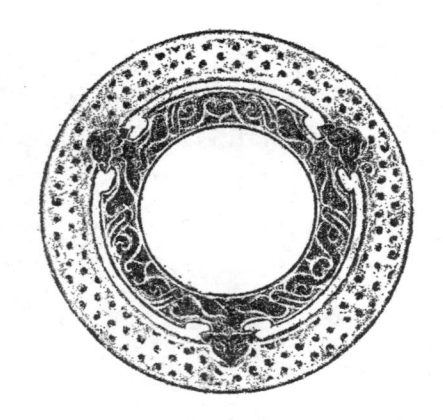

图5—31 战国三环玉璧
（上海博物馆藏）

图5—32 西汉南越王墓出土三环玉璧
（D50-13）

前四千纪中叶的玉璧，其形制即呈三环的造型（图5—30），①与"盖图"中表现天宇的"三衡图"图式完全相同。此件玉璧并于四方的位置

---

① 安徽省文物考古研究所：《凌家滩——田野考古发掘报告之一》，彩版六，1，文物出版社2006年版，第26页。

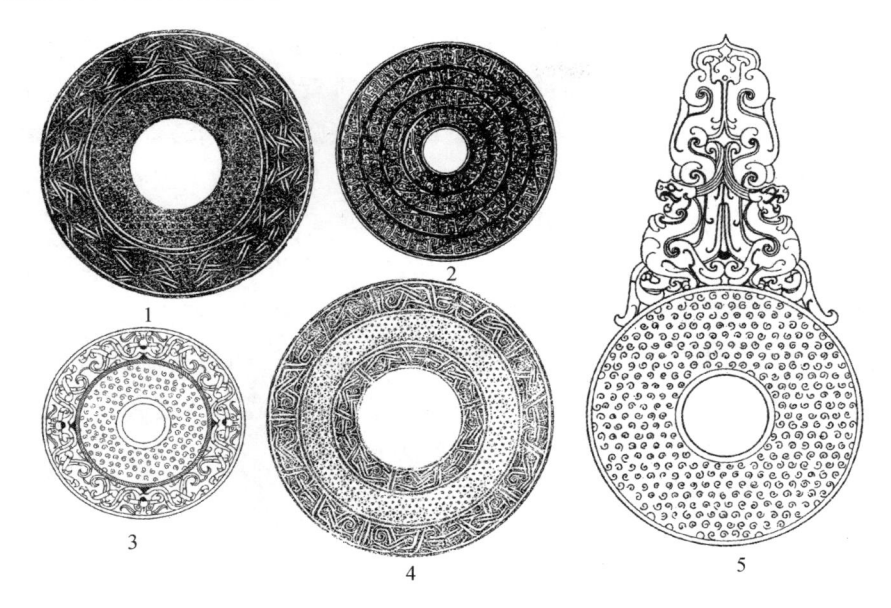

图 5—33　战国西汉玉璧

1. 战国三环玉璧（山东曲阜鲁国故城 M58 出土）　2. 东周五环玉璧（陕西凤翔秦雍城遗址出土）　3. 西汉三环玉璧（湖北荆州汉墓出土）　4. 战国四环玉璧（山东曲阜鲁国故城 M52 出土）　5. 西汉云气璇玑玉璧（河北满城 1 号墓出土）

分钻四孔，以显示四方与分至四气的联系。这种独特的设计形式显然是二分二至日行轨迹所构成的三天思想的反映，甚至在战国至汉代的玉璧遗物中，仍然可以感受到这种思想的影响（图 5—31；图 5—32）。[①] 尽管更多的玉璧并不像上述实例那样通过对中环的镂空处理以展现三环或三天，但在玉璧上雕绘纹饰同样可以显示三环甚至更多的圆环（图 5—33），这些重环的造型具有与"七衡六间图"或其简省形式的"三衡图"相同的含义应该毫无疑问。事实上，即使一件玉璧并没有任何装饰，那么圆形玉璧所呈现的内外两环的独特造型也至少可以视为二至日道的象征。[②]

[①] 张尉：《中国古代玉器》（上海博物馆藏品研究大系），图 101，上海人民出版社 2009 年版；广州市文物管理委员会、中国社会科学院考古研究所、广东省博物馆：《西汉南越王墓》，图版一一二，2，文物出版社 1991 年版，第 183、190 页。

[②] 邓淑苹：《由蓝田山房藏玉论中国古代玉器文化的特质》，《蓝田山房藏玉百选》，年喜文教基金会，1995 年；《由考古实例论中国崇玉文化的形成与演变》，历史语言研究所会议论文集之四《中国考古学与历史学之整合研究》，1997 年。

汉代玉璧时见与象征天极的凸耸的璇玑共同雕绘的作品（图5—33，5），① 也可明玉璧象天的本质。因此，礼天玉璧的造型取象于盖天家的"七衡六间图"，或者这个图形的简省形式"三衡图"的事实应该很清楚，这种做法不仅体现着三天的古老思想，而且也反映了盖天家对于天宇形象的独特认识。

玉璧的形象既取象天圆，那么以其布设于墓顶而象征天宇便是实现以墓葬再现现实世界这种设计理念的自然选择。这个底蕴揭示之后，我们当然可以清楚地判断锺离君柏墓墓顶位置所布设的圆璧遗迹的内涵，其应具有象征盖天家所认识的圆形天盖的意义十分明确，这种设计思想与晚世墓葬以穹窿形墓顶象征天盖的做法如出一辙。

三 放射遗迹与星象之象征

"七衡六间图"虽然是盖天家为说明太阳每日绕地运行（实际是地球公转）的几何图形，但它在盖图中却被称为"黄图画"，其实是一幅以北极为中心的星图。赵爽《周髀算经注》云：

> 黄图画者，黄道也。二十八宿列焉，日月星辰躔焉。

可知古人本在黄图画上绘有日月和二十八宿等星象，从而以圆形的黄图画表现布满星象的圆形天空。

如果取形于黄图画的圆璧遗迹具有天盖的象征的话，那么在这个象征性的天盖下方就应该布设星象。事实上，锺离君柏墓于象征天盖的圆璧遗迹之下计设有自中央圆形区域向外辐射的二十条宽窄不均的放射遗迹（图5—22；图5—23），其性质显然具有星象的象征意义。

发掘者指出：

> 在墓坑口以下0.7米深的填土层中，发现沿墓坑有一周宽约2米的深色填土带，围绕着中间的"放射线状"遗迹。这种"放射线状"

---

① 关于璇玑的讨论，参见冯时《中国天文考古学》第三章第二节，社会科学文献出版社2001年版。

遗迹是由深浅不同的五色填土构成，从中间向四周辐射，呈扇面状。放射线共有 20 条。

放射遗迹位于圆璧遗迹之下，从墓主人所在之墓室仰望，自中央圆形区域向外辐射的二十条放射遗迹正像是中宫及赤道带星官在以圆璧遗迹所象征的天盖上分出的不同天区，而这些不均匀天区的划分当然只能以星象所呈现的不同距离为标准。因此很明显，墓葬中央的圆形区域以及其外的二十条宽窄不同的放射遗迹虽然没有表现出星象的具体形象，但却具有着明确无误的星象的暗喻。

由于中国天文学重视北极的观测传统，古人对于恒星的观测主要集中在北斗所在的中宫天区以及沿赤道带分布的二十八宿。中国古代以盖图为基础绘制的星图，无不体现着这一特点。今日保存在苏州的南宋黄裳石刻星图，其天区的划分即以在北斗所在的中宫之外绘出通过二十八宿距星的二十八条呈放射状的经度线，从而使全天星图表现为由二十八条放射线所划分的二十八个不均匀天区（图5—34）。事实上，这种以经线分区的星图形式展现了中国古代全天星图绘制的固有传统。隋初庾季才等所绘星图"旁摘始分，甄表常度"，[①] 即以贯穿二十八宿距星的经度线划分天区，显示出黄裳星图取法的来源。这些内容与锺离君柏墓圆璧形天盖之下呈现的中央圆形区域及其之外的二十个不均匀放射区域所表达的内容完全一致。显然，锺离君柏墓的相关遗迹尽管并未如黄裳星图那样布列具体的星象，但由这些星象所决定的天区的划分却相当清楚，因而无疑具有与黄裳星图相同的含义。

古人对于北斗的重视构建了以北极为中心的中宫天区，这一天区以观测者所在的地理纬度为半径构成"恒显圈"，古人称之为"内规"，也就是黄裳星图中央所绘刻的圆形天区。这些思想在中国历代的星图之中都保持得十分完整，而东汉蔡邕则对其有着准确的描述。《月令章句》卷上云：

> 天者，纯阳积刚，转运无穷，其体浑而包地。……其上中北偏出地三十六度，谓之北极星是也。……天左旋，出地上而西，入地

[①] 参见《隋书·天文志上》。

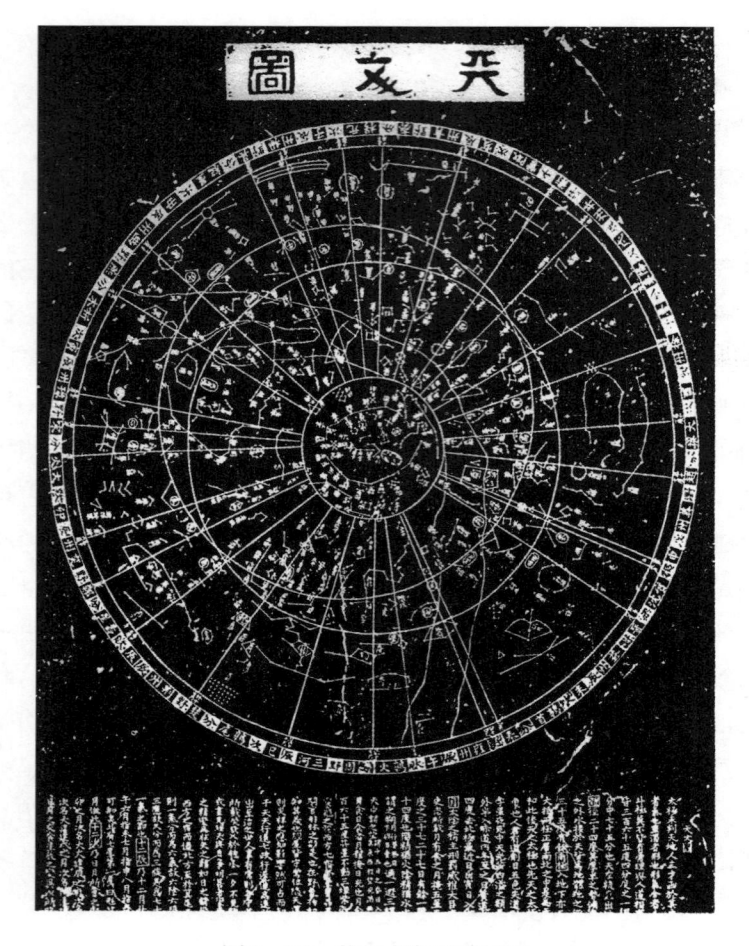

图 5—34　苏州南宋石刻星图

下而东。其绕北极径七十二度常见不伏，官图内赤小规是也；绕南极七十二度常伏不见，图外赤大规是也。

蔡邕所说的"内赤小规"即是天中最内的以北极为中心的直径72度的小圆，它代表北纬55度有馀的赤纬圈，其中的天区在北极附近，对位于约北纬36度的中原地区的观测者而言，这部分天区内的星象围绕北极的周日旋转总在地平以上，是为恒显的区域。蔡邕虽然处在浑天家的立场上来描述天空，但它所记述的官图却是对早期盖图的进一步完善。马续作《汉书·天文志》曾云："天文在图籍昭昭可知者。"可见蔡氏的官图一定反映了其所继承的更早的星图的面貌。

　　官图上的内规与"七衡六间图"中的内衡虽然具有不同的意义，但官图的绘制却必须在盖图的基础上完成，因此二者的联系密不可分。从中国古代天文学重视北极的传统考虑，星图中仅列赤道带星官而忽略北极的做法是不能容忍的，因此锺离君柏墓放射遗迹中央的圆形区域应该具有象征北极所在的恒显区域的性质，[①] 这与古代官图的设计思路完全相同。

　　恒显圈既已存在，那么其外辐射的二十条不均匀区域便只能解释为二十八宿的象征。但现在的问题是，如果将此与黄裳星图比较，通过二十八宿距星所呈现的不均等辐射区域便应为二十八区，而锺离君柏墓的不均匀放射区域却只有二十区，差异是明显的。事实上这种不同表现了古今星图对于星与象的不同处理方式。

　　"天文"也就是天象，它反映了古人认识恒星的朴素方法。由若干恒星组成的星官呈现出不同的形象，这些所谓的"象"不仅有相当一部分被古人用以命名星官，而且那些作为四个象限宫的授时主星的形象又被提升而指示各宫，从而形成了中国传统天文学独特的星官体系和四象体系。在星官体系中，作为二十八宿的星官名称有时也有分合，如室、壁两宿因为构成屋室之象，故曾被视为一宿，致室宿或名"营室"，壁宿或名"东壁"。《史记·天官书》："太岁在甲寅，镇星在东壁，故在营室。"而《天官书》叙述天官时唯缺东壁一宿，是时仍有将室、壁视为一宿的做法。《诗·鄘风·定之方中》："定之方中，作于楚宫。"此定星即为包括室宿二星与壁宿二星的四星。四星方正如宫室，其中天则为作宫室之象。《尔雅·释天》："营室谓之定。娵訾之口，营室、东壁也。"《左传·襄公三十年》："岁在娵訾之口。"孔颖达《正义》引孙炎曰："娵訾之叹则口开方。营室、东壁四方似口，故因名云。"战国初年曾侯乙墓二十八宿漆箱星象图所书二十八宿名则以营室名"西縈"，东壁为"东縈"，视其为一室之东西两壁，其本为一象甚明。而在四象体系中，类似的合诸宿为一象的情况更属常态。如东宫以龙为象，本之于角、亢、氐、房、

---

　　① 此墓于2005年被盗未遂，故发掘者考虑中央之圆形遗迹应为盗洞。如此，则因盗洞的位置恰与墓葬原有的中央圆形遗迹重合，故可能破坏了这一遗迹。

心、尾六宿组成的龙象；西宫以虎为象，本之于觜、参两宿及伐星组成的虎象；南宫以鸟为象，本之于张、翼两宿组成的鸟象；北宫的情况早晚不同，早期为鹿，仅为危宿及其附座所呈现的形象，晚期则为玄武，其中由虚、危两宿共同组成龟象，而其侧之腾蛇星官呈现蛇象。这种以象识星的传统不仅古老，而且成为早期星图表现星象的最重要的形式。

二十份不均等天区到底反映了二十八宿中哪些星宿的分合，考古学资料可以提供明确的答案。属于公元前五千纪中叶的西水坡45号墓星象图已以龙、虎表现二十八宿东、西两宫中的部分星象，其中龙的形象至少包含了角、亢、氐、房、心、尾六宿，而虎的形象则也应指觜、参两宿。而在西水坡第二组遗迹中，于龙、虎之外还出现了鹿和鸟，正是早期四象体系中的北、南两象，其中鹿应指危宿，而鸟则指张、翼两宿。这个星象传统在公元前八世纪前后的虢国铜镜上仍然得到了完整的存留（图4—5），① 甚至在西晋的墓砖遗迹中，还清晰地留有这种观念的孑遗。② 铜镜与墓砖图像于东方龙象与西方虎象之外，居北者为鹿，居南者则为鸟，其四象虽然已作为四宫的象征，但四象之本仍然取自于各宫授时主星所呈现的形象。这个古老传统至少在战国时代应该有了新的变化，在西安交通大学发现的稍晚的西汉墓星象图中（图4—6），③ 处于东宫的龙仍以角、亢、氐、房、心、尾六宿合为一象，南宫的鸟也以张、翼两宿合为一象，但西宫的虎象却仅指参宿，而北宫的鹿则已被玄武所取代，其中龟象由虚、危两宿合而象之，中间则绘有一条黑蛇，然而在先秦时期即常合为一宿的室、壁两宿，这时却仍可以绘为一体。很明显，根据这些材料，我们可以建立战国以前二十八宿各宿分合的基本体系：

东宫：龙（角、亢、氐、房、心、尾）、箕；

---

① 中国科学院考古研究所：《上村岭虢国墓地》，科学出版社1959年版。
② 南京市博物馆、南京市江宁区博物馆：《南京将军山西晋墓发掘简报》，《文物》2008年第3期；冯时：《中国古代物质文化史·天文历法》，开明出版社2013年版，第160页。
③ 陕西省考古研究所、西安交通大学：《西安交通大学西汉壁画墓》，西安交通大学出版社1991年版。

北宫：斗、牛、女、虚、危、定（营室、东壁）；
西宫：奎、娄、胃、昴、毕、虎（觜、参）；
南宫：井、鬼、柳、星、鸟（张、翼）、轸。

其所呈现的天区的不均等划分正为二十区，其中龙星因由六宿组成，所占天区最广，而其他各宿各象也有广狭之别，这种由实际天象所表现的二十个不均等天区与锺离君柏墓象征天盖的圆璧遗迹之下的二十个不均等放射区域完全相符，显然可以为墓中相关遗迹的内涵提供令人信服的解释。事实上，墓中天盖之下的星象设计并不是通过具体星象的形象来表现，而是借助二十八宿中相关二十宿距星所呈现的星象的距度的方式而完成，设思巧妙。

墓中二十个放射区域如果是以"象"及二十八宿距星为标准所建立的天区的话，那么这将意味着至少在公元前六世纪的春秋晚期以前，二十八宿体系显然已经相当完善，而且作为一个恒星观测体系，无疑已具有了明确的距度划分。事实上，考古学所提供的二十八宿起源的证据甚至可以追溯到公元前五千纪，这当然反映了这一恒星体系的形成年代，而二十八宿体系作为一种赤道坐标体系，它的建立必须同时完成相应的赤经起算点的确定，从而导致了二十八宿各宿相邻距星（标准星）间的赤经差的测定，并最终完成二十八宿距度的划分。安徽阜阳双古堆西汉汝阴侯墓曾经出土一件属于汉文帝十五年（公元前 165 年）的二十八宿圆形占盘，此盘以二绳布局，盘上注明二十八宿距度数据（图 5—35），与《开元占经》所列二十八宿古距度数值基本一致。[①]《开元占经》的相关记载向被认为战国《石氏星经》的观测结果，因而可以相信，汝阴侯占盘所采用的距度数据的测定年代显然要比占盘的制作年代更为古老。[②]

[①] 瞿昙悉达：《开元占经》，台湾商务印书馆《景印文渊阁四库全书》本，1986 年；王健民、刘金沂：《西汉汝阴侯墓出土圆盘上二十八宿古距度的研究》，《中国古代天文文物论集》，文物出版社 1989 年版。相关资料尚可参阅新近刊布的战国晚期秦简《日书》乙种所记二十八宿距度。见甘肃省文物考古研究所《天水放马滩秦简》，图版二五、二六，中华书局 2009 年版，第 95、96 页。

[②] 有关二十八宿距度的讨论，详参冯时《中国古代物质文化史·天文历法》第四章第四节，开明出版社 2013 年版。

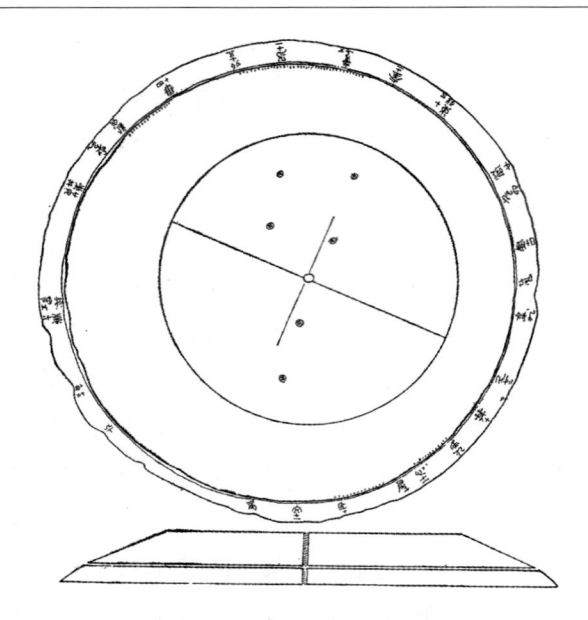

图5—35　安徽阜阳双古堆西汉汝阴侯墓出土二十八宿占盘

这表明，至少在战国时代，二十八宿距度的概念已经形成，而像战国初年曾侯乙墓二十八宿漆箱星象图所呈现的内容当然反映的是一种以二十八宿距度作为观测基础的赤道坐标体系。

《礼记·月令》系统记载的每月二十八宿恒星日躔及昏、旦中星显然是二十八宿距度建立之后的观测结果，其反映了东周甚至更早的恒星观测历史应该毫无疑问。新近出土的春秋晚期伽夫人嬭鼎铭文对于印证这一事实具有特别的意义，鼎铭记时云"孟春在奎之际"，其表述形式及内涵与《月令》仲春之月"日在奎"完全一致。尽管楚历孟春相当于夏历仲春的历制不同，但其时日躔奎宿的天象标准却反映着同一种观测结果。很明显，鼎铭与《月令》的对读表明，二十八宿距度的划分至少在春秋时代即已完成，这不仅意味着我们可以放心地相信较之更晚的《石氏星经》所载二十八宿距度的真实性，而且春秋时代二十八宿距度已经完备的事实恰与锺离君柏墓的时代吻合，从而在天文学传统上为墓中不均等放射区域系以二十八宿星象分布的天区的解释奠定了基础。

四　土丘遗迹与形埒观念

锺离君柏墓于星象遗迹之下的第四层遗迹为沿圆形墓边连续堆塑的半圆形土丘，共计十八个（图5—24；图5—25；图5—26；图版二，1）。发掘者指出：

> 叠压在"放射线状"遗迹层下，在距离坑口0.7—1.4米深的填土层中，发现"土丘"状遗迹，在该填土层中还放置有大量"土偶"。土丘是在沿着墓坑边一周约2米宽的范围内分布，共有大小不同的土丘18个，基本呈馒头状，底径1.5—3米不等。从发掘的剖面上可以清楚地看到，每一个土丘都是由中心开始用不同颜色的土逐层堆筑而成。

土丘所在的层面位于象征天盖的圆璧遗迹及以二十条放射区域所象征的星象遗迹之下，其下则为象征大地的墓室，位置正当天地之间，故当有天地兆际之寓意。

《淮南子·墬形》："天地之间，九州八极。"高诱《注》："八极，八方之极。"王念孙《读书杂志》云："八极当为八柱，'柱'与'极'草书极近，故'柱'误为'极'。《初学记·地部上》、《太平御览·地部一》及《白帖一》引此并作'天有九部八纪，地有九州八柱'。又《太平御览·州郡部三》引作'天地之间，九州八柱'。《楚辞·天问》曰：'八柱何当？东南何亏？'《初学记》引《河图括地象》曰：'地下有八柱，柱广十万里。'皆其证也。又案《文选·张协杂诗》注云：'《淮南子》曰："八纮之外有八极。"高诱曰："八极，八方之极也。"'是高注云云，本在下文'八纮之外，乃有八极'下，后人不知此处'八极'为'八柱'之讹，又移彼注于此以曲为附会，甚矣，其谬矣。"所论甚是。八柱为圆形，且必置于八极，故就八柱之位而言，其必在八方之极，而若就其形而言，则又必取柱之圆形。事实上，这些观念直接导致了古人以取自圆形天柱的弧线纹表示界域的传统。

墓中以土堆塑的半圆形土丘遗迹实即文献见载之所谓"形埒"。这种观念关系到中国传统时空观的基本内涵。《淮南子·原道》云：

经营四隅，还反于枢。故以天为盖则无不覆也，以地为舆则无不载也，四时为马则无不使也，阴阳为御则无不备也。是故疾而不摇，远而不劳，四肢不动，聪明不损，而知八纮九野之形埒者，何也？

高诱《注》："八纮，天之八维也。九野，八方中央也。"何宁《集释》引陶方琦云："《大藏音义》引许注曰：'纮，维也。八纮谓之八方。'"《原道》又云：

横四维而含阴阳，纮宇宙而章三光。

高诱《注》："纮，纲也。若小车盖，四维谓之纮，绳之类也。"刘家立《淮南集证》云："高注'纮，纲也'，'纲'乃'维'字之误。""维"或称"纮"，皆取八柱为系天之所，而系天盖者则纮维之属。中国传统的空间观以四正与四维构成八方，四正即指东、南、西、北四方，四维则是东北、东南、西北、西南，从而构成《淮南子·天文》所云由二绳、四钩和四维组成的体现中国传统空间观的基本图形（图2—25）。这个图形见于阜阳双古堆西汉汝阴侯墓所出太一九宫式盘地盘的背面（图2—23，3），我们在第二章第一节已对这些问题有过完整论述。

二绳与四维的交午即构成八方，加之交点中央则为九宫。九宫既可以九间宫室表述为九宫平面，当然也可以九个方位表述为九个点，这些问题我们已有详细的讨论（参见第二章第一节）。① 西汉汝阴侯太一九宫式盘天盘的九宫图像即以二绳四维的交午形式表述为直线式的九宫（图2—23，1），从传统的方与位的角度讲，这无疑体现了尚未完成平面化的比"位"更朴素的"方"的思想。而相同的图式，我们竟在双墩新石器时代陶器底部的刻划图像中也有发现（图2—24）。此图虽以二绳与四维互交而为八方九宫，但与汝阴侯式盘不同的是，双墩九宫

---

① 参见冯时《中国天文考古学》第八章第二节，社会科学文献出版社2001年版。

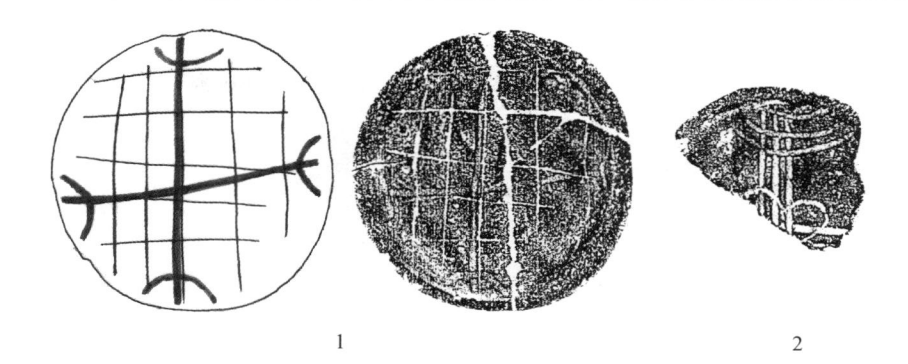

图 5—36 双墩新石器时代陶器外底契刻之二绳形㝬图像
1. 86T0720③：79（摹本及拓本）　2. 92T0723㉖：68

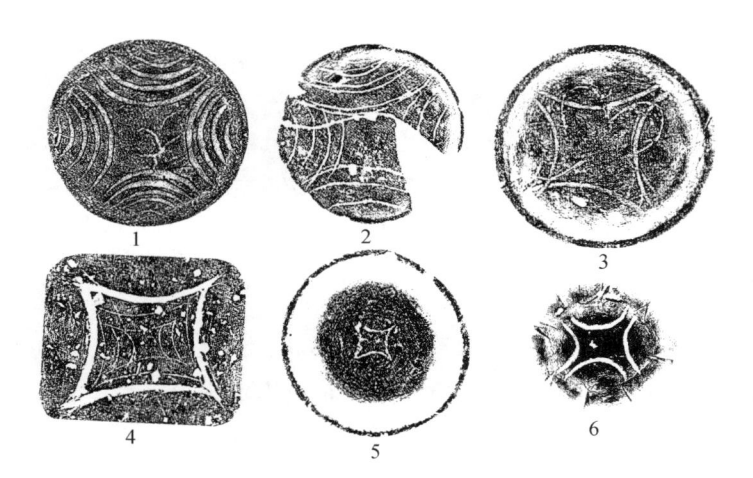

图 5—37 双墩新石器时代陶器外底契刻图像及文字
1. 86 发掘品：94　2. 92T0721㉘：48　3. 92T0721㉗：19
4. 91T0819⑮：122　5. 86 发掘品：80　6. 92T0722㉘：38

图在象征八方之极的端点特别添加了八个圆形弧线以表示八极，而这些弧线完全不同于同时期图像中出现的折矩式的"四钩"（图 2—14），它的来源应该就是盖天家所想象的立于八极的八个天柱。古人以二绳与四维并称"八纮"，八纮被想象为拴系天盖的八根绳索，而绳索的拴系之处当然正在八柱，这些思想与图式表现的内涵完全相同。八柱立于八方之极，故古人渐以取形于八柱的弧线纹表示八极与界域，并名之曰"形㝬"。

474　文明以止

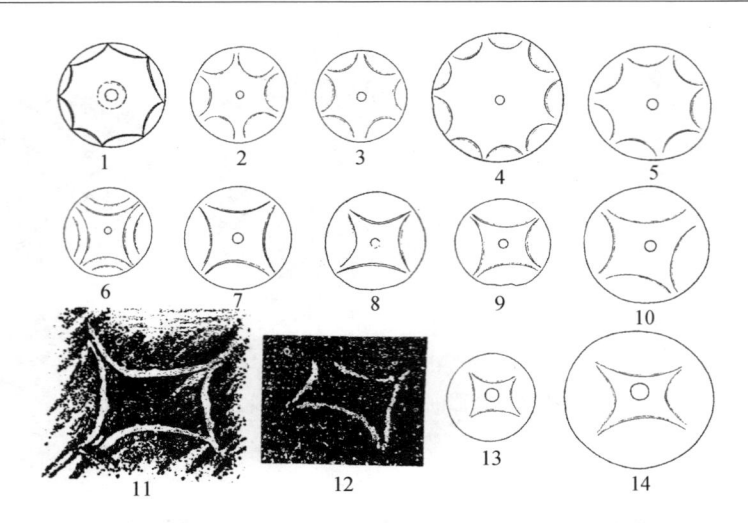

图 5—38　新石器时代陶器契刻之形埒图像及文字

1—10、13、14. 纺轮（安徽蒙城尉迟寺 T4013⑧：2、T3710⑤：1、T3714④：1、T3810③：1、T3615③：3、T3418④：2、T4112④：3、T3912⑦：10、T2214④：1、H151：2、T2413⑥：1、T3251③：1）　11、12. 契刻文字拓本（山东莒县陵阳河 M19：40、莒县大朱家村 M26：3）（1—3、6—9、11—13. 大汶口文化，4、5、10、14. 龙山文化）

　　形埒与四钩形象的关键区别既在于形状，也在于其出现的位置。形埒取象于圆形的天柱，其形自为圆弧；而四钩本之于五位"亚"形的轮廓，为积累二绳而使五方平面化的结果，故表现为方折的形状。两者之间的这种本质差异决定了它们空间位置的不同。准确地说，形埒不仅可以添加于二绳之端，同时也可以施用于四维之端；而四钩却只能加于四维。双墩新石器时代遗址所出陶器图像既见有在积累的二绳背景上特别重叠刻出施加形埒的二绳（图 5—36，1），也见有在积聚的二绳一端添加形埒的设计（图 5—36，2），其圆弧的形埒形象皆殊别于四钩，是为明证。事实上，先民以取形天柱的弧线表现形埒，这种观念甚至发展出以形埒表示方位的独特文字（图 5—37；图 5—38），而且普遍出现于大汶口文化、龙山文化和双墩新石器时代文化之中（图 5—37，5、6；图 5—38，11—14）。

　　"形埒"为兆际之称，则《原道》所谓"八纮九野之形埒"显即八极九野之边际。《淮南子·精神》云：

以死生为一化，以万物为一方，同精于太清之本，而游于忽区之旁，有精而不使，有神而不行，契大浑之朴，而立至清之中。是故其寝不梦，其智不萌，其魄不抑，其魂不腾。反复终始，不知其端绪，甘暝太宵之宅，而觉视于昭昭之宇，休息于无委曲之隅，而游敖于无形埒之野。

高诱《注》："无委曲之隅，无形埒之野，冥冥无形象之貌也。""委曲"与"形埒"互文，其义一也。或可知"形埒"即委曲之象。《淮南子·缪称》云：

道之有篇章形埒者。

高诱《注》："形埒，兆朕也。"《淮南子·俶真》云：

有未始有有始者，天气始下，地气始上，阴阳错合，相与优游竞畅于宇宙之间，被德舍和，缤纷茏苁，欲与物接而未成兆朕。

高诱《注》："兆朕，形怪也。"吴承仕《淮南旧注校理》云："'怪'当为'埒'。《缪称篇》：'道之有篇章形埒。'注云：'形埒，兆朕也。'二语互训，是其证。"说是。《俶真》又云：

未有形埒垠堮。

王念孙《读书杂志》云："《览冥篇》'不见朕垠'，高注：'朕，兆朕也。垠，形状也。'《缪称篇》'道之有篇章形埒者'，高注：'形埒，兆朕也。'是垠堮与形埒同义。既言形埒，无庸更言垠堮，疑'垠堮'是'形埒'之注，而今本误入正文也。且此三句以发、蘖、埒为韵，若加'垠堮'二字，则失其韵矣。"其说非是。何宁《集释》引唐百川云："《道德经指归》云'其有形埒垠堮'，均为连语。"是。《淮南子·要略》："解堕结细，说捍抟困，而以明事埒事者也。"高诱《注》："埒，兆朕也。"《吕氏春秋·下贤》云：

> 以天为法，以德为行，以道为宗，与物变化而无所终穷，精充天地而不竭，神覆宇宙而无望，莫知其始，莫知其终，莫知其门，莫知其端，莫知其源，其大无外，其小无内，此之谓至贵。

高诱《注》："无望，无界畔也。"王念孙《读书杂志·馀编上·无望》引王引之云："正文及注内两'望'字，皆垺字之误（望或作朢，垺俗书或作垺，二形相似而误）。《淮南·原道篇》云：'知八纮九野之形垺。'是'垺'为界畔之名。故高云'无垺，无界畔也。'若作'望'，则与界畔之义无涉，且宗穷为韵，竭垺为韵，若作'望'，则失其韵矣。"其说可从。"形垺"意即兆朕。《抱朴子·道意》云：

> 不能迹其兆朕乎宇宙之外。

其言宇宙之涯际甚明。《庄子·应帝王》："而游无朕。"陆德明《释文》引崔云："朕，兆也。"《淮南子·诠言》："行无迹，游无朕。"高诱《注》："朕，兆也。"又《要略》："形垺之朕。"据此可明，"形垺"实言涯垠，意即天地宇宙之兆际边界。

"形垺"为兆际之称，然其形状如何，因缺少实物资料佐证，固无详说。《说文·土部》："垺，库垣也。"段玉裁《注》："库者，中伏舍也。引申之为卑也。按《广韵》引孟康云：'等库垣也。'似孟氏所据为长。等者，齐等也。卑垣延长而等齐若一，是之谓垺。引申之为涯际之称。如《淮南》'道有形垺'是也。为回环之称，如《尔雅》'水潦所还，垺丘'。"《尔雅·释丘》："水潦所还，垺丘。"郭璞《注》："谓丘边有界垺，水绕环之。"郝懿行《义疏》："垺者，《玉篇》云：'《淮南》道有行垺。'《说文》云：'垺，库垣也。'邢《疏》：'垺，小堤也。壝土为之。'然则垺有人为者，亦有自然者。《淮南·本经篇》云：'聚垺亩。'《方言》注：'有界垺似耕垄。'是耕垄界限亦谓之垺。"邵晋涵《正义》："垺者，界兆也。"《广雅·释宫》："垺，堤也。"王念孙《疏证》："垺之言形垺也。"《淮南子·本经》："以成垺类。"高诱《注》："垺，形也。"

《淮南子·原道》："失其所守之位，而离其外内之舍，是故举错不能当，动静不能中，终身运枯形于连崝列埒之门。"蒋鸿礼《淮南子校记》："连崝谓连延之崝，列埒谓成列之埒，二文相对。连、列皆静字，崝、埒皆界畔之名，言其绵亘重袭，故入之者终身不得出也。"《史记·平准书》："富埒天子。"裴骃《集解》引徐广曰："埒者，际畔，言邻接相次也。"《公羊传·昭公二十五年》："既哭以人为菑。"何休《注》："菑，周埒垣也，所以分别内外，卫威仪。"徐彦《疏》："犹言周匝为埒墙。"准此可明，

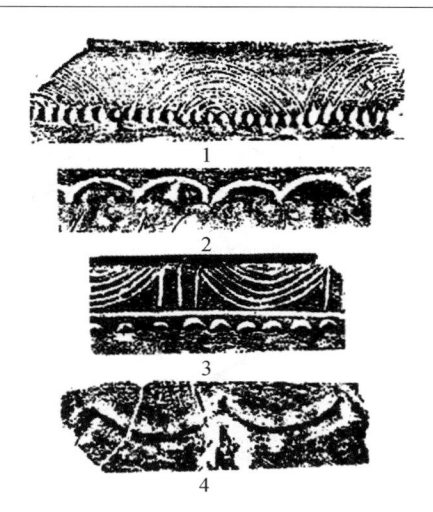

图5—39 双墩新石器时代陶器契刻之形埒图像
1. 92T0523④：261　2. 92T0723㉛：97
3. 86T0820③：66　4. 91T0819⑱：34

"埒"乃壝土以为之土丘，其形环弧之，且等列比连而周，呈库垣之象，这些特点竟与锺离君柏墓于圆形墓壁周边比次分布的圆弧形土丘遗迹若合符契，故知此土丘遗迹实即古之形埒。

双墩新石器时代遗址出土陶器的装饰纹样也见形埒图像，其或以单弧线表示（图5—39，2、4），或以多重弧线象征（图5—39，1、3；图5—40），而多重弧线的含义似乎正可应合锺离君柏墓之形埒遗迹乃由不同颜色土壤逐层堆筑的事实（图5—26；图版二，1），其表现形式完全相同。

形埒乃象天地之兆界，这正是锺离君柏墓相关遗迹所表现的宇宙观。墓中形埒遗迹共呈十八个邻次比连，其含义当有天地之兆际的共同象征。《淮南子·墬形》谓"天地之间，九州八极"，《初学记·地部上》等引为"天有九部八纪，地有九州八柱"，"九部"即谓天之九野，而"八纪"则为天之八极。故古人以天有九野九部，地有九州九土，其数合之适为"十八"，此正为墓中十八形埒取数之本。天之九野以八纪为兆朕，地之九州以八极为兆朕，九野九州皆有涯际，故墓中以形埒遗迹表现天地宇宙之兆际。古以九野八纪、九州八极存乎天地之间，是古人以十八

478　文明以止

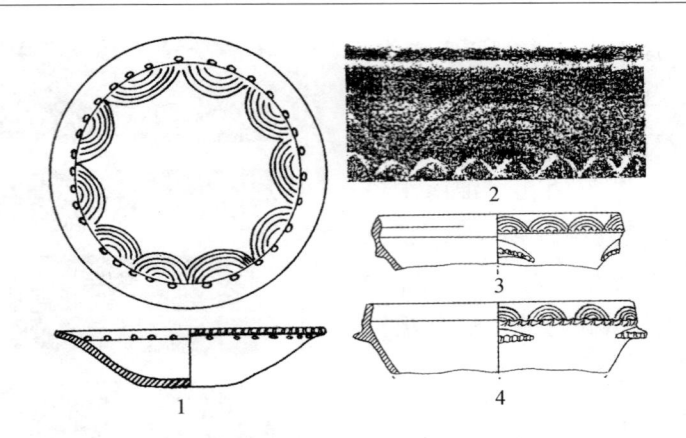

图 5—40　双墩新石器时代陶器契刻之形埒图像
1. 盆（92T0522⑪：29）　2、3. 釜（86T0720④：114）　4. 釜
（86T0720③：18）

形埒以喻天宇九野及地舆九州之涯际，形埒虽仅兆朕之象，然十八形埒在，则九野、九州存焉。

九天以中央与八方为制。《淮南子·天文》云：

> 天有九野，九千九百九十九隅，去地五亿万里。五星，八风，二十八宿，五官，六府，紫宫，太微，轩辕，咸池，四守，天阿。何谓九野？中央曰钧天，其星角、亢、氐；东方曰苍天，其星房、心、尾；东北曰变天，其星箕、斗、牵牛；北方曰玄天，其星须女、虚、危、营室；西北方曰幽天，其星东壁、奎、娄；西方曰颢天，其星胃、昴、毕；西南方曰朱天，其星觜嶲、参、东井；南方曰炎天，其星舆鬼、柳、七星；东南方曰阳天，其星张、翼、轸。

九野为八方中央，也即九宫之形。汝阴侯太一九宫式盘天盘之九宫图以招摇居中（图2—23，1），即以九宫所呈现的中央八方象征九天九野。这个传统可以一直上溯到公元前第五千纪双墩新石器时代的陶器契刻图像（图2—24），其形式都是在圆形的天盖上布列九宫以表现九天。所不同的是，双墩新石器时代陶器刻划更于九天中的八方端点列有形埒图像以表现天之八极，其所组成的图像实即《初学记》所载《淮南子》之"天有

图 5—41　汉代形埒铜镜
1. 长毋相忘镜　2、4. 博局镜　3. 八殇形埒镜

九部八纪",其"部"言九天星部,① "纪"谓纲维所系。这些思想自公元前第五千纪的双墩先民以迄汉代,一脉相承,而锺离君柏墓形埒遗迹的设计也正是本诸这一传统。况天之九野各配二十八宿,也与其上以放射形天区象征二十八宿的思想至为吻合。

九州同样以中央与八方为制。《淮南子·墬形》云:

> 天地之间,九州八极。土有九山,山有塞,泽有九薮,风有八等,水有六品。何谓九州?东南神州曰农土,正南次州曰沃土,西南戎州曰滔土,正西弇州曰并土,正中冀州曰中土,西北台州曰肥

---

① 《淮南子·天文》:"星部地名。"即言二十八宿分野。

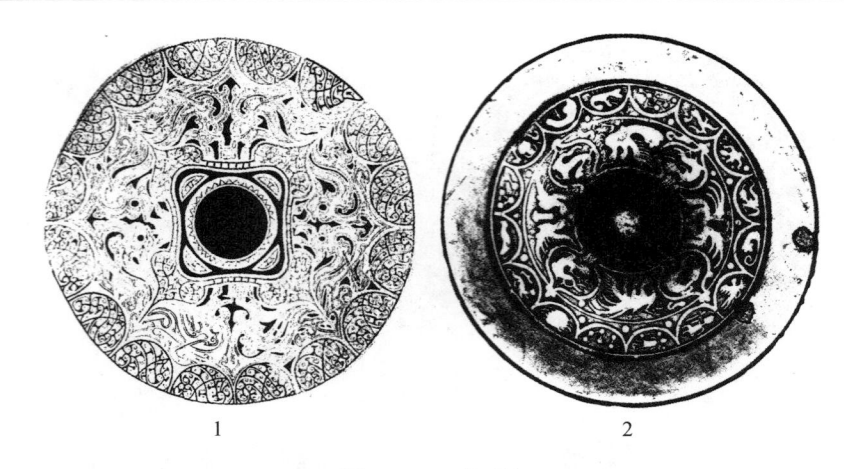

图 5—42　形埒镜
1. 甘肃武威雷台东汉墓出土错金银形埒蔓枝花铁镜摹本
2. 广西贵港出土三国吴形埒星象镜拓本

土，正北沛州曰成土，东北薄州曰隐土，正东扬州曰申土。

　　时人以形埒表现天之八纪与地之八极，其数十八则取天之九部与地之九州之和，以喻天地界际。这种凑合数字以表现某种宇宙观的做法颇具传统，如明堂之制多法天数，不乏取其积和，蔡邕《明堂月令论》所述甚明，说详下文。

　　双墩新石器时代遗址所出陶器纹样不仅可见形象完整的形埒图像（图5—40），而且经过数千年的传承，比连为库垣的形埒图像早已成为一种普遍运用的兆际符号，并借遗迹遗物而使传统的宇宙观得到了完整呈现。安徽蒙城尉迟寺的大汶口文化与龙山文化遗存仍然留有完整的形埒图像（图5—38，1—10、13、14），[①] 汉代的铜镜图像时有以形埒表现天地边际或九州兆朕的设计（图5—41），有些还装饰蔓枝花或星象、动物、人物等图像（图5—42），[②] 而石刻画像及帛画中也经常见有以形埒作为

[①] 中国社会科学院考古研究所：《蒙城尉迟寺——皖北新石器时代聚落遗存的发掘与研究》，科学出版社2001年版；中国社会科学院考古研究所、安徽省蒙城县文化局：《蒙城尉迟寺》（第二部），科学出版社2007年版。

[②] 甘肃省博物馆：《武威雷台汉墓》，《考古学报》1974年第2期；广西壮族自治区博物馆：《广西铜镜》，文物出版社2004年版；王仲殊：《论吴晋时期的佛像夔凤镜——为纪念夏鼐先生考古五十年而作》，《考古》1985年第7期。

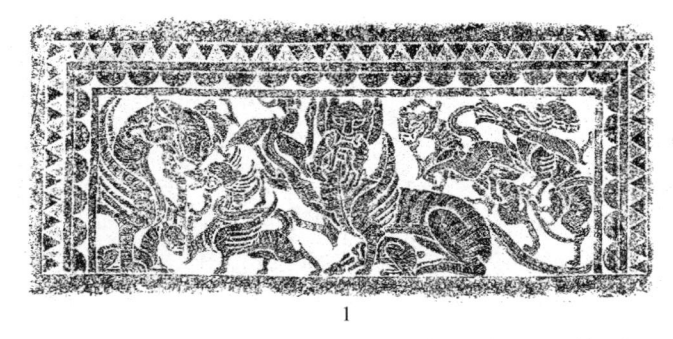

图 5—43　东汉石刻画像之形埒与八极图像
1. 山东费县潘家疃墓葬发现　2. 山东临沂西张官庄墓葬发现
3. 安徽萧县圣泉乡圣村墓葬发现

界畔的符号（图1—13；图5—43，1、2；图版二，2、3），甚至某些形埒的细节处理都可以在新石器时代的相关图像中找到渊源（图1—13；图5—39，1、3；图5—43，2；图版二，3），其形式显然来源于新石器时代先民的古老创造。这类过去被称为"连弧纹"的图像其实具有着宇宙兆朕的文化内涵，因此都应正名为"形埒"。事实上在相关遗物中，新石器时代陶器与汉代铜镜、帛画以及部分画像石图像由于直接表现了古人的宇宙观，因而呈现着与锺离君柏墓的设计思想与形埒形制近乎相同的形式。

五 山缘遗迹与八极观念

锺离君柏墓形埒遗迹之下分布有以圆锥形"土偶"摆塑的圆形山缘遗迹，"土偶"的锥尖向外，上下数层（图5—27；图5—28）。发掘者指出：

> 叠压在"土丘与土偶"遗迹层下，在距墓坑口1.4—2米深的生土二层台内缘，发现用"土偶"垒砌的遗迹。即在二层台的内缘一周，用3—4层"土偶"垒砌成墙体形状的内壁，高34—40厘米左右。

发掘者所称的"土偶"实即一种山形的土锥，而这个叠压在形埒遗迹之下的以土锥堆砌的山缘遗迹，其所体现的思想其实仍不出一种独特的宇宙观。

古人于大地之规划，以中央为九州，九州之中央则为"中土"，系统治者居中而治所处之位，九州之外又有八殥、八纮。《淮南子·精神》："夫天地之道，至纮以大。"而八纮之外则有八极，为大地之涯际。《淮南子·墬形》云：

> 九州之大，纯方千里。九州之外，乃有八殥，亦方千里。自东北方曰大泽，曰无通；东方曰大渚，曰少海；东南方曰具区，曰元泽；南方曰大梦，曰浩泽；西南方曰渚资，曰丹泽；西方曰九区，曰泉泽；西北方曰大夏，曰海泽；北方曰大冥，曰寒泽。凡八殥八泽之云，是雨九州。
>
> 八殥之外，而有八纮，亦方千里。自东北方曰和丘，曰荒土；东方曰棘林，曰桑野；东南方曰大穷，曰众女；南方曰都广，曰反户；西南方曰焦侥，曰炎土；西方曰金丘，曰沃野；西北方曰一目，曰沙所；北方曰积冰，曰委羽。凡八纮之气，是出寒暑，以合八正，必以风雨。
>
> 八纮之外，乃有八极。自东北方曰方土之山，曰苍门；东方曰东极之山，曰开明之门；东南方曰波母之山，曰阳门；南方曰南极

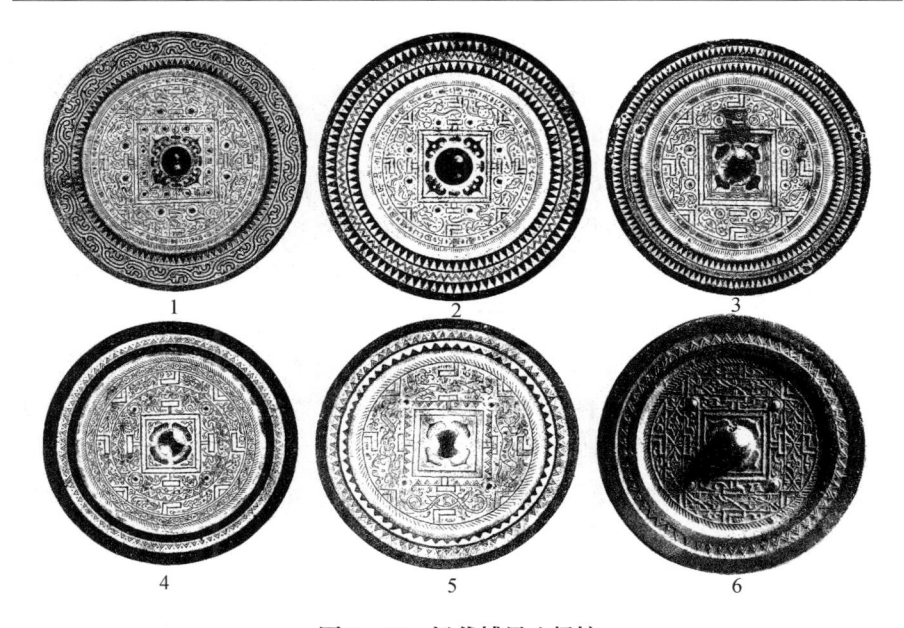

图5—44　汉代博局八极镜

1、4、5. 新莽铜镜　2、3. 东汉铜镜　6. 西汉铜镜

之山，曰暑门；西南方曰编驹之山，曰白门；西方曰西极之山，曰阊阖之门；西北方曰不周之山，曰幽都之门；北方曰北极之山，曰寒门。凡八极之云，是雨天下，八门之风，是节寒暑。八纮、八殥、八泽之云，以雨九州而和中土。

据此可明，九州、八殥、八纮皆方千里，其形正方，而至八极则不言"方"，其形为圆；八极作为八门，皆由山所构成。这两点内涵显然与锺离君柏墓山缘形遗迹所呈现的特点一致。

相同的宇宙图式在汉代的铜镜图像中尚有广泛存留，其中尤以博局镜所展现的图式最为完整（图5—44），与《淮南子》所反映的宇宙观足资对比。这类铜镜图像于中央布列方形，是为九州，九州之中或具四维，以象九宫。因为四方五位若发展为八方九宫，四维的认识便是最关键的一步。九州之外则于四方的位置绘有四个相对分布的"T"形图像，其实是在二绳的端点添加的四个指事符号，以规范二绳指示的地理范围，是为八殥。西汉博局镜尚有于"T"形之内绘出山形图像的设计（图5—

44，5），或径以直线于中央九州之外廓出方形（图5—41），以明八殥之范围。八殥之外又于四正四维处布列钩形图像，当为八柱维系之所，其中四维的钩形图像称为四钩，而加诸四正位置的四个钩形图像，其范围正是八纮。西汉博局镜同样见有于八纮的位置规划四方的安排（图5—44，6），或以山形图像顺天圆的形势廓划出八纮的范围（图5—44，4）。高诱训"纮"为"维"，正取义于四钩乃为维系天盖之所的思想。这些图像既见于铜镜，也见于同时期的其他遗物（图2—21，1—3），其所呈现的形象虽皆为方形，但却表现了一种源自盖天观的宇宙图式。① 尹湾汉墓出土《博局占》于博局图之外尚记有式图位置的九个名称，依次为"方"、"廉"、"楬"、"道"、"张"、"曲"、"诎"、"长"、"高"，与《西京杂记》卷四所引许博昌六博口诀基本一致，② 其中"廉"或作"畔"、"楬"或作"揭"、"曲"或作"究"、"诎"或作"屈"、"长"或作"玄"，皆属异文。③ 这些名称虽用于行棋，但其来源却至少部分地与宇宙观有关。《淮南子·天文》："正朝夕，先树一表，东方操一表却去前表十步，以参望日始出北廉。日直入，又树一表于东方，因西方之表，以参望日方入北廉，则定东方。"博局之"廉"疑取于此。④《吕氏春秋·孟秋纪》："其器廉以深。"高诱《注》："廉，利也。"孙希旦《礼记集解》："外有廉隅。"即用此义。又据式图九名而论，知博局或名"曲道"。《广雅·释器》："曲道，栻桐也。"《尸子》："八极为局。"⑤ 足见博局之含义

---

① 孙机：《托克托日晷》，《中国历史博物馆馆刊》总第3期，1981年；李零：《"式"与中国古代的宇宙模式》，《中国文化》第4期，1991年；李学勤：《〈博局占〉与规矩纹》，《文物》1997年第1期；冯时：《中国天文考古学》第八章第二节，社会科学文献出版社2001年版。

② 连云港市博物馆、东海县博物馆、中国社会科学院简帛研究中心、中国文物研究所：《尹湾汉墓简牍》，中华书局1997年版。

③ 李学勤：《〈博局占〉与规矩纹》，《文物》1997年第1期；刘乐贤：《尹湾汉墓出土数术文献初探》，《尹湾汉墓简牍综论》，科学出版社1999年版；曾蓝莹：《尹湾汉墓〈博局占〉木牍试解》，《文物》1999年第8期；李解民：《〈尹湾汉墓《博局占》木牍试解〉订补》，《文物》2000年第8期；李零：《跋中山王墓出土的六博棋局——与尹湾〈博局占〉的设计比较》，《中国历史文物》2002年第1期。

④ 有关博局九个名称的相应位置，学者已有研究，参见曾蓝莹《尹湾汉墓〈博局占〉木牍试解》，《文物》1999年第8期；李解民：《〈尹湾汉墓《博局占》木牍试解〉订补》，《文物》2000年第8期。但如从式图本身所体现的天文学性质考虑，这些名称的含义仍有进一步讨论的必要。

⑤《文选·左太冲杂诗》李善《注》引。

当即自中方而外为八殡、八纮、八极布列的宇宙图式。况尹湾博局图详配六十干支，其中甲子起于东北寅位，合于历术。《淮南子·天文》："天维建元，常以寅始起，右徙一岁而移，十二岁而大周天，终而复始。……数从甲子始，子母相求，所合之处为合。十日十二辰，周六十日，凡八合。"正可明博局所具宇宙图式的根本性质。而汉代铜镜于八纮之外更分布圆形的山缘图像，或具一周，或有数重，或作钩廓，或更涂实，这类旧称"锯齿纹"的图像显然就是八极之象征（图5—44）。这种由中央方形九州而外具八殡、八纮，终至圆形八极的宇宙模式，与锺离君柏墓于中央方形墓室之外布列圆形山缘遗迹的

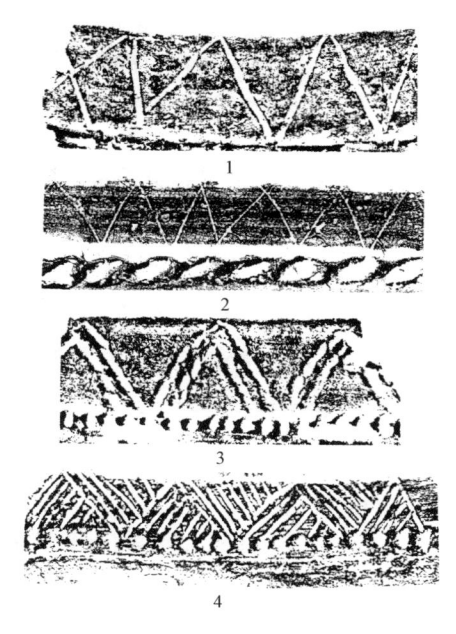

图5—45 双墩新石器时代陶器契刻之八极图像
1. 92T0722㉑：94　2. 86T0720③：115
3. 92T0622⑭：193　4. 92T0722㉙：96

形式完全相同。毫无疑问，山缘遗迹象征八极正是锺离墓设计者所要表现的思想。

正像形埒观念的起源可以追溯到双墩新石器时代一样，八极的思想同样在公元前第五千纪的双墩先民遗物中有着鲜明的反映。当时的圆形陶器或有在口沿部位饰以契刻的三角纹样（图5—45；图5—46，1—3），或以堆塑的泥凸装饰于陶器外腹，一周至数周不等（图5—46，4—6）。这些纹样显然可以视为先民八极思想的形象表现。不啻如此，这种呈圆周分布的八极图像有时或者契刻于陶器的外周（图5—47），其形式与锺离君柏墓的山缘遗迹至为吻合。很明显，如果认为双墩新石器时代陶器刻绘的八极图像乃是锺离君柏墓相关遗迹的直接来源的话，这或许并不过分。事实上，联系形埒图像分析，这一事实应该可以看得更为清楚。双墩新石器时代陶器时有将象征八极的三角纹或泥凸与圆弧的形埒图像共同组合的现象（图5—40，2—4），这不仅明确证明了这些用于装饰的

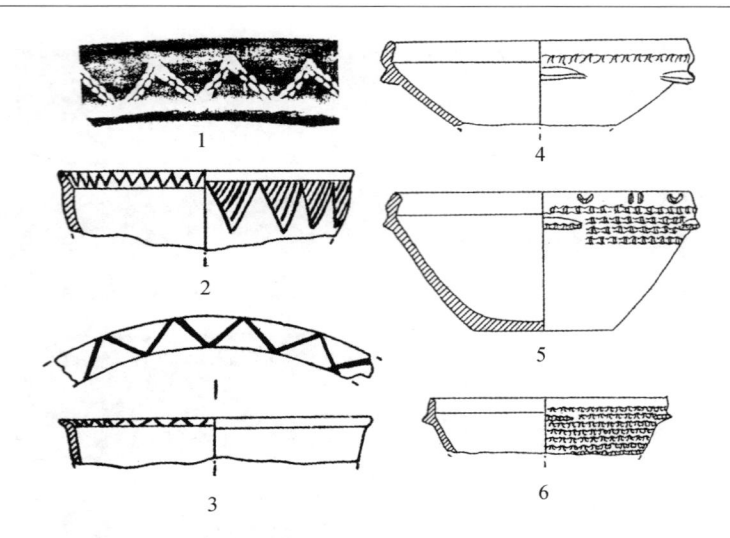

图 5—46　双墩新石器时代陶器绘刻或堆塑之八极纹样

1. 陶片（92T0622⑭：202）　2. 彩陶盆（92T0521⑱：61）　3. 彩陶盆（92T0721㉖：113）
4. 釜（86T0720③：129）　5. 釜（86T0720③：127）　6. 釜（86T0720③：119）

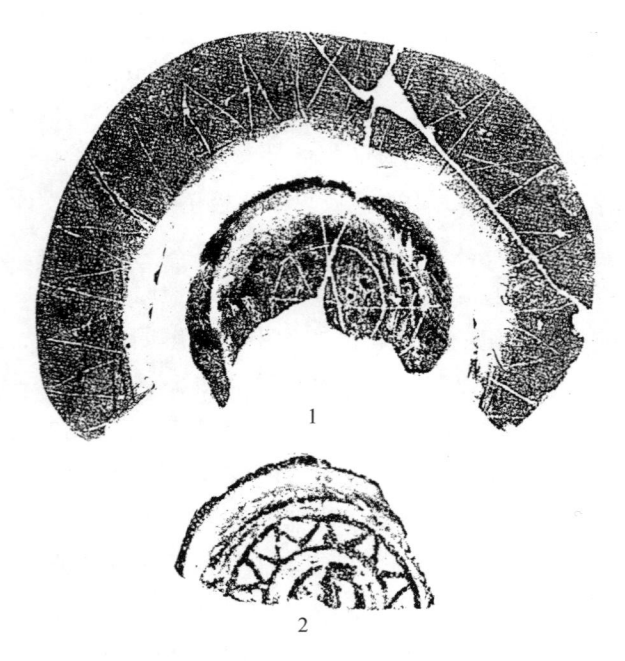

图 5—47　双墩新石器时代陶器契刻之八极图像

1. 91T0621⑨：109　2. 92T0721㉙：52

三角纹及泥凸其实即是八极思想的朴素表现形式，而且这些思想近乎完整地再现于锺离君柏墓，真正使我们追寻到春秋以至汉代相关遗迹遗物所表现的宇宙观的渊薮（图5—43，1、3）。

六 "亚"形墓室所见之宇宙观

锺离君柏墓自圆形八极遗迹向下掘出深穴，圆穴之中设计"亚"形墓室，墓主人之葬穴置于"亚"形之中央，而"亚"形之四方则分别各设有三个遗迹，共为十二遗迹。其中十个遗迹为殉人遗迹，分别位居墓主的东、西、北三侧及南侧，东、西、北三侧各殉三人，南侧仅殉一人，多随葬小铜刀和加工过的陶片；另两个遗迹则为位居南侧殉人以南的两个器物箱（图5—29）。这些遗迹的设计思想仍然体现着一种独具特色的宇宙观。

古人以墓穴象征大地的历史与他们以墓顶表现天宇的传统一样悠久，这意味着锺离君柏墓的"亚"形墓室显然应该具有大地的象征意义。这种做法通过殷墟侯家庄商代王陵的"亚"形墓室形制已经反映得相当清楚。众所周知，盖天家对于宇宙的基本认识为天圆地方，然而尽管人们对于现实世界的观察可以很容易使他们产生天为圆形的认知，但地呈方形却绝对不可能来源于人们对于大地的直观感受。事实上，方形大地观的形成得益于古人的圭表致日活动，随着原始空间观念的发展，大地的形状才由最初人们认识的"亚"形而渐成方形，并最终完成了天圆地方理论的建构。

中国传统的空间观念经历了自四方、五位到八方、九宫的发展。方位的测定取决于立表测影的工作，并由此建立了二绳、四钩、四维的空间规划。五方实际是由二绳所表现的自中央交点向四方延伸的四个直线方向，这些方向的平面化，便形成了所谓五位。如果比照《淮南子·天文》及汝阴侯太一九宫式盘地盘背面的空间图式（图2—23，3），可以明显看出，所谓五位其实就是以二绳为中心的四钩以内的部分，这部分空间构成的图形正是"亚"形。显然，五位的图形实际乃是以二绳为基础而扩大形成的"亚"形。有关问题我们在第二章已有详细讨论。

以二绳构建的五方既成，将直线扩大为平面的工作便非常简单，人们通过积累二绳，使四钩所廓划的平面化的五位构成了标准的"亚"形，从而体现了先民对于大地形状的基本认知。[①] 殷墟王陵的设计思想即以"亚"形的墓室象征大地（图2—18），而古人将这类体现四方的二绳或体现五位的"亚"形铸刻于生活器皿的底部（图2—2；图2—13；图2—19），无疑也是一种独特宇宙观的反映。很明显，尽管"亚"形是通过二绳的积累而获得，但是这样的积累过程如果无限地重复下去，当然会使"亚"形四隅所缺的四角逐渐变小，并最终消失，从而使大地的形状由"亚"形变为正方形，这便是方形大地观的由来。因此，所谓天圆地方的宇宙学说如果不是体现着盖天家的一种相对晚近的理论内涵的话，至少对于早期盖天家所认识的"亚"形大地而言，也是一种笼统的说法。

　　锺离君柏墓的墓室结构为在圆形的墓室范围内设计"亚"形的五位布局，其所体现的盖天宇宙观极为鲜明。"亚"形的五位结构以象大地，"亚"形所缺的四隅是为四钩（图5—29），这个图像不仅与秦汉铜镜图像中所呈现的"亚"形五位与四钩的设计完全一致（图2—26；图5—41，2、4；图版三，2），甚至在双墩新石器时代陶器上也留有近乎相同的图像（图2—19，3、5），其所体现的古代宇宙观一脉相承。

　　"亚"形五位乃由四方和中央构成，既体现了五方的发展结果，又建立了九宫的生成基础，因为五方如果发展为八方、九宫，四维的认识便是必须的前提。而无论是与锺离君柏墓具有相同思想的秦汉铜镜图像（图2—26；图5—41，2、4；图版三，2），抑或西汉汝阴侯太一九宫式盘地盘的背面图像（图2—23，3），都已在四钩的位置列有四维，分别指向东北、东南、西北、西南。四维事实上是从五方的中央引出的四条直线，只是由于四钩所构成的"亚"形的掩盖，致使指向四维的直线在图像中只表现出四钩以外的部分。如果去掉"亚"形，那么我们看到的其实应该是由两个二绳图像转位叠交所构成的九宫，这也就是汝阴侯太一九宫式盘天盘所呈现的图像（图2—23，1）。因此很明显，锺离君柏墓墓室"亚"形大地的中央既体现了五位的中央，当然也反映着九宫的中央，这个位置在九州的体系中被称为"中土"，而锺离君柏

[①] 冯时：《古代时空观与五方观念》，《〈中国的视觉世界〉国际会议论文集》（*Proceedings of the International Symposiums the Visual World of China*），École des Hautes Études en Sciences Sociales，2005。

安葬于此，不仅体现着居中治事的传统政治观，而且与其上布列形壿、八极遗迹的寓意也相呼应。《淮南子·天文》所谓："凡八极之云，是雨天下，八门之风，是节寒暑。八纮、八殥、八泽之云，以雨九州而和中土。"故墓中在"亚"形墓室之上设计形壿及八极遗迹，旨在使墓主所居之中土阴阳和、风雨调，这些思想又与墓上封土以五色土杂封所体现的观念若合符契。

钟离君柏墓墓室形制所呈现的五位"亚"形除以墓主人葬于五位的"中土"之外，五位的东、西、南、北四方还分别布列有其他遗迹。首先，位于四方的遗迹，其分布呈每方各有三坑，共十二坑。其次，十二随葬坑中以十坑殉葬十人，每坑一人；二坑随葬遗物。这种埋葬安排显然不可能是随意的作为，其所体现的一种一以贯之的宇宙观通过这种独特的设计形式完整地得到了展现。

"十二"作为法天之数已是古代先民的普遍认知，因为建构制度基础的历法体系即以一年分为十二月，这甚至使以往呈现的一系列考古学物证都具有了确实的意义。郑州大河村新石器时代陶钵彩绘的太阳都是十二个，① 二里头青铜钺上绿松石镶嵌的记时"甲"字也是十二个（图 2—8），② 金沙遗址出土太阳四鸟金箔饰中的太阳光芒同样是十二个（图 1—17）。③ 这些证据不仅使我们可以放心地追溯出古代先民以十二象征一年十二月的历数传统，而且也直接涉及到十二支的起源。④ 准此，钟离君柏墓十二个随葬坑具有一年十二月的象征意义应是明显的。

由于中国传统的时空关系表现为空间决定时间，因此在四季形成以后，东、南、西、北四方便不仅具有方位的意义，也同时具有了春、夏、秋、冬四时的意义。西汉景帝阳陵之"罗经石"遗址即以中央之二绳正定四方，而遗址适为方形，每方各辟三阶（图 2—9），⑤ 即是这种传统的反映。另据新出邿夫人嬭鼎铭文可知，春秋晚期的历法已经形成将一年分

---

① 李昌韬：《大河村新石器时代彩陶上的天文图像》，《文物》1983 年第 8 期。
② 冯时：《〈尧典〉历法体系的考古学研究》，《文物世界》1999 年第 1 期；《中国天文考古学》第三章第三节之五，社会科学文献出版社 2001 年版。
③ 冯时：《中国古代的天文与人文》，中国社会科学出版社 2006 年版，第 108 页。
④ 冯时：《中国天文考古学》，社会科学文献出版社 2001 年版，第 147—148 页。
⑤ 陕西省考古研究所：《汉阳陵》，重庆出版社 2001 年版。

为四季，每季各辖孟、仲、季三月的季节体系。① 显然，锺离君柏墓五位"亚"形墓室于五位之四方每方各具三个随葬坑的设计，无疑体现了一年十二月均分四季、每季各辖三月的文化内涵。

古历以十二月配十二支，这是地支系统的体现。而十二坑中又以十坑殉葬十人，又应为十干系统的象征。传统以由二绳的平面化所形成的五位"亚"形空间配伍十天干，即呈东方甲乙、南方丙丁、西方庚辛、北方壬癸、中央戊己，而在将四维添加于五位"亚"形之后，由于四钩可以视为中央逐渐向外扩张的结果，所以戊己既配中央，也兼四维。《太玄·太玄数》："三八为木，为东方；四九为金，为西方；二七为火，为南方；一六为水，为北方；五五为土，为中央，为四维。"汉代式盘于这一观念呈现得非常清楚（图2—21，4；图2—66），这些思想应该就是《淮南子·原道》所谓的"经营四隅，还反于枢"。我们在第二章的论述中已经指出，公元前五千纪中叶的西水坡宗教祭祀遗迹即以四个殉人作为分至四神的象征，② 这意味着古代的殉人制度除体现墓主人身份的尊崇之外，恐怕还应具有某种宗教的意义。这使我们可以从一个新的角度去看待锺离君柏墓位于五位"亚"形四方的十具殉人，他们的性质很可能与西水坡象征分至四神的四子一样体现着一种文化的象征意义，这便是配伍五位的十干。

事实上安徽凤阳板桥镇卞庄发现的另一座春秋晚期锺离墓（编号卞庄一号墓）提供了与双墩锺离君柏墓比较分析的重要资料。卞庄一号墓出土5件镈钟，铭称"童（钟）丽（离）公柏之季子康"，知墓主实为锺离君柏之子。此墓早年被盗，但残存之墓葬形制不仅与锺离君柏墓相同，而且墓内殉人也恰是十位。发掘者指出："墓底的东、西、南、北和中部有5个打破生土的浅坑，即以墓主人棺椁为中心，四周有规律地排列着人殉坑：南人殉坑的南侧发现殉人骨架1具；东人殉坑内有殉人骨架2具；北人殉坑内有殉人骨架3具，并有1件磨光扁长条形石器；西人殉坑内有殉人骨架3具，随葬1件小铜刀和1块陶片"（图

---

① 冯时：《伽夫人嬬鼎及相关问题》，《中原文物》2009年第6期。
② 冯时：《中国古代的天文与人文》第二章第二节之二，中国社会科学出版社2006年版。

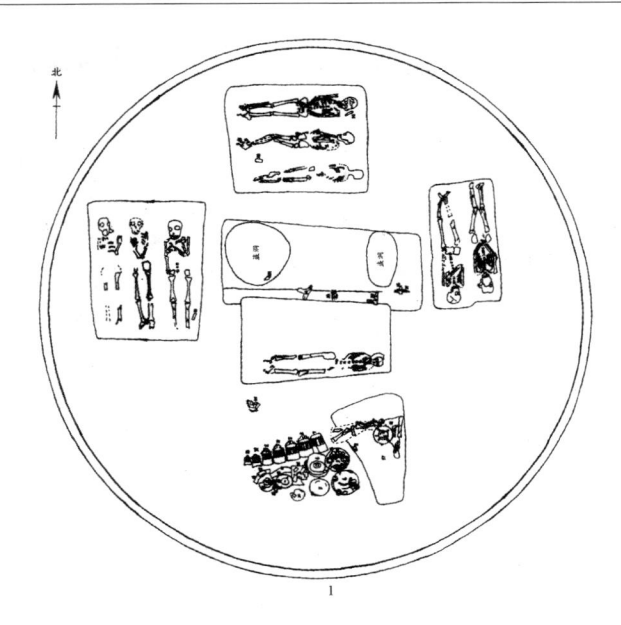

图 5—48 安徽凤阳卞庄一号春秋锺离墓平面图

5—48）。① 此墓殉人现仅存九具，且不见墓主，而紧靠墓主的南人殉坑内之北侧空置，可知南人殉坑本应殉有二人，其中北侧殉人盖于早年被盗时与墓主人同遭毁弃。父子两代锺离墓殉人不仅同为十人，分置四方，而且同样随葬小铜刀和陶片，证明其具有共同的象征意义。不啻如此，此类殉人风习在春秋时期的淮水及周边地区似乎很流行，山东莒南大店镇所见春秋晚期一、二号墓各殉十人，其中二号墓主即为莒国国君兹平公。② 这种以小国之君的身份随葬十人的葬制与锺离国君墓的情形完全相同，锺离与莒或本同为淮泗流域的嬴姓小国，③ 理应具有共同的文化传统。这意味着这些以十人殉葬的做法不仅并非出于巧合，而且应该体现

---

① 阚绪杭、周群、钱仁发、唐更生：《春秋锺离国墓的发掘收获》，《东南文化》2009 年第 1 期，第 45 页。资料又见安徽省文物考古研究所、凤阳县文物管理所《安徽凤阳卞庄一号春秋墓发掘简报》，《文物》2009 年第 8 期。

② 山东省博物馆、临沂地区文物组、莒南县文化馆：《莒南大店春秋时期莒国殉人墓》，《考古学报》1978 年第 3 期。

③ 参见《史记·秦本纪》、《汉书·地理志》。《春秋经·隐公二年》孔颖达《正义》引《世本》："自纪公以下为己姓。"《国语·郑语》又有曹姓之莒，是别为一国。

着相同的喻意。当然，古人以十殉人象征十天干，唯重数字的迎合，却无关方位的分布。很明显，锺离墓以位处四方的十位殉人象征十天干，以十二坑象征十二地支，这种作为历数基本要素的"日"的完善不仅构建了阴阳合历的完整的历法体系，即以干支相配所呈现之"日"、以十二月所呈现之"朔"以及以四时所呈现之"气"，而且这种以阳性的天干与阴性的地支的配伍，也使五位的"中土"必然呈现出阴阳和合而生的景象，这当然暗喻着墓主灵魂的永生。事实上，这种设计思想与墓上五色封土所具有的文化内涵彼此呼应，展现了一种墓主人灵魂不死而往来天地的宗教追求。

七 以祖配天与昆仑升仙观念

锺离君柏墓何以呈现出如此奇特的墓葬形制，其所表达的综合思想到底是什么，这是我们必须回答的问题。事实上，墓葬形制所蕴含的原始宗教意义是清楚的，这就是以祖配天的古老传统。此墓之主人身为锺离国君，虽墓中随葬九件钮钟及十二件编磬显示其级秩仅当卿大夫之列，但小国之主作为一方之君，其所追求的政治理想却不会自贬，这种理想便是生时遵循着一种顺时施政的宇宙观，而死后则又享有配帝在天的特权。很明显，这种政治理想通过锺离君柏墓奇异的墓葬形制完整而准确地传达了出来。

锺离君柏墓八极以内的部分或即时人所谓之"昆仑虚"，而自昆仑虚掘下所形成的"亚"形墓室则当所谓"昆仑丘"。《淮南子·墬形》云：

> 禹乃以息土填洪水，以为名山。掘昆仑虚以下地，中有增城九重，其高万一千里百一十四步二尺六寸。……倾宫、旋室、悬圃、凉风、樊桐在昆仑阊阖之中，是其疏圃。疏圃之池，浸之黄水，黄水三周复其原，是谓丹（白）水，饮之不死。河水出昆仑东北陬，贯渤海，入禹所导积石山。赤水出其东南陬，西南注南海丹泽之东。赤水之东，弱水出自穷石，至于合黎，馀波入于流沙，绝流沙，南至南海。洋水出其西北陬，入于南海羽民之南。凡四水者，帝之神泉，以和百药，以润万物。昆仑之丘，或上倍之，是谓凉风之山，登之而不死。或上倍之，是谓悬圃，登之乃灵，能使风雨。或上倍

之，乃维上天，登之乃神，是谓太帝之居。

高诱《注》："息土不耗减，掘之益多，故以填洪水。名山，大山也。掘犹平也。'地'或作'池'。中，昆仑虚中也。增，重也。有五城十二楼，见《括地象》。此乃诞，实未闻也。倾宫，宫满一顷。旋室，以旋玉饰室也。一说室旋机可转旋，故曰旋室。太帝，天帝。"王念孙《读书杂志》引王引之云："昆仑四隅为四水所出，说本《海内西经》。上文言东北陬、东南陬，下文又言西北陬，无独缺西南陬之理。此处原文当作'弱水出其西南陬，绝流沙，南至南海'。"《河图括地象》云：

天下九州，内效中域，以尽地化。地中央曰昆仑，昆仑者，地之中也。地下有八柱，柱广十万里，有三千六百轴，互相牵制，名山大川，孔穴相通。

昆仑之墟有五城十二楼，河水出焉，四维多玉。

将这些观念与钟离君柏墓之设计形式对观，可见二者思想之密合。

墓中于形埒遗迹的层面同时发现大量山形土锥，亦即发掘者所谓之"土偶"，此正合禹以息土填洪水所成之名山，则其下八极之内掘为墓室，显为"掘昆仑虚以下地"。

墓室呈现五位"亚"形，且四方共具十二坑，分别殉人葬物，故五位墓室及其四方之十二坑正当所谓"五城十二楼"之象征。《河图括地象》既以"四维"与"五城"对言，明知"五城"之形实即五位"亚"形。"五城十二楼"必居人储物，此与五位"亚"形墓室之十二坑皆殉人葬物之做法颇合。

墓中十二坑分别位居五位"亚"形之四方，或即所谓"旋室"。高诱以"旋室"为以旋玉饰室，似不可据。《文选·王文考鲁灵光殿赋》："旋室娉婳以窈窕。"李善《注》："旋室，曲屋也。"张铣《注》："旋，曲也。"故知"旋"当以旋转为训。曲屋何谓？《礼记·乐记》："曲如折。"朱彬《训纂》引方性夫曰："曲，言其回转而齐也。"是曲屋实即布建于四方之屋，其制出明堂宗庙，犹太室四方之十二堂。而钟离君柏墓之"十二楼"曲折旋转位列四方，况其中之十具殉人坑均齐若一，正有所谓"旋室"之象。

墓主人葬于五位"亚"形之"中土",或属所谓"倾宫"。高诱以"倾宫"谓宫满一顷,言其博大,① 亦非本义。《说文·人部》:"倾,仄也。"《列女传·节义·楚成郑瞀》:"宫人皆倾观。"王照圆《补注》:"倾,侧也。"锺离君柏墓之墓主棺椁虽于五位之中土,但其位置却并非居于"亚"形之正中,而倾侧于中央偏北的位置,这种设计似乎准确地体现了"倾宫"的观念。《淮南子·天文》尚留有古老的"天倾西北"的观念,战国楚竹书《太一生水》也见相似的记载,这种天文观当然出于古人对于天极的位置并非正居天之中央,而向西北倾倚的观测事实。这意味着墓主的灵魂如果升天而伴于天帝,他的位置就必须尽量地接近天中,从而使其居所脱离正中而倾侧北方。

很明显,锺离君柏墓自下而上的所有设计都围绕着一个既定的主题,那就是墓主人灵魂不死、升天配帝的宗教追求,这个升天过程具体表现为,自五位墓室所象征之昆仑丘上升至八极遗迹,此即所谓"凉风之山",墓主人登之于此则长生不死。如自八极遗迹再向上升至形埒遗迹,则即所谓"悬圃",墓主人登之于此,则呈所谓"登之乃灵,能使风雨"。如自作为天地边界兆际的形埒遗迹终升至以放射区域及圆璧遗迹所表现的天宇,则即所谓"上天",墓主人登之于此,即呈所谓"登之乃神"。至于五位"亚"形墓室之四隅,当为四水之所在,也即帝之神泉,其作用当然在于和百药而润万物,目的是使墓主人祛病安泰,升仙无恙。这种以祖配天的古老观念在公元前五千纪中叶的西水坡时代即已形成,② 而锺离君柏墓独特的墓葬形制则是这种观念更为完整且丰富的表现。

如此独特的升天观念自东周至汉代甚为流行。《楚辞·天问》:"崑苍悬圃,其居安在?增城九重,其高几里?"王逸《章句》:"昆仑,山名也,其巅曰悬圃,乃上通于天也。"又《离骚》:"夕余至乎悬圃。"王逸《章句》:"悬圃,神山,在昆仑之上。《淮南子》曰:昆仑悬圃,维绝,

---

① 《春秋繁露·王道》:"充倾宫之志。"苏舆《义证》:"《尚书大传》:'归倾宫之女。'《文选》刘渊林注《吴都赋》:'汲郡地中《古文册书》:"桀作倾宫,饰瑶台。"'高诱云:'倾宫,筑作宫墙,满一顷田中,言博大也。'"

② 冯时:《中国古代的天文与人文》第二章第二节之二,中国社会科学出版社2006年版。

乃通天。"洪兴祖《补注》:"《水经》引《昆仑说》曰:昆仑之山三级:下曰樊桐,一名板松;二曰玄圃,一名阆风;上曰层城,一名天庭。"《文选·杨子云甘泉赋》:"配帝居之悬圃兮,象泰壹之威神。"服虔曰:"曾城、悬圃、阆风,昆仑之山三重也,天帝神在其上。"文虽小异,但所见思想却一脉相承,而这种以昆仑增城、悬圃、阆风为主题的升仙思想在阆中文化中得到了集中的体现。①

上天为天帝之所居,这意味着锺离君柏墓的独特形制如果服务于墓主人升天配帝的需要,就必须保持升天之路的畅通。而墓中象征天盖的圆璧遗迹呈现白色,实际正体现着这样的宗教意义。《淮南子·原道》:"是故达于道者,反于清净;究于物者,终于无为。以恬养性,以漠处神,则入于天门。所谓天者,纯粹朴素,质直皓白,未始有与杂糅者也。"高诱《注》:"反,本也。天本授人清净之性,故曰反也。"又《淮南子·天文》:"清阳者薄靡而为天。"天之皓白虽然意在指明天的纯朴清净,而且从阴阳学说的角度讲,皓白又具有阳明的性质,这当然与锺离君柏墓白璧天盖的设计思想完全符合。然而除这一基本内涵之外,纯粹之阳天恐怕更具强调天门开启的象征意义。

祖先伴帝,灵魂必先入天门。《原道》:"经纪山川,蹈腾昆仑,排阊阖,沦天门。"高诱《注》:"排,犹斥也。沦,入也。阊阖,始升天之门也。天门,上帝所居紫微宫门也。"而天门或开或闭,皆为神所司守。《离骚》:"吾令帝阍开关兮,倚阊阖而望予。"王逸《章句》:"帝,谓天帝。阍,主门者也。阊阖,天门也。"洪兴祖《补注》:"《说文》云:阍,常以昏闭门隶也。《天文大象赋》曰:俨阊阖以洞开。"帝使阍人开关天门,于欲入者或纳或拒,而天门之开闭,在先秦两汉又常以黑白晦明两色为喻。《天问》:"何阖而晦?何开而明?"王逸《章句》:"言天何所阖闭而晦冥,何所开发而明晓乎?"洪兴祖《补注》:"阖,闭户也。开,辟户也。阴阖而晦,阳开而明。"《甘泉赋》:"帅尔阴闭,霅然阳开。腾清霄而轶浮景兮,夫何旟旐邹偈之旖旎也。"李善《注》引《文子》曰:"与阴俱闭,与阳俱开。"很明显,天之开阖也便意味着天门的启闭,而天门之开闭由阍人所主,据《周礼·天官·阍人》所言门禁之制,正

---

① 冯时:《天地之门　仙道阆中》,《风水之都话天文》,中国文化出版社2015年版。

图5—49　西汉非衣所绘之天盖与天门（局部）
1. 长沙马王堆一号墓出土　2. 长沙马王堆三号墓出土

谓以时启闭。郑玄《注》："阍人，司昏晨以启闭者。"孙诒让《正义》："谓宫门夜漏尽则启，昼漏尽则闭也。"其以晨开昏闭，适合传统宗教观阳开阴闭之思想。事实上，白为阳明之色，其本身便具有开阳之意。《庄子·人间世》："虚室生白。"陆德明《释文》引崔云："白者，日光所照也。"《汉书·贾谊传》："白昼大都之中。"师古《注》："白昼，昼日也。言白者，谓不阴晦也。"《释名·释采帛》："白，启也。如冰启时色也。"《左传·隐公元年》："夫人将启之。"杜预《集解》："启，开也。""启"字本作开户见日之形，其与白义正相因。古以晦冥象天之阖闭，又以光明象天之开启。而白为光明之色，与阴为对，自有天门开启之喻。在这样的宗教背景下，天门开启而接纳升天之祖灵，这一意义显然可以通过象征天开之白色准确地得到表现。

长沙马王堆一、三号西汉墓所出非衣内容对说明这一问题提供了重要佐证。两非衣皆绘墓主人升天场景，其中一号墓非衣中的天盖即涂为白色，天盖下绘表现天地兆际的形埒图像，且天门两侧各绘一虎豹（图1—13；图5—49，1；图版二，2），[①] 以兼帝阍，又绘大小司命，实象天门开启。《楚辞·招魂》："虎豹九关，啄害下人些。"王逸《章句》："言天门凡有九重，使神虎豹执其关闭，主啄啮天下欲上之人，而杀之也。"

[①] 湖南省博物馆、中国科学院考古研究所：《长沙马王堆一号汉墓》下册，图七一、图七六，文物出版社1973年版。

即写此意。而三号墓非衣所绘天盖则染为黑色,天门下也绘形坶图像,但天门内虽有大小司命,却不见守门之虎豹帝阍(图4—49,1;图5—49,2;图版二,3),① 显然表现着天门的关闭。原始宗教传统以为,灵魂升天如遇天门关闭,则需令巫祝呼叫帝阍开门。《甘泉赋》:"选巫咸兮叫帝阍,开天庭兮延群神。"服虔曰:"令巫咸叫呼天门也。"《文选·张平子思玄赋》:"叫帝阍使辟扉兮,觌天皇于琼宫。"旧《注》:"叫,呼也。阍,主门也。辟,开也。扉,宫门阖也。觌,见也。天皇,天帝也。"足为其证。故三号墓非衣绘黑色天盖以象天门关闭,且无守门之虎豹帝阍,正有巫祝叫门之暗喻。不啻如此,山东临沂金雀山九号西汉墓所出明旌则于象征天宇的琼宫绘出白色的形坶(图4—49,2),② 兼明天地之涯际与天门开启。而战国秦简尚有白犬助死者还魂的记载,③ 应该同属这一观念的反映。这些做法与锺离君柏墓以白璧遗迹象征天门开启的宗教内涵如出一辙。

　　锺离君柏墓以一种独特的葬制服务于墓主灵魂配天的需要,因而其"亚"形墓室理应符合古代宗庙之遗制。宋以来学者或以"亚"字乃明堂庙室之象,④ 实"亚"字本为大地之象,以明五位,唯明堂庙室亦取五位之形以喻五方四时。蔡邕《明堂月令论》云:

> 明堂者,天子太庙,所以宗祀其祖,以配上帝者也。
>
> 明堂上通于天,象日辰,故下十二宫,象日辰也。
>
> 太庙明堂方三十六丈,通天屋径九丈,阴阳九六之变也。圜盖方载,六九之道也。八闼以象八卦,九室以象九州,十二宫以应十二辰,三十六户、七十二牖,以四户八牖乘九室之数也。……通天

---

① 湖南省博物馆、湖南省文物考古研究所:《长沙马王堆二、三号汉墓》第一卷,田野考古发掘报告,彩版二〇,文物出版社2004年版。

② 临沂金雀山汉墓发掘组:《山东临沂金雀山九号汉墓发掘简报》,《文物》1977年第11期,图版壹;刘家骥、刘炳森:《金雀山西汉帛画临摹后感》,《文物》1977年第11期。

③ 甘肃省文物考古研究所:《天水放马滩秦简》,中华书局2009年版,第59、107页;李学勤:《放马滩简中的志怪故事》,《文物》1990年第4期。

④ 参见薛尚功《历代钟鼎彝器款识法帖》卷一,明崇祯六年(1633年)朱谋垔刻本;徐同柏《从古堂款识学》卷十三,第21页,清光绪三十二年(1906年)蒙学报馆石印本;高田忠周《古籀篇》卷一,第12—13页,日本大正十四年(1925年)東京古籀篇刊行會影印本。

屋高八十一尺，黄钟九九之实也。二十八柱列于四方，亦七宿之象也。堂高三丈，以应三统。四向五色者象其形。外广二十四丈，应一岁二十四气。四周以水，象四海，王者之大礼也。

又《大戴礼记·明堂》云：

二九四七五三六一八。……九室十二堂。

尽管锺离君柏墓不具天子之礼而享有明堂奉祀，但以明堂遗规与墓中遗迹现象对观，两者却不无暗合。

古人以昆仑有"五城十二楼"，其所体现的礼仪建筑实即明堂宗庙之遗制。《史记·孝武本纪》载公玉带上黄帝时明堂图云："中有一殿，四面无壁，以茅盖，通水，圜宫垣为复道，上有楼，从西南入，命曰昆仑，天子从之入，以拜祠上帝焉。"司马贞《索隐》云：

玉带明堂图中为复道，有楼从西南入，名其道曰昆崙。言其似昆崙山之五城十二楼，故名之也。

《孝武本纪》又云：

方士有言："黄帝时为五成十二楼，以候神人于执期，命曰迎年。"上许作之如方，名曰明年。上亲礼祠上帝，衣上黄焉。

裴骃《集解》："应劭曰：'昆崙玄圃五城十二楼，此仙人之所常居也。'《汉书音义》：'执期，地名也。'"张守节《正义》引师古云："迎年，若言祈年。"事实上，文献所言之"五城"显指东、西、南、北、中所构成的五位"亚"形，五位之四方各有三楼，共为十二楼，[①] 其形如

[①] 李零：《说汉阳陵"罗经石"遗址的建筑设计》，《考古与文物》2002年第6期；又见氏著《入山与出塞》，文物出版社2004年版。

方，名曰"明年"，恰与明堂之规制相合（图2—30）。①

东周时期的明堂图像已有发现（图2—31，1），②西汉晚期之明堂遗址也见于汉长安城南郊（图2—31，2），③平面呈外圆内方，中心建筑建于圆形的夯土台上，台上再建"亚"形明堂五室，④中为太室，四方则分别为青阳、明堂、总章和玄堂，堂内两侧又各有左、右个（图2—30，5），与《月令》之记载完全相符。⑤如果将明堂形制与锺离君柏墓的"亚"形墓室比较，其所呈现的"五城十二楼"布局正可视为明堂五室十二堂之象征。"明堂"所列九宫实出于五位，故五位墓室乃应五方九州；墓中十二旋室亦即十二宫或十二堂，以应十二辰，其中十殉人又喻十天干；墓上放射遗迹以应二十八宿，而五色土杂封则象四向五色；⑥"明堂上通于天"，"所以宗祀其祖，以配上帝"，且"五城十二楼"为仙人常居之所，又合锺离君柏升天配帝之礼旨；而整座墓葬圜盖方载，甚契明堂之制。很明显，锺离君柏墓以宗庙之制布建墓室，其与明堂礼制一脉相承。古人以墓室命曰"玄堂"，正取明堂北室之名，其俗或源于墓室本乃模仿明堂宗庙规制的古老传统。

锺离君柏墓之墓室以倾宫与旋室构成"五城十二楼"，其于月令制度

---

① 聂崇义：《新定三礼图》，清康熙丙辰（1676年）刻本；阮元：《明堂图说》，《揅经室续集》卷一，中华书局1993年版；王国维：《明堂庙寝通考》，《观堂集林》卷三，《王国维遗书》，上海古籍书店1983年版。

② 山东省博物馆：《临淄郎家庄一号东周殉人墓》，《考古学报》1977年第1期，第81—82页。

③ 中国社会科学院考古研究所：《西汉礼制建筑遗址》，文物出版社2003年版。

④ 《周礼·考工记·匠人》以明堂为五室，《礼记·明堂位》、《大戴礼记·明堂》又以明堂为九室，据考古资料分析，二说实无矛盾。参见王世仁《汉长安城南郊礼制建筑（大土门村遗址）原状的推测》，《考古》1963年第9期；《明堂形制初探》，《中国文化研究集刊》第四辑，复旦大学出版社1987年版。

⑤ 汉魏及唐代的明堂遗址也见发掘。参见王仲殊《汉代考古学概说》，中华书局1984年版，第26页；王银田、曹臣明、韩生存《山西大同市北魏平城明堂遗址1995年的发掘》，《考古》2001年第3期；刘俊喜、张志中《北魏明堂辟雍遗址南门发掘简报》，《山西省考古学会论文集》（三），山西古籍出版社2001年版；王银田《北魏平城明堂遗址研究》，《中国史研究》2000年第1期；中国社会科学院考古研究所洛阳唐城队《唐东都武则天明堂遗址发掘简报》，《考古》1988年第3期。

⑥ 《通典》卷四十四云："（唐高宗）总章三年（670年）三月，具明堂规制，下诏：其明堂院，……院四隅各置重楼，其四墙各依方色。"《资治通鉴》卷二百四云："（武后）毁乾元殿，于其地作明堂，……凡三层，下层法四时，各随方色。"

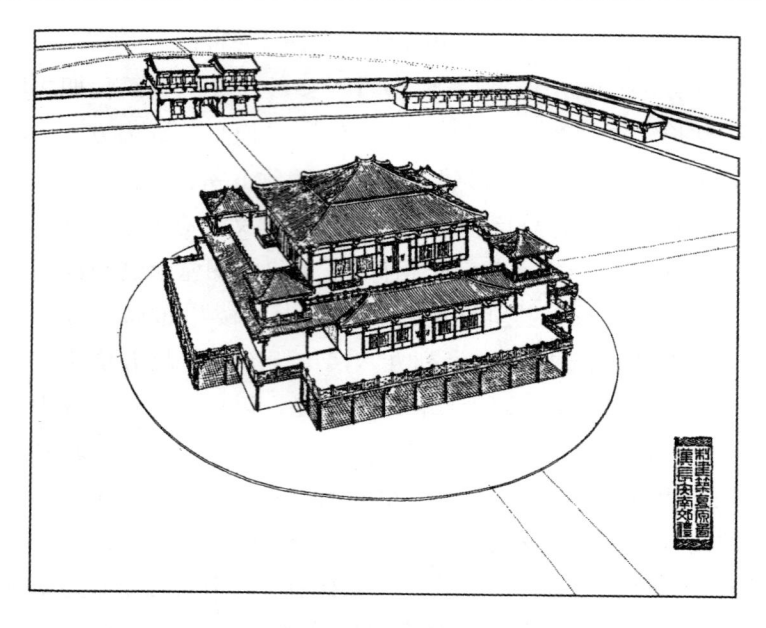

图5—50　汉长安城南郊明堂遗址中心建筑复原

中则象征君主四时所居之堂个。《大戴礼记·明堂》："明堂月令。"卢辩《注》："于明堂之中，施十二月之令。"这种独特的设计显然与其上五色土遗迹所体现的传统政令观彼此呼应。同时令人惊叹的是，倾宫犹明堂之大室，或即所谓"通天屋"，为墓主灵魂升天之所，故位置理应高于四方，而实际情况是，墓主棺椁所在之中央倾宫恰呈高于四方旋室的安排（图5—29），其与明堂之制甚合（图5—50）。《淮南子·天文》："天倾西北。"高诱《注》："倾，高也。"[1] 依明堂制，通天屋必高于四方堂个，故"倾宫"之名实合于其高出四方旋室之义。是墓主身居倾宫，既有明堂月令之遗蕴，又见其升天配帝之追求，喻意丰富。于此可明，锺离君柏为展现其配天的虔诚，于细节之设计一丝不苟，从而使墓中遗迹所反映的文化内涵与文献所载颇相符合。事实上，这种独具特色的灵魂升天观念的呈现不仅与我们分析的墓中不同遗迹的内涵吻合无间，而且锺离君柏墓墓葬遗迹的存留，也为研究《淮南子》等相关文献思想的来源提

---

[1] 雷学淇《竹书纪年义证》卷一〇云："倾宫者，倾危之义，言高也。"其倾危之说似不足取。

供了形象而确凿的物证。

八　墓葬所见宇宙观之地域传统及其影响

双墩锺离君柏墓缘何以一种独具特色的墓葬形制展现包括天文、数术、政治、宗教的完整宇宙观，这种做法与其说反映了春秋时期贵族集团的普遍追求，倒不如说呈现着淮水流域传统文化所具有的鲜明的地方特色。准确地说，灵魂升天观念的形成年代虽然悠久，但采用如锺离君柏墓的独特的墓葬形制再现这种观念的遗迹，迄今却在淮水流域以外的其他地区尚没有发现。相反，这些思想不仅在淮水流域的相关考古遗存中留有清晰的痕迹，甚至其证据的年代脉络可以自西汉至公元前第五千纪的新石器时代系统地梳理出来。

与双墩锺离君柏墓同一地点发现的距今约七千年的新石器时代遗址出土大量陶器刻划，[①] 其中相当一部分内容与古代时空观念具有密切的关系，如子午、卯酉之二绳图像（图2—2）、与四维共存的四钩图像（图2—14），由二绳积累而成的"亚"形五位图像（图2—11；图2—12；图2—19），于八极规划的八柱及九宫图像（图2—24）、由八柱图像发展而成的形垗兆朕图像（图5—36；图5—39；图5—40），以及于陶器刻划或堆塑的山形八极图像（图5—45；图5—46；图5—47），甚至还有体现观象授时与阴阳思辨的北斗遗存（参见第六章第一节）。这些资料所呈现的观念，经数千年的传承而至春秋有序而不紊，为上古宇宙观的探索提供了重要的资料和可贵的线索。

位于双墩东南方向的含山凌家滩新石器时代遗址约属距今五千三百年，[②] 其文化特征同样呈现出相当浓厚的天文数术传统。相关的遗物显示（图2—20），凌家滩先民不仅早已具备了四方、五位、八方、九宫的空间思想以及由此决定的时间观念，建立了相应的天文与授时体系，而且通过对数字进制与奇偶性质的认识，完成了有关生成与阴阳的

[①]　安徽省文物考古研究所、蚌埠市博物馆：《蚌埠双墩——新石器时代遗址发掘报告》，科学出版社2008年版。

[②]　安徽省文物考古研究所：《凌家滩——田野考古发掘报告之一》，文物出版社2006年版。

形上思辨。① 这些早期的天文数术知识借助图像的形式保留了下来，成为传统文化中与文字史料并重的重要材料。

位于双墩西北的蒙城尉迟寺新石器时代遗址约属距今五千至四千年，其文化内涵所呈现的宇宙观表现出双墩新石器文化的强烈影响。自公元前第五千纪即已出现的形埒图像于尉迟寺大汶口文化和龙山文化遗物上仍有存留（图5—37；图5—38，1—10、13、14），② 从而成为这种独特宇宙观传承的津梁。

双墩以西的阜阳双古堆曾经发现西汉文帝时期的汝阴侯墓，出土占盘、式盘等天文数术仪具。③ 其中式盘图像的内涵不仅表现了二绳、四钩、四维的完整时空思想（图2—23），④ 而且这些思想甚至可以一直上溯到双墩新石器时代文化，其观念之传承可见一斑。

上述遗存不仅于地理之分布集中于淮水南北，而且其所反映的上古天文观与时空观几乎一致地体现着对双墩新石器时代文化的继承，并在汉初成书的《淮南子》一书中得到了完整的存留。《史记·汉兴以来诸侯王年表》以淮南都寿春，地在今安徽寿县。《汉书·地理志上》谓淮南国有锺离，师古《注》引应劭曰："锺离子国。"是锺离即属淮南旧地。《汉书·艺文志》载《淮南内》二十一篇、《淮南外》三十三篇，⑤ 师古《注》："《内篇》论道，《外篇》杂说。"今仅存《内篇》，本名《鸿烈》，后刘向、刘歆父子校书，定名《淮南内》，置于《诸子略》。高诱《序》云："其旨近《老子》，淡泊无为，蹈虚守静，出入经道。号曰《鸿烈》。

---

① 陈久金、张敬国：《含山出土玉片图形试考》，《文物》1989年第4期；饶宗颐：《未有文字以前表示"方位"与"数理关系"的玉版》，《文物研究》第6辑，1990年；冯时：《史前八角纹与上古天数观》，《考古求知集》，中国社会科学出版社1997年版；《中国天文考古学》第八章第二节，社会科学文献出版社2001年版。

② 中国社会科学院考古研究所：《蒙城尉迟寺——皖北新石器时代聚落遗存的发掘与研究》，科学出版社2001年版；中国社会科学院考古研究所、安徽省蒙城县文化局：《蒙城尉迟寺》（第二部），科学出版社2007年版。

③ 安徽省文物工作队、阜阳地区博物馆、阜阳县文化局：《阜阳双古堆西汉汝阴侯墓发掘简报》，《文物》1978年第8期。

④ 冯时：《中国古代的天文与人文》第一章，中国社会科学出版社2006年版。

⑤ 《汉书·淮南王传》："淮南王安为人好书，鼓琴，不喜弋猎狗马驰骋，亦欲以行阴德拊循百姓，流名誉。招致宾客方术之士数千人，作为《内书》二十一篇，《外书》甚众，又有《中书》八卷，言神仙黄白之术，亦二十余万言。"

鸿，大也；烈，明也。以为大明道之言也。光禄大夫刘向校定撰具，名之《淮南》。"章学诚《校雠通义·内篇三》："本名为《鸿烈解》，而止称《淮南》，则不知为地名欤？人名、书名欤？"实此书乃由淮南王刘安及其宾客所作，班氏《汉志》自注此书作者但称"王安"二字，虽属史家率笔，然可明刘向定其书名《淮南》实有以国名兼及地理之旨，而书中承载之思想显然不可能不反映淮水流域的文化特色。或者换句话说，《淮南子》之作者由于地处淮南，因而其思想观念便不可能摆脱地域文化的深刻影响。即使从语言学角度探索这一问题，[①] 也可见这种影响的痕迹。事实上，集中于《天文》、《墬形》诸篇之宇宙观不仅成为我们解读锺离君柏墓墓葬形制的重要资料，而且这种与双墩新石器时代文化一脉相承的宇宙观无疑构成了独具特点的淮水文化的核心内涵。这意味着自双墩新石器时代文化即已形成的古代宇宙观经过数千载的不懈承传，至春秋以后通过如锺离君柏墓及西汉汝阴侯墓所出天文遗存得到了更为完整的呈现，并最终成为《淮南子》相关诸篇思想的渊薮。

春秋后半叶正是道家思辨哲学创立的时期，根据对郭店战国楚竹书《太一生水》的研究，可明道家哲学的思辨基础实在于宇宙生成论及天文数术思想，老子借宇宙生成论思辨出玄虚的"无"，又据太一行九宫的天文观创立了无名可名的"道"，[②] 而淮水流域深厚的天文数术传统无疑为这一哲学体系的诞生准备了条件。《史记·老子韩非列传》："老子者，楚苦县厉乡曲仁里人也。"[③] 司马贞《索隐》："苦县本属陈，春秋时楚灭陈，而苦又属楚，故云楚苦县。至高帝十一年，立淮阳国，陈县、苦县皆属焉。……今检《地理志》，苦实属淮阳国。"张守节《正义》引《括地志》云："苦县在亳州谷阳县界。有老子宅及庙，庙中有九井尚存，在今亳州真源县也。"又引《晋太康地记》云："苦县城东有濑乡祠，老子

[①] 参见陈广忠《〈淮南子〉楚语考》，《第二届儒道国际学术研讨会——两汉论文集》，台湾师范大学国文学系，2005年。
[②] 冯时：《中国古代的天文与人文》第四章第一节，中国社会科学出版社2006年版。
[③] 有关《史记》所载老子其人及其时代、乡里的可靠性乃为学术界聚讼不决之疑案，拙文姑取通行之说，于此不复申论。

所生地也。"是老子生于苦，或以为相，① 地在今河南鹿邑东，或以为于安徽涡阳，② 而行迹不仅遍及淮水及其支流涡水流域，且远播洙、泗。③ 由此可见，道家思辨哲学创生于淮水流域并非出于偶然，这一地区古代先民数千年知识的积累造就了崇尚天文数术的深厚传统。而老子生长于这一文化的中心地区，自然构建了道家思辨哲学重视天文数术的学术背景。很明显，锺离君柏墓时代适值道家哲学诞生的春秋晚期，因此其特殊形制不仅是锺离君宇宙观思想的完整体现，同是也应视为淮水流域传统文化特色的集中体现。

需要指出的是，据锺离君柏墓所出器铭可知，锺离本出徐氏，而徐于《诗·大雅·常武》等篇作"徐方"。《尚书·费誓序》："鲁侯伯禽宅曲阜，徐夷并兴。"经又称"徐戎"。《后汉书·东夷传》："武乙衰敝，东夷寖盛，遂分迁淮、岱，渐居中土。……康王之时，……徐夷僭号，乃率九夷以伐宗周，西至河上。穆王畏其方炽，乃分东方诸侯，命徐偃王主。偃王处潢池东，地方五百里。"足见淮水流域之文化事实上与海岱地区的古代文化有着密切的关系，④ 这种联系通过两地文化的一致性呈现出一种共同的精神。考古资料显示，位于蚌埠西北涡水流域的蒙城尉迟寺已经发现大汶口文化遗存，其中契刻于大口尊上的文字不仅可以追溯到双墩新石器时代文化（图5—37，5，6；图5—38，11—14），而且与在山东莒县陵阳河及大朱家村同类陶尊上发现的文字也完全相同（图5—51）。⑤

---

① 参见马叙伦《老子姓氏名字乡里仕宦生卒考》，见氏著《老子校诂》上册，中华书局1974年版。

② 《水经·阴沟水注》引东汉桓帝永兴元年谯令长沙王阜所立《老子圣母李夫人碑》云："老子生于曲涡间。"又引边韶《老子铭》云："老子，楚相县人也。相县虚荒，今属苦，故城犹存，在赖乡之东。㳡水处其阳。"洪适《隶释》卷三云："《老子铭》，篆额，在亳州苦县。苦属陈国，故其文陈相边韶所作。"另可参见孙以楷《老子故里考》，《老子通论》，安徽大学出版社2004年版。

③ 谭戒甫：《二老研究》，《古史辨》第六册，上海古籍出版社1982年版。

④ 高广仁：《谈谈对安徽淮北地区新石器时代遗址的初步认识》；何长凤：《关于安徽原始文化研究中的几个问题》。两文俱见《文物研究》第五辑，黄山书社1989年版。

⑤ 山东省文物管理处、济南市博物馆：《大汶口》，文物出版社1974年版；王树明：《谈陵阳河与大朱村出土的陶尊"文字"》，《山东史前文化论文集》，齐鲁书社1986年版；中国社会科学院考古研究所：《蒙城尉迟寺——皖北新石器时代聚落遗存的发现与研究》，科学出版社2001年版。

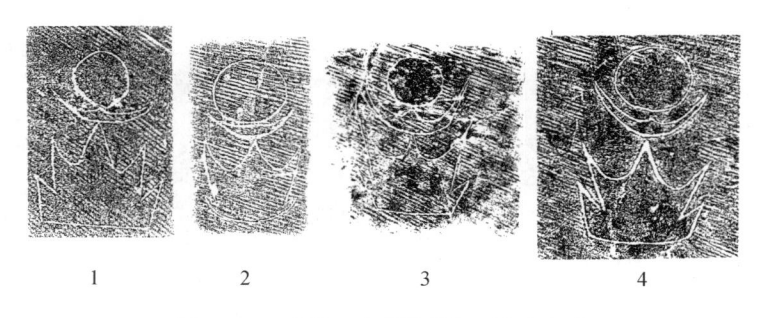

图 5—51　大汶口文化陶尊契刻文字拓本
1、2. 山东莒县陵阳河采集、大朱家村 H1 出土　3、4. 安徽蒙城尉迟寺 JS4∶1、M96∶2

这一事实不仅暗示两地先民使用着同一种文字，[①] 甚至关系到他们可能具有着相同的思想和传统，或者属于相同的族群。这种超乎物质遗存所建立的思想背景可以使我们放心地比较这一地区的其他文化现象，如大汶口文化遗物上已出现具有时空思想的特殊八角图像，而这种图像竟也见于安徽含山凌家滩新石器时代的洛书玉版及其他遗物（图 2—20），[②] 显然表明两地先民本应具有相同的形上思想及宇宙观。[③] 这些观念不仅根深蒂固，而且影响深远，以致自新石器时代以迄东周，淮水流域及其周边地区始终保留着诸如借殉人以象征更广泛的文化内涵的独特传统，甚至其独具特色的地理思想也成为其后邹衍学说的核心，并最终为《淮南子》所继承。[④] 毫无疑问，这些思考可以使我们以更广阔的视野探究锺离君柏墓所呈现的朴素宇宙观。

综合以上研究，我们可以对锺离君柏墓独特墓葬形制所反映的宇宙

---

① 关于文字的解读，参见冯时《试论中国文字的起源》，《韩国古代史探究》创刊号，2009 年；《中国古文字学概论》第一章，中国社会科学出版社 2017 年版。
② 安徽省文物考古研究所：《凌家滩——田野考古发掘报告之一》，文物出版社 2006 年版。
③ 冯时：《史前八角纹与上古天数观》，《考古求知集》，中国社会科学出版社 1997 年版；《中国天文考古学》第八章第二节，社会科学文献出版社 2001 年版。
④ 《汉书·刘向传》："向父德，武帝时治淮南狱，得《枕中鸿宝苑秘书》及邹衍《重道延命方》，世人莫见。"知汉淮南王颇好邹衍之学。关于《淮南子·墬形》之九州与邹衍大九州说之关系，丁山以为《淮南子》殆即邹衍遗说，参见《九州通考》，《齐鲁学报》1940 年第 1 期；收入氏著《古代神话与民族》，商务印书馆 2005 年版。吕思勉则谓《淮南子》所存乃古之旧闻，邹衍继其说，而非新创。参见《邹衍大九州说》，《吕思勉读史札记》，上海古籍出版社 1982 年版。

观获得一些具体的认识。

钟离君柏墓五色封土及填土遗迹反映了古人顺时施政的传统政治观，其思想体系于《礼记·月令》中尚有完整的存留。

墓顶之圆璧遗迹乃为盖天家所认知的天宇的象征，其取形于"七衡六间图"，实际是一幅以北极为中心的星图。因此其下自中央圆区向外辐射的二十条宽窄不同的区域即为二十八宿之象征，其以圆璧遗迹为背景，共同完成了象征性的天盖的设计。二十八宿归纳为二十个区域反映了古人对于星与象的不同认识，并且说明二十八宿作为一种天文观测体系在春秋晚期已经形成。这一事实与传世文献及出土文献所提供的相关证据吻合。

墓葬于天宇之下的半圆形土丘实为形埒之象征，其内涵则在表现自天柱观念发展出的天地兆界的思想，而十八形埒之数则恰好应合天之九野与地之九州之和，这些思想与《淮南子·天文》、《墬形》诸篇所呈现的内容可互为印证。

形埒遗迹之下以土锥构筑的圆形遗迹实即古人认识的自中央九州以外的远界——八极，八极以山环绕，此正为圆形或方形土锥所具之喻意。相关内容于《淮南子·墬形》尚有完整记述。

"亚"形墓室则为大地之象征，墓主葬居"亚"形之中央，是为"中土"昆仑。"亚"形之四方分别埋葬十二坑，每方各三，分别具有一年四季十二月、每季三月的象征，且以十二月应合十二支。十二坑中十坑殉葬十人，以象十干，十干既配五位，与墓室呈五位"亚"形吻合；又与十二支配合纪日，表现了日、朔、气的完整的历数思想及阴阳相生的哲学观念。

钟离君柏墓独特的形制设计旨在表现墓主人灵魂升天的宗教思想，墓室当系古人认为的昆仑丘，其以"五城十二楼"的形式呈现，为仙人常居之所。五城之四隅则为四水所出，以和百药，保墓主安康；昆仑丘上之八极遗迹当为凉风之山，登之不死；再上之形埒遗迹则为悬圃，登之乃灵，能使风雨；最上之天宇遗迹则为天帝所居之上天，登之乃神。这种以祖配天的观念于河南濮阳西水坡新石器时代宗教遗迹即有完整的呈现，至春秋时代，其内涵更为丰富。

钟离君柏墓的设计思想具有浓郁的淮水古代文化的地域特色，这个文化传统不仅孕育了道家思辨哲学，同时也成为邹衍地理学说和《淮南子》相关思想的直接来源。

必须强调的是，如果我们将以文字的形式系统记录古代思想视为文明产生之后相对晚近的事情的话，那么运用考古资料探讨上古宇宙观无疑可以帮助我们重建早期文明时期甚至前文字时代的上古思想史，这个工作无论对于传统的历史学研究还是历史文献学研究，都提供了全新的研究视角与诠释方法。《淮南子》的某些内容虽然可以作为解读锺离君柏墓墓葬形制的直接证据，但是可以肯定的是，如果没有锺离君柏墓所展示的形象资料，我们对于《淮南子》相关思想的理解就很难达到准确和切实。因此，正像我们曾经通过对西水坡原始宗教遗迹的研究最终正确地理解了《尚书·尧典》的相关内容一样（参见第一章第二节），[1] 锺离君柏墓所提供的直接史料也为我们准确地理解《淮南子》的相关文字提供了极大帮助，这为从考古学的角度研究历史文献学提供了重要启示。显然，春秋锺离君柏墓的发现以及相关宇宙观的探索不仅对考古学研究具有意义，对于古代政治史、宗教史、思想史、哲学史、科学史乃至历史文献学的研究也同样具有意义。

第四节　洛阳尹屯新莽壁画墓星象图研究

古人事死如事生的丧葬理念使得墓穴的营造必以再现亡者生前的现实世界为其根本追求，这意味着墓穴的形制不仅要通过圆顶方室表现天圆地方的宇宙模式，而且还要在象征圆天的穹隆墓顶上绘制星图。这种做法所具有的另一层深意当然就是借助这样的宇宙空间完成亡人灵魂升天的企望。

洛阳尹屯新莽壁画墓发现于 2003 年，[2] 该墓中室穹窿顶绘有星象图，为早期天文学及宗教观的研究增添了新资料。

星象图并非全天星图，除绘日、月之外，还选择绘制了二十八宿及其他部分星官。星象图采用以星座与人物、动物、建筑等图像配合绘制

---

[1]　冯时：《中国古代的天文与人文》第二章第二节之二，中国社会科学出版社 2006 年版。
[2]　洛阳市第二文物工作队：《洛阳尹屯新莽壁画墓》，《考古学报》2005 年第 1 期。

的手法，直观地表现了各星官所体现的天学意义与人文内涵，这种对于星空世界的独特认识反映了某种显然相当古老的天文观念，以及古人对于一种渊源甚久的天人关系的人文理解。

中室藻井顶部以红线分为东、西两区，其间分别绘有日、月。日、月四下的穹窿顶四坡部分则大致按古代天官体系的五宫分配星官。作者先以红线分为东、南、西、北四区，各区之间又以红线分别隔为二至五个小区，其中东、西两坡各隔为二小区，南坡隔为五小区，北坡隔为四小区。由于在象征天顶的穹窿顶的中央已被日、月占据，所以星图的作者又以东坡的北侧区域象征北极附近的中央天区，也即古代天官体系的中宫。事实上这个位置与实际天象中北极并非正在天顶，而位于洛阳地区所能见到的北方地平线上约35度的位置是吻合的，而其馀分布于东、南、西、北四坡的四区则分别象征二十八宿所辖之东、南、西、北四宫。但各宫所辖宽度并不平均，属于不同天宫的星官也有重叠绘制的现象，这意味着四个象限宫的设计只注重其方位的象征意义，而并不具有天文学意义的严格划分。星象图的绘制采用以直角坐标投影的方法，属于我们曾经讨论的早期横式星图，[①] 不过由于其所绘星官的位置或有颠倒，次序混乱，因此，如果不能认为这种做法出于摹绘者误摹误绘的话，那么星象图内容所具有的象征性意味就颇为强烈了。星象图的各宫之中绘有星官，其间饰以云气，星官的各星之间多以直线相连。相同题材及表现手法的星象图作品在其他同时期或稍晚的古代墓室中也有发现，[②] 其中尤以西安交通大学西汉壁画墓星象图及陕西靖边郝滩东汉墓星象图与之最为类似，[③] 一些外族古代文化甚至也受到了这种传统的

[①] 冯时：《中国天文考古学》第六章第六节，中国社会科学出版社2007年版。

[②] 河南省文化局文物队：《洛阳西汉壁画墓发掘报告》，《考古学报》1964年第2期；山西省文物管理委员会：《山西平陆枣园村壁画汉墓》，《考古》1959年第9期；黎瑶渤：《辽宁北票县西官营子北燕冯素弗墓》，《文物》1973年第3期；洛阳博物馆：《河南洛阳北魏元乂墓调查》，《文物》1974年第12期；王车、陈徐：《洛阳北魏元乂墓的星象图》，《文物》1974年第12期。

[③] 陕西省考古研究所、西安交通大学：《西安交通大学西汉壁画墓》，西安交通大学出版社1991年版；陕西省考古研究院：《壁上丹青——陕西出土壁画集》上，科学出版社2009年版。

图 5—52　洛阳尹屯新莽壁画墓星象图之北斗与雷神

影响。①

中室藻井顶部东、西两区分绘日、月，月中有蟾蜍，日中本应有赤乌，日、月周围则饰以云气，这是许多墓室星象图常见的题材。但这幅图中的日中赤乌或已漫漶磨灭。

中宫位于东宫以北，下部绘一人骑猪，猪呈双首，一首向南，一首向北，这是天帝与北斗的象征（图5—52；图版八，1）。我们曾经指出，古代先民具有一种根深蒂固的以猪象征北斗的古老观念，自中国新石器

---

①　網干善教：《壁画古墳の研究》，学生社2006年版；中村清兄：《高句麗時代の古墳について—その星象壁画の考察を中心として》，《考古學論叢》第4輯，1937年；池内宏、梅原末治：《通溝》，1940年。

图 5—53　东汉北斗帝车石刻画像（山东嘉祥武梁祠）

时代以降，以猪为母题的礼器几乎都体现了这个传统。① 观念的缘起当然具有天文学与原始宗教两方面的原因，而且猪知天时与北斗建时的特点又恰好可以吻合。② 由于北斗曾经充当过极星，为天帝常居之所，③ 而北斗围绕北天极的周年运转以指建四时又被想象为天帝乘车以统御天界，因此北斗又被视为帝车。《史记·天官书》："斗为帝车。"东汉武梁祠石刻画像北斗帝车图即象天帝乘北斗而巡游（图5—53）。显然，古人以猪象征北斗的做法其实只是将尹屯星象图中与武梁祠画像天帝所乘的北斗换成了猪，从而将其赋予了更多的人文精神，而天帝乘北斗与天帝乘猪的内涵则完全相同。南北双首猪的含义无疑暗示了北斗绕极运转指建四时阴阳的特点，类似的形象已见于红山文化的双猪首三孔礼玉及安徽含山凌家滩新石器时代双猪首礼玉，它们都具有明确的北斗的象征意义。④ 洛阳西汉卜千秋墓于后室主墙正中的一个梯形倒斗上绘有清晰的猪首怪人，猪首额前饰有三星，左右分绘青龙、白虎，⑤ 命意也与尹屯星象图如出一辙，而同样的猪首怪人在郝滩东汉墓星象图中则绘于北斗七星的一侧（图版八，2），足见汉代先民对于以猪比附北斗的古老思想仍然记忆犹新。因此，尹屯星象图中以天帝乘猪的形式表现的北斗帝车图为我们

---

① 冯时：《中国天文考古学》第三章第二节之四、五，中国社会科学出版社2007年版。
② 冯时：《中国天文考古学》，中国社会科学出版社2007年版，第106—107页、第379—380页。
③ 冯时：《中国天文考古学》第三章第二节之二，中国社会科学出版社2007年版。
④ 冯时：《中国天文考古学》，中国社会科学出版社2007年版，第110—111、126页。
⑤ 洛阳博物馆：《洛阳西汉卜千秋壁画墓发掘简报》，《文物》1977年第6期；冯时：《中国天文考古学》，中国社会科学出版社2007年版，第120—121页。

图 5—54　洛阳尹屯新莽壁画墓星象图之苍龙星象

关于中国古人曾经具有以猪比附北斗的传统的论证提供了极好的证据。有关问题我们在第六章第一节再详细讨论。

斗为帝车所反映的北斗为天帝的常居之所的观念虽然古老，但是随着极星的转换，汉代北斗的位置距当时的极星天枢（鹿豹座 32^2H）已经相对遥远了，天帝有了他新的居所，然而北斗作为天帝乘车的观念却很难根本改变，于是天帝的地位开始降低为人君。《晋书·天文志》："斗为人君之象，号令之主也。"即体现了这种观念的变化。而尹屯星象图中的骑猪（乘北斗）之人似也应该反映的是这种变化之后的新形象，或者我们可以将其称为人君北斗图。

与北斗同绘于中宫的还有雷神。① 雷公、雨师与太一共绘的做法自河姆渡文化迄至汉代从没有中断（参见第六章第一节），马王堆汉墓出土的太一将行帛画以中央绘有太一神，而雷神和雨神即分列太一两侧（图4—53；图版七，1）。而在敦煌甲本星图中，则见雷电之神有与二十八宿星官同绘的传统。由于尹屯星象图是一幅旨在表现全天五宫星象的星图作品，因此，星象中配绘雷神的设计其实正体现了早期以雷、雨二神配伍天神太一到晚期仅以雷电之神配伍星象的转变。② 事实上，古人以猪象征北斗的真实意义就是以猪象征天帝，天帝的数术化即为太一，显然，尹屯星象图将雷神与天帝北斗配绘的设计，其实正是早在新石器时代即已形成的雷神、雨神配绘天帝北斗的简省形式。

二十八宿的东宫星宿集中分布于墓顶东坡南小区内，其中东宫所辖的角、亢、氐、房、心、尾六宿是以星官与苍龙之象相结合的形式表现的（图5—54）。我们已经论定，东宫七宿中有六宿的宿名得自龙体，而四象之一的东宫苍龙之象实际也就来源于角、亢、氐、房、心、尾六宿星官所构成的形象。③ 因此，以苍龙形象表现东宫星宿，这种做法与单纯列出东宫的完整星宿异曲同工，而且这应是汉代先民在处理这类示意性星图时更为熟谙的方法，无论西安交通大学西汉墓星象图（图4—6），抑或东汉石刻画像中的苍龙星宿（图5—55），都无例外地以这种方式加以表现。

尹屯星象图于龙角的位置分绘两组星，每组各有三颗，以线相连，对称排列，表现的是角宿和天田、天门六星。《天官书》："左角，李；右角，将。"司马贞《索隐》："李即理，理，法官也。"又引《石氏星经》云："左角为天田，右角为天门。"王元启《史记正讹》："角二星，左为理，右为将。天田二星又在理之左，天门二星又在将之右也。"古或以角宿、天田、天门三官六星为龙角，故知尹屯星象图龙角左侧的三星当自上而下分别为角宿二（室女座ζ）、天田一（室女座78）和天田二（室女座τ），右侧三星自上而下分别为角宿一（室女座α）、天门一（室女座

---

① 朱天伟：《洛阳尹屯西汉壁画墓星象图中的两个问题》，《南都学坛》2005年增刊。
② 冯时：《中国古代物质文化史·天文历法》，开明出版社2013年版，第175页。
③ 冯时：《中国天文考古学》第六章第五节之一，中国社会科学出版社2007年版。

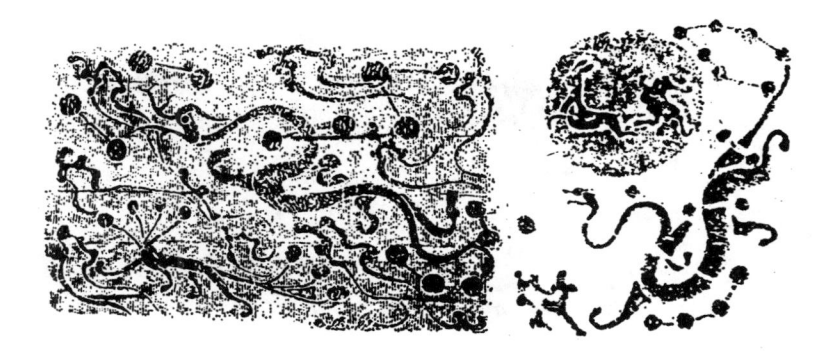

图 5—55　东汉画像石中的苍龙星象

53）和天门二（室女座 69）。西安交通大学星象图（图 4—6）和东汉石刻画像的某些苍龙星座则在龙角的位置绘有四星（图 5—55，左），两两竖向相连，对称排列，应该分别描绘了天田、天门二星，而角宿二星实已融入苍龙之象。尹屯星象图与此不同而独标出三星官，对对并列，盖有三门之象征。墓室星图着意表现三门，意在应合墓主人灵魂升天的观念。则苍龙形象既是星宿形象，也是驾御墓主灵魂升天的灵蹻，而灵魂一旦升天，必入天门。类似的原始宗教观念在马王堆汉墓幡画中也有形象的表现（图 1—13；图版二，2）。①《晋志》："角二星为天关，其间天门也，其内天庭也。故黄道经其中，七曜之所行也。左角为天田，为理，主利；其南为太阳道。右角为将，主兵；其北为太阴道。盖天之三门，犹房之四表。"张守节《史记正义》："左角为理，主刑，其南为太阳道。右角为将，主兵，其北为太阴道。盖天之三门。"王元启《史记正讹》："角有三门，一曰天门，二曰南门，三曰阳门。"是也。唐代二十八宿铜镜的角宿则以角宿二星并附以平道二星（室女座 θ、82），②已不再以天田、天门为龙角。

苍龙星座的腹部绘有一星，应即房宿距星（天蝎座 π）。东汉石刻画像中的苍龙星座，房宿有时绘有完整的四星而附于龙腹（图 5—55，右），有时又省作二星而横镇于龙腹（图 5—55，左），表现手法与此相似。房

---

① 孙作云：《长沙马王堆一号汉墓出土画幡考释》，《考古》1973 年第 1 期。
② 梁诗正等：《西清古鉴》卷四十，清乾隆二十年（1755 年）内府刻本。

514　文明以止

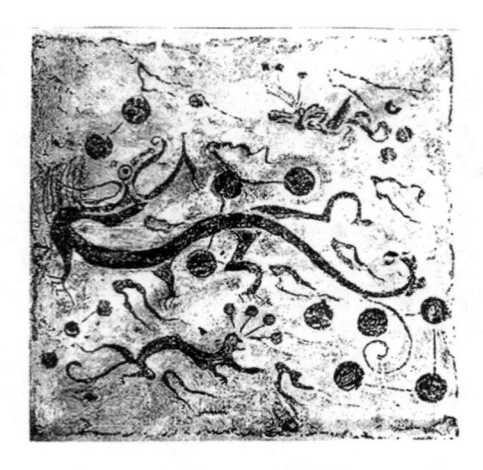

图5—56　汉代龙星画像砖

宿的宿名古义虽出于星占之闭藏用事，但闭藏之事正与龙腹相应，① 故以星绘于龙腹的位置。况且房宿距星又是东宫星宿得以构成苍龙形象的枢纽。②

房宿右下方的龙心部位绘有相连的三星，星数、位置与形象都与心宿相合，显即心宿。心宿之名得于龙心，中央一星心宿二（天蝎座 α）为古距星，③ 即大火星，乃红色一等亮星，也是古代观象授时的重要星象。该星在西安交通大学星象图中被涂成红色，尹屯星象图中则未作特别处理。东汉石刻画像中的心宿或作三星屈曲而附于龙心（图5—56），或省作二星而横镇于龙心（图5—55，右），表现形式与此相同。《天官书》："心为明堂，大星天王，前后星子属。不欲直，直则天王失计。"《晋志》："心星直，则王失势。"知依星占，心宿三星屈曲则为吉占，尹屯星象图的心宿恰是如此。囿于这种观念，中国古代的其他示意性星图于此也多作夸张的表现。

心宿之下依龙尾卷曲之势绘有九星相连，当即尾宿九星。尾宿之名得于龙尾，与此象正合。《天官书》："尾为九子。"司马贞《索隐》："子必九者，取尾有九星也。"西安交通大学星象图只于龙尾之端绘有一星，兼示龙尾九星。其他东汉石刻画像中苍龙星座的尾部或为三星，或为七星，皆属省略之作。

整个苍龙之象不见亢、氐二宿，当已融入苍龙之象。这种做法与西安交通大学星象图及东汉石刻画像苍龙星象的设计一致。

苍龙星象的尾部左旁绘二星相连，应即二十八宿的东宫箕宿。东汉

---

① 冯时：《中国天文考古学》，中国社会科学出版社2007年版，第307页。
② 同上书，第306页。
③ 王健民、刘金沂：《西汉汝阴侯墓出土圆盘上二十八宿古距度的研究》，见《中国古代天文文物论集》，文物出版社1989年版。

石刻画像或以此宿绘刻于龙尾旁侧（图5—55，左），或横镇于龙尾（图5—55，右），皆作两星相连，与此相同。《尔雅·释天》郭璞《注》："箕，龙尾。"箕宿宿名古义虽与龙象无关，但它处于龙尾的延长线上，遂古人又常以其为龙尾之星，故东汉石刻画像或以其镇于龙尾。然箕宿本与尾宿有别。《诗·小雅·巷伯》："哆兮侈兮，成是南箕。"毛《传》："哆，大貌。南箕，箕星也。"郑玄《笺》："箕星哆然，踵狭而舌广，今谗人之因寺人之近嫌而成。"孔颖达《正义》："箕四星，二为踵，二为舌。由踵之二星已哆然而大，舌又益大，故所以成为箕也。箕言踵狭而舌广者，踵对舌为狭耳。其实踵之二星已宽大，故为'哆兮'也。"《诗·小雅·大东》："维南有箕，不可以簸扬。……维南有箕，载翕其舌。"郑玄《笺》："翕，犹引也。引舌者，谓上星相近。"《天官书》："箕为敖客，曰口舌。"司马贞《索隐》："《诗纬》云：'箕为天口，主出气。'是箕有舌，象谗言。"《晋志》："箕四星，又主口舌。"《说文·口部》："哆，张口也。"是箕象簸箕，又如张口，故主口舌。而星图或以二星为箕，意在强调主口舌之箕前舌之二星，即箕宿一（人马座γ）与箕宿四（人马座η）。

墓顶南坡东侧星象图，其上方绘七星环绕而兔围其中（图5—57），实即二十八宿的西宫毕宿。① 此星象本应绘于西坡北侧星图上方，今误置于此，详细考证留待下文。故此处原本应该绘有南宫星象，也即现绘于西坡北侧星图上方的二十八宿的南宫七星宿。此段壁画漫漶，报告称其内容为于有脊楼台之上绘有两组相连的二星，台侧另绘三星（图5—58）。有鉴于此，其形象与星数都可以认定此星官应为二十八宿的南宫七星宿。古代星图于此宿星数或有省减，新疆吐鲁番阿斯塔那唐墓星象图中的七星宿即绘有六星，形如勺匕；② 河北宣化辽墓二十八宿与黄道十二宫星象图中七星宿也为六星。③《天官书》："七星，颈，为员官，主急事。"乃以此宿为南宫鸟象之颈。④ 张守节《正义》："七星为颈，一名天都，

---

① 或为昴宿，参见冯时《中国古代物质文化史·天文历法》，开明出版社2013年版，第119页。

② 新疆维吾尔自治区博物馆：《吐鲁番县阿斯塔那——哈拉和卓古墓群发掘简报》，《文物》1973年第10期。

③ 河北省文物管理处、河北省博物馆：《河北宣化辽壁画墓发掘简报》，《文物》1975年第8期。

④ 冯时：《中国天文考古学》，中国社会科学出版社2007年版，第313页。

图 5—57　洛阳尹屯新莽壁画墓南坡东侧星象图

主衣裳文绣，主急事。"尹屯星象图于七星宿左侧绘有脊楼台，似与星宿之占有关，或即天都之象。

南坡东侧星象图左下方有七星，以线相连（图 5—57），似即二十八宿的南宫柳宿。柳宿本八星，此夺一星。《尔雅·释天》："鸟喙谓之柳。"《天官书》："柳为鸟注，主木草。"又《律书》载二十八舍则柳宿作"注"。《汉书·天文志》"注"作"喙"。司马贞《索隐》："注，咮也。注，柳星也。孙炎云：'喙，朱鸟之口，柳其星聚也。'"是古以柳宿象四象中的朱雀之喙。此图绘七星下注，或写此意。星下有一人首蛇身仙人托持，漫漶不明。

柳宿右侧一宿六星相连（图 5—57），似即二十八宿的南宫轸宿。轸本四星（乌鸦座 γ、ε、δ、β），此绘六星，当包括左辖（乌鸦座 η）和右辖（乌鸦座 α）。敦煌卷子甲本星图轸宿即包括左右辖，[①] 江苏邗江南唐王氏墓志盖二十八宿的轸宿也绘六星，[②] 与此相同。而五代吴越国钱元瓘、吴汉月墓石刻星图的轸宿不仅包括左右辖，甚至还绘有轸宿之中的

[①] 席泽宗：《敦煌星图》，《文物》1966 年第 3 期。
[②] 中国社会科学院考古研究所：《中国古代天文文物图集》，文物出版社 1980 年版。

图5—58 洛阳尹屯新莽壁画墓西坡北侧星象图

长沙一星（乌鸦座ζ）。①《天官书》："轸为车，主风。其旁有一小星，曰长沙。"司马贞《索隐》引宋均云："轸四星居中，又有二星为左右辖，车之象也。"张守节《正义》："长沙一星在轸中，主寿命。"此轸宿六星之中画一人首，似写主寿之长沙星。

南坡中央区域绘十九星，中列十一星，旁各四星，左右对称。旁四星有线与中央十一星相连，证明此十九星表现的是同一个星官（图5—59）。以此衡量二十八宿的南宫星宿，唯翼宿可当之。翼宿本有二十二星，也呈对称分布。古代星图于此宿星数或有增省，吐鲁番阿斯塔那唐

---

① 浙江省文物管理委员会：《杭州、临安五代墓中的天文图和秘色瓷》，《考古》1975年第3期。

图 5—59　洛阳尹屯新莽壁画墓南坡中部星象图

墓星象图的翼宿绘二十三星，宣化辽墓二十八宿与黄道十二宫星象图的翼宿绘二十星，而敦煌卷子甲本星图及邗江南唐王氏墓志盖二十八宿的翼宿则绘十九星，与此相同。翼宿作为南宫朱雀之象的羽翼，故得其名，因而是朱雀之象中最直观形象的部分。西安交通大学星象图中的翼宿则已融入朱雀之象。此图以翼宿绘于南宫中央，当有强调朱雀作为南宫主象的意义。

南坡西侧星图上方绘三星相连呈弓形，三星之后绘一人作引弓射弋状（图5—60），当即二十八宿的南宫张宿。《天官书》："张，素，为厨，主觞客。"《尔雅·释天》："鸟张嗉。"《石氏星经》："张，朱鸟之嗉也。"以张宿作为朱雀之象的一部分，但张宿宿名的来源则与此无关。《说文·弓部》："张，施弓弦也。"段玉裁《注》："张弛，本谓弓施弦解弦。"《诗·小雅·吉日》："既张我弓，既挟我矢。"是"张"本即开弓之意，

图 5—60 洛阳尹屯新莽壁画墓南坡西侧星象图

与宿名正合。此星图于张宿旁特绘一人作引弓之状，恰为张宿本义的反映。张本六星，此仅绘三星而借人引力张弓以明宿义，于星则省矣。

张宿之下有二星平行相连（图5—60），应即二十八宿之南宫井宿。东井本八星，今仅列二星，其一当为井宿距星（双子座 μ），此星恰值黄道，故特别绘出。另一则为井宿古距星，即今之井宿三（双子座 γ）。①时人以此二星代表井宿，与战国曾侯乙二十八宿漆箱东立面星图所表现的井宿一致。②唯曾侯乙漆箱星图之井宿两星竖列，与天象相合，而尹屯星象图之井宿则两星平置，有所不同。《天官书》："东井为水事。"司马贞《索隐》引《春秋元命包》："东井八星，主水衡也。"张守节《正

---

① 王健民、刘金沂：《西汉汝阴侯墓出土圆盘上二十八宿古距度的研究》，见《中国古代天文文物论集》，文物出版社1989年版。

② 冯时：《中国天文考古学》，中国社会科学出版社2007年版，第277、329页。

图5—61 洛阳尹屯新莽壁画墓南坡西端星象图

义》:"东井八星,一大星,黄道之所经,为天之亭候,主水衡事,法令所取平也。王者用法平,则井星明而端列。"此东井二星平行端列,正应取平之吉占。王元启《史记正讹》:"按古图井八星皆端列。"考之古星图,皆如此作,也应取平端正之象。

井宿前有一星(图5—60),应即星官钺(双子座 η)。《天官书》:"东井为水事。其西曲星曰钺。"张守节《正义》:"钺一星附井之前,主伺奢淫而斩之。"《晋志》:"钺一星,附井之前,主伺淫奢而斩之。故不欲其明,明与井齐,则用钺于大臣。"尹屯星象图之钺与井齐,时当王莽新室,当有所喻。

南坡西端一区绘一人首蛇身仙人,仙人首顶绘有一星(图5—61),似为二十八宿的南宫鬼宿。《天官书》:"舆鬼,鬼祠事,中白者为质。"裴骃《集解》引晋灼曰:"舆鬼五星,其中白者为质。"张守节《正义》:

图 5—62　东汉星象石刻画像

"中一星为积尸，一名质，主丧死祠祀。"《石氏星经》："鬼中央一星，白如粉絮，似云非云，似星非星，见气而已，名曰积尸，亦曰积尸气。"《晋志》也以鬼宿五星，含中央之积尸。敦煌卷子甲本星图、唐代二十八宿铜镜、吐鲁番阿斯塔那星象图、五代吴越国钱元瓘及吴汉月墓石刻星图、南唐李昪陵天象图等星图作品，[①] 皆绘鬼宿中央之积尸一星。西安交通大学星象图于鬼宿绘二人抬尸之象，亦应积尸之意。故尹屯星象图以一星为鬼宿，也即鬼中之积尸也（水位座 M44）。然星官以仙人所附，又有灵魂不死之意。

墓顶西坡星图绘西宫星宿和牛郎、织女的古老故事。西坡北侧上方原应绘有毕宿，现误与七星宿互易而绘于南坡东侧上方。毕宿作七星相连，其中绘有一兔，象以毕网兔之状（图5—57）。《说文·華部》："毕，田网也。从田，从華象形。"《尔雅·释天》："浊谓之毕。"郭璞《注》："掩兔之毕或呼为浊，因星形以名。"《礼记·月令》郑玄《注》："小而柄长谓之毕。"皆以毕为田猎之具。《天官书》："毕曰罕车，为边兵，主弋猎。"司马贞《索隐》："孙炎以为掩兔之毕或呼为浊，因名星云。"张守节《正义》引毛苌云："毕所以掩兔也。"皆指田网而言。毕本八星，此仅绘七星，亦属省略。东汉石刻画像之毕宿或作七星（图5—62），或作八星（图5—63），可以为证。其作七星者则与尹屯星象图之毕宿画法全同。西安交通大学星象图之毕宿作一人持毕掩兔之形（图4—6），与此命意相同。

西坡与毕宿同图设计的还有白虎之象及牛郎、织女等（图5—58；图

---

① 南京博物院：《南唐二陵发掘报告》，文物出版社 1975 年版。

5—64），相同的题材也见于东汉石刻画像（图5—62），显然应是当时流行的主题。尹屯星象图的牛郎星官绘为一人牵牛之形，牛的上方绘有横列的三星（图5—58）。牛郎牵牛的形象虽与西安交通大学星象图及东汉石刻画像中的牛宿相同，但星数各异，前者六星，后者三星。是此宿当即二十八宿的北宫牛宿。《天官书》："牵牛为牺牲。"牛宿虽名牵牛，但却指摩羯座 β、α_7、ξ、η、o、ρ 六星，而非远离赤道的河鼓三星（天鹰座 β、α、γ）。

图5—63 东汉星象石刻画像

牛宿南侧的星官为织女星官，绘一女子跽坐，头覆三星作三角形（图5—64），形象与山东肥城孝堂山石刻画像中的织女星全同（图5—65），即《诗》所谓"跂彼织女"。《毛诗传》："跂，隅也。"孔颖达《正义》："孙毓云：'织女三星，跂然如隅。'然则三星鼎足而成三角，望之跂然，故云隅貌。"故此星官当为织女三星（天琴座 α、ε、ζ），而非二十八宿的北宫婺女四星（宝瓶座 ε、μ、4、3）。西安交通大学星象图所绘二十八宿的女宿虽也仅见三星，但不位于头顶，且据星官连线的走势分析，实本必为四星，只是其中一星被女子坐像掩去而已（图4—6）。而东汉石刻画像的织女则绘有四星（图5—62），显为婺女。

牛宿与织女配绘反映了渊源悠久的七夕故事，然而这个故事的起源却并不是指二十八宿中的牵牛和婺女两个星宿，尽管西安交通大学星象图中牛宿和女宿的绘制已经反映出两宿的宿名本义乃是承袭牵牛和织女的结果，但这种转变实际体现的则是为完善二十八宿体系而以赤道星官逐渐取代距赤道较远的星的事实。换句话说，早期的牛郎（牵牛）、织女分指河鼓三星和织女三星，随着二十八宿体系的建立与发展，二十八宿的牛宿（牵牛）与女宿（婺女）不仅承袭了早期的牛郎、织女二星官的名称，同时也承袭了它们所具有的人文内涵。东汉石刻画像表现牛郎织

图 5—64　洛阳尹屯新莽壁画墓西坡南侧星象图

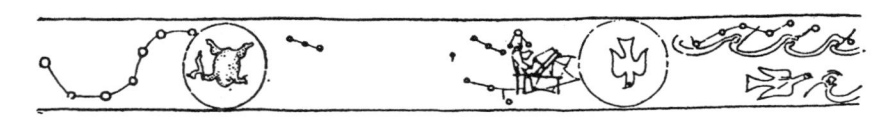

图 5—65　孝堂山东汉石刻天象图

女相会的传说即以见于西安交通大学星象图的两个赤道星官表示,① 更加印证了古今两组牛郎织女星官的联系。《尔雅·释天》:"河鼓谓之牵牛。"《天官书》:"牵牛为牺牲,其北河鼓。河鼓大星,上将;左右,左右将。

---

① 学者或以石刻画像所见之牛郎织女故事描绘的应是织女与河鼓,似有可商。参见周到《南阳汉画像石中的几幅天象图》,《考古》1975 年第 1 期。

婺女，其北织女。织女，天女孙也。"张守节《正义》："河鼓三星，在牵牛北。……自昔传牵牛织女七月七日相见，此星也。"马瑞辰《毛诗传笺通释》："河鼓与牛星相连，古或通名牵牛。犹参、伐各三星，而《考工记》曰：'熊旗六斿，以象伐。'则连参亦名伐也。营室、东壁各二星，而《考工记》曰：'龟蛇四斿，以象营室。'则连东壁亦名营室也。"天鹰座的河鼓三星与天琴座的织女三星分别于赤道以北的天汉两际，遂有古人鹊桥相会的想像，这种想象是由同位于银河一侧的牛、女二宿所无法引发的。竺可桢曾经指出，牛郎织女相会传说的天文学解释来源于二星赤经的重合，根据岁差的计算，二星赤经重合的时间约为公元前3000年，而此前河鼓（牵牛）的赤经前于织女，后人虽以赤道带星官分别取代河鼓（牵牛）和织女而立牛、女两宿，但仍保留了牛宿先于女宿的古老次序。[1] 尹屯星象图拆散古今两组牛郎织女星官，而以织女与二十八宿的牛宿相配表现七夕之会，又以河鼓（牵牛）与二十八宿的婺女相配绘于墓室北坡星图，如果不是作图者将其中的织女与婺女误绘的话，那么为了同时表现河鼓（牵牛）与织女、牛宿与婺女宿，这种将河鼓三星与婺女相配而作为北宫星官的做法就是唯一可行的选择。因为一件星图作品中不可能同时出现两个牵牛形象，而河鼓不仅可指牵牛，还同时具有其他含义，但牛宿却只具牵牛一种本义，而七夕之会的主题又不可能接受河鼓作为牵牛之外的其他形象，所以时人唯以二十八宿的牛宿表现七夕之会的牵牛。

织女星官的南侧绘有一虎，虎口衔有一星，另于虎尾处绘二星相连（图5—64）。虎为四象中的西宫之象，本为觜、参、伐三星官所组成的形象，[2] 其中觜、参两宿为二十八宿星官。《天官书》："参为白虎。三星直者，是为衡石。下有三星，兑，曰罚，为斩艾事。其外四星，左右肩股也。小三星隅置，曰觜觿，为虎首，主葆旅事。"张守节《正义》："觜三星，参三星，外四星为实沈，为白虎形也。"西安交通大学星象图的参宿绘为虎形（图4—6），东汉石刻画像的白虎星座或于虎首、虎身各列三星（图5—62），以应觜、参两宿，或尽列参衡三星、伐三星与觜三星（图

---

[1] 竺可桢：《二十八宿起源之时代与地点》，《思想与时代》第34期，1944年。
[2] 冯时：《中国天文考古学》第六章第六节之二，中国社会科学出版社2007年版。

图5—66　东汉白虎星石刻画像

5—66），以应虎象。尹屯星象图中虎形所表现的星官也应如此。虎口所衔一星当示觜宿，"觜"为"嘴"之本字，其星含于虎口，正明觜宿乃象虎口虎首。虎尾处所绘二星似即罚星，亦作伐，恰象虎尾。古以参、伐连言，或以伐兼指参。《公羊传·昭公十七年》："大辰者何？大火也。大火为大辰，伐为大辰，北辰亦为大辰。"何休《注》："大火谓心，伐谓参、伐也。"张守节《史记正义》引《春秋运斗枢》："参伐事主斩艾。"是也。

白虎星象之上绘有双阙（图5—64），虽未绘星辰，但仍应是以图像表示的星官，当即天阙（麒麟座18、δ），或名阙丘。《天官书》："两河、天阙间为关梁。"张守节《正义》："阙丘二星在南河南，天子之双阙，诸侯之两观，亦象魏县书之府。"此绘双阙，当以星象天子之阙。东汉遗物上的雕绘图像时见于天门旁侧并立双阙，[①] 可证此双阙当天阙也。

双阙并配两门，两门之星则移绘于牵牛星官右侧（图5—58）。尹屯星象图于此绘上下二仙人，居上之仙人戴双耳冠，或疑扎双髻，细眉樱唇，似为女性；居下之仙人秃顶，脑后留发，似为男性。两仙人头顶各绘一星，应即北河、南河二星官。上一星当为北河三（双子座β），下一星当为南河三（麒麟座α），二星皆为一等以上亮星，故古人独取此二星以表现两河星官。《天官书》："钺北，北河；南，南河；两河、天

---

① 重庆巫山县文物管理所、中国社会科学院考古研究所三峡工作队：《重庆巫山县东汉鎏金铜牌饰的发现与研究》，《考古》1998年第12期。

阙间为关梁。"张守节《正义》："南河三星，北河三星，分夹东井南北，置而为戒。南河南戒，一曰阳门，亦曰越门；北河北戒，一曰阴门，亦为胡门。"尹屯星象图所绘附于二星之男女二仙，正分别暗指此南河、北河之阳门与阴门。

西宫星图中的这种将牛郎织女传说与毕宿和白虎星宿同绘于一图的构图在东汉石刻画像中可以找到几乎一致的作品（图5—62），显然这是当时墓室壁画中流行的主题，其典当出自《大东》。《诗·小雅·大东》："或以其酒，不以其浆。鞙鞙佩璲，不以其长。维天有汉，监亦有光。跂彼织女，终日七襄。虽则七襄，不成报章。睆彼牵牛，不以服箱。东有启明，西有长庚。有捄天毕，载施之行。"即以织女、牵牛、毕宿并为天喻，与星图内容正合。《诗》言天汉，又言"跂彼织女"，知织女为天琴座星，而牵牛则为河鼓三星。然《天官书》直以二十八宿的牛宿名牵牛，故时人或据此而以牛宿与织女为对。《诗》云："东有启明，西有长庚。"是知此前所言之牛郎织女与此后所言之毕宿恰为同时所见早晚之不同星象，故时人指此诸星为喻，遂星图又同时据此绘出毕宿。毕宿既存，则同属西宫星宿，且作为西宫主宿的虎（觜、参、伐）的出现就不足为怪了。确切地说，如果黎明时的中天星宿是牛郎和织女的话，那么同一天黄昏时的中天星宿就是毕宿和觜、参、伐。显然，《大东》的天喻源于民间的随意观象识星，而尹屯星象图及东汉石刻画像中的同类内容则是对《大东》反映的这种固有题材的传承。尽管如此，由于星图中位于参宿附近的天阙、北河、南河三星官的出现，则表明星图作者虽然以《大东》之典作为星象图创作的基本素材，但也明显以当时的实际所见天象对星象图的内容做了必要的丰富。

墓顶北坡西起第一图所绘星官延续了西宫星宿，该宿六星相连（图5—67），当为二十八宿的西宫昴宿。《史记·律书》"昴"作"留"，"昴"、"留"皆从"卯"声，可以通假。昴宿为金牛座中的小星团，或称七姊妹星，近代则称昴星团。《晋志》以为七星（金牛座17、19、21、20、23、η、27）。《春秋元命包》："昴六星，昴之言留，物成就系留。"王元启《史记正讹》引陈子龙云："昴七星，或曰六星，近测之实三十六星。"知古又以昴为六星。是古人以肉眼观星，故辨星或多或少。吐鲁番阿斯塔那唐墓星象图、南唐王氏墓志盖二十八宿之昴宿或绘六星，西安

图 5—67　洛阳尹屯新莽壁画墓北坡西端星象图

交通大学星象图中的昴宿或也绘六星,[①] 知有所承。《天官书》:"昴曰髦头,胡星也,为白衣会。"《晋志》作"旄头"。战国曾侯乙漆箱二十八宿昴作"矛",是本以昴星团群星聚簇,状如矛之缨髦,[②] 其后更以髦头喻之,又讹作"旄头"。且以其聚簇之意,则有"白衣会"之占。尹屯星象图昴宿下有三头聚身,头应髦头之喻,聚身应聚簇之意,恰合昴宿古义。

北坡西起第二图最上八星连环(图5—68),当即二十八宿西宫之首

[①] 雒启坤:《西安交通大学西汉墓葬壁画二十八宿星图考释》,《自然科学史研究》第10卷第3期,1991年。

[②] 王健民、梁柱、王胜利:《曾侯乙墓出土的二十八宿青龙白虎图象》,《文物》1979年第7期。

图 5—68　洛阳尹屯新莽壁画墓北坡西侧星象图

的奎宿。奎宿本十六星，但古代星图多有省减，其中南唐王氏墓志盖所刻二十八宿之奎宿即为八星，与此相同。西安交通大学星象图之奎宿仅绘五星，连为圭形（图4—6），省减更甚。《天官书》："奎曰封豕，为沟渎。"张守节《正义》："奎，天之府库，一曰天豕，亦曰封豕，主沟渎。西南大星，所谓天豕目。"《晋志》："奎十六星，天之武库也。一曰天豕，亦曰封豕。主以兵禁暴，又主沟渎。西南大星，所谓天豕目，亦曰大将，欲其明。"或名"降"。《尔雅·释天》："降娄，奎娄也。"郭璞《注》："奎为沟渎，故名降。"《史记·律书》裴骃《集解》引徐广曰"奎"一作"畫"。《说文·大部》："奎，两髀之间。从大，圭声。"段玉裁《注》："奎与胯双声。奎宿十六星以像似得名。两体之间，人身宽阔处，故从大。"而战国曾侯乙漆箱二十八宿之奎作"圭",似又取其宿形如圭。① 说甚分歧。《石氏星经》:"奎十六星,形如破鞋底。"意更晚起。尹屯星象图于此八星之内绘有一人横姿跽坐,对判明宿名古义至关重要,似奎宿本为两髀间之意。

奎宿右下纵列二星相连(图5—68),似即二十八宿的西宫娄宿。娄宿本三星,此仅绘两星,应即娄宿一(白羊座β)和娄宿三(白羊座α),两星都为二等以上亮星,而娄宿二(白羊座γ)则相对较暗,故而省去。

娄宿之下绘屈曲三星(图5—68),当即二十八宿的西宫胃宿。《天官书》:"胃为天仓。"张守节《正义》:"胃主仓廪,五谷之府也。占:明则天下和平,五谷丰稔;不然,反是也。"《晋志》:"胃三星,天之厨藏,主仓廪,五谷府也,明则和平。"胃宿三星(白羊座35、39、41)皆为三等以下暗星,而尹屯星象图所绘胃宿三星硕大,当应胃宿之吉占。

奎宿之下的画面漫漶,报告称此处绘有两组相连的二星(图5—68),据此可知当为二十八宿的北宫婺女宿。婺女又作"须女"、"嫠女"。《广雅·释天》:"嫠女谓之婺女。"婺女四星(宝瓶座ε、μ、4、3)皆为暗星,其取代远离赤道的织女三星而作为赤道带星官。《天官书》:"婺女,其北织女。织女,天女孙也。"张守节《正义》:"须女四星,亦婺女,天少府也。……须女,贱妾之称,② 妇职之卑者,主布帛裁制嫁娶。织女三星,在河北天纪东,天女也,主果蓏丝帛珍宝。"知织女与婺女宿名古义也同。《大东》"跂彼织女,终日七襄"是言织女三星,孝堂山石祠画像也有织女织帛的星官形象(图5—65)。而婺女地位虽卑,然也守布帛之职。尹屯星象图婺女之下绘一人跽坐,构图与西安交通大学星象图的婺女宿全同(图4—6),似写婺女形象。东汉石刻画像的婺女形象则取代织女而侧绘于四星之中(图5—62)。

北坡西起第三图与前图婺女相对的位置绘横列三星(图5—69),当即河鼓,即古之牵牛星。《大东》"睆彼牵牛,不以服箱"之牵牛当此。

---

① 王健民、梁柱、王胜利:《曾侯乙墓出土的二十八宿青龙白虎图象》,《文物》1979年第7期。

② 疑衍"女"字。《晋志》:"须,贱妾之称。"

图 5—69　洛阳尹屯新莽壁画墓北坡东侧星象图

今本《尔雅》"河"作"何"。郭璞《注》："今荆楚人呼牵牛星为担鼓。担者，荷也。"《天官书》："牵牛为牺牲。其北河鼓。河鼓大星，上将；左右，左右将。"司马贞《索隐》引孙炎云："或名河鼓为牵牛也。"《尔雅·释天》："河鼓谓之牵牛。"故其俗称扁担星，似取三星直列之形而名。尹屯星象图河鼓之下绘一人担荷之形，即取此义。牵牛当与织女为配而构成七夕之典，但这个内容已由牛宿取代河鼓而绘于墓顶西坡星图，然河鼓由于与牛宿通名牵牛，为牛宿的本宿，故作图者将此移置于此，以代替二十八宿的牛宿而与北宫的婺女相配。

河鼓之上绘六星连为斗形（图 5—69），应即二十八宿的北宫南斗六星。《天官书》："南斗为庙。"《晋志》："南斗六星，天庙也，丞相太宰之位，主褒贤进士，禀授爵禄。又主兵，一曰天机。南二星魁，天

图 5—70　洛阳尹屯新莽壁画墓北坡东端星象图

梁也。中央二星，天相也。北二星，天府庭也，亦为寿命之期也。"尹屯星象图南斗一侧绘一人首蛇身仙人，似应南斗主寿之占。西安交通大学星象图南斗宿作一人持斗形（图4—6），持斗之人或与本星图斗侧之仙人具有相同的喻意。

北坡最后一图绘有三个星官，也属北宫。左下四星相连为方形（图5—70），应是二十八宿的室、壁两宿。室、壁各二星，古曾共为一宿。战国曾侯乙二十八宿漆箱室名西萦，壁称东萦，意即一室之东西两壁。《开元占经》卷六一引郗萌云："营室二星为西壁，与东壁二星合为四，其形开方似口，故名婔觜之口。"可以为证。室宿或名定，又称营室。壁宿也称东壁。《诗·鄘风·定之方中》："定之方中，作于楚宫。"毛《传》："定，营室也。方中，昏正四方。"郑玄《笺》："定星昏中而正，于是可以营制宫室，故谓之营室。定昏中而正，谓小雪时，其体与东壁连正四方。"《周礼·考工记·辀人》郑玄《注》："营室，玄武之宿，与东壁连体而四星。"王先谦《诗三家义集疏》："《诗》言'方中'，明兼营室、东壁。"知营室或兼东壁，可明先秦时期，室、壁两宿或合或分。《天官书》："营室为清庙。"独列营室而不载东壁，《汉书·天文志》承此。王元启《史记正讹》及梁玉绳《史记志疑》俱疑《天官书》及《天文志》遗漏东壁一宿，或据《晋志》补之，是不知室、壁本为一宿，而营室兼之也。西安交通大学星象图以室、壁连为一宿（图4—6），与此相同。是此图居东二星当为室宿，居西二星当为壁宿。两宿之下似绘一仙人首，盖暗喻仙人居室，以别人间营室也。

室、壁二宿的东侧绘有五星，其右绕以两条弯曲的青蛇（图5—70），其星数、位置及形象皆合二十八宿的虚、危两宿。《天官书》："北宫玄武，虚、危。危为盖屋；虚为哭泣之事。"司马贞《索隐》引宋均云："危上一星高，旁两星隋下，似乎盖屋也。"此五星中居西之三星恰合危宿之形，而居东二星当为虚宿。两宿绕以青蛇，以应玄武之象。西安交通大学星象图以虚、危五星相连，与此相同，唯以小蛇绘于五星中央，以应玄武之象（图4—6），与此图稍异。古代四象体系中的北宫之象经历了由鹿而玄武的转变，① 玄武的龟象取象于虚、危两宿所组成的形象，而蛇象则源于其旁的螣蛇星官形象。此图虚、危两宿以写龟形，并配之螣蛇，则北宫之象明矣。

四宿上方绘有门阙形象，阙顶独绘一星（图5—70），也当北宫附近的星官，似为北落师门。《天官书》："（虚、危）其旁有众星，曰羽林天军。军西为垒，或曰钺。旁有一大星为北落。"张守节《正义》："北落师门一星，在羽林西南。天军之门也。长安城北落门，以象此也。"《晋志》："北者，宿在北方也。落，天之藩落也。师，众也。师门，犹军门也。长安城北门曰北落门，以象此也。"北落师门位于虚、危、室、壁四宿之南，为一等亮星，星名师门，故星图特绘门阙以象之。

尹屯星象图的特点十分鲜明，它以古代星官与星官所反映的独特形象及具有的星占含义相互结合的手法表现星象，以古人一贯重视的构成古代星象体系的北斗和二十八宿星官为基础，但又不拘泥于二十八宿，创作了一幅形象生动且内容丰富的星象作品。图中所绘星象有中宫的北斗、织女、河鼓三星官，东宫的箕宿及由角、亢、氐、房、心、尾六宿组成的苍龙星象与天田、天门九星官，南宫的井、鬼、柳、星、张、翼、轸、钺、长沙、北河、南河、天阙十二星官，西宫的奎、娄、胃、昴、毕及由觜、参、伐组成的白虎星象，以及北宫的南斗、牛、婺女、虚、

---

① 冯时：《中国天文考古学》第六章第五节之四，中国社会科学出版社2007年版。

危、室、壁和北落师门八星官等二十八宿中外星官，诸星宿并非严格按照其星官次序排列描绘。星图的西坡画面题材以《大东》之典为基础，内容反映了某个历史时期早晚的实际星象。而对于四象的表现只存东宫、西宫和北宫之象，南宫之象则没有刻意表现，只在象征南宫的中央区域绘有翼宿，翼宿宿名源于鸟翼，为朱雀之象最形象而直观的部分，或可能有以此象征朱雀的意图。东宫龙象、西宫虎象及北宫玄武之象都仅反映出与某些星象的关系，证明四象作为各宫的象征实际只是对它们本为各宫主宿所表现的形象的提升，这些做法显然体现了一种相当古老的四象传统，[①]并且可以与西安交通大学星象图所反映的事实相互印证。而雷神与北斗的合绘同样反映了自新石器时代即已普遍存在的天极观与宗教观，相关材料可以自河姆渡文化、良渚文化、马王堆汉墓太一将行帛画直至唐代敦煌甲本星图系统地梳理出来。古人以北斗为帝车，故有主宰万物之喻，而雷为震象，因此，震雷配绘北斗正有先民对于"帝出乎震"或"万物出乎震"的有关生命起源的思考，当然这也是中国先民独特哲学观的体现。很明显，虽然尹屯星象图所存在的各种纰漏，特别是星官位置的错漏颠倒和有失准确，使它在作为科学星图方面并不杰出，但这并不影响尹屯星象图成为目前所见古代星图中的一幅颇具特色的作品。事实上，它所展现的文化史价值不仅异常丰富，而且极其难得，因而对于探讨二十八宿的宿名古义，二十八宿与四象的关系，以及古代天文学、星占学、古代思想史、天文与人文的相互关系的研究都具有十分重要的意义。

---

① 冯时：《中国天文考古学》第六章第五节，中国社会科学出版社2007年版。

第 六 章

天地交合　阴阳刑德

第一节　帝宰万物与天极阴阳

中国的原始文明是基于先民对天人关系的思考而形成的文明形式，这意味着天文学实际已成为中国传统文化之源。① 先民的文明创造并非仅限于对物质的满足，而更强调形上思想与礼仪制度的光大。古人向以形而上者谓之道，形而下者谓之器，以器载道的追求使器物充当了表达思想与制度的载体。事实上，先民对于形上思想与制度的创造才真正体现着中国原始文明的根本特点，显然，探索古代文明，忽略对中国传统宇宙观的研究是不可想象的。

作为农业基础的天文学由于能够为农业生产提供准确的时间服务，因而成为人类社会产生的最古老的科学，其历史相当悠久。虽然观象授时的目的是为农作祈生，然而对先民而言，宗族的繁衍如果不是比农作的丰收更具有意义，至少也体现着先民发明农业的根本需要。《国语·周语上》："夫民之大事在农，上帝之粢盛于是乎出，民之蕃庶于是乎生。"事实上，这种固有的祈生观念促进了古人对于阴阳的认识。

一　阴阳思辨及其表现形式

何为阴阳？这个问题其实并不难回答。当人们对于祈生的追求使他们需要解释人类自身繁衍的时候，先民必须首先认识男女两性。这个认识虽然客观，但显然不能称为哲学。如果人们将这一祈生的命题扩大，

---

① 冯时：《中国古代物质文化史·天文历法》绪论第四节，开明出版社2013年版。

先民不满足于探索人类自身繁衍的原因,而更广及宇宙万物的繁衍甚至天地的诞生,那么他们就需要思辨出一种足以说明万物生养的超乎男女、雄雌的一般概念,这就是阴阳。因此对于阴阳的定义可以做出这样的规范:阴阳乃是先民对于万物生养原因的哲学解释。换句话说,古人对于阴阳的认识,其意义并不在于阴阳本身,根本目的则在于为万物生养的原因寻求一种一般意义的解释,这种一般意义的解释当然具有高度概括的性质,因此也就是哲学的解释。

古人对于阴阳的思辨完成之后,接下来的首要工作就是如何表现阴阳。人们可以借男女、雄雌表现阴阳,也可以借日月及星象表现阴阳,还可以借天地、空间、时间、历算表现阴阳,更可以借律吕、颜色乃至气表现阴阳。这些阴阳的表现形式虽然丰富,但显然都嫌太过具体,这与阴阳本身所具有的解释万物生养原因的概括性质颇不相符。事实上,即使后人用"阴"、"阳"两个文字表现阴阳,仍无法弥合阴阳本身所具有的一般意义与其表现形式具体化之间的矛盾。"阴"、"阳"皆借"阜"字取义,以山南山北朝阳背阳表现阴阳,[①] 而作为"阴"、"阳"二字的表音符号"侌"、"昜",其实也仅体现了古人对于太阳见伏所现阴晴的认识。《说文·雲部》:"霒,雲覆日也。从雲,今聲。侌,古文或省。今,亦古文霒。""霒"是后起的形声字,本当作"侌",从"云""今"声;而"昜"字于甲骨文作"𣅔",即知古以见日为阳,以云蔽日为阴。显然,这些对于阴阳的表述都难以摆脱就事论事的窠臼,这使古人始终在探索一种具有概括意义的表现阴阳的理想形式。

天文学与数学的结合,其结果就是使天文观测逐渐步入精确;而数学与先民生活的结合,无论是政治生活的需要还是经济生产的需要,都使人们对于数字的认识无处不在。人们发现,数字虽然无限,但其仅可以分归两类,即奇数和偶数,而奇偶的不同属性正可以借用来表现阴阳,天尊地卑或天先成而地后定的宇宙观,以及天神上帝作为主宰万物的万物之本与数字一作为万数之本的结合,使人们理所当然地以"一"描述天帝,并进而结合先民对于参天两地的认识,最终建立起

[①] 《说文·阜部》:"陰,闇也。水之南、山之北也。从阜,侌聲。""陽,高明也。从阜,昜聲。"

以奇数为阳、偶数为阴的固有传统，创造出阴阳表现的新的形式（参见第六章第五节）。很明显，数字不仅相对于日月、山川、天地等具体的物象是抽象的，而且相对于律吕、空间、时间等具体的知识也是抽象的，因此以数字作为阴阳的表述形式完全可以避免抽象的概念与其表现形式具体化所造成的麻烦，从而为易学的产生奠定了基础。

对于万物生养的原因，时间提供了科学的解释，而阴阳则提供了哲学的解释，显然，时间与阴阳在作为生命基础这一点上是相同的，这意味着时空体系事实上已成为表述阴阳的最理想的形式。于是古人将源于太阳崇拜的天干与源于月亮崇拜的地支彼此结合，创造出表述阴阳并记录时空的干支体系；① 又将观测太阳视运行所建立的阳历与观测月亮运行所建立的阴历彼此结合，创造出记录时间的阴阳合历的历法体系；更将阳性的麒与阴性的麟或阳性的龟与阴性的蛇彼此结合，用以配伍作为人文方位起点的北方，创造出以麒麟或玄武为北宫星象的四象体系。很明显，这些做法无不体现着古人借时空体系表现阴阳的思考。

由于中国传统的时空关系表现为空间决定时间，这意味着空间体系实际是作为其所决定的时间以及由此产生的一切制度的基础而存在的，因此，方位的起点与阴阳观念的结合就显得非常必要。古人以四象表现空间，其中东宫苍龙、南宫朱雀、西宫白虎都只有一灵，唯于北宫之象，无论早期的麒麟还是晚期的玄武，都设计为阴阳二灵。这种独在作为方位起点的北方表现阴阳的做法无疑就是空间作为制度基础，所以必须体现阴阳以生万物思想的具体表现。

古人不仅以干支记录空间，当然也用以记录时间。干支纪时至少在殷商时代即已成为制度，甲骨文所反映的干支纪时体系已相当完备，其形成时代显然更应在此之前。然而古人何以不习惯于单独使用天干或地支纪时，而非得将天干与地支配合使用，其目的显然并不在担心单独使用天干或地支可能造成的纪时重复，因为十日之后的重复和六十日后的重复其实并没有本质的区别，相反，只要在天干或地支前冠以适当的区别文字，相同的天干就可以区分。《穀梁传·哀公元

---

① 冯时：《中国古代物质文化史·天文历法》绪论第三节，开明出版社2013年版。

年》言郊之用辛云："我以十二月下辛卜正月上辛，如不从，则以正月下辛卜二月上辛，如不从，则以二月下辛卜三月上辛，如不从则不郊矣。"《史记·乐书》："汉家常以正月上辛祠太一甘泉。"而殷商卜辞也早有以"下酉"纪日的传统（《通》592）。① 很明显，由于古人以十天干又称十日而主阳，又以十二地支为十二月而主阴，所以干支的结合实际也就意味着阴阳的结合，当然，在以观象授时为基础的认知体系中，决定作物生长的时间体系必须首先体现出阴阳的思想，于是古人将属阳的天干与属阴的地支彼此结合，从而借时间体系表达阴阳相生的本质追求。事实上，中国传统阴阳合历的历法体系也同样体现着这种思考。

二 冬至阳生与夏至阴生

阴阳如果可以通过时间或星象体系得到表现的话，那么这种附着于时间体系的阴阳就显然是可以相互转化的，这使阴阳变化及易变的思想逐渐产生。很明显，阴阳与时间的结合实际是使阴阳具有变化意义的根本，准确地说，没有古人以时间表现阴阳的思考，便不会有阴阳变化的认识，这意味着时间事实上是使古人认识阴阳变化的关键因素。不仅星移斗转所表现的"刚柔交错"可以体现阴阳的变化，昼夜与寒暑的更迭也同样体现着阴阳的变化。这种变化最终通过精细的量化模式而得以描述，形成冬至一阳生、夏至一阴生的有关阴阳转变的严整思想。

星象位移所体现的阴阳变化并不难观测，寒暑更替所表现的阴阳变化也不难感受，尽管如此，像冬至一阳生、夏至一阴生之类的细微差别，人们仅通过感知是无法获得的。况且冬至以后还有小寒、大寒，夏至以后还有小暑、大暑，从人体对于阴阳的感知而言，夏至、冬至并不是极阳极阴的时节。显然，这种冬至一阳生、夏至一阴生的阴阳变化思想只能来源于古人的观测实践。

诚然，阴阳一旦被纳入时空体系，时空也就具有了阴阳的意义，于

---

① 冯时：《百年来甲骨文天文历法研究》，中国社会科学出版社2011年版，第290页。

是古人对于时空的观测工作便自然成为了对阴阳的测量工作，其集中体现当然就是利用圭表对日影的观测。

古人以日为阳，则日影必为阴。《淮南子·天文》："欲知天之高，树表高一丈，正南北相去千里，同日度其阴，北表二尺，南表尺九寸，是南千里阴短寸。南二万里则无阴，是直日下也。"是古人以日影为阴之明证。传统以测日影即为测阴阳，故日影的长短变化实际也就意味着阴阳的消长。《天文》又云："日冬至则斗北中绳，阴气极，阳气萌，故曰冬至为德。日夏至则斗南中绳，阳气极，阴气萌，故曰夏至为刑。……日冬至，……八尺之修，日中而景丈三尺。日夏至，……八尺之景，修径尺五寸。景修则阴气胜，景短则阳气胜。"古人通过测影实践逐渐认识到，夏至日中日影极短，此象阴气极消而阳气极盛，之后日影渐长，则象阴气渐生而阳气渐消，故云夏至一阴生。冬至日中日影极长，乃象阴气极盛而阳气极消，之后日影渐短，则象阴气渐消而阳气渐生，故云冬至一阳生。

事实上，二至日昼夜的长短变化与人们通过测度日影所认识的阴阳消长也具有同样的认知意义，当人们发明了漏壶计时的方法之后，昼夜时间的长短计量将更为精确。《天文》云："昼者阳之分，夜者阴之分，是以阳气胜则日修而夜短，阴气胜则日短而夜修。"先民懂得，夏至白昼极长而黑夜极短，象阳气极盛，其后阳气渐消而阴气渐盛；冬至黑夜极长而白昼极短，象阴气极盛，其后阴气渐消而阳气渐盛。若以漏壶计量，则夏至昼漏极长，其后渐短，所象为阴生；冬至夜漏极长，其后渐短，所象为阳生。很明显，二至日阴阳的消长变化不仅可以借助计时仪器得到精确的表现，而且这种阴阳及易变思想的形成充分体现了中国先民格物致知的追求真理的认识活动。

三　以猪比附北斗的传统

目前的考古资料显示，古人对于阴阳的思辨早在距今八千年前就已完成了，不仅如此，在阴阳观念形成之后，对阴阳的表现形式也丰富多彩。[①] 阴阳思辨作为古人对于万物生养原因的哲学解释，这一思想必然首

[①] 冯时：《天文考古学与上古宇宙观》，《中国史新论——科技与中国社会分册》，联经出版公司 2010 年版。

图 6—1 郝滩汉墓星象图之北斗及猪首形象

先与传统的天文观与宗教观相结合,而在天极与极星以及与此相关的上帝崇拜的系统中,中国的上古时代曾长期流行着一种以猪为母题的装饰题材,其本质则体现着古人以猪比附北斗的文化传统。我们曾综合考古资料与文献史料的研究,将这一传统从公元前第五千纪的新石器时代系统地梳理了出来,[1] 而两汉星象图的发现更提供了正确认识这一问题的无可辩驳的证据,其或以猪绘于星图中北斗的位置(图 5—52;图版八,

---

[1] 冯时:《星汉流年——中国天文考古录》,四川教育出版社 1996 年版,第 33—45 页;《中国天文考古学》第三章第二节,社会科学文献出版社 2001 年版;《中国古代物质文化史·天文历法》绪论第二节、第六章第二节,开明出版社 2013 年版。

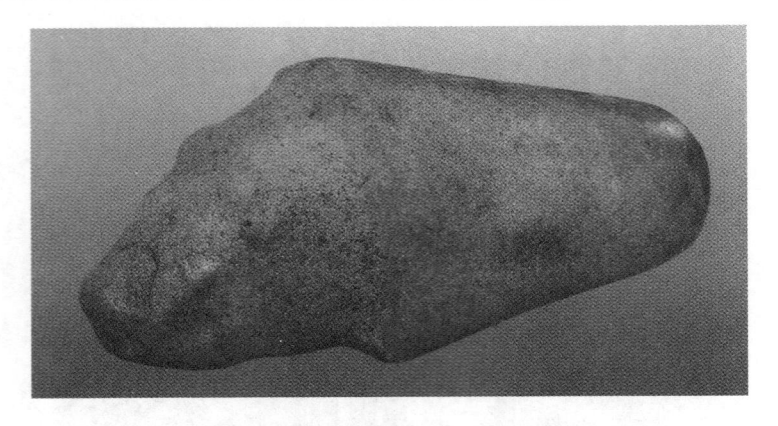

图6—2　安徽含山凌家滩新石器时代墓葬出土玉猪

1），或又将北斗七星与猪的图像合绘（图6—1；图版八，2），①清晰且彻底地揭示了这一久已湮灭的古老观念。

安徽含山凌家滩新石器时代遗址的考古工作提供了古人以猪象征北斗的新资料。在遗址核心区的祭坛东南，发现迄今所见规模最大、随葬品最富的墓葬07M23，并于墓坑中部偏西的填土上方出土一件大型青色玉猪。玉猪呈东北至西南方向侧卧，长72厘米，宽32厘米，重88公斤，形态逼真（图6—2）。②如果从古人以猪比附北斗的传统思考，这件置于墓主上方的巨型玉猪显然具有位于天宇中心的北斗帝星的象征意义，这一点应该毫无疑问。

《方言》卷八云："豬，北燕朝鲜之间谓之豭。"郭璞《注》："犹云豭斗也。"豭为牡豕，也即"家"字所从构之主体。而郭璞所谓豭斗之说，旧终不得其解。今以上古先民以猪比附北斗的传统观之，则豭斗之说显然就是以猪作为北斗象征观念的孑遗。

古人以猪表现北斗，其形式时有变化，或作一猪（图6—3），或作二猪（图6—4）；而二猪又或作两头头向相反的猪（图6—4，1），或又将头向相反之二猪简化为同体二首的形象（图5—52；图6—4，2、3；图版九，3、4）。这些表现形式及造型特征的变化并不是没有意义的，它从根

---

①　冯时：《中国古代物质文化史·天文历法》，开明出版社2013年版，第174—175页。
②　安徽省文物考古研究所：《安徽含山县凌家滩遗址第五次发掘的新发现》，《考古》2008年第3期。

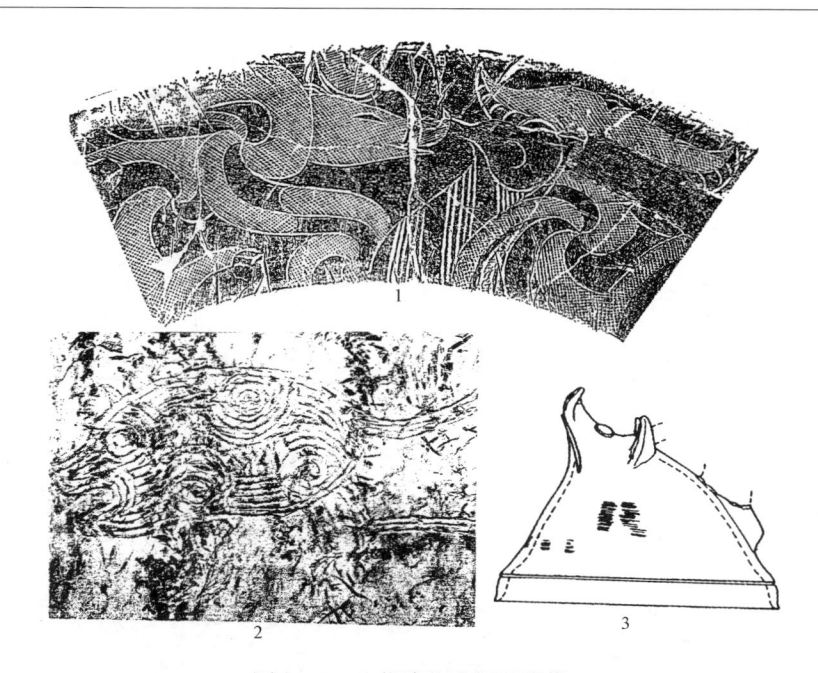

图 6—3　古代遗物雕刻的猪像
1. 小山陶尊雕刻猪像　2. 良渚文化玉璧雕刻猪像　3. 新砦文化猪首形器盖

本上反映了古人对于以上帝崇拜为核心的原始宗教观以及以阴阳为核心的传统哲学观的结合。

　　古人以北斗为帝车，这个传统十分悠久。《史记·天官书》："斗为帝车，运于中央，临制四向，分阴阳，建四时，均五行，移节度，定诸纪，皆系于斗。"北斗是中国古代天文学五宫体系之中宫中最重要的星官，由于其位处恒显圈，终年常显不隐，故可通过北斗建立其与二十八宿赤道带星官的联系。同时又因为岁差的缘故，数千年前北斗的位置较今日更接近北天极，因而充当着最早的极星，在原始的宗教观形成之后，北斗则被视为上帝的乘车，天帝乘北斗巡行四方，即犹上帝居中而统御四方。显然，古人以猪作为帝车北斗的象征，其本质实际就是以猪象征天帝。

　　古人这种以猪象征北斗及上帝的记忆在汉代的美术品中仍然有着清晰的表现。发现于河南南阳麒麟岗的东汉石刻画像（图6—5），中央刻绘头戴璇玑冠的天帝形象，天帝四周依四方刻绘青龙、白虎、朱雀、玄武

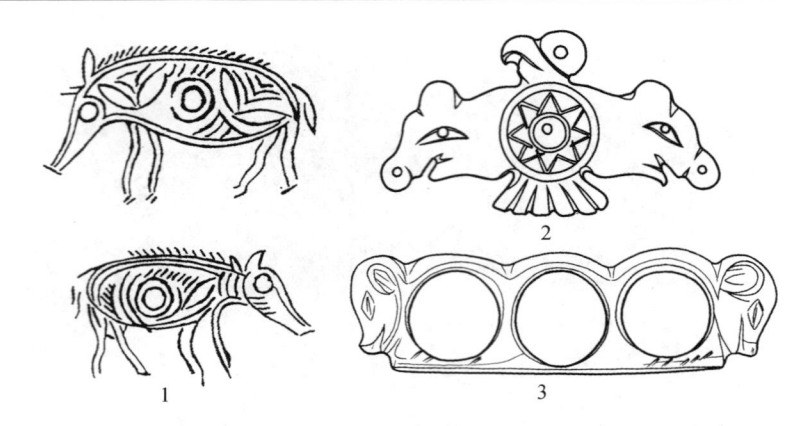

图 6—4　新石器时代双猪及同体双首猪

1. 河姆渡文化刻于陶斗双面的猪图像（T243④∶71）　2. 安徽含山凌家滩出土双首猪玉鹰（M29∶6）　3. 红山文化双首猪三孔玉器（辽宁凌源三官甸子 M1∶4）

图 6—5　东汉天象图石刻画像（河南南阳麒麟岗出土）

四象，四象以外的东、西两侧则绘刻伏羲、女娲。如果我们以这幅图像的设计为基础加以研考，若隐去最外的伏羲、女娲二像，则中央天帝与四象便组成了北斗与二十八宿四象星图，其所表现的正是北斗所在的中宫与二十八宿所分割的四个象限宫的五宫天文体系。这个图式不仅可以上溯至西水坡仰韶时代星象图及战国曾侯乙漆箱星象图（图 1—2；图 1—7），而且与西汉六壬式盘北斗与二十八宿的布图完全一致（图 2—66，2）。由于古人素以北斗为帝车，所以无论是在图式上绘画北斗抑或以拟人化的手法表现天帝，其本质其实并没有区别。正像东汉武氏祠石刻画像中的天帝御北斗行天的图像所表现的内容一样（图 5—53），古人取星

图6—6　东汉帝俊拥羲、和石刻画像
（山东沂南北寨村汉墓）

图6—7　东汉帝俊拥羲、和石刻画像
（山东嘉祥花林村出土）

图6—8　西汉太一与伏羲、女娲画像砖（河南洛阳出土）

象北斗或取天帝作为中宫的主题都将被允许。然而如果在麒麟岗画像中隐去四象，则图中的内容便只剩下了天帝和伏羲、女娲，这当然体现了古老的创世思想。① 天帝作为象征阴阳的伏羲、女娲二神之上的至上神

---

① 冯时：《中国古代物质文化史·天文历法》绪论第二节，开明出版社2013年版。

图 6—9　良渚文化璇玑形玉饰上的太一、雷公、雨师图像
1. 浙江杭州瑶山出土　2. 浙江余杭反山 22 号墓出土

祇，在其他的美术品中有时被绘成人形（图 6—6），有时则被绘成猪首（图 6—7；图 6—8），明确证明古人以猪比附北斗的本质其实就是以猪象征上帝。

先民在帝车北斗的基础上创造出了天帝的形象，这一形象当然也常和猪组合在一起。良渚文化习见的天帝神徽即以天极璇玑下的斗形方脸为特征，明确显示了古人借北斗创造天帝这一至上神形象的事实。不仅如此，天帝的下方同时出现的还有生具獠牙的猪，显示了古人以猪比附北斗的用意。事实上，这种天帝神徽的左右两侧还时常配绘雷公和雨师（图 6—9；图版七，3），这一传统甚至可以上溯到河姆渡文化时期（图 6—10），而在西汉早期的美术品中仍可见这一古老传统的孑遗。马王堆汉墓出土的太一将行帛画，其中央绘有太一神像，而太一两侧则分别绘有雷公和雨师（图 4—53；图版七，1），与河姆渡文化及良渚文化所见天神与雷公、雨师同绘的题材一脉相承。这种在祭天礼器及广义的美术品中普遍流行的以帝为主题并配绘雷公、雨师的图像，无疑反映了初民朴素的创世思想。

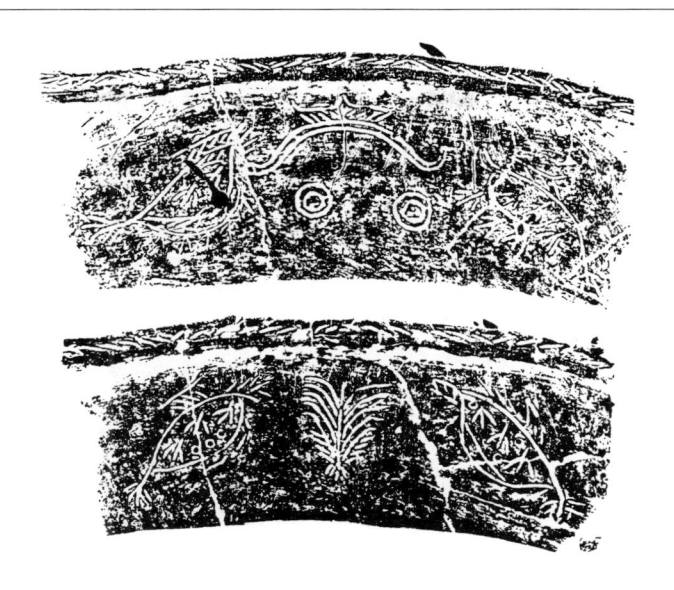

图6—10　河姆渡文化陶盆刻绘的太一（上）与社神（下）图像（T29④∶46）

　　日出日落的变化使人很容易认识到空间和时间，所以日出的方位东方不仅曾经作为方位的起点，而且也可以作为由空间所决定的时间的起点，在以时间神为创世神祇的传统观念中，① 时间的起点当然也就决定着万物的诞生，成为生命起源的原点。古人在八卦体系中将东方配以震卦，并以其为帝之所在的位置，正是这种观念的反映。《周易·说卦》："帝出乎震。……震为雷。"帝为主宰万物的至上神，而震则为雷霆之象。在天地尚未开辟的时候，宇宙只是一团混沌元气，楚帛书描述当时的景象是"梦梦墨墨，亡章弼弼"，其时草木深茂，洪水浩瀚，风雨止塞而未兴。② 所以古人以为，万物的生发是从雷霆的震作开始的，这也就是《说卦》所说的"雷以动之，风以散之，雨以润之"，所以《说卦》将宇宙的生成精辟地概括为"万物出乎震"，而"万物出乎震"的本质显然就是"帝出乎震"，帝作为宇宙万物的主宰，其实也就是生成万物的基础。古人又名帝为"太一"或"天一"，以万数之本"一"作为万物之源，也是这

---

① 冯时：《中国古代物质文化史·天文历法》绪论第四节，开明出版社2013年版。
② 冯时：《中国天文考古学》第二章第一节，中国社会科学出版社2007年版。

一思想的体现。而在原始时空观基础上发展出来的原始创世观念中，帝与其主宰的万物理所当然地被视为雷震的产物，从而使先民创造出了将帝与雷公、雨师相配的题材。这个事实不仅揭示了《说卦》创世思想的渊源，而且这种以雷暴震物而动，并终使万物萌生的思想如果视为一种最古老的"大爆炸"学说，那么这种思考在客观地解释了宇宙起源的同时，还具有着更广泛的哲学意义。

澄清了这个基本事实，我们对上古时代天帝形象的辨识便不再会是困难的工作。由于原始的宗教观认为天帝与社神同处于宇宙的中央，尽管社神的位置在空间上要低于至高无上的天帝，但古人在平面空间中表现二神却只能将其同绘于中央的位置，这不仅使河姆渡遗物中出现的以天极璇玑所象征的天神可以与社神同绘于一件器物（图6—10），而且在马王堆太一帛画中更可以将太一与社神同绘于中央之位（图4—53）。诚然，太一只是天帝的数术表现形式，很明显，比较这些图像可以明晓，良渚文化天帝神徽中的猪母题图像本应具有天帝的象征意义是毫无疑问的。

太一也就是天一，或作"天乙"。南京江宁东山谢家山出土两件东晋时代的滑石猪，原为墓主人手握，两猪大小有别，一长8.5厘米，一长8.8厘米（图版九，2），自有阴阳之喻，更为重要的是，两猪腹部分别刻写"天""乙"文字（图6—11；图版九，2），[①]明确指明此阴阳二猪所象征的就是天帝。古人以猪名"天乙"的事实不仅彻底揭示了先民以猪比附天帝的古老观念，而且为我们论定的中国古人长期存在的以猪表现天帝的传统提供了确凿的证据。

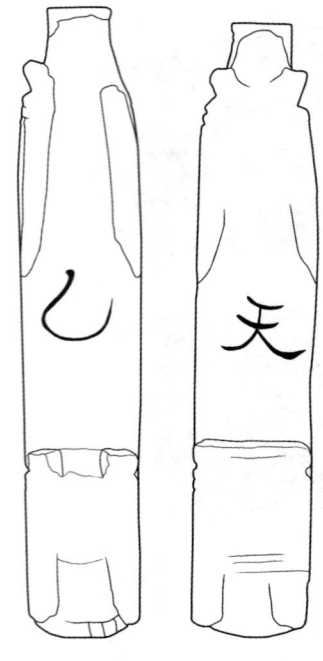

图6—11　东晋滑石猪手握之"天乙"刻铭

---

① 江宁博物馆、东晋历史文化博物馆：《东山撷芳——江宁博物馆暨东晋历史文化博物馆馆藏精粹》，文物出版社2013年版，第6页。

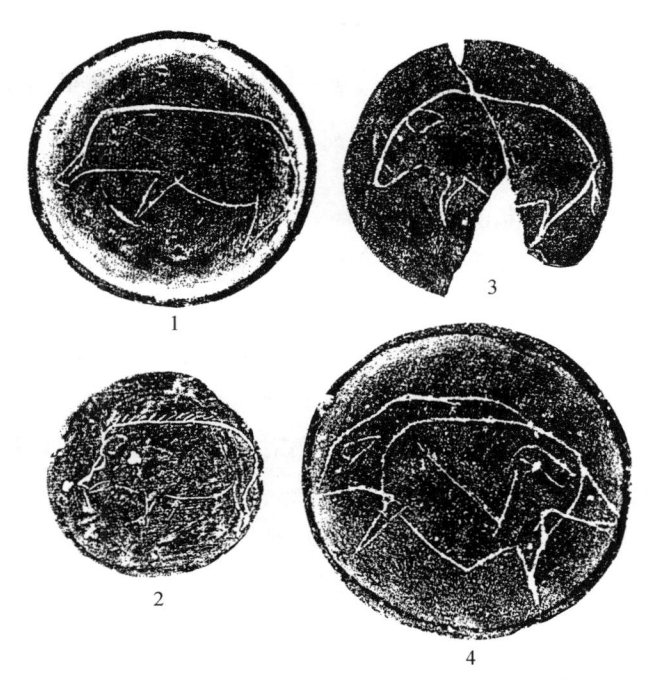

图6—12 双墩遗址出土刻画于陶器上的猪图像

1. 86T0720③:70 2. 91T0620:15 3. 93征集品:2 4. 93征集品:1

  天文考古学的研究显示，古人以猪的形象，甚至二猪或同体二首的猪的形象表现天帝，这一做法自新石器时代即已十分普遍。以往我们获得的这方面的最早物证，无论属于河姆渡文化的遗物，还是红山文化或凌家滩文化的遗物，其年代皆不出公元前第四千纪，[1] 但安徽蚌埠双墩新石器时代遗存的最新发现，[2] 则将古人以猪象征北斗及天帝的历史提前到了距今七千年前。遗址出土的陶器圈足底部多有刻画，其涵义或有对于古代时空观的表现，而在众多的刻画图像中，有十五例刻画的内容为猪，其中十四例陶器刻有一猪（图6—12，1—3），一例陶器刻有方向相反的二猪（图6—12，4；图版七，2），而这种方向相反的特殊二猪的造型几

---

[1] 冯时：《中国天文考古学》第三章第二节，中国社会科学出版社2007年版；《中国古代物质文化史·天文历法》绪论第二节、第六章第二节，开明出版社2013年版。
[2] 安徽省文物考古研究所、蚌埠市博物馆：《蚌埠双墩——新石器时代遗址发掘报告》，科学出版社2008年版，第193—195、332—337页。

乎可以排除古人仅以猪表现家畜饲养的可能的解释。毋庸置疑，这些新资料对于中国早期天文学的研究，特别是原始宗教观及早期文明史的探索都具有极其重要的意义。

四　北斗阴阳与猪的象征义涵

古人以猪象征北斗及天帝的做法无疑很清楚，然而这一象征表现手法的文化理解究竟是什么？准确地说，古人何以要用猪甚至两首方向各异的双猪象征北斗和天帝，而不选用其他的动物，则是我们必须解释的问题。事实上，古人的这一原始思维朴素而富于想象，不仅反映了先民对于祈生观念的追求，而且体现了他们对万物生养基础的认识，这就是对阴阳的哲学思考。

古人借猪表达相应的阴阳观与文化观，最为人们熟知的便是汉字的"家"字。《说文·宀部》："家，居也。从宀，豭省声。"段玉裁改"居"作"尻"。许慎对于"家"字造字本义的解释引发了学者的长期讨论，使之成为中国学术史上悬而未决的问题。商周甲骨文、金文的"家"字或作从"宀"从"豕"，其呈猪在房中之形，遂学者以为"家"字的本义即为猪圈，或以为有猪圈者则为家，或又解"家"字本为杆栏式建筑，下面养猪，上面住人。这些解释多出臆想，与基本史料及相关制度皆不能合。其一，以家为猪圈，向无此传统，商周文字之家也从未见有这种用法。《尔雅·释宫》："牖户之间谓之扆，其内谓之家。"可明家与猪圈的意义毫不相涉。其二，以家因有猪圈者而为家，此说本末颠倒，家为人居之所，故本以居为训，而非以猪所居之义训家，其义至为鲜明，故"家"不合所谓猪圈的思考。其三，以杆栏式建筑为家，此说颇背"家"字字形的结构，因为早期汉字的"家"并不具有所谓杆栏式建筑的特征。因此，古人所造之"家"字以及其所体现的文化内涵必须另作考索。

段玉裁《说文解字注》云："按此字为一大疑案。豭省声读家，学者但见从豕而已，从豕之字多矣，安见其为豭省耶？何以不云叚声，而纡回至此耶？窃谓此篆本义乃豕之尻也，引申叚借以为人之尻。字义之转移多如此。牢，牛之尻也，引申为所以拘罪之陛牢。庸有异乎？豢豕之生子最多，故人尻聚处借用其字，久而忘其字之本义，使引申之义得冒据之。"所说是非杂糅。其以牢义本为圈养牲牛引申而为陛牢以解家之引申，颇不足取。牢用为罪人之牢，其义自可于圈牲而引申，但豢猪与家却不具有这样的关系。人畜之分自省高下，古人所定之界域非常清楚。然段氏又以为"豢豕之生子最多，故人尻聚处借用其字"，其说则颇具启发。

殷商甲骨文"家"字本作"𠖄"，从"宀"从二"豕"。郭店楚墓出土战国竹书《六德》"家"字作"𠖄"，亦从二"豕"。二豕之喻显然不在说明猪的数量众多，古人习以三物以象数量之众，与此做法不合。那么根据古人习惯的思维及表现形式，二豕所传达的思想显然只能是表现猪豕的雄雌。准确地说，古人事实上是在借雄雌二猪表现阴阳，用其象征组成家庭的两性。这一做法当然与人们对于阴阳的思辨相关，反映了先民对于婚礼本质的根本认识。

古成婚礼以结两姓之好，目的即在繁衍后嗣而使宗族传续，所以祈求生育而求多子多孙才是婚礼的本质。婚礼本名"昏"礼，意即于黄昏之时所行之礼，礼毕即入内行生育之事，这是古代婚礼，特别是婚礼初成时代最本质的追求。古时婚礼行撒帐之俗，以枣、栗子、花生等物以喻求多子，即见其于传宗接代之祈盼，致女子五十而无子者休出之。这些礼俗于今或有延续，体现了人类对于生育繁衍之事作为婚礼核心的一贯思想。

基于这种文化背景的分析，可知"家"字本从之二豕，其真实意义实在于表现雄雌两性，并通过二豕所具有的两性以象征组成家庭的男女。当然，如果将这种象征手法上升到哲学的层面，那么二豕的表现就不仅只在于说明两性男女，而更具有着阴阳相生的朴素思考。人有男女两性才可能生育后嗣，动物植物唯有雄雌两性才可能繁殖不灭，而由此扩大至对万物生养原因的解释便产生了一般意义的阴阳思辨，从而使阴阳观念具有了哲学的价值。古人以为，独阳不生，独阴不生，独天不生，必阴阳和合才能生养万物，[①] 这便是古人以两性作为构成家庭基本条件的思考。

二豕所具有的阴阳象征意义在考古学与文献学两方面都可以获得坚

---

① 《穀梁传·庄公三年》："独阴不生，独阳不生，独天不生，三合然后生。"

实的佐证。对辽宁建平牛河梁红山文化圜丘与方丘遗迹我们已有研究,①而位于方丘西侧堆南的4号墓所反映的交泰思想,我们也已有深入的讨论。需要强调的是,墓主胸前摆放的二猪大小各异,象形不同,已经显示出其所具有的阴阳差异。特别是二猪颜色的区别,方向的互逆,更直接说明其所具有的阴阳内涵(详见第六章第二节)。二猪以居右侧阳位者呈青色,居左侧阴位者呈白色,其与中国传统方色理论以东方阳色为青、西方阴色为白的观念正相符合。二猪表现北斗星象,这意味着古人必有以北斗具有阴阳双重属性的观念。原因很简单,北斗虽居中宫而当位天极,但因其围绕着天极运转而指建四方,故而必然表现出四方及四时所具有的阴阳特点,从而使北斗一官而兼含阴阳。《史记·天官书》言北斗建时而分阴阳、建四时,且临制四方,都体现着北斗星官与阴阳的联系。《天官书》又录斗建之法为"昏建者杓","平旦建者魁",更道明北斗不同部分所具有的阴阳的性质。裴骃《史记集解》引孟康则谓杓为斗尾主西而属阴,魁为斗首则主东而属阳。② 这种阴阳北斗的观念显然决定了比附北斗的猪也需要同时呈现出雌雄双体的特点,而且二体的方向必须相反。《淮南子·天文》:"北斗之神有雌雄,雄左行,雌右行。" 于此所述甚明。《山海经》载神兽并封即为双首猪,即阴阳北斗观念之孑遗。《山海经·海外西经》:"并封在巫咸东,其状如彘,前后皆有首,黑。" 又《大荒西经》:"有兽,左右有首,名曰屏蓬。"《逸周书·王会》:"区阳以鳖封,鳖封者,若彘,前后皆有首。" 知并封、屏蓬、鳖封实为一物,唯音同字异而已。③ 闻一多《伏羲考》谓并封、屏蓬之本字当作"并逢","并"与"逢"俱有合义,乃兽牝牡相合之象,④ 其说近是。事实上,"并封"如果可以读为"并逢"而作为这种双首猪兽的本称的话,那么其所体现的意义应该就是先民对于阴阳北斗左行右行而相遇的想象。⑤

---

① 冯时:《中国天文考古学》第七章,中国社会科学出版社2007年版。
② 《史记·天官书》裴骃《集解》引孟康曰:"《传》曰'斗第七星法太白主,杓,斗之尾也'。尾为阴,又其用昏,昏阴位,在西方。魁,斗之首,首,阳也,又其用在明阳与明德,在东方。"
③ 高亨:《山海经校注》,上海古籍出版社1980年版。
④ 闻一多:《伏羲考》,《闻一多全集》第一集,生活·读书·新知三联书店1982年版。
⑤ 《说文·辵部》:"逢,遇也。"

以此思想比观红山文化交泰遗迹的阴阳北斗，其呈青色而大者为阳，居右而左行；呈白色而小者为阴，居左而右行，与《淮南子》之记载吻合无间。很明显，如果认为安徽蚌埠双墩新石器时代遗址发现的双体异向猪的图像就是红山文化这种阴阳北斗观念的渊薮，应是可以接受的结论。这种双体异向的猪后来简化为一体双首的造型，通过凌家滩文化、河姆渡文化、红山文化先民的传承，至西汉时期仍可见其孑遗。

先民的文明观始终是以对思想与制度的思考与建设为基础的，器作为普遍的物质遗存只是表现其所追求之道的载体，以器载道才是古人制器的根本目的。初民对阴阳的思辨完成之后必须解决对阴阳的表现形式问题，而在前文字时代，或者说在古人学会用"阴阳"两个文字概括阴阳观念之前，阴阳的表述可以是承载相应阴阳意义的一切形式。而就家的思想而言，由于家乃由男女两性所组建，这使"家"字的创造必须要体现阴阳的义涵，显然，"家"本以二豕作为字的基本结构，其用意即在以雌雄二兽喻指阴阳。《左传·定公十四年》载野人因卫侯夫人南子与宋朝私通，故歌之以"娄豬艾豭"为喻，其中娄豬比南子为牝，艾豭比宋朝为牡，这种以雌雄二猪喻指男女通淫的做法显然源于古人以雌雄二猪象家居繁衍的古老观念。因此，雌雄二猪以喻阴阳的思想不仅完成了先民对家庭必具阴阳两性这一基本事实的表现，而且强调了阴阳相生的生命主题。

诚然，"家"字所体现的阴阳思想何以必须通过猪来实现，其原因当然在于古人对猪在生育能力方面的观察与理解。《周易·系辞下》："天地氤氲，万物化醇。男女构精，万物化生。"既然家庭建立的目的本在于生育得子，得子又必祈望其多，而在古人驯养的马、牛、羊、鸡、犬、豕六畜之中，或者最早为古人驯养的猪、犬等动物之中，猪无疑是产子最多的牲畜，其生育能力最强，故古人遂以阴阳二猪借以比喻由男女两性为生育而组成的家，其意显然在于表达对成家多子之祈求。甚至早期遗物所表现的猪的形象，有些还具有鲜明的野猪特征，从而显示了古人对于猪的生育能力的强盛早已有所了解，或许正是由于猪具有着超强的繁殖能力，才使先民将其驯化家养而成为家畜。当然，阴阳对偶家庭的出现乃是父系氏族社会的产物，家庭成员中的男性主人不仅是家庭的核心，而且从生殖崇拜的角度讲，也是决定生育及宗族繁衍的关键方面。古文字"祖"本即男根之象形文，① 古代社会且长期流行祭"祖"之俗，都是这一观念的客观反映。很明显，正像豕的繁殖能力虽强，但代表这种繁殖力的却首先是牡豕而不是牝豕一样，②"家"字后来也由阴阳二豕省简为一豕，而写作"⟨图⟩"、"⟨图⟩"或"⟨图⟩"，特别强调了豕的雄性特征。事实上在这些字形中，"家"字所从的牡豕形象正是"豭"字的初文，③ 其后才最终简化为从豕之"⟨图⟩"。许慎以"家"读如"豭"，或谓"豭"省声，其说至确。豭为牡豕，正是家具有夫权特点及祈生观念的反映。

与这一思想相通的是，上帝不仅本作为宗祖神决定着宗族的繁衍与延续，而且后来发展成为至上神而统御四方，更决定着万物的生养，显然，主宰万物的生养已成为上帝独享的无上权能。因此为表达这种上帝生养万物的思想，先民便会很自然地将他们所理解的最能生育的猪作为天帝的象征，同时由于北斗围绕天帝的居所天极之旋转而被想象为帝车，因此象征天帝的猪也就自然具有了象征北斗的意义，从而形成古人以猪比附北斗的独特传统。

见于《山海经》的"屏蓬"和"并封"，于晚世文献则作"天蓬"，见金董解元《西厢记诸宫调》卷三，意即天神屏蓬或并封。《三国演义》第一百一回云："令关兴结束做天蓬模样，手执七星皂幡，步行于车前。"即以北斗七星为天蓬神之特征。《水浒传》第十三回则以天蓬大元帅"整顿江山掌金阙"，仍留有至上神的史影。而《西游记》更以天蓬元帅的形象为猪，更是古人以猪比附北斗和上帝观念的孑遗。

天文学对传统哲学的影响起于古人对阴阳的思辨，其中最具特色的应该就是天极阴阳的观念。古人以二猪象征北斗和上帝，既体现了人们对于阴阳的思辨，也体现了上帝作为宗祖神及至上神所具有的主生的权能。《周易·系辞下》："天地之大德曰生。"孔颖达《正义》："天地之盛德在乎常生，若不常生，则德之不大，以其常生万物，故云大德也。"足见古人祈生思想之根深蒂固。而表现阴阳相生之二猪又可简化为一猪，

---

① 郭沫若：《释祖妣》，《甲骨文字研究》，大东书局1931年版。
② 游顺钊：《殷商卜辞前"家"的原始义蠡测》，《古文字研究》第二十七辑，中华书局2008年版。
③ 唐兰说，引自闻一多《闻一多全集》册二，生活·读书·新知三联书店1982年版，第539—540页。

这种做法同"家"字的简化一样,则体现了原始宗教观中对至上神男性性别的强调。

第二节 天地交泰观的考古学研究

一 交泰本义

《周易·泰》:"泰,小往大来。吉亨。"《彖》:"泰,小往大来吉亨,则是天地交而万物通也,上下交而其志同也。内阳而外阴,内健而外顺,内君子而外小人,君子道长,小人道消也。"《象》:"天地交,泰。后以财成天地之道,辅相天地之宜,以左右民。"王弼《注》:"泰者,物大通之时也。"孔颖达《正义》:"所以得名为泰者,正由天地气交而生养万物,物得大通,故云泰也。上下交而其志同者,此以人事象天地之交。"故"交泰"本即天地之气融合贯通,以生养万物,遂物得大通。是"泰"之意既如《象》所云为"天地交",其自有交通之意。《周易·序卦》:"泰者,通也。"义训正合。《潜夫论·班禄》:"是以天地交泰,阴阳和平。"《说文·水部》:"泰,滑也。从廾水,大声。夳,古文泰如此。"段玉裁《注》:"水在手中,下溜甚利也。与《辵部》达字义近。《周易》:泰,通也;否,塞也。"是知"泰"本以通畅交合为义。

天为大本应在上,地为小则应在下,而泰卦的卦画作乾下坤上,从易象的角度讲也就是天下地上,这便是卦辞"小往大来"所体现的意义。然而有谁真的见过天地错位?显然,"小往大来"虽然讲的是天地的往来,但其真实意义却并不是说天地之体的错位,而在表达天地之气交通的思想。其时天气下降,地气上腾,天地之气交融而生万物,这与天气上升,地气下降,天地之气隔绝故闭塞而成冬所体现的思想恰好相反。明清紫禁城的设计有乾清与坤宁二宫,名称即来源于《周易》及老子《道德经》"天得一以清,地得一以宁"的思想,而交泰殿位于乾清宫与坤宁宫之间,体现的当然仍是天地之气交泰或阴阳交通的传统观念。

"泰"既训通,则"交泰"也就是交通。《管子·度地》:"山川涸落,天气下,地气上,万物交通,"天地之气交融故万物生。这种天地交泰的思辨结果就是阴阳参合。《穀梁传·庄公三年》:"独阴不生,独阳不生,独天不生,三合然后生。"《吕氏春秋·大乐》:"阴阳变化,一上一下，合而成章。……万物所出，造于太一，化于阴阳。"高诱《注》："阴阳，化成万物者也。"《大戴礼记·本命》："化于阴阳。"王聘珍《解诂》："化谓变化。独阴不生，独阳不生，阴阳变化，品物流行。"战国楚帛书云："是格参化。"也是讲阴阳之气参合而化生万物。事实上，这种天地交泰、阴阳变化的思想无疑体现了一种朴素的宇宙观与哲学观，而对于这种观念起源的探索，文献学所能提供的资料显然不如考古学古老。

天地之气交合的基础首先取决于古人是否具有对于宇宙乃由气所构成的基本认识，在这方面，文献学与考古学资料几乎同时显示了先秦甚至更早的人们已经具备了这样的知识。《淮南子·天文》云：

> 道始于虚霩，虚霩生宇宙，宇宙生气，气有涯垠，清阳者薄靡而为天，重浊者凝滞而为地，清妙之合专易，重浊之凝竭难，故天先成而地后定。

又《俶真》云：

> 天气始下，地气始上，阴阳错合，相与优游竞畅于宇宙之间。

又《本经》云：

> 天地之合和，阴阳之陶化万物，皆乘一气者也。

所述已经非常清楚。汉代人对于宇宙充满了气的观念显然已经根深蒂固，这种思想当然不会晚到西汉时期才突然萌发出来，而只能是后人对早期先民固有观念的继承。郭店楚墓出土战国竹书《太一生水》云：

> 太一生水，水反辅太一，是以成天。天反辅太一，是以成地。……下，土也，而谓之地；上，气也，而谓之天。

《易纬乾凿度》郑玄《注》引《石氏星经》云："天一，太一，主气之神。"足见在战国时代，天地为气所充盈的观念不仅已经形成，甚至气已

被视为形成天地的直接原因。战
国楚帛书言"阳气阴气",也反
映了同样的思想。

　　古人以璧为礼天之器,圆形
的璧即象征圆形的天,甚至早期
玉璧的造型还特意表现出古代盖
天观所强调的三衡——二分二至
日道（图5—30）。① 而在战国至
汉代的礼天玉璧上,我们不仅可
以经常看到古人刻意雕绘的充满
着整个礼玉的云气纹饰（图5—
31;图5—32;图5—33）,② 而
且可见四神在玉璧中穿梭,犹如
在云气中游移,也就是在天宇中

图6—13　良渚文化墓葬随葬玉璧

游移。不啻如此,某些墓葬由于大量随葬玉璧或玉琮似乎反映出一种独
特的葬俗（图6—13）,③ 其实这恰好与死者再现现实世界充满了阳气阴
气的观念相辅相成。因为如果天地乃由阳气与阴气所充斥,那么显然,
玉璧和玉琮也就可以作为阴阳之气的象征。这些事实表明,古人于礼天
之璧雕绘云气纹样的做法明确反映了他们对天的本质为气的独特理解。

　　天地间充满了气,这个认识使古人通过指事的方法创造了汉字的
"气"字。甲骨文"气"作"三",其以上下两横画象征天地,而以中间
一短画指明充盈于天地之间的为气。

　　商代四方风的卜辞记录反映了殷人对于二分二至的揆度与观测。《广
雅·释言》:"风,气也。"四方风气应分至四气,八方风气应分至启闭八
节,这种观念渊源甚古。《左传·襄公二十九年》:"八风平。"杜预《集
解》:"八方之气谓之八风。"《诗·桧风·匪风》毛《传》:"非有道之

---

①　冯时:《中国天文考古学》第七章第二节,中国社会科学出版社2007年版。
②　林巳奈夫:《中國古代の遺物に表された"氣"の圖像の表現》,《東方學報》第六十一
册,1989年。
③　浙江省文物考古研究所反山考古队:《浙江余杭反山良渚墓地发掘简报》,《文物》1988
年第1期。

风。"孔颖达《正义》："风乃天地之气。"古人以风为震物之气，不同季节的风导致产生不同的物候征验，气为物之先导，故物无以验则验之气，气无以验则验之风。四方风即二分二至来自于四方的不同风气，[1] 这种认识又很可能直接得益于古老的候气法的启发。古人以二分二至四个时间标记点称为"四气"，而以律管测度分至四气则为"候气"。[2] 考古学证据显示，至少在距今八千年的新石器时代，古人便已懂得了以律管候气的道理，[3] 这些知识当然已足以使人获得天地间充盈着"气"这样一种朴素的思想，甚至一以贯之于中国传统文化的诸多方面。

这种对于气的认识甚至影响了中国传统的宣夜宇宙论的形成。宣夜说认为，天并不存在一个有形的天壳，人们看到的日月星辰其实是由气所托浮，而星辰的运动则是由气所推动。[4] 这个宇宙论的形成年代目前虽难以确考，但根据其学说在西汉时期即已失传的事实，却可以想见其思想的古老。

在这样的知识背景下讨论天地交泰思想的形成应该不会被斥为玄谈，考古学的研究显示，至少在公元前第六千纪，中国古人已经懂得天地乃由气所构成的一般道理是没有问题的。

二 红山文化交泰遗存

位于辽宁省凌源、建平两县交界的牛河梁红山文化遗址是一处建筑有圜丘和方丘的礼祀天地的早期祭祀遗址，年代约为距今5500—5000年。关于红山文化的圜丘与方丘属于先民礼祭天地的祭祀之所（图6—14），我们已有专门的研究。[5] 而方丘西侧的埋旁分布的墓葬却显然应与这两处天地祭坛有关，其中规模较大的一座墓葬M4尤为特别（图6—15；图版一〇，1）。该墓长1.98米，宽0.4—0.55米，内葬一人，头向正东，仰身直肢，两腿膝部相叠交，左腿在上，右腿在下。随葬三件玉器，一件

---

[1] 冯时：《中国天文考古学》第三章第三节之六，中国社会科学出版社2007年版。
[2] 参见《续汉书·律历志上》、《晋书·律历志上》和《北史·信都芳传》。
[3] 冯时：《中国天文考古学》第四章第一节，中国社会科学出版社2007年版；《律管吹灰与揆影定气——有关气的知识体系与时令传统》，《装饰》2015年第4期。
[4] 冯时：《中国古代物质文化史·天文历法》第十一章第三节，开明出版社2013年版。
[5] 冯时：《中国天文考古学》第七章第二节，中国社会科学出版社2007年版。

第六章 天地交合 阴阳刑德 557

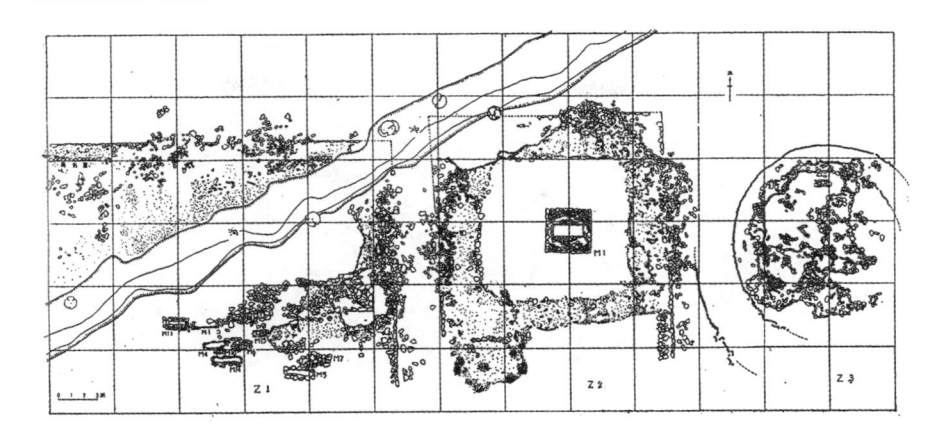

图 6—14 红山文化圜丘与方丘

图 6—15 牛河梁第 II 地点方丘西侧 4 号墓

玉箍形器横枕于头下，斜口朝下向北。两件猪形礼玉并排背对背倒置于胸前，吻部向外（图 6—16；图版一〇，2）。[①] 这个发现为我们研究天地交泰思想的起源提供了重要资料。

---

① 辽宁省文物考古研究所：《辽宁牛河梁红山文化"女神庙"与积石冢群发掘简报》，《文物》1986 年第 8 期，第 9—10 页，彩版贰。

558　文明以止

图 6—16　红山文化 4 号墓局部

　　墓主人特别的葬式很容易让人想到古文字的"交"字，甲骨文、金文的"交"作"🕱"，即象人正身而双腿叠交。《说文·交部》："交，交胫也。从大，象交形。"段玉裁《注》："谓其从大而象其交胫之形也。""大"乃一人正面站立之形，其又有一读则如"太"。《说文·水部》："太，古文泰如此。""太"、"泰"为古今字，甲骨文、金文皆有"大"而无"泰"，且"大"、"太"同字，金文"太室"、"太子"，简帛"太一"，"太"字皆作"大"。"交"以"大"为本形而独交其胫，故"交"自含有"交大"——"交泰"之意。

　　类似的交泰图像于甘肃秦安大地湾新石器时代遗存所见地画也有发现。画中绘有男女二人，人之双胫叠交而呈"交"形，且其中的男性特别绘出粗壮的男根（图 6—17），[①] 其所具有的阴阳交合以祈生育的主旨非常鲜明。很明显，画中人物所呈现的交泰之姿说明，交泰的本义乃在阐明阴阳之气的交通是毋庸置疑的。

　　古人为何不以交臂为交，而独取交胫之意喻"交"，其中应体现了时人对天地之气交泰的独特理解。我们曾经论定，古人用以测定时间的表正是为模仿人体测影而创造，而直立的人体正是由腿骨所支撑，因此"髀"便同时具有了表与人腿骨的双重意义（参见第一章第二节）。[②]《周

[①] 甘肃省文物考古研究所：《秦安大地湾——新石器时代遗址发掘报告》，文物出版社 2006 年版。

[②] 冯时：《中国天文考古学》，中国社会科学出版社 2007 年版，第 281 页。

图 6—17　大地湾遗址地画

髀算经》："周髀，长八尺。……髀者，股也。……髀者，表也。"《晋书·天文志》："周髀，髀，股也。股者，表也。"很明显，古人以腿骨作为测度时间的髀表的象征，这一传统非常悠久，而时间的建立又必须通过确定二分二至四气这四个标准时间点最终完成。换句话说，表既是测定四时的工具，当然也就是测定四气的工具。因此，象征髀表的腿骨的交泰也就暗寓了天地之气的交泰。《淮南子·天文》云：

> 天地以设，分而为阴阳。阳生于阴，阴生于阳，阴阳相错，四维乃通，或死或生，万物乃成。蚑行喙息，莫贵于人，孔窍肢体，皆通于天。天有九重，人亦有九窍。天有四时以制十二月，人亦有四肢以使十二节；天有十二月以制三百六十日，人亦有十二肢以使三百六十节。故举事而不顺天者，逆其生者也。

知古人以四肢比四时，又以股为表而主气，显然，天地交泰的思想自可以通过交胫之"交"这样一种特殊的姿态准确地传达出来。

如果墓主人的这种独特的葬式尚不足以令人相信它可能表现了天地之气交泰的朴素思想的话，那么摆放于墓主人胸前的两件猪形礼玉便是对这种诠释的绝好助证。我们曾经指出，中国古人长期以来一直具有一种独特的观念，这就是以猪作为北斗的化身。[①] 新近发现的洛阳尹屯新莽

---

① 冯时：《中国天文考古学》第三章第二节之四，中国社会科学出版社 2007 年版。

壁画墓及陕西定边郝滩东汉墓墓室星象图中即有以猪表现北斗的题材（图5—52；图6—1；图版八，1、2），更是对这种分析的有力证明。而北斗居于天之中央，乃是指建时间的最重要的星象，而且由于岁差的缘故，数千年前它的位置较今日更接近北天极，因此曾经在上古时代长期充当着极星。由于北斗所处的这种特殊位置以及其主掌时间的特殊作用，古人理所当然地赋予了其主宰宇宙的权能，北斗作为天帝的乘车——帝车，于建时则为北辰，于天神则为太一。《史记·天官书》："中宫天极星，其一明者，太一常居也。"张守节《正义》："泰一，天帝之别名也。刘伯庄云：泰一，天神之最尊贵者也。"《易纬乾凿度》郑玄《注》："太一者，北辰之神名也。"即将北辰与太一视为一体。《论语·为政》："为政以德，譬如北辰居其所而众星共之。""北辰"向解为北极，日人新城新藏则解"北辰"为北斗。① 澄清这一点非常重要，在早期天文学体系中，由于北斗距真天极的位置太近，因此它所具有的建时作用使它最有可能充当当时的极星——北辰，② 也就是太一神的常居之所，这便是古人将北辰与太一视为一体的原因。事实上，安徽阜阳双古堆西汉墓出土的太一式盘天盘九宫图的中央，在本该书写北辰太一的位置上却并没有看到太一，而偏偏写上了"招摇"（图2—23，1）。这种情况在先秦两汉的文献中同样有所反映。《黄帝内经·灵枢》载"合八风虚实邪正图"，于九宫图的中央也布列招摇，与阜阳太一式盘的布图完全一致。招摇即是北斗，准确地说应是北斗的第七星摇光，或可以斗杓之星而兼指斗杓。《礼记·曲礼上》："招摇在上，急缮其怒。"陆德明《释文》："招摇，北斗第七星。"司马贞《史记索隐》引《春秋运斗枢》云："斗，第一天枢，第二旋，第三玑，第四权，第五衡，第六开阳，第七摇光。"又云："用昏建中者杓，《说文》云：'杓，斗柄。'音匹遥反，即招摇。"而汉代六壬式盘于天盘不列太一九宫，反列北斗（图2—66，2），更明确了北斗与太一的联系。显然，如果我们承认北斗确曾在史前的某一时期由于充当了极星而作为天神太一的话，那么后世式盘的这种以招摇为太一的做法就显得渊源有自了。南京江宁所出刻有"天乙"文字的阴阳二猪

---

① 新城新藏：《东洋天文学史研究》，沈璿译，中华学艺社，1933年。
② 冯时：《中国天文考古学》第三章第二节，中国社会科学出版社2007年版。

（图 6—11；图版九，2），显然就是这种古老观念的孑遗。因此，太一不仅为北辰神名，而且也是主气之神，这个意义当然应该来源于北斗的建时作用。很明显，古人可以根据北斗斗杓或斗魁的不同指向确定分至启闭八节的时间，而八节自是来自八方的不同风气，因此在以北斗作为极星的时代，以北斗为载体的天神太一便成为了主气之神。这种观念沿袭甚久。《史记·天官书》："斗为帝车，运于中央，临制四向，分阴阳，建四时，均五行，移节度，定诸纪，皆系于斗。"北斗既是决定阴阳四时的重要星官，又为主气之神，故墓主人以运斗为职，其交泰姿态便自应含有融汇天地之气的独特含义。

事实上墓主人胸前摆放的猪形礼玉并非只有一个，而是一大一小两件，且方向相反（图 6—15；图 6—16；图 6—18；图版一〇，1、2）。其中大者（M4∶2）居右，青绿色，高 10.3 厘米，宽 7.8 厘米，厚 3.3 厘米（图 6—18，1；图版一〇，3）；小者（M4∶3）居左，白色，高 7.9 厘米，宽 5.6 厘米，厚 2.5 厘米（图 6—18，2；图版一〇，4）。面部造型也稍有差异。毋庸置疑，猪形礼玉如果作为北斗的象征，那么两件不同大小、不同面貌、不同方向、不同颜色的北斗并排摆放，其含义便很可能体现着雌雄北斗的分别。

有关雌雄北斗的记载见于《淮南子·天文》。前文我们在讨论有关问题的时候曾有引据，现将相关文字完整地移录于下：

> 北斗之神有雌雄，十一月始建于子，月从一辰，雄左行，雌右行，五月合午谋刑，十一月合子谋德。太阴所居辰为厌日，厌日不可以举百事。堪舆徐行，雄以音知雌，故为奇辰。数从甲子始，子母相求，所合之处为合。十日十二辰，周六十日，凡八合。合于岁前则死亡，合于岁后则无殃。甲戌，燕也；乙酉，齐也；丙午，越也；丁巳，楚也；庚申，秦也；辛卯，戎也；壬子，代也；癸亥，胡也；戊戌、己亥，韩也；己酉、己卯，魏也；戊午、戊子，[戊辰、己巳]，八合天下也。

以这种古之堪舆术衡量红山文化交胫之人胸前的两件猪形北斗，吻合无间。后天八卦方位也即四时方位，呈现下北上南、左东右西的空间格局，

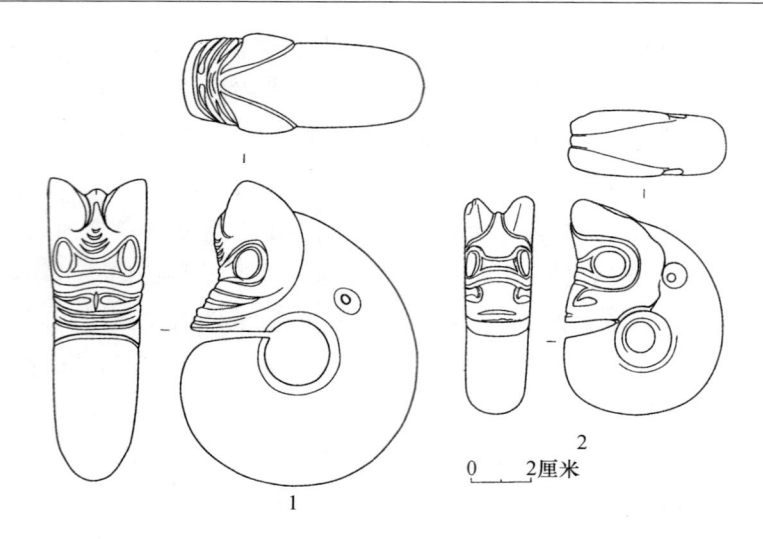

图 6—18　4 号墓出土猪形礼玉
1. M4∶2　2. M4∶3

这是背北面南的方位。然墓主人胸前置放北斗，正重现其生前以观北斗为职的方位，故依墓主人的方位当为背南面北，左西右东，而以后天八卦方位解释这种方位，则此时震卦居东为阳，是右为阳；兑卦居西为阴，是左为阴。猪形北斗以居右者为大，为雄，其色青而属东，其首居右而身左卷，正应"雄左行"；居左者为小，为雌，其色白而属西，其首居左而身右卷，正应"雌右行"。北斗的雌雄显然象征着天地之气的阴阳，而天之阳气与地之阴气的交合也正通过墓主人交胫的姿态得到了表现。

北斗既以居左居右分别阴阳，这意味着当时的人们已经具有了阴阳的基本观念。事实上，如果我们以这种观念重新检讨墓主人的交胫姿态，便会发现其所表现的左胫在上而叠压右胫的特别姿式似乎也不是随意而为的。《象》以后天方位为基础，以为天地交泰则"内阳而外阴，内健而外顺"，正符合 M4 墓主以背南面北为基础而获得的右阳而居内下，左阴而居外上的思想。因此可以相信，天地交泰的观念以及作为《易》理基础的阴阳思想甚至以五色配伍五方的做法，至少在公元前四千纪即已形成。

墓主人以箍形礼玉枕于头下的现象也很值得注意（图 6—15；图 6—16）。箍形礼玉呈现为上下贯通的独特造型（图 6—19），这种造型我们在同时期或稍晚的礼祀天地的玉璧和玉琮中也可以看到。玉璧为礼天之器，玉琮为礼地之器，显然，箍形礼玉特意处理成中空的做法与古人用以礼天的玉璧与礼地的玉琮应该具有相同的意义，中央贯通的空间无疑显示着天地之气的交通。不同的是，箍形礼玉一端大，一端小，大端斜倚，小端平齐，显然有以斜倚之大端为阳、平齐之小端为阴的涵义。且其呈现阳右阴左的形式横置，恰合墓中以右为阳、以左为阴的安排，其交通阴阳之气的意义十分明显。

图6—19 红山文化玉箍形器

墓中通过墓主人及随葬礼玉所表现的阴阳方位非常清楚。墓主人以右为阳，以左为阴；故猪形北斗也以雄性居右，雌性居左。这些设计皆在以右阳左阴的框架下精心安排，一丝不苟。这种左右阴阳的处理如果基于墓主人背南面北观测北斗的事实，当然与东阳西阴的方位阴阳密合。而墓主人实际葬卧的方向为头东足西，致其右身阳位居于北方，左身阴位居于南方，从而又与后天八卦方位所表现的北方坎卦为阳，南方离卦为阴的易学阴阳无异。这些思想通过红山文化交泰遗存得到了集中展现，足以使人领略五千年以前的知识与思想。

三 交泰与堪舆

牛河梁 M4 的主人随葬雌雄北斗，这也是墓地中仅见的一例。其能运北斗而交天地之气，自具巫史之身份。圜丘为祭天之所，居东属阳；方丘为祭地之所，居西属阴。故墓主人以"交"姿呈头东脚西入葬，也正寓天地交泰之意。而以交通阴阳之气为事的官职，则于《周礼》太卜、占梦诸官尚有遗绪。

《淮南子·天文》所载古之堪舆术，作为上古知识体系的一部分，广泛地为太史寮诸官所掌握，并成为他们沟通天地、求和阴阳的重要手段。

堪舆本言天地，或言天地之道。《文选·杨子云甘泉赋》李善《注》引《淮南子》曰："堪舆行雄以知雌。"许慎《注》："堪，天道也。舆，地道也。"《甘泉赋》："属堪舆以壁垒兮，梢夔魖而抶獝狂。"师古《汉书注》引张晏曰："堪舆，天地之总名也。"又引孟康曰："堪舆，神名，造图宅书者。"段玉裁《说文解字注》："堪言地高无不胜任也，所谓雄也。舆言地下处无不居纳也，所谓雌也。"是知堪舆之事必关系到天地阴阳的问题，而涉及阴阳，求阴阳交泰和合则是根本目的。

《周礼·春官》多属上古太史寮之官，其中不乏以观星气、决阴阳为职事者，如太卜、占梦之类。《占梦》云：

> 占梦掌其岁时观天地之会，辨阴阳之气，以日月星辰占六梦之吉凶。

郑玄《注》云：

> 其岁时，今岁四时也。天地之会，建厌所处之日辰。阴阳之气，休王前后。日月星辰，谓日月之行及合辰所在。《春秋》昭三十一年："十二月辛亥朔，日有食之。是夜也。晋赵简子梦童子倮而转以歌，旦而日食，占诸史墨。对曰：'六年及此月也，吴其入郢乎，终亦弗克。入郢必以庚辰，日月在辰尾。庚午之日，日始有谪。火胜金，故弗克。'"此以日月星辰占梦者。其术则今八会其遗象也，则占梦则亡。

贾公彦《疏》云：

> 建谓斗柄所建，谓之阳建，故左还于天；厌谓日前一次，谓之阴建，故右还于天。故《堪舆》天老曰：假令正月阳建于寅，阴建在戌，日辰者，日据干，辰据支。云阴阳之气，休王前后者，案《春秋纬》云："生王者休，王所胜者死，相所胜者囚。"假令春之三月木王，水生木，水休；木胜土，土死。木王，火相王，所生者相；相所胜者囚。火胜金，春三月金囚。以此推之，火王、金王、水王

义可知。观此建厌所在，辨阴阳之气，以知吉凶也。

《淮南子·天文》所云阴阳北斗之术实即古堪舆之法，而郑玄"休王前后"即以五胜推之，遂可知阴阳之气。《鹖冠子·学问》："阴阳者分数，所以观气变也。"《汉书·艺文志》："阴阳者，顺时而发，推刑德，随斗击，因五胜，假鬼神而为助者。"皆记其事。而《淮南子·墜形》、《白虎通义·五行》及萧衍《五行大义》同记此休王之说，大旨并与《春秋纬》同。

郑玄以为，古之堪舆术，其于汉时八会尚见其遗象，此亦即《天文》所言之"八合"。钱塘《淮南天文训补注》云：

> 八合者，阴建所对之日，合于阳建所对之辰也。堪舆之方二十四，日八而辰十二，故有四辰无合也。十一月阳建子，阴建亦在子，子对午，午近丙，故丙午为一合。二月阳建卯，阴建酉，酉对卯，卯对酉，卯近乙，故乙酉为二合。三月阳建辰，阴建申，辰对戌，申对寅，寅近甲，故甲戌为三合。四月阳建巳，阴建未，巳对亥，未对丑，丑近癸，故癸亥为四合。五月阳建午，阴建亦在午，午对子，子近壬，故壬子为五合。八月阳建酉，阴建卯，卯对酉，酉对卯，酉近辛，故辛卯为六合。九月阳建戌，阴建寅，戌对辰，寅对申，申近庚，故庚申为七合。十月阳建亥，阴建丑，亥对巳，丑对未，未近丁，故丁巳为八合。《郑志答赵商问》云："按《堪舆》黄帝问天老事云：'四月阳建于巳破于亥，阴建于未破于癸。'是谓阳破阴，阴破阳，故四月有癸亥为阴阳交会，十月有丁巳为阴阳交会，言未破癸者，即是未与丑对而近癸也。"

此堪舆八合八会源于古人所掌天地之会，求阴阳交泰之和，是此建厌所处之日辰，故以为占此八会。孙诒让《周礼正义》引钱大昕释《淮南子·天文》"北斗之神有雌雄"所涉及之堪舆八会之名云：

> 《淮南》所云雄者，阳建也；雌者，阴建也。阴建亦谓之厌。八合犹八会也。今依《淮南》及《堪舆》天老说推衍之：正月阳建寅，

破于申；阴建戌，破于辰。二月阳建卯，破于酉；阴建酉，破于卯；乙近卯，故二月乙酉为八会之一。三月阳建辰，破于戌；阴建申，破于寅；甲近寅，故三月甲戌为八会之二。四月阳建巳，破于亥；阴建未，破于丑；癸近丑，故四月癸亥为八会之三。五月阴阳建俱在午，而破于子；壬近子，故五月壬子为八会之四。六月阳建未，破于丑；阴建巳，破于亥。七月阳建申，破于寅；阴建辰，破于戌。八月阳建酉，破于卯；阴建辰，破于酉；辛近酉，故八月辛卯为八会之五。九月阳建戌，破于辰；阴建寅，破于申；庚近申，故九月庚辰为八会之六。十月阳建亥，破于巳；阴建丑，破于未；丁近未，故十月丁巳为八会之七。十一月阴阳建俱在子，而破于午，丙近午，故十一月丙午为八会之八。十二月阳建丑，破于未；阴建亥，破于巳。此建厌所在及八会之名也。《越绝书》云："大岁八会，壬子数九。"《吴越春秋》云："合壬子，岁前合也。合庚辰，岁后会也。"《左传》史墨占吴入郢必以庚辰，亦以建厌所对知之。则八会之占，由来古矣。

准此可明，《淮南子·天文》于八合之后所列甲戌、乙酉、丙午、丁巳、庚申、辛卯、壬子、癸亥，即八合方面所有，而下云戊戌、己亥、己酉、己卯、戊午、戊子、戊辰、己巳则八合中宫所直。钱塘《补注》云："所以又有此八合者，土居中宫，分王四时，故甲丙庚壬即戊乙丁辛，癸即己，其合之月与 前同也。取阳建冲辰命之即得。"钱大昕云："《淮南》所列甲戌至癸亥，盖大会之日。其下又有戊戌、己亥、己酉、己卯、戊午，当是小会之日，而尚缺其二，以例推之，当是戊辰、己巳也。"此八会建厌之说，其本皆据斗建之法，故有雌雄北斗的理论。至汉时，堪舆家仍以八会占卜吉凶，唯已不用之占梦。今据红山文化交泰遗存所表现的阴阳交泰之理念，以及北斗雌雄的知识，确知堪舆术至迟于距今五千五百年前的新石器时代即已产生。钱大昕以为"八会之占，由来古矣"，信矣。

四　交祀与郊祀

墓主人以雌雄北斗随葬既然体现了其生前的职守特点，那么以"交"

姿入葬而伴于圜丘与方丘的安排似乎也不会不蕴含着某种喻意。当然这首先会使人将象征天地交泰的"交"姿与祭天的郊祭联系起来。《礼记·礼器》:"郊血,大飨腥。"郑玄《注》:"郊,祭天也。"古以郊祭祭天。《左传·桓公五年》:"凡祀,启蛰而郊,龙见而雩,始杀而尝,闭蛰而烝。"杜预《集解》:"言凡祀,通下三句天地宗庙之事也。启蛰,夏正建寅之月祀天南郊也。"孔颖达《正义》:"下三句谓雩、尝、烝也。雩是祭天,尝、烝,祭宗庙。此无祭地,而言祭地者,因天连言地耳。"《周礼·天官·司裘》郑玄《注》:"王将有郊庙之事。"贾公彦《疏》:"郊谓祭五天帝于四郊,不言圜丘祭昊天亦有可知。"郑玄注书多采谶纬之言,天神有六,地祇有二。天有天皇大帝,又有五方之帝;地有昆仑之山神,又有神州之神。《大司乐》冬至祭于圜丘者,祭天皇大帝北辰之星也。《月令》四时迎气于四郊,所祭者祭五德之帝太微宫中五帝座星也。《春秋文耀钩》载太微宫有五帝座星,苍帝曰灵威仰,赤帝曰赤熛怒,黄帝曰含枢纽,白帝曰白招拒,黑帝曰汁光纪,此即五德之帝,其夏正郊天祭其所感之帝。郑玄立此为义,而先儒悉不然,故王肃作《圣证论》,引群书以证之,言郊则圜丘,圜丘则郊,天体唯一,不得有六天也。今以考古资料证之,古郊天之祭与祭地并举,皆为坛坎而行,且圜丘、方丘并设,[①] 行郊则于二分二至四时,以交迎四气。《礼记·月令》言天子于启闭四时亲帅三公九卿诸侯大夫以迎四时于四郊,即袭古礼而变之。盖四郊祭本行于分至四气之时,此正可谓迎四时之气以交天地。《礼记·郊特牲》:"天子大社,必受霜露风雨,以达天地之气也。"此"达天地之气"者,也谓交天地也。古社祭本也祭地之类,当为郊祭所该。

《礼记·郊特牲》:"郊之祭也,迎长日之至也。大报天而主日也。兆于南郊,就阳位也。扫地而祭,于其质也。器用陶匏,以象天地之性也。于郊,故谓之郊。"《汉书·郊祀志上》:"古者天子夏亲郊祀上帝于郊,故曰郊。"其言郊祭器用而象天地之性,谓郊天而连地,合于古制。言兆于南郊以就阳位,则仅限于冬至圜丘也。又言扫地而祭,则与古于坛祭不符。至于以郊祭得名于行祭之地,殊不足取。重要的是,假若于郊祭

---

① 冯时:《中国天文考古学》第七章第二节,中国社会科学出版社2007年版。

天曰郊，那么郊地又当因何而名？

实郊地称郊皆以于四方郊祭而得之，而郊祭之义则得于交泰天地之事。《公羊传·僖公三十一年》："鲁郊，非礼也。"何休《注》："郊者，天人相与交接之意也。"《穀梁传·僖公三十一年》："夏四月，四卜郊。"范宁《集解》："谓之郊者，天人相与交接之意也。"《文选·郊礼题注》："祭天曰郊，郊者，言神交接也。"《礼记·郊特牲》："笾豆荐之，水土之品也。不敢用常亵味而贵多品，所以交于神明之义也，非食味之道也。先王之荐，可食也，而不可耆也。卷冕、路车，可陈也，而不可好也。《武》，壮而不可乐也。宗庙之威，而不可安也。宗庙之器，可用也，而不可便其利也。所以交于神明者，不可以同于所安乐之义也。酒醴之美，玄酒明水之尚，贵五味之本也。黼黻文绣之美，疏布之尚，反女功之始也。莞簟之安，而蒲越、槀鞂之尚，明之也。大羹不和，贵其质也。大圭不琢，美其质也。丹漆雕几之美，素车之乘，尊其朴也，贵其质而已矣。所以交于神明者，不可同于所安亵之甚也。如是而后宜。"皆以郊祭本于天人或神祇交接之义，知其本当作"交"。《礼记·郊特牲》："郊之祭也，大报本反始也。"《小尔雅·广言》："交，报也。"意同郊祭大报天地也。《荀子·儒效》："是言上下之交。"杨倞《注》："交谓上下相交接也。""郊"从"交"声。《尚书·尧典》："宅南交。"《周礼·地官·大司徒》贾公彦《疏》引作"宅南郊"。《老子》第六十一章："天下之交，天下之牝。"马王堆汉帛书甲本"交"作"郊"。《史记·吕后本纪》："子产为交侯。"《惠景侯者年表》"交"作"郊"。是"交"、"郊"相通之证。"交"、"郊"同义，郊祭本作"交"，因其独行于四郊，乃交迎四时之气，故行祭之地遂曰"郊"。

殷墟卜辞也见言郊天之事。文云：

[庚]午贞：令步以肆交，得？
庚午贞：令灵以在蚕肆交？
甲戌贞：令鸡肆交，得？
甲戌贞：令灵以在蚕肆交，得？
甲戌贞：令步肆交，得？　　《合集》32509（图6—20）

乙丑贞：惠奚（鸡）令肆交？

《戬》49.3

诸"交"字似为祭名，即指郊祭，"郊"本作"交"，或读为"郊"。"肆"，本作"希"，读为"肆"。《尚书·尧典》："肆类于上帝。"《说文·希部》引"肆"作"鬣"。是其证。"肆"，用牲之法。《礼记·郊特牲》："腥、肆、爓、腍、祭，岂知神之所飨也，主人自尽其敬而已矣。"郑玄《注》："治肉曰肆。"孔颖达《正义》："肆，剔也。"《周礼·地官·大司徒》："祀五帝，奉牛牲，羞其肆。"贾公彦《疏》："肆，解也，谓于俎上进所解牲体于神坐前。"郊祭用牲，贵血气也。《礼记·郊特牲》："郊血，大飨腥，三献爓，一献孰，至敬不飨味，而贵气臭也。……有虞氏之祭也，尚用气，血、腥、爓、祭，用气也。……血祭，盛气也。"孔颖达《正义》："至敬不飨味，而贵气臭也者，此解郊血义。血，气也，夫孰食

图 6—20 商代交祀卜辞
（《合集》32509）

有味，味者为人道。人道卑近而天神尊贵，事宜极敬。极敬不亵近，故用血也。用血是贵气而不重味，故云贵气臭也。"古郊祭即交天地之气，其郊血即肆，礼仪正合，是卜辞"肆交"即献牲以行郊祭。

"鸡"、"灵"、"步"皆为同日领命者，或为官名。"鸡"字本象形，于另辞则作"奚"，"鸡"从"奚"声，知"鸡"字于此唯存其音，异文而已。[1] 以"鸡"名官，似即鸡人。《周礼·春官·鸡人》："鸡人掌其鸡牲，辨其物。大祭祀，夜呼旦以嘂百官。凡国事为期，则告之时。"郑玄《注》："夜，夜漏未尽鸡鸣时也。呼旦以警起百官，使夙兴。象鸡知时也。"古旦明行事，是鸡人职司之一即于国之大事告以时。

---

[1] "鸡"之作"奚"，于卜辞不乏其例，学者也已指出。参见黄然伟《殷周史料论集》，三联书店（香港）有限公司1995年版，第314页。

"灵"，巫也。《说文·玉部》："靈，巫也，以玉事神。从玉，霝声。靈，靈或从巫。"《广雅·释诂四》："灵，巫也。"《楚辞·九歌·云中君》："灵连蜷兮既留。"王逸《章句》："灵，巫也。楚人谓巫为灵子。"是殷人亦以巫谓灵。以"灵"名官，或即司巫、男巫之属。《周礼·春官·司巫》："祭礼则共匰主，及道布，及蒩馆。凡祭事守瘞。"郑玄《注》："瘞谓若祭地祇，有埋牲玉者也。守之者，以祭礼未毕若有事然，祭礼毕则去之。"又《男巫》："男巫掌望祀，望衍，授号，旁招以茅。冬堂赠，无方无算。春招弭，以除疾病。"则以巫职招神。

"步"，或读为"䞈"。"䞈"字本从"甫"声。《周礼·地官·旅师》："春秋祭䞈亦如之。"郑玄《注》："故书䞈或为步，杜子春云：当为䞈。"是"步"、"䞈"相通之证。以"䞈"名官，似即䞈师。《周礼·春官·䞈师》："䞈师掌金奏之鼓。凡祭祀，鼓其金奏之乐。"即行祭乐。

"以"，读为"与"。《仪礼·乡射礼》："各以其耦进。"郑玄《注》："今文以为与。"《礼记·王制》："不及以政。"《孔子家语·刑政》作"弗及与政。"是"以"、"与"相通之证。与，参与之。或可省。故卜辞即贞鸡人、司巫（或男巫）、䞈师三官参与郊祀之事，鸡人掌郊祀告时，司巫（男巫）掌郊祀招神，䞈师掌郊祀之祭乐。"得"，礼成也。《周礼·春官·大司乐》："凡乐，圜钟为宫，黄钟为角，大蔟为徵，姑洗为羽，雷鼓雷鼗，孤竹之管，云和之琴瑟，云门之舞。冬日至，于地上之圜丘奏之，若乐六变，则天神皆降，可得而礼矣。凡乐，函钟为宫，大蔟为角，姑洗为徵，南吕为羽，灵鼓灵鼗，孙竹之管，空桑之琴瑟，咸池之舞。夏日至，于泽中之方丘奏之，若乐八变，则地示皆出，可得而礼矣。"古郊祭即圜丘、方丘之祭，其守时然，招神然，奏乐然，与卜辞所记全同。天神皆降，地示皆出，正可谓"交"矣，而"可得而礼矣"，恰应卜辞之所谓郊祭而后"得"也。

殷人于郊天之祭称"交"，意为天地之气交泰。然殷卜辞又有"蒿"字，则为郊野之名。卜辞云：

其祓于膏（郊）土（社）？　　《屯南》59

"膏土"即"郊社"。① "郊社"是名词，乃相对于"亳社"而言，当指置于四郊之社。故知"蒿"为郊野之名。卜辞又云：

戊戌，王蒿田……文武丁祕……王来正（征）〔人方〕。
《合集》36534
□酉卜，王曰贞：王蒿田……　　《京津》3456

学者或以"蒿"为地名，"田"乃狩猎之辞。② 然同辞之文或见于宗庙祭祖之活动，虽"祕"属祢庙尚难认定，但为宗庙藏主之所则可确信。③ 故"蒿田"之"田"疑近前辞"郊社"之"社"，意即田社之神。卜辞又见"鲁田"之称，意即鲁祭田祖，④ 辞言殷王于郊野郊祭社神，而后致祭文丁。此述乃馘兽于郊，入祭宗庙之事。⑤ 古之祭田必行于郊野，故"蒿"字则由本作郊野之名而演变为郊野之祭名。

古郊祭有二，一为报反之祭，行于子月。《礼记·郊特牲》："郊之祭也，迎长日之至也。"又云："周之始郊日以至。"及《周礼·春官·大司乐》所言祭天于圜丘，皆于夏之十一月，周之正月也。此祭天子用之。一为祈谷之祭，行于寅月，天子诸侯皆用之。孟献子云："郊祀后稷以祈农事"。《礼记·月令》之孟春祈谷于上帝，是也。祈谷之祭名为"郊"者，以行于郊野之故。是殷以"蒿"祭祭田祖，正同祈谷之郊，据"蒿"本郊野之名可知，祈谷之祭亦行于郊也。

"蒿"乃郊野之本字，与郊天之祭作"交"祭名不同，本为二事。虽然祭天祭地的实质在于交通天地之气，但圜丘与方丘于早期皆置于郊，⑥ 晚期则分别列于南北郊，行祭之所与祈谷之祭并无不同，故至西周时期，

---

① 李学勤：《释郊》，《文史》第三十六辑，中华书局1992年版。
② 屈万里：《殷虚文字甲编考释》，历史语言研究所1961年版，第498页。
③ 商承祚：《殷契佚存·序》，金陵大学中国文化研究所1933年版；陈梦家：《殷虚卜辞综述》，科学出版社1956年版，第421页。
④ 王襄：《簠室殷契征文考释》第五编，天津博物院1925年版，第1页；张政烺：《殷契鲁田解》，《甲骨文与殷商史》，上海古籍出版社1983年版。
⑤ 冯时：《殷代田礼献牲考》，《考古学集刊》第18集，科学出版社2010年版。
⑥ 冯时：《红山文化三环石坛的天文学研究——兼论中国最早的圜丘与方丘》，《北方文物》1993年第1期；《中国天文考古学》第七章，中国社会科学出版社2007年版。

作为郊祀天地之郊祭与作为祈谷之郊祭便因同行于郊而转名为"蒿"。《周礼·地官·载师》："任近郊之地。"郑玄《注》："故书'郊'或为'蒿'。"周原卜辞云：

　　祠自蒿于周。（H11∶117）
　　祠自蒿于壴。（H11∶20）

"蒿"为祭名，也就是郊祭。① "周"即岐周之地。其地有祭坛。《汉书·郊祀志下》："周祖始乎后稷，后稷封于斄，公刘发迹于豳，大王建国于郊梁，文武兴于丰镐。由此言之，则郊梁丰镐之间周旧居也，固宜有宗庙坛场祭祀之臧。"除此之外，西周金文也有可以对比的资料。

　　唯王初迁宅于成周，复禀武王礼裸自天。　　何尊
　　唯三月王在成周，延武王裸自蒿。　　德方鼎

两辞所记为一事。"裸自天"之"天"乃言所祭的对象，"裸自蒿"之"蒿"则称祭天之祭名。"蒿"字显然已由郊野之名转变为郊天之祭名。据此可知，殷人尚别郊祀天地与郊祀后稷为二事，郊天之祭作"交"，言天地交泰之意。而郊野之"郊"作"蒿"，后移用于郊祀田祖之祭。晚至西周，因郊祀天地恒行于郊，故字通作郊野之"蒿"（郊），"交"则渐废矣。

　　综上所述，中国古代之交泰思想起源甚古，其本于天地之气的交泰，而发展为天地神明的交接，以这种思想为基础形成的郊祭实际则为交接天地神祇的祭祀，故其本当作交祭。而交接神明于郊，遂有郊地之称。今借考古资料揭示新石器时代之巫即已以"交"姿展现其沟通天地、交接神明的本领，而殷卜辞也为探讨交泰思想及郊祭之本源提供了佐证。

---

① 李学勤：《释郊》，《文史》第三十六辑，中华书局1992年版。

第三节　自然之色与哲学之色

在中国的传统文化中，颜色不仅作为一种自然色彩用于各种器物和艺术品的装饰，而且更重要的是，古人将其与空间、时间、星象、五行、阴阳等观念相互配伍，形成了一种独具特色的方色理论。具体地说，古人不仅以青、赤、白、黑、黄五种颜色分别表现东、南、西、北、中五个方位，而且可以通过空间与时间、天文、哲学等不同观念的联系，完成以颜色表现相关事物与观念的传统。这种方色理论通过颜色与时空体系所建立的固有联系而形成，成为中国传统文化中极富特色的内容。

一　颜色的自然属性与哲学属性

方色理论得以建构取决于时空体系必须首先完成。中国古代方位结构的基础乃为五方，在五方空间的框架下将五色与之配伍，便形成东方青色、南方赤色、西方白色、北方黑色、中央黄色的既定形式。由于中国传统的时空关系表现为空间决定时间，因此，方位被赋予颜色也就意味着时间同样被赋予了颜色，从而形成东方青色主春、南方赤色主夏、西方白色主秋、北方黑色主冬、中央黄色配于季夏之末或季夏的配色关系。这个空间方色体系一旦形成，古人便可以将一切文化要素纳入其中，使得凡与时空有关的事物同时也与颜色具有了关系，并可以方便地借助颜色加以表现。诸如在天学体系中描述由二十八宿所构成的东宫青龙、西宫白虎、南宫朱雀、北宫玄武的四象与四宫配色系统，在哲学体系中表述东方青木、南方赤火、西方白金、北方黑水、中央黄土的五行配色系统，以及在《易》学体系中表现青黑二色主阳、白赤二色主阴的阴阳配色系统，都可以从容地在已有的时空方色系统中配伍完善。鉴于时空体系乃是古代一切制度之渊薮，因此，以时空为背景的方色理论的建立对于中国传统宇宙观以及时空制度、政治制度、祭祀制度的形成无疑都具有十分重要的意义。

人们对于颜色的认识源自他们对自然界客观物质所具有的色彩的感知，但是中国古代传统的色彩观念除了这种对自然色彩的认知之外，同时还具有使色彩政治化与哲学化的鲜明特点。随着色彩观念的发展,当人们有能力将颜色分类之后,他们很快便发现,即使同属一种颜色,由于深浅程度的不同,其所呈现的色泽其实是千差万别的,于是古人开始学会将颜色进行分级。譬如同样是红色,便有纁、赪、縓、绛或红、赤、朱等不同的名称,分别表示红色由浅及深的变化及亮度差异。[①] 然而,中国古人对于颜色的认识并非一味地追求色彩的细化,事实上,色彩的无限性使得这一追求根本不可能实现,于是人们对于颜色的认识开始向着与自然色彩观相反的方向发展,这个互逆的思维模式一方面体现着色彩的逐渐丰富,另一方面则在于使这种复杂的事实趋于简单。准确而言,如果说人们从现实生活中懂得了色彩的无限性,那么他们的哲学观则促使他们将缤纷的五光十色只简单地概括为黑与白。很明显,这种以黑、白为内涵的观念由于更富有哲学的意义,因而也同时成为阴阳观念的理想表现形式。

　　古人以黑白表现阴阳的观念显然同样来源于他们对客观事物的认识。天于白昼呈现为白色,于黑夜呈现为黑色,昼夜的颜色并不相同,因此,如果描述天地的颜色,纯粹出于对自然之色的选择是存在困难的。事实上,天地颜色体系的建立从一开始就受到原始政治观与宗教观的制约。由于大地土色的不同,昼夜天色的变化,这意味着对于天地之色的表现问题必须纳入政治与宗教的体系中才可能解决。毫无疑问,在居中而治的政治制度的背景下,作为地理中央的天地之中由于具有政治与宗教合法性的象征意义,因此以王权所代表的中央之色才真正获得了表现大地颜色的资格。传统政治观以为人王配帝在下,而帝的居所位处天之中央,这是居中而治政治制度得以建立的基础。显然,大地的中央为黄色,自然要与天的中央相配,而天的中央——北极——只有在夜晚才能看到,所以作为大地的黄色必须与黑夜的天色匹合,从而形成天地玄黄的固有知识。公元前五千纪的中叶,先民已经懂得用玄、黄二色表现天、地。

[①] 《尔雅·释器》:"一染谓之縓,再染谓之赪,三染谓之纁。"郭璞《注》:"縓,今之红也。赪,浅赤。纁,绛也。"《说文·糸部》:"綪,纯赤也。""纁,浅绛也。""绛,大赤也。""红,帛赤白色也。"又《赤部》:"赤,南方色也。"段玉裁《注》引郑玄注《易》曰:"朱深于赤。"

第六章　天地交合　阴阳刑德　575

河南濮阳西水坡仰韶时代的原始宗教遗存以四组遗迹表现以祖配天的宗教思想（图1—1），其中居北的45号墓表现墓主人生前的权力职守，所以墓主及蚌塑遗迹直接摆放于黄土之上（图版一，1）；而第二及第三组蚌塑遗迹分别表现墓主人升天的过程及升入天庭的场景，故古人于黄土之上特意铺就灰黑色土，并再在灰黑土上摆放蚌塑遗迹（图版一，2、3）。[1] 这些对于天地背景的不同处理方法显然意在以玄、黄两种不同的颜色表现天、地。[2] 西周史墙盘铭言"青幽高祖，在微灵处"，即以"微灵"指殷商分星，[3] 而"青幽"自指天色，也见时人以天为玄苍之色。[4] 很明显，在天地玄黄的认知体系中，玄只是天的颜色，最初本不涉及阴阳问题，[5] 然而一旦将天色所呈现的黑白纳入到阴阳的系统中，颜色便具有了新的意义。安徽蚌埠双墩春秋钟离君柏墓的墓顶设计为白色的璧形遗迹（图5—21），[6] 表现天盖，而在丧葬礼仪所体现的阴阳观念中，白色的天盖属阳而为德，其喻意天门的开启，而与之相对的黑色属阴为刑，则象征着天门的关闭（参见第五章第二节）。《史记·天官书》："苍帝行德，天门为之开。"即是这种观念的反映。而马王堆一号与三号西汉墓所出两件明旌，[7] 天门之下的天盖下方皆绘有红色的形坮图像，显然是

---

[1] 濮阳市文物管理委员会、濮阳市博物馆、濮阳市文物工作队：《河南濮阳西水坡遗址发掘简报》，《文物》1988年第3期；濮阳西水坡遗址考古队：《1988年河南濮阳西水坡遗址发掘简报》，《考古》1989年第12期。

[2] 冯时：《天文考古学与上古宇宙观》，《中国史新论——科技与中国社会分册》，联经出版公司2010年版。

[3] 冯时：《史墙盘铭文所见西周政治史》，《出土材料与新视野》，第四届国际汉学会议论文集，"中央研究院"2013年版。

[4] 汪涛：《颜色与祭祀——中国古代文化中颜色涵义探幽》，郅晓娜译，上海古籍出版社2013年版。

[5] 天地之色纳入到《易》学的系统中便具有了阴阳的意义。《周易·坤》上六云："龙战于野，其血玄黄。"《文言》："阴疑于阳必战，为其兼于无阳也。……夫玄黄者，天地之杂也，天玄而地黄。"其云龙星半见于天地，故以玄黄二色以言天地。参见冯时《〈周易〉乾坤卦爻辞研究》，《中国文化》第32期，2010年。

[6] 安徽省文物考古研究所、蚌埠市博物馆：《安徽蚌埠市双墩一号春秋墓葬》，《考古》2009年第7期；《安徽蚌埠双墩一号春秋墓发掘简报》，《文物》2010年第3期。

[7] 湖南省博物馆、中国科学院考古研究所：《长沙马王堆一号汉墓》，文物出版社1973年版；湖南省博物馆、湖南省文物考古研究所：《长沙马王堆二、三号汉墓》第一卷，文物出版社2004年版。

以南方之色表现天地的界域，而天盖的颜色于一件绘为白色（图5—49，1；图版二，2），一件绘为黑色（图5—49，2；图版二，3），象征天门的开闭。很明显，颜色一旦发展为具有了哲学的意义，它便可以超越颜色本身而以阴阳的形式表现更丰富的文化内涵。

颜色不仅可以表现中国独特的哲学观念，甚至可以帮助建构中国传统的政令观以及与其相关的祭祀观和宗教观。将这些观念彼此结合，便构成了中国传统的方色理论。事实上，色彩的哲学化结果不仅仅只是简单的黑、白，方色理论所体现的文化内涵则较黑、白二色更为丰富。

二 中国传统方色理论的内涵

中国传统方色理论的基本内涵表现为以五色配伍五方，具体做法即为东方青色、南方赤色、西方白色、北方黑色和中央黄色。这种方色理论的构建基础其实很简单，那就是先民对于中国大地以中原黄土为中心所呈现的五方不同土色的自然地理现象的认知。[①] 因此，五方土色在构建以其为核心的方色理论的时候，同样经历了从色彩的自然属性向哲学属性的发展。

不过必须强调的是，与中国古人经常将同一种颜色细别为若干层次不同，色彩一旦纳入方色体系的框架，便失去了其固有的狭义特征。人们只需要关注颜色的属性即可，而不会在意其深浅明暗的层级差异。具体地说，红色属于南方的颜色，这个概念对于建立方色理论已足够明确，人们并不要求红色非得是朱色、赤色或其他不同深浅程度的红色不可。相反，有时为着适应不同颜色的材料，方色的适应范围可以相当宽泛，甚至完全改变，这意味着颜色的选取其实并没有严格的限定。譬如东方为青色，用土来表现方色的时候会选取灰土，用玉石来表现方色的时候则会选取绿玉，而在方色理论的体系下，灰色与绿色所象征的颜色同样是青色。明白这一点对于传统方色理论起源的探讨非常重要。

诚然，以黄色为中央必须基于居中而治的传统政治观的建立，而这种观念则有赖于立表测影而求得天地之中的工作才可能完成。根据《周

[①] 唯初贡五色土不为五方诸侯职，但取于徐州而已（参《尚书·禹贡》），与晚世分取五方之土的制度不同（参《明史·礼志三》）。

礼·地官·大司徒》的记载，古人认为，夏至正午之时，八尺槷表的表影长度为一尺五寸，其地即为天地之中央，而具有这一影长数值的地点通常被认为是在以嵩山为中心的河洛地区。夏至正午的影长数据在《周髀算经》中则被记为一尺六寸，这很可能反映了不同时代的人们对于地中的不同认识，有关问题我们在第三章第一节已有讨论。事实上，目前的天文考古学研究显示，不仅公元前五千纪中叶以至前三千纪末叶的圭表象征遗物甚至实物已经发现，而且出土这些遗物的古代遗址都集中于北纬35.5度附近的地区，与传统于嵩山（北纬34度26分）测影而求得地中的地点尽管很近，但并不相同。公元前十一世纪末的西周初年，周公旦于嵩山测影并营建洛邑王庭（今河南洛阳），已认为这一地区即为天地之中。西周成王世之铜器何尊铭文追述武王语云"余其宅兹中或（域），自之乂民"，已经显示出周人居中而治的政治追求。殷商晚期王邑定于河南安阳，也不出中原之地。商人自称其王庭所在之地为"亳中邑"或"中商"，仍然体现着其所具有的居中而治的政治传统。[①] 而河南偃师二里头遗址如果认为属于夏代晚期的王邑，或许也正可以说明当时的人们对于天地之中的固有认知。很明显，围绕中原，或者更准确地说，围绕天地之中的测影活动其实持续了相当漫长的时间，当然这是上古天文观测由疏渐密所必须经历的过程，这意味着中国古人至少在公元前五千纪就已经了解了地中，并形成了居中而治的传统政治观。

古人对于五色的认识源出于五方显然没有问题，战国楚帛书在谈到分至四子的创世故事时，即对这一思想有着明确的表述。帛书云：

长曰青䵎，二曰朱四单，三曰□黄难，四曰𣭥墨䵎。……四神乃作，……扞蔽之青木、赤木、黄木、白木、墨木之精。

四子分掌二分二至，在中国传统的时空观念中，春分主东，秋分主西，夏至主南，冬至主北，故春分神在诸子中居长，其色为青，帛书左下角绘有青色木，可与之对应；夏至神居仲，其色为朱，帛书左上角绘有赤

[①] 李学勤主编：《清华大学藏战国竹简（壹）》，中西书局2010年版；冯时：《"亳中邑"考》，《出土文献与中国古代文明——李学勤先生八十寿诞纪念论文集》，中西书局2016年版。

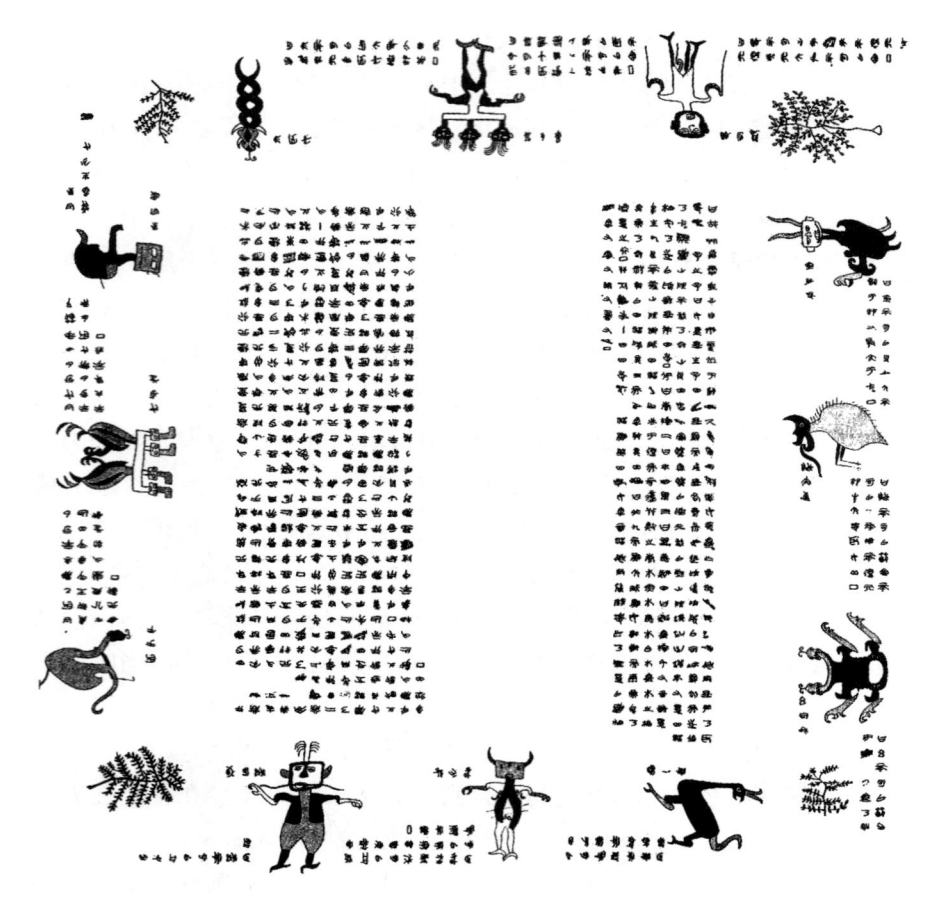

图 6—21　楚帛书

（左下为青色木，左上为赤色木，右上为白色木，右下为墨色木。采自 Noel Barnard, *The Ch'u Silk Manuscript*, The Australian National University, Canberra, 1972）

色木，可与之对应；秋分神居叔，首字或拟补为"翟"，或以其意为白，[①] 以隐喻的形式表现西方白色，实则帛书以黄色为秋分神的颜色，意在主生避杀，而帛书右上角绘有白色木，[②] 可与之对应；冬至神居季，其色为黑，帛书右下角绘有黑色木，可与之对应（图 6—21）。这种以长幼伦次

[①] 饶宗颐：《楚帛书》，中华书局香港分局 1985 年版。
[②] 蔡季襄《晚周缯书考证》（1945 年）云：帛书"四隅则按四方之色绘有青、赤、白、黑四色树木，惟西方白木在白缯上无法显出，故以双法代之"。陈梦家则据四时神名推定此白木当为黄木，见氏著《战国楚帛书考》，《考古学报》1984 年第 2 期。

四神的传统与《尚书·尧典》的记载完全相同。帛书以四神捍卫支撑天盖的五柱，[①] 使其不朽。而五柱以五方色言之，知其位置必立于五方，这与帛书四角所绘的四色木恰好可以彼此呼应。需要说明的是，四色木的位置虽在四维，但却含有统御四方四时的明确含义。帛书于四方的位置分列十二月，形成青木统领春三月居东、赤木统领夏三月居南、白木统领秋三月居西、墨木统领冬三月居北的严整形式，黄木本应居中，从而实现五色与五方的配属，唯帛书于其省略而未绘。这个事实表明，五色配伍五方的观念不仅来源于五方地理的颜色，而且这种理论在战国时代就已相当完善了。

三　方色理论的文化影响

先民一旦认识了五方土色的不同，将这些源于自然地理的知识施用于人文制度，首先建立的就是天子大社的配土规制以及相应的分封制度。《礼记·祭法》云：

> 王为群姓立社为大社。

孔颖达《正义》："大社在库门内之右，故《小宗伯》云'右社稷'。"《逸周书·作雒》云：

> 乃建大社于国中，其壝，东青土，南赤土，西白土，北骊土，中央釁以黄土也。

大社的布土规制乃以五色土各依方位而设，呈现东方青土、南方赤土、西方白土、北方黑土、中央黄土的独特布局，以此显示天子掌有天下之土，也即所谓"溥天之下，莫非王土"（《诗·小雅·北山》）的王权政治的象征。而王于大社祈请，自然也就是为天下苍生祈福。初建于明永乐十八年（1420年）后来作为明清两代王朝的大社至今尚存于北京紫禁城右之社稷坛（图6—22），合于《周礼》左祖右社的古老规制，坛上依

[①] 李零：《长沙子弹库战国楚帛书研究》，中华书局1985年版。

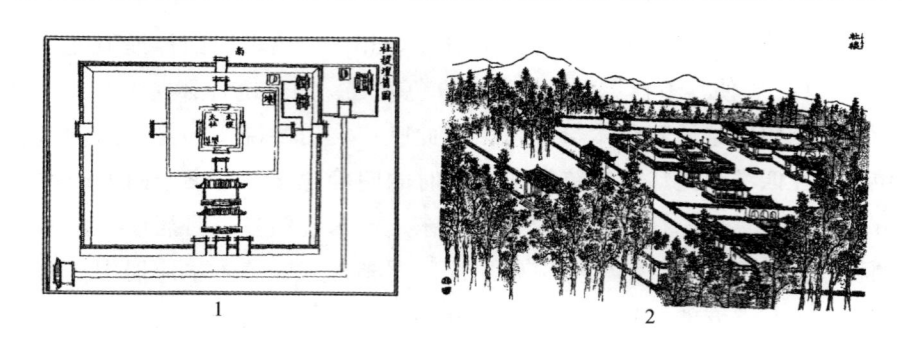

图 6—22 社稷坛
1. 明社稷坛图　2. 清嘉庆社稷坛图

五方布设五色土，系皇帝为天下百姓祈福之所。而商人于大社已称"右社"（《丙编》86），① 可明其制渊源甚久。

黄土居中犹如王庭居于四方之中，从而形成以黄色作为王权象征的传统观念。在这种方色理论的影响下，分封制之授民授疆土也便确立了相应的时空背景，《尚书·禹贡》："厥贡惟土五色。"伪孔《传》云：

> 王者封五色土为社。建诸侯，则各割其方色土与之，使立社，焘以黄土，苴以白茅。茅取其洁，黄取王者覆四方。

《晋书·礼志上》引王肃解云：

> 王者取五色土为大社，封四方诸侯，各割其方色土者覆四方也。

《白虎通义·社稷》引《春秋传》云：

> 天子有大社也，东方青色，南方赤色，西方白色，北方黑色，上冒以黄土。故将封东方诸侯，取青土，苴以白茅，各取其面以为封社明土，谨敬洁清也。

---

① 冯时：《中国古代的天文与人文》，中国社会科学出版社 2009 年修订版，第 168 页。

《逸周书·作雒》云：

> 将建诸侯，凿取其方一面之土，焘以黄土，苴以白茅，以为土封，故曰受列土于周室。

《初学记》卷十三引《汉旧事》云：

> 天子太社，以五色土为坛。封诸侯者，取其方面土，苴以白茅，授之，各以其方色，以立社于其国，故谓之授茅土。

蔡邕《独断》卷下云：

> 天子太社，以五色土为坛。皇子封为王者，受天子之社土，以所封之方色，东方受青，南方受赤，他如其方色，苴以白茅，授之各以其所封方之色，归国以立社，故谓之受茅土。

西周康王世之大盂鼎铭称"先王授民授疆土"，即谓此分茅列土。故于分封之制，四方诸侯皆各受其方色之土，上焘以黄土，以明为王权所覆，显然，这一制度正是通过传统的方色理论而得到贯彻。

方色理论对于传统政治制度的影响还体现于顺时施政的传统政令观。《礼记·月令》在记述四时行政时是将五色与四时加以匹配的。由于中国传统的时空关系表现为空间决定时间，所以表现空间体系的五色自可以移用来表现时间。准确地说，古人以春配东，故天子于春三月尚青，必居青阳，乘鸾路，驾苍龙，载青旂，衣青衣，服苍玉；以夏配南，故夏三月尚赤，必居明堂，乘朱路，驾赤駵，载赤旂，衣朱衣，服赤玉；以季夏之末配中而尚黄，必居大庙大室，乘大路，驾黄駵，载黄旂，衣黄衣，服黄玉；以秋配西，故秋三月尚白，必居总章，乘戎路，驾白骆，载白旂，衣白衣，服白玉；又以冬配北，故冬三月尚黑，必居玄堂，乘玄路，驾铁骊，载玄旂，衣黑衣，服玄玉。制度严格。先民以表现方位的颜色来表现时间，阐明其顺应天时变化而施政行令的政治理念. 不仅朴素，而且科学。古人认为，顺时施政也即合于天地之道，这显然是先民在生产力水平十分低下的时代而特别强调顺应自然方可得保永续的朴素认知的结果，而这种制度及观念的表现却是借助方色所具有的时空象征意义完成的。

顺时施政的传统政令观直接决定了关乎社稷兴衰存亡的大典——封禅——的基本礼旨的形成。换句话说，由于封禅大礼唯以祈求国祚长久为根本目的，而国祚的长久又必须以顺时施政的传统政令制度作为前提，这意味着在封禅礼仪中，方色理论不仅必须得到贯彻，而且古人正是通过这种颜色与时空的联系来表现顺时施政的传统政令思想。

西汉长安城桂宫遗址曾经出土王莽为行封禅大礼而制作的封天玉牒，①牒文首称"万岁壹纪"，末云"封坛泰山，新室昌［炽］"，② 明确道明了封禅以祈国祚永续长久的礼旨。至于《史记·封禅书》载汉武帝于元鼎中封禅泰山，以"五色土益杂封"，一如祭天地之礼，正体现了古人借方色表达封禅礼旨的传统做法。

方色理论施用于政治制度的另一种表现形式则是战国时期形成的五德终始理论，这其实反映了天命观从上古以观象授时为基础逐渐数术化与哲学化的转变。由于五行需要与五方色相配伍，因此这种天命观的直观表现便是王朝的舆服制度必须符合五行的配色。不过必须指出，天命观最初因天文观象而诞生，天文技术成为获取天命的根本保障；商周时期，德行的推广使天命观发生了改变，早期强调天文技术的观念逐渐淡化；而至战国时代，邹衍借五行相生相克的数术观提出五德终始理论，将王朝的兴替纳入五行循环的机械模式，尽管这种理论需要尽量获得天象征兆的应合，但它的随意性显然已显示了天命观的衰落。

方色理论运用于传统的祭祀制度也十分明显。《周礼·春官·大宗伯》云：

> 以玉作六器，以礼天地四方。以苍璧礼天，以黄琮礼地，以青

---

① 中国社会科学院考古研究所、日本奈良国立文化财研究所中日联合考古队：《汉长安城桂宫四号建筑遗址发掘简报》，《考古》2002年第1期。

② 冯时：《新莽封禅玉牒研究》，《考古学报》2006年第1期；《中国古代的天文与人文》第三章，中国社会科学出版社2009年修订版。

圭礼东方，以赤璋礼南方，以白琥礼西方，以玄璜礼北方。皆有牲币，各放其器之色。

不仅礼玉配以方色，所用之牲币也各依其器之色，制度严整。其或为礼器而行用于朝觐。《仪礼·觐礼》云：

诸侯觐于天子，为宫方三百步，四门，坛十有二寻，深四尺，加方明于其上。方明者，木也，方四尺，设六色，东方青，南方赤，西方白，北方黑，上玄，下黄；设六玉，上圭，下璧，南方璋，西方琥，北方璜，东方圭。

郑玄《注》："四时朝觐，受之于庙，此谓时见殷同也。宫谓壝土为埒，以象墙壁也。为宫者于国外，春会同则于东方，夏会同则于南方，秋会同则于西方，冬会同则于北方。深谓高也，从上曰深。方明者，上下四方神明之象也。上下四方之神者，所谓明神也。会同而盟，明神监之，则谓之天之司盟。有象者，犹宗庙之有主乎。王巡守至于方岳之下，诸侯会之，亦为此宫以见之。六色象其神，六玉以礼之。上宜以苍璧，下宜以黄琮，而不以者，则上下之神非天地之至贵者也。"胡培翚《正义》："方明，以方四尺之木为之，上下四方，共有六面。设六色者，每面各设一色，以象其神。设六玉者，每面各设一玉，以为之饰。"方明之六色各随天地四方之色，故六玉为饰，也当应六合之色。《汉书·律历志下》："以冬至越茀祀先王于方明以配上帝。"是知古有立方明坛，① 以设上下四方神明，各依其色。古又以龟为前列，以其先知，故占卜所用之六龟，其取色也必与天地四方六合之色相随。《周礼·春官·龟人》郑玄《注》："色谓天龟玄，地龟黄，东龟青，西龟白，南龟赤，北龟黑。"由此可见，方色思想因其在形式和内容上实现了天人和合，所以在古代祭祀制度中得到了彻底的贯彻。

方色理论对于中国古典哲学的影响乃在于丰富了阴阳的表现形式。如果说黑白二色作为一种哲学色彩可以表现阴阳观念的话，那么五方色

---

① 见《陈书·宣帝纪》。

由于建立了与时空的联系，当然也可以同样完成表现阴阳的工作。不过必须指出的是，古人对于南北方位与天地、阴阳关系的理解，在原始宗教及古典哲学的体系中完全不同，尽管从表面上看，天居南方与南方属阴的现象似乎存在矛盾，但这只是反映了两个认知体系的不同。原始宗教体系以南方象天而北方象地，如果认为天属阳而地属阴，则天南地北的观念正可以自然地发展出南阳北阴的思想，这是基于原始宗教观所建立的方位阴阳学说。但是先天《易》学的阴阳两分思想则使南方的离卦配阴，北方的坎卦配阳，从而形成南北阴阳的颠倒。因此在以阴阳为基本内涵的哲学体系中，南、北二方实际并不与天地相配，古人如果以天地配伍方位而表现阴阳，则既可以将天配于西北乾位为阳，这是对天倾西北的自然天象的描述，而地则配于西南坤位为阴，如《周易·说卦》所论后天八卦方位；当然也可以将天配在东方属阳，而地配在西方属阴，如牛河梁红山文化圜丘居东、方丘居西的布局，[①] 从而与东阳西阴的哲学观相一致。很明显，阴阳一旦纳入方色体系，北方黑色便具有了阳的属性，南方赤色则呈现为阴的属性。《易》学体系中颜色与阴阳的冲突实际源于古人在既有的五行配色的框架下表现先天《易》学思想的结果，其以乾、坎、艮、震四阳卦分配西北、北、东北、东四方，又以兑、坤、离、巽四阴卦分配西、西南、南、东南四方，从而造成原本五行配色体系中南赤、北黑二色的阴阳变化。事实上，原始宗教体系中的方位观仅在强调天地的阴阳属性，而古典哲学体系中的方位观则具有着普遍的阴阳意义，二者不相混淆，古人于此区别得相当清楚。

四 方色理论的起源

必须指出，中国古人以五色分配五方的做法虽然很传统，但是有关这一理论起源的探索，传世的文献学证据却似乎很难上溯到东周以前。事实上，商代甲骨文所反映的颜色体系已经表现出方色的特征，[②] 而天文考古学的研究更显示出，早在公元前四千纪的新石器时代，青、赤、白、

[①] 冯时：《中国天文考古学》第七章第二节，中国社会科学出版社2007年版。
[②] 汪涛：《颜色与祭祀——中国古代文化中颜色涵义探幽》，郅晓娜译，上海古籍出版社2013年版。

黑、黄五种颜色不仅已经具有了方位与阴阳的含义，甚至直接影响到与方色相关的制度与观念的建立。

战国文献对于方色理论的阐释已颇为系统。楚帛书的年代虽然仅相当于战国中晚期，但其中的方色观念显然来源更早。《月令》的方色形式已经纳入政令制度及相应的祭祀与舆服规范，显然也已反映着相当成熟的方色体系。有关《月令》年代的讨论，如果仅从其所记载的日躔及昏、旦中星的天象分析，无疑可以上溯到春秋时代。近出春秋晚期㧅夫人嬭鼎铭记"岁在涒滩，孟春在奎之际"，① 不仅可知其时已行太岁纪年，而且日躔记录与《月令》"日在奎"的内容完全相同，② 这当然可以为《月令》年代的提前提供佐证。或者我们可以相信，中国传统的方色理论至迟在春秋时代就已广泛地施用于各个方面，因此它的起源应该更为古老。

安徽蚌埠双墩春秋锺离君柏墓的墓冢封土采用灰、赤、白、黑、黄五色土混合封筑的形式完成（图5—20），甚至墓中的上部填土也是采用这种五色土混合的形式，这显然具有五色土"益杂封"的意义。锺离君柏墓独特的墓葬形制完整地体现了时人具有的包括时空观、政治观、宗教观、哲学观的传统宇宙观，而这种以五色土杂封的做法封筑封冢，体现的应该就是借方色理论而强调的时空与政令的联系，并通过这种联系传达顺时施政以祈国祚长久的政令思想与福禄观念（详见第五章第三节）。这意味着传统的方色理论至少在春秋时代即已作为传统政治观与政令制度的重要部分，显然，这为追溯方色理论的起源建立了基础。

人们对于方色的认知虽然最初来源于自然地理所呈现的空间观念，但是由于中国传统时空关系中空间决定时间的独有特点，因此方色理论的起源必然表现在与建立时空体系相关的天文观测与天文仪具之上，这使我们有机会通过天文考古学的研究解决这方面的问题。

山西襄汾陶寺出土了属于中国历史上夏代或先夏时代的天文测影仪具——髹表，为我们追溯传统方色理论的起源提供了重要资料。髹表为木质，残长171.8厘米，表面髹漆，漆分三色，整个表体呈现黑、绿、红

---

① 王长丰、乔保同：《河南南阳徐家岭 Mll 新出㧅夫人嬭鼎》，《中原文物》2009 年第 3 期。
② 冯时：《㧅夫人嬭鼎及相关问题》，《中原文物》2009 年第 6 期。

三色段相间的醒目图案（图2—33；图版四，1）。①

如果将古人独以这三种颜色髹于槷表表体的意义纳入中国传统的方色理论来思考，我们可以提供一系列富有说服力的解释。

其一，古人立表的目的之一即在于通过正午表影的长短变化测定时间，夏至正午表影最短，冬至正午表影最长，春分与秋分二日正午的影长居中。在传统的方色理论中，颜色如果用以表现时间，则红主夏至，黑主冬至，绿（青）主春分，而表体以红色色段最短，黑色色段最长，绿色色段居中，这三色髹漆的长短变化恰好与四气日影的长短特点相一致，这意味着三种颜色显然具有喻指时间的象征意义。

其二，中国古代天文学的发展是与以阴阳为主要内涵的古典哲学观相伴而行的，古人立表的目的不仅在于辨时空，更在于识阴阳而求中和。《周礼·地官·大司徒》对此有着系统阐述，战国竹书《保训》也对这一思想有着明确的记载（详见第三章第一节）。然而，尽管古人表述阴阳的形式很多，但以方色喻指阴阳却是最具传统的做法。具体地说，在《易》学体系中，东、北二方为阳，西、南二方为阴，将其与颜色关联，则呈青、黑为阳，白、赤为阴。如果强调人们最早认知的东、西二方以及相应的春、秋二分，则春分主阳而秋分主阴。这些观念后来发展出独具特色的刑德思想，并以春为德而主生，秋为刑而主杀。古人观象授时的首要目的即在于祈求生养，所以传统观念皆以天主德而不主刑，或者说任德而远刑。② 这些思想如果用以解释陶寺槷表的表体何以只髹红、黑、绿三种表示夏至、冬至和春分的颜色而独不具有象征主掌刑杀的秋分的白色，应该是十分切当的。这种任德远刑的观念在战国时代仍然十分流行，前引楚帛书谈及分至四子的配色，唯秋分神不明言白色，而以主生的黄色加以调和，正是这种思想的反映。《史记·天官书》记二十八宿所分赤道星官之四宫，也独于西宫不言"白虎"而称"咸池"，也是这种思想的体现。白色配金而主杀，虎也主杀，两者与授时祈生的本质追求显然格

---

① 中国社会科学院考古研究所山西队、山西省考古研究所、临汾市文物局：《陶寺城址发现陶寺文化中期墓葬》，《考古》2003年第9期；何驽：《山西襄汾陶寺城址中期王级大墓IIM22出土漆杆"圭尺"功能试探》，《自然科学史研究》第28卷第3期，2009年。

② 参见《管子·四时》及《春秋繁露·阳尊阴卑》、《阴阳终始》、《阴阳义》、《天地阴阳》诸篇。

格不入。传统四象以觜、参、伐三官构成白虎形象。《史记·天官书》："参为白虎，三星直者，是为衡石。下有三星，兑，曰罚，为斩艾事。其外四星，左右肩股也。小三星隅置，曰觜觽，为虎首，主葆旅事。"张守节《正义》引《春秋运斗枢》："参伐事主斩艾。"虎主杀伐斩艾的星占内涵非常清楚，事实上，这正是使《天官书》述及西宫时避用白虎而主咸池的重要原因。这种任德而远刑的观念不仅根深蒂固，而且直接影响着基于时空阴阳的哲学观念及其表现形式。很明显，楚帛书分至四神与《天官书》之西宫咸池独失白色的配色传统与陶寺漆表的配色观念完全一致，这无疑为我们对漆表颜色喻意的解释提供了坚实的佐证。

不仅如此，陶寺 IIM22 中与漆表同出的还有计晷的土圭。土圭作为测量日影的度尺共有两件，一件为青绿色，上钻一孔（图 2—41，2；图版四，3）；一件为红色，上钻二孔（图 2—41，1；图版四，2）。这两件土圭所呈现的不同颜色及不同配数已明显具有以方色及数字喻指阴阳的意义，其所反映的思想与我们谈到的《易》学理论完全符合。《易》数以"一"为天数属阳，以"二"为地数属阴，① 故施阳数者为青色，施阴数者为赤色。赤为南方之色，于《易》理属阴。古之传统以冬至祭天于圜丘，夏至祭地于方丘，正是这种夏至属阴配地观念的反映。有趣的是，中国的古文字"圭"本作"☖"，为象形文，至周则定型作"圭"，作前后二圭相重之形。"圭"字何以作两圭相重的字形结构，向无定说。今天根据陶寺遗址与漆表共出的两件土圭的研究，我们知道，由于古人在测影计晷时必须重合两支土圭来使用，这种做法如果认为旨在表现阴阳相合的朴素观念，那么我们就有充分的理由解释中国文字的"圭"何以独作重合两圭的特殊字形，事实上这一字形正来源于早期的测影工作，其准确地反映了古人以阴阳二圭相重以计晷的传统方法。古素以测日影为测阴阳，而测阴阳的工作首先就需要凭借足以表现阴阳的两件阴阳土圭接合完成，如此才可能实现所祭所行必象其类的传统理念。古以祭天帝之名为"类"，正是这种思想的反映。相关问题我们在第二章第四节已有系统研究。

---

① 《周易·系辞上》："天一地二。"《汉书·律历志上》："天以一生水，地以二生火。"孔颖达《礼记正义》引郑玄云："天一生水于北，地二生火于南。"皆明奇偶数与阴阳的关系。

方色体现阴阳思想的事实使我们可以放心地将中国传统方色理论的形成时代追溯到公元前四千纪的中叶,辽宁建平牛河梁的红山文化遗存提供了解决这一问题的明确证据。① 发现于牛河梁第二地点的祭天圜丘与祭地方丘为目前所见最早的祭祀天地的坛坎,其中圜丘呈三环盖图形制而分布于东方,方丘呈方坎弦图形制分布于西方(图6—14),正以天阳、地阴而与东、西二方所体现的阴阳属性相合。而在方丘以西的M4中发现红山文化交泰遗迹,墓主人不仅通过其特有的葬姿呈现出"交"的姿态(图6—15;图版一〇,1),体现阴阳之气,或者说是天地之气的交通,从而表现阴阳和合相生的宗教与哲学理念,而且更借助胸前摆放的呈现猪首形象的雌雄北斗说明阴阳之气的交通,因为北斗作为帝星,正被古人视为主气之神。两件猪形北斗的形像不同,大小不同,摆放的方向不同,特别重要的则是颜色不同,其中居右稍大的一件呈青色(M4∶2)(图版一〇,3),高10.3厘米,宽7.8厘米,厚3.3厘米,身体左旋;居左稍小的一件呈白色(M4∶3)(图版一〇,4),高7.9厘米,宽5.6厘米,厚2.5厘米,身体右旋;两件猪形北斗运行的方向相反(图6—15;图6—16;图版一〇,1、2)。这种摆放方式不仅与墓葬通过墓主人双腿交姿呈现右内而左外、头枕左右横置的玉箍形器呈现右斜而左齐所表现的右阳而左阴的整体安排若合符契,而且也与《淮南子·天文》"北斗之神有雌雄,雄左行,雌右行"的记载完全吻合。中国古人曾有以猪比附北斗的固有传统,而两件雌雄北斗的论定正为中国方色理论起源的探讨提供了确凿的物证。猪形北斗以青色者属阳,白色者属阴,显然在借东青西白的方色理论表现阴阳,而这种做法恰好符合遗址中东方圜丘为阳、西方方丘为阴的独特布局,体现了根深蒂固的方色理论与阴阳观念的结合。

这种以青、白二色分主东、西二方的思想在殷商遗存中也有所体现。殷墟妇好墓椁顶中部偏北的位置陈放两件青、白颜色的玉簋(图6—23),大小各异(图6—24),其中青色玉簋(M5∶322)居东,器型稍大,高

---

① 辽宁省文物考古研究所:《辽宁牛河梁红山文化"女神庙"与积石冢群发掘简报》,《文物》1986年第8期;《牛河梁——红山文化遗址发掘报告(1983—2003年度)》,文物出版社2012年版。

12.5厘米，口径20.5厘米，壁厚1—1.6厘米，腹饰四条扉棱及折形雷纹，口下饰两道凸弦纹，圈足饰云纹兼目纹（图6—24，2；图版一一，1），一派阳刚气象；而白色玉簋（M5：321）居西，器型稍小，高10.8厘米，口径16.8厘米，壁厚0.6厘米，腹饰饕餮纹，上下夹以弦纹，口下饰三角形纹，近底部饰菱形纹，圈足饰云纹及目纹，造型美观，契刻精细（图6—24，1；图版一一，2）。① 时人将青、白二色的玉簋作东、西方向陈设，其用意显然在借方色的不同而表现阴阳。不仅如此，白色玉簋内还置有两件骨勺和一件铜匕，仍有以一件铜匕属阳、两件骨匕属阴的喻意。殷人以食器之阴阳配合以求丰稔有馀，其行用于丧葬礼仪，显然意在祈望妇好于冥府饱食无忧。

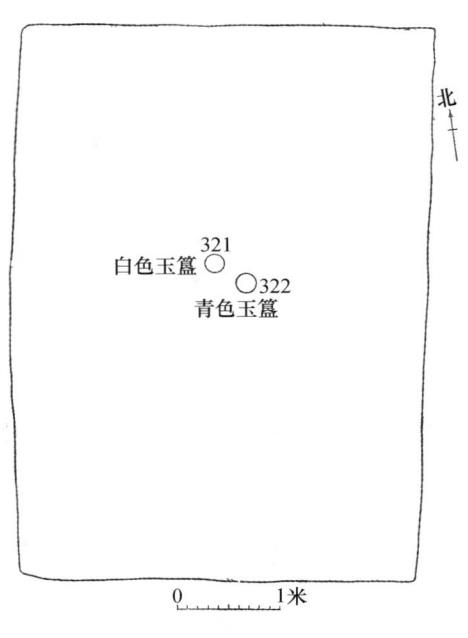

图6—23 殷墟妇好墓椁顶平面图

考古学所提供的解决方色理论起源的物证是充分的，当这些资料通过文献学的印证足以建立起古人认知背景的时候，我们对于方色理论起源的判断也便具有了实际的意义。目前的证据表明，中国方色理论的出现年代至少是在公元前四千纪中叶的新石器时代，由于这一时期人们对于方色的理解已远远超越了颜色本身，而已与天文观与哲学观建立起了必然的联系，这意味着真正朴素的对于方色的原始认知，其观念的形成一定比这个时代更早。

五 殷墟五色石的方色义涵

殷墟的商代墓葬时有以彩色石子随葬的现象，相对较为完整的遗存

---

① 中国社会科学院考古研究所：《殷虚妇好墓》，文物出版社1985年版，第130页。

590　文明以止

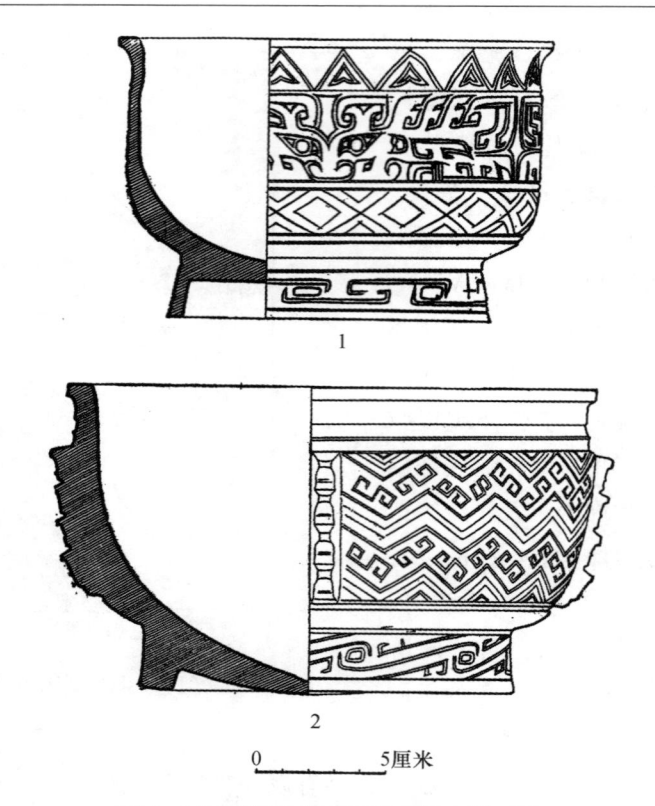

图 6—24　殷墟妇好墓摆放于椁顶的玉簋
1. 白色玉簋（M5：321）　2. 青色玉簋（M5：322）

见于 2009 年于殷墟王裕口村南地发现的 94 号墓。① 石子位于椁盖板的东北部，共 35 粒，发掘时有两粒落于棺室底部的东北角。② 推测 35 粒石子原本皆应布置于椁盖之上。石子共分五色，③ 其中青灰色石五粒，白色石六粒，棕红色石四粒，黑色石十三粒，黄色石七粒（图 6—25；图版一一，3）。其色泽所现正呈五方色的特征。

五色石子布设于椁盖显然具有五方星象的意义。事实上，古人以为

---

① 中国社会科学院考古研究所安阳工作队：《河南安阳市殷墟王裕口村南地 2009 年发掘简报》，《考古》2012 年第 12 期。
② 承发掘者何毓灵教授见告。
③ 简报以为四色，见中国社会科学院考古研究所安阳工作队《河南安阳市殷墟王裕口村南地 2009 年发掘简报》，《考古》2012 年第 12 期。然据图片所见，实具五色。

星之本质为石，这一认识由于可以通过自天而落的陨星而获得，因此其观念很早就已形成。《春秋经·僖公十六年》："陨石于宋五。"《左传》："陨石于宋五，陨星也。"《公羊传》："霣石记闻，闻其磌然，视之则石，察之则五。"可明星本为石之事实早为古人所熟知。夏族以龙为图腾，故以源出龙之"禹"为夏祖之名，又取仿之龙星之"已"（姒）为夏之族姓。① 《淮南子·修务》："禹生于石。"《孝经钩命决》："命星贯昴，修己梦接生禹。"皆将禹之所生与星及

图 6—25　殷墟王峪口村南地 M94 出土五色石

石相联系，也明古人以星为石的认知传统。故 94 号墓椁盖陈布之五色石自应表现五方之星，这是极其重要的发现。

中国传统天文学分天官为五宫，五宫星象配伍五方，故五宫之星自可以分呈五色，这一传统渊源甚古。《淮南子·览冥》载"女娲炼五色石以补苍天"，反映的正是这一思想。石分五色以补天，当然意在强调颜色与方位的联系，所以五色石当各应其方位而补天。河南濮阳西水坡原始宗教遗存已见四象与北斗，四象本为东龙、西虎、南鸟、北鹿，尚未表现出四象与方色相属的特征。② 四象源于二十八宿四宫授时主星所呈现的形象，而北斗则是中宫中的重要星象，因此北斗与四象事实上构成了中国传统五宫星官体系的核心。

早期的四象体系于北宫之象表现为鹿，又作双鹿或麒麟，以喻阴阳。③ 而当战国时代玄武作为新的北宫之象取代了麒麟之后，四象及北斗的表现显然也具有了新的形式。《礼记·曲礼上》云：

---

① 冯时：《中国古代的天文与人文》，中国社会科学出版社 2009 年修订版，第 152—155 页。
② 冯时：《天文考古学与上古宇宙观》，《中国史新论——科技与中国社会分册》，联经出版公司 2010 年版。
③ 冯时：《中国天文考古学》第六章第五节，中国社会科学出版社 2007 年版。

行，前朱雀而后玄武，左青龙而右白虎，招摇在上，急缮其怒。进退有度，左右有局，各司其局。

郑玄《注》："以此四兽为军陈，象天也。又画招摇星于旌旗上。招摇星在北斗杓端，主指者。"孔颖达《正义》："招摇，北斗七星也。北斗居四方宿之中，以斗末从十二月建而指之，则四方宿不差。今军行法之，亦作此北斗星举之，以指正四方。"又引崔灵恩云："此旌之旒数，皆放其星。龙旗则九旒，雀则七旒，虎则六旒，龟蛇则四旒，皆放星数以法天也。"崔氏之说本诸《周礼·考工记·辀人》，其文云：

轸之方也，以象地也。盖之圜也，以象天也。轮辐三十，以象日月也。盖弓二十有八，以象星也。龙旂九斿，以象大火也。鸟旟七斿，以象鹑火也。熊旗六斿，以象伐也。龟蛇四斿，以象营室也。

郑玄《注》："大火，苍龙宿之心，其属有尾，尾九星。鹑火，朱鸟宿之柳，其属有星，星七星。伐属白虎宿，与参连体而六星。营室，玄武宿，与东壁连体而四星。"郑玄的解释似是而非，并未真正说明四旗斿数的象征意义。大火属心宿，其在龙心，并尾宿则已不止九星。鹑火为十二次名，其含柳、星、张三宿，郑意独取星宿之数，也不合理。虎象以觜、参、伐三宿主之，合之则有十三星，郑氏仅言伐，大失其象。而玄武为虚、危两宿所组成的形象，与营室、东壁无涉。其解与四象之传统颇不相合。事实上，《辀人》所言四方旗章虽以四象应之，但其斿数却是为体现四方阴阳性质的特意凑合。古以东方属阳位，故以尾一宿九星凑为阳数以象之；西方属阴位，遂以参之衡石三星合之伐三星共两宿六星凑为阴数以象之；南方属阳位，又以星一宿七星凑为阳数以象之；北方属阴位，则以营室二星合之东壁二星共两宿四星凑为阴数以象之。其于阳的表示，无论宿数星数皆取奇数；而于阴之表示，于宿数星数则皆取偶数。是为四旗斿数之本旨。

四旗斿数的这一安排虽合于四方阴阳的表现，但《辀人》明以九斿为大火之数而非尾宿，七斿为鹑火之数而非星宿，况龟蛇与营室并无关系，故除六斿之旗以外，馀说皆不能合。

今以殷墟王峪口村南地 94 号墓所出五色石子之配色与奇偶数字分

析，可知其所反映的方色星象体系实即《輈人》四旗斿制之源。以下将两系内涵列图比较。

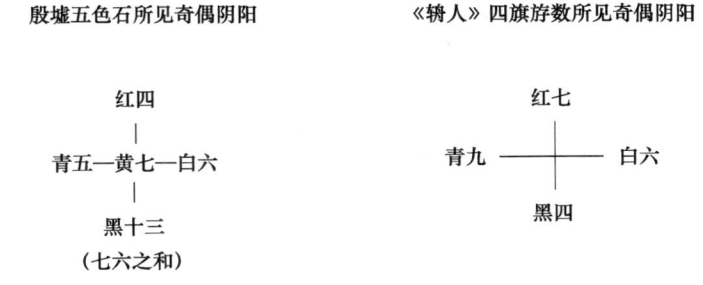

殷墟五色石所见奇偶阴阳

红四
｜
青五—黄七—白六
｜
黑十三
（七六之和）

《輈人》四旗斿数所见奇偶阴阳

红七
｜
青九————白六
｜
黑四

很明显，二者除东方青色所配之龙星之数有五、九之不同，然仍同为奇数以象阳位，其馀三方之星数全同，只是《輈人》将原本的南、北二方颠倒而已。

南北二方阴阳属性的确定在中国传统文化中始终是一个棘手的问题，在以天文星象为背景的阴阳体系中，南属阳位而北属阴位，故古人以五行之火配南，以水配北。但在以阴阳奇偶之数为背景的《易》学体系中，则又呈现为北属阳位而南属阴位，故古人以阳卦坎配北，以阴卦离配南。假如我们认为《輈人》的四旗阴阳之制是对早期以易数为基础的阴阳体系的借用与继承，那么他们很容易将南北不合天文阴阳的布设加以改变，从而将本指南、北的四、七之数颠倒。然而麻烦的是，南位偶数四与北位奇数七在原本的易数阴阳体系中不仅表现了南北阴阳的属性，而且这两个数字也来源于相应的星座配星之数，而在人们无奈颠倒之后，将原本配以南方的阴数四移配北方，又将原配北方的阳数七移配南方，尽管阴阳数的对调在天文阴阳的系统中并没有使奇偶数字的阴阳与南北的阴阳属性产生矛盾，但四与七原本所取的配星之数在新的框架下却失去了意义，于是便出现了《輈人》颇悖事实的解释。

准此可明，殷墟五色石所呈现的奇偶阴阳之数与其所体现的方位关系表现了一种原始的五方阴阳系统，其取数当本于五方星象。其中黄色所象为中央，其石七粒，恰象北斗星数，也即《曲礼》所谓之"招摇在上"。而四方之色与其相应星数的配合也各有渊源。

东方龙星以五粒青石表现，《輈人》谓其以象大火，甚是。大火为二十八宿东宫七宿之心宿二，心宿共三星，加之前后房、尾二宿距星，合为五星。战国曾侯乙墓二十八宿漆箱星图，其盖面之北斗即指向二十八宿东宫心宿，而于东立面星图所绘星数恰为五星，包括心三星及房、尾二宿距星（图1—7），可为明证。

西方虎星以六粒白石表现，《輎人》以为象伐，郑玄则谓参三星连伐三星而言之，其说是。曾侯乙星图之盖面北斗西指觜宿，而其西立面星图主区中的星象虽与白虎有别，但星数为六（图1—7），也可见其传统。

南方鸟星以四粒红石表现，当取构成鸟象之张、翼两宿各二星。曾侯乙星图之盖面北斗南指张宿（图1—7），适合此说。

北方之象于战国以前尚为麒麟，系阴阳双兽，以北方作为方位之始以表现阴阳生养万物，故十三粒黑石当为二象之合，其中以七石奇数为阳，以象雄麒；又以六石偶数为阴，以象雌麟。麒麟本鹿象，其源出古人对危宿三星及坟墓四星所构成的形象的观测，① 而两星官星数之和适为七星。曾侯乙星图之盖面北斗北指危宿，而北立面星图所绘正为雄雌二鹿，当即麒麟，其星数恰为七颗（图1—7）。

殷人五方配色中的四方星数，如果不计北方虚增的阴麟六星，则以南、东、西、北分别配以四、五、六、七的形式所呈现。郑玄《礼记注》解《曲礼》"进退有度"云："度，谓伐与步数。"孔颖达《正义》："《牧誓》'不愆于六步七步，四伐五伐，乃止齐焉。'郑注《尚书》云：'伐，谓击刺也。始前就敌，六步七步当止，齐正行列。及兵相接，少者四伐，多者五伐，又当止，齐正行列也。'"知五方星象阴阳之数或即取军陈之法。《礼记·乐记》："夹振之而驷伐，盛威于中国也。"郑玄《注》："驷，当为四，《武》舞，战象也。每奏四伐，一击一刺为一伐。"知四伐之数为其本也。

94号墓主为䄌氏，其见于卜辞而充为贞人，墓中又见有刻刀，或为其时史官系统之成员。史官掌天时，或为兵祷，文献多见。② 卜辞所见之

---

① 冯时：《中国天文考古学》第六章第五节，中国社会科学出版社2007年版。
② 参见冯时《殷代史氏考——前掌大遗址出土青铜器铭文研究》，《古文字与古史新论》，台湾书房出版有限公司2007年版。

史也多有参加战争，①传统一致。而古之旗章源出星象，故殷史之墓于椁盖之上布列五方旌旗及旗旒之数，不仅再现了墓主生前军行兵祷之职事，而且有以五方星数所象之旗章以喻明旌的用意。

殷墟墓葬所出彩色石子或多不足五色，且数量不一，②尽管如此，这些呈现不同颜色的石子恐仍具有方色的意义。

古人以石子取象于星，这一传统可以上溯到距今八千年前的新石器时代。河南舞阳贾湖遗址出有龟占遗物，龟之背腹甲中夹放有不同颜色的石子。③古人以为，龟之背甲、腹甲乃为天然之天地的形象，其中背甲呈穹窿之状以象天，腹甲呈"亚"形以象地，而夹放其间的石子必象星辰。古人以星为石，这一观念根深蒂固。而石子呈现不同的颜色，最初则应取自星辰本所具有的不同色彩，尚不具有方色的意义。不过值得注意的是，舞阳先民将取于星辰之石子与龟甲共同组成占卜仪具，从而赋予了象征星辰的石子明确的星占内涵，这些思想或许对殷商先民仍然具有影响。

同时可以考虑的是，中国传统天文学有以不同颜色标识星官的悠久传统。尽管学者普遍认为，南朝刘宋钱乐之首先使用了以三种不同颜色标识石氏、甘氏与巫咸三位古代占星家所测定的星的方法，其中石氏用红色，甘氏用黑色，而巫咸用白色，但实际在北燕太平七年（415 年）冯素弗墓的天文图中，恒星就已被以黄、红、绿三种颜色加以区分了，④而在更早的汉代星象图中，以不同颜色装饰星官的做法实际已经非常普遍，如西安交通大学西汉墓星象图及陕西靖边渠树壕东汉墓星象图以白色标星，⑤

---

① 胡厚宣：《殷代的史为武官说》，《全国商史学术讨论会论文集》（殷都学刊增刊），1985 年。
② 中国社会科学院考古研究所：《安阳殷墟郭家庄商代墓葬》，中国大百科全书出版社 1998 年版；中国社会科学院考古研究所安阳工作队：《河南安阳市殷墟王裕口村南地 2009 年发掘简报》，《考古》2012 年第 12 期。
③ 河南省文物考古研究所：《舞阳贾湖》，科学出版社 1999 年版。
④ 黎瑶渤：《辽宁北票县西官营子北燕冯素弗墓》，《文物》1973 年第 3 期。
⑤ 陕西省考古研究所、西安交通大学：《西安交通大学西汉壁画墓》，西安交通大学出版社 1991 年版；陕西省考古研究院、靖边县文物管理办：《陕西靖边县杨桥畔渠树壕东汉壁画墓发掘简报》，《考古与文物》2017 年第 1 期。

洛阳尹屯新莽壁画墓星象图以黄色标星，①而陕西定边郝滩东汉墓星象图则以红色标星，②区别严格。这种以不同颜色标识星官的做法显然是对一种更为古老的占星方法的继承，反映了不同星占学派采用不同颜色标识星官的固有传统。③事实上，古人的观象活动很容易使他们懂得不同星官具有着不同的颜色，这显然成为后来的占星家以颜色区别不同星占学派的标志。因此，早期遗存中所见石子的不同颜色除了具有方色的意义之外，对于探讨中国上古时代的星占传统也有其积极的意义。

色彩的自然属性决定了色彩的哲学属性，中国古代先民在完成了对自然色彩认识的同时，也完成了色彩的哲学思辨。人们不仅可以将丰富的色彩简化为黑白，而且创造出了独具特色的方色理论，成为传统时空制度、政治制度、祭祀制度、礼器制度以及相关宗教思想的重要内容。

考古资料所反映的有关方色理论的起源问题非常清楚，至迟在公元前四千纪的中叶，以五色配伍五方的方色理论已经形成，这对上古制度史与思想史的研究无疑具有重要的意义。很明显，古代不同遗物所呈现的不同颜色其实并不是毫无意义的，这意味着考古学研究不仅需要对古人留弃的遗迹和遗物加以关注，对遗物所具有的不同颜色也应同时加以必要的关注。

第四节　咸池研究

中国传统天文学最终定型的四象体系在战国时代已经形成，其以东宫之象为苍龙，西宫之象为白虎，南宫之象为朱雀，北宫之象为玄武。然而在司马迁所作的《史记·天官书》中，人们熟知的这个传统的四象体系却产生了一些耐人寻味的变化。《天官书》云：

> 东宫苍龙，……南宫朱鸟，……西宫咸池，……北宫玄武。

---

① 洛阳市第二文物工作队：《洛阳尹屯新莽壁画墓》，《考古学报》2005年第1期。
② 陕西省考古研究院：《壁上丹青——陕西出土壁画集》上，科学出版社2009年版。
③ 冯时：《中国古代物质文化史·天文历法》第四章第五节，开明出版社2013年版。

其中西宫之象不言白虎而称"咸池"，与传统之说大异。马续作《汉书·天文志》，乃承其说，可见这一思想非出太史公的一己之念，而应反映着一种渊源有自的古老传统。王元启《史记正讹》："咸池者，西宫诸宿之总名，与前后苍龙、朱鸟、玄武一例。"是知太史公明显是将咸池与东宫苍龙、南宫朱雀、北宫玄武并列，并以其作为西宫之象。不啻如此，《天官书》的另一则记载更印证了这种不同的四象观念。《天官书》又云：

> 故紫宫、房心、权衡、咸池、虚危列宿部星，此天之五坐位也，为经，不移徙，大小有差，阔狭有常。

张守节《正义》："紫宫，中宫。房心，东宫也。权衡，南宫也。咸池，西宫也，虚危，北宫也。五官列宿部内之星也。"咸池星官本为西宫星象中位居五车星官内的三颗星，太史公举其作为西宫主星，而与中央紫宫以及四个象限宫中的东宫房心、南宫权衡、北宫虚危等授时主星并列，共同组成五宫的体系，仍然体现着以咸池为西宫之象的观念。

一 传统之任德远刑观念

中国传统天文学以龙、虎相配而构成东、西二宫之象的历史十分悠久，自仰韶时代的河南濮阳西水坡星象图以至殷商（图1—2；图4—2），更晚迄战国初年曾侯乙二十八宿漆箱星象图（图1—7），[①] 都完整地呈现了这个以龙、虎为主题的作为东、西二宫之象的四象内涵。事实上，尽管在传统的四象体系中，北宫的形象因早晚不同而产生一些变化，但这并不影响东、西、南三宫的形象保持一种一成不变的传统（图4—5），尤其是东宫以角、亢、氐、房、心、尾六宿所构成的龙象以及西宫以觜、参两宿（包括伐三星）所构成的虎象，由于心、参两宿作为早期授时主星的重要地位，从而决定了龙、虎两象的形象在四象体系中始终是固守不移的。既然如此，那么《天官书》以咸池星官取代白虎而作为西宫之象，其喻义究竟是什么？显然，这种做法只能反映着根深蒂固的阴阳刑

---

① 冯时：《中国天文考古学》第六章第五节，中国社会科学出版社2007年版。

德观念，体现了中国古人基于观象授时传统的，并由这种天文观所决定的任德远刑、主生避杀的哲学思考与固有追求。

中国传统的阴阳思想几乎影响着传统文化的各个层面。人类的繁衍与生命的诞生当然可以使古人萌生最基本的阴阳判断，而由对生命诞生原因的探求扩大到对万物生养原因这一带有普遍性的认识，则必须要求古人完成一种具有一般意义的哲学思辨，这就是阴阳。诚然，观象授时的目的乃在于为农业生产及作物的生长提供准确的时间服务，这使时间成为作物生长乃至万物生长的必要基础与根本保证，当然这促使先民很自然地建立起了生命与时间的联系，而时间决定万物生长的事实恰好与古人对于阴阳决定万物生养的认识相一致，从而使时间体系必然成为表述阴阳观念的最理想的载体。不仅如此，由于中国传统的时空关系表现为空间决定时间，因此，人们要想获得精确的时间，就必须首先测得精确的空间，这意味着空间体系其实与时间体系一样，同样是表述阴阳的基本形式。这些思想显然构成了中国传统宇宙观的重要部分，其起源时间甚至可以一步步地追溯到距今八千年前的新石器时代。[①]

《管子·四时》："日掌阳，月掌阴，阳为德，阴为刑。"《淮南子·天文》："日为德，月为刑。"此即阴阳刑德之义。很明显，在阴阳体系的框架下来规划空间与时间，四方与四时自然各有所属，就东、西二方及与之相配的春分、秋分二时而言，则东属阳而西属阴，春分属阳而秋分属阴，如果将这种阴阳思想纳入到四象的系统，则又呈现龙属阳而虎属阴。将刑德观念与之配合，由于德为阳而刑为阴，所以时空体系中之东方与春分以及四象体系中之龙皆属德属阳，而西方与秋分以及四象之虎则属刑属阴。这种阴阳刑德体系与时空体系相互拴系的形式一旦确定，人们便可以根据相应的取舍以表现祈生避杀的基本诉求。

古人观象授时的宗旨实在于主德就阳而祈生，显然，刑杀的思想是与这一基本追求格格不入的，所以中国传统的宇宙观无不以就阳避阴，

[①] 冯时：《天文考古学与上古宇宙观》，《中国史新论——科技与中国社会分册》，联经出版公司 2010 年版；《上古宇宙观的考古学研究——安徽蚌埠双墩春秋锺离君柏墓解读》，《历史语言研究所集刊》第八十二本第三分，2011 年。

任德远刑为理念。我们在第二章第四节的研究中已经引述了很多文献，以见在中国传统文化中，任德远刑观念的根深蒂固，其中一些重要的论述仍然值得引述在这里。《春秋繁露·阴阳义》云：

> 天地之常，一阴一阳。阳者天之德也，阴者天之刑也。……是故天之道以三时成生，以一时丧死。……春，喜气也，故生；秋，怒气也，故杀；夏，乐气也，故养；冬，哀气也，故藏。四者天人同有之。……使德之厚于刑也，如阳之多于阴也。

又《王道通三》云：

> 阴，刑气也；阳，德气也。阴始于秋，阳始于春。

又《天地阴阳》云：

> 任德远刑，若阴阳。

传统观念以"三时成生"，以"一时丧死"，即在明确强调秋气所具有的肃杀伐灭的属性，故以其属刑而不属德。而在观象授时的活动中，为实现祈生的根本目的，首先需要削除的就是刑杀的影响。因此古人习以任德远刑为念，尽量避免在重生主德的时空体系与天文框架内体现杀伐的因素。很明显，基于这样的阴阳刑德观念，凡表现刑杀的内容，在祈生的前提下都必须加以避除。

时空观与阴阳观的融合使得方位成为了阴阳的表现形式，这种观念至少在公元前四千纪的中叶即已作为一种制度被确定了下来。红山文化祭天的圜丘与祭地的方丘并列建造而分置于东、西，正合天属阳而配以东方德阳之位，地属阴而配以西方刑阴之位的固有传统。而红山文化的交泰遗迹更明确以阴阳北斗分饰不同的方色，其中居阳者配以东方青色，居阴者配以西方白色（参见第六章第二节）。显然，东方主德属阳、西方主刑属阴的思想已完好地建立了传统阴阳观的知识背景。当然这些思想还可以向前追溯得更早。

《尚书·尧典》四神章所呈现的阴阳观念也是明确的，其以帝尧命羲、和，羲、和命四神，正体现了在四时基础上发展出的阴阳创世史观。其中羲、和作为晚世伏羲、女娲的原型，① 实际表现的就是拟人化的阴阳观念。而隶于二神之下的分至四神，其春分神属阳而名羲仲，秋分神属阴而名和仲，完好地体现了时空与阴阳的匹合。这些思想当然是在河南濮阳西水坡原始宗教遗存的背景下发展并完善起来的，这意味着西水坡的四子遗迹同样具有着时空阴阳的象征意义。②

东、西方位的阴阳属性既已确定，那么东、西二宫之象的阴阳性质当然自可明了。传统以龙象虽具阴阳二体，这是随龙星行天的不同位置而形成的变化，然而对于阴阳体系中的龙星的定位，古人则更强调其居东居天的阳的属性，所以《周易》乾卦以龙繇，即以龙主天主阳。而与龙象相对的西宫虎象，则属阴而主刑杀。钱塘《淮南天文训补注》引《京氏易·积算传》云：

龙德十一月，子在坎，左行。虎刑五月，午在离，右行。

即以龙德、虎刑相对，德本主生，刑则主杀。《天官书》则云：

参为白虎。三星直者，是为衡石。下有三星，兑，曰罚，为斩艾事。其外四星，左右肩股也。小三星隅置，四觜觿，为虎首，主葆旅事。

张守节《正义》："罚，亦作'伐'。《春秋运斗枢》云'参伐事主斩艾'也。"司马贞《索隐》引宋均云："葆，守也。旅犹军旅也。言佐参伐以斩艾除凶也。"皆明由觜、参及其附座伐星所组成的虎象，无论其星官名称抑或所呈现的形象，都明确无疑地显示了其本主杀伐的内涵，这一事实恰与古人以西方属阴而主刑杀的认识相合，或者正是由于先民以西方

---

① 李零：《长沙子弹库战国楚帛书研究》，中华书局1985年版。
② 冯时：《中国古代的天文与人文》第二章第二节之二，中国社会科学出版社2009年修订版。

为主刑杀之方，所以才有将觜、参、伐三星官所组成的形象想象为虎形的创造，并以斩伐之义命名星官。虎为杀伐噬人之兽，这一题材普遍地装饰于商周时代的青铜器皿，甚至西宫之中与觜、参相邻的昴、毕二宿本亦具有杀伐的意义，①也都不无西方属阴观念的影响。后世以五行配属五方，其中木属东方，金属西方，同样体现了木生主德、金杀主刑的阴阳刑德观念。

正是基于这样的阴阳刑德观念，古人在表现时空及其与之相关的天文思想的时候，便会经常刻意地避言主刑的西方方色——白色，或者与西方相属的主杀的形象——虎象，并以主德主生的颜色兼以表示，这甚至成为传统阴阳观重德避刑的一种固有表现手法。

二 任德远刑观念的考古学与文献学证据

（一）陶寺槷表

目前发现于山西襄汾陶寺遗址的夏代早期或先夏时代的两件槷表实物，其中一件的表体髹有青、红、黑三色漆，且髹漆呈现黑色最长、红色最短、青色居中的设计形式（图2—33；图版四，1），其用意显然是要以象征空间与时间的三种颜色的长短变化暗喻二分二至时由槷表所测得的晷影长短，从而借此实现以方色喻指四时的目的。然而槷表髹漆独避象征秋分的白色，这种做法却显示了古人避除丧死之一时的传统思考。

槷表柱体尽管没有髹以表示秋分的白色，但这并不意味着由槷表所建立的标准时体系中不包括秋分，事实上由于春、秋二分日的晷影同长，其中主刑的秋分是以与之具有相同晷长的春分兼而表现的。四时之晷影以冬至最长，夏至最短，春秋二分居中而均齐。《周髀算经》卷上记二分日之晷影长度同为七尺五寸五分，《易纬通卦验》卷下则记二分日晷长皆为七尺二寸四分，此虽皆为据率损益而得，非出实测，但却足以说明古人对于二分日晷影同长这一基本事实的认知。《续汉书·律历志下》录有实测二十四节气的晷长，其中春分日晷长为五尺二寸五分，秋分日晷长为五尺五寸，虽不均齐，却很接近。《律历志下》云："日道发南，去极弥远，其景弥长，远长乃极，冬乃至焉。日道敛北，去极弥近，其景弥

---

① 冯时：《中国古代物质文化史·天文历法》第四章第四节之四，开明出版社2013年版。

短，近短乃极，夏乃至焉。二至之中，道齐景正，春秋分焉。"由此可知，虽然实测二分日之晷长存在些许差异，但这并不影响古人对于其时晷影均齐等长的固有认识。诚然，尽管陶寺文化尚基本处于人们据二至日影长依率损益求算二分日影长的时代，《周髀算经》等早期文献所记载的二分日影长数据及其计算方法，应该即体现了三代乃至更早时期先民的实际认知水平，但二分日的测影工作对于人们建立标准时体系仍是不可或缺的重要参考，因为早期历法确定岁首的标准正是秋分，这一点已有商代卜辞资料可为佐证（参见第二章第四节、第四章第二节）。[①] 事实上这种求算春、秋二分日晷影同长的事实，正是古人借德阳主生的春分之色——青色——兼而表现秋分的认识基础。很明显，由于槷表乃是辨方正位并进而测定时间的基本仪具，而这种测定时空的工作正是古人认为的测定阴阳的工作，所以为着正时祈生的根本追求，古人在揆度阴阳的天文仪具上槱以表示主生的青、红、黑三时之色而独避白色，正准确地表达了就阳避阴、任德远刑的观念。相关问题，我们在第二章第四节已有详细讨论。

（二）《管子·幼官》与《幼官图》

古人以春兼秋以表达对于其就阳避阴的追求，在上古历法制度中同样有所体现。《管子·幼官》及《幼官图》记载了一种以一年三十节气的古历，其制以一年分为春、夏、秋、冬四季，每季各主一方，分别含有八、七、八、七个节令，每节辖有十二日，共计三百六十日，其馀五日归为中方，作为年节。其三十节令与四季五方的名称、配色整理如下：

中央，其色黄。
春，东方，其色青。
十二地气发，十二小卯，十二天气下，十二义气至，十二清明，十二始卯，十二中卯，十二下卯，三卯同事。
夏，南方，其色赤。
十二小郢，十二绝气下，十二中郢，十二中绝，十二大暑至，十二中暑，十二大暑终，三暑同事。

---

① 冯时：《殷历岁首研究》，《考古学报》1990年第1期。

秋，西方，其色白。

十二期风至，十二小卯，十二白露下，十二复理，十二始节，十二始卯，十二中卯，十二下卯，三卯同事。

冬，北方，其色黑。

十二始寒，十二小榆，十二中寒，十二中榆，十二寒至，十二大寒之阴，十二大寒终，三寒同事。

三十节令的体系不取十五日为节，而取一节十二日，其本旨实在于取法天之数。《国语·周语下》："纪之以三，平之以六，成于十二，天之道也。"显然，这种历制既合乎自然之数，也与夏历以十五日为节而平分二十四节气的做法并无本质的区别。不过应该注意的是，三十节令体系所建立的各季节令名称互有差异，其中夏、冬二季多以"暑"名或"寒"名，并分别以"三暑同事"与"三寒同事"为旨，是为强调寒暑之别。而夏节名又称"郢"，冬节名又称"榆"，则二字或读为"盈"、"缜"，义为盈缩，也在描述冬夏昼夜长短变化的天象。① 与此不同的是，春、秋二季节名则多以"卯"相称，且同言"三卯同事"，反映了时人对于春、秋二季关系的独特认识。

通过对《幼官》所记冬、夏二季节名的分析可知，其内容既涉寒暑变化，又及日之长短盈缩，故以此制例之，春、秋二季节令多以"卯"名就不能不与春、秋二分日的特殊天象有关。二分日之所以名"分"，原因即在于其时昼夜平分而等长，这与夏节名"郢"为盈，冬节名"榆"为缜，分别描述昼夜盈缩长短的认知完全一致，古以夏至名曰"日长至"，冬至名曰"日短至"，体现了同样的思想。因此就传统的时空体系而言，既然春分日在卯位，则春季节令所名之"卯"显然即应据其时所合日辰言之。然而春季节名既以东方卯位所称，则秋季节名便当以西方酉位称之，故惠栋《尚书古义》以为此秋之三卯当系"三柳"，"柳"、"卯"同字，② 因《说文》正以"丣"为"酉"字古文。而臧庸《与孙渊如论校管子书》更以春既言卯，则秋当言酉，故秋当言十二小酉、十二

---

① 章炳麟：《管子馀义》，上海右文社1919年版。
② 段玉裁《说文解字注》引虞翻《别传》云"卯"应读为"柳"。

始酉、十二中酉、十二下酉，今文本之"卯"当为古文"酉"字之误。①

这些解释多相迁就，并未触及经文的本义。臧氏改字，更使经义湮灭，殊不足取。惠氏虽据《说文》"酉"字古文作"丣"以解秋之三卯，然仍以秋之三卯实即三酉，也未尽善。事实上，《管子》文本于春、秋二季同以"卯"名的事实是相当清楚的，且以"三卯同事"并述春、秋二季，因此在承认二季同名的前提下探求经义才是比较客观的做法。究其原因，这种春、秋二节同名的现象则应体现着传统时空观与阴阳观的影响。很明显，尽管在地平方位体系中春分所当之辰为卯，秋分所当之辰为酉，但是由于春、秋二分日之晷影同长，因此在古人以春季主生而秋季主杀的阴阳刑德观念的背景下，为表达以祈生为根本目的的基本追求，以东方春季所喻之德生兼而表现西方秋节，正可以避除刑杀，从而通过以德兼刑、任德远刑的做法完美地体现主生的思想。这种以东方之卯而兼西方之酉的做法与陶寺槷表以春之青色而兼秋杀以达到避除主杀之白色的设计异曲同工。而《说文》以"卯"为"酉"之古文，其实同样反映了这种以东方德生之卯而兼西方刑杀之酉的固有传统。许慎保留的这则重要史料，无疑本之于至少在东周时代仍传承有序的以德位之卯兼指刑位之酉的古老传统。

（三）楚帛书

长沙子弹库出土的战国楚帛书同样提供了秋分避言白色而以主生之颜色代而表现的证据，有关问题，我们在第二章第四节已有论列。帛书言及五方色，则以五色配以擎天五柱，文云分至四神"扞蔽之青木、赤木、黄木、白木、墨木之精"，其以五色配伍五方的体制非常完整。但在述及分至四神之配色的时候，却唯独缺少了西方的白色。帛书称四神云：

> 长曰青䵣，二曰朱四单，三曰□黄难，四曰冘墨䵣。

其于分至四神以长幼伦序，与《尚书·尧典》所体现的分至四神以仲叔行字相次的思想别无二致。而帛书所述四神之名，其伯、仲二神以方色用字居于名首，叔、季二神则以方色用字居于名次，厘然有序，不相混

---

① 见《拜经堂文集》。

渻。帛书秋分神名残损，学者或补为"翟"，并以字意为白色，[①] 但如此理解不仅迂曲，与同篇所言五色木直言西方白色相违，而且也与叔、季二神名以方色居中的次序不相谐调。其实，帛书于秋分神本即避言白色，其以黄色表示，这一事实非常清楚。很明显，秋分神本应以白色命名却舍白而取黄，而黄为中央主生之色，这种做法同样表现了古人就阳避阴的传统思想。

（四）藏传缂丝画

现藏美国大都会博物馆的藏传缂丝画也明显地继承了这一阴阳思想。缂丝画绘中国传统的五位图，中央为九州方域，其外为八极圆界，表现了一幅完整的宇宙图式。九州之外与八极以内的区域分为四方，并配以颜色，其呈黄为上、青为下、红居左、白居右的分布（图6—26），故学者以为缂丝画方位与颜色的配属关系当依今日之方位形式呈现上北为黄、下南为青、左西为红、右东为白的配色，[②] 殊无道理。事实上，缂丝画的配色仍然遵循着中国方色理论的固有传统，即红为南方之色，青为东方之色。如果我们以这两种方色为标准将缂丝画的方向左旋九十度，使其以红色的区域居上，则其体现的方位布局与颜色的配伍形式便呈上南下北、左东右西，这个位置正与中国固有的方位形式完全相同。显然，缂丝画本应以上南配红，下北配白，左东配青，右西配黄，其中南方、东方的配色与传统方色理论完全一致，而北方的配色本为黑色，此则配以白色，其目的当然并不在于强调使用黑色的反色，而是因为在中国传统的以黑白颜色所表现的阴阳体系中，古人始终以白色为阳色，故时人将其配于北方阳位，从而以此消弭黑色属阴而与北方阳位相配所产生的矛盾。而西方本应配以白色，但帛画却以中央主生的黄色与之相配，这种做法与楚帛书以西方秋分神名舍白而就黄所体现的观念完全相同，显然体现着同样的就阳避阴的刑德思想。

类似的方色观念还见于纳西族的创世神话。该族《延寿经》叙述神人九兄弟与神女七姊妹开天辟地，"在东方立起白海螺顶柱，在南方立起

[①] 饶宗颐：《楚帛书》，中华书局香港分局1985年版。
[②] James C. Y. Watt and Anne E. Wardwell, *When Sild was Gold*, *The Metropolitan Museum of Art*, Distributed by Harry N. Abrams, Inc., New York. 此条资料承陆婷婷女士见告，谨志谢忱。

图 6—26　藏传缂丝画（大都会博物馆藏）

绿松石顶柱，在西方立起黑玉顶柱，在北方立起黄金顶柱，在天地的中央立起顶天的铁柱"，① 其五柱观念与楚帛书所述完全相同。② 然而就其配色而论，可以发现《延寿经》不仅在楚帛书的基础上左旋了 90 度，而且将其南、北方向颠倒，从而形成了介于楚帛书与藏传缂丝画的中间行式。这当然证明了一个基本事实，即藏传缂丝画的配色与纳西文《延寿经》所载的五柱配色一样，皆源出中原传统的方色理论。

（五）金沙遗址所见带柄有领三鸟铜璧

古人以春兼秋，其目的当然在于就德而避刑，因而在刑德观念的背景下，四时的表现为着避除刑杀的需要往往缺少丧死之秋时，而仅呈现着主德之春、夏、冬三时。陶寺槷表所槩四时之色唯存青、红、黑三色，《管子·幼官》于四时节令仅见卯、暑、寒三名，都是这种观念的反映。不啻如此，四川成都金沙遗址所出带柄有领铜璧，③ 正背两面皆旋饰三鸟图像（图 6—27，1），其所具有的文化内涵也在表现成生之三时。

----

① 李霖灿、张琨、和才：《么些象形文字延寿经译注》，《民族学研究所集刊》第八期，1959 年。
② 冯时：《中国天文考古学》第二章第一节，中国社会科学出版社 2007 年版。
③ 成都文物考古研究所：《金沙——21 世纪中国考古新发现》，五洲传播出版社 2005 年版。

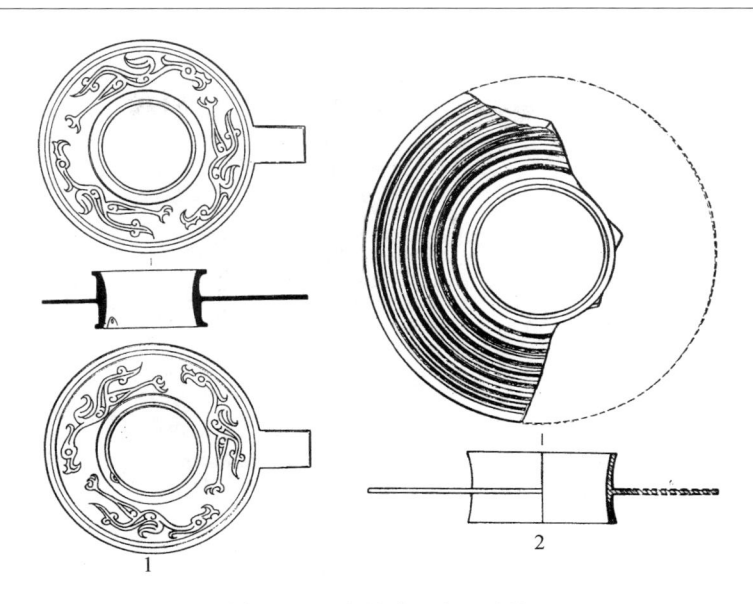

图 6—27　金沙遗址出土遗物
1. 带柄有领铜璧　2. 有领玉璧

此器之三鸟图像显然可与金沙遗址同出之太阳四鸟金箔饰进行对比（图1—17）。金箔饰图像以太阳居中，且旋饰十二芒，[①] 以象一年十二月；太阳之外的四方则饰有四鸟，以象分至四气。由于古人以为四气各有神灵司理，而四神的原型即本诸四鸟，所以分居太阳四方的四鸟，其本质也就象征着分至四神。这些问题，我们已有系统的讨论。[②] 类似的旋芒太阳图像还见于金沙遗址出土的青铜立人，[③] 立人头戴太阳冠，太阳旋饰十三芒（图6—28），象征闰年十三月。这种平年十二月与闰年十三月的图像表达于二里头文化青铜钺与圆仪上同样可以看到，[④] 所不同的是，金沙金箔图像乃是通过太阳旋芒形式表现历月，而二里头文化遗物则直

[①]　成都文物考古研究所：《金沙——21世纪中国考古新发现》，五洲传播出版社2005年版。

[②]　冯时：《中国天文考古学》第三章第三节之四，中国社会科学出版社2007年版；《中国古代的天文与人文》第二章第二节之二，中国社会科学出版社2009年修订版。

[③]　成都文物考古研究所：《金沙——21世纪中国考古新发现》，五洲传播出版社2005年版。

[④]　冯时：《中国天文考古学》第三章第三节之五，中国社会科学出版社2007年版。

图6—28 金沙遗址出土青铜立人

接借装饰于器物上的纪时"甲"字表现历月,手法虽异,但二者所反映的其时已经建立起阴阳合历的基本事实却十分清楚。

装饰三鸟的璧形器,其中央的圆孔有领,这种特殊形制与金沙遗址出土的有领玉璧完全相同(图6—27,2),① 唯前者旁出一柄而已。玉璧作为礼天之器,其形不仅象天,而且至少在春秋时期,人们甚至已以这类璧形表现天盖,有关问题,我们在第五章对锺离君柏墓的研究中已详为阐释。然而在盖天家的理论中,天盖并不是一个光素的平面,而由太阳运动所形成的七衡六间所组成。这种七衡六间的图形表示就是七个同心圆(图1—9),它们分别表示一年十二个中气的日行轨迹,其中最重要的三衡便是内圆(内衡)夏至日道、外圆(外衡)冬至日道以及第四圆(中衡)春、秋分日道,而以这三衡为主要内涵的上古遗存不仅见于红山

---

① 冯时:《中国天文考古学》第三章第三节之五,中国社会科学出版社2007年版。

文化三环圜丘（图6—14），而且通过礼天的玉璧形制及其纹样广泛地体现了出来。安徽含山凌家滩出土新石器时代玉璧已见三环的形制（图5—30），而且这种传统的影响直至西汉时期依然清晰（图5—31；图5—32）。①古人对于以二分二至为基础的三衡的认识应该很早，其年代至少可以上溯到公元前第五千纪，这或许为殷商先民认识二十四节气提供了保证。金沙有领玉璧的双面皆刻有七组清晰的同心圆，每组圆圈纹由疏密相间的极细的阴线组成，距离相等，应该有理由视为早期的七衡图。而较之稍早的殷墟妇好墓曾经出土装饰有七个同心圆的铜镜（图6—29），②二者比较，也可以解释为早期的七衡图。湖北随州叶家山西周早期曾国墓地出土玉璧，其上也雕有七个同心圆（图6—30），③应该具有同样的意义。很明显，金沙先民对于太阳及其运行规律早已有了精确的观测和清晰的认识，这与遗址同出金箔所饰的四气十二芒太阳以及立人铜像的十三芒太阳所反映的当时已建有阴阳合历的事实正相适应。

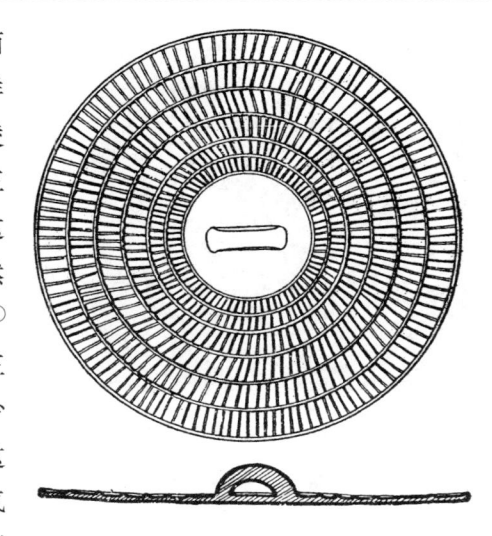

图6—29　殷墟妇好墓出土铜镜

这些证据显示，金沙先民将三鸟与有领璧形器的结合，其内涵显然是在天盖的背景上强调三时的设计主题。以三衡或七衡所表现的天盖，盖天家则称为"黄图画"，它实际是一幅以北极为中心的星图。其上所绘之三衡本在于表现二分二至，这一观念在金沙遗存中当然可以借助十二芒太阳及其与四鸟的配合形式来表现，这是说明时人所具天文观的完美形式。但是在三时成生一时丧死的阴阳德刑系统中，三衡的设计对于秋

---

① 冯时：《中国古代的天文与人文》第二章第三节，中国社会科学出版社2009年修订版。
② 中国社会科学院考古研究所：《殷虚妇好墓》，文物出版社1980年版，第104页。
③ 湖北省文物考古研究所：《随州叶家山西周早期曾国墓地》，文物出版社2013年版。

610　文明以止

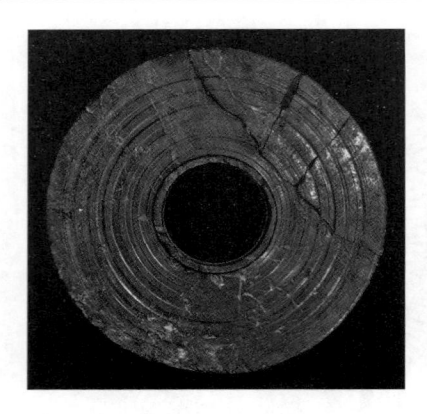

图6—30　叶家山西周早期墓葬出土玉璧（M28∶56）

杀一时的隐没就显得难以处理，于是古人通过将象征四气的四鸟隐去一鸟的做法表现避除秋时之刑杀的观念，从而表达任德远刑的思想。显然，有领铜璧所绘的三鸟，其象征意义无疑即指以春分、夏至和冬至为主题的三气，所避的一气应该就是主刑的秋分。

上述证据清楚地显示，在以祈生为宗旨的观象及相关宗教活动中，"以三时成生，以一时丧死"的观念使得古人自然要求在表现主生的愿望时就阳而避阴，从而在表现形式上讳称主杀的西方秋时，而以东方或中央这些主生之方色兼而表现。正像夏代早期或先夏时代的槷表虽仅饰三色而避言白色，但这并不意味着以槷表建时不包括秋分，事实上在任德远刑观念下的槷表饰色设计，由于春、秋二分时的表影长度相同，古人只需通过以表现春分的主德之青色兼示秋分，就可以很容易地实现在保证四时体系完整的前提下而不背离主德避刑的阴阳传统的目的。又若《管子·幼官》以春季节令之名兼称秋季节令，楚帛书与藏传缂丝画作为秋分神的名称及西方方位需要以主生的中央黄色表现一样，因此我们知道，传统的宇宙观为强调祈生的基本追求，具有刑杀内涵的西方秋分及其所象征的白色或虎象有时是需要通过具有主德主生意义的东方之色替代或兼而表示的，而《天官书》于西宫避言白虎而称咸池，正是这种观念的反映。

三　咸池古义及四象表现形式的转变

咸池虽然在中国传统的天官体系中作为西宫星官的名称，但它的本义却是太阳于东方出升之地的地名。《淮南子·天文》云：

　　日出于旸谷，浴于咸池，拂于扶桑，是谓晨明。登于扶桑，爰始将行，是谓朏明。

据此可知，所谓"咸池"，其实就是古人心目中太阳于东方出升之前所浴之池。《楚辞·离骚》："饮余马于咸池兮。"王逸《章句》："咸池，日浴处也。"《文选·何晏景福殿赋》："虽咸池之壮观。"吕向《注》："咸池，日出处。"有关太阳沐浴的神话见载于《山海经》，其《海外东经》云：

> 黑齿国，下有汤谷。汤谷上有扶桑，十日所浴。在黑齿北，居水中，有大木，九日居下枝，一日居上枝。

是明"咸池"也就是"汤谷"。《楚辞·天问》："出自汤谷，次于蒙汜。"《尚书·尧典》："分命羲仲，宅嵎夷，曰旸谷。"《淮南子·天文》及《史记·五帝本纪》亦作"旸谷"，而旧本皆作"汤谷"，[①]《归藏·启筮》则作"阳谷"，《说文·山部》"崵"字下引今文《尚书》又作"崵谷"，[②] 知"旸"、"汤"、"阳"、"崵"古书无定，其本应作"旸"或"阳"，指太阳出升之地；而太阳自水中出，故又以"旸"、"阳"字从"水"而作"汤"；古人以其地为谷，遂又以字从"山"。至于"谷"、"池"之别，则名异而实同，并无区分。《大荒南经》又云：

> 东南海之外，甘水之间，有羲和之国。有女子名曰羲和，方浴日于甘渊。

浴日之所又名"甘渊"，知"甘渊"其实就是"咸池"、"旸谷"的异名。《大荒东经》云：

> 东海之外大壑，少昊之国。……有甘山者，甘水出焉，生甘渊。

郭璞《注》："水积则成渊也。"明甘渊之地即在东海以外之大谷，谷深积水而成渊，此与咸池、旸谷的意义完全相合。

中国大陆以东乃为广阔的大海，这种特定的地理环境决定了先民观

[①] 司马贞《史记索隐》："《史记》旧本作汤谷，又引《淮南子》旧本亦作汤谷。"
[②] 参段玉裁《说文解字注》、钱大昕《潜研堂文集》卷五。

测到的日出现象一定是太阳从海中升起,所以传统表示日出的文字"旦"作"☉",即象太阳从大海出升的景象。这一现象无疑可以诱发人们产生所谓"浴日"的想象,以至于古人将东海视为太阳的浴所,太阳在出升之前要在其间洗澡,而这个浴日的大池其实就是旸谷(湯谷),古人或又名之曰"甘渊"或"咸池"。"池"、"渊"同义,而据"甘"乃言美味可知,"咸池"之"咸"的本义亦当指滋味而言,其应用为咸淡之鹹的本字。《说文·甘部》:"甘,美也,从口含一。"段玉裁《注》:"甘为五味之一,而五味之可口皆曰甘。"古文字"甘"字作"⊌",象物在口中,为口中含物之形,故"甘"又训"含"。《释名·释言语》:"甘,含也,人所含也。"而"咸"、"鹹"二字虽异,"咸"为本字,"鹹"字晚出,为从"卤""咸"声的形声字,但二字同有含的意义却很明确。朱骏声《说文通训定声》:"咸,叚借又为含。"《周礼·秋官·伊耆氏》:"共其杖咸。"郑玄《注》:"咸,读为函。"《说文·卤部》:"鹹,衔也,北方味也。"又《金部》:"衔,马勒口中也。"段玉裁《注》:"其在口中者谓之衔,引申为凡口含之用。"《汉书·义纵传》:"衔之。"师古《注》:"衔,含也。"皆以"咸"、"鹹"训含,与"甘"同义。《尔雅·释言》:"鹹,苦也。""苦"从"古"声,古文字作"☉",象以干盾擔口之形,以会食物味苦而闭口不受之意,其与"含"义适相反。《诗·卫风·伯兮》:"甘心首疾。"马瑞辰《毛诗传笺通释》:"甘与苦,古以相反为义。"凡此皆可证"甘渊"亦即"咸池"。海水味道咸苦,故"咸池"之"咸"本即用为厚味之鹹,则咸池之义即谓咸水之大池,其本指东海,较然可明。《说文·水部》:"海,天池也,以纳百川者。"说亦见《庄子·逍遥游》。所谓"天池",意即天然形成之大池,或以其味而称"咸池"。

《淮南子·天文》:"咸池者,水鱼之囿也。"高诱《注》:"咸池,星名。"《隋书·天文志》:"天潢南三星曰咸池,鱼囿也。"张守节《史记正义》:"咸池三星,在五车中,天潢南,鱼鸟之所讬也。"古以咸池为水鱼之囿,正合咸池本为大海的古义。

咸池本为日出之地,于地属东,于刑德必属德而主阳。《楚辞·远游》:"张《咸池》奏《承云》兮。"洪兴祖《补注》:"《周礼》有《大咸》,尧乐也。《乐记》云:《咸池》备矣。咸,皆也。池之为言施也。言德无不施也。"其解虽嫌迂曲,但以《咸池》之乐为德乐,却与咸池主德的本义不无关系。《周礼·春官·大司乐》："以乐舞教国子舞《云门》、《大卷》、《大咸》、《大磬》、《大夏》、《大濩》、《大武》。……舞《咸池》，以祭地示。"郑玄《注》："《大咸》，《咸池》，尧乐也。尧能禅均刑法以仪民，言其德无所不施。"此以咸池主德之明证。

《淮南子·天文》："斗杓为小岁，正月建寅，月从左行十二辰。咸池为太岁，二月建卯，月从右行四仲，终而复始。……大时者，咸池也；小时者，月建也。"钱塘《淮南天文训补注》："《淮南》有两太岁，此太岁非太一也。或说'太'当为'大'，然义则同。咸池直参，参主斩伐，咸池在其上，故不可向。太史公曰'西宫咸池'，犹言西宫白虎也。……咸池所建，当以日所在定之。"实此"太岁"亦即"大岁"，意同大时，正如斗杓为小岁意指小时月建一样。钱大昕《潜研堂文集》卷十一《答问》云："问：《淮南》以咸池为太岁，与它书所言太岁又异，何故？曰：《淮南》书云'斗杓为小岁，正月建寅，月从左行十二辰。咸池为大岁，二月建卯，月从右行四仲，终而复始。'又云：'大时者，咸池也；小时者，月建也。'咸池与月建，大小相对，初未尝指咸池为太岁。其作'太岁'者，乃后人转写之讹，然吴斗南《两汉刊误》谓《淮南》不名天一为太岁，又自以咸池名之，则南宋本已误矣。"所论极精。小时为月建已很清楚，其本指朔望月的系统，积十二个朔望月为三百五十四日有馀，是为小岁。而与其对应的咸池作为日出之地，自属德阳，况《天文》又记日出旸谷，历咸池、扶桑、曲阿、曾泉、桑野、衡阳、昆吾、鸟次、悲谷、女纪、渊虞、连石、悲泉、虞渊、蒙谷十六地而立十六时，以咸池为日行所经之轨迹，遂知古人有以咸池喻日的传统。故钱塘以咸池所建当以日所在定之，其说甚是。据此可知，所谓大时、小时亦即大岁、小岁，实则乃言阴阳合历之气、朔系统，大时咸池为气，其为阴阳合历的阳历部分，以日行而纪回归年，故也称"大岁"；小时月建为朔，其为阴阳合历的阴历部分，以月行而纪朔望月，积十二月以为一年，长度短于主阳之回归年，故也称"小岁"。其实，《天文》有关大时、小时或大岁、小岁的概念并不完整，《周髀算经》卷下于此则有大岁、小岁、经岁三者之分，更为细致。其文云："术曰：置小岁，三百五十四日九百四十分日之三百四十八。……置大岁，三百八十三日九百四十分日之八百四十七。……置经岁，三百六十五日九百四十分日之二百三十五。"明经岁乃指阴阳合历中的阳历系统，小岁实指阴阳合历中的阴历系统，而大岁较之小岁而言，则指闰年。以此比观《淮南子·天文》之大岁、小岁，知其应分别相当于《周髀算经》之经岁、小岁，皆各述阴阳合历中的气、朔循环。于此论之，古人以咸池属阳的认识也深具传统。

咸池所具有的阳德属性虽然足以使其可以兼而表现阴刑，但是如果咸池不在星象上与西宫星官有所联系，这种借阳御阴的做法就总不免失于合理，其实更为重要的是，咸池不仅具有属阳主德的性质，而且其作为西宫星官，又由其主阳的本质发展出主掌五谷收获的德生内涵。《春秋元命包》："咸池主五谷，其星五者各有所职。咸池，言谷生于水，含秀含实，主秋垂，故一名'五帝车舍'，以车载谷而贩也。"这一意义恰与古代政教观强调秋实丰稔而避其刑杀的观念相吻合。

有鉴于是，咸池本具有德阳主生的涵义是十分明显的。其本作为日出之地名，实指东海；于方位论，则属东方，故为德阳之位而主生，又据此发展出主五谷丰实。毋庸置疑，先民以具有如此内涵的咸池指称西宫，而避言秋阴之白色与虎之刑伐形象，这种做法不仅与陶寺櫜表以东方青色兼示秋分、《管子·幼官》以春季节名兼指秋节，以及楚帛书与藏传帛画以中央黄色兼示秋分或西方的传统相同，而且正合任德远刑且以阳统阴的祈生观念。

诚然，西宫避言白虎而称咸池，这种做法虽然满足了主阳去阴的刑德观念，但在表现形式上却与其他三宫直称其象的传统总不免有失和谐，于是人们为保证四象的表述整齐划一，同时又不影响主德祈生的基本诉求，便开始将四象体系进行重新的整理，终于出现了见于《礼记·月令》系统的与四象对应的四虫形式，即春虫鳞，夏虫羽，秋虫毛，冬虫介。四虫本出四象的事实是明显的，然而郑玄解四时之虫云："虫鳞，谓象物孚甲将解。虫羽，谓象物从风鼓翼。虫毛，谓象物应凉气而备寒。虫介，谓象物闭藏地中。"穿凿无据。孙希旦《礼记集解》引马晞孟曰："苍龙，木属也，其类为鳞，故春则其虫鳞。朱鸟，火属也，其类为羽，故夏则其虫羽。白虎，金属也，其类为毛，故秋则其虫毛。玄武，水属也，其类为介，故冬则其虫介。"所言甚确。然前人虽知四虫之所属，却不明何以《月令》不直言四象而非得曲称四虫。其实这种做法正是出于为任德远刑的阴阳观服务的需要。四虫的本义显然分别出于主春之龙象，主夏之鸟象、主秋之虎象及主冬之玄武之象，但其避言方色与具体物象的做法，却使一切有关刑杀的因素得以消除。因此，这种统一且隐晦的描述四象的形式不仅使各宫的原始物象得以保留，而且兼顾了避除刑杀因素的阴阳追求，因而极为理想。很明显，四象形式的这种转变表明，《天官书》所反映的四象体系显然比《月令》的体系更为朴素，也更为古老。

第五节　参天两地与奇阳偶阴

《易》有"参天两地"之说，见于《说卦》之首章，文云：

> 昔者圣人之作《易》也，幽赞于神明而生蓍，参天两地而倚数，观变于阴阳而立卦，发挥于刚柔而生爻，和顺于道德而理于义，穷理尽性以至于命。

此言圣人取象于天地人之道以作《易》，但对"参天两地而倚数"的解释，先儒则所说不一。李鼎祚《集解》引虞翻曰："倚，立。参，三也。"韩康伯《注》："参，奇也。两，耦也。七九阳数，六八阴数。"孔颖达《正义》："倚，立也。既用蓍求卦，其揲蓍所得，取奇数于天，取耦数于地，而立七八九六之数，故曰参天两地而倚数也。"事实上，此参天两地之说乃言《易》以三数奇为天数、以二数偶为地数的表述阴阳的基本方法，这种思考的扩大，便形成了以奇数为阳、以偶数为阴的《易》数体系。今见早期《易》卦皆以数字写成，其遵循的原则就是奇阳偶阴的数术原则。《周易·系辞上》曰："天一，地二，天三，地四，天五，地六，天七，地八，天九，地十。天数五，地数五，五位相得而各有合。天数二十五，地数三十，故天地之数五十有五，此所以成变化而行鬼神也。"这一思想便是阴阳数体系的完整体现。因此，"参天两地而倚数"实即古人所创立的以数字奇偶表现阴阳的方法。传统以奇数为阳，以偶数为阴，而奇偶的变化也正可以描述阴阳的变化，从而最终建立起完整的易变思想。

中国早期知识体系的形成乃在于古代先民对自然万物的观察分析，

这便是《大学》所谓的"格物致知"。这种追求真理的文化传统不仅意味着古人所创造的形下之器本应源自对自然的认识，而且形上之道也同样源出自然。因此很明显，像"参天两地而倚数"这种以数字奇偶表现阴阳的思考不可能仅出于古人的某种玄想，而只能来自于他们对天地自然的观测实践。换句话说，如果人们没有在观测实践中切实看到过"参天两地"，那么他们是不会凭空想象出这样一个易数模式的。

中国古代的盖天宇宙论不仅认为天圆地方，而且向有"三天"之说。"三天"也就是《周髀算经》所载"七衡六间图"的核心——三衡图，其基本图形就是三个同心圆（图1—8），表现的则是分至四气太阳周日视运行轨迹。我们知道，夏至时太阳的视位置很高，升于东方极北一点而没于西方极北一点；冬至时太阳的视位置很低，升于东方极南一点而没于西方极南一点；春分和秋分时太阳的视位置居中，升于正东而没于正西。古人将分至四气太阳周日视运行所规划的这三个同心圆就称为"三天"。三天之说见于长沙子弹库战国楚帛书，而同时代的竹书则或名之曰"三圆"（参见第一章第二节、第二章第五节）。《楚帛书·创世章》："炎帝乃命祝融以四神降，奠三天，维思缚，奠四极。"文述分至四神奠立三天，是说分至四神在日月运行之前，必须首先各自规划好二分二至的日行轨迹。[①] 可见"三天"的思想并非凭空产生，而源于先民通过对太阳的观测确定标准时间点——二分二至——的观象活动。

盖天家的三天思想对于他们描述天宇形状具有实际的意义，这意味着古人认识的天并不是一个简单的圆形，而有着更多的细节表现。准确地说，盖天家对三天的认识决定了他们所表现的圆天的真实形象其实就是三个同心圆，这成为古人设计与天有关的祭天圜丘以及礼天玉璧的理论依据。

据天文考古学研究，三天思想早在公元前五千纪的新石器时代即已形成（参见第一章第二节）。如果说囿于灵魂升天的宗教观念，河南濮阳西水坡45号墓墓穴形制所展现的三天尚不完整的话（图1—2），那么较其稍后一千年的发现于辽宁建平牛河梁的红山文化圜丘，由三个同心圆

---

① 冯时：《中国天文考古学》第二章，中国社会科学出版社2007年版。

第六章 天地交合 阴阳刑德 617

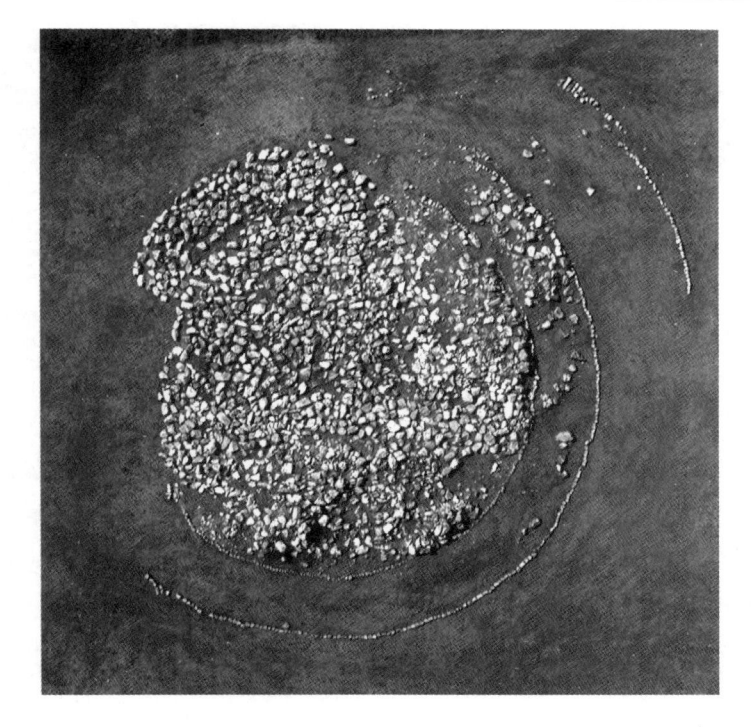

图6—31 牛河梁红山文化圜丘

所组成的三天图形则已十分严整（图6—14；图6—31；图版一二，1），①而安徽含山凌家滩出土的约属距今5300年的礼天玉璧同样呈现出三圆的形制（图5—30），与红山文化圜丘的形象完全相同，无不是三天思想的反映。直至明代，坐落于今日北京天坛的祭天圜丘以及祈年殿的三重圆顶与其下的祈谷坛，都还因袭着三天的思想。事实上，三天所呈现的三圆并非出于古人的随意涂抹，作为其设计基础的数术思想在三天观念形成的时代就已相当完备。这些对于三天的理解以及与三天相关的数术知识在《周髀算经》中有着详细记载，为我们揭示"参天两地"思想的形成提供了可能。

盖天家用以描述一年十二个中气太阳周日视运行轨迹的"七衡六间

---

① 冯时：《红山文化三环石坛的天文学研究——兼论中国最早的圜丘与方丘》，《北方文物》1993年第1期；《中国天文考古学》第七章，社会科学文献出版社2001年版；《中国古代的天文与人文》第五章，中国社会科学出版社2005年版。

图"（图1—9），其每衡的直径与周长在《周髀算经》卷上有着详细记载。今将作为其核心部分的分至周日视运行轨迹——三衡图——的各衡数据转引于下：

> 凡径二十三万八千里，此夏至日道之径也，其周七十一万四千里。……凡径四十七万六千里，此冬至日道径也，其周百四十二万八千里。……凡径三十五万七千里，周一百七万一千里。内一衡，径二十三万八千里，周七十一万四千里。……次四衡，径三十五万七千里，周一百七万一千里。……次七衡，径四十七万六千里，周一百四十二万八千里。

据此可知，三衡的数术关系可归纳为两点，第一，冬至日道（外衡）直径为夏至日道（内衡）直径的两倍。第二，三衡直径呈等差数列。这两种关系在目前发现的新石器时代圜丘遗迹中分别有所体现，其中发现于牛河梁的红山文化圜丘的三圆设计符合第一种关系，即冬至日道（外衡）径等于夏至日道（内衡）径的两倍，同时三衡直径构成$\sqrt{2}$倍的关系。而发现于田家沟的红山文化三圆遗存的设计则似乎符合第二种关系，即三圆直径呈等差数列，但外衡直径却已不是内衡直径的两倍。很明显，《周髀算经》所载三圆的这两种关系事实上是后人对早期两种圜丘设计思想综合整理的结果，而这两种比例关系则在唐代圜丘的设计上得到了集中体现。

据《旧唐书·礼仪志一》记载："武德初，定令：每岁冬至，祀昊天上帝于圆丘，以景帝配。其坛在京城明德门外道东二里。坛制四成，各高八尺一寸，下成广二十丈，再成广十五丈，三成广十丈，四成广五丈。每祀则昊天上帝及配帝设位于平座，藉用槁秸，器用陶匏。五方上帝、日月、内官、中官、外官及众星，并皆从祀。其五方帝及日月七座在坛之第二等，内五星已下官五十五座在坛之第三等，二十八宿已下中官一百三十五座在坛之第四等，外官百十二座在坛下外壝之内，众星三百六十座在外壝之外。其牲。上帝及配帝用苍犊二，五方帝及日月用方色犊各一，内官已下加羊豕各九。夏至，祭皇地祇于方丘，亦以景帝配。其坛在宫城之北十四里？坛制再成，下成方十丈，上成五丈。"《新唐书·礼乐志二》则简述圜丘之制曰："四成，而成高八尺一寸，下成广二十丈，而五减之，至于五丈，而十有二陛者，圜丘也。"皆以等差数列的原则设计四成圆坛，与《周髀算经》之"七衡六间图"的数术思想相同。唐代圜丘始建于隋初，系隋人所创之新制，为唐所因袭。[①] 然圜丘四成之制颇无根据，唐初虽因袭以为制，但其后却对此新制进行了改造。今日考古发现的唐代圜丘形制已有别于隋及唐初所定制度，即为明证。此圜丘尽管仍然承袭隋圜丘四成的形制而不便改易，但各成的直径却有了很大变化（图6—32；图版一二，2）。今保留的实际尺寸为下成直径52.45—53.15米，再成直径40.04—40.89米，三成直径28.35—28.48米，四成直径19.74—20.59米，[②] 明显以下、再、三的三衡构成等差数列关系，同时又以再、三、四的三衡构成$\sqrt{2}$倍的等比数列关系。这种设计事实上综合了《周髀算经》"七衡六间图"与周髀圆方二图所体现的两种数术原则，在以外三衡等差关系所构成的分至三天的情况下，则可以内衡表现恒显圈；而在以内三衡等比关系所构成的分至三天的情况下，又可以外衡表现恒隐圈。但无论如何，隋唐圜丘本身所体现的"参天两地"的思想已不明显，其与建于北郊的再成之方丘构成了新的"参天两地"的阴阳关系。

三圆直径呈现等差数列的设计思想显然更多地引进了计算的功能，因此应该相对晚起。那么早期三衡图的设计在保证内外两衡直径构成二倍关系的同时，如何处理中衡便成为至关重要的问题，这决定了最早的三天思想，其三个同心圆究竟构成一种怎样的数术关系。

发现于牛河梁的红山文化圜丘，其三圆直径保存完整，为我们探索

[①] 《隋书·礼仪志一》："高祖受命，欲新制度。乃命国子祭酒辛彦之议定祀典。为圆丘于国之南，太阳门外道东二里。共丘四成，各高八尺一寸。下成广二十丈，再成广十五丈，又三成广十丈，四成广五丈。再岁冬至之日，祀昊天上帝于其上，以太祖武元皇帝配。五方上帝、日月、五星、内官四十二座、次官一百三十六座、外官一百一十一座、众星三百六十座，并皆从祀。上帝、日月在丘之第二等，北斗五星、十二辰、河汉、内官在丘第三等，二十八宿、中官在丘第四等，外官在内壝之内，众星在内壝之外。其牲，上帝、配帝用苍犊二，五帝、日月用方色犊各一，五星已下用羊豕各九。"足见唐初圜丘之祀对隋代新制的继承。

[②] 中国社会科学院考古研究所西安唐城工作队：《陕西西安唐长安城圜丘遗址的发掘》，《考古》2000年第7期。

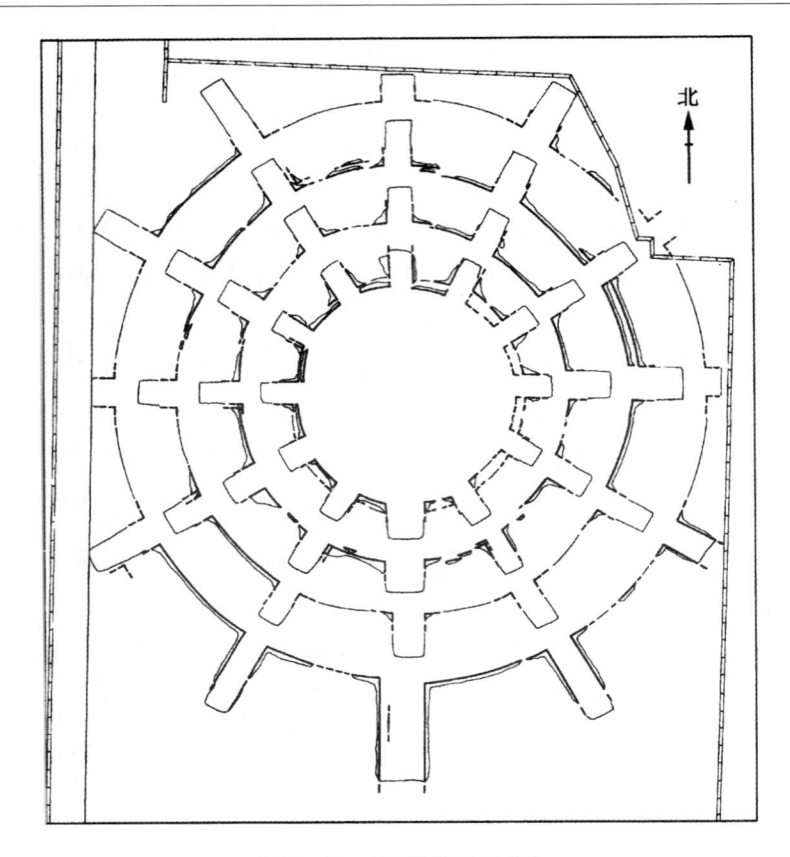

图 6—32 唐代圜丘平面图

古人采用怎样的方法完成三个同心圆的设计提供了重要资料。圜丘外衡径 22 米，中衡径 15.6 米，内衡径 11 米（图 6—31），① 不仅外衡径为内衡径的两倍，而且三衡直径呈现等比的关系。很明显，冬至日道径为夏至日道径的两倍，这恰好符合《周髀算经》的记载，而三衡直径呈现 $\sqrt{2}$ 倍的等比关系，这个事实彻底地揭示了红山文化圜丘设计的基本方法。

《周髀算经》在所附的"七衡六间图"之外，还载有两幅周髀"圆方图"和"方圆图"，其中圆方图是在一个标准正方形外做其外接圆（图

---

① 辽宁省文物考古研究所：《辽宁牛河梁红山文化"女神庙"与积石冢发掘简报》，《文物》1986 年第 8 期。

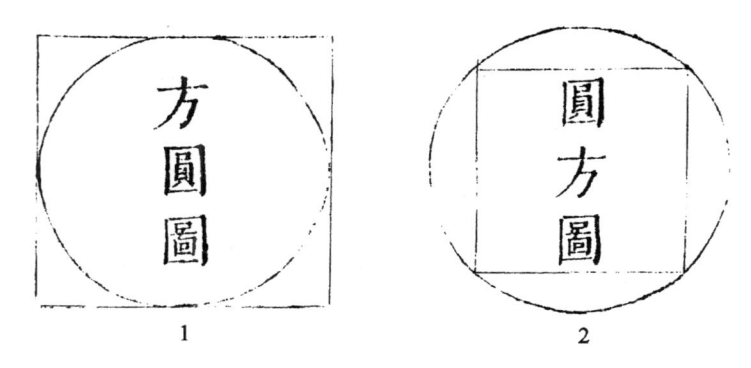

图 6—33 《周髀算经》所载方圆图
1. 方圆图 2. 圆方图

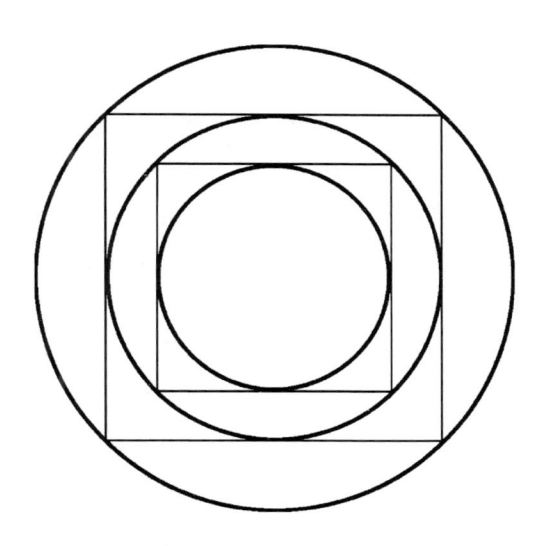

图 6—34 参天两地图

6—33，2），而方圆图则是在正方形内做其内切圆（图 6—33，1）。我们曾经指出，由于《周髀算经》研究的是勾股问题，而正方形对角线所分割的图形也正是勾股问题，如果我们假设正方形的边长为 1，其对角线就是 $\sqrt{2}$。因此很明显，《周髀算经》所列的有关方圆的这两幅图形事实上已经道明了红山先民完成圜丘设计的基本方法，人们只要连续完成正方形的内切圆和外接圆，就可以得到直径呈现 $\sqrt{2}$ 倍比例关系的三个同心圆

(图6—34)。①

这种通过圆方和方圆两种图形所获得的直径呈现$\sqrt{2}$倍的三圆图形一直都是古人完成圜丘设计所采用的最朴素的方法。② 众所周知，圆形和方形不仅是古人最早认识的标准几何图形，而且在先民的盖天宇宙观体系中，这两种图形都是有所象征的。人们以圆为天的形象，则三个同心圆即象三天；又以方为地的形象，那么两个正方形则象两地（图6—34）。显然，这种以三圆容纳二方图形的宇宙观解释就是三天容纳两地，从而构成了"参天两地"思想的认识基础。

古人以两地求得三天，这意味着三圆图形的完成必须借助两个正方形才可能实现。于是在这个以三圆两方所象征的知识体系中，三圆表示三天，其数为奇，两方表示两地，其数为偶，并最终形成以奇数象天为阳、偶数象地为阴的易数思想体系。

《续汉书·律历志上》在谈到律吕之术时也讲到了"参天两地"的思想，文云："阳以圆为形，其性动。阴以方为节，其性静。动者数三，静者数二。……皆参天两地，圆盖方覆，六耦承奇之道也。"此"参天两地"之说显然也是易数阴阳思想的延续。不过其运用于律吕计算，历史恐怕更为悠久。③

近出北京大学藏秦竹书《鲁久次问数于陈起》谈到了与此相关的盖天模式，文引陈起云："天下之物，无不用数者。夫天所盖之大殹，地所生之众殹。岁，四时之至殹，日月相代殹，星辰之往与来殹，五音六律生殹，毕用数。……地方三重，天圆三重，故曰三方三圆。……大方大圆，命曰单薄之参；中方中圆，命曰日之七；小方小圆，命曰播之五。故曰黄钟之副、单薄之参、日之七、播之五，命为四卦，以卜天下。"④

---

① 冯时：《红山文化三环石坛的天文学研究——兼论中国最早的圜丘与方丘》，《北方文物》1993年第1期；《中国天文考古学》第七章，社会科学文献出版社2001年版；《中国古代的天文与人文》第五章，中国社会科学出版社2005年。

② 新疆维吾尔自治区巴音布鲁克也发现三圆遗存，蒙中国社会科学院考古研究所巫新华教授见告，三衡直径分别为外衡100米，中衡70.7米，内衡50米，正呈$\sqrt{2}$倍，相当精确，其设计显然也是通过连续制作方圆图形的方法。因资料尚未发表，姑不做讨论。

③ 冯时：《中国天文考古学》第四章第一节，中国社会科学出版社2017年版。

④ 陈镱文、曲安京：《北大秦简〈鲁久次问数于陈起〉中的宇宙模型》，《文物》2017年第3期。

其所阐述的三方三圆思想看似与"参天两地"观念略有不同，但实质却没有任何差异。竹书以中方中圆之数为七，以小方小圆之数为五，正暗示了此三圆三方图形的制作实际采用的正是周髀圆方二图的绘制原则。事实上，"参天两地"是以三圆容二方（图6—34），其内圆（内衡）之内并没有绘出圆的内接正方形，但在陈起所说的三方三圆的图形中，这个圆内接正方形是要被标出的。之所以标出这个本不需要标出的圆内之方，目的无外乎在强调《周髀算经》所记载的"方数为典，以方出圆"的制图准则，所以竹书特以"黄钟之副"之九数为四卦之一。很明显，从易数与律吕阴阳的角度讲，所谓三方三圆只能体现圆方两种图形所象征的天地阴阳的不同，而并不具有"参天两地"思想所表达的普遍意义，因此其哲学价值已远逊于"参天两地"的宇宙观。

《汉书·律历志上》："《易》曰：'参天两地而倚数。'天之数始于一，终于二十有五。其义纪之以三，故置一得三，又二十五分之六，凡二十五置，终天之数，得八十一，以天地五位之合终于十者乘之，为八百一十分，应历一统千五百三十九岁之章数，黄钟之实也。繇此之义。起十二律之周径。地之数始于二，终于三十。其义纪之以两，故置一得二，凡三十置，终地之数。得六十，以地中数六乘之，为三百六十分，当期之日，林钟之实。人者，继天顺地，序气成物，统八卦，调八风，理八政，正八节，谐八音，舞八佾，监八方，被八荒，以终天地之功，故八八六十四。其义极天地之变，以天地五位之合终于十者乘之，为六百四十分，以应六十四卦，大族之实也。《书》曰：'天功人其代之。'天兼地，人则天，故以五位之合乘焉，'唯天为大，唯尧则之'之象也。地以中数乘者，阴道理内，在中馈之象也。三统相通。故黄钟、林钟、太族律长皆全寸而亡馀分也。"师古《注》："倚，立也。参谓奇也，两为耦也。七九阳数，六八阴数。"其易数阴阳之体系不仅已经建立，而且应用于与律历阴阳相关之一切领域。

易数阴阳的思考与原始宗教观的形成也具有密切的关系。古人以天神上帝为创造万物的至上神明，以宗法的形式表现天神则是"帝"，而以数术的形式表现天神便是"一"。"一"不仅是万数之始，这与帝作为万物之始的至尊神灵具有相同的性质，同时也是奇数。因此，古人以奇数"一"表现天神事实上正与在"参天两地"的框架下以奇数为天的认识相一致。

　　周髀"圆方图"与"方圆图"不仅是盖天家描述天地的基本图形，而且由于古人必须借此完成三天的设计，并以其建立祭天圜丘的基本形制，所以这两个图形以及其中所暗含的 $\sqrt{2}$ ——古人更习惯于接受方五斜七——的比例关系，便成为中国古代建筑的根本法要，其列于《营造法式》之首，成为古代建筑设计比例的标准典式。近有学者循此思路考察中国古代建筑的比例关系，无有不合。① 事实上，周髀圆方二图作为早期宇宙观的基本图形不仅构建起中国古代建筑的数术基础，同时其所体现的"参天两地"思想也建构了易数阴阳的哲学基础。其文化之源或许可以上溯至红山文化时代甚至更早，具有数千年的悠久传统。

第六节　战国《筮法》卦位图研究

　　中国传统阴阳观的形成历史极为悠久，考古资料所提供的探索阴阳观念及其哲学思想的起源背景已从以往对于《周易》的认识提前到了更广阔的以天文学与中算学为认知基础的史前时代，② 显然，这为传统阴阳哲学的研究开辟了新途径。

　　"阴阳"是古代先民对于万物生养原因所给予的一般意义的解释。证据显示，至少在距今八千年前，我们的先人就已具有了阴阳的认识。③ 当时的人们已经懂得律、历的联系，并以候测时气的阴吕阳律相配为阴阳。约五千五百年前的红山文化先民则不仅具备了天地、方位的阴阳观念，④ 而且他们通过人体交泰之姿表现阴阳之气的交通，并以青、白二色象征阴阳，体现了与《周易》泰卦及《淮南子·天文》一脉相承的思想（详见第六章第二节）。不仅如此，在与红山文化同时或稍晚的新石器时代遗

---

　　① 王南：《象天法地，规矩方圆——中国古代都城、宫殿规划布局之构图比例探析》，《建筑史》第 40 辑，2017 年。
　　② 冯时：《天文考古学与上古宇宙观》，《中国史新论——科技与中国社会分册》，联经出版公司 2010 年版。
　　③ 吴钊：《贾湖龟铃骨笛与中国音乐文明之源》，《文物》1991 年第 3 期。
　　④ 冯时：《红山文化三环石坛的天文学研究——兼论中国最早的圜丘与方丘》，《北方文物》1993 年第 1 期。

存中甚至发现以数字的奇偶表现阴阳的洛书玉版。① 这些考古学证据的意义是不容忽视的，它清楚地表明，远在前文献时期的新石器时代，中国宇宙观中具有一般意义的阴阳思辨早就完成了。正是由于古人对阴阳问题的长期思考，最终为易学思想的形成奠定了基础。

一 战国《筮法》卦位图之特点

在古人对于阴阳观念思辨完成之后，接下来的首要工作就是如何表现阴阳。事实上，在人们懂得用"阴"、"阳"两个文字概括并表现阴阳之前，阴阳观念的表现形式是丰富而具体的。人们可以像贾湖先民那样借律吕表现阴阳，也可以像红山先民那样借天地、日月、星辰或昼夜等一切自然现象表现阴阳，还可以借相对抽象的空间、时间以及与时空相互拴系的颜色表现阴阳，当然更可以像凌家滩先民那样借助更为抽象的奇偶数字表现阴阳。在这些表现阴阳的方法当中，以数字的奇偶为阳数阴数的思辨显然最为晚起，而除此之外的其他方式均不出天文与时空体系，显然，天文与时空实际构成了古人用于表现阴阳的最基本的形式，形成了中国文化的固有传统。

然而在如何表述阴阳的问题上，不同思想体系与知识体系之间却存在着难以协调的矛盾。东方由于为日出之地，遂属阳位；西方为日没月出之地，故属阴位。对这两个方位的阴阳判断，古今并没有任何歧议，但是对南、北二方阴阳属性的认识却十分麻烦。《周易·说卦》载后天八卦方位，其四正四维之配卦为：

正东	震	东北维	艮
正西	兑	东南维	巽
正北	坎	西南维	坤
正南	离	西北维	乾

这个八卦方位几乎反映了八卦与八方配合的唯一形式，因为宋儒所杜撰的所谓"先天八卦方位"至今仍得不到任何宋元时代以前的考古材料的

---

① 冯时：《中国天文考古学》第八章，中国社会科学出版社 2007 年版。

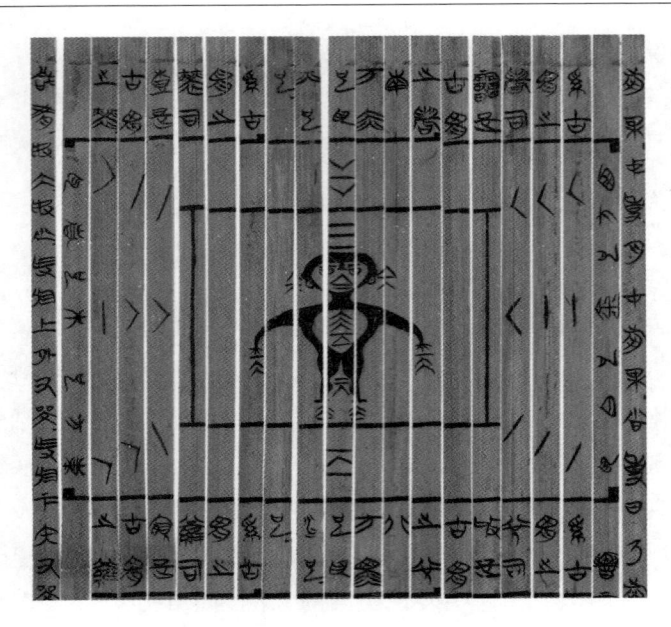

图 6—35　战国竹书《筮法》卦位图

支持。① 因此，所谓先天之学其实只是关乎阴阳相生次序的朴素知识，而并不涉及方位问题。

但是，近出清华大学所藏战国竹书《筮法》所列之卦位图却显示了与《说卦》的明显差异（图 6—35；图版一一，4）。卦位图中央矩形方框内绘人形图，并于人体的不同部位配以八卦，八卦与身体的配伍关系是：乾为首，坤为上腹，震为足，巽为股，坎为耳，离为下腹，艮为手，兑为口。相关内容也见于《说卦》，文云：

> 乾为首，坤为腹，震为足，巽为股，坎为耳，离为目，艮为手，兑为口。

整理者指出，除"离为目"与竹书相异外，馀则皆同。② 事实上，《说卦》载离卦所象人体部位，其中又有"离，……其于人也，为大腹"，正

---

① 冯时：《中国天文考古学》第八章，中国社会科学出版社 2007 年版。
② 李学勤主编：《清华大学藏战国竹简（肆）》，中西书局 2014 年版。

与竹书人形图之配卦吻合。显而易见，人形图所体现的知识体系与《说卦》并无不同。

竹书人形图外之八方继而配伍八卦，其八卦方位为：

正东	震	东北维	艮
正西	兑	东南维	巽
正北	罗	西南维	坤
正南	劳	西北维	乾

以其与《说卦》之后天八卦相比，唯南、北二卦位置互调，且卦名也存在异文。

竹书于八卦之外的方框外侧尚有八段说明文字，分别位于四正四维之位。其中四正位置的文字内容为：

东方也木也，青色。
西方也金也，白色。
南方也火也，赤色也。
北方也水也，黑色也。

所言乃五方与五行、五色体系的配属关系。又四维位置的文字内容为：

奚故谓之震？司雷，是故谓之震。
奚故谓之兑？司收，是故谓之兑。
奚故谓之劳？司树，是故谓之劳。
奚故谓之罗？司藏，是故谓之罗。

这些内容不仅对四正卦的卦名进行了解释，而且建立了四正卦作为四时之卦而与四时变化的联系，从中不难看出，五行中的四方之行本应四时之变化，此亦即四正之卦的本质。这一思想的强调十分重要。

综合竹书的内容，可以建立后天八卦，特别是其中的四正之卦与五方、五色、五行及四时体系的固有联系，这种联系不仅体现了中国传统文化以空间决定时间的时空关系，也为探讨五行与时空的内在联系提供了线索。

二　五行与方位阴阳的关系

中国传统文化的核心在于时间与空间关系的确定，准确地说，这种关系表现为古人对于空间决定时间的固有认知，这种认知取决于先民以立表测影决定时间的方法，这意味着，如果人们需要建立精确的时间系统，那么他们就必须首先建立精确的空间系统，显然，先民对于空间的规划也就成为其认识时空的基础。由于时空知识乃是文明社会得以建立的柢石，这使决定时间的空间体系成为人类知识的渊薮，对中国文化的各个方面产生了深刻影响。

古人通过立表测影而规划空间，首先建立的就是子午、卯酉二绳，子午绳指向北、南二方，卯酉绳指向东、西二方，而二绳的交午处便是中央。所以二绳所呈现的"十"形图像实际便构成了中国古人最朴素也最基本的空间系统——五方。许慎在《说文解字》中对五方的解释虽然将早期文字"甲"字的意义错误地赋予了数字十，但这条史料仍很重要，它不仅使我们根据甲骨文、金文的"甲"字本作"十"的事实了解了其本即取自立表测影所得到的五方二绳图像，而且根据古人对于空间作为时间基础的传统认知，更可对人们将表现空间的图像移用于记录时间，并作为十干之首的做法给予了合理的解释。

二绳图像所呈现的五方空间体系形成了中国古人最基本的空间观念是显而易见的，于是古人以这样的空间体系为基础，将各种与时空相关，或由时空决定的文化要素纳入其中，形成了以五为核心的文化架构。如古人以十干分配五方，又配以五音、五虫、五数、五味、五臭、五脏、五祀，甚至其后更发展出具有宗教与政治意义的五帝、五臣、五佐。而方色理论由于来源于人们对中国大陆五方不同土色事实的认识，也自然可以与五方空间相配而作为空间思想的表现手法，并发展出大社、封建乃至天文、阴阳的配色形式。而五行之所以取数为"五"，当然也只能是为适合五方空间的系统，如此才可能实现五行与五方的完美分配。

诚然，尽管五行本出应合五方需要的事实可以肯定，但是鉴于古人对于空间决定时间的特殊关系的认知，致使五方不仅可以规划空间，同时也可以规划四时，空间与时间是相互拴系的。在这个时空体系中，东为春分，后统指春；西为秋分，后统指秋；南为夏至，后统指夏；北为冬至，后统指冬；中央则配于季夏之末，其以空间之中表现时间之中央。这种时空的联系意味着，五行虽本应合五方，但古人对五行元素的选择却不可能不体现他们对时间的思考。换句话说，如果五方的空间观导致了五行观念的形成，那么基于这一空间体系而产生的五行思想也就必然具有时间的意义，这体现了中国文化的根本特点。显然，从这一点追寻五行的起源，其中与四方配伍的四行由于与时间的联系更为密切，因此更应鲜明地体现着古人对于时间的思考。

竹书卦位图将五行、五方与四时相配，很好地说明了这一问题。其以木配东而司雷，金配西而司收，火配南而司树，水配北而司藏，其中之雷、收、树、藏不仅体现了四方的特征，更体现了由四方所决定的四时的特征。古人的生活实践经验使他们懂得，自然万物于四时的变化呈现为春生、夏长、秋收、冬藏的特点，这不仅反映了四时变化的生长消息，更建立了上古先民顺时施政的用事法则。而竹书所言之东雷、西收、南树、北藏如果认为就是春生、夏长、秋收、冬藏的不同表述形式，那么二者所反映的四方所主四时的自然变化特征至为吻合则是毫无疑问的。很明显，竹书以五行与四时变化配举的做法对解决五行思想的起源问题非常关键。

目前所见最早对五行思想系统记述的文献为《尚书·洪范》，文云：

> 五行：一曰水，二曰火，三曰木，四曰金，五曰土。水曰润下，火曰炎上，木曰曲直，金曰从革，土爰稼穑。润下作咸，炎上作苦，曲直作酸，从革作辛，稼穑作甘。

这段文字讲述了三个层面的意义。

其一，五行以水配北，以火配南，以木配东，以金配西，以土配中，这一点于《洪范》虽未明言，但很清楚，其问题的关键即在于经文将水、火、木、金、土五行分别与一、二、三、四、五之生数系统相配，而古人以五生数配五方，正呈一配北、二配南、三配东、四配西、五配中的形式。伪孔《传》解五数谓："皆其生数。"孔颖达《正义》更引生成数理论递解云："天一生水于北，地二生火于南，天三生木于东，地四生金于西，天五生土于中。"此亦即五行生数系统。古人以生数分配北、南、东、西、中五方，最典型的做法就是我们曾经揭示的洛书系统中的四方五位图，图中以一为北，二为南，三为东，四为西，五为中。① 显然，《洪范》五行与五方相配的事实非常明确。与此同样重要的是，五行中相对二行之木与金、水与火，与方位中相对二方之东与西、南与北联属，而并不以五行相生或相胜的循环形式呈现，显示了五行系统的早期特征。② 这种做法当然源出以二绳建构空间体系的朴素观念，其为五行与时间联系的认识奠定了基础。

其二，《洪范》在说明五行与五方的联系之后，进而描述了五行的性质。五行于中央配土，而中国原始宗教观则以中央为社神，作为上帝五臣正之帝工。社为土神，土载万物，遂古人因社就土，故以土为五行之一而配于中央，主司稼穑。《洪范》以"土爰稼穑"，伪孔《传》："土可以种，可以敛。"而作物的丰收不仅体现了上古观象授时的本质追求，更可以作为人类祈生理念的反映。很明显，古人以土为中央之行的做法更多地体现了上古宗教观的影响，反映了时空观、宗教观与哲学观的结合。而社神与作为四方神的分至四神在帝廷的神祇系统中共同充当了帝之五臣，成为帝廷的主要成员，这个宗教体系显然就是五行思想的渊薮。③ 因此，中央土的确定尽管与时间无关，事实上这是五方与四时无法一一分配对应的结果，但这并不影响另外与四方相配的四行与时间的联系。

古人以东、西、南、北四方应四时，而四时的变化于自然万物之表现即为春生、夏长、秋收、冬藏，《礼记·乐记》或作"春作夏长，秋敛冬藏"，这当然是由四时寒暑的不同与阴阳之气的消长所决定的。"春生"是指大地回暖，生命复苏；"夏长"是指阳气上升，万物生发；"秋收"是指暑退将寒，精气收敛；而"冬藏"则谓天地极寒，万物闭藏。因此，五行中的四方之行如果具有时间的意义，就必须要借相应的

---

① 冯时：《中国天文考古学》第八章，中国社会科学出版社2010年版。
② 李学勤：《帛书五行与尚书洪范》，《李学勤集》，黑龙江教育出版社1989年版。
③ 陈梦家：《殷虚卜辞综述》第十七章，科学出版社1956年版。

元素传达出这种四时变化的本质特征。《洪范》"五行"郑玄《注》："行者，顺天行气。"即道此理。四气正是四时，其主四方，所以四正卦也就是四时卦，用之则配以四方之行。古人不仅以其记录四时，更以其记录足以反映四时变化的气的消长，因此，时间与体现时间的气是互为说明的。殷卜辞四方风名系统即以四方应四时，并以作为四时之气的四风表现四时。显然，四方所体现的时间意义除了具有日影长短等天文观测的内涵之外，四方之气的变化则是表现时间更重要且更朴素的形式，这使四时卦以及配合四方的四方之行通过四时之气的变化而表现时间便十分自然了。事实上，五行体系中那些应合四方四时的元素是否适合体现相应时令的变化，这种考虑正是古人对五行元素中四方之行的选择标准。

　　《洪范》以为"水曰润下，火曰炎上"，伪孔《传》："言其自然之常性。"这种自然常性也就是相关物质的自然本性。《周易·乾·文言》："水流湿，火就燥。"孔颖达《正义》："王肃曰：水之性润万物而退下，火之性炎盛而升上。是润下炎上言其自然之本性。"《说文·水部》："润，水曰润下。"又《炎部》："炎，火光上也。"水之性在于润下而浸藏于土；火之性则在炎盛而升腾向上，"炎"字本作下上二"火"之形，即形象地表达了火焰炎上的特性。而水、火各自的特点如果与四时之征候比观，则恰好分别与冬时闭藏、夏时生发的时令特征吻合，故古以水表现冬藏，传统以北主冬，是水遂为北方之行；而以火表现夏长，传统以南主夏，是火遂为南方之行。《汉书·五行志》："水，北方，终藏万物者也。火，南方，扬光辉为明者也。"仍可见古人以水喻藏、以火喻长之初衷。

　　《洪范》又以"木曰曲直，金曰从革"，伪孔《传》："木可以揉曲直，金可以改更。"孔颖达《正义》："此亦言其性也。"旧注皆以"曲直"解为木之材用，殊失本义。《素问·五常政大论》："其用曲直，其化生荣。"知"曲直"所言正谓生荣，其扣合东方之木主生的思想非常明确。《说文·生部》："生，进也。"古训以"曲"为小，以"直"为伸。《礼记·中庸》："其次致曲。"郑玄《注》："曲犹小小之事也。"《孟子·滕文公下》："枉尺而直寻。"朱熹《集注》："直，伸也。"故"曲直"正言由曲而直，其谓春时之物初生渐进的状态。《说文·木部》："木，冒也。冒地而生，东方之行。"《周易·观》："观其生。"王弼《注》："生，犹动出也。"皆以春生乃言物蠢动而出，此以木性喻春生。甲骨文"屯"作"丨"，亦用为春季之"春"，字象种子抽芽之形，① 此动物之初，是谓"曲"也；甲骨文"生"作"㞢"象植物之新苗破土而出，其相对于抽芽之"屯"曲，则言进而"直"也。故"曲直"实言春时之物生，意尤明了。《周易》之卦序，次乾坤阴阳而后为屯为蒙，也物生曲直之喻。《说文·艸部》："春，推也。从艸从日，艸春时生也，屯声。"其实"春"之声符"屯"正是"春"之本字，其写种子抽芽，恰有蠢动而生之象。《释名·释天》："春，蠢也，蠢动而生也。"《尔雅·释天》："春为发生。"《周礼·春官·叙官》贾公彦《疏》引郑玄《目录》云："春者出万物。"《论衡·变动》："使物生者，春也。"既见古人以"屯"为曲之义。《周易·明夷·彖》："以蒙大难。"陆德明《释文》："蒙，冒也。"其与以"木"训冒者相同。《周易·蒙》郑玄《注》："蒙者蒙蒙，物初生形。"陆德明《释文》："蒙，蒙也，稚也。"《周易·序卦》："屯者，物之始生也。物生必蒙，故受之以蒙。蒙者，蒙也，物之稺也。"李鼎祚《集解》引郑玄《注》："蒙，幼小之貌。"故物屯蒙之进正犹曲直之变，"屯"（春）为物之始生，乃蠢动之状；而"生"则为冒直。故古人以木之曲直言春生，遂定东方之行。

"金曰从革"为金之性，裴骃《史记集解》引马融曰："金之性从人而更，可销铄。"《说文·金部》："金，从革不违，西方之行。"段玉裁《注》："谓顺人之意以变更其器。"古人以金作器，必先冶后铸，约之以型范，无范则不可成器，范形决定着器形。然而无论何种式样之范，金器必顺范型而待液体凝结为器，故金之自然常性与水大异，实在于其凝聚收敛，此与秋时精气收敛之时气恰合。不啻如此，秋气肃杀，也与金性坚利杀伐至为相符，故古人以金性从革言秋收，以喻秋气肃杀，万物精气收敛，遂定西方之行。

五行之本质乃在表现天地之气的变化，其借自然之物所具有的常性以象之。《白虎通义·五行》："言行者，欲言为天行气之义也。……水位在北方，北方者阴气。……木在东方，东方者，阳气始动，万物始生。……火

---

① 于省吾：《释屯》，《甲骨文字释林》，中华书局1979年版。

在南方,南方者,阳在上,万物垂枝。……金在西方,西方者,阴始起,万物禁止。……土在中央,中央者土,土主吐含万物。"《释名·释天》:"五行者,五气也。于其方各施气也。"《汉书·艺文志》:"五行者,五常之形气也。"故古言五行者,皆本顺天地四时之气。竹书卦位图以东方木行司震,即《说卦》所谓"帝出乎震"及"万物出乎震",李鼎祚《集解》引虞翻曰:"出,生也。"是"司震"意即春主生。以西方金行司收,意即秋主收。以南方火行司树,即《五行》所谓南方夏而"万物垂枝",《说文·宋部》:"南,艸木至南方有枝任也。"故以司树以明夏主长。又以北方水行司藏,意即冬主藏。《春秋繁露·五行对》:"春主生,夏主长,秋主收,冬主藏。"此见四方之行的本义。而中央土源出宗教,不为时令。《五行》以"土所以不名时者"是也。

其三,《洪范》述及五行之常性后,更言其与五味的关系。由于五行与时空的拴系,五行所决定的五味也就导致了五味与时空的配伍。古人以水味咸属北而主冬,火味苦属南而主夏,木味酸属东而主春,金味辛属西而主秋,土味甘属中央而配于季夏之末,其后成为上古月令制度的主要内容。《礼记·月令》记时空与五行五味的配伍关系为:东方春木,其味酸;南方夏火,其味苦;中央土,其味甘;西方秋金,其味辛;北方冬水,其味咸。与《洪范》内容相同,也制度之论。

三 南北方位阴阳的差异与调整

五行体系的形成,除中央土源出于上古宗教观对社神的崇拜之外,四方之行则在反映四时之气的变化,这个宗旨使得古人在选择四方之行的物质元素的时候唯重其与相应时气特征的契合,而将这种与时令之气契合的物质元素纳入时空一体的框架下,也就自然表现为与方位阴阳特性的契合。《白虎通义·五行》:"五行之性,或上或下何?火者,阳也。尊,故上。水者,阴也。卑,故下。木者少阳,金者少阴。……土者最大,苞含物将生者出,将归者入,不嫌清浊为万物。……五行所以二阳三阴何?尊者配天,金木水火,阴阳自偶。""地,土之别名也,比于五行最尊,故不自居部职也。"《春秋繁露·五行对》:"五行莫贵于土,土之于四时无所命也,不与火分功名。""土者,五行最贵者也。"原始宗教观以社神配天,① 这是五行以土为尊,而"尊者配天"思想的来源,这当然也印证了中央土本出社神崇拜的事实。土配天在下,故相对于天阳而为阴。而四方之神或阴或阳,也各主方位。火为阳。《风俗通义》引《尚书大传》:"火者,太阳也。"《春秋感精符》:"火者,阳之精也。"其配南方,故南为阳。水为阴。《淮南子·天文》:"阴气为水。"《白虎通义·五行》:"火者盛阳,水者盛阴。""水,太阴也。"《论衡·顺鼓》:"水,阴也。"其配北方,故北为阴。木为阳。《洪范五行传》:"木者,少阳。"其配东方日出之地,又以木象德生,故东为阳为德。金为阴。《春秋繁露·官制》:"秋者,少阴之选也。"其配西方日入月出之地,又以金象刑杀,故西为阴为刑。因此以五行与五方配伍,其阴阳属性完全相合。这个五行与方位阴阳的判断本基于古人对于时空的规划与思考,体现了先民对时空的认识以及对自然万物于四时变化的细致观察,朴素而具体。

在以天文为背景的时空与原始宗教系统中,四方阴阳的分配一直很清楚。五千五百年前红山文化祭天圜丘与祀地方丘呈东、西布设,圜丘在东,方丘居西;② 明代之日坛、月坛分居北京东、西郊;皆明东阳西阴之观念。而古人始终以南方象天,北方象地,如果将天地纳入阴阳的体系中描述,那么天属阳而地属阴的事实也至为明确。《尚书·尧典》四时章言羲、和命分至四神授时司候,其所体现的时空观念即颇为完整。相关之体系表现为:

羲	羲仲	东方	春分	日中
	羲叔	南方	夏至	日永
和	和仲	西方	秋分	宵中
	和叔	北方	冬至	日短

很明显,在这个本诸分至四神创世的体系中,时空观与阴阳观已融为一

---

① 冯时:《中国古代的天文与人文》第二章,中国社会科学出版社 2009 年修订版。
② 冯时:《红山文化三环石坛的天文学研究——兼论中国最早的圜丘与方丘》,《北方文物》1993 年第 1 期。

体。分至四神之名除以行字伦序长幼之外，"羲"、"和"二字显取自"羲和"之名，而羲、和在上古创世神话中又指伏羲和女娲，① 其中羲为阳性，和为阴性，故取"羲"名之春分与夏至二神属阳，取"和"名之秋分与冬至二神属阴。这则史料表明，东阳西阴的观念虽得于日、月的分别，但夏至配阳、冬至配阴的做法则应源于古人对于南为天、北为地的空间认识。《素问·三部九候论》："冬阴夏阳。"也是这种观念的反映。将这样的时空体系与阴阳学说结合，东与南为阳、西与北为阴的事实便不会成为问题。《礼记·郊特牲》："君之南向，答阳之义也。……天子适四方，先柴。郊之祭也，迎长日之至也，大报天而主日也。兆于南郊，就阳位也。郊所以明天道也。"后世祭祀天地则以圜丘于南郊、方丘于北郊，凡此皆以南为天而北为地。今日之考古资料已可将这个传统上溯到公元前五千纪的中叶，古人对于南天北地的空间规划，当时早已成为以祖配天的原始宗教观的重要部分。②

《周礼·考工记·辀人》言四方旗章应四象之制云："龙旗九斿，以象大火也。鸟旟七斿，以象鹑火也。熊旗六斿，以象伐也。龟蛇四斿，以象营室也。"郑玄《注》："大火，苍龙宿之心，其属有尾，尾九星。鹑火，朱鸟宿之柳，其属有星，星七星。伐属白虎宿，与参连体而六星。营室，玄武宿，与东壁连体而四星。"所论牵强，其与四象之传统不合。事实上四方旗章虽以四象应四方，但其斿数却是为体现四方阴阳性质之凑合。古以东方属阳，故以尾一宿九星凑为阳数；西方属阴，遂以参衡石三星和之伐三星共两宿六星凑为阴数；南方属阳，又以星一宿七星凑为阳数；北方属阴，则以营室二星和之东壁二星共两宿四星凑为阴数。其于阳之表示，于宿数星数皆取奇数；而于阴之表示，于宿数星数皆得偶数。《春秋繁露·阴阳位》："是故阳以南方为位，以北方为休；阴以北方为位，以南方为休。阳至其位而大暑热，阴至其位而大寒冻。"故曰旗斿数之制，以阴阳数表示方位时空阴阳的思想才是其追求的根本目的。这些内容我们于第六章第三节已有讨论。

---

① 李零：《长沙子弹库战国楚帛书研究》，中华书局1985年版。
② 冯时：《天文考古学与上古宇宙观》，《中国史新论——科技与中国社会分册》，联经出版公司2010年版。

《周礼·春官·卜师》言占卜通神之制云："凡卜，辨龟之上下左右阴阳。"郑玄《注》："阴，后弇也。阳，前弇也。"后弇为北，前弇为南，传统之方位布配素以北方居下，南方居上。其配以阴阳，则呈下阴而上阳，犹地阴而天阳。殷卜辞之契刻方向皆守前阳后阴之制，唯习刻者或反之。①

据天文学所构建的古代时空体系由于是表述阴阳思想最理想的载体，致使时空观与阴阳观的结合成为古人的必然选择。事实上，在以时空表现阴阳的体系中，人们对东、西二方阴阳属性的看法并没有任何不同，但南、北二方的阴阳问题在不同的知识系统中却存在差异。

观象授时的传统使古人逐渐形成了以南为上为天、以北为下为地的空间认知，并成为中国传统空间图形的方位标准，将这些知识与阴阳观念配合，便产生出南为阳、北为阴的方位阴阳思想。事实上，天阳地阴的观念体现了古人最朴素的阴阳思考，如果将这种思考与最朴素的空间知识结合，就必须通过象征天的南方以及象征地的北方表现出来，这一点应该毋庸置疑。当然，如果在中国传统的阴阳体系中就南、北的阴阳问题只存在这一种配伍方案，一切都将十分圆满。然而在以数术为基础的易学体系中，南、北二方原本朴素的阴阳表述却被颠倒了，人们将本属阳位的南方配上了阴卦离，又将本属阴位的北方配上了阳卦坎，形成了与基于时空体系的阴阳思想完全不同的形式。

观象体系与哲学体系所存在的南、北阴阳的矛盾是显而易见的，其南、北阴阳颠倒的原因应该即在于《说卦》所载之易学理论在说明后天方位的同时，更强调了太极生两仪的阴阳相生的先天之学。其自西北天门乾始，左行依次为北方坎和东北艮，至东方震为终，呈四阳卦分布；又自西方兑始，右行依次为西南坤和南方离，至东南巽而终，呈四阴卦分布。故其八卦方位虽属后天之学，但其以阴阳平分八方的做法却体现了先天之学的思想。马王堆汉帛书《周易》之上经排序为乾、艮、坎、震四阳卦，下经排序为坤、兑、离、巽四阴卦，即清楚地反映了这种阴阳相生的先天思想。在这个知识体系中，本属阳位的南方只能由阴卦表现，而本属阴位的北方却也只能由阳卦表现，形成了南阴北阳的新的阴

---

① 冯时：《殷代占卜书契制度研究》，《探古求原》，科学出版社2007年版。

阳表述形式。

《淮南子·天文》："北斗之神有雌雄，十一月始建于子，月从一辰，雄左行，雌右行。五月合午谋刑，十一月合子谋德。"《素问·阴阳应象大论》："左右者，阴阳之道路也。"王冰《注》："阴阳闲气，左右循环，故左右为阴阳之道路也。"新校正引杨上善云："阴气右行，阳气左行。"古人以为天左行而地右动，故凡属阳性者皆左行，属阴性者皆右行，而阴阳自兑、乾二卦分立，则午配南方为阴，子配北方为阳。此事已关系到时空阴阳所涉及的一切领域。

《周礼·春官·大司乐》："冬日至，于地上之圜丘奏之，若乐六变，则天神皆降。……夏日至，于泽中之方丘奏之，若乐八变，则地示皆出。"此言冬至祭天于圜丘而就阳位，夏至祭地于方丘而就阴位，天阳地阴的观念是不变的。但其祭天阳而在阴时，祭地阴又在阳时，则舍时空阴阳而取易数阴阳，以南阴而北阳。此天地祭事阴阳之权变。

《仪礼·士昏礼》："纳征，玄纁束帛，俪皮。"郑玄《注》："用玄纁者，象阴阳备也。"贾公彦《疏》："玄纁束帛者合言之，阳奇阴耦，三玄二纁也。"古纳征之礼以玄纁束帛不过五两，玄为北方之色，其数三为阳；纁为南方之色，其数二为阴。以南阴而北阳。此礼仪制度阴阳之权变。

易学体系中南阴北阳的思想不仅广泛见载于文献，而且在新石器时代的考古遗存中已多有反映，其对中国文化的影响广泛而深远。然而这种表述形式虽然顾及了阴阳两分的先天之术，但却与原本南阳北阴的方位阴阳观念无法兼容，甚至在五行系统中，火主南方之阳、水主北方之阴的思想也不能与之协调，从而形成了与传统方位阴阳体系的致命矛盾。

这两种阴阳观所造成的混乱是不容忽视的，如果存在对这种南北阴阳矛盾的调和方法，那将十分理想，而战国《筮法》卦位图异于《说卦》，其于南方配北方之卦，又于北方配南方之卦，目的显然在于化解因两种知识体系对南北阴阳的不同认识所带来的困扰。这种调整将北方之阳卦劳（坎）配于南方阳位，又将南方之阴卦罗（离）配于北方阴位，各归其属，阴阳和顺。其通过改变南、北二卦的配属，使卦位图所表达的五方、五色、四时、八卦及阴阳的配合皆统一于最基本的时空体系之下，合情合理。现将相关元素的配属关系整理如下：

八方	东	西	南	北	东北	东南	西北	西南
八卦	震	兑	劳	罗	艮	巽	乾	坤
方色	青	白	赤	黑				
四时	震（生）	收	树（长）	藏				
五行	木	金	火	水				
阴阳	阳	阴	阳	阴				

《筮法》以南、北二卦名为劳、罗，其作为坎、离二卦之异文，喻义也值得讨论。坎于马王堆帛书《周易》作"习赣"，《筮法》则作"劳"。《说卦》以北方坎卦为劳卦，故曰"劳乎坎"。劳配南方而司树，是以树喻夏长之意，此为南方夏时之象。故《筮法》用"劳"名而不用坎（习赣），意在借异名的互替以避免因墨守坎属北方之卦的习惯而造成误解。《说文·力部》："劳，剧也。从力，荧省。荧火烧冖，用力者劳。"可见"劳"与火之关联，这又是"坎"卦之名所不曾具有的意义。故从"劳"字的本训考察，以其替代"坎"名而配属南方也甚为合适。《说卦》："坎为血卦，为赤。"或许可视之为坎卦曾经配伍南方所留有的痕迹。

罗卦之名又见于马王堆帛书《周易》，今本作"离"。《说文·网部》："罗，以丝罟鸟也。"《尔雅·释器》："鸟罟谓之罗。"《周礼·夏官·罗氏》："罗氏掌罗乌鸟。"知"罗"本捕鸟之网，且乌鸟落网也谓罗。而"离"字本义乃鸟离网而逃，与罗义适相反。甲骨文"罗"作"⿱𦉰鸟"，象张网罗鸟而获之；而"离"作"⿱𠂉禽"，象鸟脱网而去。①《诗·王风·兔爰》："雉离于罗。"毛《传》："鸟网为罗。""离"于此已不用本义。《方言》七："罗谓之离。离谓之罗。"《周易·系辞下》："作结绳以为网罟，以佃以渔，盖取诸离。"故离卦之名本或作"罗"，其后作"离"者则音借为"丽"。《说卦》："离，丽也。"《仪礼·士冠礼》："俪皮。"郑玄《注》："古文俪作离。"是"离"以附丽为训。《周易·离·彖》："离，丽也。日月丽乎天，百谷草木丽乎地，重明以丽乎正，乃化

---

① 冯时：《释"離"》，《古文字研究》第二十七辑，中华书局2008年版。

成天下，柔丽乎中正，故亨，是以畜牝牛吉。"《筮法》以阴卦罗配北方阴位，回归正位，或有以"重明以丽乎正"或"柔丽乎中正"之意。

罗本捕鸟之义，为南方之卦，故卦名的来源可能与四象中作为南方之象的鸟有关。而罗鸟以获，这一意义又恰与北方主冬而闭藏的观念相合，故竹书以罗卦配属北方而司藏，卦名与时气都甚为吻合。

在中国传统的阴阳学说中，南北两种阴阳属性的差异是明显的，甚至在同一种礼仪之中，基于不同知识体系的两种阴阳观还可以同时并存，分别体现不同仪节的阴阳诉求。《礼记·祭义》："昔者圣人建阴阳天地之情，立以为《易》。易抱龟南面，天子卷冕北面，虽有明知之心，必进断其志焉，示不敢专，以尊天也。"孔颖达《正义》："立为占易之官，抱龟南面，尊其神明，故南面。天子亲执卑道，服衮冕北面。言天子虽有显明哲知之心，必进于龟之前，令龟断决其己之所有为之志，示不敢自专，以尊敬上天也。"卜官抱龟南面以尊神明，负阴而抱阳，故南为阳而北为阴，此天文时空之阴阳；又以天子执卑道北面，尊龟敬天，故北为阳而南为阴，此易数之阴阳。《尚书·金縢》言周公自以为功代武王云："为坛于南方，北面，周公立焉。植璧秉珪，乃告太王、王季、文王。"此太王、王季、文王为京宫之庙主，[①] 周公北面执卑道，也明其位合北阳南阴之易数阴阳，与《祭义》的思想相同。事实上，南北方位的阴阳属性常因文化内涵表现的需要而有所改变，其或就南为阳，又或从北为阳。这意味着《筮法》卦位图对于南北阴阳的调整，其核心唯在照应五行与时空阴阳的协调，而并不具有否定后天八卦方位的意义。

《筮法》卦位图作为一篇重要的易学佚文，对探讨阴阳、五行的形成和发展具有无可替代的价值。其将五方、五行、四时、八卦相互拴系，不仅揭示了五行顺天时气的本质特征，而且其以后天八卦方位为本，通过南、北二方配卦的互调，解决了时空阴阳与易数阴阳的失谐问题，同时对于卦名异文的使用，使四正之卦本所具有的四时卦的意义不致因南、北二卦的调整而有所丧失。很明显，这种兼配时空阴阳与易数阴阳的做法完美地弥合了南、北二方的阴阳问题在不同学术体系中的矛盾，呈现出一种在某种意义上比后天方位的配卦更合理的形式。

---

① 唐兰：《西周铜器断代中的"康宫"问题》，《考古学报》1962年第1期。

第七节 《月令》五藏祭与五行的关系

先秦时期形成的月令系统及其顺时施政原则，近乎完整地保存在《吕氏春秋》十二月纪和《礼记·月令》之中，而完成于西汉初年的《淮南子·时则》也基本继承了这一传统，其中有关五藏之祭的内容为：

春三月木　　其祀户　　祭先脾
夏三月火　　其祀灶　　祭先肺
中央土　　　其祀中霤　祭先心
秋三月金　　其祀门　　祭先肝
冬三月水　　其祀井　　祭先肾

冬日祀井之俗，于先秦时代本为祀行。不仅《吕氏春秋》十二月纪及《礼记·月令》于其时之祀皆作祀行，而且今见先秦之竹书文献如湖北云梦睡虎地秦简、[①] 包山楚简、[②] 望山楚简、[③] 九店楚简，[④] 以及河南新蔡葛陵楚简，[⑤] 皆见行神之祀，却未有祀井之文。知行神之祀早于井神。[⑥] 包山楚墓更出土有五祀木主（图6—36），也见祀行本为五祀之内容，至汉才据冬属水之五行理论一变为祀井。

古人虽以五行配伍五方，然而囿于空间决定时间的传统认知，五行也同时需要配伍四时。而五藏应五行五时，其致祭之理，高诱于《淮南子注》中给予了两种可能的解释。其云：

蛰伏之类始动，生出由户，故祀户也。脾属土，陈设俎豆，脾

[①] 睡虎地秦墓竹简整理小组：《睡虎地秦墓竹简》，文物出版社1990年版。
[②] 湖北省荆沙铁路考古队：《包山楚墓》，文物出版社1991年版。
[③] 湖北省文物考古研究所、北京大学中文系：《望山楚简》，中华书局1995年版。
[④] 湖北省文物考古研究所、北京大学中文系：《九店楚简》，中华书局2000年版。
[⑤] 河南省文物考古研究所：《新蔡葛陵楚简》，大象出版社2003年版。
[⑥] 杨华：《"五祀"祭祷与楚汉文化的继承》，《江汉论坛》2004年第9期；于成龙：《战国楚卜筮祈祷简中的"五祀"》，《故宫博物院院刊》2009年第2期；晏昌贵：《巫鬼与淫祀》，武汉大学出版社2010年版。

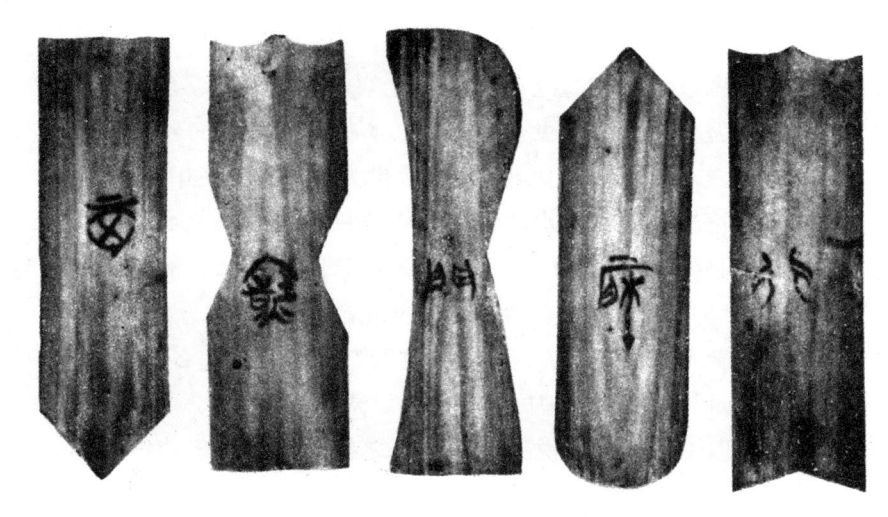

图6—36 战国五祀木主（包山楚墓出土，左起：室、灶、门、户、行）

在前也。春，木胜土，言常食所胜也。一曰：脾属木，自用其藏也。

祝融、吴回为高辛氏火正，死为火神，讬祀于灶。是月火王，故祀灶。肺，金也。祭祀之肉先用所胜也。一曰：肺，火，自用其藏也。

土用事，故祀中霤。中霤，室中之祭，祀后土也。心，火也，用所胜也。一曰：心，土也，自用其藏也。

孟秋始内，入由门，故祀门也。肝，木也。祭祀之，用所胜也。一曰：肝，沈金，自用其藏也。

井水给人，故祀之。"井"或作"行"，行，门内地。冬守在内，故祀也。肾，水，自用其藏也。

据高诱所说，冬为闭藏之季，万物蛰伏内守，至春日生发，精气必由内及外而生，若人出必首经其户，故春祀户。春属木，木克土，致土虚，脾属土，遂祭祀先献脾，用为春木所胜，意在补土补脾，以求平谐。馀则类推，所献五藏皆应为当季五行所胜之物。如夏日成长，属火而祀灶，火克金，致金虚，肺属金，遂祭祀先献肺，用为夏火所胜，意在补金补肺。秋日精气收敛，由外及内，故祀门。秋属金，金克木，致木虚，肝属木，遂祭祀先献肝，用为秋金所胜，意在补木补肝。所说似无不合。

然而，高诱以五行相胜之说解五藏之祭，虽于春木、夏火、秋金三时三行无碍，但其理论于中央土及冬水二事则难以相容，不能通贯于五行五时。季夏之末于四时为中，于五方自也为中，故土王中央而祀中霤。土克水，故祭祀当以先献属水之肾为是，今反先献属火之心，为生土之物。高氏谬以心为土所胜，已失其实。又冬日闭藏属水，故祀井，水克火，故祭祀当以先献属火之心为是，今反先献属水之肾，为顺冬日时气之行。如以先秦古制冬祀行，其合冬藏之习，却仍不可违冬日属水之说。很明显，此二时与五行相胜理论存在着难以调和的矛盾。

这种无法以一种理论通说五行与五藏之祭关系的现象使古人不得不另寻其他可能的权宜解释。高诱或以先献之物皆顺时气为说，于五行五藏之性质另有安排，别以脾属木，肺属火，心属土，肝属金，肾属水，与《素问》之医家五行不同。此五行说唯见于古《尚书》说，许慎《五经异义》或主之。其云：

今文《尚书》欧阳说：肝，木也；心，火也；脾，土也；肺，金也；肾，水也。古《尚书》说：脾，木也；肺，火也；心，土也；肺，金也；肾，水也。许慎案：《月令》春祭脾，夏祭肺，季夏祭心，秋祭肝，冬祭肾，与古《尚书》同。

许慎之五行说兼取今古文《尚书》，而于五藏之祭则取古文。这一思想于其《说文解字》也有清晰的反映。《说文》云：

心，人心，土藏，在身之中。象形。博士说以为火藏。
肺，火藏也。博士说以为金藏。
脾，木藏也。博士说以为土藏。
肝，金藏也。博士说以为木藏。
肾，水藏也。

以上肺、脾、肝三字，大小徐本已分别作"金藏也"、"土藏也"、"木藏也"，段玉裁《注》以为各本不完，据而改之。据此，则《月令》之五藏先献则合顺应时气之义。然于此论，郑玄驳之云：

> 《月令》祭四时之位，及其五藏之上下次之耳。冬位在后而肾在下，夏位在前而肺在上，春位小前故祭先脾，秋位小却故祭先肝。肾也、脾也，俱在鬲下。肺也、心也、肝也，俱在鬲上。祭者必三，故有先后焉，不得同五行之气。今医病之法，以肝为木，心为火，脾为土，肺为金，肾为水，则有瘳也。若反其术，不死为剧。

日本所藏萧吉《五行大义》引《五经异义》，首句作"《尚书》夏侯、欧阳说云"，引《月令》上有"《礼记》"，"冬祭肾"，下云"皆五时自相得，则古《尚书》是也"。其引郑玄驳曰云：

> 此文异事乖，未察其本意。《月令》五祭，皆言先，无言后者。凡言先，有后之词。春祀户，其祭也先脾后肾；夏祀灶，其祭也先肺后心、肝；季夏祀中霤，其祭也先心后肺；秋祀门，其祭也先肾后脾。凡此之义，以四时之位、五藏之上下次之耳。

"不得同五行之气"作"此义不与五行气同也"，且无"今医病之法"以下三十三字。① 实郑氏"秋祀门"之下也脱"冬祀行（井）"一段，知诸处所引郑说均不完备。

郑玄《礼记注》于《月令》论五藏之祭，其所主张与高诱迥异。文云：

> 春，阳气出，祀之于户，内阳也。祀之先祭脾者，春为阳中，于藏直脾，脾为尊。凡祭五祀于庙，用特牲，有主有尸，皆先设席于奥。祀户之礼，南面设主于户内之西，乃制脾及肾为俎，奠于主北，又设盛于俎西，祭黍稷，祭肉，祭醴，皆三。祭肉，脾一，肾再。既祭彻之，更陈鼎俎，设馔于筵前，迎尸略如祭宗庙之仪。

---

① 陈寿祺：《五经异义疏证》卷下，上海古籍出版社2012年版。

> 夏，阳气盛，热于外，祀之于灶，从热类也。祀之先祭肺者，阳位在上，肺亦在上，肺为尊也。灶在庙门外之东，祀灶之礼，先席于门之奥东面，设主于灶陉，乃制肺及心、肝为俎，奠于主西。又设盛于俎南，亦祭黍三，祭肺、心、肝各一，祭醴三，亦既祭彻之，更陈鼎俎，设馔于筵前，迎尸如祀户之礼。
>
> 中霤，犹中室也。土主中央，而神在室，古者复穴，是以名室为霤，云祀之先祭心者，五藏之次，心次肺，至此，心为尊也。祀中霤之礼，设主于牖下，乃制心及肺、肝为俎。其祭肉，心、肺、肝各一。他皆如祀户之礼。
>
> 秋，阴气出，祀之于门，外阴也。祀之先祭肝者，秋为阴中，于藏直肝，肝为尊也。祀门之礼，北面设主于门左枢，乃制肝及肺、心为俎，奠于主南，又设盛于俎东，其他皆如祭灶之礼。
>
> 冬，阴盛，寒于水，祀之于井，从辟除之类也。祀之先祭肾者，阴位在下，肾亦在下，肾为尊也。行在庙门外之西，为軷坛，厚二寸，广五尺，轮四尺。祀行之礼，北面设主于軷上，乃制肾及脾为俎，奠于主南。又设盛于俎东，祭肉，肾一，脾再，其他皆如祀门之礼。

郑玄以五藏之位为说以解五藏之祭，与高诱之论不同。孔颖达《正义》对郑说有着进一步解释，所论更为清楚。文云：

> 户在内，从外向，门户又在内，故曰内阳也。秋，其祀门者，门在外，从内向，外门又在外，故云外阴也。所以春位当脾者，牲位南首，肺最在前而当夏也，肾最在后而当冬也。从冬稍前而当春，从肾稍前而当脾，故春位当脾。从肺稍却而当心，故中央主心。从心稍却而当肝，故秋位主肝。此等直据牲之五藏而当春夏秋冬之位耳。

郑说以五行无关，虽避免了相胜之说所造成的麻烦，但清儒王引之于《经义述闻》则驳之云：

如郑说以藏之上下为次,则肺最在上,心次之,脾又次之。经何以不言春祭先肺,夏祭先心,中央祭先脾乎?如谓牲位南首,肺最在前而当夏,肾最在后而当冬,则脾未尝在左而当春,肝未尝在右而当秋,何以春祭先脾,而秋祭先肝乎?从肾稍前而当脾,亦未尝不当肝,何以春祭不先肝?从心稍却而当肝,亦未尝不当脾,何以秋祭不先脾乎?反复求之,郑义未允,当以许氏《五经异义》之说为长。《异义》曰:"今文《尚书》欧阳说:肝,木也。心,火也。脾,土也。肺,金也。肾,水也。古文《尚书》说:脾,木也。肺,火也。心,土也。肝,金也。肾,水也。"许慎案:《月令》春祭脾,夏祭肺,季夏祭心,秋祭肝,冬祭肾,与古文《尚书》同。盖自古以五行说五藏者,惟肾为水藏无异词,而脾肺心肝则皆有两说,而《月令》之五藏则非古文《尚书》之说不足以释之。脾,木藏,故春祭先之。肺,火藏,故夏祭先之。心,土藏,故中央祭先之。肝,金藏,故秋祭先之。肾,水藏,故冬祭先之。《说文》:"肾,水藏也。肺,火藏也。脾,木藏也。肝,金藏也。"盖依《洪范》五行一水、二火、三木、四金之序,古文《尚书》之说也。又曰:"心,人心,土藏也。博士说以为火藏。"则古文《尚书》以心为土藏,今文《尚书》博士以为火藏也。高注《淮南子·精神篇》曰:"肺,象朱雀,朱雀,火也。火外景,故主目也。肝,金也,金内景,故主耳也。"郑注《天官·疾医》曰:"肺气热,心气次之,肝气凉,脾气温,肾气寒。"盖肺,火藏,故气热。心,土藏,土者火之所生,故次之。肝,金藏,故气凉。脾,木藏,故气温。肾,水藏,故气寒也。许、高、郑三家之说,皆本于古文《尚书》,而古文《尚书》之说又本于《月令》。《大玄·数篇》:"三八为木,为春藏脾。四九为金,为秋藏肝。二七为火,为夏藏肺。一六为水,为冬藏肾。五五为土,为中央藏心。"亦本于《月令》也。然则《月令》脾肺心肝肾之属于木火土金水也明甚。

以上王氏驳郑五藏之位说甚是,然又主依古文《尚书》说而别造五行新论,则颇不足取。郑玄驳许慎所主五行新论于理无据,于用无益,深中肯綮。古文《尚书》之五行新论实本出自《月令》,乃后人据《月令》

五藏之祭所立，其唯合于《月令》，而于他事皆不适用。王引之本末倒置，所援文献也多有误解，所论为谬。故问题的症结仍在于对《月令》五藏之祭真实含义的探赜。

《月令》五藏之祭既言先献，知必有后献。古五祀之祭必三献肉品，郑玄据礼而梳理之，其先后之序可整理如下：

  春木 脾、肾、肾
  夏火 肺、心、肝
  中土 心、肺、肝
  秋金 肝、肺、心
  冬水 肾、脾、脾

五时之祭所用五藏虽各有三献，但肉品则极无规律，或三或二，颇为混乱，其中唯有夏时所献三品，次序及品物最为合理。夏属火，先献肺，肺属金，为夏火所胜；亚献心，心属火，顺夏时之气；终献肝，肝属木，其生夏火。而其他各时则都或多或少地有所讹错。据此考论，《月令》五藏祭祀所献之品物必合五行之说，否则将失去其顺时施政之意义。而五行之说自古仅有一系，而古文《尚书》之五行新论不合医家理论，显然仅是据错讹之《月令》体系穷加附会的结果，毫无意义。故若按五祀先献为当时之气所胜之物、亚献为与当时之气顺应之物、终献为生养时气之物的原则加以调整，则当有如下制度：

  春木 脾、肝、肾
  夏火 肺、心、肝
  中土 肾、脾、心
  秋金 肝、肺、脾
  冬水 心、肾、肺

如此则知，中土之心本为终献之品，冬水之肾本为亚献之品，后皆讹作先献之品，遂成今本《月令》之奇怪形式，而致历代学者多方迁就，终无的解。

据此原则，知古于五祀五藏之祭皆初献其时之气所胜之物，亚献为顺时气之物，而终献则为生时气之物，各以适合之肉品。春日木胜土，遂先献脾，后肝、肾，先食脾以补时虚；夏日火胜金，遂先献肺，后心、肝，先食肺以补时虚；中央土胜水，遂先献肾，后脾、心，先食肾以补时虚；秋日金胜木，遂先献肝，后肺、脾，先食肝以补时虚；冬日水胜火，遂先献心，后肾、肺，先食心以补时虚。很明显，《月令》之五藏祭，其先献之品皆取为时气所胜之物，旨在补养时虚。后献则或顺或生，皆顺时而变，取中守正，与天人谐同，其哲学思想一以贯之。后人于三献之不同或有错讹移换，造成今本《月令》的讹夺，以致难以一种标准对其五行体系做合理的解释。事实上，这些讹误的出现正暗示了月令体系形成的古老。

引用文献简称

《捃古》　　吴式芬：《捃古录金文》，西泠印社翻刻本，1913年。
《前》　　　罗振玉：《殷虚书契》，影印本，1913年。
《后》　　　罗振玉：《殷虚书契后编》，《艺术丛编》第一辑珂罗版影印本，1916年。
《戬》　　　姬佛陀：《戬寿堂所藏殷虚文字》，《艺术丛编》第三集石印本，1917年。
《林》　　　林泰辅：《龟甲兽骨文字》，日本商周遺文會影印本，1921年。
《簠》　　　王襄：《簠室殷契征文》，天津博物院石印本，1925年。
《续》　　　罗振玉：《殷虚书契续编》，珂罗版影印本，1933年。
《通》　　　郭沫若：《卜辞通纂》，日本东京文求堂石印本，1933年。
《燕》　　　容庚、瞿润缗：《殷契卜辞》，北平哈佛燕京学社石印本，1933年。
《武英殿》　容庚：《武英殿彝器图录》，影印本，1934年。
《三代》　　罗振玉：《三代吉金文存》，影印本，1937年。
《粹》　　　郭沫若：《殷契粹编》，日本东京文求堂石印本，1937年。
《甲》　　　董作宾：《殷虚文字甲编》，中央研究院历史语言研究所，1948年。
《乙》　　　董作宾：《殷虚文字乙编》，历史语言研究所，1948—1953年。
《掇二》　　郭若愚：《殷契拾掇二集》，来薰阁书店，1953年。
《京津》　　胡厚宣：《战后京津新获甲骨集》，群联出版社，1954年。

《丙编》	张秉权：《殷虚文字丙编》，历史语言研究所，1957——1972年。
《京都》	貝塚茂樹：《京都大學人文科學研究所藏甲骨文字》，日本京都大學人文科學研究所，1959年。
《劫掠》	中国科学院考古研究所：《美帝国主义劫掠的我国殷周铜器集录》，科学出版社，1962年。
《合集》	郭沫若主编，胡厚宣总编辑：《甲骨文合集》，中华书局，1978—1983年。
《怀特》	许进雄：《怀特氏等收藏甲骨文集》，加拿大皇家安大略博物馆，1979年。
《屯南》	中国社会科学院考古研究所：《小屯南地甲骨》，中华书局，1980—1983年。
《集成》	中国社科科学院考古研究所：《殷周金文集成》，中华书局，1984—1994年。
《英藏》	李学勤、齐文心、艾兰：《英国所藏甲骨集》，中华书局，1985—1992年。
《遗珠》	李学勤、艾兰：《欧洲所藏中国青铜器遗珠》，文物出版社，1995年。
《郭店》	荆门市博物馆：《郭店楚墓竹简》，文物出版社，1998年。
《甲缀》	蔡哲茂：《甲骨缀合集》，文渊阁文化事业有限公司，1999年。
《夏商周》	陈佩芬：《夏商周青铜器研究》，上海古籍出版社，2004年。
《新收》	锺柏生、陈昭容、黄铭崇、袁国华：《新收殷周青铜器铭文暨器影汇编》，艺文印书馆，2006年。
《流散》	刘雨、汪涛：《流散欧美殷周有铭青铜器集录》，上海辞书出版社，2007年。
《村中南》	中国社会科学院考古研究所：《殷墟小屯村中村南甲骨》，云南人民出版社，2012年。